公司总部在北京，全球设有610家分支机构，员工超过1.2万名，经营仓储资源面积近400万平方米，同时运营中远海运物流、中远海运物流供应链、中国外代、中国外理、中远海运船务、中远海运工程、中远海运空运、中远海运化工、中远海运物流发展、中联理货、中理检验等品牌。

公司坚持以客户为中心、以奋斗者为本、担当使命、自我革命的价值理念，在服务客户、成就员工的同时，持续深化改革创新，全面服务国家重大战略。

凭借专业化的物流服务和持续的创新能力，公司连续多年荣获中国物流业“金飞马”奖、全国先进物流企业等行业殊荣，多次获得行业优秀服务、科技进步等奖项。

中远海运物流供应链
COSCO SHIPPING Logistics & Supply Chain Management

中国外代
PENAVICO

中国理货
COSTACO

LOGISTICS.COSCOSHIPPING.COM

地址：中国北京市朝阳区八里庄北里220号中远海运物流供应链大厦
电话：（010）51568000
传真：（010）64673118

长久物流
CHANGJIU LOGISTICS
股票代码【603569】
CR express 中欧班列 CHINA RAILWAY Express
长久物流
CHANGJIU LOGISTICS
JIUYANG FORTUNE
强大公路运输能力+高效资源整合能力
硬实力
公路网络：近90条干线对流线路，70多个区域小循环线路
公路运力：自有中置轴运输车辆超2000辆，总可控运输车辆超10000辆
铁路网络：20个操作站点，依托于中铁特货网络
水运网络：9艘专属船，20多条航线，“一横多纵”水运网络
仓储场地：近50个仓储场地，可用仓储面积近300万平方米
发展力
汽车全产业链布局整合能力
仓干配一体化汽车物流服务网络整合能力
公、铁、水多种运输方式整合能力
产业扩张与规模化效应的资本整合能力
科技赋能与智慧物流的信息平台整合能力
微信公众号
电话：010-57355999
官方客服热线：4008185959
网址：www.changjiulogistics.com
地址：北京市朝阳区石各庄路99号

运汽车 找韵车
韵车物流
YUNCHE LOGISTICS
滁州市韵车物流有限公司（以下简称“韵车物流”）是北京长久物流股份有限公司（以下简称“长久物流”）的核心子公司之一，由长久物流业务细分后组建而成，主要承接二手车运输、电商平台车辆运输、高端车运输、私家车运输及周边衍生业务。
依托长久物流丰富的整车物流网络和20余年的整车物流服务经验，韵车物流拥有丰富的线下网络运力资源以及完善的汽车运输管理体系，在长久物流自营中置轴车队的基础上，完成了近万辆合规运力的整合，为客户开拓了一条全新、安全的车辆交易运输渠道。
一站式汽车运输平台
自 一键自助下单
结 线上快速结算
查 在途实时查询
赠 赠送10万元保险
服 7×24小时人工客服
1. 关注微信公众号【韵车物流】，点击App下载
2. 各大应用商店搜索“韵车用户端”下载
HOWO
滁州市韵车物流有限公司
官方客服热线：4009-199-266
网址：www.yunchelogistics.com
地址：北京市朝阳区石各庄路99号长久大厦
韵车小程序
微信公众号

高品质专业物流解决方案提供商
HIGH-QUALITY & PROFESSIONAL LOGISTICS SOLUTION PROVIDER
全国55家分支机构，运输、配送网点1500个
仓储面积110余万平方米，货物年吞吐量1100余万吨
荣庆物流以尖端的物流技术TES为基础
为客户提供高品质专业物流解决方案
www.rokin.cn

德邻陆港
DELIN LAND PORT

秀山（武陵）现代物流园区

物聚武陵 流通天下

四省通衢处 秀山物流园

一、园区商贸蓬勃发展，辐射能力不断提升

秀山（武陵）现代物流园区（以下简称“园区”）围绕“立足秀山、服务武陵、辐射全国”的发展理念，“买武陵、卖全国，买全国、卖武陵”的总体思路，先后建成投用副食品、家居、建材、3C、钢材、五金机电、型材板材、汽博中心和华南生鲜等十大专业市场，市场经营面积达80万平方米，入驻经营商户3400余家，鼓励市场商家借助淘宝、京东、村头等平台拓展销售渠道，建设武陵山区百亿级批发市场集群，重点辐射周边300公里范围18个区县市的800万人口，推动县域外消费增长60%以上，年均市场交易额达300亿元，会展经济取得新突破，连续成功举办十届武陵山商品交易博览会，立足秀山，园区在武陵山片区影响力和辐射力持续增强。

地址：重庆市秀山土家族苗族自治县中和街道东风路203号
电话：023－76682202

二、现代物流强劲有力，集散功能不断提升

自2009年启动物流园区建设以来，累计完成投资115亿元，实现市场交易额1800亿元、货物发到量4960万吨，形成大开发大建设大发展良好态势，成为渝湘黔鄂毗邻地区核心物流基地。先后投用渝怀铁路300万吨战略装卸点、集装箱站、化工品专线和韵达快递分拨中心，形成“覆盖城乡、辐射武陵、畅行国内、通达全球”四级物流网络，构建了“四级物流网络”后，形成“T+1”“1+T”物流体系，实现到达秀山的快递1天内进村入户、农产品1天内收购进城并发往全国。

三、电商产业提质发展，融合程度不断提升

一是“线上线下融合”构建电商平台。自主研发“村头”电商平台，并与重庆市消费帮扶馆实现“双网合一”，成为重庆市消费帮扶的主要渠道。投用海关办事处、保税仓库，“武陵遗风”“边城故事”国际旗舰店上线运营，合升源馅饼等秀山产品远销欧美地区。二是“一体化产业链”推进产品开发。每年签订农产品包销订单3万亩以上，全县2000余个电商产业扶贫基地实现贫困村全覆盖。建成电商产品加工线61条，销量稳定在全网前十。成功打造“武陵遗风”“秀山毛尖”区域公共品牌，开发“奇麦记”等自有品牌110个，上线本土商品1000余款，年网络销售额上亿元品牌5个。三是“专业化全过程”推进人才培训。设立全日制专科层次电商学院，组建云智电商培训学校，建成武陵山电商人才服务中心。累计培训8万余人次，培养了6500余名营销、美工、客服等技能精英，创造22种全新就业岗位，带动3500余名贫困群众创业就业，全县电商从业人员超过3万人。四是“全方位无死角”提供电商服务。建立资金扶持、一站服务等机制，帮助电商企业发展壮大。全县共有电商主体2500余家、网络店铺25000余个，100余家生产企业、2000余家批发零售商户实现“触网”经营。

四川安吉物流集团有限公司（以下简称“安吉集团”）是四川省宜宾五粮液集团有限公司全资子集团公司，成立于1981年，现已发展成以现代物流、供应链、汽车销售及后服务为核心的国家5A级综合物流企业，全国供应链创新与应用示范企业，全国数字化仓库试点单位，全国商贸物流重点联系企业。2022年，安吉集团实现销售收入131.09亿元，同比增长30%，位列2023年度中国物流企业50强第31位。

现代物流板块涵盖仓储物流、干线物流、城配物流、航空物流、水路运输等多个领域，拥有2000余台/套各型现代化专业物流设备，82万平方米仓储面积，17个城市中心仓，辅以500余个二级、三级配送站点，构建起了遍及全国、货物通达全球的物流网络体系。供应链板块涵盖白酒、动力电池、光伏材料、建材、化工、煤炭、木材、纸张及平行进口车等相关供应链业务，供应链管理经验丰富、体系成熟。汽车销售及后服务板块涵盖汽车销售、租赁、维修、保养、加油、施救、保险等多个方面，包含上汽大众、一汽大众、广汽丰田、起亚、红旗、Jeep等优势品牌和比亚迪、特斯拉、小鹏、理想等新能源强势品牌，业务范围不断向汽车服务全产业链上下游延伸。

安吉集团始终秉承“打造一流物流品牌，做供应链管理专家”的美好愿景，贯彻“安全、精准、高效”的服务宗旨，踔厉奋发、勇毅前行，加快建设成为国内领先的食品饮品物流服务商和国内先进的综合型供应链集成商。

地址：四川省宜宾市翠屏区红坝路 99 号安吉物流园　　客户服务热线：400—115—5656

郑州银行

BANK OF ZHENGZHOU

A股代码 002936 | H股代码 06196

率先实现A+H上市城商行

郑州银行成立于 1996 年，2015 年、2018 年先后在香港、深圳上市，是国内率先实现 A+H 上市的城商行。2022 年 4 月，被河南省委、省政府确定为河南省政策性科创金融运营主体银行。郑州银行以“高质量发展的价值领先银行”为战略愿景，将零售“四新金融”与对公“五朵云”商贸金融联动，聚全行之力深入实施“五四战略”。

截至 2022 年年底，郑州银行在省内共有分支行 181 家，管理 7 家村镇银行和 1 家金融租赁公司，在职员工 5888 人，总资产规模 5915.14 亿元，贷款总额 3309.21 亿元，存款总额 3377.08 亿元，2022 年实现营业收入 151.01 亿元，位居“2022 年全球银行 1000 强”第 184 位。

商贸物流特色银行：五大服务亮点

郑州银行作为一家差异化定位的商贸物流银行，物流金融服务相较于其他同业具有五大服务亮点，突出表现在本源化、特色化、专业化、数字化、综合化。

亮点一：本源化 坚持回归本源、服务地方、服务实体不动摇，从助力河南交通区位优势潜力释放以及重点产业稳链补链强链的需求出发，创新敢贷、愿贷、能贷的机制，加强金融赋能物流。

亮点二：特色化 坚持“商贸物流银行”特色定位，重点聚焦商贸物流、大宗物流等河南省内优势物流客户群，以“云物流”特色产品体系为主，通过“五朵云”联动，强化对物流产业供应链高质量发展的金融保障。

亮点三：专业化 打造“最懂物流”的商贸物流银行，基于物流企业轻资产的运营特征、“小快频急”的资金需求特征，针对性创新运费代付、货款代付等高度适配物流细分场景需求的金融产品，为物流企业提供“个性化”金融服务。

亮点四：数字化 坚持数据驱动物流金融创新发展，建设“云物流”专业支撑平台，加强内外部数据整合，推动业务流程重构，实现数字化产品、智能化风控、可视化管理升级，提升金融赋能物流质效。

亮点五：综合化 构建面向物流全链条的综合服务体系，“横向到边”覆盖物流企业“财资 + 融资”的一体化金融需求，“纵向到底”推动对物流产业供应链的一站式金融赋能，公私联动、全方位助力物流产业供应链高质量发展。

对公手机银行 App　商贸金融公众号

公司地址：河南省郑州市郑东新区商务外环路22号

联系电话：95097

网址：http://www.zzbank.cn/

成都达海金属加工配送有限公司

成都达海金属加工配送有限公司（以下简称“成都达海”）是攀钢集团旗下积微物联的全资子公司，致力提供大宗商品综合物流服务。经过多年发展，成都达海通过自营、加盟、监管等方式，陆续布局成都、昆明、重庆、南充等区域枢纽，并形成以智能仓储、联合运输、定制加工为主，产业配套为支撑，多业务板块创新协同、相互促进的发展格局，为汽车、家电、电解铝等客户提供加工、仓配一体化的综合服务解决方案。当前公司核心园区总占地面积 2000 余亩，仓储年吞吐能力达 3000 万吨，年运输能力超过 5000 万吨，年加工能力逾 300 万吨，静态仓储能力达 170 万吨，主营产品涵盖全品类黑色金属，并延伸至钒钛、铝铜等 10 余个大宗品类。

成都达海坚持数字创新的发展思路，致力于科技赋能产业链流通环节的信息共享，助力大宗商品流通环节高质量发展。成都达海以综合物流服务为应用场景，按照“信息化、数字化、智能化”的建设方向，实现全业务场景线上运营，大宗商品从出厂—运输—仓储—加工，再到客户的全生命周期可视化管理，业务单证 100% 线上化管理。

创业十载，成都达海始终以提升行业用户运行效率、精细管控流通成本、助力行业转型升级为己任，促进数智供应链深度融入实体产业。先后获评“国家新型工业化产业示范基地”“全国十大创新物流园区”等称号，并获得中物联“AAAAA 级物流企业”、中国仓协担保存货管理资质企业“三级甲等”资质。同时，践行央企担当，打造“蓉欧驿 · 暖心之家”，获评全国总工会“最美工会户外劳动者服务站点”。

联系方式

13281187017 （沈文博）

中国物流年鉴

2023（上册）

CHINA LOGISTICS YEARBOOK 2023

CFLP

中国物流与采购联合会编

中国财富出版社有限公司

图书在版编目（CIP）数据

中国物流年鉴. 2023. 上册/中国物流与采购联合会编. —北京：中国财富出版社有限公司，2023. 9

ISBN 978 - 7 - 5047 - 7993 - 9

Ⅰ. ①中…　Ⅱ. ①中…　Ⅲ. ①物流—中国—2023—年鉴　Ⅳ. ①F259. 22 - 54

中国国家版本馆 CIP 数据核字（2023）第 193475 号

策划编辑	赵雅馨	**责任编辑**	白　昕　陈　嘉	**版权编辑**	李　洋
责任印制	尚立业	**责任校对**	杨小静	**责任发行**	敬　东

出版发行	中国财富出版社有限公司		
社　　址	北京市丰台区南四环西路 188 号 5 区 20 楼	**邮政编码**	100070
电　　话	010 - 52227588 转 2098（发行部）		010 - 52227588 转 321（总编室）
	010 - 52227566（24 小时读者服务）		010 - 52227588 转 305（质检部）
网　　址	http://www.cfpress.com.cn	**排　　版**	宝蕾元
经　　销	新华书店	**印　　刷**	北京博海升彩色印刷有限公司
书　　号	ISBN 978 - 7 - 5047 - 7993 - 9/F · 3600		
开　　本	880mm × 1230mm　1/16	**版　　次**	2023 年 11 月第 1 版
印　　张	41. 25　**彩　插**　2	**印　　次**	2023 年 11 月第 1 次印刷
字　　数	1075 千字	**定　　价**	480. 00 元（全 2 册）

《中国物流年鉴》（2023）编委会

编委会主任

何黎明　中国物流与采购联合会会长

编委会副主任

崔忠付　中国物流与采购联合会副会长兼秘书长
任豪祥　中国物流与采购联合会副会长
蔡　进　中国物流与采购联合会副会长
贺登才　中国物流与采购联合会副会长
余　平　中国物流与采购联合会党委副书记

编委会委员（按姓氏笔画排序）

万启雄　武汉捷利物流有限公司董事长
王　辉　中铁物资集团有限公司党委书记、董事长
王　锋　德邻陆港供应链服务有限公司党委书记、董事长
王文举　北京物资学院党委书记
王志芬　顺丰速运重庆有限公司副总经理
王宗喜　中国人民解放军国防大学联合勤务学院教授
王海民　中国国际货运代理协会会长
牛勇策　成都达海金属加工配送有限公司总经理
邓德艾　湖南现代物流职业技术学院校长、研究员
代翔潇　四川安吉物流集团有限公司党委副书记、董事长
李杰峰　马钢集团物流有限公司党委书记、董事长
何明珂　北京物资学院副院长
汪　鸣　国家发展和改革委员会综合运输研究所所长
张　静　重庆秀业投资集团有限公司总经理
张玉庆　荣庆物流供应链有限公司董事长兼总裁
陈嘉良　联邦快递（中国）有限公司中国区总裁

武　勇　中国铁路广州局集团有限公司党委书记、董事长
钟荣钦　台湾物流协会秘书长
姜　旭　北京物资学院物流学院院长、教授
姜超峰　中国物资储运协会名誉会长
袁美仪　香港物流协会会长
盖忠琳　山东盖世国际物流集团有限公司党委书记、总经理
董礼华　国家统计局贸易外经统计司司长
韩　骏　中远海运集团总经理助理兼中远海运物流供应链董事长、党委书记
裴　亮　中国连锁经营协会会长
薄世久　北京长久物流股份有限公司董事长

特别支持单位

中远海运物流供应链有限公司

郑州银行股份有限公司

北京长久物流股份有限公司

荣庆物流供应链有限公司

联邦快递（中国）有限公司

珠海万纬物流发展有限公司

四川安吉物流集团有限公司

山东盖世国际物流集团有限公司

《中国物流年鉴》（2023）

编辑部电话　010－83775835　010－63738995
邮　　　　箱　gwrshk@126. com
发　　　　行　010－63738995
传　　　　真　010－63738995

《中国物流年鉴》（2023）供稿者

（按姓氏笔画排序）

马增荣　王　芮　王　沛　王　萌　王方春　王国文　王国清　王盼盼　王继祥　尤晓岚　孔维明
田　征　冯耕中　庄　陇　庄　巍　刘　悦　刘长庆　刘汉才　刘伟华　刘宇航　刘羽菲　刘陶然
刘鹏云　闫　鸣　孙熙军　李　岩　李　航　李　鹏　李新波　吴　江　邸正宏　张　宇　张　洁
张　楠　张晓东　陆　铮　金　蕾　金爱军　孟　圆　赵东月　赵宏莉　胡　凯　胡　海　胡功杰
姜　旭　秦玉鸣　秦华侨　顾宁军　晏庆华　徐　勇　徐金鹏　徐梦馨　高　帅　高　珉　高永正
郭肇明　涂云霞　曹悦男　康译文　韩兆轩　程利丰　焦　飞　谢文卿　谢雨蓉　谢宝贵　樊一江
穆宏志

国家发展改革委、交通运输部、商务部、国家邮政局、国家发展改革委综合运输研究所、吉林省发展改革委、黑龙江省发展改革委、安徽省发展改革委、山东省发展改革委、河南省发展改革委、湖南省发展改革委、海南省发展改革委、四川省发展改革委、郴州市发展改革委、山西省工业和信息化厅、青海省工业和信息化厅、吉林省统计局、河南省统计局、四川省统计局、郴州市统计局、青岛市交通运输局、武汉市交通运输局、福州市商务局、大连海关、中国粮食行业协会、河北省现代物流协会、内蒙古物流协会、黑龙江省物流与供应链商会、安徽省物流协会、河南省物流与采购联合会、湖南省物流与采购联合会、重庆市物流与供应链协会、宁夏现代物流协会、中国国际货运代理协会、陕西省道路运输协会、宜昌市物流业发展中心、中国物流信息中心、中物联网络事业部、中物联行业事业部、中物联教育培训部、中物联标准化工作部、中物联评估办、中国物流发展专项基金“宝供物流奖”办公室、中物联汽车物流分会、中物联危化品物流分会、中物联物流园区专业委员会、中物联冷链委、中物联托盘委、中汽研（天津）汽车信息咨询有限公司、中国工程机械工业协会工业车辆分会、中国船东协会、上海航运交易所、上海国际航运研究中心、交通运输部水运科学研究院、蜂网投资、北京物资学院、北京交通大学、天津大学、大连理工大学、西安交通大学、西安邮电大学、西安电子科技大学、武汉现代物流研究院、《物流技术与应用》杂志社、《中国出版传媒商报》社、北京兰格云商科技有限公司、供应链管理专业协会（CSCMP）、中物信息技术发展有限公司、华为技术有限公司、中铁物贸科创与数字化运营中心

《中国物流年鉴》（2023）
广告提供单位

上册

《中国物流与采购》杂志社
秀山华渝物流投资有限公司
顺丰速运重庆有限公司
四川安吉物流集团有限公司
中远海运物流供应链有限公司
中铁物资集团有限公司
北京长久物流股份有限公司
郑州银行股份有限公司
荣庆物流供应链有限公司
珠海万纬物流发展有限公司
德邻陆港供应链服务有限公司
武汉捷利物流有限公司
联邦快递（中国）有限公司
成都达海金属加工配送有限公司

下册

中国物流与采购联合会物流信息服务平台分会
广东秦粤物流有限公司
马钢集团物流有限公司
《中国储运》杂志社
中国铁路广州局集团有限公司
万联网
北京长久物流股份有限公司
中外运物流（云南）有限公司
山东盖世国际物流集团有限公司
九江市新雪域置业有限公司
宜昌三峡物流园有限公司
《中国物流与采购》杂志社
湖南现代物流职业技术学院

编辑说明

一、《中国物流年鉴》（以下简称《年鉴》）是中国物流与采购联合会主办、《中国物流与采购》杂志社承办的大型文献性工具书。自2002年创办至今，已经连续出版发行二十二年。二十二年来《年鉴》的编纂质量不断提升，赢得了业界广泛好评。《年鉴》具有的权威性、可读性和资料性，使其成为业界人士查询、引用、论证、存档不可或缺的“工具”。

二、2022年是实施“十四五”规划的关键之年，是我国进入全面建设社会主义现代化国家、向第二个百年奋斗目标进军新征程的重要一年。这一年，中共二十大胜利召开，中共二十大报告再次提出要加快建设交通强国，要求建设高效顺畅的流通体系，降低物流成本。同时强调，着力提升产业链供应链韧性和安全水平。

12月15日，国务院办公厅印发《“十四五”现代物流发展规划》，这是我国现代物流领域第一份国家级五年规划，具有重要的里程碑意义，明确了“十四五”时期我国现代物流发展的总体思路、空间布局、重点任务和重大工程。并指出到2025年，我国基本建成供需适配、内外联通、安全高效、智慧绿色的现代物流体系。

2022年，我国物流业在国家政策支持引导下，积极克服需求收缩、供给冲击，多措并举促进了物流业韧性恢复，实现高质量发展，有力地支撑了产业链供应链循环畅通。全年社会物流总额实现347.6万亿元，按可比价格计算，同比增长3.4%；物流业总收入达12.7万亿元，同比增长4.7%。物流需求规模再上新台阶，实现稳定增长。快递业务量累计完成1105.8亿件，快递业务收入达10566.7亿元；全国铁路货物发送量完成49.8亿吨，比上年增长4.4%，货物周转量完成35946亿吨公里，比上年增长8.1%；物流技术装备水平不断提升，互联网+、物联网、工业互联网、智能计算、数字孪生、区块链、人工智能、物流自动化、5G通信、工业机器人等先进技术都开始在物流技术装备业集成应用，推动了物流装备技术迭代创新、集成应用。

2022年，全国物流业示范企业带动作用增强，商务部、工信部、中物联等8单位公布2022年全国供应链创新与应用示范城市和示范企业名单，15个示范城市和106家示范企业上榜，引领示范转型升级；物流网络建设持续发力，据《第六次全国物流园区（基地）调查报告（2022）》显示，全国规模以上物流园区总数达2553家，累计4批共95个国家物流枢纽和2批共41个国家骨干冷链物流基地纳入国家支持范围；鄂州花湖机场建成投运，这是由顺丰与湖北省政府出资共建，是全球第4个，也是亚洲首个专业货运枢纽；跨境电商海外仓建设获政策支持，国家综合货运枢纽补链强链，农村县域物流网点下沉结网，物流集聚形成了战略新支点。

三年的新冠肺炎疫情，对我国的物流业产生了极大的冲击，但全体物流同人坚持以习近平新时代中国特色社会主义思想为指导，全面落实党中央、国务院决策部署，持续推进现代物流体系建设，涌现出一批又一批逆行驰援、抗疫保供的先进事迹，彰显了以人民为中心的行业发展观。

三、2023 版《年鉴》的组稿、编纂工作得到了国家发展改革委、商务部、交通运输部、国家统计局等中央部委和部分省区市政府部门、物流行业社团，相关行业协会，中国物流信息中心、全国物流标准化技术委员会等机构，以及中远海运物流供应链有限公司、中铁物资集团有限公司、中国铁路广州局集团有限公司、郑州银行股份有限公司、联邦快递（中国）有限公司、北京长久物流股份有限公司、山东盖世国际物流集团有限公司、德邻陆港供应链服务有限公司、顺丰速运重庆有限公司、珠海万纬物流发展有限公司、四川安吉物流集团有限公司、秀山华渝物流投资有限公司、武汉捷利物流有限公司、湖南现代物流职业技术学院、成都达海金属加工配送有限公司、宜昌三峡物流园有限公司、广东秦粤物流有限公司等知名企业的大力支持，对此我们表示衷心的感谢。

四、对不符合《年鉴》编辑要求的来稿，编辑人员进行了认真删改，由于时间原因这部分稿件来不及请作者核校，希予见谅。

五、因编辑部人员水平有限，如有不妥之处，恳请批评指正。

六、2023 版《年鉴》在框架结构和主体内容上将继续 2022 版的风格，力求真实地展示行业发展变化的全貌，继续加大数据和图表的内容，继续加强物流业细分领域重点企业的展示，使《年鉴》更具可读性、资料性，成为社会了解行业发展的窗口。

欢迎大家继续对 2024 版《年鉴》的组稿和编辑工作给予支持！

《中国物流年鉴》编辑部

二〇二三年八月三十日

前　言

2022年，中共二十大胜利召开，以中国式现代化全面推进中华民族伟大复兴，物流和供应链为此奠定高质量发展的战略基石。国务院办公厅发布《"十四五"现代物流发展规划》，中国式现代物流体系建设启航，擘画了现代物流发展蓝图。

一、2022年我国物流业发展现状

2022年，新冠肺炎疫情对物流业的冲击程度远超前两年，物流保通保畅任务艰巨。我国物流业在疫情冲击、需求不足和成本上升多重压力下，总体实现平稳运行，主要经济指标实现平稳增长。

（一）现代物流保持韧性，总体实现平稳运行

2022年，我国社会物流总额达347.6万亿元，按可比价格计算，同比增长3.4%；物流业总收入12.7万亿元，同比增长4.7%；社会物流总费用17.8万亿元，同比增长4.4%，社会物流总费用与GDP的比率比上年提高0.1个百分点，物流运行保持了较高韧性。我国物流市场已连续7年位居全球最大规模的物流市场。

铁路、冷链、快递等专业物流领域保持了较高增速。2022年国家铁路全年完成货物发送量39亿吨，同比增长4.8%，增速为近3年来最高；冷链物流市场规模全年超过4900亿元，同比增长7.2%左右；快递业务量累计完成1105.8亿件，比上年净增22.8亿件。

智慧物流活力彰显，物流园区、配送中心、物流仓库加大智能化改造力度，智慧物流园区和智能仓储设施升级换代。截至2022年第三季度末，全国网络货运平台总数已达2382家；全国即时物流平台全年订单数超过400亿单。

国际物流不断开拓新赛道。2022年全年中欧班列开行1.6万列、发送160万标准箱，同比分别增长9%和10%；西部陆海新通道货运保持强劲增长势头，全年发送75.6万标准箱，同比增长18.5%。

2022年制造业PMI全年均值为49.1%，低于荣枯线，较2021年全年均值下降1.4个百分点，降幅较为明显，制造业下行压力加大。2022年全年物流业景气指数平均为48.6%，较上年降低4.8个百分点，物流业景气水平明显下降。我国工业领域物流总体呈稳定恢复态势，2022年工业品物流总额超过300万亿元，比上年增长3.6%。能源行业、消费品生产需求保持稳定，装备制造、高技术制造业物流需求支撑依然强劲。全年高技术制造业物流总额同比增长7.4%，增速快于工业品物流总额3.8个百分点；装备制造业物流总额同比增长5.6%，增速快于工业品物流总额2.0个百分点。民生领域物流需求稳定增长，全年单位与居民物品物流总额同比增长3.4%，其中电商物

流需求韧性较强，实物商品网上物流额增速超过6%，我国依然是全球第一大网络零售市场，超大规模市场优势成为支撑民生物流的重要动力。随着“双碳”目标的加快推进，再生资源物流成为实现战略的重要抓手，相关的废弃物循环利用体系加快形成，带动再生领域物流需求实现较高增长。

（二）物流市场主体保持定力，集中度稳步提升

2022 年，规模企业逆势增长。截至 2022 年年底，我国物流业总收入达 12.7 万亿元，同比增长 4.7%，全国 A 级物流企业超过 9000 家，持续保持较快增长速度。中国物流 50 强企业收入合计超过 1.9 万亿元，千亿规模企业数量持续增加。一批领军企业逆势而上，兼并重组、战略调整，市场份额稳步扩大。

（三）物流模式创新促进转型升级

面对“断链”风险，现代物流与相关产业深化融合，供应链服务竞争优势成为驱动转型升级的催化剂。商务部、中物联等 8 单位公布 2022 年全国供应链创新与应用示范城市和示范企业名单，15 个示范城市和 106 家示范企业上榜，有效发挥示范引领作用。

（四）物流技术创新应用取得突破

智慧物流技术装备取得新突破。2022 年，国家鼓励国内企业开展技术攻关，智能卡车商业化应用探索推进，无人配送车、智能物流柜在疫情防控中作用初显。智能配送中心改造升级，智慧物流园区提升数字管控。网络货运平台加速分化，供应链物流集成系统更新，数字化转型、智能化改造、平台化升级提速，开辟了物流发展新赛道。

（五）物流网络建设持续有力推进

物流网络建设持续发力，筑牢物流发展底盘。中物联、中国物流学会发布《第六次全国物流园区（基地）调查报告（2022）》，全国规模以上物流园区超过 2500 家。累计 4 批共 95 个国家物流枢纽和 2 批共 41 个国家骨干冷链物流基地纳入国家支持范围。亚洲首个专业货运枢纽机场——鄂州花湖机场建成投运。跨境电商海外仓建设获政策支持，国家综合货运枢纽补链强链，农村县域物流网点下沉结网，建设县级电商公共服务中心和物流配送中心超过 2600 个，村级电商物流服务站点 15.3 万个。

（六）物流政策措施助力援企纾困

2022 年是国家出台物流业支持政策数量多且力度大的一年。特别是国务院发布《扎实稳住经济的一揽子政策措施》，提出统筹加大对物流枢纽和物流企业的支持力度。1000 亿元交通物流专项再贷款、货车司机贷款延期还本付息等多项政策惠及物流业，大幅提升物流行业融资效率，一定程度上缓解了物流行业的资金压力。

（七）行业基础工作支撑高质量发展

2022 年年初，根据《国家标准化发展纲要》的有关要求，全国物流标准化技术委员会对物流标准体系表进行了更新完善，细化了通用物流设施设备标准、通用物流作业标准、通用物流管理标准分类，以及冷链物流、医药物流标准、托盘标准、逆向物流标准等专业领域的标准体系，进一步明确了物流国家标准、行业标准的层级范围，为物流标准化工作的系统推进夯实了基础。

中物联配合国家有关部门研究编制《“十四五”现代物流发展规划》，国务院办公厅于 2022 年年底发布，该规划提出要进一步健全物流标准规范体系的目标。要求强化基础标准支撑，一是

健全物流统计监测体系；二是健全现代物流标准体系。推动基础通用和产业共性的物流技术标准优化升级，以标准提升促进物流科技成果转化。建立政府推动、行业协会和企业等共同参与的物流标准实施推广机制。

教育培训方面，截至目前，全国有740多个本科物流类专业点、1200多个高职物流类专业点和500多个中职物流类专业点，全国已有70多万人参加了物流、采购等职业能力等级培训与认证，多层次、全方位、高素质的物流人才队伍不断成长壮大。稳步推动物流管理“1+X”证书制度试点工作，物流管理“1+X”共计考核人数10万余人。自2007年以来，中物联共开展了31批物流企业信用评价工作，共评出A级信用企业1108家。2022年度中物联科学技术奖共收到申报项目材料671项，评出获奖项目322项。中物联科学技术奖为物流行业企业树立了良好的标杆，为促进行业绿色健康可持续化发展起到了重要示范作用。

二、当前我国物流业发展面临的形势

从物流需求看，恢复基础仍不牢固，2022年12月中国制造业采购经理指数为47%，市场需求仍在收缩，经济回升动力偏弱。从物流供给看，能源成本持续高位波动，严重挤压市场利润空间。从市场预期看，2022年12月中国物流景气指数为46%，市场景气度仍未完全恢复。需求收缩、供给冲击、预期转弱三重压力仍然较大，物流市场风险点依然较多，需要引起足够重视。

一是着力提升高质量供给，改善消费条件，创新消费场景，顺应投资变化，创造有效需求，把恢复和扩大消费摆在优先位置。当前，需求不足是物流运行面临的突出矛盾，国家提出大力实施扩大内需战略，把实施扩大内需战略同深化供给侧结构性改革有机结合起来。我们要立足物流高质量供给，关注、适应、创造扩大消费的市场机会。面向传统消费升级、新型消费培育，完善城市物流设施网络，健全分级配送体系，改造升级存量设施，加强生活消费保障能力。创新物流服务供给方式，通过完善服务功能、优化服务流程、改变经营模式，来改善消费条件、创新消费场景。关注房地产、基建等政策调整，顺应社会投资变化带来的新需求。

二是着力统筹现代物流与相关产业融合发展，加快融入现代化产业体系，确保国民经济循环畅通。我国作为世界第一制造大国，面临在全球产业分工中提升地位和竞争力的艰巨任务。物流、采购、供应链服务作为生产性服务发育不足，是制约制造业等相关产业转型升级的重要瓶颈。我们要深化联动融合发展，推动现代物流与制造业、商贸业、农业深度融合，加大双向投资和业务嵌套，建立长期战略合作伙伴关系，加快融入现代化产业体系。引导制造、商贸、物流等企业资源整合优化和高效组织协同，培育打造集成供应链服务体系，支持发展敏捷制造、精益生产等高端制造，推动传统产业向中高端升级，确保产业链供应链循环畅通。

三是着力练好企业内功，坚定战略自信，深化“提质、增效、降本”。社会物流成本水平是国民经济发展质量和综合竞争力的集中体现。近年来，社会物流总费用与GDP的比率基本保持稳定。受疫情影响，特别是随着生产生活方式的转变，多批次小批量物流需求上升，存在推高物流成本的压力。我们要坚持内生发展，逐步从单一降低各环节物流成本的“数量型降成本”转向以推进全链条降成本、提高物流质量效率为重点的“效率型降成本”和“系统型降成本”。坚定战略自信，从传统单一环节的运输仓储服务商向仓干配一体化的物流服务商转变，从低附加值的物流服务向专业化的供应链服务转变，从简单的业务开展、园区经营向企业协同、设施联动、生态融合转变，更深层次推动降低社会物流成本。

四是着力实施创新驱动，加快动能转换，打造“新技术、新模式、新生态”。数字经济是未来较长一段时期，我国现代物流实现赶超的必由之路。我们要聚焦智慧物流发展，以数字化转型为抓手，加快数字物流基础设施建设，实现物流运营全面线上化。开发更多面向中小微物流企业的云平台、云服务，引导企业向云端跃迁。以智能化改造为手段，推进新一代信息技术和设施设备在物流领域应用，大力发展智能驾驶、无人配送、无人货机、无人码头等“无人化”技术装备。分类推动传统基础设施改造升级，支持智慧园区、智慧枢纽、智能仓储基地等新型基础设施建设。以网络化升级为方向，推动网络货运、即时物流等平台经济健康发展，促进物流信息互联互通、物流资源共享利用，培育物流新业态，打造“数字驱动、协同共享”的智慧物流生态体系。

五是着力推进更高水平对外开放，补链强链，扬帆出海，提升“产业链供应链韧性和安全水平”。近年来，受逆全球化、新冠肺炎疫情、地缘政治冲突等多重因素影响，保持产业链供应链稳定遇到较大挑战，有必要构建内外联通、安全高效的物流网络。我们要坚持补链强链，继续开展全国供应链创新与应用示范创建，通过示范引领带动，培育具有国际竞争力的现代物流和供应链服务企业。加快物流“走出去”步伐，加强国外港口码头、机场、海外仓等物流节点建设，从而更加紧密地融入国际物流网络。努力提升国际物流通道辐射带动能力，开辟国际物流新机遇，打开国际贸易新领域。加快培育国际物流服务能力，抓住跨境电商、内外贸一体化等现实需求，铺设国际快递物流服务网络。针对国际竞争压力和风险挑战，构建关键原材料、重要商品等全球供应链物流体系，保障产业链供应链韧性和安全水平。

2022 年，我国现代物流成绩取得来之不易，一大批物流企业家迅速成长起来，为兴行业、稳就业、保民生做出了重要贡献。三年的疫情也考验了我们企业家的毅力和智慧。优秀的企业家精神需要大力弘扬，物流行业复苏需要重振企业家精神。

《中国物流年鉴》是中国物流与采购联合会主办、《中国物流与采购》杂志社承办的大型文献性工具书。二十多年来，《中国物流年鉴》坚持用数据和事实反映物流业发展变化的轨迹、记录我国物流业发展的历程，赢得了业界好评。面对我国物流业不断发展变化的新形势，《中国物流年鉴》将继续以求真务实、严谨负责的态度做好资料收录工作，宣传行业正能量，特别是宣传在抗击疫情中做出突出贡献的组织、企业和个人。同时，真诚地希望业界同人提出宝贵意见，使其越做越精、越做越好。

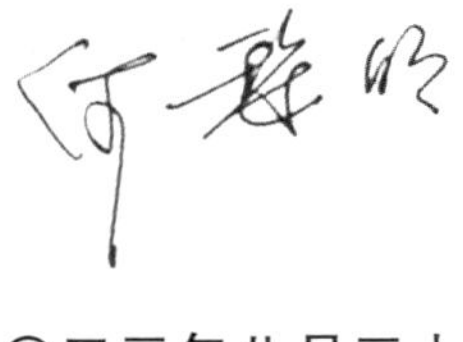

二〇二三年八月三十日

目　录

上　册

第一部分　物流政策法规

第二部分　物流统计

第三部分　物流产业

第四部分　行业物流

下　册

第五部分　地区物流

第六部分　物流技术与装备

第七部分　物流教育、信息化、标准化

第八部分　部分优秀物流企业及经典案例

第九部分　物流综合

第一部分

物流政策法规

国务院和国务院办公厅发文

国务院办公厅关于促进内外贸一体化发展的意见

国办发〔2021〕59号

各省、自治区、直辖市人民政府，国务院各部委、各直属机构：

推进内外贸一体化有利于形成强大国内市场，有利于畅通国内国际双循环。近年来，我国内外贸一体化取得了长足发展，但也存在调控体系不够完善，统筹利用两个市场、两种资源的能力不够强，内外贸融合发展不够顺畅等问题，还不能完全适应构建新发展格局的需要。为深入贯彻党中央、国务院决策部署，促进内外贸一体化发展，经国务院同意，现提出以下意见：

一、总体要求

（一）指导思想。以习近平新时代中国特色社会主义思想为指导，全面贯彻党的十九大和十九届历次全会精神，立足新发展阶段，完整、准确、全面贯彻新发展理念，加强改革创新驱动、产品对标驱动、渠道对接驱动、主体引领驱动、数字赋能驱动、服务优化驱动，促进内外贸法律法规、监管体制、经营资质、质量标准、检验检疫、认证认可等高水平衔接，降低企业市场转换的制度成本，提高统筹利用两个市场、两种资源的能力，促进内贸和外贸、进口和出口协调发展，服务构建新发展格局，实现更高水平开放和更高质量发展。

（二）基本原则。

坚持政府引导、市场为主。充分发挥市场在资源配置中的决定性作用，更好发挥政府政策引导和公共服务作用，充分调动企业积极性，提升市场主体内外贸一体化经营能力，激发内生发展动力。

坚持改革开放、规则衔接。加快制度型开

放，推动制度和模式创新，循序渐进推进体制机制改革，不断破除内外贸一体化发展面临的制度障碍，促进制度规则衔接，优化内外贸融合发展环境。

坚持系统观念、统筹推进。强化对内外贸一体化发展的顶层设计和统筹谋划，立足当前，着眼长远，突出重点，以点带面，完善内外贸一体化发展的制度体系、工作体系和评价体系，全面协调持续推进内外贸一体化发展。

（三）发展目标。到2025年，内外贸法律法规、监管体制、经营资质、质量标准、检验检疫、认证认可等衔接更加有效，市场主体内外贸一体化发展水平进一步提升，内外联通网络更加完善，政府管理服务持续优化，内外贸一体化调控体系更加健全，实现内外贸高效运行、融合发展。

二、完善内外贸一体化制度体系

（四）健全法律法规。推动健全有利于内外贸一体化的法律法规体系，梳理并推动修订妨碍内外贸一体化的法律、法规、规章和规范性文件。（各有关部门及各地区按职责分工负责）健全知识产权侵权惩罚性赔偿制度，加大损害赔偿力度，实行严格的知识产权保护，提高企业创新和产品内销的积极性。（市场监管总局、国家知识产权局及各地区按职责分工负责）

（五）完善监管体制。对标国际先进水平，促进内外贸监管规则衔接，推进内外贸监管部门信息互换、监管互认、执法互助，提高监管的精准性有效性，优化内外贸营商环境。加强反垄断和反不正当竞争执法，强化公平竞争审查，清理纠正地方保护、行业垄断、市场分割等不公平做法和隐性壁垒，推动形成全国统一大市场，促进内外贸资源要素顺畅流动、优化配置。（各有关部门及各地区按职责分工负责）深化海关国际合作，与贸易伙伴加强在技术性贸易措施、口岸监管、产品合规情况等方面的信息交换，推动检验检疫证书国际联网核查，积极稳妥推进商品检验第三方结果采信，提升通关、资金结算、纳税便利化水平。（海关总署、市场监管总局、国家外汇局及各地区按职责分工负责）

（六）加强规则对接。加强在联合国、世界贸易组织等框架和多边机制中的国际合作，积极参与国际规则制定。推进实施自由贸易区提升战略，与更多贸易伙伴商签自由贸易协定。加强国内市场规则与国际通行贸易规则对接，做好贸易政策合规工作，在贸易自由化便利化、知识产权保护、电子商务、招标投标、政府采购等方面实行更高标准规则，更好联通国内国际市场，促进企业拓展内外贸业务。（商务部牵头，国家发展改革委、工业和信息化部、财政部、海关总署、市场监管总局、国家知识产权局及各地区按职责分工负责）

（七）促进标准认证衔接。积极开展国内国际标准转化，补齐国内标准短板，提高标准技术水平，持续提升国内国际标准一致性。鼓励国内企事业单位积极参与国际标准化活动，加强与全球产业链上下游企业协作，共同制定国际标准。支持检验检测、认证认可等第三方合格评定服务机构为内外贸企业提供一站式服务，鼓励第三方合格评定服务机构国际化发展。在共建“一带一路”倡议、区域全面经济伙伴关系协定等框架下深化国际合作，促进合格评定机构、政府间合格评定结果国际互认水平不断提升。简化出口转内销相关强制性产品认证程序，缩短办理时间。（市场监管总局、工业和信息化部及各地区按职责分工负责）加强绿色食品、有机农产品、地理标志农产品认证和管理，提升内外贸农产品质量安全水平。统一林草可持续经营认证标准，对接国际森林认证标准，增加优质内外贸林草产品供给。（农业农村部、市场监管总局、国家林草局及各地区按职责分工负责）

（八）推进同线同标同质。推进内外贸产品同线同标同质（以下称“三同”），带动国内相关产业加快提质升级，优化供需结构。鼓励企业对其产品作出满足“三同”要求的自我声明，或委托第三方机构依据“三同”要求进行质量评价。建设“三同”公共服务平台，强化服务企业功能。加强“三同”企业和产品信息宣传推广，提高消费者认知度。（市场监管总局、工业和信息化部、商务部及各地区按职责分工负责）

三、增强内外贸一体化发展能力

（九）支持市场主体内外贸一体化经营。鼓励有条件的大型商贸、物流企业“走出去”，加强资源整合配置，优化国际营销体系，完善全球服务网络。支持跨国大型供应链服务企业发展，提高国际竞争力，增强产业链供应链韧性。培育一批国内国际市场协同互促、有较强创新能力和竞争实力的优质贸易企业，引导带动更多企业走一体化经营道路。对标国际先进农产品种植和生产标准，建设一批优质农产品种植和生产基地，培育一批种养加、产供销、内外贸一体化的现代农业企业。加大对企业的指导和服务力度，提升知识产权管理能力。加强区域品牌建设，加快自主品牌培育。（国家发展改革委、农业农村部、商务部、国务院国资委、海关总署、市场监管总局、国家邮政局、国家知识产权局及各地区按职责分工负责）

（十）创新内外贸融合发展模式。推动内外贸数字化发展，充分利用现代信息技术，加快线上线下融合，促进产销衔接、供需匹配，推动传统产业转型升级，培育内外贸新业态新模式。支持反向定制（C2M）、智能工厂等创新发展，增强企业柔性生产和市场需求适配能力，促进内外贸产业链供应链融合。扎实推进跨境电子商务综合试验区建设，鼓励跨境电商平台完善功能，更好对接国内国际市场。促进跨境电商零售进口规范健康发展，丰富产品供给。复制推广服务贸易创新发展试点经验，提升服务贸易自由化便利化水平。（商务部牵头，财政部、工业和信息化部、海关总署、税务总局、国家外汇局、国家邮政局及各地区按职责分工负责）

（十一）加强内外贸一体化专业人才培养培训。增强职业技术教育适应性，加强产教融合、校企合作，创新推广“外语＋职业技能”等人才培养模式，探索中国特色学徒制，推进相关专业升级和数字化改造。培养熟悉国内外法律、规则和市场环境的专业人才，进一步健全终身职业技能培训制度，为企业提高内外贸一体化经营能力提供人才和技能支撑。（教育部牵头，各有关部门及各地区按职责分工负责）

四、加快内外贸融合发展

（十二）建设内外贸融合发展制度高地。发挥自由贸易试验区、自由贸易港的示范引领作用，对标高标准国际经贸规则推动高水平制度型开放，促进内外贸融合发展。发挥国家级经济技术开发区、综合保税区、跨境电子商务综合试验区等开放平台和产业集聚区作用，积极探索内外贸融合发展的新模式、新举措，促进内外贸体制机制对接和一体化发展。（国家发展改革委、商务部、海关总署等有关部门及各地区按职责分工负责）

（十三）打造内外贸融合发展平台。提升市

场采购贸易方式便利化水平，吸引地方特色产业集聚，带动更多市场主体拓展外贸业务。促进重点商品交易市场与国外营销网络互联互通，培育一批运营模式与国际接轨的国内商品交易市场，打造特色鲜明的区域或国际商品集散中心。充分利用中国国际进口博览会、中国进出口商品交易会、中国国际服务贸易交易会等具有国际影响力的会展平台，增进国内外市场交流。推进国家进口贸易促进创新示范区建设，充分发挥促进进口、服务产业、提升消费、示范引领作用。（商务部牵头，财政部、海关总署及各地区按职责分工负责）搭建出口转内销平台，支持国内商贸企业与外贸企业开展订单直采，引导外贸企业精准对接国内市场消费需求，多渠道拓展内销市场。（商务部及各地区按职责分工负责）

（十四）完善内外联通物流网络。加强国际航空货运能力建设，提升国际海运竞争力，推动中欧班列高质量发展，加快推进国际道路运输便利化。引导外贸企业、跨境电商、物流企业加强业务协同和资源整合，加快布局海外仓、配送中心等物流基础设施网络，提高物流运作和资产利用效率。优化城市物流配送网络，补齐城市配送“最后一公里”短板。持续支持中西部地区、县域商贸物流基础设施建设，强化协同共享，畅通区域间、城乡间流通网络，降低内外贸商品流通成本，促进高效通达国内国际市场。（国家发展改革委、商务部、交通运输部、中国民航局、国家邮政局及各地区按职责分工负责）

五、完善保障措施

（十五）加强财政金融支持。在符合多双边经贸协定规则前提下，加大对内外贸一体化发展的支持力度。统筹用好现有财政支持政策，推动内外贸融合创新发展。鼓励金融机构按照市场化原则加大对内外贸的信贷支持力度，依托内外贸企业的应收账款、存货、仓单、订单、保单等，创新金融产品，加强金融服务。进一步扩大出口信用保险和国内贸易信用保险覆盖面。（国家发展改革委、财政部、商务部、人民银行、银保监会、中国出口信用保险公司及各地区按职责分工负责）

（十六）开展内外贸一体化试点。在部分地区开展内外贸一体化试点，全面梳理内外贸一体化调控体系的问题清单和需求清单，促进内外贸法律法规、监管体制、经营资质、质量标准、检验检疫、认证认可等衔接，探索建立内外贸一体化评价体系，培育一批内外贸一体化经营企业，打造一批内外贸融合发展平台，形成一批可复制推广的经验和模式。（商务部牵头，各有关部门及试点地区按职责分工负责）

（十七）发挥行业组织作用。鼓励行业协会、商会制定发布内外贸一体化产品和服务标准，参与制定国家标准、行业标准及有关政策法规。积极发挥第三方服务机构和市场中介组织作用，提升市场化专业化服务能力。（市场监管总局、工业和信息化部、农业农村部、商务部及各地区按职责分工负责）

（十八）强化组织领导。各地区、各有关部门要充分认识促进内外贸一体化发展的重要性，加强组织领导，完善工作机制，落实工作职责，密切协调配合。商务部牵头建立促进内外贸一体化发展部际工作机制，会同有关部门加强协调指导，确保各项工作有效落实。各地区要结合本地区实际，研究确定促进内外贸一体化发展的具体政策措施，推动取得实效。重大问题要及时请示报告。

国务院办公厅

2021 年 12 月 30 日

（此件公开发布）

国务院关于印发扎实稳住经济一揽子政策措施的通知

国发〔2022〕12号

各省、自治区、直辖市人民政府，国务院各部委、各直属机构：

今年以来，在以习近平同志为核心的党中央坚强领导下，各地区各部门有力统筹疫情防控和经济社会发展，按照中央经济工作会议和《政府工作报告》部署，扎实做好“六稳”工作，全面落实“六保”任务，我国经济运行总体实现平稳开局。与此同时，新冠肺炎疫情和乌克兰危机导致风险挑战增多，我国经济发展环境的复杂性、严峻性、不确定性上升，稳增长、稳就业、稳物价面临新的挑战。

疫情要防住、经济要稳住、发展要安全，这是党中央的明确要求。要坚持以习近平新时代中国特色社会主义思想为指导，完整、准确、全面贯彻新发展理念，加快构建新发展格局，推动高质量发展，高效统筹疫情防控和经济社会发展，最大程度保护人民生命安全和身体健康，最大限度减少疫情对经济社会发展的影响，统筹发展和安全，努力实现全年经济社会发展预期目标。为深入贯彻落实党中央、国务院决策部署，现将《扎实稳住经济的一揽子政策措施》印发给你们，请认真贯彻执行。

各省、自治区、直辖市人民政府要加强组织领导，结合本地区实际，下更大力气抓好中央经济工作会议精神和《政府工作报告》部署的贯彻落实，同时靠前发力、适当加力，推动《扎实稳住经济的一揽子政策措施》尽快落地见效，确保及时落实到位，尽早对稳住经济和助企纾困等产生更大政策效应。各部门要密切协调配合、形成工作合力，按照《扎实稳住经济的一揽子政策措施》提出的六个方面33项具体政策措施及分工安排，对本部门本领域本行业的工作进行再部署再推动再落实，需要出台配套实施细则的，应于5月底前全部完成。近期，国务院办公厅将会同有关方面对相关省份稳增长稳市场主体保就业情况开展专项督查。

各地区各部门要进一步提高政治站位，在工作中增强责任感使命感紧迫感，担当作为、求真务实，齐心协力、顽强拼搏，切实担负起稳定宏观经济的责任，以钉钉子精神抓好党中央、国务院各项决策部署的贯彻落实，切实把二季度经济稳住，努力使下半年发展有好的基础，保持经济运行在合理区间，以实际行动迎接党的二十大胜利召开。

国务院

2022年5月24日

（本文有删减）

扎实稳住经济的一揽子政策措施

（六个方面 33 项措施）

一、财政政策（7 项）

1. 进一步加大增值税留抵退税政策力度。在已出台的制造业、科学研究和技术服务业、电力热力燃气及水生产和供应业、软件和信息技术服务业、生态保护和环境治理业、民航交通运输仓储和邮政业等 6 个行业企业的存量留抵税额全额退还、增量留抵税额按月全额退还基础上，研究将批发和零售业，农、林、牧、渔业，住宿和餐饮业，居民服务、修理和其他服务业，教育，卫生和社会工作，文化、体育和娱乐业等 7 个行业企业纳入按月全额退还增量留抵税额、一次性全额退还存量留抵税额政策范围，预计新增留抵退税 1420 亿元。抓紧办理小微企业、个体工商户留抵退税并加大帮扶力度，在纳税人自愿申请的基础上，6 月 30 日前基本完成集中退还存量留抵税额；今年出台的各项留抵退税政策新增退税总额达到约 1.64 万亿元。加强退税风险防范，依法严惩偷税、骗税等行为。

2. 加快财政支出进度。督促指导地方加快预算执行进度，尽快分解下达资金，及时做好资金拨付工作。尽快下达转移支付预算，加快本级支出进度；加大盘活存量资金力度，对结余资金和连续两年未用完的结转资金按规定收回统筹使用，对不足两年的结转资金中不需按原用途使用的资金收回统筹用于经济社会发展急需支持的领域；结合留抵退税、项目建设等需要做好资金调度、加强库款保障，确保有关工作顺利推进。

3. 加快地方政府专项债券发行使用并扩大支持范围。抓紧完成今年专项债券发行使用任务，加快今年已下达的 3.45 万亿元专项债券发行使用进度，在 6 月底前基本发行完毕，力争在 8 月底前基本使用完毕。在依法合规、风险可控的前提下，财政部会同人民银行、银保监会引导商业银行对符合条件的专项债券项目建设主体提供配套融资支持，做好信贷资金和专项债资金的有效衔接。在前期确定的交通基础设施、能源、保障性安居工程等 9 大领域基础上，适当扩大专项债券支持领域，优先考虑将新型基础设施、新能源项目等纳入支持范围。

4. 用好政府性融资担保等政策。今年新增国家融资担保基金再担保合作业务规模 1 万亿元以上。对符合条件的交通运输、餐饮、住宿、旅游行业中小微企业、个体工商户，鼓励政府性融资担保机构提供融资担保支持，政府性融资担保机构及时履行代偿义务，推动金融机构尽快放贷，不盲目抽贷、压贷、断贷，并将上述符合条件的融资担保业务纳入国家融资担保基金再担保合作范围。深入落实中央财政小微企业融资担保降费奖补政策，计划安排 30 亿元资金，支持融资担保机构进一步扩大小微企业融资担保业务规模，降低融资担保费率。

推动有条件的地方对支小支农担保业务保费给予阶段性补贴。

5. 加大政府采购支持中小企业力度。将面向小微企业的价格扣除比例由6%—10%提高至10%—20%。政府采购工程要落实促进中小企业发展的政府采购政策，根据项目特点、专业类型和专业领域合理划分采购包，积极扩大联合体投标和大企业分包，降低中小企业参与门槛，坚持公开公正、公平竞争，按照统一质量标准，将预留面向中小企业采购的份额由30%以上今年阶段性提高至40%以上，非预留项目要给予小微企业评审优惠，增加中小企业合同规模。

6. 扩大实施社保费缓缴政策。在确保各项社会保险待遇按时足额支付的前提下，对符合条件地区受疫情影响生产经营出现暂时困难的所有中小微企业、以单位方式参保的个体工商户，阶段性缓缴三项社会保险单位缴费部分，缓缴期限阶段性实施到今年底。在对餐饮、零售、旅游、民航、公路水路铁路运输等5个特困行业实施阶段性缓缴三项社保费政策的基础上，对受到疫情严重冲击、行业内大面积出现企业生产经营困难、符合国家产业政策导向的其他特困行业，扩大实施缓缴政策，养老保险费缓缴期限阶段性延长到今年底。

7. 加大稳岗支持力度。优化失业保险稳岗返还政策，进一步提高返还比例，将大型企业稳岗返还比例由30%提至50%。拓宽失业保险留工补助受益范围，由中小微企业扩大至受疫情严重影响暂时无法正常生产经营的所有参保企业。企业招用毕业年度高校毕业生，签订劳动合同并参加失业保险的，可按每人不超过1500元的标准，发放一次性扩岗补助，具体补助标准由各省份确定，与一次性吸纳就业补贴不重复享受，政策执行期限至今年底。

二、货币金融政策（5项）

8. 鼓励对中小微企业和个体工商户、货车司机贷款及受疫情影响的个人住房与消费贷款等实施延期还本付息。商业银行等金融机构继续按市场化原则与中小微企业（含中小微企业主）和个体工商户、货车司机等自主协商，对其贷款实施延期还本付息，努力做到应延尽延，本轮延期还本付息日期原则上不超过2022年底。中央汽车企业所属金融子企业要发挥引领示范作用，对2022年6月30日前发放的商用货车消费贷款给予6个月延期还本付息支持。对因感染新冠肺炎住院治疗或隔离、受疫情影响隔离观察或失去收入来源的人群，金融机构对其存续的个人住房、消费等贷款，灵活采取合理延后还款时间、延长贷款期限、延期还本等方式调整还款计划。对延期贷款坚持实质性风险判断，不单独因疫情因素下调贷款风险分类，不影响征信记录，并免收罚息。

9. 加大普惠小微贷款支持力度。继续新增支农支小再贷款额度。将普惠小微贷款支持工具的资金支持比例由1%提高至2%，即由人民银行按相关地方法人银行普惠小微贷款余额增量（包括通过延期还本付息形成的普惠小微贷款）的2%提供资金支持，更好引导和支持地方法人银行发放普惠小微贷款。指导金融机构和大型企业支持中小微企业应收账款质押等融资，抓紧修订制度将商业汇票承兑期限由1年缩短至6个月，并加大再贴现支持力度，以供应链融资和银企合作支持大中小企业融通发展。

10. 继续推动实际贷款利率稳中有降。在用好前期降准资金、扩大信贷投放的基础上，充分发挥市场利率定价自律机制作用，持续释放贷款市场报价利率（LPR）形成机制改革效能，发挥存款利率市场化调整机制作用，引导金融机构将存款利率下降效果传导至贷款端，继续推动实际贷款利率稳中有降。

11. 提高资本市场融资效率。科学合理把握首次公开发行股票并上市（IPO）和再融资常态化。支持内地企业在香港上市，依法依规推进符合条件的平台企业赴境外上市。继续支持和鼓励金融机构发行金融债券，建立“三农”、小微企业、绿色、双创金融债券绿色通道，为重点领域企业提供融资支持。督促指导银行间债券市场和交易所债券市场各基础设施全面梳理收费项目，对民营企业债券融资交易费用能免尽免，进一步释放支持民营企业的信号。

12. 加大金融机构对基础设施建设和重大项目的支持力度。政策性开发性银行要优化贷款结构，投放更多更长期限贷款；引导商业银行进一步增加贷款投放、延长贷款期限；鼓励保险公司等发挥长期资金优势，加大对水利、水运、公路、物流等基础设施建设和重大项目的支持力度。

三、稳投资促消费等政策（6项）

13. 加快推进一批论证成熟的水利工程项目。2022年再开工一批已纳入规划、条件成熟的项目，包括南水北调后续工程等重大引调水、骨干防洪减灾、病险水库除险加固、灌区建设和改造等工程。进一步完善工程项目清单，加强组织实施、协调推动并优化工作流程，切实提高水资源保障和防灾减灾能力。

14. 加快推动交通基础设施投资。对沿江沿海沿边及港口航道等综合立体交通网工程，加强资源要素保障，优化审批程序，抓紧推动上马实施，确保应开尽开、能开尽开。支持中国国家铁路集团有限公司发行3000亿元铁路建设债券。启动新一轮农村公路建设和改造，在完成今年目标任务的基础上，进一步加强金融等政策支持，再新增完成新改建农村公路3万公里、实施农村公路安全生命防护工程3万公里、改造农村公路危桥3000座。

15. 因地制宜继续推进城市地下综合管廊建设。指导各地在城市老旧管网改造等工作中协同推进管廊建设，在城市新区根据功能需求积极发展干、支线管廊，合理布局管廊系统，统筹各类管线敷设。加快明确入廊收费政策，多措并举解决投融资受阻问题，推动实施一批具备条件的地下综合管廊项目。

16. 稳定和扩大民间投资。启动编制国家重大基础设施发展规划，扎实开展基础设施高质量发展试点，有力有序推进“十四五”规划102项重大工程实施，鼓励和吸引更多社会资本参与国家重大工程项目。在供应链产业链招投标项目中对大中小企业联合体给予倾斜，鼓励民营企业充分发挥自身优势参与攻关。2022年新增支持500家左右专精特新“小巨人”企业。鼓励民间投资以城市基础设施等为重点，通过综合开发模式参与重点领域项目建设。

17. 促进平台经济规范健康发展。出台支持平台经济规范健康发展的具体措施，在防止资本无序扩张的前提下设立“红绿灯”，维护市场竞争秩序，以公平竞争促进平台经济规范健康发展。充分发挥平台经济的稳就业作用，稳定平台企业及其共生中小微企业的发展预期，以平台企业发展带动中小微企业纾困。引导平台企业在疫情防控中做好防疫物资和重要民生商品保供“最后一公里”的线上线下联动。鼓励平台企业加快人工智能、云计算、区块链、操作系统、处理器等领域技术研发突破。

18. 稳定增加汽车、家电等大宗消费。各地区不得新增汽车限购措施，已实施限购的地区逐步增加汽车增量指标数量、放宽购车人员资格限制，鼓励实施城区、郊区指标差异化政策。加快出台推动汽车由购买管理向使用管理转变的政策文件。全面取消二手车限迁政策，在全国范围取消对符合国五排放标准小型非营运二手车的迁入限制，完善二手车市场主体登记注册、备案和车辆交易登记管理规定。支持汽车整车进口口岸地区开展平行进口业务，完善平行进口汽车环保信息公开制度。对皮卡车进城实施精细化管理，研究进一步放宽皮卡车进城限制。研究今年内对一定排量以下乘用车减征车辆购置税的支持政策。优化新能源汽车充电桩（站）投资建设运营模式，逐步实现所有小区和经营性停车场充电设施全覆盖，加快推进高速公路服务区、客运枢纽等区域充电桩（站）建设。鼓励家电生产企业开展回收目标责任制行动，引导金融机构提升金融服务能力，更好满足消费升级需求。

四、保粮食能源安全政策（5项）

19. 健全完善粮食收益保障等政策。针对当前农资价格依然高企情况，在前期已发放200亿元农资补贴的基础上，及时发放第二批100亿元农资补贴，弥补成本上涨带来的种粮收益下降。积极做好钾肥进口工作。完善最低收购价执行预案，落实好2022年适当提高稻谷、小麦最低收购价水平的政策要求，根据市场形势及时启动收购，保护农民种粮积极性。优化种粮补贴政策，健全种粮农民补贴政策框架。

20. 在确保安全清洁高效利用的前提下有序释放煤炭优质产能。建立健全煤炭产量激励约束政策机制。依法依规加快保供煤矿手续办理，在确保安全生产和生态安全的前提下支持符合条件的露天和井工煤矿项目释放产能。尽快调整核增产能政策，支持具备安全生产条件的煤矿提高生产能力，加快煤矿优质产能释放，保障迎峰度夏电力电煤供应安全。

21. 抓紧推动实施一批能源项目。推动能源领域基本具备条件今年可开工的重大项目尽快实施。积极稳妥推进金沙江龙盘等水电项目前期研究论证和设计优化工作。加快推动以沙漠、戈壁、荒漠地区为重点的大型风电光伏基地建设，近期抓紧启动第二批项目，统筹安排大型风光电基地建设项目用地用林用草用水，按程序核准和开工建设基地项目、煤电项目和特高压输电通道。重点布局一批对电力系统安全保障作用强、对新能源规模化发展促进作用大、经济指标相对优越的抽水蓄能电站，加快条件成熟项目开工建设。加快推进张北至胜利、川渝主网架交流工程，以及陇东至山东、金上至湖北直流工程等跨省区电网项目规划和前期工作。

22. 提高煤炭储备能力和水平。用好支持煤炭清洁高效利用专项再贷款和合格银行贷款。压实地方储备责任。

23. 加强原油等能源资源储备能力。谋划储备项目并尽早开工。推进政府储备项目建设，已建成项目尽快具备储备能力。

五、保产业链供应链稳定政策（7项）

24. 降低市场主体用水用电用网等成本。全面落实对受疫情影响暂时出现生产经营困难的小微企业和个体工商户用水、用电、用气“欠费不停供”政策，设立6个月的费用缓缴期，并可根据当地实际进一步延长，缓缴期间免收欠费滞纳金。指导地方对中小微企业、个体工商户水电气等费用予以补贴。清理规范城镇供水供电供气供暖等行业收费，取消不合理收费，规范政府定价和经营者价格收费行为，对保留的收费项目实行清单制管理。2022 年中小微企业宽带和专线平均资费再降 10%。在招投标领域全面推行保函（保险）替代现金缴纳投标、履约、工程质量等保证金，鼓励招标人对中小微企业投标人免除投标担保。

25. 推动阶段性减免市场主体房屋租金。2022 年对服务业小微企业和个体工商户承租国有房屋减免 3—6 个月租金；出租人减免租金的可按规定减免当年房产税、城镇土地使用税，并引导国有银行对减免租金的出租人视需要给予优惠利率质押贷款等支持。非国有房屋减免租金的可同等享受上述政策优惠。鼓励和引导各地区结合自身实际，拿出更多务实管用举措推动减免市场主体房屋租金。

26. 加大对民航等受疫情影响较大行业企业的纾困支持力度。在用好支持煤炭清洁高效利用、交通物流、科技创新、普惠养老等专项再贷款的同时，增加民航应急贷款额度 1500 亿元，并适当扩大支持范围，支持困难航空企业渡过难关。支持航空业发行 2000 亿元债券。统筹考虑民航基础设施建设需求等因素，研究解决资金短缺等问题；同时，研究提出向有关航空企业注资的具体方案。有序增加国际客运航班数量，为便利中外人员往来和对外经贸交流合作创造条件。鼓励银行向文化旅游、餐饮住宿等其他受疫情影响较大行业企业发放贷款。

27. 优化企业复工达产政策。疫情中高风险地区要建立完善运行保障企业、防疫物资生产企业、连续生产运行企业、产业链供应链重点企业、重点外贸外资企业、“专精特新”中小企业等重点企业复工达产“白名单”制度，及时总结推广“点对点”运输、不见面交接、绿色通道等经验做法，细化实化服务“白名单”企业措施，推动部省联动和区域互认，协同推动产业链供应链企业复工达产。积极引导各地区落实属地责任，在发生疫情时鼓励具备条件的企业进行闭环生产，保障其稳定生产，原则上不要求停产；企业所在地政府要做好疫情防控指导，加强企业员工返岗、物流保障、上下游衔接等方面服务，尽量减少疫情对企业正常生产经营的影响。

28. 完善交通物流保通保畅政策。全面取消对来自疫情低风险地区货运车辆的防疫通行限制，着力打通制造业物流瓶颈，加快产成品库存周转进度；不得擅自阻断或关闭高速公路、普通公路、航道船闸，严禁硬隔离县乡村公路，不得擅自关停高速公路服务区、港口码头、铁路车站和民用运输机场。严禁限制疫情低风险地区人员正常流动。对来自或进出疫情中高风险地区所在地市的货运车辆，落实“即采即走即追”制度。客货运司机、快递员、船员到异地免费检测点进行核酸检测和抗原检测，当地政府视同本地居民纳入检测范围、享受同等政策，所需费用由地方财政予以保障。

29. 统筹加大对物流枢纽和物流企业的支持力度。加快宁波舟山大宗商品储运基地建设，开展大宗商品储运基地整体布局规划研究。2022 年，中央财政安排 50 亿元左右，择优支持全国性重点枢纽城市，提升枢纽的货物集散、仓储、中转运输、应急保障能力，引导加快推进多式联运融合发展，降低综合货运成本。2022 年，中央财政在服务业发展资金中安排约 25 亿元支持加快农产品供应链体系建设，安排约 38 亿元支持实施县域商业建设行动。加快1000亿元交通物流专项再贷款政策落地，支持交通物流等企业融资，加大结构性货币政策工具对稳定供应链的支持。在农产品主产区和特色农产品优势区支持建设一批田头小型冷藏保鲜设施，推动建设一批产销冷链集配中心。

30. 加快推进重大外资项目积极吸引外商投资。在已纳入工作专班、开辟绿色通道推进的重大外资项目基础上，充分发挥重大外资项目牵引带动作用，尽快论证启动投资数额大、带动作用强、产业链上下游覆盖面广的重大外资项目。加快修订《鼓励外商投资产业目录》，引导外资更多投向先进制造、科技创新等领域以及中西部和东北地区，支持外商投资设立高新技术研发中心等。进一步拓宽企业跨境融资渠道，支持符合条件的高新技术和“专精特新”企业开展外债便利化额度试点。建立完善与在华外国商协会、外资企业常态化交流机制，积极解决外资企业在华营商便利等问题，进一步稳住和扩大外商投资。

六、保基本民生政策（3项）

31. 实施住房公积金阶段性支持政策。受疫情影响的企业，可按规定申请缓缴住房公积金，到期后进行补缴。在此期间，缴存职工正常提取和申请住房公积金贷款，不受缓缴影响。受疫情影响的缴存人，不能正常偿还住房公积金贷款的，不作逾期处理，不纳入征信记录。各地区可根据本地实际情况，提高住房公积金租房提取额度，更好满足实际需要。

32. 完善农业转移人口和农村劳动力就业创业支持政策。加强对吸纳农业转移人口较多区域、行业的财政和金融支持，中央财政农业转移人口市民化奖励资金安排400亿元，推动健全常住地提供基本公共服务制度，将符合条件的新市民纳入创业担保贷款扶持范围。依据国土空间规划和上一年度进城落户人口数量，合理安排各类城镇年度新增建设用地规模。拓宽农村劳动力就地就近就业渠道。重大工程建设、以工代赈项目优先吸纳农村劳动力。

33. 完善社会民生兜底保障措施。指导各地落实好社会救助和保障标准与物价上涨挂钩联动机制，及时足额发放补贴，保障低收入群体基本生活。用好中央财政下拨的1547亿元救助补助资金，压实地方政府责任，通过财政资金直达机制，及时足额发放到需要帮扶救助的群众手中。做好受灾人员生活救助，精准做好需要救助保障的困难群体帮扶工作，对临时生活困难群众给予有针对性帮扶。针对当前部分地区因局部聚集性疫情加强管控，同步推进疫情防控和保障群众基本生活，做好米面油、蔬菜、肉蛋奶等生活物资保供稳价工作。统筹发展和安全，抓好安全生产责任落实，深入开展安全大检查，严防交通、建筑、煤矿、燃气等方面安全事故，开展自建房安全专项整治，切实保障人民群众生命财产安全。

国务院办公厅关于进一步加强商品过度包装治理的通知

国办发〔2022〕29 号

各省、自治区、直辖市人民政府，国务院各部委、各直属机构：

商品过度包装是指超出了商品保护、展示、储存、运输等正常功能要求的包装，主要表现为包装层数过多、包装空隙过大、包装成本过高、选材用料不当等。近年来，各地区、各部门按照《国务院办公厅关于治理商品过度包装工作的通知》（国办发〔2009〕5 号）部署，认真推进商品过度包装治理，完善相关法律法规标准，取得积极进展。但治理工作仍存在不少薄弱环节和突出问题，尤其是随着消费新业态快速发展，商品过度包装现象有“卷土重来”之势。为贯彻落实党中央、国务院决策部署，进一步加强商品过度包装治理，经国务院同意，现就有关事项通知如下。

一、高度重视商品过度包装治理工作

各地区、各部门要以习近平新时代中国特色社会主义思想为指导，深入贯彻习近平生态文明思想，立足新发展阶段，完整、准确、全面贯彻新发展理念，构建新发展格局，推动高质量发展，认真贯彻落实固体废物污染环境防治法、消费者权益保护法、标准化法、价格法等法律法规和国家有关标准，充分认识进一步加强商品过度包装治理的重要性和紧迫性，在生产、销售、交付、回收等各环节明确工作要求，强化监管执法，健全标准体系，完善保障措施，坚决遏制商品过度包装现象，为促进生产生活方式绿色转型、加强生态文明建设提供有力支撑。到 2025 年，基本形成商品过度包装全链条治理体系，相关法律法规更加健全，标准体系更加完善，行业管理水平明显提升，线上线下一体化执法监督机制有效运行，商品过度包装治理能力显著增强。月饼、粽子、茶叶等重点商品过度包装违法行为得到有效遏制，人民群众获得感和满意度显著提升。

二、强化商品过度包装全链条治理

（一）加强包装领域技术创新。推动包装企业提供设计合理、用材节约、回收便利、经济适用的包装整体解决方案，自主研发低克重、高强度、功能化包装材料及其生产设备，创新研发商品和快递一体化包装产品。充分发挥包装企业在推广简约包装、倡导理性消费中的桥梁纽带作用，推动包装设计、商品生产等上下游各环节践行简约适度理念。（工业和信息化部和各地方人民政府按职责分工负责）

（二）防范商品生产环节过度包装。督促指导商品生产者严格按照限制商品过度包装强制性标准生产商品，细化限制商品过度包装的管理要求，建立完整的商品包装信息档案，记录商品包装的设计、制造、使用等信息。引导商品生产者使用简约包装，优化商品包装设计，减少商品包装层数、材料、成本，减少包装体积、重量，减少油墨印刷，采用单一材料或便于分离的材料。（工业和信息化部、市场监管总局等部门和各地方人民政府按职责分工负责）督促商品生产者严格遵守标准化法要求，公开其执行的包装有关强制性标准、推荐性标准、团体标准或企业标准的编号和名称。（市场监管总局和各地方人民政府按职责分工负责）引导医疗机构针对门诊、住院、慢性病等不同场景和类型提出药品包装规格需求。引导药品生产者优化药品包装规格。（国家卫生健康委、国家药监局和各地方人民政府按职责分工负责）

（三）避免销售过度包装商品。督促指导商品销售者细化采购、销售环节限制商品过度包装有关要求，明确不销售违反限制商品过度包装强制性标准的商品。加强对电商企业的督促指导，实现线上线下要求一致。鼓励商品销售者向供应方提出有关商品绿色包装和简约包装要求。（商务部、市场监管总局和各地方人民政府按职责分工负责）督促指导外卖平台企业完善平台规则，对平台内经营者提出外卖包装减量化要求。（商务部负责）督促指导餐饮经营者对外卖包装依法明码标价。（市场监管总局和各地方人民政府按职责分工负责）

（四）推进商品交付环节包装减量化。指导寄递企业制修订包装操作规范，细化限制快递过度包装要求，并通过规范作业减少前端收寄环节的过度包装。鼓励寄递企业使用低克重、高强度的纸箱、免胶纸箱，通过优化包装结构减少填充物使用量。（国家邮政局和各地方人民政府按职责分工负责）推行快递包装绿色产品认证，推广使用绿色快递包装。（国家邮政局、市场监管总局负责）督促指导电商平台企业加强对平台内经营者的引导，提出快递包装减量化要求。（商务部负责）督促指导电商企业加强上下游协同，设计并应用满足快递物流配送需求的电商商品包装，推广电商快件原装直发。（商务部、国家邮政局、工业和信息化部按职责分工负责）

（五）加强包装废弃物回收和处置。进一步完善再生资源回收体系，鼓励各地区以市场化招商等方式引进专业化回收企业，提高包装废弃物回收水平。鼓励商品销售者与供应方订立供销合同时对商品包装废弃物回收作出约定。（商务部和各地方人民政府按职责分工负责）进一步完善生活垃圾清运体系，持续推进生活垃圾分类工作，健全与生活垃圾源头分类投放相匹配的分类收集、分类运输体系，加快分类收集设施建设，配齐分类运输设备，提高垃圾清运水平。（住房城乡建设部和各地方人民政府按职责分工负责）

三、加大监管执法力度

（六）加强行业管理。进一步细化商品生产、销售、交付等环节限制过度包装配套政策。加强对电商、快递、外卖等行业的监督管理，督促指导相关行业优先采用可重复使用、易回收利用的包装物，优化物品包装，减少包装物的使用。督促生产经营者落实国家限制过度包装相关法律标准，将该项任务纳入年度工作计划及有关部署，及时掌握本行业过度包装情况，建立提示、警示、约谈等行政指导机制。（工业和信息化部、农业农村部、商务部、市场监管总局、国家邮政局等部门按职责分工负责）

（七）强化执法监督。针对重要节令、重点行业和重要生产经营企业，聚焦月饼、粽子、茶叶、保健食品、化妆品等重点商品，依法严格查处生产、销售过度包装商品的违法行为，尤其要查处链条性、隐蔽性案件。对酒店、饭店等提供高端化定制化礼品中的过度包装行为，以及假借文创名义的商品过度包装行为，依法从严查处。压实电商平台企业主体责任，督促其加强平台内经营者主体资质和商品信息审核并积极配合监管执法。坚持线上线下一体化监管，建立健全对电商渠道销售过度包装商品的常态化监管执法机制，依法查处线上销售过度包装商品的违法行为。畅通消费者投诉渠道，对消费者反映强烈的突出问题，依法从严查处。加强对企业公开其执行包装有关标准情况的执法检查。适时向社会曝光反面案例。（市场监管总局等部门和各地方人民政府按职责分工负责）及时对落实限制商品过度包装强制性标准进展滞后的地区予以督促整改，对落实成效显著的地区予以通报表扬。（市场监管总局负责）及时组织开展商品过度包装治理进展情况社会满意度调查。（国家发展改革委负责）通过“双随机、一公开”等方式对寄递企业进行过度包装执法检查，组织快递过度包装专项抽查，强化快递包装质量监督。（国家邮政局和各地方人民政府按职责分工负责）

四、完善支撑保障体系

（八）健全法律法规。研究推动循环经济促进法等法律法规与固体废物污染环境防治法有效衔接，进一步强化市场主体法律责任，提高违法成本。（国家发展改革委、司法部等部门按职责分工负责）研究修订《快递暂行条例》，细化限制快递过度包装管理和处罚要求。（国家邮政局、司法部按职责分工负责）鼓励有条件的地方制修订限制商品过度包装地方法规。（各地方人民政府负责）

（九）完善标准体系。制定食用农产品限制过度包装强制性标准，明确水果等食用农产品过度包装判定依据。（市场监管总局、农业农村部按职责分工负责）适时修订食品和化妆品限制过度包装强制性标准，进一步细化有关要求。（市场监管总局、工业和信息化部按职责分工负责）制定限制快递过度包装强制性标准。（市场监管总局、国家邮政局按职责分工负责）修订限制商品过度包装通则标准，提出更适用的要求。针对玩具及婴童用品、电子产品等领域，制定推行简约包装和限制过度包装的推荐性国家标准，明确判定过度包装的依据，引导包装减量化。（市场监管总局负责）制定电子商务物流绿色包装技术和管理方面的行业标准。（商务部负责）建立强制性标准实施情况统计分析报告制度，面向产业集聚区开展包装强制性标准实施情况统计分析试点，动态反馈和评估实施效果，不断强化标准实施。（市场监管总局负责）

（十）强化政策支持。将商品过度包装、快递过度包装执法检查所需经费纳入本级财政预算，保障执法检查工作有序开展。（各地方人民政府负责）安排中央预算内投资支持符合条件的可循环快递包装配送体系建设、专业化智能化回收设施建设等项目。（国家发展改革委负责）完善政府绿色采购政策，进一步细化商品包装政府采购需求标准，研究明确强制采购要求，发挥政府采购引导作用。（财政部负责）依托国家重点研发计划项目部署开展快递包装绿色设计、低能耗智能物流配送等方面技术研发。（科技部负责）

（十一）加强行业自律。督促指导食品和化妆品生产领域主要行业协会定期向社会发布杜绝商品过度包装报告，公布行业遵守相关法律法规标准和推广简约包装情况。（工业和信息化部等部门负责）加强限制商品过度包装法律法规标准宣贯培训，将限制商品过度包装纳入行业经营自律规范、自律公约，引导重点生产和销售企业带头推广简约包装，积极向社会公布商品包装情况。（相关行业协会负责）

五、强化组织实施

（十二）加强部门协同。国务院有关部门要各司其职、各负其责，加大指导、支持和督促力度，确保各项任务落实到位。国家发展改革委、市场监管总局、工业和信息化部、农业农村部、商务部、国家邮政局等有关部门要建立工作会商机制，加强统筹协调，强化政策衔接，及时沟通进展情况，研究解决重大问题，重大情况及时按程序向国务院请示报告。（各有关部门按职责分工负责）

（十三）落实地方责任。地方各级人民政府是商品过度包装治理工作的责任主体，要严格落实责任，健全工作机制，加强组织实施，将治理商品过度包装作为生态文明建设的重要内容抓实抓好，可结合实际研究制定针对性配套措施。（各地方人民政府负责）

（十四）加强宣传教育。按照“谁执法谁普法”普法责任制要求，积极开展限制过度包装普法宣传教育。通过报纸、广播电视、新媒体等渠道，大力宣传限制商品过度包装的标准和政策，加强正面宣传，积极报道典型做法、先进单位和个人，营造良好社会氛围。发挥媒体监督作用，加强对违法违规问题的曝光。鼓励消费者绿色消费，购买简约包装商品。各级行政机关、社会团体、事业单位、国有企业要带头自觉抵制过度包装商品。（中央宣传部等部门和各地方人民政府按职责分工负责）

国务院办公厅

2022 年 9 月 1 日

（此件公开发布）

中华人民共和国交通运输部令

2022 年第 24 号

《铁路危险货物运输安全监督管理规定》已于 2022 年 9 月 21 日经第 22 次部务会议通过，现予公布，自 2022 年 12 月 1 日起施行。

部长　李小鹏

2022 年 9 月 26 日

铁路危险货物运输安全监督管理规定

第一章　总则

第一条　为了加强铁路危险货物运输安全管理，保障公众生命财产安全，保护环境，根据《中华人民共和国安全生产法》、《中华人民共和国铁路法》、《中华人民共和国反恐怖主义法》、《铁路安全管理条例》、《危险化学品安全管理条例》、《放射性物品运输安全管理条例》等法律、行政法规，制定本规定。

第二条　本规定所称危险货物，是指列入铁路危险货物品名表，具有爆炸、易燃、毒害、感染、腐蚀、放射性等危险特性，在铁路运输过程中，容易造成人身伤亡、财产损毁或者环境污染而需要特别防护的物质和物品。

未列入铁路危险货物品名表，依据有关法律、行政法规、规章或者《危险货物分类和品名编号》（GB 6944）等标准确定为危险货物的，按照本规定办理运输。

第三条　禁止运输下列物品：

（一）法律、行政法规禁止生产和运输的危险物品；

（二）危险性质不明、可能存在安全隐患的物品；

（三）未采取安全措施的过度敏感物品；

（四）未采取安全措施的能自发反应而产生危险的物品。

高速铁路、城际铁路等客运专线及旅客列车禁止运输危险货物，法律、行政法规等另有规定的除外。

第四条　铁路危险货物运输安全管理坚持安全第一、预防为主、综合治理的方针。铁路危险货物运输相关单位（以下统称运输单位）为运输安全责任主体，应当依据有关法律、行政法规和标准等规定，落实运输条件，加强运输管理，确保运输安全。

本规定所称运输单位，包括铁路运输企业、托运人，专用铁路、铁路专用线产权单位、管理单位和使用单位等。

第五条 国家铁路局负责全国铁路危险货物运输安全监督管理工作。地区铁路监督管理局负责辖区内的铁路危险货物运输安全监督管理工作。

国家铁路局和地区铁路监督管理局统称铁路监管部门。

第六条 鼓励采用有利于提高安全保障水平的先进技术和管理方法，鼓励规模化、集约化、专业化和发展专用车辆、专用集装箱运输危险货物。支持开展铁路危险货物运输安全技术以及对安全、环保有重大影响的项目研究。

第二章 运输条件

第七条 运输危险货物应当在符合法律、行政法规和有关标准规定，具备相应品名办理条件的车站、专用铁路、铁路专用线间发到。

铁路运输企业应当将办理危险货物的车站名称、作业地点（包括货场、专用铁路、铁路专用线名称，下同）、办理品名及铁危编号、装运方式等信息及时向社会公布，并同时报送所在地的地区铁路监督管理局。前述信息发生变化的，应当重新公布并报送。

第八条 运输危险货物应当依照法律法规和国家其他有关规定使用专用的设施设备。

运输危险货物所使用的设施设备依法应当进行产品认证、检验检测的，经认证、检验检测合格方可使用。

第九条 危险货物装卸、储存场所和设施应当符合下列要求：

（一）装卸、储存专用场地和安全设施设备封闭管理并设立明显的安全警示标志。设施设备布局、作业区域划分、安全防护距离等符合有关技术要求。

（二）设置有与办理货物危险特性相适应，经相关部门验收合格的仓库、雨棚、场地等设施，配置相应的计量、检测、监控、通信、报警、通风、防火、灭火、防爆、防雷、防静电、防腐蚀、防泄漏、防中毒等安全设施设备，并进行经常性维护、保养和定期检测，保证设施设备的正常使用。维护、保养、检测应当作好记录，并由有关人员签字。

（三）装卸设备符合安全要求，易燃、易爆的危险货物装卸设备应当采取防爆措施，罐车装运危险货物应当使用栈桥、鹤管等专用装卸设施，危险货物集装箱装卸作业应当使用集装箱专用装卸机械。

（四）法律、行政法规、有关标准和安全技术规范规定的其他要求。

第十条 运输单位应当按照《中华人民共和国安全生产法》、《危险化学品安全管理条例》等国家有关法律、行政法规的规定，对本单位危险货物装卸、储存作业场所和设施等安全生产条件进行安全评价。新建、改建危险货物装卸、储存作业场所和设施；在既有作业场所增加办理危险货物品类，以及危险货物新品名、新包装和首次使用铁路罐车、集装箱、专用车辆装载危险货物，改变作业场所和设施安全生产条件的，应当及时进行安全评价。

法律、行政法规规定需要委托相关机构进行安全评价的，运输单位应当委托符合国家规定的机构进行。

第十一条 装载和运输危险货物的铁路车辆、集装箱和其他容器应当符合下列要求：

（一）制造、维修、检测、检验和使用、管理符合有关标准和规定；

（二）牢固、清晰地标明危险货物包装标

志和警示标志；

（三）铁路罐车、罐式集装箱以及其他容器应当封口严密，安全附件设置准确、起闭灵活、状态完好，能够防止运输过程中因温度、湿度或者压力的变化发生渗漏、洒漏；

（四）压力容器应当符合国务院负责特种设备安全监督管理的部门关于移动式压力容器、气瓶等安全监管要求；

（五）法律、行政法规、有关标准和安全技术规范规定的其他要求。

第十二条 运输危险货物包装应当符合下列要求：

（一）包装物、容器、衬垫物的材质以及包装型式、规格、方法和单件质量（重量），应当与所包装的危险货物的性质和用途相适应；

（二）包装能够抗御运输、储存和装卸过程中正常的冲击、振动、堆码和挤压，并便于装卸和搬运；

（三）所使用的包装物、容器，须按《中华人民共和国安全生产法》、《中华人民共和国工业产品生产许可证管理条例》等国家有关规定，由专业生产单位生产，并经具有专业资质的检测、检验机构检测、检验合格；

（四）包装外表面应当牢固、清晰地标明危险货物包装标志和包装储运图示标志；

（五）法律、行政法规、有关标准和安全技术规范规定的其他要求。

第十三条 运输新品名、新包装或者改变包装、尚未明确安全运输条件的危险货物时，发送货物的铁路运输企业应当组织托运人、收货人和货物运输全程涉及的其他铁路运输企业共同商定安全运输条件，签订安全协议并组织试运，试运方案应当报所在地的地区铁路监督管理局。危险货物试运应当符合法律、行政法规、规章和有关标准的规定。

第三章 运输安全管理

第十四条 托运人应当按照铁路危险货物品名表确定危险货物的类别、项别、品名、铁危编号、包装等，遵守相关特殊规定要求。

需采取添加抑制剂或者稳定剂等特殊措施的危险货物，托运人应当采取相应措施，保证货物在运输过程中稳定，并将有关情况告知铁路运输企业。

第十五条 托运人应当在铁路运输企业公布办理相应品名的危险货物办理站办理危险货物托运手续。托运时，应当向铁路运输企业如实说明所托运危险货物的品名、数量（重量）、危险特性以及发生危险情况时的应急处置措施等。对国家规定实行许可管理、需凭证运输或者采取特殊措施的危险货物，托运人应当向铁路运输企业如实提交相关证明。不得将危险货物匿报或者谎报品名进行托运；不得在托运的普通货物中夹带危险货物，或者在危险货物中夹带禁止配装的货物。

托运人托运危险化学品的，还应当提交与托运的危险化学品相符的安全技术说明书，并在货物运输包装上粘贴或者涂打安全标签。

托运人托运危险废物的，应当主动向铁路运输企业告知托运的货物属于危险废物。运输时，还应当提交生态环境主管部门发放的电子或者纸质形式的危险废物转移联单。

第十六条 危险货物的运单应当载明危险货物的托运人、收货人，发送运输企业及发送站、装车场所，到达运输企业及到达站、卸车场所，货物名称、铁危编号、包装、装载数量（重量）、车种车号、箱型箱号，应急联系人及联系电话等信息。

运输单位应当妥善保存危险货物运单，保

存期限不得少于24个月。

第十七条 托运人应当在危险货物运输期间保持应急联系电话畅通。

第十八条 铁路运输企业应当实行安全查验制度，对托运人身份进行查验，对承运的货物进行安全检查。不得在非危险货物办理站办理危险货物承运手续，不得承运未接受安全检查的货物，不得承运不符合安全规定、可能危害铁路运输安全的货物。

有下列情形之一的，铁路运输企业应当查验托运人提供的相关证明材料，并留存不少于24个月：

（一）国家对生产、经营、储存、使用等实行许可管理的危险货物；

（二）国家规定需要凭证运输的危险货物；

（三）需要添加抑制剂、稳定剂和采取其他特殊措施方可运输的危险货物；

（四）运输包装、容器列入国家生产许可证制度的工业产品目录的危险货物；

（五）法律、行政法规及国家规定的其他情形。

铁路运输企业应当告知托运人有关注意事项，并在网上受理页面、营业场所或者运输有关单据上明示违规托运的法律责任。

第十九条 运输单位应当建立托运人身份和运输货物登记制度，如实记录托运经办人身份信息和运输的危险货物品名及铁危编号、装载数量（重量）、发到站、作业地点、装运方式、车（箱）号、托运人、收货人、押运人等信息，并采取必要的安全防范措施，防止危险货物丢失或者被盗；发现爆炸品、易制爆危险化学品、剧毒化学品丢失或者被盗、被抢的，应当立即采取相应的警示措施和安全措施，按照《民用爆炸物品安全管理条例》、《危险化学品安全管理条例》等国家有关规定及时报告。

第二十条 运输放射性物品时，托运人应当持有生产、销售、使用或者处置放射性物品的有效证明，配置必要的辐射监测设备、防护用品和防盗、防破坏设备。运输的放射性物品及其运输容器、运输车辆、辐射监测、安全保卫、应急响应、装卸作业、押运、职业卫生、人员培训、审查批准等应当符合《放射性物品运输安全管理条例》、《放射性物品安全运输规程》等法律、行政法规和有关标准的要求。

托运时，托运人应当向铁路运输企业提交运输说明书、辐射监测报告、核与辐射事故应急响应指南、装卸作业方法、安全防护指南，铁路运输企业应当查验、收存。托运人提交文件不齐全的，铁路运输企业不得承运。托运人应当在运输中采取有效的辐射防护和安全保卫措施，对运输中的核与辐射安全负责。

第二十一条 铁路运输危险货物的储存方式、方法以及储存数量、隔离等应当符合规定。专用仓库、专用场地等应当由专人负责管理。运输单位应当按照《中华人民共和国安全生产法》、《危险化学品安全管理条例》及国家其他有关规定建立重大危险源管理制度。剧毒化学品以及储存数量构成重大危险源的其他危险货物，应当单独存放，并实行双人收发、双人保管制度。

第二十二条 危险货物运输装载加固以及使用的铁路车辆、集装箱、其他容器、集装化用具、装载加固材料或者装置等应当符合有关标准和安全技术规范的要求。不得使用技术状态不良、未按规定检修（验）或者达到报废年限的设施设备，禁止超设计范围装运危险货物。

货物装车（箱）不得超载、偏载、偏重、集重。货物性质相抵触、消防方法不同、易造成污染的货物不得装载在同一铁路车辆、集装箱内。禁止将危险货物与普通货物在同一铁路车辆、集装箱内混装运输。

第二十三条 危险货物装卸作业应当遵守安全作业标准、规程和制度，并在装卸管理人员的现场指挥或者监控下进行。

第二十四条 运输危险货物时，托运人应当配备必要的押运人员和应急处理器材、设备和防护用品，并使危险货物始终处于押运人员监管之下。托运人应当负责对押运人员的培训教育。押运人员应当了解所押运货物的特性，熟悉应急处置措施，携带所需安全防护、消防、通讯、检测、维护等工具。

铁路运输企业应当告知托运人有关铁路运输安全规定，检查押运人员、备品、设施及押运工作情况，并为押运人员提供必要的工作、生活条件。

押运人员应当遵守铁路运输安全规定，检查押运的货物及其装载加固状态，按操作规程使用押运备品和设施。在途中发现异常情况时，及时采取可靠的应急处置措施，并向铁路运输企业报告。

第二十五条 铁路运输企业应当与办理危险货物运输的专用铁路、铁路专用线产权单位、管理单位和使用单位共同签订危险货物运输安全协议，明确各方的安全生产管理职责、作业内容及其安全保证措施等。

运输单位间应当按照约定的交接地点、方式、内容、条件和安全责任等办理危险货物交接。

第二十六条 危险货物车辆编组、调车等技术作业应当执行有关标准和管理办法。

运输危险货物的车辆途中停留时，应当远离客运列车及停留期间有乘降作业的客运站台等人员密集场所和设施，并采取安全防范措施。装运剧毒化学品、爆炸品、放射性物品和气体等危险货物的车辆途中停留时，铁路运输企业应当派人看守，押运人员应当加强看守。

第二十七条 装运过危险货物的车辆、集装箱，卸后应当清扫洗刷干净，确保不会对其他货物和作业人员造成污染、损害。洗刷废水、废物处理应当符合环保要求。

第二十八条 铁路运输企业应当按照《中华人民共和国反恐怖主义法》等的规定，通过定位系统对运营中的危险货物运输工具实行监控，对危险货物运输全程跟踪和实时查询，按照铁路监管部门的规定预留安全监管数据接口，并按时向铁路监管部门报送。

第二十九条 运输单位应当按照《中华人民共和国安全生产法》、《中华人民共和国职业病防治法》、《放射性物品运输安全管理条例》等关于劳动安全、职业卫生的规定，为从业人员配备符合国家标准或者行业标准的劳动防护用品等设施设备，建立从业人员职业健康监护档案，预防人身伤害。

第三十条 运输单位应当建立健全岗位安全责任、教育培训、安全检查、安全风险分级管控、隐患排查治理、安全投入保障、劳动保护、责任追究、应急管理等危险货物运输安全管理制度，完善危险货物包装、装卸、押运、运输等操作规程和标准化作业管理办法。

第三十一条 运输单位应当对本单位危险货物运输从业人员进行经常性安全、法制教育和岗位技术培训，经考核合格后方可上岗。开展危险货物运输岗位技术培训应当制定培训大纲，设置培训课程，明确培训具体内容、学时和考试要求并及时修订和更新。危险货物运输培训课程及教材、资料应当符合国家法律、行政法规、规章和有关标准的规定。

运输单位应当建立安全生产教育和培训档案，如实记录安全生产教育和培训的时间、内容、参加人员以及考核结果等情况，安全生产教育和培训记录应当保存36个月以上。

第三十二条 危险货物运输从业人员应当具备必要的安全知识，熟悉有关的安全规章制度和安全操作规程，掌握本岗位的安全操作技能，知悉自身在安全方面的权利和义务，掌握所运输危险货物的危险特性及其运输工具、包装物、容器的使用要求和出现危险情况时的应急处置方法。

第三十三条 运输单位应当经常性开展危险货物运输安全隐患排查治理，隐患排查治理情况应当如实记录，重大事故隐患排查治理情况要向所在地的地区铁路监督管理局报告。

第三十四条 运输单位在法定假日和传统节日等运输高峰期或者恶劣气象条件下，以及国家重大活动期间，应当采取安全应急管理措施，加强铁路危险货物运输安全检查，确保运输安全。

在特定区域、特定时间，国务院有关主管部门或者省级人民政府决定对危险化学品、民用爆炸物品等危险货物铁路运输实施管制的，铁路运输企业应当予以配合。

第三十五条 运输单位应当针对本单位危险货物运输可能发生的事故特点和危害，制定铁路危险货物运输事故应急预案，并与相应层级、相关部门预案衔接。应急预案应当按照国家有关规定进行评审或者论证、公布，并至少每半年组织1次应急演练。铁路危险货物运输事故应急预案及应急演练情况应当报送所在地的地区铁路监督管理局。

运输单位应当按照《中华人民共和国安全生产法》、《生产安全事故应急条例》等规定建立应急救援队伍或者配备应急救援人员；配备必要的应急救援器材、设备和物资，并进行经常性维护、保养，保证正常运转；建立应急值班制度，配备应急值班人员。

第三十六条 危险货物运输过程中发生燃烧、爆炸、环境污染、中毒或者被盗、丢失、泄漏等情况，押运人员和现场有关人员应当按照国家有关规定及时报告，并按照应急预案开展先期处置。运输单位负责人接到报告后，应当迅速采取有效措施，组织抢救，防止事故扩大，减少人员伤亡和财产损失，并报告所在地的地区铁路监督管理局及其他有关部门，不得隐瞒不报、谎报或者迟报，不得故意破坏事故现场、毁灭有关证据。

第三十七条 铁路运输企业应当实时掌握本单位危险货物运输状况，并按要求向所在地的地区铁路监督管理局报告危险货物运量、办理站点、设施设备、安全等信息。

第四章 监督检查

第三十八条 铁路监管部门依法对运输单位执行有关危险货物运输安全的法律、行政法规、规章和标准的情况进行监督检查，重点监督检查下列内容：

（一）危险货物运输安全责任制、规章制度和操作规程的建立、完善情况；

（二）危险货物运输从业人员教育、培训及考核情况；

（三）保证本单位危险货物运输安全生产投入情况；

（四）危险货物运输安全风险分级管控和安全隐患排查治理情况；

（五）危险货物运输设施设备配置、使用、管理及检测、检验和安全评价情况；

（六）危险货物办理站信息公布情况；

（七）承运危险货物安全检查情况；

（八）危险货物运输作业环节安全管理情况；

（九）重大危险源安全管理措施落实情况；

（十）危险货物运输事故应急预案制定、应急救援设备和器材配置、应急救援演练等情况；

（十一）危险货物运输事故报告情况；

（十二）依法应当监督检查的其他情况。

第三十九条 铁路监管部门进行监督检查时，可以依法采取下列措施：

（一）进入铁路危险货物运输作业场所检查，调阅有关资料，向有关单位和人员了解情况；

（二）纠正或者要求限期改正危险货物运输安全违法违规行为；对依法应当给予行政处罚的行为，依照法律、行政法规、规章的规定作出行政处罚决定；

（三）责令立即排除危险货物运输事故隐患；重大事故隐患排除前或者排除过程中无法保证安全的，应当责令撤出危险区域内的作业人员，责令暂时停运或者停止使用相关设施、设备；

（四）责令立即停止使用不符合规定的设施、设备、装置、器材、运输工具等；

（五）依法查封或者扣押有根据认为不符合有关标准的设施、设备、器材，并作出处理决定；

（六）法律、行政法规规定的其他措施。

第四十条 铁路监管部门行政执法人员应当忠于职守、秉公执法，遵守执法规范；对监督检查过程中知悉的商业秘密负有保密义务。行政执法人员依法履行监督检查职责时，应当出示有效执法证件。

被监督检查单位和个人对铁路监管部门依法进行的监督检查应当予以配合，如实提供有关情况或者资料，不得拒绝、阻挠。

第四十一条 铁路监管部门应当建立健全危险货物运输安全监督检查制度，加强行政执法人员危险货物运输安全知识培训，配备必要的安全检查装备，应用信息化手段和先进技术，不断提高监管水平。

铁路监管部门监督检查时，可以聘请熟悉铁路危险货物运输、化学化工、安全技术管理、应急救援等的专家和专业人员提供技术支撑。

第四十二条 任何单位和个人均有权向铁路监管部门举报危险货物运输违法违规行为。

铁路监管部门接到举报，应当及时依法处理；对不属于本部门职责的，应当及时移送有关部门处理。

第四十三条 铁路监管部门应当建立危险货物运输违法行为信息库，如实记录运输单位的违法行为信息，并将行政处罚信息依法纳入全国信用信息共享平台、国家企业信用信息公示系统。对无正当理由拒绝接受监督检查、故意隐瞒事实或者提供虚假材料以及受到行政处罚等违法情节严重的单位及其有关从业人员依法予以公开。

第五章　法律责任

第四十四条 违反本规定，《中华人民共和国安全生产法》、《中华人民共和国反恐怖主义法》、《铁路安全管理条例》、《放射性物品运输安全管理条例》等法律、行政法规对其处罚有明确规定的，从其规定。

违反法律、行政法规规定运输危险货物，造成铁路交通事故或者其他事故的，依法追究相关单位及其主要负责人、工作人员的行政责任；涉嫌犯罪的，依法移送司法机关处理。

第四十五条 铁路运输企业违反本规定运输危险货物，有下列行为之一的，由所在地的地区铁路监督管理局责令限期改正，可以处 1 万元以下的罚款；逾期未改正的，处1万元以上3万元以下的罚款：

（一）违反规定在高速铁路、城际铁路等客运专线及旅客列车运输危险货物的；

（二）办理危险货物的车站名称、作业地点、办理品名及铁危编号、装运方式等信息未按规定公布，或者未向所在地的地区铁路监督管理局报送的；

（三）运输新品名、新包装或者改变包装、尚未明确安全运输条件的危险货物，未按照规定组织开展试运，或者试运方案未报所在地的地区铁路监督管理局的；

（四）未按照规定对危险货物车辆途中停留采取安全防范措施的；

（五）未告知托运人有关托运注意事项，或者未在网上受理页面、营业场所或者运输有关单据上明示违规托运的法律责任的；

（六）未按照规定向所在地的地区铁路监督管理局报告危险货物运量、办理站点、设施设备、安全等信息的。

第四十六条 托运人违反本规定运输危险货物，有下列行为之一的，由所在地的地区铁路监督管理局责令限期改正，可以处1万元以下的罚款；逾期未改正或者情节严重的，处1万元以上3万元以下的罚款：

（一）在不具备相应品名危险货物办理条件的车站、专用铁路、铁路专用线间发到危险货物的；

（二）托运危险货物未如实说明所托运的货物的危险特性、采取添加抑制剂或者稳定剂等特殊措施情况、发生危险情况时的应急处置措施，或者未按规定提交相关证明材料，或者提交虚假证明材料的；

（三）未准确确定危险货物的类别、项别、品名、铁危编号等的；

（四）押运人员未检查押运的货物及其装载加固状态，或者未按操作规程使用押运备品和设施，或者在途中发现异常情况时，未及时采取可靠的应急处置措施并向铁路运输企业报告的。

第四十七条 运输单位有下列行为之一的，由所在地的地区铁路监督管理局责令限期改正，可以处1万元以下的罚款；逾期未改正或者情节严重的，处1万元以上3万元以下的罚款：

（一）因未按规定进行安全评价导致未及时发现安全生产条件存在的问题，或者未及时对有关问题进行整改，仍进行危险货物运输的；

（二）危险货物的运单未按规定载明相关信息，或者未按规定期限保存的；

（三）未按规定签订危险货物运输安全协议，或者未按照约定的交接地点、方式、内容、条件和安全责任等办理危险货物交接的；

（四）使用技术状态不良、未按规定检修（验）或者达到报废年限的设施设备，或者超设计范围装运危险货物的；

（五）货物装车（箱）违反本规定要求的；

（六）装运过危险货物的车辆、集装箱，卸后未按规定清扫洗刷干净的。

第四十八条 铁路监管部门工作人员在铁路危险货物运输监管工作中滥用职权、玩忽职守、徇私舞弊的，依法进行处理；构成犯罪的，依法追究刑事责任。

第六章 附则

第四十九条 具有下列情形之一的物质或者物品，不属于本规定第二条规定的危险货物：

（一）根据铁路运输设备设施有关规定，

作为铁路车辆或者集装箱的组成部分；

（二）根据铁路运输有关规定，对所运输货物进行监测或者应急处置的装置和器材。

第五十条　运输的危险货物有下列情形之一的，不受本规定的限制：

（一）运输时采取保证安全的措施，数量、包装、装载等符合相应技术条件，铁路危险货物品名表特殊规定不作为危险货物运输的；

（二）在紧急情况下，为保障国家安全和公共利益的需要，国家铁路局公布应急运输的危险货物。

第五十一条　军事运输危险货物依照国家有关规定办理。

第五十二条　本规定自 2022 年 12 月 1 日起施行。

国务院关于同意在廊坊等33个城市和地区设立跨境电子商务综合试验区的批复

国函〔2022〕126号

河北省、山西省、内蒙古自治区、辽宁省、吉林省、黑龙江省、安徽省、福建省、江西省、山东省、河南省、湖南省、广西壮族自治区、四川省、贵州省、云南省、西藏自治区、新疆维吾尔自治区人民政府，商务部：

你们关于设立跨境电子商务综合试验区的请示收悉。现批复如下：

一、同意在廊坊市、沧州市、运城市、包头市、鞍山市、延吉市、同江市、蚌埠市、南平市、宁德市、萍乡市、新余市、宜春市、吉安市、枣庄市、济宁市、泰安市、德州市、聊城市、滨州市、菏泽市、焦作市、许昌市、衡阳市、株洲市、柳州市、贺州市、宜宾市、达州市、铜仁市、大理白族自治州、拉萨市、伊犁哈萨克自治州等33个城市和地区设立跨境电子商务综合试验区，名称分别为中国（城市或地区名）跨境电子商务综合试验区，具体实施方案由所在地省级人民政府分别负责印发。

二、跨境电子商务综合试验区（以下简称综合试验区）建设要以习近平新时代中国特色社会主义思想为指导，全面贯彻党的二十大精神，按照党中央、国务院决策部署，坚持稳中求进工作总基调，完整、准确、全面贯彻新发展理念，加快构建新发展格局，全面深化改革开放，坚持创新驱动发展，复制推广前六批综合试验区成熟经验做法，发挥跨境电子商务助力传统产业转型升级、促进产业数字化发展的积极作用，推动外贸优化升级，加快建设贸易强国。要坚定不移贯彻总体国家安全观，抓好风险防范，坚持在发展中规范、在规范中发展。要保障好个人信息权益，为各类市场主体公平参与市场竞争创造良好营商环境。

三、有关省（自治区）人民政府要切实加强对综合试验区建设的组织领导，健全机制、明确分工、落实责任，有力有序有效推进综合试验区建设发展。要按照试点要求，尽快完善具体实施方案并抓好组织实施。要进一步细化先行先试任务，突出重点，创新驱动，充分发挥市场配置资源的决定性作用，更好发挥政府作用，有效引导社会资源，合理配置公共资源，扎实推进综合试验区建设。要建立健全跨境电子商务信息化管理机制，根据有关部门的管理需要，及时提供相关电子信息。要定期向商务部等部门报送工作计划、试点经验和成效，努力在健全促进跨境电子商务发展的体制机制、推动配套支撑体系建设等方面取得新进展、新突破。各综合试验区建设涉及的重要政策和重大建设项目要按规定程序报批。

四、国务院有关部门要按照职能分工，加强对综合试验区的协调指导和政策支持，切实发挥综合试验区示范引领作用。按照鼓励创新原则，坚持问题导向，加强协调配合，着力在跨境电子商务企业对企业（B2B）方式相关环节的技术标准、业务流程、监管模式和信息化建设等方面探索创新，研究出台更多支持举措，为综合试验区发展营造良好环境，更好促进和规范跨境电子商务产业发展壮大。要进一步完善跨境电子商务统计体系，实行对综合试验区内跨境电子商务零售出口货物按规定免征增值税和消费税等支持政策，企业可以选择企业所得税核定征收，对经所在地海关确认符合监管要求的综合试验区所在城市（地区）自动适用跨境电子商务零售进口试点政策，支持企业共建共享海外仓。商务部要牵头做好统筹协调、跟踪分析和督促指导，建立健全评估和退出机制，定期开展评估，促进优胜劣汰，会同有关部门及时总结推广试点经验，重大问题和情况及时报告国务院。

国务院

2022 年 11 月 14 日

（此件公开发布）

国务院办公厅关于印发“十四五”现代物流发展规划的通知

国办发〔2022〕17号

各省、自治区、直辖市人民政府，国务院各部委、各直属机构：

《“十四五”现代物流发展规划》已经国务院同意，现印发给你们，请认真贯彻执行。

国务院办公厅

2022年5月17日

（本文有删减）

“十四五”现代物流发展规划

现代物流一头连着生产，一头连着消费，高度集成并融合运输、仓储、分拨、配送、信息等服务功能，是延伸产业链、提升价值链、打造供应链的重要支撑，在构建现代流通体系、促进形成强大国内市场、推动高质量发展、建设现代化经济体系中发挥着先导性、基础性、战略性作用。“十三五”以来，我国现代物流发展取得积极成效，服务质量效益明显提升，政策环境持续改善，对国民经济发展的支撑保障作用显著增强。为贯彻落实党中央、国务院关于构建现代物流体系的决策部署，根据《中华人民共和国国民经济和社会发展第十四个五年规划和2035年远景目标纲要》，经国务院同意，制定本规划。

一、现状形势

（一）发展基础。

物流规模效益持续提高。“十三五”期间，社会物流总额保持稳定增长，2020年超过300万亿元，年均增速达5.6%。公路、铁路、内河、民航、管道运营里程以及货运量、货物周转量、快递业务量均居世界前列，规模以上物流园区达到2000个左右。社会物流成本水平稳步下降，2020年社会物流总费用与国内生产总值的比率降至14.7%，较2015年下降1.3个百分点。

物流资源整合提质增速。国家物流枢纽、国家骨干冷链物流基地、示范物流园区等重大物流基础设施建设稳步推进。物流要素与服务资源整合步伐加快，市场集中度提升，中国物流企业50强2020年业务收入较2015年增长超过30%。航运企业加快重组，船队规模位居世界前列。民航货运领域混合所有制改革深入推进，资源配置进一步优化。

物流结构调整加快推进。物流区域发展不平衡状况有所改善，中西部地区物流规模增速超过全国平均水平。运输结构加快调整，铁路货运量占比稳步提升，多式联运货运量年均增速超过20%。仓储结构逐步优化，高端标准仓库、智能立体仓库快速发展。快递物流、冷链物流、农村物流、即时配送等发展步伐加快，有力支撑和引领消费结构升级。

科技赋能促进创新发展。移动互联网、大数据、云计算、物联网等新技术在物流领域广泛应用，网络货运、数字仓库、无接触配送等“互联网+”高效物流新模式新业态不断涌现。自动分拣系统、无人仓、无人码头、无人配送车、物流机器人、智能快件箱等技术装备加快应用，高铁快运动车组、大型货运无人机、无人驾驶卡车等起步发展，快递电子运单、铁路货运票据电子化得到普及。

国际物流网络不断延展。我国国际航运、航空物流基本通达全球主要贸易合作伙伴。截至2020年底，中欧班列通达欧洲20多个国家的90多个城市，累计开行超过3万列，在深化我国与共建“一带一路”国家经贸合作、应对新冠肺炎疫情和推进复工复产中发挥了国际物流大动脉作用。企业海外仓、落地配加快布局，境外物流网络服务能力稳步提升。

营商环境持续改善。推动现代物流发展的一系列规划和政策措施出台实施，特别是物流降本增效政策持续发力，“放管服”改革与减税降费等取得实效。物流市场监测、监管水平明显提升，政务服务质量和效率大幅改善。物流标准、统计、教育、培训等支撑保障体系进一步完善，物流诚信体系建设加快推进，行业治理能力稳步提升。

（二）突出问题。

物流降本增效仍需深化。全国统一大市场尚不健全，物流资源要素配置不合理、利用不充分。多式联运体系不完善，跨运输方式、跨作业环节衔接转换效率较低，载运单元标准化程度不高，全链条运行效率低、成本高。

结构性失衡问题亟待破局。存量物流基础设施网络“东强西弱”、“城强乡弱”、“内强外弱”，对新发展格局下产业布局、内需消费的支撑引领能力不够。物流服务供给对需求的适配性不强，低端服务供给过剩、中高端服务供给不足。货物运输结构还需优化，大宗货物公路中长距离运输比重仍然较高。

大而不强问题有待解决。物流产业规模大但规模经济效益释放不足，特别是公路货运市场同质化竞争、不正当竞争现象较为普遍，集约化程度有待提升。现代物流体系组织化、集约化、网络化、社会化程度不高，国家层面的骨干物流基础设施网络不健全，缺乏具有全球竞争力的现代物流企业，与世界物流强国相比仍存在差距。

部分领域短板较为突出。大宗商品储备设施以及农村物流、冷链物流、应急物流、航空物流等专业物流和民生保障领域物流存在短板。现代物流嵌入产业链深度广度不足，供应链服务保障能力不够，对畅通国民经济循环的支撑能力有待增强。行业协同治理水平仍需提升。

（三）面临形势。

统筹国内国际两个大局要求强化现代物流战略支撑引领能力。中华民族伟大复兴战略全局与世界百年未有之大变局历史性交汇，新冠肺炎疫情、俄乌冲突影响广泛深远，全球产业链供应链加速重构，要求现代物流对内主动适应社会主要矛盾变化，更好发挥连接生产消费、畅通国内大循环的支撑作用；对外妥善应对错综复杂国际环境带来的新挑战，为推动国际经贸合作、培育国际竞争新优势提供有力保障。

建设现代产业体系要求提高现代物流价值创造能力。发展壮大战略性新兴产业，促进服务业繁荣发展，要求现代物流适应现代产业体系对多元化专业化服务的需求，深度嵌入产业链供应链，促进实体经济降本增效，提升价值创造能力，推进产业基础高级化、产业链现代化。

实施扩大内需战略要求发挥现代物流畅通经济循环作用。坚持扩大内需战略基点，加快培育完整内需体系，要求加快构建适应城乡居民消费升级需要的现代物流体系，提升供给体系对内需的适配性，以高质量供给引领、创造和扩大新需求。

新一轮科技革命要求加快现代物流技术创新与业态升级。现代信息技术、新型智慧装备广泛应用，现代产业体系质量、效率、动力变革深入推进，既为物流创新发展注入新活力，也要求加快现代物流数字化、网络化、智慧化赋能，打造科技含量高、创新能力强的智慧物流新模式。

二、总体要求

（一）指导思想。

以习近平新时代中国特色社会主义思想为指导，坚持稳中求进工作总基调，完整、准确、全面贯彻新发展理念，加快构建新发展格局，全面深化改革开放，坚持创新驱动发展，推动高质量发展，坚持以供给侧结构性改革为主线，统筹疫情防控和经济社会发展，统筹发展和安全，提升产业链供应链韧性和安全水平，推动构建现代物流体系，推进现代物流提质、增效、降本，为建设现代产业体系、形成强大国内市场、推动高水平对外开放提供有力支撑。

（二）基本原则。

——市场主导、政府引导。充分发挥市场在资源配置中的决定性作用，激发市场主体创新发展活力，提高物流要素配置效率和效益。更好发挥政府作用，加强战略规划和政策引导，推动形成规范高效、公平竞争、统一开放的物流市场，强化社会民生物流保障。

——系统观念、统筹推进。统筹谋划物流设施建设、服务体系构建、技术装备升级、业态模式创新，促进现代物流与区域、产业、消费、城乡协同布局，构建支撑国内国际双循环的物流服务体系，实现物流网络高效联通。

——创新驱动、联动融合。以数字化、网络化、智慧化为牵引，深化现代物流与制造、贸易、信息等融合创新发展，推动形成需求牵引供给、供给创造需求的良性互动和更高水平动态平衡。

——绿色低碳、安全韧性。将绿色环保理念贯穿现代物流发展全链条，提升物流可持续发展能力。坚持总体国家安全观，提高物流安全治理水平，完善应急物流体系，提高重大疫情等公共卫生事件、突发事件应对处置能力，促进产业链供应链稳定。

（三）主要目标。

到 2025 年，基本建成供需适配、内外联通、安全高效、智慧绿色的现代物流体系。

——物流创新发展能力和企业竞争力显著

增强。物流数字化转型取得显著成效，智慧物流应用场景更加丰富。物流科技创新能力不断增强，产学研结合机制进一步完善，建设一批现代物流科创中心和国家工程研究中心。铁路、民航等领域体制改革取得显著成效，市场活力明显增强，形成一批具有较强国际竞争力的骨干物流企业和知名服务品牌。

——物流服务质量效率明显提升。跨物流环节衔接转换、跨运输方式联运效率大幅提高，社会物流总费用与国内生产总值的比率较2020年下降2个百分点左右。多式联运、铁路（高铁）快运、内河水运、大宗商品储备设施、农村物流、冷链物流、应急物流、航空物流、国际寄递物流等重点领域补短板取得明显成效。通关便利化水平进一步提升，城乡物流服务均等化程度明显提高。

——“通道＋枢纽＋网络”运行体系基本形成。衔接国家综合立体交通网主骨架，完成120个左右国家物流枢纽、100个左右国家骨干冷链物流基地布局建设，基本形成以国家物流枢纽为核心的骨干物流基础设施网络。物流干支仓配一体化运行更加顺畅，串接不同运输方式的多元化国际物流通道逐步完善，畅联国内国际的物流服务网络更加健全。枢纽经济发展取得成效，建设20个左右国家物流枢纽经济示范区。

——安全绿色发展水平大幅提高。提高重大疫情、自然灾害等紧急情况下物流对经济社会运行的保障能力。冷链物流全流程监测能力大幅增强，生鲜产品冷链流通率显著提升。货物运输结构进一步优化，铁路货运量占比较2020年提高0.5个百分点，集装箱铁水联运量年均增长15%以上，铁路、内河集装箱运输比重和集装箱铁水联运比重大幅上升。面向重点品类的逆向物流体系初步建立，资源集约利用水平明显提升。清洁货运车辆广泛应用，绿色包装应用取得明显成效，物流领域节能减排水平显著提高。

——现代物流发展制度环境更加完善。物流标准规范体系进一步健全，标准化、集装化、单元化物流装载器具和包装基础模数广泛应用。社会物流统计体系、信用体系更加健全，营商环境持续优化，行业协同治理体系不断完善、治理能力显著提升。

展望2035年，现代物流体系更加完善，具有国际竞争力的一流物流企业成长壮大，通达全球的物流服务网络更加健全，对区域协调发展和实体经济高质量发展的支撑引领更加有力，为基本实现社会主义现代化提供坚实保障。

三、精准聚焦现代物流发展重点方向

（一）加快物流枢纽资源整合建设。

深入推进国家物流枢纽建设，补齐内陆地区枢纽设施结构和功能短板，加强业务协同、政策协调、运行协作，加快推动枢纽互联成网。加强国家物流枢纽铁路专用线、联运转运设施建设，有效衔接多种运输方式，强化多式联运组织能力，实现枢纽间干线运输密切对接。依托国家物流枢纽整合区域物流设施资源，引导应急储备、分拨配送等功能设施集中集约布局，支持各类物流中心、配送设施、专业市场等与国家物流枢纽功能对接、联动发展，促进物流要素规模集聚和集成运作。

专栏1 国家物流枢纽建设工程
优化国家物流枢纽布局，实现东中西部物流枢纽基本均衡分布。发挥国家物流枢纽联盟组织协调作用，建立物流标准衔接、行业动态监测等机制，探索优势互补、资源共享、业务协同合作模式，形成稳定完善的国家物流枢纽合作机制。积极推进国家级示范物流园区数字化、智慧化、绿色化改造。

（二）构建国际国内物流大通道。

依托国家综合立体交通网和主要城市群、沿海沿边口岸城市等，促进国家物流枢纽协同建设和高效联动，构建国内国际紧密衔接、物流要素高效集聚、运作服务规模化的“四横五纵、两沿十廊”物流大通道。“四横五纵”国内物流大通道建设，要畅通串接东中西部的沿黄、陆桥、长江、广昆等物流通道和联接南北方的京沪、京哈—京港澳（台）、二连浩特至北部湾、西部陆海新通道、进出藏等物流通道，提升相关城市群、陆上口岸城市物流综合服务能力和规模化运行效率。加快“两沿十廊”国际物流大通道建设，对接区域全面经济伙伴关系协定（RCEP）等，强化服务共建“一带一路”的多元化国际物流通道辐射能力。

（三）完善现代物流服务体系。

围绕做优服务链条、做强服务功能、做好供应链协同，完善集约高效的现代物流服务体系，支撑现代产业体系升级，推动产业迈向全球价值链中高端。加快运输、仓储、配送、流通加工、包装、装卸等领域数字化改造、智慧化升级和服务创新，补齐农村物流、冷链物流、应急物流、航空物流等专业物流短板，增强专业物流服务能力，推动现代物流向供应链上下游延伸。

（四）延伸物流服务价值链条。

把握物流需求多元化趋势，加强现代物流科技赋能和创新驱动，推进现代物流服务领域拓展和业态模式创新。发挥现代物流串接生产消费作用，与先进制造、现代商贸、现代农业融合共创产业链增值新空间。提高物流网络对经济要素高效流动的支持能力，引导产业集群发展和经济合理布局，推动跨区域资源整合、产业链联动和价值协同创造，发展枢纽经济、通道经济新形态，培育区域经济新增长点。

（五）强化现代物流对社会民生的服务保障。

围绕更好满足城乡居民生活需要，适应扩大内需、消费升级趋势，优化完善商贸、快递物流网络。完善城市特别是超大特大城市物流设施网络，健全分级配送体系，实现干线、支线物流和末端配送有机衔接、一体化运作，加强重点生活物资保障能力。补齐农村物流设施和服务短板，推动快递服务基本实现直投到建制村，支撑扩大优质消费品供给。加快建立覆盖冷链物流全链条的动态监测和追溯体系，保障食品药品消费安全。鼓励发展物流新业态新模式，创造更多就业岗位，保障就业人员权益，促进灵活就业健康发展。

（六）提升现代物流安全应急能力。

统筹发展和安全，强化重大物流基础设施安全和信息安全保护，提升战略物资、应急物流、国际供应链等保障水平，增强经济社会发展韧性。健全大宗商品物流体系。加快构建全球供应链物流服务网络，保持产业链供应链稳定。充分发挥社会物流作用，推动建立以企业为主体的应急物流队伍。

四、加快培育现代物流转型升级新动能

（一）推动物流提质增效降本。

促进全链条降成本。推动解决跨运输方式、跨作业环节瓶颈问题，打破物流“中梗阻”。依托国家物流枢纽、国家骨干冷链物流基地等重大物流基础设施，提高干线运输规模化水平和支线运输网络化覆盖面，完善末端配送网点布局，扩大低成本、高效率干支仓配一体化物流服务供给。鼓励物流资源共享，整合分散的运输、仓储、配送能力，发展共建船队车队、共享仓储、共同配送、统仓统配等组织模式，提高资源利用效率。推动干支仓配一体化深度融入生产和流通，带动生产布局和流通体系调整优化，减少迂回、空驶等低效无效运输，加快库存周转，减少社会物流保管和管理费用。

推进结构性降成本。加快推进铁路专用线进港区、连园区、接厂区，合理有序推进大宗商品等中长距离运输“公转铁”、“公转水”。完善集装箱公铁联运衔接设施，鼓励发展集拼集运、模块化运输、“散改集”等组织模式，发挥铁路干线运输成本低和公路网络灵活优势，培育有竞争力的“门到门”公铁联运服务模式，降低公铁联运全程物流成本。统筹沿海港口综合利用，提升大型港口基础设施服务能力，提高码头现代化专业化规模化水平，加快推进铁水联运衔接场站改造，提高港口铁路专用线集疏网络效能，优化作业流程。完善内河水运网络，统筹江海直达、江海联运发展，发挥近海航线、长江水道、珠江水道等水运效能，稳步推进货物运输“公转水”。推进铁水联运业务单证电子化，促进铁路、港口信息互联，实现铁路现车、装卸车、货物在途、到达预确报以及港口装卸、货物堆存、船舶进出港、船期舱位预定等铁水联运信息交换共享。支持港口、铁路场站加快完善集疏运油气管网，有效对接石化等产业布局，提高管道运输比例。

专栏2　铁路物流升级改造工程
大力组织班列化货物列车开行，扩大铁路“点对点”直达货运服务规模，在运量较大的物流枢纽、口岸、港口间组织开行技术直达列车，形成“核心节点 + 通道 + 班列”的高效物流组织体系，增强铁路服务稳定性和时效性。有序推动城市中心城区既有铁路货场布局调整，或升级改造转型为物流配送中心。到2025年，沿海主要港口、大宗货物年运量150万吨以上的大型工矿企业、新建物流园区等的铁路专用线接入比例力争达到85%左右，长江干线主要港口全面实现铁路进港。

（二）促进物流业与制造业深度融合。

促进企业协同发展。支持物流企业与制造企业创新供应链协同运营模式，将物流服务深度嵌入制造供应链体系，提供供应链一体化物流解决方案，增强制造企业柔性制造、敏捷制造能力。引导制造企业与物流企业建立互利共赢的长期战略合作关系，共同投资专用物流设施建设和物流器具研发，提高中长期物流合同比例，制定制造业物流服务标准，提升供应链协同效率。鼓励具备条件的制造企业整合对接分散的物流服务能力和资源，实现规模化组织、专业化服务、社会化协同。

推动设施联动发展。加强工业园区、产业集群与国家物流枢纽、物流园区、物流中心等

设施布局衔接、联动发展。支持工业园区等新建或改造物流基础设施，吸引第三方物流企业进驻并提供专业化、社会化物流服务。发展生产服务型国家物流枢纽，完善第三方仓储、铁路专用线等物流设施，面向周边制造企业提供集成化供应链物流服务，促进物流供需规模化对接，减少物流设施重复建设和闲置。

支持生态融合发展。统筹推进工业互联网和智慧物流体系同步设计、一体建设、协同运作，加大智能技术装备在制造业物流领域应用，推进关键物流环节和流程智慧化升级。打造制造业物流服务平台，促进制造业供应链上下游企业加强采购、生产、流通等环节信息实时采集、互联共享，实现物流资源共享和过程协同，提高生产制造和物流服务一体化运行水平，形成技术驱动、平台赋能的物流业制造业融合发展新生态。

专栏3　物流业制造业融合创新工程
在重点领域梳理一批物流业制造业深度融合创新发展典型案例，培育一批物流业制造业融合创新模式、代表性企业和知名品牌。鼓励供应链核心企业发起成立物流业制造业深度融合创新发展联盟，开展流程优化、信息共享、技术共创和业务协同等创新。研究制定物流业制造业融合发展行业标准，开展制造企业物流成本核算对标。

（三）强化物流数字化科技赋能。

加快物流数字化转型。利用现代信息技术推动物流要素在线化数据化，开发多样化应用场景，实现物流资源线上线下联动。结合实施“东数西算”工程，引导企业信息系统向云端跃迁，推动“一站式”物流数据中台应用，鼓励平台企业和数字化服务商开发面向中小微企业的云平台、云服务，加强物流大数据采集、分析和应用，提升物流数据价值。培育物流数据要素市场，统筹数据交互和安全需要，完善市场交易规则，促进物流数据安全高效流通。积极参与全球物流领域数字治理，支撑全球贸易和跨境电商发展。研究电子签名和电子合同应用，促进国际物流企业间互认互验，试点铁路国际联运无纸化。

推进物流智慧化改造。深度应用第五代移动通信（5G）、北斗、移动互联网、大数据、人工智能等技术，分类推动物流基础设施改造升级，加快物联网相关设施建设，发展智慧物流枢纽、智慧物流园区、智慧仓储物流基地、智慧港口、数字仓库等新型物流基础设施。鼓励智慧物流技术与模式创新，促进创新成果转化，拓展智慧物流商业化应用场景，促进自动化、无人化、智慧化物流技术装备以及自动感知、自动控制、智慧决策等智慧管理技术应用。加快高端标准仓库、智慧立体仓储设施建设，研发推广面向中小微企业的低成本、模块化、易使用、易维护智慧装备。

促进物流网络化升级。依托重大物流基础设施打造物流信息组织中枢，推动物流设施设备全面联网，实现作业流程透明化、智慧设备全连接，促进物流信息交互联通。推动大型物流企业面向中小微企业提供多样化、数字化服务，稳步发展网络货运、共享物流、无人配送、智慧航运等新业态。鼓励在有条件的城市搭建智慧物流“大脑”，全面链接并促进城市物流资源共享，优化城市物流运行，建设智慧物流网络。推动物流领域基础公共信息数据有序开放，加强物流公共信息服务平台建设，推动企业数据对接，面向物流企业特别是中小微物流企业提供普惠性服务。

专栏4　数字物流创新提质工程
加强物流公共信息服务平台建设，在确保信息安全的前提下，推动交通运输、公安交管、市场监管等政府部门和铁路、港口、航空等企事业单位向社会开放与物流相关的公共数据，推进公共数据共享。利用现代信息技术搭建数字化、网络化、协同化物流第三方服务平台，推出一批便捷高效、成本经济的云服务平台和数字化解决方案，推广一批先进数字技术装备。推动物流企业“上云用数赋智”，树立一批数字化转型标杆企业。

（四）推动绿色物流发展。

深入推进物流领域节能减排。加强货运车辆适用的充电桩、加氢站及内河船舶适用的岸电设施、液化天然气（LNG）加注站等配套布局建设，加快新能源、符合国六排放标准等货运车辆在现代物流特别是城市配送领域应用，促进新能源叉车在仓储领域应用。继续加大柴油货车污染治理力度，持续推进运输结构调整，提高铁路、水路运输比重。推动物流企业强化绿色节能和低碳管理，推广合同能源管理模式，积极开展节能诊断。加强绿色物流新技术和设备研发应用，推广使用循环包装，减少过度包装和二次包装，促进包装减量化、再利用。加快标准化物流周转箱推广应用，推动托盘循环共用系统建设。

加快健全逆向物流服务体系。探索符合我国国情的逆向物流发展模式，鼓励相关装备设施建设和技术应用，推进标准制定、检测认证等基础工作，培育专业化逆向物流服务企业。支持国家物流枢纽率先开展逆向物流体系建设，针对产品包装、物流器具、汽车以及电商退换货等，建立线上线下融合的逆向物流服务平台和网络，创新服务模式和场景，促进产品回收和资源循环利用。

专栏5　绿色低碳物流创新工程
依托行业协会等第三方机构，开展绿色物流企业对标贯标达标活动，推广一批节能低碳技术装备，创建一批绿色物流枢纽、绿色物流园区。在运输、仓储、配送等环节积极扩大电力、氢能、天然气、先进生物液体燃料等新能源、清洁能源应用。加快建立天然气、氢能等清洁能源供应和加注体系。

（五）做好供应链战略设计。

提升现代供应链运行效率。推进重点产业供应链体系建设，发挥供应链核心企业组织协同管理优势，搭建供应链协同服务平台，提供集贸易、物流、信息等多样化服务于一体的供应链创新解决方案，打造上下游有效串接、分工协作的联动网络。加强数字化供应链前沿技术、基础软件、先进模式等研究与推广，探索扩大区块链技术应用，提高供应链数字化效率和安全可信水平。规范发展供应链金融，鼓励银行等金融机构在依法合规、风险可控的前提下，加强与供应链核心企业或平台企业合作，丰富创新供应链金融产品供给。

强化现代供应链安全韧性。坚持自主可控、安全高效，加强供应链安全风险监测、预警、防控、应对等能力建设。发挥供应链协同服务平台作用，引导行业、企业间加强供应链安全信息共享和资源协同联动，分散化解潜在风险，增强供应链弹性，确保产业链安全。积极参与供应链安全国际合作，共同防范应对供应链中断风险。

专栏6　现代供应链体系建设工程
现代供应链创新发展工程。总结供应链创新与应用试点工作经验，开展全国供应链创新与应用示范创建，培育一批示范城市和示范企业，梳理一批供应链创新发展典型案例，推动供应链技术、标准和服务模式创新。 制造业供应链提升工程。健全制造业供应链服务体系，促进生产制造、原材料供应、物流等企业在供应链层面强化战略合作。建立制造业供应链评价体系、重要资源和产品全球供应链风险预警系统。提升制造业供应链智慧化水平，建设以工业互联网为核心的数字化供应链服务体系，深化工业互联网标识解析体系应用。选择一批企业竞争力强、全球化程度高的行业，深入挖掘数字化应用场景，开展制造业供应链数字化创新应用示范工程。

（六）培育发展物流经济。

壮大物流枢纽经济。发挥国家物流枢纽、国家骨干冷链物流基地辐射广、成本低、效率高等优势条件，推动现代物流和相关产业深度融合创新发展，促进区域产业空间布局优化，打造具有区域集聚辐射能力的产业集群，稳妥有序开展国家物流枢纽经济示范区建设。

发展物流通道经济。围绕共建“一带一路”、长江经济带发展等重大战略实施和西部陆海新通道建设，提升“四横五纵、两沿十廊”物流大通道沿线物流基础设施支撑和服务能力，密切通道经济联系，优化通道沿线产业布局与分工合作体系，提高产业组织和要素配置能力。

五、深度挖掘现代物流重点领域潜力

（一）加快国际物流网络化发展。

推进国际通道网络建设。强化国家物流枢纽等的国际物流服务设施建设，完善通关等功能，加强国际、国内物流通道衔接，推动国际物流基础设施互联互通。推动商贸物流型境外经贸合作区建设，优化海外布局，扩大辐射范围。巩固提升中欧班列等国际铁路运输组织水平，推动跨境公路运输发展，加快构建高效畅通的多元化国际物流干线通道。积极推进海外仓建设，加快健全标准体系。鼓励大型物流企业开展境外港口、海外仓、分销网络建设合作和协同共享，完善全球物流服务网络。

补齐国际航空物流短板。依托空港型国家物流枢纽，集聚整合国际航空物流货源，完善配套服务体系，打造一体化运作的航空物流服务平台，提供高品质“一站式”国际航空物流服务。加快培育规模化、专业化、网络化的国际航空物流骨干企业，优化国际航空客运航线客机腹舱运力配置，增强全货机定班国际航线和包机组织能力，逐步形成优质高效的国际航空物流服务体系，扩大国际航空物流网络覆盖范围，建设覆盖重点产业布局的国际货运通道。

培育国际航运竞争优势。加密国际海运航线，打造国际航运枢纽港，提升国际航运服务能力，强化国际中转功能，拓展国际金融、国际贸易等综合服务。加快推进长三角世界级港口群一体化治理体系建设。加强港口与内陆物流枢纽等联动，发展海铁联运、江海联运，扩大港口腹地辐射范围。鼓励港航企业与货主企业、贸易企业加强战略合作，延伸境外末端服务网络。

提高国际物流综合服务能力。优化完善中欧班列开行方案统筹协调和动态调整机制，加快建设中欧班列集结中心，完善海外货物集散网络，推动中欧班列双向均衡运输，提高货源集结与班列运行效率。加快国际航运、航空与中欧班列、西部陆海新通道国际海铁联运班列等协同联动，提升国际旅客列车行包运输能力，开行客车化跨境班列，构建多样化国际物流服务体系。提高重点边境铁路口岸换装和通行能力，推动边境水运口岸综合开发和国际航道物流合作，提升边境公路口岸物流能力。推进跨境物流单证规则、检验检疫、认证认可、通关报关等标准衔接和国际互认合作。

专栏7　国际物流网络畅通工程
国际物流设施提升工程。培育一批具备区域和国际中转能力的海港、陆港、空港。发挥国家物流枢纽资源整合优势，加快中欧班列集结中心建设，完善物流中转配套能力，加快形成“干支结合、枢纽集散”的高效集疏运体系；开展航空货运枢纽规划布局研究，提升综合性机场货运设施服务能力和服务质量，稳妥有序推进专业性航空货运枢纽机场建设。 西部陆海新通道增量提质工程。发挥西部陆海新通道班列运输协调委员会作用，提升通道物流服务水平。加强通道物流组织模式创新，推动通道沿线物流枢纽与北部湾港口协同联动，促进海铁联运班列提质增效。推动通道海铁联运、国际铁路联运等运输组织方式与中欧班列高效衔接。

（二）补齐农村物流发展短板。

完善农村物流节点网络。围绕巩固拓展脱贫攻坚成果与乡村振兴有效衔接，重点补齐中西部地区、经济欠发达地区和偏远山区等农村物流基础设施短板，切实改善农村流通基础条件。统筹城乡物流发展，推动完善以县级物流节点为核心、乡镇服务网点为骨架、村级末端站点为延伸的县乡村三级物流服务设施体系。推动交通运输与邮政快递融合发展，加快农村物流服务品牌宣传推广，促进交通、邮政、快递、商贸、供销、电商等农村物流资源融合和集约利用，打造一批公用型物流基础设施，建设村级寄递物流综合服务站，完善站点服务功能。推进公益性农产品市场和农产品流通骨干网络建设。

提升农村物流服务效能。围绕农村产业发展和居民消费升级，推进物流与农村一二三产业深度融合，深化电商、快递进村工作，发展共同配送，打造经营规范、集约高效的农村物流服务网络，加快工业品下乡、农产品出村双向物流服务通道升级扩容、提质增效。推动物流服务与规模化种养殖、商贸渠道拓展等互促提升，推动农产品品牌打造和标准化流通，创新物流支持农村特色产业品质化、品牌化发展模式，提升农业产业化水平。

（三）促进商贸物流提档升级。

完善城乡商贸物流设施。优化以综合物流园区、专业配送中心、末端配送网点为支撑的商贸物流设施网络。完善综合物流园区干线接卸、前置仓储、流通加工等功能。结合老旧小区、老旧厂区、老旧街区和城中村改造以及新城新区建设，新建和改造升级一批集运输、仓储、加工、包装、分拨等功能于一体的公共配送中心，支持大型商超、批发市场、沿街商铺、社区商店等完善临时停靠装卸等配套物流设施，推进智能提货柜、智能快件箱、智能信包箱等设施建设。

提升商贸物流质量效率。鼓励物流企业与商贸企业深化合作，优化业务流程，发展共同配送、集中配送、分时配送、夜间配送等集约化配送模式，优化完善前置仓配送、即时配送、网订店取、自助提货等末端配送模式。深化电商与快递物流融合发展，提升线上线下一体服务能力。

（四）提升冷链物流服务水平。

完善冷链物流设施网络。发挥国家物流枢纽、国家骨干冷链物流基地的资源集聚优势，引导商贸流通、农产品加工等企业向枢纽、基地集聚或强化协同衔接。加强产销冷链集配中心建设，提高产地农产品产后集散和商品化处理效率，完善销地城市冷链物流系统。改善机场、港口、铁路场站冷链物流配套条件，健全冷链集疏运网络。加快实施产地保鲜设施建设工程，推进田头小型冷藏保鲜设施等建设，加强产地预冷、仓储保鲜、移动冷库等产地冷链物流设施建设，引导商贸流通企业改善末端冷链设施装备条件，提高城乡冷链设施网络覆盖水平。

提高冷链物流质量效率。大力发展铁路冷链运输和集装箱公铁水联运，对接主要农产品产区和集散地，创新冷链物流干支衔接模式。发展“生鲜电商＋产地直发”等冷链物流新业态新模式。推广蓄冷箱、保温箱等单元化冷链载器具和标准化冷藏车，促进冷链物流信息互联互通，提高冷链物流规模化、标准化水平。依托国家骨干冷链物流基地、产销冷链集配中心等大型冷链物流设施，加强生鲜农产品检验检疫、农兽药残留及防腐剂、保鲜剂、添加剂合规使用等质量监管。研究推广应用冷链道路运输电子运单，加强产品溯源和全程温湿度监控，将源头至终端的冷链物流全链条纳入监管范围，提升冷链物流质量保障水平。健全进口冷链食品检验检疫制度，筑牢疫情外防输入防线。

专栏8　冷链物流基础设施网络提升工程
国家骨干冷链物流基地建设工程。到2025年，面向农产品优势产区、重要集散地和主销区，依托存量冷链物流基础设施群布局建设100个左右国家骨干冷链物流基地，整合集聚冷链物流市场供需、存量设施以及农产品流通、生产加工等上下游产业资源，提高冷链物流规模化、集约化、组织化、网络化水平。探索建立以国家骨干冷链物流基地为核心的安全检测、全程冷链追溯系统。 产地保鲜设施建设工程。到2025年，在农产品主产区和特色农产品优势产区支持建设一批田头小型冷藏保鲜设施，推动建设一批产地冷链集配中心，培育形成一批一体化运作、品牌化经营、专业化服务的农产品仓储保鲜冷链物流运营主体，初步形成符合我国国情的农产品仓储保鲜冷链物流运行模式，构建稳定、高效、低成本运行的农产品出村进城冷链物流网络。

（五）推进铁路（高铁）快运稳步发展。

完善铁路（高铁）快运网络。结合电商、邮政快递等货物的主要流向、流量，完善铁路（高铁）快运线路和网络。加快推进铁路场站快运服务设施布局和改造升级，强化快速接卸货、集散、分拣、存储、包装、转运和配送等物流功能，建设专业化铁路（高铁）快运物流基地。鼓励电商、邮政快递等企业参与铁路（高铁）快运设施建设和改造，就近或一体布局建设电商快递分拨中心，完善与铁路（高铁）快运高效衔接的快递物流服务网络。

创新高铁快运服务。适应多样化物流需求，发展多种形式的高铁快运。在具备条件的高铁场站间发展“点对点”高铁快运班列服务。依托现有铁路物流平台，构建业务受理、跟踪查询、结算办理等“一站式”高铁快运服务平台，推动高铁快运与电商、快递物流企业信息对接。

（六）提高专业物流质量效率。

完善大宗商品物流体系。优化粮食、能源、矿产等大宗商品物流服务，提升沿海、内河水运通道大宗商品物流能力，扩大铁路货运班列、“点对点”货运列车、大宗货物直达列车开行范围，发展铁路散粮运输、棉花集装箱运输、能源和矿产重载运输。有序推进油气干线管道建设，持续完善支线管道，打通管网瓶颈和堵点，提高干支管网互联互通水平。依托具备条件的国家物流枢纽发展现代化大宗商品物流中心，增强储备、中转、通关等功能，推进大宗商品物流数字化转型，探索发展电子仓单、提单，构建衔接生产流通、串联物流贸易的大宗商品供应链服务平台。

安全有序发展特种物流。提升现代物流对大型装备制造、大型工程项目建设的配套服务能力，加强大件物流跨区域通道线路设计，推动形成多种运输方式协调发展的大件物流综合网络。发展危化品罐箱多式联运，提高安全服务水平，推动危化品物流向专业化定制、高品质服务和全程供应链服务转型升级。推动危化品物流全程监测、线上监管、实时查询，提高异常预警和应急响应处置能力。完善医药物流社会化服务体系，培育壮大第三方医药物流企业。鼓励覆盖生产、流通、消费的医药供应链平台建设，健全全流程监测追溯体系，确保医药产品物流安全。

（七）提升应急物流发展水平。

完善应急物流设施布局。整合优化存量应急物资储备、转运设施，推动既有物流设施嵌入应急功能，在重大物流基础设施规划布局、设计建造阶段充分考虑平急两用需要，完善应急物流设施网络。统筹加强抗震、森林草原防灭火、防汛抗旱救灾、医疗救治等各类应急物资储备设施和应急物流设施在布局、功能、运行等方面相互匹配、有机衔接，提高紧急调运能力。

提升应急物流组织水平。统筹应急物流力量建设与管理，建立专业化应急物流企业库和人员队伍，健全平急转换和经济补偿机制。充分利用市场资源，完善应急物流干线运输和区域配送体系，提升跨区域大规模物资调运组织水平，形成应对各类突发事件的应急物流保障能力。

健全物流保通保畅机制。充分发挥区域统筹协调机制作用，鼓励地方建立跨区域、跨部门的应对疫情物流保通保畅工作机制，完善决策报批流程和信息发布机制，不得擅自阻断或关闭高速公路、普通公路、航道船闸等通道，不得擅自关停高速公路服务区、港口码头、铁路车站和航空机场，严禁采取全城 24 小时禁止货车通行的限制措施，不得层层加码实施

"一刀切"管控措施；加快完善物流通道和物流枢纽、冷链基地、物流园区、边境口岸等环节的检验检疫、疫情阻断管理机制和分类分级应对操作规范，在发生重大公共卫生事件时有效阻断疫情扩散、确保物流通道畅通，保障防疫物资、生活物资以及工业原材料、农业生产资料等供应，维护正常生产生活秩序和产业链供应链安全。

专栏9　应急物流保障工程
研究完善应急物流转运等设施和服务标准，对具备条件的铁路场站、公路港、机场和港口进行改造提升，建设平急两用的应急物资运输中转站。完善应急物流信息联通标准，强化各部门、各地区、各层级间信息共享，提高应对突发事件物流保障、组织指挥、辅助决策和社会动员能力。

六、强化现代物流发展支撑体系

（一）培育充满活力的物流市场主体。

提升物流企业市场竞争力。鼓励物流企业通过兼并重组、联盟合作等方式进行资源优化整合，培育一批具有国际竞争力的现代物流企业，提升一体化供应链综合服务能力。引导中小微物流企业发掘细分市场需求，做精做专、创新服务，增强专业化市场竞争力，提高规范化运作水平。完善物流服务质量评价机制，支持企业塑造物流服务品牌。深化物流领域国有企业改革，盘活国有企业存量物流资产，支持国有资本参与物流大通道建设。鼓励民营物流企业做精做大做强，加快中小微企业资源整合，培育核心竞争力。

规范物流市场运行秩序。统筹推进物流领域市场监管、质量监管、安全监管和金融监管，实现事前事中事后全链条全领域监管，不断提高监管效能。加大物流领域反垄断和反不正当竞争执法力度，深入推进公平竞争政策实施。有序放宽市场准入，完善市场退出机制，有效引导过剩物流能力退出，扩大优质物流服务供给。引导公路运输企业集约化、规模化经营，提升公路货物运输组织效率。

专栏10　现代物流企业竞争力培育工程
支持具备条件的物流企业加强软硬件建设，壮大发展成为具有较强国际竞争力的现代物流领军企业，参与和主导全球物流体系建设和供应链布局。支持和鼓励中小微物流企业专业化、精益化、品质化发展，形成一批"专、精、特、新"现代物流企业。

（二）强化基础标准和制度支撑。

健全物流统计监测体系。研究建立物流统计分类标准，加强社会物流统计和重点物流企业统计监测，开展企业物流成本统计调查试点。研究制定反映现代物流重点领域、关键环节高质量发展的监测指标体系，科学系统反映现代物流发展质量效率，为政府宏观调控和企业经营决策提供参考依据。

健全现代物流标准体系。强化物流领域国家标准和行业标准规范指导作用，鼓励高起点制定团体标准和企业标准，推动国际国内物流标准接轨，加大已发布物流标准宣传贯彻力度。推动基础通用和产业共性的物流技术标准优化升级，以标准提升促进物流科技成果转化。建立政府推动、行业协会和企业等共同参与的物流标准实施推广机制。建立物流标准实施评价体系，培育物流领域企业标准“领跑者”，发挥示范带动作用。

加强现代物流信用体系建设。加强物流企业信用信息归集共享，通过“信用中国”网站和国家企业信用信息公示系统依法向社会公开。建立健全跨部门、跨区域信用信息共享机制，建立以信用为基础的企业分类监管制度，完善物流行业经营主体和从业人员守信联合激励和失信联合惩戒机制。依法依规建立物流企业诚信记录和严重失信主体名单制度，提高违法失信成本。

加强物流安全体系建设。完善物流安全管理制度，加强对物流企业的监督管理和日常安全抽查，推动企业严格落实安全生产主体责任。提高物流企业承运物品、客户身份等信息登记规范化水平，加强运输物品信息共享和安全查验部门联动，实现物流活动全程跟踪，确保货物来源可追溯、责任能倒查。提高运输车辆安全性能和从业人员安全素质，规范车辆运输装载，提升运输安全水平。落实网络安全等级保护制度，提升物流相关信息系统的安全防护能力。

专栏 11　物流标准化推进工程

研究制定现代物流标准化发展规划，完善现代物流标准体系。加强多式联运、应急物流、逆向物流、绿色物流等短板领域标准研究与制订。制修订一批行业急需的物流信息资源分类与编码、物流单证、智慧物流标签标准，以及企业间物流信息采集、信息交互标准和物流公共信息服务平台应用开发、通用接口、数据传输等标准。完善包装、托盘、周转箱等标准，加强以标准托盘为基础的单元化物流系统系列标准制修订，加快运输工具、载运装备、设施体系等标准对接和系统运作，提高全社会物流运行效率。推动完善货物运输、物流园区与冷链、大件、药品和医疗器械、危化品等物流标准规范。推进危险货物在铁路、公路、水路等运输环节标准衔接。加快制定智慧物流、供应链服务、电商快递、即时配送、城乡物流配送等新兴领域标准。推进面向数字化与智慧化需求的物流装备设施标准制修订。积极参与国际物流标准制修订。

（三）打造创新实用的科技与人才体系。

强化物流科技创新支撑。依托国家企业技术中心、高等院校、科研院所等开展物流重大基础研究和示范应用，推动设立一批物流技术创新平台。建立以企业为主体的协同创新机制，鼓励企业与高等院校、科研院所联合设立产学研结合的物流科创中心，开展创新技术集中攻关、先进模式示范推广，建立成果转化工作机制。鼓励物流领域研究开发、创业孵化、技术转移、检验检测认证、科技咨询等创新服务机构发展，提升专业化服务能力。

建设物流专业人才队伍。发挥物流企业用人主体作用，加强人才梯队建设，完善人才培养、使用、评价和激励机制。加强高等院校物流学科专业建设，提高专业设置的针对性，培育复合型高端物流人才。加快物流现代职业教育体系建设，支持职业院校（含技工院校）开设物流相关专业。加强校企合作，创新产教融合人才培养模式，培育一批有影响力的产教融合型企业，支持企业按规定提取和使用职工教育经费，开展大规模多层次职业技能培训，促进现代物流专业技术人员能力提升。指导推动物流领域用人单位和社会培训评价组织开展职业技能等级认定，积极开展物流领域相关职业技能竞赛。实现学历教育与培训并举衔接，进一步推动物流领域 1 + X 证书制度和学分银行建设。对接国际专业认证体系，提高国际化物流人才培养水平，加大海外高端人才引进力度。实施新一轮专业技术人才知识更新工程和职业技能提升行动，推进物流领域工程技术人才职称评审，逐步壮大高水平工程师和高技能人才队伍。

七、实施保障

（一）优化营商环境。

深化“放管服”改革，按规定放宽物流领域相关市场准入，消除各类地方保护和隐性壁垒。依托全国一体化政务服务平台，推动物流领域资质证照电子化，支持地方开展“一照多址”改革，促进物流企业网络化布局，实现企业注册、审批、变更、注销等“一网通办”，允许物流领域（不含快递）企业分支机构证照异地备案和异地审验。推动物流领域（不含快递）资质许可向资质备案和告知承诺转变。完善物流发展相关立法，推动健全物流业法律法规体系和法治监督体系。开展现代物流促进法等综合性法律立法研究和准备工作。严格依法行政依法监管，统一物流监管执法标准和处罚清单。推动跨部门、跨区域、跨层级政务信息开放共享，避免多头管理和重复监管。大力推动货车非法改装治理，研究制定非标准货运车辆治理工作方案。依托国际贸易“单一窗口”创新“通关 + 物流”服务，提高口岸智慧管理和服务水平。推动部门间物流安检互认、数据互通共享，减少不必要的重复安检。支持航空公司壮大货运机队规模，进一步简化货机引进程序和管理办法，优化工作流程，鼓励航空物流企业“走出去”。

（二）创新体制机制。

完善全国现代物流工作部际联席会议制度，强化跨部门、跨区域政策协同，着力推动降低物流成本等重点工作。深化铁路货运市场化改革，推进投融资、运输组织、科技创新等体制机制改革，吸引社会资本进入，推动铁路货运市场主体多元化和服务创新发展，促进运输市场公平有序竞争。鼓励铁路企业与港口、社会物流企业等交叉持股，拓展战略合作联盟。

（三）强化政策支持。

保障重大项目用地用海。依据国土空间规划，落实《国土空间调查、规划、用途管制用地用海分类指南（试行）》要求，完善物流设施专项规划，重点保障国家物流枢纽等重大物流基础设施和港航设施等的合理用地用海需求，确保物流用地规模、土地性质和空间位置长期稳定。创新物流用地模式，推动物流枢纽用地统一规划和科学布局，提升土地空间集约节约利用水平，支持物流仓储用地以长期租赁或先租后让、租让结合的方式供应。鼓励地方政府盘活存量土地和闲置土地资源用于物流设施建设。支持物流企业利用自有土地进行物流基础设施升级改造。支持依法合规利用铁路划拨用地、集体建设用地建设物流基础设施。

巩固减税降费成果。落实深化税收征管制度改革有关部署，推进现代物流领域发票电子化。按规定落实物流企业大宗商品仓储设施用地城镇土地使用税减半征收、购置挂车车辆购置税减半征收等税收优惠政策。严格落实已出台的物流简政降费政策，严格执行收费目录清单和公示制度，严禁违规收费，坚决治理乱收费、乱罚款、乱摊派，依法治理“只收费、不服务”的行为。清理规范铁路、港口、机场等收费，对主要海运口岸、机场地面服务收费开展专项调查，增强铁路货运收费透明度。对货运车辆定位信息及相关服务商开展典型成本调查，及时调整过高收费标准。

加大金融支持力度。鼓励符合条件的社会资本按市场化方式发起成立物流产业相关投资基金。发挥各类金融机构作用，按照市场化、法治化原则，加大对骨干物流企业和中小物流企业的信贷支持力度，拓宽企业兼并重组融资渠道，引导资金流向创新型物流企业。在仓储物流行业稳妥推进基础设施领域不动产投资信托基金（REITs）试点。鼓励保险公司开发农产品仓储保鲜冷链物流保险，提升鲜活农产品经营和质量安全风险保障水平。

（四）深化国际合作。

推动建立国际物流通道沿线国家协作机制，加强便利化运输、智慧海关、智能边境、智享联通等方面合作。持续推动中欧班列“关铁通”项目在有合作意愿国家落地实施。逐步建立适应国际铁路联运特点的陆路贸易规则体系，推动完善配套法律法规，加强与国内外银行、保险等金融机构合作，探索使用铁路运输单证开展贸易融资。

（五）加强组织实施。

国家发展改革委要会同国务院有关部门加强行业综合协调和宏观调控，协调解决本规划实施中存在的问题，确保规划落地见效。建立现代物流发展专家咨询委员会，加强对重大问题的调查研究和政策咨询，指导规划任务科学推进。推动行业协会深度参与行业治理，发挥社会监督职能，加强行业自律和规范发展，助力规划落地实施。

部委发文

国家发展改革委等部门关于做好 2022 年降成本重点工作的通知

发改运行〔2022〕672 号

公安部、民政部、司法部、人力资源社会保障部、自然资源部、生态环境部、住房城乡建设部、交通运输部、水利部、农业农村部、商务部、国资委、海关总署、税务总局、市场监管总局、统计局、银保监会、证监会、能源局、林草局、民航局、外汇局、知识产权局，中国国家铁路集团有限公司，各省、自治区、直辖市及计划单列市、副省级省会城市、新疆生产建设兵团发展改革委、工信厅（经信委、经信厅、经信局、工信局）、财政厅（局），人民银行上海总部、各分行、营业管理部、各省会（首府）城市中心支行、各副省级城市中心支行：

在党中央、国务院坚强领导下，2021 年降低实体经济企业成本工作取得显著成效，有力支持了市场主体纾困发展，促进经济持续稳定恢复。为深入贯彻中央经济工作会议精神，落实好《政府工作报告》提出的各项降成本重点任务，继续加大助企纾困力度，2022 年降低实体经济企业成本工作部际联席会议将重点组织落实好 8 个方面 26 项任务。

一、总体要求

以习近平新时代中国特色社会主义思想为指导，全面贯彻落实党的十九大和十九届历次全会精神，坚持稳中求进工作总基调，完整、准确、全面贯彻新发展理念，加快构建新发展格局，推动高质量发展，坚持以供给侧结构性改革为主线，统筹疫情防控和经济社会发展，采取有效措施降低实体经济企业成本。坚持阶段性措施与制度性安排相结合，坚持降低显性成本与降低隐性成本相结合，坚持普惠公平与精准支持相结合，坚持政府帮扶与企业挖潜相结合，加大纾困支持力度，有力提振市场信心。

二、实施新的组合式税费支持政策

（一）延续并优化部分税费支持政策。延续实施扶持制造业、小微企业和个体工商户的减税降费政策，并提高减免幅度、扩大适用范围。对小规模纳税人阶段性免征增值税。对小微企业年应纳税所得额100万元至300万元部分，再减半征收企业所得税。实施促进工业增长和服务业领域困难行业恢复发展的税费政策措施。

（二）对留抵税额提前实行大规模退税。优先安排小微企业，对小微企业的存量留抵税额于6月底前一次性全部退还，增量留抵税额足额退还。重点支持制造业，全面解决制造业、科研和技术服务、生态环保、电力燃气、交通运输等行业留抵退税问题。

（三）加大企业创新税收激励。加大研发费用加计扣除政策实施力度，将科技型中小企业加计扣除比例从75%提高到100%，对企业投入基础研究实行税收优惠，完善设备器具加速折旧、高新技术企业所得税优惠等政策。

（四）进一步清理规范涉企收费。清理转供电环节不合理加价，支持地方对特殊困难行业用电实行阶段性优惠政策。进一步清理规范行业协会商会、中介机构等收费。开展涉企违规收费专项整治行动，建立协同治理和联合惩戒机制，坚决查处乱收费、乱罚款、乱摊派。

三、加强金融对实体经济的有效支持

（五）营造良好的货币金融环境。扩大新增贷款规模，保持货币供应量和社会融资规模增速与名义经济增速基本匹配，保持宏观杠杆率基本稳定。保持人民币汇率在合理均衡水平上的基本稳定。持续释放贷款市场报价利率（LPR）改革潜力，推动金融机构将LPR下行效果充分传导至贷款利率，促进企业综合融资成本稳中有降。

（六）引导资金更多流向重点领域和薄弱环节。保持普惠性再贷款、再贴现政策稳定性，继续对涉农、小微企业、民营企业提供普惠性、持续性的资金支持。用好普惠小微贷款支持工具，增加支农支小再贷款，优化监管考核，推动普惠小微贷款明显增长、信用贷款和首贷户比重继续提升。引导金融机构准确把握信贷政策，继续对受疫情影响严重的行业企业给予融资支持，避免出现行业性限贷、抽贷、断贷。积极推动碳减排支持工具和支持煤炭清洁高效利用专项再贷款落地见效。引导金融机构增加制造业中长期贷款。

（七）建立健全多层次资本市场。完善民营企业债券融资支持机制，全面实行股票发行注册制，促进资本市场平稳健康发展。持续深化新三板改革，进一步提升直接融资服务能力。

（八）提升企业融资便利度。推进涉企信用信息整合共享，加快税务、海关、电力等单位与金融机构信息联通，扩大政府性融资担保对小微企业的覆盖面。持续优化应收账款融资服务，深化供应链融资改革，提升企业动产和权利融资便利度。加强银行服务市场调节价管理，鼓励对小微企业、个体工商户实施差异化定价和服务优惠。

（九）支持中小微企业加强汇率风险管理。鼓励企业使用多元化外汇避险产品，通过政银企“几家抬”协力降低汇率避险成本，鼓励银行为中小微企业提供精准服务，支持银行发展线上交易服务平台，便利中小微企业外汇套保询价和交易。

四、持续降低制度性交易成本

（十）继续深化“放管服”改革。围绕打造市场化法治化国际化营商环境，持续推进“放管服”改革，对取消和下放审批事项要同步落实监管责任和措施，建立损害营商环境案例归集和通报制度。全面实行行政许可事项清单管理。继续扩大市场准入，开展市场准入效能评估试点，全面建立违背市场准入负面清单案例归集和通报制度。

（十一）营造公平竞争市场环境。深入推进公平竞争政策实施，全面落实公平竞争审查制度，防止出台含有地方保护、市场分割、指定交易等内容的政策举措。加强反垄断和反不正当竞争，依法查处垄断协议、滥用市场支配地位行为和不正当竞争行为，维护公平有序的市场环境。加强知识产权保护和运用。

（十二）持续优化政务服务。深化商事制度改革，加大“证照分离”改革推进力度，加快推动实现全国登记注册业务规范化和标准化。进一步压减各类证明事项。扩大“跨省通办”范围，基本实现电子证照互通互认，便利企业跨区域经营。推进政务服务事项集成化办理。

（十三）提升外商投资便利化。深入实施外商投资准入前国民待遇加负面清单管理制度，扩大鼓励外商投资范围。落实好 2021 年版全国和自贸试验区外资准入负面清单，对负面清单之外的领域按照内外资一致原则管理，给予外商投资企业国民待遇。

（十四）切实规范政府采购和招投标。着力破除所有制歧视、地方保护等不合理限制，健全政府采购交易规则。清理取消对不同所有制企业、外地投标人设置的招投标不合理限制和壁垒，营造公平竞争的招投标市场环境。全面推行电子化招投标，实现招标公告公示、招标文件发布、投标、开标、评标专家抽取、异议澄清补正、合同签订、工程款支付等业务全流程在线办理。

五、缓解企业人工成本上升压力

（十五）延续部分降低企业用工成本政策。延续实施阶段性降低失业保险、工伤保险费率政策。对不裁员、少裁员的企业，继续实施普惠性失业保险稳岗返还政策，在 2022 年度将中小微企业返还比例从 60% 最高提至 90%。

（十六）实施困难行业缓缴失业保险、工伤保险费政策。允许失业保险、工伤保险基金结余较多的省份对餐饮、零售、旅游企业阶段性实施缓缴失业保险、工伤保险费政策，缓缴期限不超过一年，缓缴期间免收滞纳金。

（十七）加强职业技能培训。继续开展大规模职业技能培训，共建共享一批公共实训基地。使用 1000 亿元失业保险基金支持稳岗和培训，加快培养制造业高质量发展的急需人才。

六、降低企业用地房租原材料成本

（十八）降低企业用地成本。支持产业用地实行“标准地”出让，提高配置效率。支持不同产业用地类型按程序合理转换，完善土地用途变更、整合、置换等政策。鼓励采用长期租赁、先租后让、弹性年期供应等方式供应产业用地，切实降低企业前期投入。

（十九）降低房屋租金成本。2022 年被列为疫情中高风险地区所在的县级行政区域内的服务业小微企业和个体工商户承租国有房屋，

2022 年减免 6 个月租金，其他地区减免 3 个月租金。各地可统筹各类资金，对承租非国有房屋的服务业小微企业和个体工商户给予适当帮扶。鼓励非国有房屋租赁主体在平等协商的基础上合理分担疫情带来的损失。

（二十）加强重要原材料和初级产品保供稳价。继续做好能源、重要原材料保供稳价工作，保障民生和企业正常生产经营用电。增强国内资源生产保障能力，加快油气、矿产等资源勘探开发，保障初级产品供给。加强原材料产需对接，推动产业链上下游衔接联动。进一步强化大宗商品市场监管，加强大宗商品价格监测预警。

七、推进物流提质增效降本

（二十一）完善现代物流体系。完善综合立体交通网络，推进国家物流枢纽、国家骨干冷链物流基地、综合货运枢纽（物流园区）建设，完善港站枢纽集疏运体系。建立健全“通道 + 枢纽 + 网络”的现代物流运行体系，促进物流与制造、商贸、农业等产业融合发展，加快物流设施设备升级和业态模式创新，在更高程度、更大范围、更深层次推动物流提质增效降本。

（二十二）调整优化运输结构。深化运输结构调整示范区建设。大力发展多式联运，加快多式联运示范工程提质扩面。推动集装箱铁水联运和内河集装箱运输发展，提升江海联运服务水平。

（二十三）规范降低物流收费。深化高速公路差异化收费。严格落实鲜活农产品运输“绿色通道”政策，对整车合法装载运输全国统一《鲜活农产品品种目录》内产品的车辆，免收车辆通行费。减并港口收费项目，定向降低沿海港口引航费，完善拖轮费收费政策。

（二十四）降低国际物流成本。深化通关便利化改革，加快国际物流体系建设，助力外贸降成本、提效率。鼓励外贸企业与航运企业签订长期协议，引导各地方、进出口商协会组织中小微外贸企业与航运企业进行直客对接。引导企业通过中欧班列扩大向西出口。

八、提高企业资金周转效率

（二十五）防范和化解拖欠中小企业账款问题。加大拖欠中小企业账款清理力度，规范商业承兑汇票使用，机关、事业单位和国有企业要带头清欠，推动大型企业及时支付采购中小企业的货物、工程、服务账款。

九、鼓励引导企业内部挖潜

（二十六）支持企业转型升级降本。推进 5G 规模化应用，加快工业互联网发展，促进产业数字化转型。鼓励企业充分利用数字技术、绿色技术，发展个性化定制、柔性化生产、智能化制造、精益化管理，加快节能降碳改造，实现降本增效。

各有关方面要进一步完善降成本工作协调推进机制，加强会商，密切跟踪重点任务进展情况，扎实推进降成本各项政策落地见效。要加强降成本政策宣传，让企业了解并用好各项优惠政策。降低实体经济企业成本工作部际联席会议将继续加强对好经验、好做法的梳理，并做好宣传和推广。

国家发展改革委
工业和信息化部
财政部
人民银行
2022 年 4 月 29 日

关于支持国家综合货运枢纽补链强链的通知

财建〔2022〕219号

各省、自治区、直辖市、计划单列市财政厅（局）、交通运输厅（局、委），新疆生产建设兵团财政局、交通运输局：

为深入贯彻落实党中央、国务院决策部署，加快构建现代化高质量国家综合立体交通网，根据《车辆购置税收入补助地方资金管理暂行办法》（财建〔2021〕50号）规定，财政部、交通运输部决定联合支持国家综合货运枢纽补链强链。现将有关事宜通知如下：

一、总体要求

（一）指导思想。坚持以习近平新时代中国特色社会主义思想为指导，深入贯彻党的十九大和十九届历次全会精神，落实中央财经委员会第十一次会议部署要求，以深化供给侧结构性改革为主线，立足新发展阶段，完整、准确、全面贯彻新发展理念，服务构建新发展格局，立足产业链供应链保通保畅，聚焦国家综合立体交通网主骨架上的综合货运枢纽，深刻认识和把握多种运输方式发展的规律特征，坚持问题和目标导向，支持引导多方力量加强资源统筹利用，优化货物运输结构，实现多种运输方式深度融合发展，联网补网强链，合力打造互联互通、便捷顺畅、经济高效、绿色集约、智能先进、保障有力的综合货运枢纽体系，不断增强互联互通和网络韧性，提高资源集约利用水平，提升货物综合运输效率与质量，降低综合运输成本，有力支撑产业链供应链稳定，服务产业链供应链延伸，践行绿色低碳发展，更好促进经济高质量发展。

（二）支持原则。

1. 共同事权，共同承担。全国性综合货运枢纽与集疏运体系属于中央与地方共同事权，中央与地方共同承担支出责任。地方应充分发挥本区域在货物集散运输、供应链服务等方面组织管理职能和优势，找准问题，主动作为，精准施策。中央加强工作指导，科学引领综合货运枢纽补链强链。

2. 目标导向，择优支持。地方从国家交通战略布局、区位发展定位、运输条件、综合货运发展潜力等方面选择申报开展综合货运枢纽补链强链的城市或城市群，明确综合货运枢纽功能定位，组织编制实施方案，制定实施目标，围绕既定目标采取有效措施，将目标细化成为可量化、可考核的具体指标。交通运输部、财政部通过竞争性评审方式择优支持。

3. 跟踪问效，奖补结合。加强预算绩效管理，对纳入支持的城市或城市群，做好绩效运行监控，跟踪工作进展情况和实施成效，适时开展绩效评价，将评价结果与中央财政年度预算安排挂钩，突出绩效导向。

4. 资源统筹，工作协同。中央层面，交通运输部、财政部会同有关单位和省份建立部省工作协调机制，加强工作指导和资源统筹，形成合力。地方层面，省级有关部门和申报城市建立工作领导机制，加强组织保障，充分调动各方资源、政策予以支持，确保工作取得实效。

（三）政策目标。自 2022 年起，用 3 年左右时间集中力量支持 30 个左右城市（含城市群中的城市）实施国家综合货运枢纽补链强链，促使综合货运枢纽在运能利用效率、运输服务质量、运营机制可持续等三方面明显提升，在提高循环效率、增强循环动能、降低循环成本中发挥积极作用，从而形成资金流、信息流、商贸流等多方面集聚效应，更好服务重点产业链供应链，辐射带动区域经济高质量发展，东部城市做优做强，中部城市巩固提高，西部城市打基础立长远。

（四）支持范围。本通知所指综合货运枢纽既包括枢纽港站等交通运输基础节点，也包括多节点串联与往返形成的重要网链。符合以下条件的枢纽可由相关城市或城市群申报。

1. 综合货运枢纽应纳入《现代综合交通枢纽体系“十四五”发展规划》（交规划发〔2021〕113 号）中“国家综合交通枢纽城市”的范围。

2. 根据中共中央、国务院印发的《国家综合立体交通网规划纲要》，以线定点，以点带面。一是优先选择 6 条主轴上覆盖京津冀、长三角、珠三角、成渝、长江经济带、粤港澳等国家重大战略区域的枢纽。二是优先选择位于大陆桥走廊、西部陆海走廊等涉及西部地区走廊、沿边通道上的枢纽。三是鼓励 2 个及以上城市联合申报综合货运枢纽。

3. 综合货运枢纽应聚焦国家重点产业集群（粮食煤炭、装备制造、电子信息、生物医药等）分布区域，且在进出口贸易、货物运输能力等方面已自发形成规模优势。

（五）支持类型。相关地方应结合不同货物在运输时间、附加值等方面的特点和运输需求，在两种或两种以上运输方式间进行组合，区分综合货运枢纽类型，包括：依托海运港口、内河港口形成与铁路专用线有效衔接的铁水联运型；依托机场货运作业区形成与铁路或高等级公路有效衔接的空铁（高铁）联运型、陆（公路）空联运型；依托铁路货运站形成与高等级公路有效衔接并实现大宗货物及集装箱大规模便捷转运的公铁联运型等。优先选择支持铁水联运型、空铁联运型综合货运枢纽，西部地区视本区域发展实际还可选择支持陆空联运型、公铁联运型综合货运枢纽。

二、实施内容

根据《国家综合立体交通网规划纲要》、《“十四五”现代综合交通运输体系发展规划》（国发〔2021〕27 号），引导带动不同类型的综合货运枢纽在基础设施及装备硬联通、规则标准及服务软联通、运营机制一体化等方面开展工作。不同运输方式之间互联互通应切实可行，开展必要的可行性研究论证。

（一）基础设施及装备硬联通。结合各类货物运输需要，支持公共服务功能突出的综合货运枢纽及集疏运体系项目建设，以盘活存量为主，适度做优增量。一是围绕铁路、水路、航空等货运基础设施进场站、进港口码头、进园区，延伸拓展既有线路，实施专用线路新建或改扩建工程等。二是围绕有效满足多式联运节点集散分拨需要，对现有仓储、堆场实施扩能改造，适当新建仓储、堆场，增加设施容量。三是围绕货运装备标准化、智能化、绿色化发展，推广应用专业化多式联运设备和跨方式快速换装转运的装卸、分拣设施及标准化载运单元，鼓励配备符合低碳目标的作业设施、新能源货车和全货运机型等。

（二）规则标准及服务软联通。引导完善与多式联运适配的服务和规则标准。一是加快推动多种运输方式的信息平台互联互通，应用全程“一单制”联运服务，铁路运单、订舱托运单、场站收据、海运提单、邮政快递运单等实现单证信息交叉验证与互认；促进保单等金融服务产品与联运单全程化匹配。二是丰富联运服务产品，依托综合货运枢纽，提供优质的全程联运方案，实现货运全程跟踪定位查询功能，开展冷链等专业化多式联运业务。三是推动建立健全多式联运标准和规则。包括多式联运的货物品类划分标准、运载单元标准、产品和服务标准、安检标准及安全管理规则、信息互认规则等制度体系。

（三）建立健全一体化运营机制。鼓励铁路、水路、航空等不同运输企业加强合作，鼓励这些企业与第三方物流企业、邮政企业、快递企业、供应链平台企业、跨境电商等加强合作，鼓励政府与企业加强合作，发挥各方资源优势和专业化水平，促进有效市场和有为政府相结合，形成发展合力。鼓励各方在合作过程中创新投融资等模式，以项目合资、股权投资基金、PPP 等市场化方式吸引带动民间资本，共同参与综合货运体系建设运营，实现“利益共享、风险共担”的跨方式一体化运作。

三、组织实施

（一）方案编制。城市或城市群是开展综合货运枢纽补链强链的基层组织及实施主体，应按要求组织编制综合货运枢纽补链强链 3 年实施方案，根据城市实际情况可选择单个或多个综合货运枢纽类型编制。实施方案应明确城市或城市群现状及工作基础、工作目标、工作内容、组织保障等（具体实施方案提纲由交通运输部会同财政部在有关工作通知中明确）。联合申报的城市应明确牵头城市，共同协商编制实施方案，细化相关城市目标任务和共建共享机制等。

（二）组织申报。各省份于每年 2 月底前向交通运输部、财政部申报。该项政策实施第一年，各省份于 7 底前完成申报工作。其中涉及跨省域的以 1 个省份为主牵头申报（具体申报文件提纲在有关工作通知中规定）。

（三）专家评审。交通运输部会同有关部门建立专家库，涵盖多个行业领域专家。每年 3 月底前，交通运输部组织专家开展竞争性评审，重点评审地方工作基础、工作目标、工作内容、组织保障以及现场答辩情况等方面。根据专家评审结果，交通运输部提出建议纳入支持的城市或城市群名单，以及对地方实施方案研提修改完善建议。

四、资金分配

（一）分配方法。财政部根据交通运输部建议名单，结合财力情况，采取“奖补结合”方式，专门安排一定规模的车辆购置税收入补助地方资金（以下简称奖补资金）予以支持，并加强对车辆购置税收入补助地方的公路建设等其他相关项目资金、中央企业资金的统筹协调。奖补资金按照每个城市原则上不超过15亿元、每个城市群原则上不超过30亿元控制。具体按交通运输部核定投资额的一定比例奖补，东部、中部（含辽宁、吉林、黑龙江）、西部地区奖补比例分别为40%、50%、60%，实施第一年按每个城市5亿元的统一标准予以补助（城市群补助总额按10亿元上限控制），用于启动相关工作。后续年度根据绩效评价结果予以奖励。

（二）资金使用。财政部按规定拨付奖补资金。相关省级财政部门结合各方面相关资金政策，会同同级交通运输主管部门统一制定资金管理细则，明确细化安排项目资金的程序、标准、投入方式等，规范资金用途与拨付流程等。有关城市或城市群按照有关规定和修改完善后的实施方案，将奖补资金用于支持基础设施及装备硬联通，引导规则标准及服务软联通，引导建立健全一体化运营机制等，不得用于征地拆迁、房地产开发、楼堂馆所建设以及除前述规定用途外的物流园区建设和运营。鼓励城市或城市群加强各方面资金统筹，创新投入机制，灵活采取资本金注入、PPP、股权投资基金、绩效奖励、政府购买服务等方式，吸引撬动社会资本投入。

其他高等级公路、铁路主干线、航空机场等通道干线及基础设施建设，邮政快递基础设施建设，以及货物尾程配送、邮政快递末端配送等物流微循环建设相关项目资金可编制纳入实施方案，目前已有资金支持渠道的按既有渠道和方式安排（不作为交通运输部核定投资的内容），与奖补资金形成合力。

五、绩效管理

（一）绩效目标设置。地方应在实施方案编制环节设置绩效目标，包括但不限于运输能力、运输服务、运营机制、综合效率、经济效益等方面。除规定的必选指标外，地方可结合实际自主选择其他指标。同时，结合实际从高从严设置指标值。

（二）绩效跟踪监控。地方各级交通运输部门、财政部门会同有关单位利用车辆购置税资金现有考核数据支撑系统，对纳入支持的城市或城市群绩效目标实现情况进行线上动态跟踪、穿透监管，并对发现的问题及时督促整改。省级交通运输部门负责对相关行业数据信息进行审核，省级财政部门负责对相关资金数据信息进行审核，城市人民政府、项目单位对相关数据真实性负责。省级交通运输部门应会同财政部门等有关单位及时总结工作成效、查摆问题或困难、研究对策建议等，形成上报信息书面报送交通运输部、财政部。交通运输部会同财政部等有关单位对好的经验做法研究予以推广。

（三）实施绩效评价。省级交通运输部门会同财政部门于每年3月底前完成对上一年度工作的绩效评价，书面报送交通运输部、财政部。交通运输部、财政部视情况通过抽查等方式开展重点绩效评价，本通知实施期内对纳入支持范围的城市或城市群实现重点绩效评价全覆盖。

（四）评价结果反馈与应用。交通运输部根据绩效评价结果提出后续资金安排建议，财政部结合财力情况下达预算。年度安排奖励资金原则上不超过3年应安排资金的1/3。绩效评价结果为A的，即评分90分（含）—100分，按3年应安排车辆购置税资金的1/3奖励；绩效评价结果为B的，即评分80分（含）—90分，相关城市减少奖励资金2.5亿元，相关城市群合计减少奖励资金5亿元；绩效评价结果为C或D的，即评分80分以下，不再安排奖励资金，视整改情况决定是否收回中央财政已安排的奖补资金。

六、工作机制

（一）部省工作协调机制。交通运输部、财政部会同有关单位与相关省份建立部省工作协调机制，在用地、线路、时刻表、运力调度、国际邮件通关权、资金等方面加强资源统筹利用，形成合力；在规划、方案、项目、绩效管理等方面加强工作指导，发挥各方专业优势；对跨省域实施的重点事项进行协调推动。

（二）地方工作领导机制。地方各级交通运输部门、财政部门和相关城市人民政府应充分认识开展国家综合货运枢纽补链强链的重要性，将该项工作纳入贯彻交通强国战略、国家综合立体交通网规划的重点工作，予以高度重视。省级有关部门和申报城市应建立工作领导机制，落实责任分工，安排专人负责推进相关工作，充分调动各方资源、政策予以支持，确保工作取得实效。

财政部　交通运输部

2022年6月30日

交通运输部关于进一步加强交通运输安全生产体系建设的意见

交安监发〔2022〕4 号

各省、自治区、直辖市、新疆生产建设兵团交通运输厅（局、委），部属各单位，部内各司局：

为进一步加强交通运输安全生产体系建设，夯实加快建设交通强国基础，切实保障人民群众生命财产安全，提出如下意见。

一、总体要求

（一）指导思想。以习近平新时代中国特色社会主义思想为指导，全面贯彻党的十九大和十九届历次全会精神，认真落实党中央、国务院决策部署，统筹发展和安全，筑牢安全发展根基，防范化解安全生产风险，构建制度更加完善、运行更加可靠、保障更加有力的安全生产体系，有效满足交通强国建设需要，有力遏制重特大事故发生，确保实现事故总量持续下降，全力保障人民群众生命财产安全和国家总体安全。

（二）基本原则。

——坚持人民至上、生命至上。坚决贯彻以人民为中心的发展思想，着力解决人民群众最忧最急最盼的安全问题，实现安全发展为了人民、安全生产依靠人民、安全成果由人民共享。

——坚持改革创新、综合施策。深入推进交通运输安全生产领域改革发展，加强安全生产理论、制度、科技和文化创新，综合运用法律、行政、经济、市场、信用等手段，提升安全生产管理水平。

——坚持依法治理、严肃追责。全面落实习近平法治思想，坚持党政同责、一岗双责，坚持管行业必须管安全、管业务必须管安全、管生产经营必须管安全，完善安全生产法规制度和标准体系，严格规范公正文明执法，依法履职、严肃追责，提升监管执法效能，提高安全生产法治化水平。

——坚持问题导向、筑牢三基。切实聚焦行业安全生产短板和突出问题，以本质安全为核心，加强基层基础基本功建设，保护消费者和从业人员合法权益，提高安全生产支撑保障能力。

——坚持系统观念、统筹有序。注重加强前瞻性思考、全局性谋划、战略性布局、整体性推进，统筹发展和安全，统筹传统安全与非传统安全，探索安全发展规律，标本兼治、系统治理，构建安全生产长效治理机制。

二、建立安全改革发展体系

（三）加强全面系统谋划。深入落实《中共中央 国务院关于推进安全生产领域改革发展的意见》《交通强国建设纲要》《国家综合立体交通网规划纲要》，制定交通运输安全发展规划，部署年度重点任务，将安全生产体系建设作为加快建设交通强国重要内容全面深入实施。

（四）深化体制机制改革。探索推进建立省级人民政府安委会领导下交通运输重点领域专委会，协调解决涉多部门、多层级的交通运输安全问题。强化安全生产工作年度考核结果运用。推动健全部门协同工作机制，做到权责一致、职责明晰、信息互通。深化交通运输综合执法机构改革，强化安全生产监管执法。健全完善安全生产举报制度，畅通举报渠道，充分发挥社会公众监督作用。

（五）大力推进创新发展。实施科技兴安，促进先进制造技术、新一代信息技术与安全生产融合发展，深化“互联网 + 安全生产”。推动安全生产科技创新平台建设，聚焦高危领域、关键环节、重点区域和重要设施，开展基础理论、关键技术、先进装备和政策研究。推进安全生产社会化服务，鼓励交通运输中小微企业订单式、协作式购买安全生产管理和技术服务。建立健全行业安全生产责任保险制度，督促企业依法投保，发挥保险机构风险管控和事故预防作用。

三、完善安全责任体系

（六）严格履行安全生产监管责任。健全完善安全生产党政同责、专业监管、部门协同、网格管理的责任体系，规范履责行为。制定安全生产检查办法，编制检查手册，落实年度监督检查计划，采取随机抽查、明查暗访等方式，强化对部门安全监管履职情况和企业主体责任落实情况检查。重点监管和公开曝光发生重特大安全生产事故（险情）、事故频发、重大风险管控和重大隐患整改不力、信用等级低的企业。强化企业安全生产信用管理，建立基于信用等级的分级分类监管机制，依法实施失信惩戒和守信激励。

（七）压实企业安全生产主体责任。督促企业健全并落实全员安全生产责任制，制定实施安全生产规章制度、操作规程、教育培训计划、事故应急救援预案，建立并落实双重预防机制，及时如实报告安全生产事故。督促企业健全完善自我约束、持续改进内生机制，强化依法持证人员安全生产责任落实，保障安全生产费用足额提取和专款专用，强化从业人员教育培训，加强安全生产标准化、信息化建设。

（八）严肃安全生产追责问责。建立企业生产经营全过程安全责任追溯制度，对被追究刑事责任的生产经营者依法实施相应的职业禁入；发现社会服务机构和人员违法违规行为线索的，应及时移交有权处理的部门依法追究法律责任和依法实施相应的行业禁入；对瞒报、谎报、漏报、迟报事故的单位和人员依法依规追责。探索建立安全生产监督管理容错机制，保障安全生产监督管理人员合法权益；对严重失职渎职的，依纪依法依规严肃问责。

四、健全依法治理体系

（九）加强法规制度建设。加强行业安全生产相关法律法规立改废释，推进铁路法、公路法、港口法、民用航空法以及道路运输条例、内河交通安全管理条例、海上交通事故调查处理条例、交通运输安全生产监督管理规定等重点法律法规制修订，加快新业态、新模式、新产业安全生产立法研究及进程。加强地方性安全生产法规制度建设。健全安全生产法规政策动态评估完善机制，及时制修订事故调查中发现存在漏洞或缺陷的法规制度。

（十）推进标准规范制修订。系统构建国家、行业、地方、团体和企业标准相辅相成的安全生产标准体系。加强标准适应性、有效性、前瞻性研究，根据新形势新要求动态调整。完善基础设施和运输工具安全性能、安全应急装备与设施、风险管理、安全生产监管执法、从业人员职业行为等标准规范。

（十一）加强安全生产执法。健全安全生产执法机制，严格规范公正文明执法，依法严格查处交通运输安全生产违法违规行为。健全与公安、海警、应急管理、市场监管等多部门及跨区域联合执法和协作机制，加强安全生产监管执法信息互通共享，创新执法模式，强化精准执法。加强执法监督，强化执法督察机制运行，依法依规处理执法人员违法违规行为。

五、完善双重预防体系

（十二）加强安全生产形势研判。加强行业安全发展政策及热点问题研究，强化形势研判，发布分析报告。高度重视安全生产普遍性和苗头性问题，统筹传统安全与非传统安全，针对性制定解决方案。结合季节、环境、区域、领域等各方面特点，总结安全生产规律，加强对重点地区、重点领域、重点时段调度指导，及时做好预测预警预防工作。

（十三）强化安全生产风险管控。健全安全生产风险研判机制、决策风险评估机制、风险防控协同机制、风险防控责任机制。全面辨识安全生产系统性、区域性、多发性和偶发性重大风险，加强风险动态监测预警，落实管控责任和措施。严格落实重大危险源备案制度，加强重大风险报送管理，实行重大风险监测管控“一项一案”“一企一策”。加强旅客运输、危险货物运输、城市轨道交通、港口危险货物存储和装卸、公路运营、工程建设施工等重点领域及新业态风险评估和管控，推进风险管理信息化、图斑化、精准化。

（十四）强化安全生产事故隐患排查治理。推动企业建立健全隐患排查治理制度，完善隐患排查、治理、记录、报告全流程闭环管理，严格落实重大隐患治理情况向行业管理部门和企业职代会“双报告”制度，提倡企业建立安全生产事故隐患、违法违规行为举报奖励机制。研究制定和实施重点领域重大事故隐患判定标准或指南。严格落实重大隐患治理督办、整改销号，实施重大隐患清零、一般隐患“减增量去存量”。建立管理部门互联、与企业联网的隐患排查治理信息系统。

（十五）加强事故调查和整改落实。加强安全生产事故调查统计，推进综合交通运输安全生产事故全口径统计分析。完善事故追责问责，坚持调查问责与整改并重。探索建立重大险情约谈制度。依法加强和改进水上交通事故调查机制，依法参与道路运输、港口营运、工程建设领域事故调查。建立事故（险情）技术原因深度调查分析机制，深入剖析典型事故和重大险情发生原因。建立事故暴露问题整改督办制度，组织开展事故整改落实情况“回头看”，强化教训汲取。

六、强化基础保障体系

（十六）提高交通基础设施安全水平。加强安全基础设施建设，严格落实安全设施与主体工程“三同时”制度。推进公路安全生命防护、危旧桥改造、干线公路灾害防治、老旧码头改造、渡口升级改造、航道整治工程、航运枢纽大坝除险加固、船舶碰撞桥梁隐患治理和铁路沿线安全环境治理。推进“平安工地”建设全覆盖，联合开展“平安工程”冠名工作，构建现代化工程建设质量安全管理体系，打造“平安百年品质工程”。强化长大桥隧、重点客货运枢纽及客运场站、重点航运枢纽安全设施运维管理。加强公路桥隧、港口、航道、船闸等重要基础设施养护检查及检测评估、技术状况评定和病害治理、通导航设施配备和运维。加大基础设施长期服役性能观测、安全运行状态监测与智能预警系统建设力度。在确保安全的前提下，积极推动优化危险货物运输车辆限行政策。

（十七）提升运输装备本质安全水平。完善重点营运车船安全技术标准规范，强化准入安全管理，推进智能化升级改造。严格营运车船安全检验，落实维护保养制度，严把技术状况关。推进危险货物技术鉴定和检测机制建设。建立完善港口储罐、安全设施检测和日常管理制度，开展常压液体危险货物罐车专项治理。提升客运码头安检查危能力，推动高危作业场所和环节逐步实现自动化、无人化。

（十八）提升关键岗位从业人员人本安全水平。高度关注“两客一危”、城市公共交通和客渡游船等领域从业人员的身体、心理状况和行为习惯，加强心理疏导、精神慰藉，严格企业管理责任落实。探索研究关键岗位从业人员适岗状态评价、职业健康评估、行为风险评估及监测预警技术，系统防范行为异常导致事故的风险。

（十九）加强安全生产应急救援专业能力建设。推进国家级区域性公路交通应急装备物资储备中心升级建设，完善水上交通安全监管与救助基地、站点布局。加强长江干线区域性应急救助基地、西江航运干线应急救助基地和航道应急抢通、三峡库区深水探测和打捞、内河及沿海船舶和港口危化品处置、海上管控和搜寻救助打捞、公路水路抢通保通等应急装备建设。深化公路交通联合应急演练、水上联合搜救演习。鼓励相邻、区域内企业组建安全应急业务联盟，加强互学互帮。推进综合立体交通救援能力建设，健全应急保障和协调机制，构建布局合理、快速反应、保障有力的应急救援体系。

（二十）保障安全生产资金投入。推动地方交通运输管理部门加大安全基础设施建管养、监管执法车船与装备、应急设施装备和安全科技与信息化投入力度，为公共交通运输装备及枢纽场站更新改造提供资金支持。各级交通运输管理部门将安全生产管理工作经费列入部门预算，专门用于交通运输安全生产工作，确保预算到位、专款专用。

七、培育安全文化体系

（二十一）强化安全生产宣传教育。加强安全生产公益宣传、案例警示教育，强化相关法律法规、安全应急知识普及，推进开展中小学生水上交通安全教育，鼓励各地开展安全生产体验馆和警示教育、实训教育、科普基地建设，推动将交通安全纳入基础教育课程内容。深入开展“安全生产大讲堂”、“安全生产月”、安全生产宣传教育“五进”等活动，提升社会公众安全意识、安全技能及应急处置能力。

（二十二）提升从业人员安全素质。依法推进相关企业主要负责人和安全生产管理人员安全知识和管理能力考核，督促相关企业依法配备注册安全工程师，提升安全生产管理人员的专业化、职业化水平。开展从业人员安全生产知识竞赛和技能比武，提升从业人员职业安全素养。推进机长、船长、施工班组长、驾驶员等岗位职业化建设，提升职业道德水平，强化安全行为自律。

（二十三）加强专业人才队伍建设。推动重点领域企业通过自身培养和市场化机制等方式建立安全生产技术和管理团队。推进行业安全生产和应急救援领军人才建设，培养高水平安全生产专业人才。建立行业安全智库联盟工作机制，鼓励支持相关科研院所和社会机构参与安全研究，提升安全生产领域科研攻关能力。建立安全生产和应急专家库，充分发挥专家的专业支撑作用。

八、完善国际交流合作体系

（二十四）提高国际化水平。借鉴国际安全生产成熟经验做法，密切跟踪国际交通运输安全发展动态，开展国际规则、公约和标准规范对标对表，结合国情推进国际标准国内化进程，加快国内标准与国际标准接轨。

（二十五）加强国际交流与合作。深化交通运输安全应急国际合作，健全与周边国家和地区安全应急协调联动机制。积极参与国际海上搜救事务，畅通搜救应急渠道，加强深远海搜救队伍装备保障，强化海上搜救应急能力。研究加入危险货物国际道路运输公约，积极参与联合国危险货物运输专家分委员会（TDG）、全球化学品统一分类和标签制度分委会（GHS）工作，提出相关规则标准制修订提案和意见。

各部门各单位要高度重视，加强党对交通运输安全生产工作的全面领导，落实党政同责，强化组织协调，结合实际制定具体实施意见，明确责任分工，加强宣传引导，狠抓落实落地，确保取得实效。

铁路、民航、邮政系统结合实际，进一步细化实化本领域安全生产体系建设。

交通运输部

2022 年 1 月 11 日

（此件公开发布）

交通运输部关于印发《交通强国建设评价指标体系》的通知

交规划发〔2022〕7号

各省、自治区、直辖市、新疆生产建设兵团交通运输厅（局、委）：

为深入贯彻落实《交通强国建设纲要》《国家综合立体交通网规划纲要》，客观评估交通强国建设进程，充分发挥评价指标体系的“标尺”和“指挥棒”作用，科学引导各地区、各行业加快建设交通强国，我们研究制定了《交通强国建设评价指标体系》，经报国务院领导同志同意，现予印发。

部加快建设交通强国领导小组办公室要加强统筹、确保质量，科学有序做好指标体系的完善和指标测算指南的制定工作。部综合规划司要会同国家铁路局、中国民用航空局、国家邮政局相关司局做好行业指标制定工作，各省级交通运输主管部门做好省域指标制定工作，部科学研究院会同部规划研究院、水运科学研究院、公路科学研究院等相关科研单位做好指标测算指南研究及技术支撑等相关工作。各行业、各单位要协同配合，高质量推进指标体系的建设、管理及评估等工作。有关成果及时报部。

交通运输部

2022年1月16日

交通强国建设评价指标体系

为贯彻落实《交通强国建设纲要》《国家综合立体交通网规划纲要》，客观评估交通强国建设进程和开展国际对标，科学引导各地区、各行业加快建设交通强国，充分发挥交通强国建设评价指标体系的“标尺”和“指挥棒”作用，制定本指标体系。

一、总体要求

以习近平新时代中国特色社会主义思想为指导，深入贯彻党的十九大和十九届历次全会精神，立足新发展阶段，完整、准确、全面贯彻新发展理念，服务构建新发展格局，坚持以人民为中心的发展思想，着力推动交通运输实现“三个转变”，打造“四个一流”，坚持典型引领、可比可取，构建以国家综合指标为统领，行业指标、省域指标为基础的交通强国建设评价指标体系，切实发挥引导作用，加快建设人民满意、保障有力、世界前列的交通强国，为全面建设社会主义现代化国家当好开路先锋。

二、指标体系设置

我国综合交通运输体系覆盖范围广，区域间、城乡间、行业间发展不平衡。综合考虑，交通强国建设评价指标体系按照1个国家综合指标、5个行业指标和31个省域指标进行设置。

——国家综合指标：聚焦综合交通运输，注重国际横向比较，设置国家综合指标，科学定位我国交通运输发展水平，科学引导行业、省域层面的指标设置。

——行业指标：在国家综合指标框架下，设置铁路、公路、水运、民航、邮政5个行业层面指标，充分体现行业特点。

——省域指标：在国家综合指标框架下，设置31个省域层面指标，既包括“共性指标”，以评价省域发展水平和进行横向比较，又设置“个性指标”，以体现省域差异化特点。

三、指标选取原则

——引领性。满足人民日益增长的美好生活需要，落实共同富裕要求，契合交通强国建设重点任务，充分发挥指标体系对加快建设交通强国的“标尺”和“指挥棒”作用。

——代表性。坚持问题导向与目标导向相结合，聚焦交通运输发展存在的主要问题和短板，瞄准交通强国建设目标任务，遴选“牵一发而动全身”的典型指标。

——可比性。对标国际先进水平，着眼交通强国建设共性需求，立足不同行业、不同地区发展实际，利于横向、纵向对比分析，遴选便于比较的指标。

——获取性。在既有统计方法数据基础上，尽量采用可取、易得、计算简单的数据，并充分利用新技术新方法新手段获取数据。

——时效性。根据新形势新要求，结合交通强国建设进程，对指标体系进行定期评估，视情调整完善，更好适应加快建设交通强国的需要。

四、国家综合指标构成

综合考虑各地区、各行业特点，注重交通运输与经济社会、生态环境相协调，统筹发展和安全，围绕“安全、便捷、高效、绿色、经济”，从“基本特征、评价维度、评价指标”三级设置20项评价指标。相应设置部分表征指标，供行业、地方制定指标参考，具体见附件。

国家综合指标

基本特征	评价维度	评价指标	
安全	生命安全	1	交通运输安全性
	应急保障	2	交通系统韧性
		3	应急响应水平
	自主可控	4	交通设施装备水平
便捷	覆盖广泛	5	交通基础设施覆盖衔接水平
		6	对外连通度与国际化水平
		7	交通基础设施无障碍水平
	快捷顺畅	8	全国123出行交通圈覆盖率
		9	全球123快货物流圈覆盖率

续　表

基本特征	评价维度	评价指标	
高效	高效利用	10	交通设施利用率
		11	交通网运行通畅水平
	一体协调	12	旅客联程运输水平
		13	货物多式联运水平
	智能创新	14	综合交通智慧化水平
绿色	生态环保	15	交通运输工具主要大气污染物排放与碳排放水平
		16	交通与环境协调发展水平
	集约节约	17	交通基础设施空间资源集约化水平
经济	经济适应	18	交通支出可承受能力
	支撑有力	19	交通运输对经济增长贡献率
		20	通道枢纽经济发展水平

（一）安全。

“安全”是交通发展的永恒主题，是经济社会稳定发展的重要前提。重点从生命安全、应急保障、自主可控 3 个评价维度设置 4 项指标。

1. 交通运输安全性。该指标反映贯彻统筹发展和安全要求，主要体现交通基础设施建设、运输服务、交通运输工具装备等安全运行能力及行业安全生产关键岗位从业人员素质。

2. 交通系统韧性。该指标反映交通运输系统稳定性与可靠性，主要体现综合运输通道、客货运枢纽、关键路段工程、重要港口航道等交通基础设施在重大突发事件下的可替代、易修复、抗毁坏能力等。

3. 应急响应水平。该指标反映在重大突发事件发生后的快速响应能力，主要体现在及时启动应急响应，迅速实施应急救援、交通运输保障，有效降低减轻突发事件影响等。

4. 交通设施装备水平。该指标反映交通运输设施装备技术水平，主要体现我国交通运输领域设施、装备、产品等核心技术方面的先进程度以及自主可控能力。

（二）便捷。

“便捷”是对交通供给能力和质量的要求，提高交通基础设施通达程度，便利人民群众出行，注重交通运输服务公平性，增强人民群众获得感。重点从覆盖广泛、快捷顺畅 2 个评价维度设置 5 项指标。

5. 交通基础设施覆盖衔接水平。该指标反映交通基础设施、运输服务的空间布局和衔接水平，主要体现各方式、各层级交通运输网络的通达覆盖水平。

6. 对外连通度与国际化水平。该指标反映我国与其他国家的交通连通程度，交通运输对产业链、供应链的运输保障水平，主要体现我国对外交通运输服务的覆盖能力和国际物流供应链服务保障能力。

7. 交通基础设施无障碍水平。该指标反映交通基础设施服务老年人、残疾人、孕妇儿童等特殊群体无障碍出行及正常使用情况，主要体现特殊群体出行便利程度和服务水平，满足老龄化社会交通需求，提升交通运输服务人性化、精细化水平。

8. 全国123出行交通圈覆盖率。该指标反映都市区1小时通勤、城市群2小时通达和全国主要城市3小时覆盖的人口情况。

9. 全球123快货物流圈覆盖率。该指标反映快货国内1天送达、周边国家2天送达、全球主要城市3天送达的覆盖情况。

（三）高效。

“高效”是对交通供给效率的要求，充分利用物联网、大数据、人工智能等先进技术手段，提高交通基础设施利用效率、衔接转换效率、运营管理效率和交通网运行通畅水平，发挥各种运输方式的比较优势和组合效率。重点从高效利用、一体协调、智能创新3个评价维度设置5项指标。

10. 交通设施利用率。该指标反映设施利用合理化水平，主要体现交通设施利用效率。

11. 交通网运行通畅水平。该指标反映交通网络运行的通畅程度，主要体现合理运行速度区间的占比情况、设施能力和需求匹配情况。

12. 旅客联程运输水平。该指标反映旅客出行一体化服务水平，主要体现交通运输全链条高质量服务能力。

13. 货物多式联运水平。该指标反映货物通过两种及以上运输方式一体化装载、衔接和转运的效率及发展水平。

14. 综合交通智慧化水平。该指标反映交通基础设施、交通装备、运输服务和交通管理智能化水平以及系统的智慧化发展程度。

（四）绿色。

“绿色”是满足人民对优美生态环境的需要，推动形成绿色交通发展方式，提高资源集约节约化水平，促进交通与自然和谐共生。重点从生态环保、集约节约2个评价维度设置3项指标。

15. 交通运输工具主要大气污染物排放与碳排放水平。该指标反映由交通运输工具产生的大气污染物与二氧化碳排放下降情况，体现减排效果。

16. 交通与环境协调发展水平。该指标反映交通运输绿色发展水平及能源综合利用效率，重点从城市绿色出行水平和新能源载运工具推广应用等方面进行衡量。

17. 交通基础设施空间资源集约化水平。该指标反映综合交通及各运输方式对土地、岸线、线位等国土空间资源集约节约利用情况。

（五）经济。

“经济”是对交通投入产出比率的要求，体现用户以可承受的价格享受到高品质、高性价比的运输服务，全面适应并支撑经济社会发展。重点从经济适应、支撑有力2个评价维度设置3项指标。

18. 交通支出可承受能力。该指标反映人民群众对交通运输时间成本和支出费用的可承受能力，以及交通基础设施建设财务可持续能力、全生命周期成本可承受能力、有效防范债务风险能力。

19. 交通运输对经济增长贡献率。该指标反映交通运输业对GDP增长的全部贡献程度，包括直接贡献和通过促进消费、带动相关产业增长的间接贡献等。

20. 通道枢纽经济发展水平。该指标反映运输通道和交通枢纽建设对经济引领促进水平，体现对客流、物流、资金流、信息流等集聚带动作用，以及促进经济要素循环、推动交通与周边经济协同发展的能力。

五、实施要求

（一）加强组织领导。充分发挥交通运输

部加快建设交通强国领导小组的统筹领导作用，完善部门协同、上下联动的实施工作机制。领导小组办公室要加强对行业、省域指标研究制定的指导，整体有序推动指标体系制定、实施和完善等工作。

（二）完善体系构建。领导小组办公室要抓紧制定交通强国建设评价指标测算指南，遴选引领性强、条件成熟的指标向全国推广。国家铁路局、中国民用航空局、国家邮政局要结合自身特点，提出符合行业实际情况的指标。各省级交通运输主管部门要从本地区实际出发，加快制定指标体系，积极引入第三方评估，确保指标体系尽快落地。鼓励京津冀、长三角、粤港澳大湾区、成渝地区双城经济圈等区域，建立区域协调联动机制，携手研究建立区域指标。鼓励具备条件的中心城市研究建立市级层面指标。

（三）实行定期评估。根据新形势新要求，对指标体系进行定期评估，视情调整完善。创新数据采集方式方法，健全交通运输统计体系，充分利用大数据、云计算等先进技术，夯实数据获取能力，拓展数据来源渠道，提升调查研究和分析能力。

附件

国家综合指标具体表征指标（参考）

序号	评价指标	参考表征指标
1	交通运输安全性	交通运输事故频率、死亡率、经济损失，交通运输安全从业人员职业技能素质，交通基础设施抗灾抗损能力
2	交通系统韧性	重点区域多路径、多方式连接比率
3	应急响应水平	突发事件（故）应急响应启动时间，交通运输应急恢复时间，应急救援力量响应及到达时间
4	交通设施装备水平	交通核心先进装备国产化率，运输工具导航系统安全监管覆盖率，交通关键结构物安全耐久可靠度，交通基础设施技术状态良好率
5	交通基础设施覆盖衔接水平	享受1小时快速交通人口覆盖率，城区常住人口100万以上城市中心城区建成区公共交通站点500米覆盖率，城乡交通运输公共服务均等化水平，农村客运应通尽通比例
6	对外连通度与国际化水平	自主快递网络全球覆盖率，班轮运输连通性指数，国际物流供应链保障能力，航空枢纽机场对外连接度，国际道路运输便利化水平，参与国际标准制定、参与国际交通组织治理能力
7	交通基础设施无障碍水平	交通基础设施无障碍化率，交通无障碍基础设施使用率，低地板及低入口城市公交车比例，无障碍出租汽车比例
8	全国123出行交通圈覆盖率	都市区1小时通勤、城市群2小时通达和全国主要城市3小时覆盖率

续 表

序号	评价指标	参考表征指标
9	全球 123 快货物流圈覆盖率	快货国内 1 天送达、周边国家 2 天送达、全球主要城市 3 天送达覆盖率
10	交通设施利用率	交通设施功能发挥、能力利用水平
11	交通网运行通畅水平	交通基础设施 V/C 比，城市交通运行指数
12	旅客联程运输水平	旅客联程运输指数，新改建综合客运枢纽换乘时间，中心城区至综合客运枢纽半小时可达率
13	货物多式联运水平	多式联运换装 1 小时完成率，货物多式联运占比，港口集装箱铁水联运和水水中转比例，多式联运“一单制”应用比例，大宗物资公铁水运价协同水平
14	综合交通智慧化水平	交通基础设施数字化、网联化水平，交通装备智能化、网联化水平，交通装备与运输服务智能化水平，重点物资运输电子运单覆盖率，自动驾驶和车路协同水平
15	交通运输工具主要大气污染物排放与碳排放水平	营运交通工具换算周转量碳排放强度下降率，营运交通工具氮氧化物（NO_x）排放总量下降率，主要污染防治和生态保护措施落实情况
16	交通与环境协调发展水平	城市绿色出行比例，城市公共交通机动化出行分担率，新能源车占比，城市公交、出租汽车、城市配送等领域新能源汽车占比，大宗货物中长距离铁路水路运输比例，交通基础设施绿色化建设比例，城市交通噪声投诉率，交通运输与生态环境协调发展水平
17	交通基础设施空间资源集约化水平	主要通道新增交通基础设施多方式国土空间综合利用率提高比例，单位港口岸线通过能力提升率，货物运输实载率
18	交通支出可承受能力	交通支出占消费支出比重，交通基础设施资产负债率，城市不合理拥堵时间工具能耗损失比重
19	交通运输对经济增长贡献率	交通运输对经济发展的诱增水平
20	通道枢纽经济发展水平	TOD 发展指数，交通基础设施对沿线经济发展的带动力

抄送：交通强国建设纲要起草组成员单位，部属各单位、部内各司局，中央纪委国家监委驻交通运输部纪检监察组。

交通运输部关于做好交通运输业助企纾困扶持政策落实工作的通知

交财审明电〔2022〕38 号

各省、自治区、直辖市、新疆生产建设兵团交通运输厅（局、委），中国道路运输协会、中国船东协会、中国港口协会、中国交通会计学会，部属各单位，部内相关司局：

为帮助服务业领域困难行业渡过难关、恢复发展，经国务院同意，国家发展改革委会同交通运输部等 14 部门联合印发《关于促进服务业领域困难行业恢复发展的若干政策》（发改财金〔2022〕271 号，以下简称《若干政策》），现将《若干政策》转发给你单位，并就贯彻落实工作提出如下要求：

一、充分认识做好交通运输业助企纾困工作的重要意义

今年是我国踏上全面建设社会主义现代化国家、向第二个百年奋斗目标进军新征程的重要一年，将喜迎党的二十大召开。面对复杂多变的内外部环境，党中央、国务院要求坚持稳中求进总基调，稳定宏观经济大盘，保持经济运行在合理区间，保持社会大局稳定。新冠疫情发生以来，受出行需求减少、防疫支出增加等影响，交通运输企业经营受到较大冲击，全国经营性道路客运量、水路客运量、城市公共交通客运量大幅下降，企业亏损严重、经营困难。党中央、国务院高度重视稳定市场主体工作，指导有关部门联合出台了《若干政策》，制定了针对交通运输行业的精准扶持政策和针对困难行业的普惠性纾困政策，体现了党中央、国务院对交通运输等困难行业的关心和关爱。各级交通运输部门和单位要切实将思想和行动统一到党中央国务院部署要求上来，充分认识到稳定交通运输等市场主体工作的重要性和紧迫性，增强做好助企纾困工作责任感、使命感，确保相关扶持政策落地见效，保障行业健康稳定发展。

二、推动助企纾困各项政策落实落细

《若干政策》涵盖财税、金融、就业等多方面，涉及政策面广，协调落实工作量大。各单位、各部门要分工协作、团结配合，确保国家扶持政策传导到基层、落实到企业。一是建立完善专项工作机制，明确牵头部门，确保责任落实、任务落实、措施落实。要研究吃透政

策精神，加大政策宣传力度，主动上门服务，指导行业企业用足用好扶持政策。二是加强沟通协调。各级交通运输部门要主动对接财税、金融、社保等部门，研究细化帮扶措施。要主动提供承担疫情防控、应急运输任务较重的交通运输企业信息，合法合规共享车辆、船舶等动产数据，为金融部门定向加大金融支持提供支撑。三是积极争取地方配套资金和政策支持。各地交通运输部门要积极反映行业困难，推动地方政府加大对交通运输行业支持力度，统筹安排资金用于存在困难的新能源出租车、城市公交车等支出，多措并举改善交通运输市场主体经营状况，更好服务地方经济社会发展。四是督促所属单位支持中小企业发展。各级交通运输部门要组织所属单位严格落实《保障中小企业款项支付条例》，依法合规及时支付合同账款，保障中小企业合法权益。落实《若干政策》要求，对承租疫情中高风险县级区域内国有房屋的小微企业和个体工商户给予减免房租。积极发挥政府采购等政策功能，支持中小企业发展。五是发挥行业协会桥梁纽带作用。加强对交通运输行业协会指导，督促建立完善与行业企业联系机制，跟踪了解企业发展状况、纾困政策落实情况、存在的困难及诉求，提出完善政策的意见建议。

三、统筹做好疫情防控和交通运输发展

我国经济发展韧性强、潜力大、回旋空间广，经济长期向好的基本面不会改变。各级交通运输部门要坚定信心决心，牢牢把握恢复发展机会，引导行业企业立足新发展阶段，完整、准确、全面贯彻新发展理念，以供给侧结构性改革为主线，推动行业转型升级、提质增效。要加快完善综合立体交通网络，深入推进放管服改革，持续优化营商环境，建立完善统一开放交通运输市场，为交通运输行业平稳健康发展创造良好环境。

要认真贯彻《若干政策》要求，认真落实严格、科学、精准的疫情防控措施，避免“放松防控”、“过度防控”两种倾向。建立精准监测机制，运用大数据手段建立港口、冷链运输等重点从业人员库，提升精准识别能力，强化精准管控隔离，落实精准防护措施。严格落实国务院联防联控机制“五个不得”部署和服务业精准防疫要求，不得非必要、不报批中断公共交通，不得非经流调、无政策依据对服务场所实施关停措施、不得擅自增加疫情防控措施。确有必要采取中断交通等措施的，须由省级人民政府报国务院联防联控机制同意后实施。要有效恢复和保持交通运输发展正常秩序，统筹做好疫情防控和交通运输发展。

请各省级交通运输主管部门于2022年3月底前将各地贯彻落实《若干政策》情况和助企纾困工作开展情况报部（财务审计司）。各单位在政策实施中遇到的困难、问题和有关意见建议，请及时向部反馈。联系人及联系电话：部财务审计司 陈冰波、武超，010－65292915、65292998；部科学研究院 王海霞，010－58278682、15811086560。

附件：关于促进服务业领域困难行业恢复发展的若干政策（国家发展改革委等14部门联合印发 发改财金〔2022〕271号）

交通运输部

2022年2月19日

（此件公开发布）

附件

关于促进服务业领域困难行业恢复发展的若干政策

（国家发展改革委等14部门联合印发 发改财金〔2022〕271号）

按照党中央、国务院决策部署，为帮助服务业领域困难行业渡过难关、恢复发展，在落实好已经出台政策措施的基础上，经国务院同意，现提出以下助企纾困扶持政策措施。

一、服务业普惠性纾困扶持措施

1. 延续服务业增值税加计抵减政策，2022年对生产、生活性服务业纳税人当期可抵扣进项税额继续分别按10%和15%加计抵减应纳税额。

2. 2022年扩大"六税两费"适用范围，将省级人民政府在50%税额幅度内减征资源税、城市维护建设税、房产税、城镇土地使用税、印花税（不含证券交易印花税）、耕地占用税和教育费附加、地方教育附加等"六税两费"的适用主体，由增值税小规模纳税人扩展至小型微利企业和个体工商户。符合条件的服务业市场主体可以享受。

3. 鼓励各地可根据条例授权和本地实际，2022年对缴纳房产税、城镇土地使用税确有困难的纳税人给予减免。符合条件的服务业市场主体可以享受。

4. 2022年加大中小微企业设备器具税前扣除力度。中小微企业2022年度内新购置的单位价值500万元以上的设备器具，折旧年限为3年的可选择一次性税前扣除，折旧年限为4年、5年、10年的可减半扣除。企业可按季度享受优惠，当年不足扣除形成的亏损，可在以后5个纳税年度结转扣除。符合条件的服务业市场主体可以享受。

5. 2022年延续实施阶段性降低失业保险、工伤保险费率政策。对不裁员、少裁员的企业继续实施普惠性失业保险稳岗返还政策，在2022年度将中小微企业返还比例从60%最高提至90%。符合条件的服务业市场主体可以享受。

6. 2022年被列为疫情中高风险地区所在的县级行政区域内的服务业小微企业和个体工商户承租国有房屋，2022年减免6个月租金，其他地区减免3个月租金。各地可统筹各类资金，对承租非国有房屋的服务业小微企业和个体工商户给予适当帮扶。鼓励非国有房屋租赁主体在平等协商的基础上合理分担疫情带来的损失。对减免租金的房屋业主，2022年缴纳房产税、城镇土地使用税确有困难的，鼓励各地可根据条例授权和地方实际给予减免。因减免租金影响国有企事业单位业绩的，在考核中根据实际情况予以认可。

7. 2022 年引导银行用好 2021 年两次降低存款准备金率释放的 2.2 万亿元资金，发挥好货币政策工具的总量和结构双重功能，优先支持困难行业特别是服务业小微企业和民营企业。

8. 2022 年发挥好支持普惠小微的市场化工具引导作用，对地方法人银行普惠小微贷款余额增量的 1% 提供激励资金，用好 4000 亿元再贷款滚动额度，引导金融机构加大对困难行业特别是服务业领域的倾斜力度。鼓励金融机构对符合续贷条件的服务业市场主体按正常续贷业务办理，不得盲目惜贷、抽贷、断贷、压贷，保持合理流动性。

9. 2022 年继续推动金融系统减费让利，落实好贷款市场报价利率（LPR）下行、支农支小再贷款利率下调，推动实际贷款利率在前期大幅降低基础上继续下行，督促指导降低银行账户服务收费、人民币转账汇款手续费、银行卡刷卡手续费，减轻服务业小微企业和个体工商户经营成本压力。

10. 采取切实有效措施制止乱收费、乱摊派、乱罚款行为，研究实施专项整治行动方案，完善整治涉企乱收费协同治理和联合惩戒机制，防止对服务业的各项助企纾困政策效果被"三乱"抵消。鼓励服务业行业采取多种手段开展促销活动。

二、餐饮业纾困扶持措施

11. 鼓励有条件的地方对餐饮企业免费开展员工定期核酸检测，对企业防疫、消杀支出给予补贴支持。2022 年原则上应给予餐饮企业员工定期核酸检测不低于 50% 比例的补贴支持。

12. 引导外卖等互联网平台企业进一步下调餐饮业商户服务费标准，降低相关餐饮企业经营成本。引导互联网平台企业对疫情中高风险地区所在的县级行政区域内的餐饮企业，给予阶段性商户服务费优惠。

13. 允许失业保险、工伤保险基金结余较多的省份对餐饮企业阶段性实施缓缴失业保险、工伤保险费政策，具体办法由省级人民政府确定。符合条件的餐饮企业提出申请，经参保地人民政府批准可以缓缴，期限不超过一年，缓缴期间免收滞纳金。

14. 引导金融机构加强与餐饮行业主管部门信息共享，运用中小微企业和个体工商户的交易流水、经营用房租赁以及有关部门掌握的信用信息等数据，提升风险定价能力，更多发放信用贷款。鼓励符合条件的餐饮企业发行公司信用类债券，拓宽餐饮企业多元化融资渠道。

15. 鼓励政府性融资担保机构为符合条件的餐饮业中小微企业提供融资增信支持，依法依约及时履行代偿责任，积极帮助受疫情影响企业续保续贷。支持有条件的地方向政府性融资担保机构注资、提供融资担保费用补贴。

16. 鼓励保险机构优化产品和服务，扩大因疫情导致餐饮企业营业中断损失保险的覆盖面，提升理赔效率，提高对餐饮企业的保障程度。鼓励有条件的地方给予保费补贴。

17. 鼓励餐饮企业为老年人提供助餐服务，地方结合实际因地制宜对老年人助餐服务给予适当支持。不得强制餐饮企业给予配套优惠措施。

三、零售业纾困扶持措施

18. 鼓励有条件的地方对零售企业免费开

展员工定期核酸检测，对企业防疫、消杀支出给予补贴支持。2022年原则上应给予零售企业员工定期核酸检测不低于50%比例的补贴支持。

19. 中央财政通过服务业发展资金，支持开展县域商业体系建设。加强政策支持，发挥市场机制作用，推动“一个上行（农产品上行）”和“三个下沉（供应链下沉、物流配送下沉、商品和服务下沉）”。

20. 中央财政继续通过服务业发展资金，支持10个省（自治区、直辖市）进一步加强农产品供应链体系建设，完善农产品流通骨干网络等。

21. 允许失业保险、工伤保险基金结余较多的省份对零售企业阶段性实施缓缴失业保险、工伤保险费政策，具体办法由省级人民政府确定。符合条件的零售企业提出申请，经参保地人民政府批准可以缓缴，期限不超过一年，缓缴期间免收滞纳金。

22. 对于各地商务主管部门推荐的应急保供、重点培育、便民生活圈建设等名单企业，鼓励银行业金融机构加大信贷支持，适当降低贷款利率，鼓励有条件的地方给予贷款贴息。引导金融机构加强与零售行业主管部门信息共享，运用中小微企业和个体工商户的交易流水、经营用房租赁以及有关部门掌握的信用信息等数据，提升风险定价能力，更多发放信用贷款。鼓励符合条件的零售企业发行公司信用类债券，拓宽零售企业多元化融资渠道。

23. 鼓励政府性融资担保机构为符合条件的零售业中小微企业提供融资增信支持，依法依约及时履行代偿责任，积极帮助受疫情影响企业续保续贷。支持有条件的地方向政府性融资担保机构注资、提供融资担保费用补贴。

四、旅游业纾困扶持措施

24. 2022年继续实施旅行社暂退旅游服务质量保证金扶持政策，对符合条件的旅行社维持80%的暂退比例，鼓励有条件的地方进一步提高暂退比例。同时，加快推进保险代替保证金试点工作，扩大保险代替保证金试点范围。

25. 允许失业保险、工伤保险基金结余较多的省份对旅游企业阶段性实施缓缴失业保险、工伤保险费政策，具体办法由省级人民政府确定。符合条件的旅游企业提出申请，经参保地人民政府批准可以缓缴，期限不超过一年，缓缴期间免收滞纳金。

26. 加强银企合作，建立健全重点旅游企业项目融资需求库，引导金融机构对符合条件的、预期发展前景较好的A级旅游景区、旅游度假区、乡村旅游经营单位、星级酒店、旅行社等重点文化和旅游市场主体加大信贷投入，适当提高贷款额度。

27. 政府采购住宿、会议、餐饮等服务项目时，严格执行经费支出额度规定，不得以星级、所有制等为门槛限制相关企业参与政府采购。

28. 鼓励机关企事业单位将符合规定举办的工会活动、会展活动等的方案制定、组织协调等交由旅行社承接，明确服务内容、服务标准等细化要求，加强资金使用管理，合理确定预付款比例，并按照合同约定及时向旅行社支付资金。

29. 鼓励银行业金融机构合理增加旅游业有效信贷供给。建立重点企业融资风险防控机制。引导金融机构合理降低新发放贷款利率，对受疫情影响生产经营困难的旅游企业主动让利。鼓励符合条件的旅游企业发行公司信用类债券，拓宽旅游企业多元化融资渠道。

30. 对符合条件的、预期发展良好的旅行社、旅游演艺等领域中小微企业加大普惠金融支持力度。发挥文化和旅游金融服务中心的积极作用，建立中小微旅游企业融资需求库。鼓励银行业金融机构对旅游相关初创企业、中小微企业和主题民宿等个体工商户分类予以小额贷款支持。

五、公路水路铁路运输业纾困扶持措施

31. 2022 年暂停铁路运输企业预缴增值税一年。

32. 2022 年免征轮客渡、公交客运、地铁、城市轻轨、出租车、长途客运、班车等公共交通运输服务增值税。

33. 2022 年中央财政对符合要求的新能源公交车，继续按照既定标准给予购置补贴，且退坡幅度低于非公共领域购置车辆。

34. 2022 年中央财政进一步加大车辆购置税收入补助地方资金力度，支持公路、水运和综合货运枢纽、集疏运体系建设等。

35. 鼓励有条件的地方根据实际需要统筹安排资金，用于存在困难的新能源出租车、城市公交运营等支出。

36. 加强信息共享，发挥动态监控数据作用，引导金融机构创新符合道路水路运输企业特点的动产质押类贷款产品，盘活车辆、船舶等资产。鼓励金融机构按市场化原则对信用等级较高、承担疫情防控和应急运输任务较重的交通运输企业加大融资支持力度，相关主管部门提供企业清单供金融机构参考。鼓励符合条件的交通运输企业发行公司信用类债券，拓宽交通运输企业多元化融资渠道。

六、民航业纾困扶持措施

37. 2022 年暂停航空运输企业预缴增值税一年。

38. 地方可根据实际需要，统筹中央对地方转移支付以及地方自有财力，支持航空公司和机场做好疫情防控。

39. 统筹资源加大对民航基础设施建设资金支持力度。中央财政继续通过民航发展基金对符合条件的航空航线、安全能力建设等予以补贴。继续通过民航发展基金等对符合条件的中小机场和直属机场运营、安全能力建设等予以补贴，对民航基础设施贷款予以贴息，对机场和空管等项目建设予以投资补助。鼓励地方财政对相关项目建设予以支持。

40. 研究协调推动中国航空油料集团有限公司与上游企业协商取消航空煤油价格中包含的海上运保费（2 美元/桶）、港口费（50 元/吨）等费用。

41. 鼓励银行业金融机构加大对枢纽机场的信贷支持力度。鼓励符合条件的航空公司发行公司信用类债券，拓宽航空公司多元化融资渠道。对受疫情影响严重的航空公司和民航机场注册发行债务融资工具建立绿色通道。

七、精准实施疫情防控措施

42. 认真落实严格、科学、精准的疫情防控措施，坚决防止和避免“放松防控”和“过度防控”两种倾向，有效恢复和保持服务业发展正常秩序。一是建立精准监测机制，运用大数据手段建立餐厅、商超、景点、机场、港口、冷链运输等服务业重点区域、重点行业从业人员库，落实重点人员和高风险岗位人员核

酸检测频次，做到应检尽检。二是提升精准识别能力，确保疫情在服务业场所发生时全力以赴抓好流调“黄金 24 小时”。三是强化精准管控隔离，科学精准定位服务业重点、高危人群，对密切接触者和密接的密接进行集中隔离医学观察，对其他人员按照相关规定进行分类管理。四是推广精准防护理念，餐饮、零售、旅游、交通客运、民航等行业和相关服务场所工作人员做到疫苗应接尽接，建立工作人员每日健康监测登记制度，增强从业人员和公众疫情防控意识。

43. 严格落实国务院联防联控机制综合组防疫政策“五个不得”的要求，即不得禁止低风险地区人员返乡；不得随意扩大中高风险地区范围；不得随意将限制出行范围由中、高风险地区及所在区（县）扩大到所在地市；不得擅自对低风险地区人员采取集中隔离管控、劝返等措施；不得随意延长集中隔离观察期限。在此基础上，进一步对服务业行业提出精准防疫要求。一是不得突破疫情防控相应规定进行封城、封区，不得非必要、不报批中断公共交通。二是不得非经流调、无政策依据对餐厅、商超、景区景点、电影院及相关服务业场所等实施关停措施、延长关停时间。三是不得在国务院联防联控机制政策要求基础上擅自增加对服务业的疫情防控措施。确有必要采取封城封区、中断交通等措施或在现行基础上加强疫情防控力度的，须报经国务院联防联控机制同意后实施。各省级人民政府要统筹本地区疫情防控措施总体要求，针对服务业行业特点，建立疫情防控措施层层加码问题反映、核实、纠正专项工作机制。

八、保障措施

发展改革委要切实发挥牵头作用，加强统筹协调，做好形势分析，加大协调推动有关政策的出台、执行落实工作力度，强化储备政策研究；国务院各有关部门要各司其责、加强配合，加大政策宣传贯彻力度，抓紧出台具体政策实施办法，及时跟进解读已出台政策措施，及时协调解决政策落实过程中的难点、堵点问题，及时回应社会诉求和关切。

各地区要结合实际情况和服务业领域困难行业特点，把握好政策时度效，抓好政策宣传贯彻落实，及时跟踪研判相关困难行业企业恢复情况，出台有针对性的专项配套支持政策，确保政策有效传导至市场主体，支持企业纾困发展。

各有关行业协会要充分发挥联系企业的桥梁和纽带作用，指导帮助企业用足用好相关纾困扶持措施，加强调查研究，及时了解和反馈行业发展动态、难点问题、企业诉求和政策落实情况。

交通运输部 公安部 商务部关于印发《城市绿色货运配送示范工程管理办法》的通知

交运发〔2022〕32 号

各省、自治区、直辖市、新疆生产建设兵团交通运输厅（局、委）、公安厅（局）、商务主管部门：

现将《城市绿色货运配送示范工程管理办法》印发给你们，请遵照执行。

交通运输部

公安部

商务部

2022 年 3 月 14 日

抄送：中央纪委国家监委驻交通运输部纪检监察组。

城市绿色货运配送示范工程管理办法

第一章　总则

第一条　为加快推动城市货运配送体系绿色低碳发展，进一步加强城市绿色货运配送示范工程管理工作规范化、制度化，保障示范工程建设有力有序推进，不断提升城市绿色货运配送发展水平，更好服务加快建设交通强国等国家战略实施，制定本办法。

第二条　本办法适用于城市绿色货运配送示范工程的申报、组织实施、验收与命名、动态评估等工作。

前款所称城市绿色货运配送示范工程，是指经交通运输部、公安部、商务部按程序评审通过，并联合发文确定的城市绿色货运配送示范工程（以下简称示范工程）。

第三条　示范工程建设应当遵循公开、公平、公正的原则，统筹开展示范工程管理工作。

第四条　示范工程创建以城市人民政府为实施主体（以下简称创建城市），创建周期原则上为 3 年。

第二章　申报流程

第五条　交通运输部会同公安部、商务部，聚焦加快建设交通强国、实现碳达峰碳中和目标、新型城镇化建设等有关国家战略实施，结合推动城市绿色货运配送相关规划、政策任务部署，按照行业发展实际，印发示范工程申报工作通知，明确总体要求、申报条件、支持方向、工作安排等。

第六条 申报示范工程的城市，原则上应当同时满足以下条件：

（一）城市规模。地级及以上城市，优先考虑直辖市、省会城市和计划单列市。

（二）物流基础。物流枢纽站场等基础设施条件较好，信息化水平较高，物流需求旺盛，城市配送、甩挂运输、冷链物流等重点领域发展潜力大。

（三）政策环境。城市人民政府及相关管理部门关于城市货运配送基础设施建设、便利通行政策、新能源及清洁能源车辆推广等方面有具体、明确的支持政策。

第七条 省级交通运输主管部门会同公安、商务主管部门组织本省（区、市）有关城市进行申报。符合申报条件的城市人民政府，应结合城市发展特点，编制示范工程实施方案（以下简称《实施方案》，具体要求见附件1），报送省级交通运输主管部门，抄报省级公安、商务主管部门。

第八条 省级交通运输主管部门应会同公安、商务主管部门，对申报城市材料进行审核，形成审核报告。按照申报条件和要求确定推荐申报城市名单及优先顺序，并按要求向交通运输部、公安部、商务部报送申报城市名单、审核报告和申报材料。

第九条 交通运输部应会同公安部、商务部，组织专家对审核报告和城市申报材料进行综合评价，经公示后，按程序公布示范工程创建城市名单。

第三章 组织实施

第十条 省级交通运输主管部门应会同公安、商务主管部门根据部级评审意见，组织辖区内示范工程创建城市修改并正式印发《实施方案》，报交通运输部备案。

第十一条 创建城市应按照备案的《实施方案》中确定的有关内容开展创建，细化建设任务，明确各项任务项目载体、科学制定工作进度计划、落实责任分工和保障措施。创建城市对创建任务的完成和实施效果负主体责任，并按照示范工程相关管理要求开展数据报送、自查评估等工作。

第十二条 创建工作应争取城市人民政府的支持，应当建立交通运输、公安、商务等相关部门协同配合的工作机制，定期研究部署示范工程创建工作。鼓励建立示范工程创建工作考核机制，将创建任务完成情况和创建结果纳入城市人民政府年度绩效考核。

第十三条 创建城市应开展自查评估工作。自查评估每年开展一次，对照《城市绿色货运配送示范工程绩效考核评分细则》进行自评打分，并编写示范工程总结报告（具体要求见附件2），报省级交通运输、公安、商务主管部门审核。

第十四条 省级交通运输主管部门应会同公安、商务主管部门加强对创建城市的跟踪督导和绩效评估，定期开展集中督导，并结合创建城市上报材料，开展实地查验，进一步完善示范工程总结报告，并与本省份推进城市绿色货运配送发展所编制或发布的相关规划、政策文件、标准规范、典型案例、创新成果等材料，于次年2月底前报送交通运输部、公安部、商务部。

第十五条 交通运输部会同公安部、商务部适时组织专家对示范工程建设情况进行重点抽查和绩效评估。

第十六条 对因不可抗力或市场环境发生重大变化等客观因素，确需对示范工程实施内容、考核指标、实施期限等进行变更的，应当详细说明理由，经省级交通运输、公安、商务主管部门同意后，报交通运输部备案。书面变更申请应包括：

（一）变更的内容；

（二）变更的理由；

（三）承诺变更后不影响原定示范效果。

第十七条 交通运输部、公安部、商务部根据各自职责，加强部门协调和政策推进，支持示范工程建设。各地交通运输主管部门应积极争取省级和城市的财政资金支持，加大对示范工程中新能源车辆购置与运营、配送节点建设、先进组织模式推广应用、公共信息平台建设、末端配送车辆管理等方面的支持力度。

第十八条 各级交通运输主管部门应会同公安、商务主管部门，加大对示范工程创建的宣传力度，充分利用网络、报纸、电视、广播等多种方式宣传示范工程创建工作推进情况和建设成效，积极营造支持创建工作、体现创建成效的舆论氛围。

第四章 验收与命名

第十九条 创建期结束后，已完成《实施方案》确定的各项目标任务的示范工程，可申请验收。

第二十条 交通运输部会同公安部、商务部制定示范工程验收方案和验收考核指标，组织专家对申请验收的示范工程开展验收。验收工作按照“城市自评、省级审核、部级验收”等程序进行。

（一）城市自评。创建城市对照《实施方案》进行自查评估，经评估后达到验收条件的，向所在地省级交通运输、公安、商务主管部门提出验收申请，并提交验收申请报告（具体要求见附件3）；自查评估未达到验收标准的，应申请延期验收。

（二）省级审核。省级交通运输主管部门应会同公安、商务主管部门通过材料审核、实地勘察等方式对创建城市提交的验收申请报告进行审核。审核认为达到验收标准的，形成推荐意见报交通运输部、公安部、商务部；未达到验收标准的，督促创建城市进行整改，确需延期的按时办理延期手续。

（三）部级验收。交通运输部会同公安部、商务部按照验收工作程序，组织专家赴创建城市进行实地验收，开展量化打分，形成验收意见。

第二十一条 交通运输部会同公安部、商务部对通过验收的示范工程进行公示。根据公示期间收到的意见建议组织专家复核，确认验收结果后，联合公布验收合格的示范工程创建城市名单，授予“全国绿色货运配送示范城市”（以下简称示范城市）称号。示范城市按照有关要求，享受奖励政策。未通过验收的示范工程，交通运输部牵头反馈其未通过原因，提出整改要求，并给予1年的延续创建期，期满前创建城市按程序申请验收，验收仍未通过的，取消创建资格。

存在以下情形之一的，直接取消创建资格：

（一）提供的验收文件、资料、数据不真实。

（二）未经批准，擅自对示范工程实施内容进行重大调整，导致示范工程不再满足原定创建目标和示范效果的。

第二十二条 取消创建资格的示范工程，

不享受示范工程部级相关政策，不得再以示范工程名义开展工作。

第五章 动态评估

第二十三条 交通运输部会同公安部、商务部，从示范城市获得称号次年起，按照“方向不变、力度不减、标准不降”的原则和“三年一评估”的要求，组织开展示范城市动态评估工作。动态评估期间，省级交通运输主管部门应会同公安、商务主管部门持续开展跟踪督导工作，组织示范城市开展年度评价工作。

第二十四条 动态评估工作每三年开展一次，按照“城市自评、省级初审、部级评估”程序进行。

（一）城市自评。示范城市应当按照相关要求总结动态评估期工作情况，并于每个动态评估期末年的6月底前，形成自评报告（报告格式参照附件3）报送省级交通运输、公安、商务主管部门。

（二）省级初审。省级交通运输主管部门应会同公安、商务主管部门对示范城市自评报告进行初审后，于评估期末年的8月底前，将审核后的自评报告报交通运输部、公安部、商务部。

（三）部级评估。交通运输部会同公安部、商务部通过组织采取实地暗访、专家评议等形式，形成评估结论。对于动态评估期评估合格的示范城市，交通运输部、公安部、商务部公告保留其称号；对于动态评估不合格的示范城市，交通运输部会同公安部、商务部，将整改要求通报示范城市所在省份的省级交通运输、公安、商务主管部门，由省级部门督促相关示范城市限期整改，整改期一般不超过3个月。整改后仍不合格的，将公告取消其称号，不再享受示范城市部级相关政策。

第六章 附则

第二十五条 本办法由交通运输部、公安部、商务部负责解释。

第二十六条 本办法自发布之日起施行。

附件下载：

附件1 示范工程实施方案编制指南（略）

附件2 示范工程总结报告编制指南（略）

附件3 示范工程验收申请报告编制指南（略）

交通运输部办公厅关于充分发挥 12328 热线作用更好服务物流保通保畅有关工作的通知

交运明电〔2022〕91 号

各省、自治区、直辖市、新疆生产建设兵团交通运输厅（局、委）：

为深入贯彻落实党中央、国务院决策部署，按照《国务院应对新型冠状病毒感染肺炎疫情联防联控机制关于切实做好货运物流保通保畅工作的通知》（国办发明电〔2022〕3 号）及全国保障物流畅通促进产业链供应链稳定电视电话会议要求，进一步畅通信息咨询、投诉举报处理和意见建议收集等渠道，经交通运输部同意，现就充分发挥 12328 交通运输服务监督热线作用更好服务物流保通保畅有关工作通知如下：

一、切实提高政治站位，深刻认识做好当前 12328 热线运行管理工作的重大意义

当前新冠肺炎疫情防控形势严峻复杂，部分高速公路“主动脉”中断、交通物流“末端不畅”等问题突出，货车司机等对交通物流等管控标准不一、政策不透明、特别是“层层加码”“一刀切”等问题反映强烈。各地交通运输主管部门要认真贯彻习近平总书记等中央领导同志重要指示批示精神，按照全国保障物流畅通促进产业链供应链稳定电视电话会议部署要求，切实提高政治站位，充分发挥 12328 热线在政策咨询、意见收集、举报处理等方面的重要作用，及时解答疫情防控、车辆通行管控、防疫检查站点和核酸检测点设置、通行证办理发放等涉及广大货车司机切身利益的信息咨询，收集整理相关物流企业和货运经营者的问题诉求，及时采取有力措施，切实予以解决，防范化解矛盾隐患，维护行业稳定发展大局。

二、迅速更新 12328 知识库，提升信息咨询业务即时答复准确率

各地交通运输主管部门要针对当前物流中转调运场地设置、重点区域通行管理政策、重点生产生活物资运输、中小企业纾困解难、货车司机基本服务保障等相关政策，建立热点政策迅速反应和知识库高效动态更新机制，及时将物流保通保畅相关政策知识导入本地知识库。通过 12328 部级知识库、微信公众号、微信小程序等渠道发布的热点政策知识，以及地

方政府发布的疫情防控和通行管控政策知识，各地交通运输主管部门要及时组织将其在1个工作日内，通过系统对接、人工录入等方式，完成知识内容的全量同步；在2个工作日内，完成对本地12328工作人员知识更新培训和本地12345知识库同步更新。各省级交通运输主管部门要指导本辖区12328热线服务中心，采取切实有效措施，持续提升信息咨询业务即接即答与准确答复能力，向广大货车司机等做好政策的宣传引导和解释答复工作。

三、及时收集问题诉求，建立有效解决问题诉求工作机制

各地交通运输主管部门要落实投诉举报业务首接负责制，对涉及多个承办单位的工单，首接承办单位要加强沟通协调，落实办理责任，提升办理效率。特别是针对影响物流保通保畅、产业链供应链稳定的重大风险隐患和违法行为的举报，要加强收集梳理，强化与有关部门的协调沟通，及时报送地方物流保通保畅工作机制，推动问题及时有效解决。要充分发挥12328热线作用，对群众举报的“层层加码”、“一刀切”劝返问题，即报即查、即接即办，坚决杜绝矛盾积累。要尽快构建上下联动、密切协同、运转高效的问题诉求收集报送机制，创新应急状态下的治理模式，提升12328热线服务质量和运行效率。

四、强化24小时值班值守，确保12328热线全天候高效率正常运转

各地交通运输主管部门要加强组织领导，细化责任分工，指导12328热线服务中心在严格落实疫情防控措施的同时，严格执行领导带班和24小时值班值守制度，保留座席的地区要确保提供24小时人工座席服务，归并座席的地区要积极协调12345热线做好全天候高效率接听转办工作。话务人员要及时回应货车司机等的投诉举报电话，耐心解释沟通，认真做好话务记录、信息传达报送工作；对实名反映的具体问题，要第一时间转办、及时协调解决、持续跟踪办理情况，不断提升12328热线服务水平。

交通运输部办公厅

2022年4月19日

（此件公开发布）

交通运输部办公厅关于开展冷藏集装箱港航服务提升行动的通知

交办水函〔2022〕675 号

辽宁省、天津市、河北省、山东省、江苏省、上海市、浙江省、福建省、广东省、广西壮族自治区、海南省交通运输厅（委），中国远洋海运集团、招商局集团：

为深入贯彻《国务院办公厅关于印发“十四五”冷链物流发展规划的通知》精神，认真落实《交通运输部关于服务构建新发展格局的指导意见》《交通运输部 国家铁路局 中国民用航空局 国家邮政局 中国国家铁路集团有限公司关于加快推进冷链物流运输高质量发展的实施意见》等有关要求，进一步提高冷藏集装箱港航服务品质，推进冷链物流运输高质量发展，交通运输部决定开展基于区块链和物联网的冷藏集装箱港航服务提升行动。现将有关事项通知如下：

一、总体要求

以习近平新时代中国特色社会主义思想为指导，立足新发展阶段，完整、准确、全面贯彻新发展理念，坚持市场主导、需求牵引，坚持创新驱动、科技赋能，坚持标准引领、提质增效，深化区块链、物联网等技术应用，提升冷藏集装箱设施设备技术水平，畅通水路运输服务网络，提高冷藏集装箱港航服务品质，更好满足冷链物流运输需求和人民群众美好生活需要，加快建设交通强国，服务构建新发展格局。

到 2023 年底，基于区块链和物联网的冷藏集装箱港航服务能力明显提升，主要海运企业新增物联网冷藏集装箱 1.8 万标准箱（TEU）以上；沿海主要港口新增冷藏集装箱插头 6000 个以上；基于区块链和物联网技术应用的冷藏集装箱港航单证平均办理时间大幅缩减；建立冷藏集装箱运输电子运单，初步实现道路水路运输系统信息有效衔接和共享开放，联运服务质量明显提升。

二、主要任务

（一）推进基于物联网的冷藏集装箱发展。以主要冷藏集装箱航运企业为重点，推广集成传感、无线通信、自动定位等技术的物联网设备安装应用，实现对冷藏集装箱温湿度、冷机工作模式和通电状态等信息的自动化采集与传输，逐步实现冷藏集装箱及货物等要素全程信息化、可视化。

（二）推动基于区块链的冷藏集装箱电子放货。以国际枢纽海港、主要冷藏集装箱航运企业为重点，推广应用港航区块链电子放货平台，国际枢纽海港实现冷藏集装箱货物港航单证平均办理时间由2天缩短至4小时以内，全程无接触办理，实现物流信息一站式查询。大连港深入推进提货单等作业单证电子化。鼓励有条件的其他港口与国际集装箱班轮公司区块链电子放货平台对接，推动港航作业单证电子化，逐步实现港口电子放货。

（三）提升冷藏集装箱道路水路联运服务质量。鼓励推动冷藏集装箱航运企业、道路运输企业、港口企业、货代等企业依托区块链电子放货平台，逐步开展物流信息上链业务，开发应用电子运单，推动实现冷藏集装箱道路水路运输全过程温湿度、位置等信息实时监控，拓展完善物流服务功能，提升全程运输服务质量。鼓励示范创新，北部湾港、厦门港以冷链生鲜货物集装箱为重点，上海港以冷链危险货物集装箱为重点，强化水路与陆路冷藏集装箱运输数据交换共享，实现全程温度“不断链”、位置信息全掌控、货物信息可视化，构建完善冷藏集装箱联运体系。

（四）提升港口冷藏集装箱堆存处置能力。以国际枢纽海港为重点，推动港站枢纽强化冷链组织功能，增加冷藏集装箱堆场及插座等冷藏集装箱配套设施设备，提升港口堆场冷藏集装箱堆存及供电插座能力，推进配套供电基础设施建设。

（五）研究制定冷藏集装箱运输相关指南。部研究建立以装备设施、作业流程、信息追溯等为重点的冷藏集装箱运输和物流标准规范，研究制定冷藏集装箱运输温控及信息服务要求、冷藏集装箱智能终端技术指南。

三、保障措施

（一）加强组织领导。省级交通运输主管部门要高度重视，明确任务分工，落实责任部门，加强与海关、商务等部门合作，指导督促港航企业落实目标任务（详见附件），提升冷藏集装箱服务质量。要指导航运企业加强与冷机制造企业、船代、货代等沟通协调，推动港航区块链电子放货平台应用和数据交换共享；指导港口企业主动作为、积极配合，形成各方合力推进的良好局面。

（二）加大政策保障。各地要积极协调对冷藏集装箱堆场配套供电基础设施配置的政策扶持，优先保障港口冷藏集装箱堆场用电。省级交通运输主管部门要积极协调海关优化查验、消杀流程，对安装物联网设备的联入可信信息平台的冷藏集装箱予以快速放行，并提供上链放行信息支持。

（三）加强指导督促。部将建立定期调度机制，加强督导调度。省级交通运输主管部门要加大对有关港航企业的指导督促力度，及时协调解决推进工作中的问题。

附件：冷藏集装箱港航服务提升行动目标分解表

交通运输部办公厅

2022年4月29日

（此件公开发布）

附件

冷藏集装箱港航服务提升行动目标分解表

航运企业	2022—2023 年计划新增冷藏集装箱物联网设备数
中远海运集团公司	15000TEU
新海丰公司	2000TEU
中外运集运公司	1000TEU
中联航运公司	500TEU
港口企业	2022—2023 年港口堆场计划新增插头数
上港集团	2000 个
山东省港口集团	1000 个
天津港集团	1000 个
浙江海港集团	1000 个
广州港集团	500 个
招商局港口控股公司	500 个（广东省内）
江苏省港口集团	100 个

交通运输部 国家铁路局 中国民用航空局 国家邮政局贯彻落实《中共中央 国务院关于完整准确全面贯彻新发展理念做好碳达峰碳中和工作的意见》的实施意见

交规划发〔2022〕56号

各省、自治区、直辖市、新疆生产建设兵团交通运输厅（局、委），各地区铁路监督管理局，民航各地区管理局，各省、自治区、直辖市邮政管理局：

为深入贯彻落实《中共中央 国务院关于完整准确全面贯彻新发展理念做好碳达峰碳中和工作的意见》（以下简称《意见》），加快推进交通运输绿色低碳转型，切实做好碳达峰碳中和交通运输工作，现提出如下实施意见：

一、充分认识碳达峰碳中和工作的重要意义

实现碳达峰碳中和，是以习近平同志为核心的党中央统筹国内国际两个大局作出的重大战略决策，是贯彻新发展理念、构建新发展格局、推动高质量发展的内在要求，是破解资源环境约束突出问题、推动经济结构转型升级、促进人与自然和谐共生、构建人类命运共同体的迫切需要。交通运输是国民经济中基础性、先导性、战略性产业和重要的服务性行业，是碳排放的重要领域之一，推动交通运输行业绿色低碳转型对于促进行业高质量发展、加快建设交通强国具有十分重要的意义。交通运输行业要按照党中央、国务院决策部署，切实推动交通运输转型升级、提质增效，加快形成绿色低碳生产生活方式，推进交通运输生态文明建设取得新成效，加快建设交通强国，当好中国现代化的开路先锋。

二、总体要求

（一）指导思想。以习近平新时代中国特色社会主义思想为指导，全面贯彻党的十九大和十九届历次全会精神，深入贯彻习近平生态文明思想，立足新发展阶段，完整、准确、全面贯彻新发展理念，服务加快构建新发展格局，坚持“全国统筹、节约优先、双轮驱动、内外畅通、防范风险”的总方针，落实国家碳达峰碳中和工作部署要求，统筹处理好发展和减排、整体和局部、长远目标和短期目标、政府和市场的关系，以交通运输全面绿色低碳转

型为引领，以提升交通运输装备能效利用水平为基础，以优化交通运输用能结构、提高交通运输组织效率为关键，加快形成绿色低碳交通运输方式，加快推进低碳交通运输体系建设，让交通更加环保、出行更加低碳，助力如期实现碳达峰碳中和目标，推动交通运输高质量发展。

（二）工作原则。

坚持统筹推进。强化顶层设计，围绕碳达峰碳中和目标和行业绿色低碳转型需要，压实各方责任，统筹推进各种运输方式有效衔接，鼓励有条件的地区和领域率先达峰。

坚持节约用能。将节约能源作为降碳的首要途径，加大先进绿色低碳新技术和装备的应用力度，提高运输组织效率，倡导绿色低碳出行方式，提升交通运输能源利用效率，持续降低交通运输装备能源消耗和碳排放强度。

坚持改革创新。以改革创新为根本动力，强化科技和制度创新，完善激励约束机制，政府和市场两手发力，营造良好的发展环境，充分调动市场主体积极性，加快构建政府企业公众共治的绿色低碳交通行动体系。

坚持科学有序。处理好交通运输发展质量和减排的关系，合理确定近远期目标，分阶段制定措施，根据各地实际分类施策，有效应对绿色低碳转型可能伴随的经济、社会风险，确保安全降碳。

三、优化交通运输结构

（三）加快建设综合立体交通网。完善铁路、公路、水运、民航、邮政快递等基础设施网络，坚持生态优先，促进资源节约集约循环利用，将绿色理念贯穿于交通运输基础设施规划、建设、运营和维护全过程，构建以铁路为主干，以公路为基础，水运、民航比较优势充分发挥的国家综合立体交通网，切实提升综合交通运输整体效率。

（四）提高铁路水路在综合运输中的承运比重。完善干线铁路集疏运体系，加快港口集疏运铁路和大型工矿企业、物流园区铁路专用线建设。加快发展以铁路、水路为骨干的多式联运，大力推进铁水联运，持续推进大宗货物和中长途货物运输“公转铁”“公转水”。大力发展高铁快递。

（五）优化客货运组织。推进城乡交通运输一体化发展，构建完善、合理、便捷的城乡公共交通体系。推动城市绿色货运配送示范工程创建，鼓励共同配送、集中配送、夜间配送等运输组织模式发展。推广智能交通，推动互联网、人工智能等新兴技术与交通运输业态融合发展。

四、推广节能低碳型交通工具

（六）积极发展新能源和清洁能源运输工具。依托交通强国建设试点，有序开展纯电动、氢燃料电池、可再生合成燃料车辆、船舶的试点。推动新能源车辆的应用。探索甲醇、氢、氨等新型动力船舶的应用，推动液化天然气动力船舶的应用。积极推广可持续航空燃料的应用。

（七）加强交通电气化替代。推进铁路电气化改造，深入推进机场运行电动化。推进船舶靠港使用岸电，不断提高岸电使用率。推进高速公路服务区快充网络建设，鼓励开展换电模式应用。

（八）提高燃油车船能效标准。制修订适应碳达峰碳中和要求的营运车辆能耗限值准入标准，健全营运车辆能效标识，制定新造船舶能效设计指数要求并研究纳入技术法规，引导行业选择和使用高能效车船。加快老旧运输工具更新改造，提升交通运输装备能源利用水平。

五、积极引导低碳出行

（九）全面推进国家公交都市建设。优先发展公共交通，完善城市公共交通服务网络，指导各地加快城市轨道交通、公交专用道、快速公交系统等大容量城市公共交通系统发展，提高公共交通供给能力，鼓励运输企业积极拓展多样化公共交通服务，改善公众出行体验，大力提升公共交通服务品质。推动自行车、步行等城市慢行系统发展，加快转变城市交通发展方式，综合施策，加大城市交通拥堵治理力度。

（十）积极开展绿色出行创建行动。提升绿色出行装备水平，大力培育绿色出行文化，完善绿色出行服务体系。引导公众优先选择公共交通、步行和自行车等绿色出行方式，整体提升各城市的绿色出行水平。

六、增强交通运输绿色转型新动能

（十一）强化绿色低碳发展规划引领。将碳达峰碳中和交通运输工作目标要求全面融入各地区交通运输中长期发展规划，强化有关专项规划的支撑，加强各级各类规划的衔接协调，确保各地区各部门落实碳达峰碳中和交通运输工作目标要求协调一致。

（十二）提升交通运输技术创新能力。推动交通运输领域应用新能源、清洁能源、可再生合成燃料等低碳前沿技术攻关，鼓励支持科研机构、高等学校和企业事业单位开展低碳技术和装备研发，培育行业相关领域重点实验室，加强交通运输领域节能低碳技术宣传、交流、培训以及创新成果转化应用。

（十三）发挥市场机制推动作用。加强政府在碳达峰碳中和的法规、标准、制度等方面的主导作用，充分发挥碳排放权、用能权有偿使用、合同能源管理等市场机制作用，形成政府和市场两手发力的新局面。

（十四）加强国际交流合作。积极参与应对气候变化国际谈判，坚持我国发展中国家定位，坚持共同但有区别的责任原则、公平原则和各自能力原则。加强绿色交通国际交流与合作。

七、加强组织实施

（十五）加强组织领导。切实发挥交通运输部碳达峰碳中和工作领导小组统筹作用，协调解决有关重大问题。国家铁路局、中国民用航空局、国家邮政局按照党中央、国务院决策部署，结合各自工作实际，指导所属系统抓好工作落实。鼓励有条件的地区和企业先行先试，积极探索先进经验。

（十六）健全政策规范。推动完善交通运输领域低碳发展相关政策，为交通运输绿色低碳转型提供制度保障。加强交通运输行业节能降碳新技术、新工艺、新装备的标准制定，充分发挥标准体系对行业碳达峰碳中和工作的支撑作用。各单位、各部门要深化交通运输绿色低碳财税支持政策研究，积极争取各级财政资金支持，鼓励社会资本进入绿色低碳交通领域，拓宽融资渠道。

（十七）层层压实责任。各单位、各部门要守土有责、守土尽责，加强协调配合，分工负责共同发力，坚决扛起碳达峰碳中和工作责任。要健全能源管理体系，强化重点用能单位节能管理和目标责任。各省级交通运输主管部门、各地区铁路监督管理局、民航各地区管理局、各省（自治区、直辖市）邮政管理局要做好本领域重点任务落实工作，按照上级部门部署，落实《意见》要求。

（十八）做好检查评估。加强跟踪分析和督促检查，适时开展效果评估，根据国家重大战略部署和实际执行效果，对工作目标进行动态调整或修订。每年 12 月底前，交通运输部、国家铁路局、中国民用航空局、国家邮政局对年度任务目标贯彻落实情况进行总结，并将有关情况报送交通运输部碳达峰碳中和工作领导小组。

（十九）加强培训宣传。组织开展碳达峰碳中和交通运输工作相关培训，提高领导干部抓好绿色低碳发展的本领。结合节能宣传周和低碳日等活动，开展绿色低碳交通宣传，教育引导广大群众、社会各界合力推动交通运输绿色低碳发展。

交通运输部　国家铁路局

中国民用航空局　国家邮政局

2022 年 4 月 18 日

交通运输部办公厅 中华全国总工会办公厅关于进一步推进“司机之家”建设 切实改善货车司机停车休息环境的通知

交办运函〔2022〕1369 号

各省、自治区、直辖市、新疆生产建设兵团交通运输厅（局、委）、总工会：

按照 2022 年交通运输部、中华全国总工会关于推进“司机之家”建设的部署要求，为进一步提升“司机之家”运营服务质量，切实为货车司机提供经济实惠、安全实用的停车休息等服务，保障货车司机的合法权益，经交通运输部、中华全国总工会同意，现就进一步推进“司机之家”建设有关事项通知如下：

一、充分认识“司机之家”建设的重要意义

各级交通运输主管部门、工会组织要充分认识“司机之家”建设对于增强货车司机从业获得感、推动货车司机建会入会、促进道路货运行业健康稳定发展的重要意义，按照 2022 年交通运输更贴近民生实事关于提升“司机之家”便民惠民服务水平的工作部署，指导“司机之家”建设运营单位结合货车司机实际需求，不断拓展“司机之家”服务网络，健全完善服务功能，为广大货车司机提供更加舒适便捷的停车、休息、餐饮、洗浴、洗衣、如厕等基本服务，切实改善停车休息环境和条件，关心关爱从业人员，营造良好的从业就业环境。

二、提升“司机之家”运营服务质量

各地交通运输主管部门、工会组织要结合货车司机消费需求和消费水平，指导“司机之家”建设运营单位按照《“司机之家”建设运营服务规范》，科学合理布局“司机之家”停车、休息、餐饮、洗浴、洗衣等服务功能区域，原则上应在停车区域周边就近设置其他服务设施设备；要设置显著的“司机之家”标志和引导标识，公示各服务项目，加强入会服务宣传，方便广大货车司机在使用“司机之家”服务设施设备的同时，提高货车司机入会意愿；要加强与中国石化、中国石油各地分公司的沟通联系，积极探索加油站型“司机之家”，通过加油积分为货车司机提供优惠服务，让货车司机愿意用、用得起；要指导“司机之家”运营单位加强与汽车维修企业、货运平台企业、ETC 发行单位、金融保险机构合作，拓展服务功能，推动“司机之家”可持续运营。

三、加强“司机之家”停车休息安全保障

各地交通运输主管部门、工会组织要指导“司机之家”运营单位加强对停车区域的安保巡查，健全完善停车区域照明和视频监控设施设备，保障货车司机停车休息时的车辆燃油、货物安全。学习借鉴甘肃省“车货无忧”高速公路服务区公众责任保险等做法，做好货车司机停车休息时的车辆燃油、货物等安全保障，消除货车司机“后顾之忧”，让货车司机“停车有保障、休息更安心”。

四、强化“司机之家”服务宣传推广

各地交通运输主管部门、工会组织要督促指导“司机之家”运营单位，及时在“司机之家”小程序上填报并动态更新完善“司机之家”位置信息、服务功能、服务价格等，方便广大货车司机动态获取“司机之家”相关服务信息。要依托“司机之家”小程序，百度、高德等导航地图，以及互联网、短视频平台等新媒体，加强“司机之家”服务功能、服务价格等的宣传推广，让更多货车司机了解并进入“司机之家”停车休息。对于因疫情原因关停的“司机之家”，要及时公布关停信息并在“司机之家”小程序上填报相关信息，关停后要积极采取措施尽快恢复运行。

五、加强“司机之家”服务跟踪监测

各省级交通运输主管部门、工会组织要结合近期“司机之家”自查以及暗访调研情况，对功能不实用、定位不准确、服务质量差、投诉举报多的“司机之家”进行限期整改，并对关门歇业、服务功能缺失的“司机之家”进行清理。要持续加强对“司机之家”跟踪监测，通过第三方评估、明察暗访、12328投诉举报等多种方式，加强对“司机之家”运营服务质量的监督检查，督促提升“司机之家”运营服务质量。

六、做好“司机之家”专项补助发放

中华全国总工会拟为2020年验收合格的“司机之家”发放一次性专项补助，用于“司机之家”购置服务设施设备、公益物品及工会活动费用开支。各省级总工会应在联合跟踪监测的基础上，商省级交通运输主管部门确定补助发放标准和范围，组织填报《“司机之家”经费专项补助申领表》（电子版可在中华全国总工会官方网站“司机之家”专栏下载），于2022年9月30日前报中华全国总工会。

七、加快“司机之家”建设验收工作

各省级交通运输主管部门、工会组织要按照2022年交通运输更贴近民生实事的工作部署，指导“司机之家”建设运营单位加快建设进度，确保按计划完成工作任务。要组织行业专家对2022年加油站、物流园区、服务区型“司机之家”建设项目进行现场考评验收，验收结果请于2022年10月31日前报交通运输部、中华全国总工会。

交通运输部办公厅　中华全国总工会办公厅

2022年9月14日

交通运输部办公厅关于印发《交通强国建设试点工作管理办法（试行）》的通知

交办规划〔2022〕61 号

各省、自治区、直辖市、新疆生产建设兵团及计划单列市交通运输厅（局、委），交通强国建设试点单位，国家铁路局、中国民用航空局、国家邮政局，部属各单位，部内各司局：

为深入贯彻落实《交通强国建设纲要》《国家综合立体交通网规划纲要》，加快建设交通强国，科学规范做好交通强国建设试点工作，充分发挥试点工作在加快建设交通强国中的突破、带动、示范作用，经交通运输部同意，现将《交通强国建设试点工作管理办法（试行）》印发给你们，请认真贯彻落实。

交通运输部办公厅

2022 年 9 月 27 日

（此件公开发布）

交通强国建设试点工作管理办法（试行）

第一章 总则

第一条 为深入贯彻落实《交通强国建设纲要》《国家综合立体交通网规划纲要》，加快建设交通强国，科学规范做好交通强国建设试点工作，充分发挥试点工作在加快建设交通强国中的突破、带动、示范作用，制定本办法。

第二条 本办法适用于交通运输部组织开展的交通强国建设试点（以下简称试点）工作的申报、评估、实施、验收和推广等工作。

第三条 交通运输部加快建设交通强国领导小组（以下简称领导小组）负责试点工作的组织领导和统筹协调，制定有关政策、制度和规则，建立上下联动、衔接高效的协调机制。

第四条 交通运输部加快建设交通强国领导小组办公室（以下简称领导小组办公室）负责试点工作的归口管理。

第五条 交通运输部和国家铁路局、中国民用航空局、国家邮政局相关司局作为试点指导单位，负责相关试点任务的指导工作，协同做好其他相关工作。

第六条 试点单位包括试点组织单位和试

点实施单位。试点组织单位负责本单位（地区）试点工作的组织实施，包括省级、计划单列市交通运输主管部门，铁路、民航、邮政主管部门，大型企业、高校、科研单位、社会团体、部属单位等。试点实施单位负责各项试点任务的具体实施。试点组织单位可以作为试点实施单位。

第二章　试点申报

第七条　领导小组办公室组织开展试点申报工作。试点组织单位组织本单位（地区）试点任务的申报工作。

第八条　申报试点应具备以下条件：

（一）试点任务应符合《交通强国建设纲要》《国家综合立体交通网规划纲要》，以及相关中长期规划、五年发展规划、专项规划要求，明确工作导向、强化引领作用、提升质量成效，打造一流设施、一流技术、一流管理、一流服务。

（二）试点任务应具备较好基础，有一定的创新性、代表性、示范性，通过先行先试能够在部分领域实现率先突破，形成良好带动示范效应。

（三）特殊试点需求，需在申报材料中着重阐明申报理由。

第九条　交通强国建设试点申报程序如下：

（一）编写申报材料。试点组织单位结合自身优势特点，科学选择试点任务，组织编写《交通强国建设试点实施方案》（附件1）、《交通强国建设试点任务申报表》（附件2）。申报材料应思路明确、路径清晰、操作性强，保障措施有力，能够满足试点任务实施要求。

（二）征询意见。报送申报材料前，试点组织单位应将试点申报材料征询同级有关部门意见，并与交通运输部和国家铁路局、中国民用航空局、国家邮政局相关司局沟通申报意向。

（三）报送申报材料。试点组织单位向领导小组办公室报送申报材料。跨区域试点的申报材料，可由任一地区的试点组织单位牵头报送。

第十条　如有特别重要的事项需增补试点任务，试点组织单位应向领导小组办公室补充报送试点任务申报表。

第十一条　领导小组办公室对试点申报材料开展初步评估。对于不完善、不规范和未征询有关部门意见的，领导小组办公室反馈试点组织单位，修改完善或征询意见后重新报送。

第十二条　对于通过初评的试点申报材料，领导小组办公室转相关单位评估。相关单位依据《交通强国建设试点申报评估意见表》（附件3）对试点申报材料进行评估，形成试点任务评估意见。

第十三条　领导小组办公室研究汇总评估意见，反馈试点组织单位。试点组织单位应在1个月内修改完善，报领导小组办公室。

对于未通过初评、评估，或材料修改完善后仍不符合要求的，不予开展试点工作。

第十四条　领导小组办公室起草交通运输部关于某单位（地区）开展试点工作的意见，提出试点任务的主要内容、预期目标、牵头和配合指导单位建议等，并附试点申报材料，按程序会签相关单位，报领导小组同意后印发。

第三章　试点实施

第十五条　领导小组办公室加强对试点工作的统筹协调和实施指导，积极与交通强国建设纲要起草组成员单位沟通协调，牵头汇总政策支持清单、问题台账、重大事项等，提交领导小组会议研究。组织开展试点工作的政策支持、跟踪督导、现场核查等工作，协调解决试点实施过程中遇到的重大问题、重大改革事项、重大政策创新，牵头总结推广试点成果经验。

第十六条 试点指导单位依法依职责加强对相关试点任务的技术指导，对职责之外的试点内容，配合领导小组办公室做好相关协调工作。指导解决试点任务实施中的问题，会同领导小组办公室做好试点任务的跟踪、督导、宣传、推广等工作，推动试点任务有序实施。试点指导单位会同领导小组办公室和相关单位研究制定有利于试点工作开展的支持政策，优先将试点任务纳入相关中长期规划、五年规划、专项规划和年度重点工作等。在公平竞争原则下，协调相关部门推动政策优先向试点工作倾斜，鼓励社会资金投入。加大对试点工作相关领域的“放管服”改革力度，优化行业营商环境。

第十七条 试点组织单位按照交通运输部关于开展试点工作的意见，建立试点工作机制，加强组织协调，细化试点任务，落实具体举措，加强工作进度和质量监督考核、跟踪督导，推动试点任务实施，强化成果推广。及时向领导小组办公室报送试点工作总结、成果经验等材料。制定或推动制定试点工作支持政策，优先将试点工作纳入本单位（地区）相关规划、计划和年度重点工作等。加强与试点指导单位的沟通对接，及时报告试点任务取得的成果经验、需要解决的问题。

第十八条 试点实施单位严格按照交通运输部关于开展试点工作的意见，建立健全工作机制，细化工作方案，明确实施计划和责任分工，落实支持保障措施。优先将试点任务纳入本单位发展规划和年度重点工作，及时向试点组织单位报告试点任务实施进展情况，确保试点任务完成进度和质量。

第十九条 交通运输部关于某单位（地区）开展试点工作的意见印发后，试点任务内容、阶段目标、试点单位等原则上不得调整。确因不可抗力等原因需要调整的，由试点组织单位向领导小组办公室提出书面申请，经领导小组同意后方可实施变更。

第二十条 建立试点任务容错机制，对于确有不可抗力等因素难以继续实施的试点任务，试点组织单位可向领导小组办公室提出终止申请。领导小组办公室会同试点指导单位确认终止实施，该试点任务不再纳入试点管理范畴。对于未在规定期限内完成验收，或验收申请未通过评估的试点任务，视为自动终止。

第二十一条 终止试点任务数量两项及以上的试点组织单位，原则上两年内不得增补试点任务，不得纳入试点工作后续表扬、激励、支持等范围。

第二十二条 对未在规定期限内完成试点任务，以及对试点工作推进不力的试点组织单位，领导小组办公室报领导小组同意后，要求试点组织单位限期整改。

第二十三条 试点工作实行年报制度。在试点实施期内，试点组织单位应于每年1月15日前向领导小组办公室提交上一年度总结报告。报告内容应包括但不限于试点任务的组织管理、任务实施、成果效果、存在问题等情况。领导小组办公室每年总结试点工作和成果，形成试点工作年度总结报告，报领导小组。

第二十四条 领导小组办公室会同试点指导单位适时采取材料评估、现场核查等形式，开展试点工作阶段性评估。评估结果报送领导小组，视情抄报地方人民政府或进行情况通报。

第四章 试点验收

第二十五条 试点任务完成并达到验收条件的，试点组织单位按照《交通强国建设试点任务验收自评估评分表》（附件4）组织试点实施单位开展自评估工作，得分60分以上起草《交通强国建设试点任务验收申请报告》（附件5），由试点组织单位报送领导小组办公室，并确保验收申请报告的真实性、准确性、严肃性。

第二十六条 领导小组办公室对试点任务验收申请报告进行验收初评估。如认为不符合验收条件，商试点组织单位补充完善或推迟验收；如认为符合验收条件，转相关试点指导单位开展验收评估工作。

第二十七条 试点指导单位通过材料查验、现场核查、验收会议等方式对试点组织单位提交的验收申请报告进行评估，提出验收意见，并按照《交通强国建设试点任务验收评分表》（附件6）评分，得分90～100分为优秀，80～89分为良好，60～79分为合格，低于60分为不合格。试点任务涉及多个指导单位的，各指导单位均应提出验收意见和评分，由牵头指导单位商配合指导单位，综合形成验收意见和验收评分，告知领导小组办公室。对于跨领域、跨区域、综合性的试点任务，试点指导单位可提出建议，由领导小组办公室会同相关指导单位、专家联合开展验收工作。

在试点任务验收评估过程中，领导小组办公室应加强统筹，做好组织协调工作。

第二十八条 对于验收申请报告评分60分及以上的试点任务，试点组织单位应在1个月内根据验收意见完善验收申请报告，报领导小组办公室。领导小组办公室将试点任务基本情况、验收意见、评分、验收申请报告等会签相关试点指导单位，报领导小组同意后，确认该项试点任务通过验收。

第二十九条 验收申请报告评分80分及以上的试点单位，予以纳入试点工作后续表扬、激励、支持范围。

第三十条 特殊情况下，经试点组织单位申请，领导小组办公室会同试点指导单位可给予试点任务3～6个月的延续期，期满前按程序申请验收。期满仍未达到验收条件的，视为试点任务终止。

第五章 成果推广

第三十一条 领导小组办公室会同试点指导单位开展试点先进经验和典型成果的评定、宣传、推广等工作。试点组织单位负责本单位（地区）试点先进经验和典型成果的宣传、推广等工作。试点实施单位配合做好试点成果经验的总结、宣传、推广等相关工作。

第三十二条 鼓励试点指导单位将具有较高推广价值的成果，转化形成规章制度、政策文件、标准规范、技术指南、工艺工法、创新模式等，确保经验推广落到实处、取得实效。

第三十三条 领导小组办公室会同试点指导单位建立“交通强国建设试点成果推广清单”，报送领导小组审定后，面向社会公开发布，推广试点工作中的创新举措和经验做法。

第三十四条 试点组织单位应及时梳理试点工作经验、模式及案例等，报送领导小组办公室。领导小组办公室或试点指导单位不定期组织开展试点工作推进会、经验交流会、技术研讨会等。鼓励各试点单位自行开展学习交流、宣传推广活动。

第三十五条 加大对试点成果宣传力度，充分利用简报、公众号、网站、报纸、电视、广播、会议等多渠道、多方式宣传试点典型成果和先进经验，全面营造加快建设交通强国的良好氛围。

第六章　保障措施

第三十六条　各相关单位应高度重视试点工作，切实加强组织领导和沟通协调，加大资金、人才、科技等要素投入，确保试点工作科学有序推进。

第三十七条　领导小组办公室将会同试点指导单位不定期对试点工作进展情况进行监督、检查、抽查，通报试点工作情况，重大事项及时向领导小组报告。

第三十八条　经报领导小组同意，对试点组织单位或主要的试点实施单位，交通运输部可授予"交通强国建设试点单位"称号。对取得显著成效的试点任务，可授予"交通强国建设试点优秀任务（或工程、课题）"等称号，并加强政策支持。对取得突出成绩的试点单位（地区）、试点指导单位、个人，可授予"交通强国建设试点先进单位、先行区（省、市、县）、先进个人"等称号。鼓励试点单位灵活采取激励措施，对作出突出成绩的单位和个人，积极开展表扬、激励工作。

第三十九条　各级交通运输主管部门应加强与发展改革、科技、工业和信息化、财政、自然资源、生态环境、住房和城乡建设、金融、税务、林草等部门的合作，鼓励地方政府对在本地区实施的相关试点任务给予积极支持，引导和推动社会资金等共同投入。

第四十条　鼓励社会力量积极参与试点工作，营造全社会参与加快建设交通强国的良好氛围。

第七章　附则

第四十一条　本办法由交通运输部负责解释。交通运输部已印发试点工作相关文件要求与本办法不一致的，以本办法为准。

第四十二条　本办法自印发之日起施行。

附件下载：

附件1－6（略）。

交通运输部 国家铁路局 中国民用航空局 国家邮政局关于加快建设国家综合立体交通网主骨架的意见

交规划发〔2022〕108 号

各省、自治区、直辖市、新疆生产建设兵团交通运输厅（局、委），各地区铁路监督管理局，民航各地区管理局，各省、自治区、直辖市邮政管理局：

为贯彻党中央、国务院关于全面加强基础设施建设、构建现代化基础设施体系的战略部署，全面落实《交通强国建设纲要》《国家综合立体交通网规划纲要》，加快建设国家综合立体交通网主骨架，提出以下意见。

一、重要意义

国家综合立体交通网主骨架由国家综合立体交通网中最为关键的线网构成，包括 6 条主轴、7 条走廊、8 条通道，连接京津冀、长三角、粤港澳大湾区和成渝地区双城经济圈 4 极，长江中游、山东半岛、海峡西岸、中原地区、哈长、辽中南、北部湾和关中地区 8 个组群，以及呼包鄂榆、黔中、滇中、山西中部、天山北坡、兰西、宁夏沿黄、拉萨和喀什 9 个组团，涵盖了“八纵八横”高速铁路网、“71118”国家高速公路网、“四纵四横两网”内河高等级航道的主要线路，实体线网规划里程 29 万公里左右，是我国综合立体交通网的主通道、国土空间开发的主轴线、国民经济循环的主动脉，也是技术等级最高、运输强度最大的骨干网络。

经过多年建设，我国综合立体交通网主骨架空间格局已基本形成。截至 2021 年底，国家综合立体交通网主骨架已建成 25.1 万公里，约占规划里程的 86%，有效缩短了区域间、城市群间、省际间的时空距离，促进了国土空间开发保护，支撑了经济社会发展，为实现第一个百年奋斗目标提供了基础支撑。进入新发展阶段，面对进入全面建设社会主义现代化国家新征程的新要求，我国综合立体交通网主骨架还存在网络不够完善、结构不够合理、部分通道能力不足、规划建设缺乏统筹、发展质量不高等问题。加快建设主骨架，构建便捷顺畅、经济高效、绿色集约、智能先进、安全可靠的现代化高质量国家综合立体交通网，对于构建新发展格局，畅通国内国际双循环，支撑国家重大战略实施，扩大有效投资，保障国家战略安全，促进共同富裕，当好中国现代化的开路先锋具有重要意义。

二、总体要求

（一）指导思想。

以习近平新时代中国特色社会主义思想为指导，全面贯彻党的十九大和十九届历次全会精神，坚持以人民为中心的发展思想，立足新发展阶段，完整、准确、全面贯彻新发展理念，服务构建新发展格局，以推动高质量发展为主题，以深化供给侧结构性改革为主线，统筹发展和安全，坚持问题导向、目标导向，坚持立足长远、适度超前，坚持系统谋划、整体协同，坚持优化存量、做优增量，坚持绿色集约、创新智能，以多中心、网络化为主形态，以联网补网强链为重点，提升网络效益，增强系统韧性，实现经济效益、社会效益、生态效益、安全效益相统一，加快建设国家综合立体交通网主骨架，构建现代化高质量国家综合立体交通网，加快建设交通强国，当好中国现代化的开路先锋。

（二）建设目标。

到2025年，主骨架能力利用率显著提高，运行效率、服务质量和统筹融合发展水平明显提升，实体线网里程达到26万公里左右。“八纵八横”高速铁路主通道基本建成，普速铁路瓶颈路段基本消除，“71118”国家高速公路网主线基本贯通，普通国道质量进一步提升，国家高等级航道建设取得重要进展，综合交通枢纽体系一体化、集约化、复合化水平明显提高。

到2030年，主骨架基本建成，实体线网里程达到28万公里左右。6条主轴基本实现高速铁路、普速铁路、国家高速公路、普通国道各有2条及以上贯通；7条走廊基本实现高速铁路、普速铁路各有1条贯通，国家高速公路、普通国道各有2条贯通；8条通道基本实现铁路干线、公路干线贯通；多层次一体化的综合交通枢纽体系基本建成。

到2035年，主骨架全面建成，网络韧性显著增强，基础设施质量和安全、智能、绿色水平达到世界前列，有力支撑“全国123出行交通圈”和“全球123快货物流圈”构建，为基本建成交通强国奠定坚实基础。

到本世纪中叶，全面建成现代化高质量国家综合立体交通网，拥有世界一流的综合交通基础设施体系，实现“人享其行、物优其流”，全面建成交通强国，为全面建成社会主义现代化强国提供有力支撑。

三、重点任务

（一）完善网络布局。加强主骨架路线联网、补网、强链，提升网络效益。加快贯通“八纵八横”高速铁路网，加强普速铁路建设和改造，推进既有铁路运能紧张路段能力补强。加强东中部地区、主要城市群国家高速公路拥挤路段扩容改造，加快打通中西部国家高速公路待贯通路段，提升西部地区普通国道二级及以上比例。以国家高等级航道为核心，加快长江干线、西江航运干线、京杭运河等干线航道扩能升级，加快打通长三角、珠三角和支流高等级航道瓶颈节点，积极推进航道向内陆纵深拓展延伸。统筹主骨架和区域路网建设，促进区域协调发展和共同富裕。着力打造轨道上的京津冀，高标准、高质量建设雄安新区对外交通网络。打造长江经济带综合立体交通走廊，提升江海联运、铁水联运发展水平。加强粤港澳大湾区基础设施互联互通，强化与内地联系综合通道。推动长三角地区交通运输更高质量一体化发展，加快对外通道、轨道交通网、高等级航道网建设。畅通成渝地区双城经济圈多向出川出渝通道，加强区域内部交通联络。

（二）加快主轴建设。全面提升京津冀、长三角、粤港澳间3条交通主轴能力，建设提升京沪高铁辅助通道、北京经雄安新区至商丘、上海经宁波至合浦等高速铁路，实施京沪、京港澳、长深等国家高速公路拥挤路段扩容改造，推进G105、G107等普通国道提质改造，推进深中、黄茅海等通道建设，加快建设京杭运河浙江段三级航道等高等级航道。加快畅通成渝连接其他主要城市群的3条交通主轴，加快建设沪渝蓉、西安至重庆等高速铁路，推进柳州至广州、南京至芜湖等普速铁路建设扩能，推进京昆、沪蓉、沪渝等国家高速公路扩容及G108、G321等普通国道改造。实施长江黄金水道扩能工程，重点推进长江口南槽治理二期工程、安庆至芜湖段航道整治工程等项目，加快长江干线航道实现区段标准统一。

（三）加强走廊建设。打通成渝昆高铁通道，加快包头至银川等高速铁路建设，推进黄桶至百色、精河至阿拉山口二线等普速铁路建设。实施京哈、连霍、沪昆等国家高速公路扩容及G312、G320等普通国道改造。加快推进淮河入海水道二期配套通航工程、西江航运干线3000吨级航道工程、西部陆海新通道（平陆）运河工程。

（四）推进通道建设。推进川藏铁路雅安至林芝段建设，推进西安至十堰、襄阳至常德、长沙至赣州等高速铁路建设，逐步打通青银、呼南、厦渝等高速铁路通道，加快贯通呼北、二广等国家高速公路，畅通出疆入藏公路，加大沿边铁路和口岸公路建设力度，加快建设湘江永州至衡阳三级航道，加快推进松花江下游重点浅滩航道工程，推动黑龙江等国际国境河流航道内通外联。

（五）提升枢纽能级。加强国际性、全国性综合交通枢纽城市建设，增强集聚辐射能力。推进综合交通枢纽港站一体化建设，合理预留枢纽站场发展空间。加快建设小洋山北侧集装箱码头、南通通州湾长江集装箱新出海口、钦州港大榄坪南作业区集装箱码头等港口设施。加强进港深水航道和锚地、沿海沿江粮食码头中转仓库、集装箱码头配套危险品堆场等建设。推进广州、深圳、昆明等枢纽机场改扩建，强化国际枢纽机场与轨道交通高效衔接。依托枢纽机场、主要港口、高铁车站打造一批综合客货运枢纽站场，推进湖北国际物流核心枢纽（鄂州）、长沙黄花机场综合客运枢纽、杭州西高铁站综合客运枢纽、海口新海港综合交通枢纽等建设，完善国家邮政快递枢纽体系。加强枢纽集疏运体系建设，加快重要港区、大型工矿企业和物流园区的铁路专用线建设。

（六）完善多式联运。充分发挥各种运输方式比较优势，加快发展多式联运，提高组合效率。推动各种运输方式信息共享、标准衔接、市场一体化。加快发展联程运输，加强各方式间运营信息、班次时刻、运力安排等协同衔接，推进一站购票、一票（证）通行。加快货运结构调整，大力发展大宗货物、集装箱铁水联运和江海联运，推动集装箱、标准化托盘、周转箱（筐）等在不同运输方式间共享共用，加快推进多式联运"一单制"。鼓励传统运输企业向联程联运、多式联运经营人转型。

（七）提升管养效能。推进干线铁路、城际铁路、市域（郊）铁路融合发展，做好与城市轨道交通衔接协调，完善高速公路网运行机制，推进内河高等级航道通航建筑物跨省市联合调度，积极参与优化国家空域规划和空域分类。贯彻全生命周期成本理念，强化交通基础设施常态化预防性养护，加强铁路综合维修养护一体化管理，深化公路养护市场化改革，推进内河高等级航道养护制度化规范化，提升民航基础设施运维和安全保障能力，强化不同辖区管养工作协调联动，提高全生命周期综合效益。

（八）加快智慧升级。坚持创新驱动，以数字化、网络化、智能化为主线，推动感知、传输、计算等设施与主骨架交通基础设施协同融合建设。推进铁路基础设施智能化，打造新一代轨道交通移动通信系统，推动高速铁路智能化升级改造，推进下一代列控系统、智能行车调度指挥系统应用。开展公路数字化行动，有序推进公路基础设施全要素周期数字化，深化高速公路电子不停车收费系统（ETC）拓展应用，稳步推进智慧路网云控平台建设。积极推进智慧航道和智慧港口建设，完善内河高等级航道电子航道图，加强梯级枢纽船闸联合智能调度系统建设，推进新型自动化集装箱、大宗干散货码头建设及码头操作系统研发推广应用。推进智慧机场建设，提升机场保障能力、服务水平和运行效率，发展新一代空管系统，提升空中交通全局化、精细化、智慧化运行能力。推动综合客运枢纽、货运枢纽（物流园区）智能化建设，开展仓储库存数字化管理等应用。推进数字化智能化设施跨省统筹布局、统一标准、同步建设，尽快形成整体服务能力。

（九）推进绿色转型。将生态优先绿色低碳理念贯穿于主骨架规划、设计、建设、运营和维护等全过程，降低全生命周期能耗和碳排放。强化节约集约用地、保护耕地意识，积极推行节地技术和节地模式，将节地作为工程选址及建设方案重要因素。强化生态保护意识，优先避让生态敏感区，确无法避让的应采取严格的生态保护和污染防治措施。推进以低碳为特征的绿色交通基础设施建设，建设港区、机场、公路服务区、交通枢纽场站等近零碳示范区。加强绿色航道建设，保护河湖生态功能。推动交通基础设施标准化、智能化、工业化建造，推广永临结合施工，推进建养一体化，降低全生命周期资源消耗。推进铁路电气化和机场运行电动化，加快高速公路快充网络有效覆盖。

（十）提升安全水平。加强主骨架多方式、多路径建设，提升网络韧性和安全性，提高应对极端情况的能力。推进主骨架建设项目精品建造和精细管理，打造“平安百年品质工程”。加强主骨架建设项目交通安全设施建设，强化防灾减灾等设施建设。以长大桥梁、通航建筑物等为重点，加强安全隐患排查和风险管控。完善公路交通应急装备物资储备中心布局建设管理，加强航道运行监测、维护和应急保障。

四、实施要求

（一）加强建设协同。坚持全网“一盘棋”，制定出台主骨架路线方案，深化各路径、各方式、各路线功能定位、建设条件、运输需求等研究，提出路线组成和建设要求。开展主骨架适应性评估，摸排铁路能力紧张路段、公路待贯通和瓶颈路段、未达标高等级航道，建立完善主骨架建设项目库，适度超前、科学有序确定建设改造安排。在五年发展规划（含中期调整）、年度投资计划制定中，优先落实安排主骨架建设任务。各地区要推进省级综合立体交通网规划编制发布及实施，因地制宜制定各专项中长期交通规划，加强与主骨架的功能协调、网络衔接。强化区域间、方式间建设协同，相关省市及部门要强化沟通对接，共同研究跨省市相关路段线位走向、接口方案以及建设时机、建设标准，协调优化不同方式有关项目线位布置、交叉工程、枢纽衔接等，完善公铁互跨互利支持措施，发挥组合效率。

（二）注重资源统筹。推进主骨架建设项目节约集约利用土地、线位、桥位、水域岸线等资源，推进多方式共用过江通道，原则上从严控制长江、黄河、珠江等中下游城市段及河口段新建项目单方式过江，整合优化断面空间，与沿线通信、能源、水利、市政等基础设施协调布置，促进交通通道由单一向综合、平面向立体发展，提高国土空间利用率。主骨架改扩建项目要充分利用既有通道资源，减少土地占用、环境影响。强化交通规划与国土空间规划动态衔接和信息互通共享，做好在国土空间规划“一张图”上的信息核对和上图入库，明确空间布局和用地控制规模，加强交通基础设施线位、点位等与耕地和永久基本农田、生态保护红线、城镇开发边界、城乡建设布局、河湖水域岸线等衔接协调。

（三）抓实前期工作。各地区及有关部门要加大主骨架建设项目前期工作力度、深度，加强与发展改革、自然资源、生态环境、住房和城乡建设、水利、文物、林业和草原等部门的衔接协调，依法尽早启动节约集约用地、环评、航评、防洪、水资源、考古调查等专项工作，优化前期工作程序。在主骨架建设项目可行性研究报告中，增加综合交通专章，深入研究分析拟建项目与相关交通项目的可替代可补充关系，充分听取相关方意见。水运建设要与流域综合规划衔接协调，依法依规履行涉河建设项目审批程序，确保防洪安全和供水安全。

（四）合理选用建设标准。深化主骨架项目建设标准研究论证。东中部地区新建高速铁路、新建及改扩建高速公路要充分考虑长远发展需求和建设条件，做好标准预留。长江、黄河、珠江等过江通道要结合地质条件、路网布局、地形、城市发展等因素充分论证建设规模和标准，其中新建高速公路过江通道原则上不低于6车道。普通国道原则上按二级及以上标准建设。高等级航道建设通航建筑物原则上应按千吨级及以上标准预留复线通航建筑物建设条件。重要节点特大桥梁、隧道应适当提高抗震设防等级，加强隧道防水排水设施措施能力建设。

（五）加强技术攻关。结合重大工程建设需求和自然环境特点，有针对性地加大科技攻关力度。强化复杂环境条件下线路、大跨度桥梁、超长隧道、高升程大容量升船机等新型建造技术及高性能工程材料研发。加强主骨架在役交通基础设施性能提升改建、地质灾害等预警、被毁工程快速恢复、应急处置、交通保障等技术研究。开展湘桂、赣粤运河等工程重点问题专项研究并适时实施，推进三峡水运新通道、大型跨海通道研究。加强高速铁路提速改造改建技术研究，推进高速磁悬浮铁路研究论证。

（六）完善技术规范。完善多方式共用通道线位的规划、设计、施工、管理等方面技术要求和配套政策，明确管理机制、责任主体、权益划分等。研究制定公铁共用隧道设计规范，加快推动公铁共用桥梁、并行路段、交叉路段有关技术规范宣贯推广应用。完善8车道以上高速公路有关技术条款。抓紧推进交通运输安全应急、节约集约用地、节能降碳、地下互通立交、新基建及特殊自然环境交通建设等标准规范制修订。

五、保障措施

（一）加强组织领导。充分发挥交通强国建设纲要起草组统筹协调作用，加强交通运输与发展改革、财政、自然资源、生态环境、住房和城乡建设、水利、林业和草原等部门沟通协商，协同研究解决规划协调、重大项目推进、要素保障、管理政策等问题。各省份要健全加快建设交通强国（强省）工作机制，研究建立相关行业主管部门沟通协调及多方式基础设施协同建设与综合利用机制，加大主骨架建设统筹力度，加强省际协调，定期调度重大项目建设，推动解决重点难点问题。

（二）加强资金保障。发挥政府和市场、中央和地方、国有资本和社会资本多方面作用，完善中央交通建设资金政策，加强对革命老区、民族地区、边疆地区、欠发达地区主骨架建设倾斜支持。各地要按财政事权和支出责任落实财政性资金，保障主骨架建设配套资金。统筹用好多方式共用过江跨海通道的资金补助政策。鼓励创新多元化融资模式，推动政府和社会资本合作模式规范发展，将符合条件的项目纳入地方政府债券支持范围，稳妥推进交通基础设施资产证券化，按照市场化原则引导社会资本积极参与主骨架建设。强化债务风险防控，防范化解地方政府隐性债务风险。

（三）加强国土保障。加强与自然资源等部门的沟通协调，优先保障主骨架建设项目用地用海。研究完善交通类建设项目占用永久基本农田管控政策。贯彻落实《交通运输部 国家发展改革委 自然资源部 生态环境部 国家林业和草原局关于加强沿海和内河港口航道规划建设进一步规范和强化资源要素保障的通知》，强化沿海和内河港口航道资源要素保障。

（四）加强激励评估。制定推进主骨架建设的监督和激励措施，对建设进展顺利、地方配套资金落实到位的地区进行激励，对工作滞后的加强督导。各级交通运输主管部门要动态跟踪主骨架建设进展，完善调整项目库，做好适应性评估。

交通运输部　国家铁路局

中国民用航空局　国家邮政局

2022 年 10 月 13 日

（此件公开发布）

抄送：交通强国建设纲要起草组成员单位，部属各单位、部内各司局，中央纪委国家监委驻交通运输部纪检监察组。

交通运输部办公厅关于印发《道路运输电子证照运行服务规范（试行）》的通知

交办运函〔2022〕1606 号

各省、自治区、直辖市、新疆生产建设兵团交通运输厅（局、委）：

经交通运输部同意，现将《道路运输电子证照运行服务规范（试行）》印发给你们，请切实加强组织领导，抓好工作落实，持续扩大道路运输电子证照应用服务范围，有效提升人民群众获得感，加快推动运输服务高质量发展。

交通运输部办公厅

2022 年 11 月 4 日

（此件公开发布）

道路运输电子证照系统运行服务规范（试行）

第一章　总则

第一条　为规范道路运输电子证照的应用服务和系统运行，支撑道路运输电子证照跨地区互信互认和共享共用，根据《国务院关于在线政务服务的若干规定》《交通运输部办公厅关于加快推广应用道路运输电子证照的通知》等规定，制定本规范。

第二条　本规范适用于省级交通运输主管部门实施道路运输电子证照管理、应用服务、系统运行与安全、监督评价等相关活动。

第三条　省级交通运输主管部门应结合实际，制定道路运输电子证照管理制度，包括证照应用服务、系统运行管理等，并指定专人负责道路运输电子证照管理工作。

第四条　省级交通运输主管部门严格按照交通运输行业标准《道路运输电子证照从业资格证》（JT/T 1290—2019）、《道路运输电子证照经营许可证》（JT/T 1291—2019）、《道路运输电子证照运输证》（JT/T 1292—2019）及《道路运输电子证照工程应用技术规范（试行）》，建设省级道路运输电子证照系统，生成并归集道路运输电子证照。

第五条　道路运输电子证照制发不改变原

行政许可层级、条件、程序和内容等事项。

第六条 道路运输电子证照与纸质证照具有同等法律效力。除法律、行政法规另有规定外，道路运输电子证照可作为办理政务服务事项的依据。

第二章 应用服务要求

第七条 省级交通运输主管部门应结合道路运输证照的签发、变更、注销等，以及车辆年度审验、驾驶员诚信考核等业务办理工作，同步更新电子证照信息，将制发的电子证照文件实时归集部级道路运输电子证照系统，确保证照部省同步、数据准确。

第八条 省级交通运输主管部门应加快推进本省份道路运输电子证照工作，提高道路运输电子证照制证率、激活率和数据合规率等。

第九条 省级交通运输主管部门应积极推进道路运输电子证照的跨地区互信互认，在跨地区执法检查、业务办理时，对行政相对人通过部微信公众号、微信小程序等出示的道路运输电子证照予以认可，并在线对电子证照的真实性进行核验。

第十条 省级交通运输主管部门应积极鼓励和支持道路运输电子证照的共享应用，丰富便民服务、政务服务、创新监管等应用场景。

第十一条 省级交通运输主管部门应建立道路运输电子证照数据核查机制，定期检查电子证照数据，确保证照数据的真实性、完整性、有效性和及时性。

第十二条 电子证照的共享使用应由持证主体或交通运输主管部门授权，未经授权不能共享使用。经授权的道路运输电子证照加注件，可作为道路运输相关业务办理的电子存档。任何组织或个人不得随意向社会公开通过电子证照系统共享获得的电子证照信息。

第十三条 省级交通运输主管部门应加强道路运输电子证照的宣传培训，提高相关业务办理及执法人员的业务服务能力，引导广大道路运输经营者和从业人员积极使用电子证照。

第三章 系统运行与安全要求

第十四条 省级交通运输主管部门应严格落实《中华人民共和国网络安全法》《中华人民共和国数据安全法》《中华人民共和国个人信息保护法》和《中华人民共和国密码法》要求，确保道路运输电子证照系统安全稳定运行。

第十五条 省级交通运输主管部门应做好省级道路运输电子证照系统的运行维护，采用安全可靠的管理和技术措施，确保系统不间断运行。

第十六条 省级交通运输主管部门应按照“谁主管谁负责，谁建设谁负责，谁运行谁负责”的原则，建立网络安全责任体系，确保网络安全责任落实到人。

第十七条 省级交通运输主管部门应落实网络安全等级保护第三级要求，建立系统网络安全管理制度体系和技术防护体系，建立定期系统网络安全巡检制度，每年开展第三方网络安全评估工作，加强网络安全管理。

第十八条 省级交通运输主管部门应加强电子证照的数据安全保护，严防非法授权访问、非法数据出库等行为，防止数据泄露，保障数据安全。加强国产密码应用和安全性评估。

第十九条 省级交通运输主管部门应做好系统运行应急处置，确保系统运行发生异常时能及时响应，采取有效措施，快速恢复系统运行。

第二十条 省级交通运输主管部门如需对

部级系统中的本省份电子证照数据进行维护，需报送申请单，具体见附表 1。

第四章　监督与评价

第二十一条　交通运输部负责指导道路运输电子证照推广应用工作，并对省级交通运输主管部门道路运输电子证照应用服务、系统运行工作进行监督与评价。

第二十二条　省级交通运输主管部门负责本省内道路运输电子证照推广应用工作，做好电子证照应用服务、系统运行和自查自评工作。

第二十三条　评价程序与要求

（一）年度报告。省级交通运输主管部门应每年总结道路运输电子证照推广应用情况，并结合自查自评工作，形成年度报告，于当年 11 月底前报送交通运输部运输服务司。

（二）评价方式。评价工作采取实地考察、系统分析、抽样调查、年度报告核查等方式进行。对弄虚作假、谎报瞒报，经核查属实的，予以通报批评。

（三）计分标准。评价按照年度进行，实行计分制。评价内容和指标详见附表 2。

（四）定期通报。交通运输部运输服务司每年综合形成评价结果并予以通报。省级交通运输主管部门应及时整改通报的问题。

第五章　附则

第二十四条　本规范由交通运输部运输服务司负责解释。

第二十五条　省级交通运输主管部门可参照本规范，制定本省份道路运输电子证照系统运行服务实施细则。

第二十六条　本服务规范自发布之日起施行。

附件下载：

附表 1 ~ 2

附表 1

数据维护申请单

所属省份			
主管部门			
业务负责人	姓名：　　　　联系电话： （需求提出人必须是主管部门的业务负责人）		
技术负责人	姓名：　　　　联系电话：		
需求提出时间		需求紧迫程度	□非常紧迫 □一般
需求类型	□数据删除　　　□其他		

续 表

需求详细描述: (应清楚表述操作需求，如需批量维护数据，请明确定义需要维护的数据范围，包括但不限于证照颁发日期范围、证照归集请求时间范围、证照颁发机构代码、证照类型代码、道路运输证地市行政区划代码、运输证车辆类型、运输证年审有效期截止日期范围、运输证车辆技术等级代码、运输证车辆技术等级评定日期范围、从业资格证准驾车型、从业资格证从业资格类别代码、从业资格证有效期限范围、经营许可证地市行政区划代码、经营许可证证照有效期限范围或业户经营状态代码等;如需维护少量数据，可列明证照标识清单。)
主管部门意见: (盖章) 年 月 日

附表2

道路运输电子证照运行服务评价表

序号	评价内容	具体说明	分值	计分标准	得分
1	制证率	制发的符合部颁标准和技术规范的电子证照数量占已制发有效的全省实体证照和电子证照总量的比率。	10	发证率低于30%，不得分; 发证率30%—50%，得3分; 发证率50%—80%。得8分; 发证率高于80%，得10分。	
2	年度激活率	本年度已经激活使用的符合部颁标准和技术规范电子证照数量占本年度制发的符合部颁标准和技术规范电子证照数量的比率。(持证主体使用证照或亮证查验1次以上视为激活)	10	激活率低于30%，不得分; 激活率30%—50%，得3分; 激活率50%—80%。得8分; 激活率高于80%，得10分。	
3	证照归集率	向部级电子证照系统归集的证照数量占该省按照部颁标准和技术规范制发的电子证照数量比率。	10	归集率低于95%不得分。	

续 表

序号	评价内容	具体说明	分值	计分标准	得分
4	数据合规率	系统抽查数据合格率，被抽查符合电子证照行标要求（含证照版面、元数据短名、约束等要求）的证照数量占该省被抽查的电子证照总量比率。	10	数据合格率低于95%不得分。	
5	亮证与查验	跨地区执法检查中，持证主体亮证行为的认可及证照查验等工作情况。	10	发生亮证不予认可事件，不得分。	
6	拓展应用（加分项）	拓展道路运输电子证照在便民服务、政务服务、创新监管等应用场景情况。	10	拓展一项应用场景加 2.5 分，总分 10 分。	
7	宣传培训	面向业务办理与执法人员的培训情况，面向公众的宣传情况。	10	宣传培训全覆盖并提供相关证明材料的，得 10 分； 宣传培训部分覆盖并提供相关证明材料的，得 6 分； 宣传培训较少的，不得分。	
8	系统稳定	保障省级电子证照系统不间断运行，做好故障响应和应急处置工作，不发生业务中断。	20	系统发生故障并累计中断业务时长在 12 小时以内的，不扣分；累计中断时长在 12 小时至 24 小时之间的，每增加 1 小时扣 0.5 分；累计中断时长超过 24 小时的，每增加 1 小时扣 1 分。增加不足 1 小时的部分按 1 小时计。以此类推，扣完为止。 （不含因部级平台或网络运营商造成的中断业务时长；如因网络割接、系统运维、重大关键活动保障等确实需要停止的，提前发函报备的可不扣分。）	
9	网络安全责任制	按照"谁主管谁负责，谁建设谁负责，谁运行谁负责"的原则，建立网络安全责任体系，责任落实到人。	3	提供相关正式证明材料，得 3 分。	

续　表

序号	评价内容	具体说明	分值	计分标准	得分
10	网络安全等级保护	提供系统网络安全建设方案及评审会等材料，以及系统定级、备案证明、测评报告等材料。	7	有网络安全建设方案并通过评审，得3分；完成系统定级和系统备案，得2分；完成等保测评，得2分。	
11	密码应用	提供密码应用安全性评估报告等材料。	5	完成密码应用安全性评估并提供密评报告，得5分。	
12	数据安全与个人信息保护	提供数据共享情况相关说明，以及数据安全和个人信息保护的措施相关材料。	5	本年度未发生数据安全和个人信息泄露事件，得5分。	

交通运输部关于做好2023年道路水路春运疫情防控和运输服务保障工作的通知

交运明电〔2022〕357号

各省、自治区、直辖市、新疆生产建设兵团交通运输厅（局、委），长江航务管理局、珠江航务管理局，各直属海事局，各救助局、打捞局：

2023年春运从1月7日开始，至2月15日结束，共40天。各级交通运输主管部门要坚决贯彻《中共中央办公厅 国务院办公厅关于做好2023年元旦春节期间有关工作的通知》部署，认真落实《2023年综合运输春运疫情防控和运输服务保障总体工作方案》要求，进一步提高思想认识，坚持系统谋划，强化分类施策，高效统筹客货运输，优化道路水路运输组织，以最大能力、最佳状态、最优服务，确保春运期间人民群众平安健康便捷舒畅出行，确保重点物资运输畅通有序。现将有关事项通知如下：

一、强化客运组织保障

（一）严格落实公众出行优化保障政策。各地交通运输主管部门要严格执行国务院应对新型冠状病毒感染疫情联防联控机制相关政策规定，科学精准执行疫情防控优化措施和“乙类乙管”各项措施，对乘客不再查验核酸检测阴性证明和健康码、不再开展落地检，不再实施测温。严禁擅自阻断或关闭高速公路及服务区、普通公路、航道船闸，不得随意暂停或限制客运服务，不得限制跨区域车辆和人员流动，加快恢复已暂停的道路水路客运服务，切实保障人民群众有序出行。当地疫情防控领导机构依法采取的临时限制聚集性活动和人员流动等平抑疫情高峰的措施，道路水路客运及客运站经营者应予以积极配合，认真贯彻实施。

（二）切实做好道路客运组织。各地交通运输主管部门要充分考虑社会公众出行预期，加强春运客流分析研判，统筹道路客运运力资源，按照充分准备、按需投入、及时响应的原则，强化道路客运组织，保障人民群众出行需要。加强与教育、公安、人力资源社会保障、文化和旅游、卫生健康、铁路、民航等部门和单位协同协作，准确把握春运探亲流、务工流、旅游流、学生流新特点，有针对性制定道路客运保障计划，增强运输组织弹性，合理安排班次计划，动态优化运力调配，服务乘客错峰出行。通过加密既有线路发班频次、开通定制客运班线等措施，满足乘客多样化出行需求。对于出行需求相对集中的务工人员、学生，积极开展团体服务、上门服务，具备条件的可组织“点对点”包车运输，保障务工人员有序返乡返岗、学生错峰离校返校。会同人力资源社会保障等部门组织实施好2023年春节期间“春暖农民工”服务行动、春风行动。

（三）切实做好水路客运组织。各地交通运输主管部门要督促港航企业严格落实水路客运服务质量标准，加强水路运输组织管理，着力提升运输服务水平。加强琼州海峡水路客运组织，认真落实班轮化运营模式。要督促重点水域客（滚）运输企业严格按照公布的班期、班次、票价营运，切实维护良好市场秩序。要加强航道养护，做好航标、通航建筑物等航道设施的检查维护，通航建筑物运行单位要按照有关规定保障客运船舶优先过闸。长江干线航运的春运工作，由长江航务管理局会同沿江省、市交通运输主管部门负责组织实施。

（四）切实做好城乡客运组织。各地交通运输主管部门要加强客运枢纽场站、火车站、渡口码头、机场、旅游景区景点等重点场所城市交通运力投放和组织调度，强化城市公共交通、出租车运力与铁路列车、道路水路客运班线、民航班机等信息共享和衔接，加强在运营时刻、组织调度、运力安排等方面的协同衔接和应急响应，畅通出行最后“一公里”。指导城市公共汽电车、城市轨道交通运营单位采取缩短发车间隔、开行区间车和快车、开通夜班公交、定制公交、接驳公交等措施，提高乘客集疏运能力，减少聚集和长时间等待。强化春运期间农村客运服务保障，加大运力投入力度，通过增开赶集班、增加定制线路、提供预约响应和包车服务等措施，切实保障农村地区群众出行需求。

二、加强交通物流保通保畅

（一）保障交通物流持续稳定运行。各地交通运输主管部门要充分发挥物流保通保畅工作领导小组办公室作用，严格落实交通物流保通保畅优化政策，确保交通物流畅通高效。不再查验货车司乘人员、船舶船员的核酸检测阴性证明和健康码，不再对跨区域流动货车司乘人员开展落地检。严禁擅自关停关闭交通物流基础设施，严禁以防疫为由擅自限制货运服务，严禁擅自限制船员上岸流动。要督促重点港口、机场、铁路货站、物流园区、邮政快递分拨中心以及航道、通航建筑物、引航机构等运营单位健全完善应急预案，建立一线人员预备队，必要时可实施轮岗备岗制度，进行封闭管理，确保突发情况下重点物流枢纽运行稳定。

（二）保障医疗物资运输安全高效。各地交通运输主管部门要加强与工业和信息化、卫生健康等部门的沟通对接，及时共享医疗物资生产供应、运输需求等信息，组织辖区内重点物流企业加强与国务院应对新型冠状病毒感染疫情联防联控机制医疗物资保障组确定的重点医疗物资保供企业的对接，“一企一策”制定运输保障方案，强化组织调度和运力储备，做好保供企业关键物料和产成品运输保障。指导大型骨干物流运输企业研究制定春节假期期间医疗物资运输保障方案，通过安排员工轮岗、错峰休假，以及发放稳岗补贴、加班费等措施，鼓励一线从业人员在春节假期期间继续开展物流运输服务，确保春节假期期间医疗物资运输服务不中断。持续落实新冠病毒疫苗货物运输车辆收费公路免费优先通行政策，确保疫苗、抗原检测试剂、药品、口罩等医疗物资运输高效顺畅。

（三）保障邮政快递末端服务畅通。各地交通运输主管部门要充分发挥物流保通保畅工作领导小组办公室作用，严格规范邮政快递基础设施关停关闭，按要求履行关停关闭审批程序。对于已经关停关闭的邮政快递营业网点，满足条件的要尽快恢复运行；对于符合防疫要求可以上岗的邮政快递从业人员，要尽快返岗复工。加大对邮政快递企业在人员调配、防疫物资配备、疫苗接种等方面的支持力度，充分发挥大型骨干邮政快递企业作用，指导企业健全完善春节假期期间应急运输保障预案，加强邮政快递人员、物资储备，切实畅通物流运输末端“微循环”，着力保障各类医疗物资、民生物资有序运输。

（四）保障能源粮食等重点物资运输有序。各地交通运输主管部门要加强与发展改革、工业和信息化、商务、农业农村、能源、粮食等有关部门的沟通对接，了解各类重点物资运输需求，强化统筹调度，完善保障预案，做好组织协调。保障重点物资运输车辆优先便捷通行，对重点物资运输船舶实行优先引航、优先过闸、优先锚泊、优先靠离泊，配合有关部门巩固公路及航道、船闸防疫检查点“应撤尽撤”成果，全力保障能源、粮食、农资农机、外贸，以及各类生活物资高效顺畅运输。统筹考虑大范围疫情感染、极端恶劣天气、长时间严重拥堵等对重点物资运输保障的影响，研究制定春节假期期间重点物资运输保障应急预案，组织开展专项演练，切实提升应急保障能力。

（五）强化交通物流从业人员服务保障。各地交通运输主管部门要积极协调属地联防联控机制，加强对货车司机、快递员、船员的生活保障，出现滞留的，为其提供必要的饮水、用餐、如厕等基本生活服务和基本医疗救助服务。高速公路和水上服务区确需关闭部分区域的，要保证加油、如厕等基本公共服务功能正常运转。严禁随意暂停或拒绝国际航行船舶船员换班，保障国际海上物流供应链畅通和船员合法权益。

三、科学精准做好疫情防控

（一）严格落实春运期间疫情防控措施。各地交通运输主管部门要督促指导运输、场站经营者及公路服务区等经营管理单位，加强从业人员健康监测，实施症状管理，出现发热等症状的，第一时间报告、停止作业，必要时开展抗原或核酸检测；加强个人防护，上岗期间佩戴口罩，做好手卫生，鼓励客流量大的客运场站一线从业人员佩戴 N95/KN95 颗粒物防护口罩；做好道路水路运输场站和城市公共交通场站、高速公路服务区、车辆（船舶）等清洁消毒、通风换气。加强道路水路客运场站客流引导，组织乘客尽量分散候乘，减少人员聚集。积极推动地方疫情防控领导机构将交通运输从业人员纳入“白名单”管理，优先保障交通运输行业防疫物资供应和从业人员新冠病毒疫苗接种。

（二）有效防范从业人员大面积感染。各地交通运输主管部门要督促指导运输企业加强从业人员防疫管理，必要时可对驾驶员等一线从业人员实施“两点一线”管理。加强对已感染从业人员的关心关爱和救助服务，帮助其早日康复和返岗。对出现症状超过 7 天或症状消失的从业人员，可在严格个人防护的情况下恢复相关工作，其中对驾驶员上岗要坚持从严审慎原则，确保身体状况胜任安全行车要求。建立实施关键岗位轮岗备岗制度，一旦出现关键岗位人员感染，及时轮换，确保工作有效接续，减少疫情对行业运转的影响。

（三）精准实施疫情防控应急处置。各地交通运输主管部门要配合属地疫情防控领导机构精准实施疫情防控处置，督促指导运输企业、枢纽场站、重点物流园区、港口码头、航道、通航建筑物、引航机构等运营单位坚持底线思维、极限思维，完善疫情防控应急预案，一般情况下不得对涉疫客货运输场站、车辆（船舶）等进行封控，同工作场所人员不进行隔离。在从业人员出现大面积感染的极端情况下，要完善应急处置措施，并加强应急演练，提高应急处置水平。统筹建立本地从业人员、运力调配机制以及跨区域调配机制，加强人员、运力应急储备，确保一旦出现突发规模性疫情，及时调度投用储备力量，确保春运期间重点枢纽场站不关停、重要运输通道和线路服务不中断、重点物资运输不断链。

（四）着力加强防疫宣传引导。各地交通运输主管部门要创新宣传手段和形式，积极运用交通设施和服务窗口等载体，广泛宣传倡导“每个人都是自己健康第一责任人”的理念，引导乘客出行期间提高防护意识，进站乘车期间全程佩戴口罩、主动减少聚集、遵守咳嗽礼仪、保持人际距离、做好手卫生。引导乘客加强个人健康监测，出现发热等症状时，避免乘坐公共交通工具。倡导患有基础疾病的老年人及孕妇、儿童等人员健康理性出行，降低自身及家人感染风险。

四、强化安全应急保障

（一）压紧压实经营者安全主体责任。各地交通运输主管部门要督促运输经营者严格落实安全生产主体责任，针对春运前运输工具长期停运或低频运行、驾驶员技能生疏可能导致的安全隐患，以及春运期间恶劣天气和客流大规模增长对运输安全带来的风险挑战，全面开展一次从业人员安全培训和交通运输工具技术状况检查维护。合理安排运输任务，及时排查和消除各类安全隐患，避免交通运输工具技术状况不良、带病运行，以及运输企业抢生产、抢进度、抢效益等带来的安全风险。督促800公里以上道路客运班线严格落实固定班次、固定车辆要求，依托动态监控强化重点监管。加强监督检查，督促长途客车严格落实凌晨2时至5时停车休息或接驳运输规定，对接驳运输车辆虚假接驳、接驳点不规范运行等情况，通报车籍地交通运输主管部门责成整改，相关车辆取消当季度接驳运输资格；除机场、高铁快线以及短途驳载线路外，不得安排凌晨2时至5时运行的加班车或包车。严格按规定执行道路水路乘客实名制管理制度，强化安检查危工作，加强航道及其设施设备运行监测，做好桥梁隧道、长大下坡、急弯陡坡、临水临崖等重点路段安全保障。

（二）持续加强安全监督执法。各地交通运输主管部门要建立健全明查暗访与自检自查相结合的检查整改机制，全面排查治理安全风险隐患，对发现的问题依法处置并加大公开曝光力度。围绕道路水路客运枢纽场站、危险货物运输及港口作业、农村客运、城市交通、农村渡口渡船、“六区一线”重点水域和四类重点船舶等重点环节，深入开展各类风险隐患排查整治。强化与公安、市场监管等部门协同合作，加大道路水路客运场站、公路服务区、高速公路出入口等重点场所执法力量投入，依法从严查处春运期间非法营运、客车违规异地经营、违规涨价、货车违法载人及超限超载等违法违规行为。会同公安、应急、市场监管等部门加强长途客车中途停靠就餐场所监督检查，依法查处宰客、强制交易和食品卫生、消防安全等方面的违法违规行为；对勾结餐饮经营者宰客的，依法严肃处理，责令春运期间不得执行客运任务。

（三）强化安全应急保障。各地交通运输主管部门要强化与公安、卫生健康、气象等部门的工作协同和信息共享机制，针对恶劣天气、安全生产事故和险情、运输受阻、乘客集中聚集等情况，建立完善应急预案，统筹做好春运应急运输组织、响应程序、应急措施等部署安排。科学部署应急力量，保持救助人员、车辆、船艇、直升机等处于应急待命状态，确保一旦发生突发情况，能够及时启动应急响应，迅速有效处置各类突发事件。多渠道及时发布恶劣天气预警信息，一旦出现强降温、大范围雨雪冰冻等预警，督促道路水路客运企业及时调整运输计划，严格落实限行、禁航规定，杜绝涉险运输、冒险作业，保障乘客安全有序出行。遇运力不足需跨区域调配运力的，从严检查维护交通运输工具，加强从业人员安全培训，确保驾驶员熟悉线路走向和运营环境，最大限度确保运输安全。

（四）有力维护行业稳定。各地交通运输主管部门要指导运输经营者用好用足助企纾困政策，深入推进免征公共交通服务增值税、免征客运场站城镇土地使用税等政策落地落实，发挥好中央农村客运补贴、城市交通发展奖励资金等作用，保障行业持续稳定运行。深入排查风险隐患，切实采取有效措施，将矛盾风险化解在基层和萌芽状态，保障道路货运、出租汽车、城市公交等平稳运行。重点针对互联网道路货运平台恶意压低运价、扰乱市场公平竞争秩序等行为，督促企业严格落实主体责任，进一步规范经营行为，保障广大货车司机合法权益。

五、强化路网运行保障

（一）加强路网通行保障。各地交通运输主管部门要加强公路养护检查，及时排查整治公路病害。合理安排干线公路养护施工计划，除保障公路安全运行开展的应急养护工程外，避免在春运出行高峰期间开展影响通行的公路养护作业。加强高速公路救援力量配备，发生交通事故或车辆故障时快速处理，及时清理现场，尽早恢复交通。加强服务区停车管理和秩序维护，严防车辆倒灌主线引发事故。

（二）加强路网运行监测。各地交通运输主管部门要加强春运高峰时段易受恶劣天气影响路段、事故多发路段、城市周边等路网运行动态监测，多渠道及时向公众发布实时路况等信息，引导公众合理安排出行。加强省际、市际信息共享与协调联动，确保跨省通道等重要路段衔接顺畅。加强与公安等部门沟通合作，对重点路段制定疏堵和分流绕行预案。加强部省视频联网，发生重大突发事件及时传输现场视频资源，确保部与现场协同会商。

（三）加强路网运行服务保障。各地交通运输主管部门要切实做好高速公路通行服务保障，严格落实春节假期免收小型客车通行费政策。加强收费站通行管理，强化电子不停车收费（ETC）车道运行监测，及时处置异常情况，避免造成车辆拥堵和人员聚集。加强高速公路服务区运营管理，督促做好服务区加油、用餐、如厕等服务管理，必要时采取增设临时卫生间等措施，解决公众如厕难问题，确保商品供应充足、设施安全有效、环境卫生可靠、服务便捷高效。

六、加强运输服务保障

（一）优化乘客票务服务。各地交通运输主管部门要指导客运经营者完善道路水路客运售票服务，多渠道及时发布客运服务信息，延长客票预售期，方便乘客错峰出行。根据客流变化及时增开售票窗口、延长售票时间，拓展互联网、手机客户端、小程序等售票渠道，以及手机支付、扫码乘车船等应用范围，积极推广应用电子客票售票终端、实名检票终端、移动服务终端等智能设备，切实便捷乘客购票乘车乘船。根据需要适当保留人工售票窗口，便利老年人等群体购票。督促客运经营者严格实行明码标价，保持价格基本稳定。班车客运等领域按照规定调整价格，至少提前 7 日向社会公布。因政策调整或运输经营者原因导致不能提供运输服务的，相关经营者应当为乘客免费退票或统筹解决乘客出行问题。

（二）提升乘客候乘体验。各地交通运输主管部门要督促指导客运站经营者严格落实环境卫生要求和客运服务标准。视客流情况，及时增开进出站和安检通道、增配服务人员和设施设备。加快推进铁路、民航和城市轨道交通安检流程优化，切实提升乘客换乘效率。督促道路水路客运站经营者加强口罩、发热药品等防疫物品储备。

（三）强化重点群体出行保障。各地交通运输主管部门要指导道路水路客运站和客运经营者积极关爱帮扶老幼病残孕等重点乘客，开通快速通道，完善无障碍设施，提供必要帮助。加强军人、消防救援人员、“三属”出行优待和儿童客票优惠政策公示并依法落实，耐心细致向携带儿童出行的乘客加强政策解释，避免服务纠纷。鼓励会同当地工会、共青团组织等，在客运场站组建志愿服务团队，为老年人、残疾人等群体提供多元化志愿服务。

（四）加大服务监督力度。各地交通运输主管部门要畅通 12328 等服务热线投诉举报渠道，解答乘客信息咨询，收集整理乘客利益诉求，采取有力措施协调解决，保障乘客合法权益。寓交通执法于服务之中，帮助司乘人员排忧解难，持续改善春运出行体验。

七、营造春运良好氛围

（一）引导乘客文明出行。各地交通运输主管部门要利用微博、微信、广播、电视、海报等多种方式，运用“车、船、路、港、站”交通设施和服务窗口等载体，及时发布出行服务信息，引导公众错峰避峰出行。加大安全文明乘车宣传力度，引导公众诚信文明出行。会同公安机关加强农村地区出行安全宣传，引导公众选择合规车、系好安全带。

（二）有序做好春运宣传。各地交通运输主管部门要按照部春运宣传工作方案部署，严格规范做好信息发布和宣传报道。大力宣传一线干部职工坚守岗位、无私奉献、真情服务和交通运输企业全力保障公众出行和重点物资运输的感人事迹，积极营造春运工作良好氛围。

八、切实做好值班值守和信息报送

（一）加强春运值班值守。春运期间，各级交通运输主管部门要严格执行 24 小时专人值班和领导带班制度，并安排信息技术保障人员一并参与值班，确保节日期间各项工作正常运转。认真做好值班记录，保障信息联络渠道畅通，全面掌握春运期间道路水路运输生产和稳定运行情况，妥善处置道路水路突发事件。

（二）做好交通物流保通保畅值班值守。春运期间，各级交通运输主管部门要发挥好物流保通保畅领导小组办公室作用，加强交通物流运行监测，继续做好7×24小时值班值守，强化督办转办，“一事一协调”解决各类交通物流不通不畅问题诉求，“一事一处理”保障各类重点物资运输需求，确保交通物流运行畅通高效，重要情况及时报部。联系电话：010－65292831。

（三）做好道路春运信息报送工作。春运期间，各省级交通运输主管部门要依托全国道路客运接驳运输管理平台，每日9：00前在重点时段道路客运信息“春运期间客运信息”模块报送前一日道路客运运力、客运量等基本情况和应急情况。加强阻断信息报送工作，通过部“路况信息子系统”上报信息，确保公路突发事件及时上报。2023年1月12日前将春节假期公路网运行研判分析报告、值班表、值班电话等信息报部（路网监测与应急处置中心）；春节假期期间每日12：00前通过部“免通数据填报系统”完成数据报送。2023年1月28日、2月16日12：00前将春节假期、春运期间公路网运行保障工作总结报部（路网监测与应急处置中心），联系电话：010－65293705，传真：010－65292992。

（四）做好水路春运信息报送工作。春运开始前，各省级交通运输主管部门、重点水域设区的市级交通运输主管部门要将工作联系人信息通过部水路运输建设综合管理信息系统报部（水运局）。请长江航务管理局、珠江航务管理局，京杭运河沿线省级交通运输主管部门继续做好三峡船闸、长洲船闸、京杭运河船闸运行情况信息报送工作。联系电话：010－65292636/65292824。

（五）做好安全事故和突发事件信息报送工作。春运期间，各省级交通运输主管部门、海上搜救中心要多渠道收集相关信息，如发生交通运输突发事件，及时视情提升等级报送，重要情况边核边报部（应急办）。联系电话：010－65292218，传真：010－65292245。

（六）做好值班信息和工作总结报送。2023年1月28日前，各省级交通运输主管部门、各直属海事局将春节期间行业运行情况、值班值守情况以值班信息形式简要报送部（应急办），电子邮箱：cnmrcc@mot.gov.cn。

铁路、民航、邮政领域春运疫情防控和运输服务保障工作由国家铁路局、中国民用航空局、国家邮政局分别部署。

交通运输部

2022年12月28日

（此件公开发布）

农业农村部办公厅 财政部办公厅关于做好2022年农产品产地冷藏保鲜设施建设工作的通知

农办市〔2022〕5号

各省、自治区、直辖市及计划单列市农业农村（农牧）厅（局、委）、财政厅（局），新疆生产建设兵团农业农村局、财政局，北大荒农垦集团有限公司、广东省农垦总局：

为贯彻落实中央农村工作会议和2022年中央一号文件精神，按照《农业农村部、财政部关于做好2022年农业生产发展等项目实施工作的通知》（农计财发〔2022〕13号，以下简称《通知》）有关政策要求，现就做好2022年农产品产地冷藏保鲜设施建设工作有关事宜通知如下。

一、明确总体要求

以习近平新时代中国特色社会主义思想为指导，按照保供固安全、振兴畅循环的工作定位，聚焦鲜活农产品主产区、特色农产品优势区，重点围绕蔬菜、水果等鲜活农产品，兼顾地方优势特色品种，合理集中建设产地冷藏保鲜设施，提升技术装备水平，完善服务保障机制，强化运营管理能力，推动冷链物流服务网络向农村延伸，畅通鲜活农产品末端冷链微循环，为服务乡村产业、提高农民收入、增强市场稳定性、保障农产品有效供给提供有力支撑。

二、突出重点任务

（一）合理集中建设产地冷藏保鲜设施。各地要认真落实“十四五”农产品冷链物流布局规划，加强产地冷藏保鲜设施与冷链集配中心、骨干冷链物流基地的有效衔接，整体构建功能衔接、上下贯通、集约高效的产地冷链物流体系。支持县级以上示范家庭农场和农民专业合作社示范社，已登记的农村集体经济组织等主体，在重点镇和中心村建设产地冷藏保鲜设施，不断提升设施综合利用效率，满足田头贮藏保鲜和商品化处理需要。引导各类市场主体在产地重要流通节点，建设改造产地冷链集配中心，强化产地预冷、分拣分级、初加工、集散配送、产地直销等功能，打造支撑农产品上行的产地综合服务平台。鼓励开展符合实际的冷藏保鲜设施数字化、智能化建设，提升产地冷链物流信息化水平。

（二）深入开展产地冷藏保鲜整县推进。

各地要优先选择鲜活农产品生产大县、“互联网+”农产品出村进城试点县，在有效保障用地用电政策的前提下，整县推进冷藏保鲜设施建设，率先形成产地冷链物流服务网络。鼓励有条件的地方依托产地冷链集配中心，完善电商服务功能，建设农产品电商产业园。做好2021年度农产品产地冷藏保鲜整县推进评价工作，持续提升整县推进建设水平，加大2022年整县推进建设力度，壮大一批运营服务主体，创新一批运营服务模式，培育一批农产品品牌和服务品牌，推广一批实用技术和标准，鼓励探索冷藏设施设备信息化解决方案。鼓励有条件的地方整合各方政策支持开展产地冷藏保鲜设施整市、整省推进。

（三）推动冷链物流服务网络向农村延伸。依托产地冷藏保鲜设施，鼓励引导邮政快递、供销合作社、电子商务、商贸流通等主体利用既有流通网络优势，整合资源、创新模式，优化田头集货、干支衔接运输和农村快递配送，促进合作联营、成网配套，加快建设农产品产地冷链物流服务网络。鼓励引导产地批发市场、现代农业产业园、加工物流园、电商孵化园等产地园区，重点改造公共冷库设施条件，拓展冷链物流服务内容。鼓励冷链物流运营主体利用设施平台和渠道优势，提升品牌打造和孵化能力。

（四）组织冷藏保鲜实用技术和运营管理培训。农产品产地冷藏保鲜实用技术和冷链物流运营管理培训内容已经纳入高素质农民培育、农村实用人才带头人培训支持范围。各地要充分利用相关政策，开设专题班或增加相应培训课程，编制培训教材，整合师资力量，通过线上教学、课堂教学、现场教学等方式，组织形式多样的培训活动，打造一批农产品冷链物流培训基地，不断提升产地冷藏保鲜设施使用效益。省级农业农村部门要统筹安排、有效组织，并举办示范培训班。

三、有序组织实施

农产品产地冷藏保鲜设施建设的补助标准、建设内容、实施主体、实施区域等年度政策，严格按照《通知》有关要求执行。

（一）开展项目储备。省级农业农村部门要建立项目储备库，开展项目储备及动态管理，做好政策宣传和设施建设准备工作。建设主体通过农产品仓储保鲜冷链物流信息系统（以下简称“信息系统”）提出储备申请，经县级审核、地市级复核、省级审定后入库储备。

（二）编制实施方案。省级农业农村部门要会同财政部门编制年度实施方案，明确建设思路、年度目标、重点任务、具体政策、保障措施、进度安排等内容，于6月12日前报农业农村部、财政部审核备案；按照农产品产地冷藏保鲜整县推进要求，指导任务实施县编制整县推进实施方案，于6月12日前报农业农村部、财政部审核备案。

（三）严格申报审批。省级农业农村部门、财政部门要及时向社会公布中央财政年度支农政策和省级实施方案，督促指导县级部门在申报工作启动前不少于10个工作日向社会公布相关政策，切实保障涉农主体知情权和选择权。建设主体通过信息系统自愿申报。县级农业农村部门负责申报审批，及时向社会公示审批通过的项目，一般不少于5个工作日。省级、地市级农业农村部门要监督指导审批工作。

（四）指导项目建设。省级农业农村部门要制定本地区设施建设参考技术方案，明确建设质量标准，支持对冷藏保鲜设施设备实施节能改造，鼓励建设主体采用绿色低碳的新技术、新材料和新装备。各地要及时上报建设进度，重大事项及时向本级人民政府和上级农业农村部门报告。建设主体自主开展设施建设，承担安全建设运营的主体责任。

（五）规范竣工验收。省级农业农村部门要会同财政部门制定本地区统一的项目验收规范，明确验收内容、验收标准、验收程序等。县级农业农村部门、财政部门应会同相关部门开展现场验收，有条件的地方可以委托第三方评估机构参与验收。省级、地市级农业农村部门要按规定对本地区当年竣工验收项目进行抽查。

（六）及时兑付补贴。县级农业农村部门、财政部门要按照职责分工和时限要求，及时向验收合格的建设主体发放补助资金，并予以公示。

四、强化工作保障

（一）加强组织领导。省级农业农村部门、财政部门要高度重视，建立健全工作推进机制，配强工作专班，明确各级职责任务，加强部门间协同配合，强化调度指导力度，提升监督管理能力。任务实施县要落实主体责任，为项目实施提供有力保障。各地要始终坚持数量服从质量、进度服从实效、求好不求快的原则，扎实推进农产品产地冷藏保鲜设施建设，引导主体不断提高设施综合使用效率，防止大面积闲置或废弃。

（二）强化政策支持。各地要全面落实农业设施用地和农业生产用电价格优惠政策，鼓励利用村集体闲置房屋、废弃厂房或经营性建设用地等开展设施建设。鼓励与各类市场主体开展建设和运营合作，合理确定合作方式和利益分配机制。积极争取地方政府债券，对符合条件的项目予以支持。各地要与其他支持冷链物流发展的相关财政资金做好衔接、避免重复投入。

（三）创新金融服务。鼓励各类银行及担保机构创新产品服务，强化信贷担保支持。鼓励保险公司开发特色保险产品，为冷藏保鲜农产品数量、质量安全以及价格波动等提供风险保障。依托信息系统，开展信贷直通车冷藏保鲜设施建设专项行动，帮助对接金融服务。支持金融机构参与整省、整市、整县推进项目设计，提供综合金融服务方案，创新金融支持模式。

（四）严格资金监管。省级农业农村部门要会同财政部门加强项目执行定期调度督导，及时上报项目执行和资金使用情况。对资金结转量大、工作推进慢的地区将调减或不再安排下一年度任务资金。坚决查处虚报冒领、骗取套取、挤占挪用项目资金等违法违规行为。全面梳理 2020 年度、2021 年度补贴兑付情况，督促任务实施县尽快完成兑付，并于 2022 年 6 月 30 日前上报清理执行情况。开展全面自查，查找风险点和不足，加强设施建设工作监督评价，并于 2022 年 12 月 31 日前，将 2022 年度设施建设工作省级自评报告报送农业农村部市场与信息化司。

（五）完善管理制度。省级农业农村部门要认真落实《农产品产地冷藏保鲜设施建设管理规范（试行）》，并结合本地实际制定具体实施细则，全面规范项目储备、申报审批、建设指导、竣工验收、监督管理等工作，形成上下衔接、分级负责的管理制度，同时建立健全设施建设工作风险自查和监督评价机制，实现项目管理制度化、规范化。

（六）加强示范宣传。各地要加强农产品冷藏保鲜实用技术标准、材料装备等试验示范推广，探索产地农产品流通数据的信息化采集方式。加快总结设施建设运营和整县推进的好经验好做法，强化全媒体宣传，推出一批机制创新、政策创新、模式创新的典型案例，切实发挥示范带动作用。

农业农村部办公厅　财政部办公厅

2022 年 6 月 1 日

中国银保监会办公厅 商务部办公厅关于开展铁路运输单证金融服务试点更好支持跨境贸易发展的通知

银保监办发〔2022〕82号

河南、重庆、四川、厦门、青岛银保监局、商务主管部门，各政策性银行、大型银行、股份制银行、外资银行，各保险集团（控股）公司、财产保险公司、再保险公司，银行业协会：

近年来，中欧班列等跨境铁路运输快速发展，部分地区银行保险机构依托铁路运输单证、包含铁路运输的联运单证（以下统称铁路运输单证），开展金融创新，有力支持了外贸发展。为深入贯彻落实国务院系列稳外贸政策举措和《国务院印发关于推进自由贸易试验区贸易投资便利化改革创新若干措施的通知》（国发〔2021〕12号）要求，稳妥推进铁路运输单证相关金融服务（以下简称铁路运输单证金融服务）试点，助力企业开展跨境贸易，现就有关事项通知如下：

一、明确目标定位

铁路运输单证金融服务是外贸金融服务的重要组成部分，开展铁路运输单证金融服务，旨在有效控制风险前提下扩大外贸金融服务覆盖面，降低外贸企业综合融资成本，进一步推动跨境贸易发展。

二、加强银行服务

鼓励银行参照海运提单下金融服务模式进行创新，将风险可控的铁路运输单证作为结算和融资可接受的单证，为外贸企业提供本外币结算、信用证开立、进出口贸易融资和供应链金融等服务。开展其他金融服务时，鼓励银行统筹考虑外贸企业持有的风险可控的铁路运输单证，在业务准入、授信额度核定等方面提供更多支持。鼓励有条件的银行发挥跨境服务网络优势，深化同境外分支机构、代理行和客户之间的沟通，拓展铁路运输单证业务空间。

三、强化保险保障

鼓励保险公司加强产品创新，探索扩大服务范围，有效满足外贸企业、铁路承运人、货运代理人在货运保险、责任保险等方面的需求，为在途铁路运输货物提供风险保障。支持保险公司通过再保险等方式，进一步分散风险。

四、推进科技应用

鼓励银行加强与铁路承运人等合作，探索借助区块链等技术，实现铁路运输单证信息的快速传输校验，更好开展金融产品服务创新和风险防控。支持银行深化同铁路承运人、货运代理人、仓储物流公司等合作，加强对外贸企业历史贸易信息的积累分析，通过大数据等技术提高对企业贸易背景真实性等情况判断的精准度，综合研判企业经营状况，为提供信用贷款、年审制贷款等服务做好支撑。

五、确保有效控货

银行应注重分析铁路运输单证控制关联货物的实现方式，关注基于现有法律框架下的相关合同条款能否确保银行有效控货。支持银行与铁路承运人、货运代理人、仓储物流公司、外贸企业等订立合同，明确各方权利义务，确保铁路运输单证作为提货凭证的唯一性和可流转性。鼓励银行依托铁路承运人、货运代理人、仓储物流公司的相关系统和平台，加强对货物状况的监控。

六、加强风险防控

银行应注重对外贸企业整体经营状况的分析，合理运用保证金、销售回款账户监管等方式缓释风险。鼓励银行加强同担保机构等合作，有效发挥担保增信和风险缓释功能。银行应加强商品市场研究，为快速评估、处置抵质押物提供支持。银行应主动关注外贸企业、铁路承运人、货运代理人保险投保情况，防范在途货物损毁、灭失等风险。

七、健全管理机制

鼓励银行保险机构根据铁路运输单证金融业务特征和主要风险点，建立健全相关管理制度，加大差异化政策支持。有条件的机构可适当加大金融资源配置，优化绩效考核指标，推动业务稳健发展。

八、深化各方协同

试点地区的银保监会派出机构、商务主管部门应当深入了解当地跨境贸易发展情况、银行保险机构政策诉求及企业需求，与司法、交通、铁路等部门加强合作，营造良好政策环境。鼓励行业自律组织加强宣传引导，积极推广业内良好做法，组织开展相关培训，研究建设铁路运输单证金融服务平台系统。

九、稳妥推进试点

河南、重庆、四川、厦门、青岛为第一批试点地区，试点时间一年。下一步将在总结试点经验的基础上，逐步扩大试点范围。试点地区的银保监会派出机构应当与当地商务主管、铁路运输等部门充分沟通，选择风险管控能力强，有创新意愿和能力的银行保险机构参与试点，强化风险监测，及时发现并报送铁路运输单证金融服务发展中面临的新情况、新问题。

中国银保监会办公厅　商务部办公厅

2022 年 8 月 5 日

商务部办公厅关于建立商贸物流企业重点联系制度的通知

各省、自治区、直辖市及计划单列市、新疆生产建设兵团商务主管部门：

为贯彻落实党中央、国务院关于畅通国民经济循环和建设现代流通体系的决策部署，积极培育商贸物流骨干企业，加强行业发展趋势分析，推动商贸物流提质降本增效，服务构建新发展格局，根据商务部等9部门印发的《商贸物流高质量发展专项行动计划（2021—2025年）》，商务部决定建立商贸物流企业重点联系制度，并在地方推荐、专家审核、社会公示基础上，确定了2022年首批287家全国商贸物流重点联系企业。现将有关工作通知如下：

一、提高思想认识。建立重点联系制度，是落实商贸物流高质量发展专项行动的重要举措，是建设现代商贸物流体系的重要抓手。确定重点联系企业，有利于加强政府与企业沟通交流，构建稳定、畅通的信息渠道；有利于及时准确了解行业动态和发展趋势，完善有关政策措施；有利于增强商贸物流市场主体力量，推动商贸物流创新升级。

二、完善联系机制。各地商务主管部门要主动加强与重点联系企业的沟通交流，形成常态化规范化工作机制，通过问卷调查、座谈、调研、培训等方式，及时了解行业发展动态，准确研判行业发展趋势，为制定和完善行业政策提供有力支撑。同时，要在与重点联系企业的互动交流中，注意发现和推广商贸物流高质量发展的典型经验模式。

三、发挥带动作用。各地商务主管部门要引导重点联系企业积极参与商贸物流高质量发展专项行动，完善商贸物流服务网络，提升城乡配送服务水平，推进物流标准化、智慧化、绿色化建设。重点联系企业可参与供应链创新与应用示范创建、县域商业体系建设、农产品供应链体系建设、一刻钟便民生活圈试点、商品市场优化升级等工作，充分发挥示范带动和创新引领作用。

四、加强动态管理。各地商务主管部门要根据重点联系制度要求，指导企业填写《商贸物流重点联系企业申报基本情况》《商贸物流重点联系企业物流发展情况报告》等材料。如发现重点联系企业存在与商务主管部门联系沟通不积极、报送虚假信息、发生严重违法失信行为或重大安全责任事故等不符合重点联系制度要求的情形，要及时报请商务部调出重点联系企业名单。

请各地商务主管部门结合工作实际，在做好全国商贸物流重点联系企业组织申报、日常联系和动态管理等工作基础上，研究建立健全本地区商贸物流企业重点联系制度，推动形成多层级、广覆盖的重点企业联系机制。相关工作进展和成效，工作推进中形成的好经验、好做法、企业典型案例以及相关意见建议，请及时报送商务部。

联系人：流通发展司 武冬辉 周铁

电 话：010－85093754 85093757

传 真：010－85093788

邮 箱：wudonghui@ mofcom. gov. cn

zhouyilt@ mofcom. gov. cn

附件：1. 商贸物流企业重点联系制度（试行）

2. 2022 年全国商贸物流重点联系企业

商务部办公厅

2022 年 9 月 6 日

附件：1. 商贸物流企业重点联系制度（试行）（略）

2. 2022 年全国商贸物流重点联系企业（见本书第九部分）

第二部分

物流统计

2022 年中国物流运行情况

2022 年，我国物流运行保持恢复态势，社会物流总额实现稳定增长，社会物流总费用与 GDP 的比率小幅提高。

一、社会物流总额实现稳定增长

2022 年，我国社会物流总额 347.6 万亿元，按可比价格计算，同比增长 3.4%，物流需求规模再上新台阶，实现稳定增长。

从构成看，工业品物流总额 309.2 万亿元，按可比价格计算，同比增长 3.6%；农产品物流总额 5.3 万亿元，同比增长 4.1%；再生资源物流总额 3.1 万亿元，同比增长 18.5%；单位与居民物品物流总额 12.0 万亿元，同比增长 3.4%；进口货物物流总额 18.1 万亿元，同比下降 4.6%。

二、社会物流总费用与 GDP 的比率有所提高

2022 年，我国社会物流总费用 17.8 万亿元，同比增长 4.4%。社会物流总费用与 GDP 的比率为 14.7%，比上年提高 0.1 个百分点。

从结构看，运输费用 9.55 万亿元，同比增长 4.0%；保管费用 5.95 万亿元，同比增长 5.3%；管理费用 2.26 万亿元，同比增长 3.7%。

三、物流业总收入保持恢复性增长

2022 年，我国物流业总收入 12.7 万亿元，同比增长 4.7%。

2022 年物流统计数据如下表所示。

2022 年物流统计数据　　单位：万亿元

项目	2022 年	同比增长（%）
一、社会物流总费用	17.8	4.4
运输费用	9.55	4.0
保管费用	5.95	5.3

续 表

项目	2022 年	同比增长（%）
管理费用	2. 26	3. 7
二、社会物流总额	347. 6	3. 4
农产品物流总额	5. 3	4. 1
工业品物流总额	309. 2	3. 6
进口货物物流总额	18. 1	-4. 6
再生资源物流总额	3. 1	18. 5
单位与居民物品物流总额	12. 0	3. 4
三、物流业总收入	12. 7	4. 7

注：表中各分项数据存在四舍五入，加总与总量存在偏差。

（国家发展改革委 中国物流与采购联合会）

2022 年中国物流运行情况分析

2022 年，国际环境复杂严峻、国内疫情散发多发，不确定性、不稳定性因素增加，对物流发展带来明显冲击，行业运行波动性加大。面对复杂环境，国家政策支持引导力度持续强化，物流发展支撑体系不断健全、制度环境进一步改善，多措并举促使物流业保持韧性恢复，实现高质量发展，有力地支撑了产业链供应链循环畅通，有效保障了民生顺畅有序。

2023 年，扩大内需、加快建设现代化产业体系成为重点任务，提升产业链供应链韧性和安全成为关键，物流作为确保国民经济循环畅通的重要产业，其发展机遇明显增多。

一、物流供需动态平衡，助力供应链循环畅通

（一）物流与经济协同恢复发展，需求规模再上新台阶

2022 年，我国社会物流总额为 347.6 万亿元，按可比价格计算，同比增长 3.4%。从年内走势看，第一季度物流运行实现平稳开局，第二季度受超预期因素冲击回落明显，第三季度企稳回暖，第四季度稳中趋缓。尽管受到国际国内等多重超预期因素的反复冲击，但物流支撑实体经济畅通运行的局面基本稳定，物流需求规模进一步提升、结构调整基础进一步稳固、需求动力进一步丰富。综合来看，社会物流总额增速基本延续恢复态势，全年顶住压力实现恢复性增长。

从近三年数据来看，2020—2022 年社会物流总额增速波动性明显增大，年度增速在 3%～9%。社会物流总额与 GDP 变化存在较高相关性，且增速持续领先于同期 GDP 水平，物流需求规模持续稳定增长，是促进国民经济产业链供需衔接和实体商品流通的重要基础。

2011—2022 年全国社会物流总额增长变化情况如图 1 所示。

（二）顺应构建新发展格局，物流需求结构加快优化调整

近年来，扎实推进构建新发展格局，取得一定成效。从社会物流总额结构看，各领域物流需求与产业升级同步调整。工业物流需求对社会物流总额增长贡献率超过 70%，发挥了“压舱石”作用。新型消费模式较快发展，居民消费相关的物流需求占比基本稳定。绿色发展理念助力循环经济发展，再生资源物流需求实现高速增长。不同领域的具体发展情况如下。

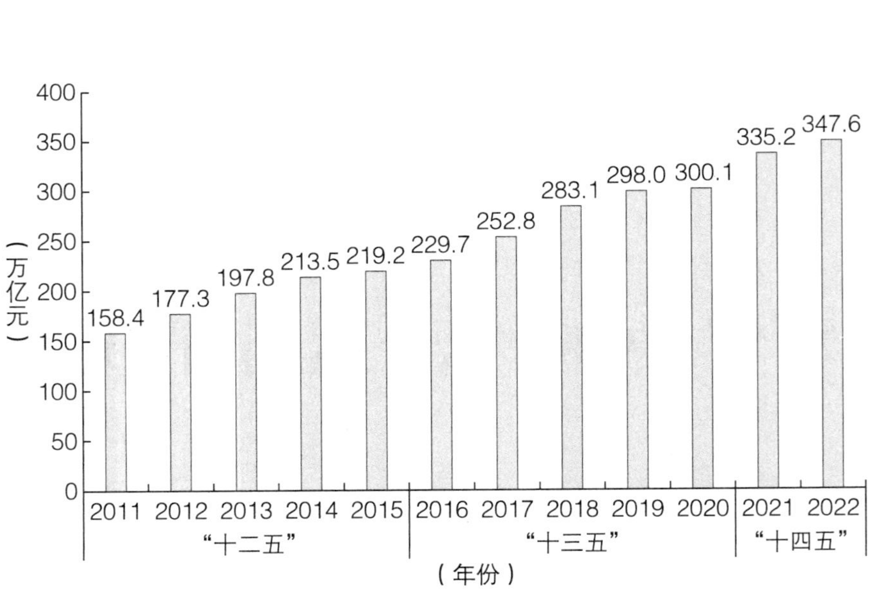

图 1　2011—2022 年全国社会物流总额增长变化情况

一是工业领域物流总体稳定。2022 年工业品物流总额超过 300 万亿元，比上年增长 3.6%。从年内走势看，第一季度平稳开局，第二季度受超预期因素冲击增速明显回落，但第三季度、第四季度仍保持 4.8% 和 2.7% 的增长，工业领域物流总体呈稳定恢复态势。

从工业领域物流需求结构看，能源行业、消费品生产需求保持稳定，装备制造、高技术制造业物流需求支撑依然强劲。全年高技术制造业物流总额同比增长 7.4%，增速快于工业品物流总额 3.8 个百分点；装备制造业物流总额同比增长 5.6%，增速快于工业品物流总额 2.0 个百分点。

二是进口领域物流缓中趋稳。2022 年，进口物流整体处于较低水平，按可比价格计算，全年进口货物物流总额同比下降 4.6%。从环比看，第四季度在部分工业产业恢复加快、国际供应链修复等积极因素带动下，进口物流整体较第三季度略有改善，同比增速由负转正，小幅增长 0.3%。

三是民生领域物流需求稳定增长。2022 年，全年单位与居民物品物流总额同比增长 3.4%，保持平稳增长。其中，电商物流需求韧性较强，实物商品网上物流额增速超过 6%，我国依然是全球第一大网络零售市场，超大规模市场优势成为支撑民生物流的重要动力。

四是再生领域物流需求快速增长。2022 年，全年再生资源物流总额同比增长超过 18%。“双碳”目标加快推进，再生资源物流成为实现战略的重要抓手，相关的废弃物循环利用体系加快形成，带动再生领域物流需求实现较高增长。

二、物流市场规模稳定增长，物流服务供给质量提升

近年来面对复杂的外部环境，物流业内驱动力增强，向质量求发展，向服务要效益，供应链一体化服务能力进一步优化，促进了物流市场规模稳定增长，物流服务供给的质量稳步提升。

2022 年，全年物流业总收入为 12.7 万亿元，同比增长 4.7%。物流市场总体保持稳步扩张，增速高于同期社会物流总额。专业物流依然保持较强的供给能力，发展水平与占比稳步提升。物流作为兼具生产性服务业和生活性

服务业的产业，服务不断向高质量迈进，在经济恢复期的价值得以进一步凸显。

一是多式联运加快推进，物流组织模式提升。2022 年，疫情下保通保畅任务艰巨，运输物流服务保持了较强供给能力，综合运输网络服务体系逐步完善，运输结构调整稳步推进，铁路、水运货运量占比提高 1.9 个百分点，多式联运大力推进，集装箱铁水联运量同比实现高速增长，各运输方式协同性提升，助力运输物流服务质量升级。

二是服务能力辐射范围扩大，国际物流发展加快。从服务范围看，近年来国际物流快速发展，立体化、全方位、多层次的物流网络体系加快建设，中欧班列辐射欧洲约 24 个国家的 196 个城市，道路运输拓展至 19 个国家，远洋运输航线覆盖 100 多个国家和地区，航空运输网络覆盖约 60 个国家和地区，有力服务了国内国际双循环，保障国际物流供应链安全。

三是低碳绿色发展理念增强，技术驱动供给质量提升。随着制造业绿色化的持续推进，物流与制造融合发展进一步延伸，物流领域的智能化、自动化等关键技术创新和应用不断推进，数字化转型成效明显。公路、航运、快递等领域，通过自动化智能化设备应用提高货物周转效率，提升全链路时效。

三、政策助力，有力推动物流业高质量发展

2022 年，国家政策支持引导力度持续强化，物流发展支撑体系不断健全、制度环境进一步改善。物流在深化供给侧结构性改革，突破堵点、卡点、脆弱点，增强产业链供应链的竞争力和安全性等方面均发挥了重要作用，产业地位和作用日益凸显。

（一）物流政策密集出台，现代物流发展得到空前重视

2022 年，国家层面高度重视现代物流发展，习近平总书记多次对物流工作作出重要指示批示，各地区、各部门密集出台物流业支持政策，为统一思想、有序有力推进现代物流工作指明了前进方向。

一是顶层设计层面宏观规划引导持续加强，物流产业地位稳步提升。年内《“十四五”现代物流发展规划》印发出台，精准聚焦构建供需适配、内外联通、安全高效、智慧绿色的现代物流体系，是我国现代物流领域第一份国家级五年发展规划，具有重要的里程碑意义。

二是实施层面各地各部门多措并举，全力保障物流微循环畅通。在国务院物流保通保畅工作领导小组统筹部署下，各部门相继出台“即采即走即追”+闭环管理、重点物资通行证、货车司机和重点企业“白名单”等政策举措，全力保障交通物流畅通有序运行；在重点城市周边启动应急物资中转站，保障各类物资有序中转调运；加强对物流不通不畅问题跟踪调度和督办转办，坚决遏制层层加码、“一刀切”等。高速公路货车通行量日均值逐步回升，12 月已回升至 675 万辆以上，物流运输网络总体畅通、主要运行指标稳中向好、保通保畅成果持续巩固。

（二）物流领域投资稳步扩大，基础设施环境进一步改善

各部门积极贯彻落实国务院关于推进有效投资工作部署，支持投资规模大、建设周期长、回报水平低的基础性、公共性和准公益性物流基础设施建设，带动社会资本加大投入力度，促进精准扩大现代物流领域的有效投资。全年交通运输、仓储和邮政业等物流相关投资增长超过 9%，自 2022 年 7 月以来连续加快，推动全国“通道+枢纽+网络”的物流运行体

系不断完善。国家物流枢纽核心进一步稳固，已确认布局建设 95 个国家物流枢纽；多种运输方式通道持续畅通，铁路投产新线 4100 公里，首个专业货运枢纽机场建成投运；国家骨干冷链物流基地、示范物流园区、城市配送中心等领域短板加速补齐，全国规模以上物流园区增至 2500 家，国家骨干冷链物流基地 41 个，建设县级电商公共服务中心和物流配送中心超过 2600 个，村级电商物流服务站点 15.3 万个。

（三）减税降费助企纾困，助力物流企业发展

2022 年，相关部门出台强化交通物流保通保畅的一系列支持政策。着眼于行业层面，出台 1000 亿元交通物流专项再贷款、贷款延期还本付息、社保缓缴、收费公路货车通行费减免等多项涉物流业的助企纾困政策。着眼于企业层面，金融机构发挥融资担保等作用，主动为申贷物流企业提供金融服务保障，对货运司机等群体相关贷款应延尽延，大幅提升物流行业融资效率，一定程度上缓解了物流行业的资金压力。

四、环境复杂多变，行业运行波动加大

（一）受相关因素影响，物流运行成本有所上升

2022 年，受国际供应链不畅、国内疫情扰动等因素影响，社会物流总费用比上年增长 4.4%。从年内走势看，第一、第三季度基本平稳，第二、第四季度物流运行成本相对较高。全年社会物流总费用与 GDP 的比率为 14.7%，同比提高 0.1 个百分点，反映社会物流运行效率总体有所回落。

在社会物流总费用各环节中，保管费用占比提高 0.3 个百分点；运输费用、管理费用占比分别下降 0.2 个、0.1 个百分点。从各环节变化来看，静态保管物流领域占比明显提高。一方面，2022 年企业开始采用多层级布局、增加供应商选择、提高安全库存等举措以保障产业链正常运行，受此影响年内社会库存位于较高水平，上游存货与营业收入的比率总体高于同期水平。另一方面，上下游产销衔接水平受到一定影响，物流仓储周转整体效率依然低于同期，截至 12 月规模以上工业企业产成品存货周转天数同比增加 0.9 天。

2011—2022 年我国社会物流总费用与 GDP 的比率如图 2 所示。

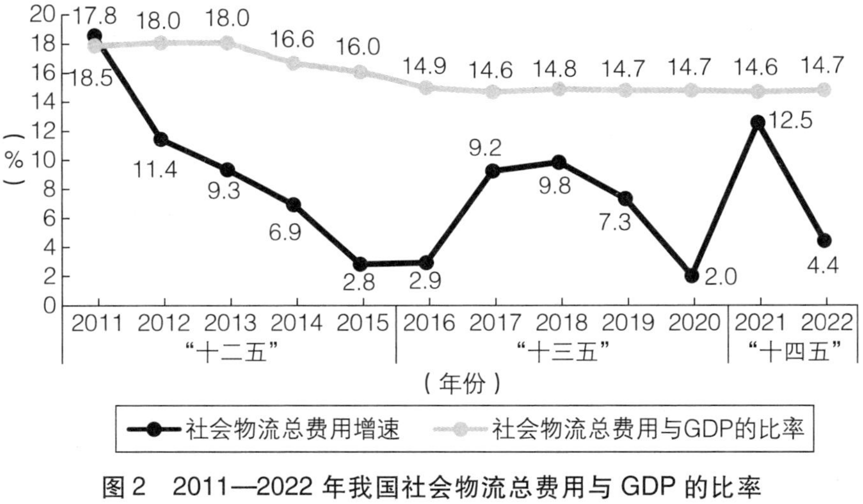

图 2　2011—2022 年我国社会物流总费用与 GDP 的比率

（二）物流业景气水平整体趋缓

从物流行业景气水平来看，2022 年我国物流行业景气水平整体处于历史低位。年内全国多地、多频次受到疫情因素影响，物流劳动力供给阶段性趋紧，重点城市、物流节点畅通性波动频繁，对整体物流景气运行造成一定影响。从年内走势看，景气指数除 4 月外总体尚可，保持在 48%～50% 的区间，第三季度总体呈波动恢复态势，第四季度受疫情和季节性因素影响有所回调，特别是进入 12 月，政府疫情防控策略优化调整，初期全国各地区的工业和商贸企业人员到岗率下降、开工率不足、产能利用降低，产业链供应链稳定性出现一定波动，回落相对明显。

（三）物流供需恢复不稳，服务价格走势分化

2022 年，全国物流供需两端均有明显波动，恢复势头不稳，特别是第三季度以来供需两端持续转弱，尤以需求端收缩最为突出，带来物流服务价格下降。海运方面，沿海散货、集装箱市场供大于求局面依旧，加之疫情期间受港口拥堵等因素影响，延误程度增加，运力周转效率趋缓，第三季度以来服务价格走势分化。中国沿海散货运价指数年平均1124.52 点，比上年回落超过 10%；集装箱市场自 8 月以来持续回落，12 月中国出口集装箱综合运价指数降至 1358.63 点，明显低于全年平均水平。公路方面，年内受到疫情影响较大，第二季度随着保通保畅持续推进，公路运输基本平稳，通行水平基本恢复至正常水平，部分区域出现结构性运力短缺，价格指数基本平稳。快递方面，快递服务整体价格水平趋向正常，全年平均单价略高于上年水平。

（四）经营指标下滑，物流企业效益承压

从物流企业经营情况来看，在业务量波动增大、经营成本增加、服务价格趋缓等多重因素影响下，2022 年物流企业盈利压力依然较大，初步调查显示全年重点物流企业物流业务收入同比增长 5.1%，物流业务成本增长 5.7%，利润总额同比降幅超过 10%。从年内走势看，物流业务主要指标增速均有所趋缓，收入与成本剪刀差总体有所扩大，每百元物流业务收入的成本超过 93 元，持续位于较高水平。年内收入利润率在 3%～4% 的区间波动，利润降幅及盈利水平均处于 2019 年以来的较低水平。

（中国物流与采购联合会　中国物流信息中心
执笔人：孟圆　吴江　高帅）

2022 年 1—12 月中国物流业景气指数

（中国物流与采购联合会发布）

1 月

2022 年 1 月中国物流业景气指数为 51.1%，较上月回落 1.5 个百分点；中国仓储指数为 48.3%，较上月下降 3.3 个百分点。

中国物流与采购联合会会长助理何辉指出：2022 年 1 月，受节日因素影响，物流业景气指数呈周期性波动，较上月有所回落，但指数水平仍继续保持在景气区间，实现平稳开局。从分项指数看，业务总量指数、新订单指数、资金周转率指数、设备利用率指数、物流服务价格指数、主营业务成本指数和业务活动预期指数位于景气区间。从行业看，铁路运输业和邮政快递业业务量和新订单指数有明显增加。从区域看，东部地区物流活动更加活跃。从企业看，大型企业景气指数超过 55%，连续多月保持在 55% 以上的相对高位。

业务总量指数回落。1 月，业务总量指数较上月回落 1.5 个百分点至 51.1%，但整体运行水平较为平稳。

从业人员指数回落。1 月，受春节期间从业人员返乡等因素影响，从业人员指数较上月回落 1.2 个百分点至 48.7%。

库存指数有所回落。1 月，平均库存量指数回落 2.4 个百分点至 49.1%；库存周转次数指数回落 1.6 个百分点至 49.2%。两项库存指数双双呈现出周期性回落特征，后期有望出现恢复性增长。

从后期走势看，新订单指数和业务活动预期指数分别为 50.5% 和 57.5%，均保持在景气水平，预示物流活动仍将保持平稳运行的态势。

2 月

2022 年 2 月，中国物流业景气指数为 51.2%，较上月回升 0.1 个百分点；中国仓储指数为 51.3%，较上月回升 3 个百分点。

中国物流与采购联合会会长助理何辉指出：2022 年 2 月，受财政货币政策逐步落实和节日消费带动，物流业景气指数较上月略有回升。从行业看，铁路运输业、仓储业和邮政业业务量需求保持增长。从区域看，东部地区和中部地区物流活动保持活跃。从分项指数看，业务总量指数、新订单指数、资金周转率指数、设备利用率指数和业务活动预期指数位于景气区间。物流从业人员受节日因素影响虽略有减少，但回落幅度明显低于往年同期水平，为节日期间物流行业的运转正常提供基础保障。在政策促进效果仍将继续释放和消费需求不断增长的影响下，物流企业对未来业务活动预期继续向好，物流运行将企稳趋升。

业务总量指数回升。受政策促进和需求拉动，2 月，业务总量指数变化不降反升，淡季不淡，指数较上月回升 0.1 个百分点至 51.2%。

从业人员指数回落。2 月，受春节因素影响，从业人员指数较上月回落 1.2 个百分点，但回落幅度相比往年有明显收窄，为物流行业提供必要的保障。

设备利用率指数回升。2 月，设备利用率指数回升 0.1 个百分点至 50.5%，反映业务需求增长带动设备使用效率有所提升。

从后期走势看，新订单指数和业务活动预期指数分别为 50.2% 和 59.7%，均保持在景气水平，预示物流活动将企稳向好。

3 月

2022 年 3 月，中国物流业景气指数为 48.7%，较上月回落 2.5 个百分点；中国仓储指数为 46.9%，较上月回落 4.4 个百分点。

中国物流与采购联合会会长助理何辉指出：3 月，受多地疫情和地缘政治因素影响，物流业景气指数较上月有明显回落。疫情影响主要表现在三个方面。一是供需两端都受影响，从行业看，道路运输业、仓储业和快递快运业受影响较大，业务量回落幅度明显。从需求区域看，东、中、西部景气指数均位于收缩区间，其中东部和中部回落幅度较大。二是成本上升比较明显，主营业务成本指数达到 60% 以上高位，人员和燃料成本均在上升。三是疫情阶段性影响有限，国内生产和消费总量大、韧性足，正在积蓄能量，待疫情得到有效控制后，需求将会逐步回暖。

新订单指数回落。3 月，因疫情因素影响，消费需求受到抑制。新订单指数为 49.4%，较上月回落 0.8 个百分点。

从业人员指数回落。3 月，受多地疫情防控需要影响，从业人员指数为 48.5%，位于收缩区间，未实现春节后物流从业人员迅速回补，物流行业仍存在就业缺口。

主营业务成本指数回升。3 月，主营业务成本指数为 60.4%，较上月回升 4.6 个百分点。物流企业经营成本压力加大。

4 月

2022 年 4 月，中国物流业景气指数为 43.8%，较上月回落 4.9 个百分点；中国仓储指数为 46.5%，较上月回落 0.4 个百分点。

中国物流与采购联合会会长助理何辉指出：受本轮疫情点多、面广、频发的影响，物流业景气指数连续两个月低于 50%，4 月指数收缩幅度进一步加大。从分项指数上看，业务总量指数、新订单指数、平均库存量指数、库存周转次数指数、资金周转率指数、从业人员指数等指标均有不同程度的下降；从企业规模看，小微型物流企业继续走弱，疫情对大中型物流企业的冲击也有所显现。目前疫情防控形势仍然较为复杂，物流企业预期需求下降、资金偏紧和人员压力有增大趋势，要进一步加强关注。随着疫情防控措施持续推进和货运物流保通保畅政策落实，短期影响将逐步减弱，我国产业链供应链韧性足、市场广阔，后期具备较强的回稳动力。

新订单指数回落。4 月，因疫情因素和国际地缘性冲突影响，国内外消费需求受到抑制。新订单指数为 44.4%，较上月回落 5 个百分点。

从业人员指数回落。4 月，受多地疫情防控政策影响，从业人员指数为 45.5%，较上月回落3个百分点，位于收缩区间，反映出物流企业用工存在缺口，仍需保持高度关注。

平均库存量指数和库存周转次数指数双降。4月，生产端和消费端需求放缓，各地疫情政策不协调导致物流不畅，平均库存量指数和库存周转次数指数在45%徘徊，较上月分别回落3~6个百分点。

5月

2022年5月，中国物流业景气指数为49.3%，较上月回升5.5个百分点；中国仓储指数为50.2%，较上月回升3.7个百分点。

中国物流与采购联合会会长助理何辉指出：5月，物流保通保畅政策措施和助企纾困措施同步发力，疏通物流堵点、畅通供应链产业链，加大受困企业支持力度，物流供需均有所恢复，物流业景气指数为49.3%，较上月明显回升。从分项指数上看，需求回升、订单增多，库存周转加快，服务价格和从业人员企稳、总体预期向好。从企业规模看，大中型物流企业恢复较快，小微型物流企业恢复相对滞后。后期随着疫情防控形势进一步好转、助企纾困政策发挥效果和更多稳增长政策的落地实施，物流行业整体景气水平有望进一步回升。

新订单指数回升。5月，新订单指数为48.8%，较上月回升4.4个百分点。显示出企业物流业务逐步恢复，生产和消费物流订单有所增加，其中快递快运业新订单指数回升明显。

从业人员指数企稳。5月，从业人员指数为47.4%，较上月回升1.9个百分点。显示物流企业用工紧张状况较上月有所好转，待国内疫情进一步得到有效控制后，物流行业从业人员将逐步恢复至正常水平。

业务活动预期指数回升。5月，业务活动预期指数为53.7%，较上月回升1.8个百分点。显示出物流企业对后市形成较好预期；助企纾困政策逐步落实细化，对物流企业提振信心发挥积极作用。

6月

2022年6月，中国物流业景气指数为52.1%，较上月回升2.8个百分点；中国仓储指数为53.9%，较上月回升3.7个百分点。

中国物流与采购联合会会长助理何辉指出：6月，物流业景气指数为52.1%，显示出随着稳经济政策持续发力和国内疫情防控形势好转，市场供需两端业务活动趋于活跃。从分项指数上看，12个分项指数均有不同程度回升，其中业务总量指数、新订单指数、库存周转次数指数、设备利用率指数和从业人员指数回升幅度明显。从区域看，东、中、西部地区较上月均有回升。从企业规模看，大中型物流企业稳定在景气区间，小微型物流企业回升动力不足。后期随着需求释放，生产加快，物流行业整体水平将恢复至较活跃水平。

新订单指数回升。6月，新订单指数为53.3%，较上月回升4.5个百分点，连续两个月回升。显示出物流需求逐步回升，物流订单增加，其中，快递快运业新订单指数回升幅度明显。

业务总量指数和设备利用率指数回升。6月，业务总量指数为52.1%，较上月回升2.8个百分点；设备利用率指数为50.4%，较上月回升2.1个百分点。显示出随着复工复产加快，物流需求增多，物流设备利用率有所提升。

业务活动预期指数回升。6月，业务活动预期指数为54.9%，较上月回升1.2个百分点。显示随着国内疫情控制和助企纾困政策逐步落实，企业对后市保持乐观预期。

7月

2022年7月，中国物流业景气指数为48.6%，较上月回落3.5个百分点；中国仓储指数为53.1%，较上月回落0.8个百分点。

中国物流与采购联合会会长助理何辉指出：7月，受高温雨季等季节性因素和部分地区散发疫情的双重影响，指数有所回调。从分项指数上看，固定资产投资完成额指数连续3个月上升；业务活动预期指数保持较高水平。从区域看，东、中、西部地区较上月均有所回落，但东部地区稳定在扩张区间，中、西部地区回落至收缩区间，西部地区受疫情影响降幅更大。从企业规模看，大中型物流企业承压能力较强，保持在扩张区间，小微型物流企业受影响较大，且恢复速度较慢，已连续5个月指数水平较低。后期随着有效统筹疫情防控和经济社会发展，社会物流总需求稳步改善，供应链上下游业务波动回升，物流业将恢复至较好水平。

业务总量指数和新订单指数回落。7月，业务总量指数为48.6%，较上月回落3.5个百分点；新订单指数为49.9%，较上月回落3.4个百分点，反映出市场需求尚未完全恢复，仍有较大的回升空间。

固定资产投资完成额指数连续回升。固定资产投资完成额指数连续3个月回升，7月达到51%以上，环比回升1.1个百分点，铁路、公路、港口和邮政快递领域投资增速较快，反映出物流相关固定资产投资保持稳定。

企业盈利能力下降。7月，主营业务利润指数在短暂回升后再次下降，较上月回落1.8个百分点。数据显示近两个月来，需求放缓和成本上升的双重压力增大，需进一步加大中小微企业纾困政策力度，改善经营环境，提高抗风险能力。

8月

2022年8月，中国物流业景气指数为46.3%，较上月回落2.3个百分点；中国仓储指数为51.2%，较上月回落1.9个百分点。

中国物流与采购联合会会长助理何辉指出：8月，物流业景气指数较上月有所回落，主要因本月高温多雨，物流行业处于生产建设淡季，同时部分地区疫情出现反复，在气候和疫情双重因素的影响下，线下活动相对放缓。从分项指数上看，固定资产投资完成额指数、物流服务价格指数和业务活动预期指数位于扩张区间。从区域看，东中部地区较上月有所回落，西部地区较上月略有回升。从企业规模看，大中型物流企业运营情况好于小微型物流企业。后期，在一揽子稳经济政策和新出台接续政策等组合利好影响下，物流业将有望逐步趋于活跃。但疫情反复和多点散发，将可能会使供需两端恢复平衡过程出现波动。

业务总量指数和新订单指数回落。8月，业务总量指数为46.3%，较上月回落2.3个百分点；新订单指数为46.9%，较上月回落3个百分点，显示出生产和消费需求恢复动力仍有不足。

两项库存指标均有回落。8月，平均库存量指数和库存周转次数指数分别较上月回落2.2个百分点和3.2个百分点，显示出生产尚未恢复，需求仍有待提高。

业务活动预期指数保持稳定。8月，业务活动预期指数为54.2%，继续保持高位运行，显示出物流企业对后市生产经营预期平稳，对物流行业稳定发展保持积极态度。

9月

2022年9月，中国物流业景气指数为50.6%，较上月回升4.3个百分点；中国仓储指数为52%，较上月回升0.8个百分点。

中国物流与采购联合会会长助理何辉指出：9月，物流业景气指数较上月回升4.3个百分点，扭转连续两个月回落的走势。从指数上看，除服务价格和投资指数较上月回落外，其他各分项指数均有回升。从区域看，东、中部地区较上月回升，西部地区较上月回落。从企业规模看，大中小微型物流企业业务量均较上月有不同程度恢复。后期，要关注疫情多地散发风险，确保交通物流畅通，进一步巩固物流行业恢复基础。

新订单指数回升，市场需求保持增长。9月，新订单指数为50.1%，比上月回升3.2个百分点，显示出物流市场订单增加，业务需求有所恢复。

从业人员指数回升，物流就业形势平稳。9月，从业人员指数回升1.4个百分点，接近50%，就业形势基本稳定。

主营业务成本指数回升，企业成本压力犹存。9月，主营业务成本指数为54%，较上月回升2.2个百分点。显示在业务量增长的背景下，物流企业成本压力有所增加。

从后期走势看，新订单指数和业务活动预期指数分别为50.1%和55.7%，预示随着物流运行的需求基础进一步巩固，物流业务活动仍将延续平稳走势。

10月

2022年10月，中国物流业景气指数为48.8%，较上月回落1.8个百分点；中国仓储指数为46.7%，较上月回落5.3个百分点。

中国物流与采购联合会会长助理何辉指出：10月，受疫情波动因素影响，物流业景气指数较上月回落，显示出物流行业整体运行平稳。从指数上看，固定资产投资完成额指数较上月回升，其他分项指数较上月均有回落。从区域看，东、中、西部地区较上月回落。从企业规模看，小型物流企业业务量较上月回升，大中微型物流企业业务量较上月有所回落。后期，在国内防疫效率不断提升，防疫形势整体向好，纾困帮扶、保供稳价、稳增长政策红利持续释放的影响下，物流经济有较大回升空间。

新订单指数回落，市场需求待释放。10月，新订单指数为48.5%，比上月回落1.6个百分点，显示出物流市场需求仍待释放。

库存周转效率回调。10月，库存周转次数指数为49.4%，较上月回落2个百分点左右，分地区来看均有所回调，显示出受疫情影响社会商品库存增加、周转放缓。

设备利用率指数回落。10月，设备利用率指数较上月回落1.7个百分点。显示出随着业务量下降，物流相关设备利用率也有所降低。

从后期走势看，新订单指数和业务活动预期指数分别为48.5%和53.8%，预示在疫情波动得到有效控制的前提下，物流行业景气度有望反弹。

11月

2022年11月，中国物流业景气指数为46.4%，较上月回落2.4个百分点；中国仓储指数为44.1%，较上月下降2.6个百分点。

中国物流与采购联合会会长助理何辉指出：11月，受疫情多发散发等因素影响，物流运行态势放缓。分项看，固定资产投资完成额指数和主营业务成本指数较上月回升，平均库存量指数与上月持平，其他分项指数较上月有不同程度回落。从区域看，东、中、西部地区均处于收缩区间。后期需进一步统筹疫情防控和经济发展，促进国民经济和物流运行稳定复苏。

新订单指数回落。11月，新订单指数为45.9%，较上月回落2.6个百分点。显示需求增长继续放缓。

库存指数低位运行。11 月，平均库存量指数环比持平，库存周转次数指数环比回落 2.1 个百分点，主要是受疫情影响，部分地区开工率下降。

从业人员指数回落。11 月，从业人员指数较上月回落 0.9 个百分点，显示从业人员供需紧张状况加剧。

从后期走势看，业务活动预期指数为 48.5%，预示企业对后期发展趋于谨慎。

12 月

2022 年 12 月，中国物流业景气指数为 46%，较上月回落 0.4 个百分点；中国仓储指数为 48.7%，较上月回升 4.6 个百分点。

中国物流与采购联合会会长助理何辉指出：12 月，物流业景气指数较上月继续回落。从指数上看，业务量和新订单数量降低、库存增多、库存周转减慢、从业人员数量减少，同时受供需关系影响，物流服务价格上涨。从区域看，东、中、西部地区均位于收缩区间。从企业规模看，除大型物流企业业务需求位于扩张区间，中小微型物流企业仍位于收缩区间。本月由于疫情冲击，业务量需求不足，企业到岗率下降，随着各地平稳渡过疫情高峰期后，经济秩序将有序回归正轨，物流行业将恢复至正常水平。

业务总量指数和新订单指数回落。12 月，业务总量指数和新订单指数分别为 46% 和 45.2%，较上月分别回落 0.4 个和 0.7 个百分点。

从业人员指数回落。12 月，从业人员指数为 44.2%，较上月回落 3.2 个百分点，显示出物流行业劳动力有所不足。

物流服务价格指数回升。12 月，物流服务价格指数为 50.4%，较上月回升 2 个百分点，显示出受供需关系影响，物流服务价格短时上涨。

2022 年 1—12 月中国物流业景气指数（LPI）走势如图 1 所示，2022 年 1—12 月中国仓储指数走势如图 2 所示。

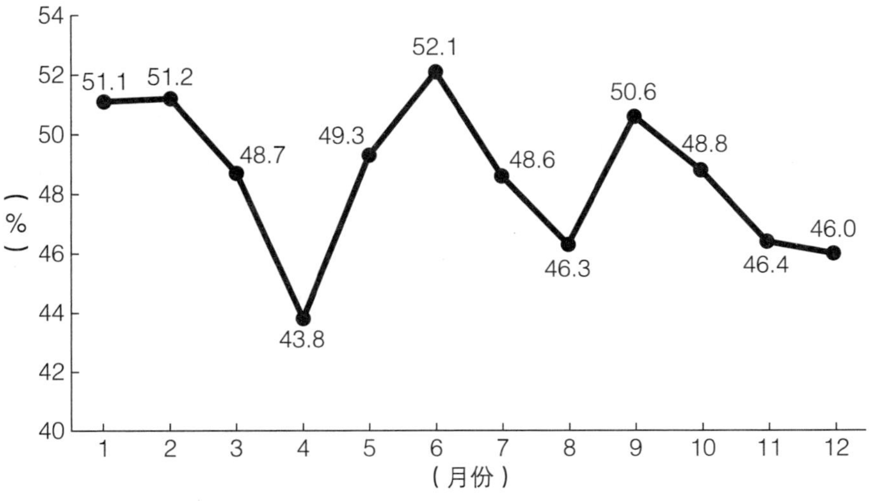

图 1　2022 年 1—12 月中国物流业景气指数（LPI）走势

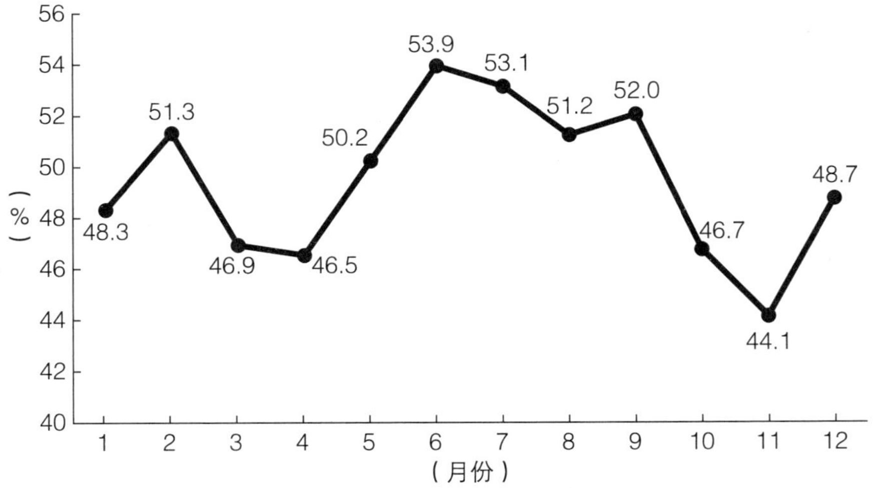

图2 2022年1—12月中国仓储指数走势

（中国物流信息中心）

2022年1—12月中国制造业采购经理指数（PMI）

（中国物流与采购联合会、国家统计局服务业调查中心）

1月

2022年1月，中国制造业采购经理指数（PMI）为50.1%，比上月下降0.2个百分点。

特约分析师张立群指出：1月，PMI小幅回落，但仍保持在荣枯线上，表明经济继续呈全面恢复态势。从历史数据看，多数年份的1月PMI均有回落，不排除存在季节性因素的影响。新订单指数回落，且位于荣枯线以下；反映需求不足为最突出困难的企业占被调查企业的37%以上，表明需求不足问题仍较突出。价格类指数再次较大幅度提高，应该与经济全面恢复态势加强带动相关产品供求缺口拉大有关；应进一步做好确保产业链、供应链稳定的各项工作。综上，需求收缩、供给冲击、预期转弱三重压力仍然存在，要认真落实好中央经济工作会议的各项部署，积极扩大内需、确保供应链稳定，着力巩固经济全面回升向好的基础。

1月PMI中的13个分项指数变化情况如下。

生产指数为50.9%，比上月下降0.5个百分点。从企业规模来看，大型和中型企业的生产指数高于50%，分别为52.9%和51.7%；小型企业的生产指数低于50%，为45.3%。

新订单指数为49.3%，比上月下降0.4个百分点。从企业规模来看，大型企业的新订单指数高于50%，为51.8%；中型和小型企业的新订单指数低于50%，分别为49.9%和42.7%。

新出口订单指数为48.4%，比上月上升0.3个百分点。从企业规模来看，大型、中型和小型企业的新出口订单指数都低于50%，分别为49.4%、49.5%和40.3%。

积压订单指数为45.8%，比上月上升0.2个百分点。从企业规模来看，大型、中型和小型企业的积压订单指数都低于50%，分别为48.6%、45.7%和39.6%。

产成品库存指数为48.0%，比上月下降0.5个百分点。从企业规模来看，大型、中型和小型企业的产成品库存指数都低于50%，分别为49.3%、48.5%和44.3%。

采购量指数为50.2%，比上月下降0.6个百分点。从企业规模来看，大型企业的采购量指数高于50%，为53.6%；中型和小型企业的采购量指数低于50%，分别为49.2%和43.9%。

进口指数为47.2%，比上月下降1个百分点。从企业规模来看，大型、中型和小型企业的进口指数都低于50%，分别为47.3%、48.6%和41.6%。

购进价格指数为56.4%，比上月上升8.3个百分点。从企业规模来看，大型、中型和小型企业的购进价格指数都高于50%，分别为57.5%、56.0%和54.5%。

出厂价格指数为50.9%，比上月上升5.4个百分点。从企业规模来看，大型和中型企业的出厂价格指数高于50%，分别为51.8%和50.6%；小型企业的出厂价格指数低于50%，为49.3%。

原材料库存指数为49.1%，比上月下降0.1个百分点。从企业规模来看，大型企业的原材料库存指数高于50%，为51.1%；中型和小型企业的原材料库存指数低于50%，分别为49.6%和43.9%。

从业人员指数为48.9%，比上月下降0.2个百分点。从企业规模来看，大型、中型和小型企业的从业人员指数都低于50%，分别为48.9%、49.3%和48.2%。

供应商配送时间指数为47.6%，比上月下降0.7个百分点。从企业规模来看，大型、中型和小型企业的供应商配送时间指数都低于50%，分别为47.3%、47.8%和48.1%。

生产经营活动预期指数为57.5%，比上月上升3.2个百分点。从企业规模来看，大型、中型和小型企业的生产经营活动预期指数都高于50%，分别为59.8%、57.1%和52.8%。

2月

2022年2月，中国制造业采购经理指数（PMI）为50.2%，比上月上升0.1个百分点。

特约分析师张立群指出：2月，PMI在荣枯线上小幅提高，表明经济全面恢复态势进一步明确。考虑到春节假期因素对制造业生产经营活动的影响，综合研判，经济回升态势比较强劲，这主要得益于稳增长相关政策的加快落实。新订单指数回升，表明市场需求有所回暖；但反映需求不足的企业占比仍在39%以上，小型企业新订单指数仍在荣枯线以下，表明需求不足矛盾仍比较突出。应该继续落实好扩大内需的各项政策，充分发挥好政府投资的带动作用。价格类指数提高，反映原材料成本提高的企业占比超过60%，表明经济全面恢复过程中，确保供应链稳定的任务仍十分繁重。要确保煤电油运供给安全，确保大宗原材料供给稳定。要充分发挥好市场机制对产品供求关系的调节作用，统筹协调好保供稳价与节能减排工作的关系。

2月PMI中的13个分项指数变化情况如下。

生产指数为50.4%，比上月下降0.5个百分点。从企业规模来看，大型和中型企业的生产指数高于50%，分别为53.3%和52.4%；小型企业的生产指数低于50%，为41.1%。

新订单指数为50.7%，比上月上升1.4个百分点。从企业规模来看，大型和中型企业的新订单指数高于50%，分别为53.2%和53.1%；小型企业的新订单指数低于50%，为41.7%。

新出口订单指数为49.0%，比上月上升0.6个百分点。从企业规模来看，大型企业的新出口订单指数高于50%，为51%；中型和小型企业的新出口订单指数低于50%，分别为47.8%和41%。

积压订单指数为45.2%，比上月下降0.6个百分点。从企业规模来看，大型、中型和小型企业的积压订单指数都低于 50%，分别为 47.7%、46.6%和 37.6%。

产成品库存指数为 47.3%，比上月下降 0.7 个百分点。从企业规模来看，大型企业的产成品库存指数高于 50%，为 50.2%；中型和小型企业的产成品库存指数低于 50%，分别为 45.9%和 42.6%。

采购量指数为 50.9%，比上月上升 0.7 个百分点。从企业规模来看，大型和中型企业的采购量指数高于 50%，分别为 53.5%和 50.9%；小型企业的采购量指数低于 50%，为 44.9%。

进口指数为 48.6%，比上月上升 1.4 个百分点。从企业规模来看，小型企业的进口指数高于 50%，为 52.8%；大型和中型企业的进口指数低于 50%，分别为 47.9%和 49.1%。

购进价格指数为 60.0%，比上月上升 3.6 个百分点。从企业规模来看，大型、中型和小型企业的购进价格指数都高于 50%，分别为 60.7%、58.9%和 59.9%。

出厂价格指数为 54.1%，比上月上升 3.2 个百分点。从企业规模来看，大型、中型和小型企业的出厂价格指数都高于 50%，分别为 55.7%、52.3%和 52.7%。

原材料库存指数为 48.1%，比上月下降 1 个百分点。从企业规模来看，大型、中型和小型企业的原材料库存指数都低于 50%，分别为 49.2%、47.3%和 46.6%。

从业人员指数为 49.2%，比上月上升 0.3 个百分点。从企业规模来看，大型、中型和小型企业的从业人员指数都低于 50%，分别为 49.2%、49.1%和 49.4%。

供应商配送时间指数为 48.2%，比上月上升 0.6 个百分点。从企业规模来看，大型、中型和小型企业的供应商配送时间指数都低于 50%，分别为 48.3%、48.0%和 48.3%。

生产经营活动预期指数为 58.7%，比上月上升 1.2 个百分点。从企业规模来看，大型、中型和小型企业的生产经营活动预期指数都高于 50%，分别为 59.9%、58.0%和 56.8%。

3 月

2022 年 3 月，中国制造业采购经理指数（PMI）为 49.5%，比上月下降 0.7 个百分点。

特约分析师张立群指出：3 月，PMI 出现明显下降，且落到荣枯线以下，与历史数据一般特点比较，差异很大。综合经济恢复各方面情况，可以认为，普遍的散发疫情是主要原因。应抓紧提高疫情防控精准度，切实减少散发疫情对经济社会活动的影响，确保稳增长、稳大局不受冲击。新订单指数重新回落到荣枯线以下，反映需求不足的企业占比超过 39%，表明需求约束仍然突出。要抓紧扩大内需相关政策的细化落实，特别要抓好政府重大建设项目的相关工作，力争早开工、早见效。价格类指数继续明显提高，反映原材料成本高的企业占比超过 62%，表明市场供求关系继续绷紧，产业链供应链的瓶颈趋于明显。要精心做好保供稳价相关工作，更多发挥市场价格的调节作用，充分释放我国能源、原材料生产潜力，确保重要生产资料供给安全和价格稳定。

3 月 PMI 中的 13 个分项指数变化情况如下。

生产指数为 49.5%，比上月下降 0.9 个百分点。从企业规模来看，大型企业的生产指数高于 50%，为 52.7%；中型和小型企业的生产指数低于 50%，分别为 47.6%和 45%。

新订单指数为 48.8%，比上月下降 1.9 个百分点。从企业规模来看，大型企业的新订单指数高于 50%，为 51.6%；中型和小型企业的新订单指数低于 50%，分别为 47.8%和 44%。

新出口订单指数为47.2%，比上月下降1.8个百分点。从企业规模来看，大型、中型和小型企业的新出口订单指数都低于50%，分别为49%、45.8%和40.6%。

积压订单指数为46.1%，比上月上升0.9个百分点。从企业规模来看，大型、中型和小型企业的积压订单指数都低于50%，分别为47.5%、45.9%和43.2%。

产成品库存指数为48.9%，比上月上升1.6个百分点。从企业规模来看，大型企业的产成品库存指数高于50%，为50.1%；中型和小型企业的产成品库存指数低于50%，分别为48.4%和46.9%。

采购量指数为48.7%，比上月下降2.2个百分点。从企业规模来看，大型企业的采购量指数高于50%，为51.5%；中型和小型企业的采购量指数低于50%，分别为46.8%和45.1%。

进口指数为46.9%，比上月下降1.7个百分点。从企业规模来看，大型、中型和小型企业的进口指数都低于50%，分别为48.3%、44.6%和42.7%。

购进价格指数为66.1%，比上月上升6.1个百分点。从企业规模来看，大型、中型和小型企业的购进价格指数都高于50%，分别为68%、65.4%和62.9%。

出厂价格指数为56.7%，比上月上升2.6个百分点。从企业规模来看，大型、中型和小型企业的出厂价格指数都高于50%，分别为59.2%、55%和53.6%。

原材料库存指数为47.3%，比上月下降0.8个百分点。从企业规模来看，大型、中型和小型企业的原材料库存指数都低于50%，分别为48.1%、45.5%和48%。

从业人员指数为48.6%，比上月下降0.6个百分点。从企业规模来看，大型、中型和小型企业的从业人员指数都低于50%，分别为49.3%、48.4%和47.3%。

供应商配送时间指数为46.5%，比上月下降1.7个百分点。从企业规模来看，大型、中型和小型企业的供应商配送时间指数都低于50%，分别为46.3%、46.2%和47.3%。

生产经营活动预期指数为55.7%，比上月下降3个百分点。从企业规模来看，大型、中型和小型企业的生产经营活动预期指数都高于50%，分别为56%、55.5%和55.4%。

4月

2022年4月，中国制造业采购经理指数（PMI）为47.4%，比上月下降2.1个百分点。

特约分析师张立群指出：4月，PMI在荣枯线下较大幅度回落，表明疫情对经济增长的冲击明显加重。新订单指数、新出口订单指数在荣枯线下回落超过5个百分点，超过40%的被调查企业认为需求不足是最大困难；需求收缩压力显著加大。生产指数、采购量指数在荣枯线下回落超过5个百分点，表明企业生产收缩明显。受需求收缩影响，价格类指数由升转降；但如果需求回暖，在生产和供给明显下降的情况，将导致价格涨幅快速提高，潜在的供给冲击压力亦不可低估。此外，在供需两端均较大收缩形势下，企业信心转弱，生产经营活动预期指数下降2.4个百分点。综上，疫情冲击使三重压力明显加大，年初以来经济回升向好势头严重受阻。必须抓紧完善疫情防控和稳增长的一揽子措施，群策群力尽快在广大人民的丰富实践中找到最优解，及早消除疫情对稳增长、保民生大局的冲击。

4月PMI中的13个分项指数变化情况如下。

生产指数为44.4%，比上月下降5.1个百分点。从企业规模来看，大型、中型和小型企业的生产指数都低于 50%，分别为 45.2%、44.5% 和 42.5%。

新订单指数为 42.6%，比上月下降 6.2 个百分点。从企业规模来看，大型、中型和小型企业的新订单指数都低于 50%，分别为 44.3%、42.2% 和 39.3%。

新出口订单指数为 41.6%，比上月下降 5.6 个百分点。从企业规模来看，大型、中型和小型企业的新出口订单指数都低于 50%，分别为 45.2%、37.0% 和 34.0%。

积压订单指数为 46.0%，比上月下降 0.1 个百分点。从企业规模来看，大型、中型和小型企业的积压订单指数都低于 50%，分别为 48.3%、45.7% 和 41.5%。

产成品库存指数为 50.3%，比上月上升 1.4 个百分点。从企业规模来看，大型企业的产成品库存指数高于 50%，为 51.7%；中型和小型企业的产成品库存指数低于 50%，分别为 49.8% 和 48.0%。

采购量指数为 43.5%，比上月下降 5.2 个百分点。从企业规模来看，大型、中型和小型企业的采购量指数都低于 50%，分别为 45.5%、42.1% 和 41.0%。

进口指数为 42.9%，比上月下降 4 个百分点。从企业规模来看，大型、中型和小型企业的进口指数都低于 50%，分别为 43.6%、39.5% 和 48.2%。

购进价格指数为 64.2%，比上月下降 1.9 个百分点。从企业规模来看，大型、中型和小型企业的购进价格指数都高于 50%，分别为 66.2%、62.8% 和 61.8%。

出厂价格指数为 54.4%，比上月下降 2.3 个百分点。从企业规模来看，大型、中型和小型企业的出厂价格指数都高于 50%，分别为 56.4%、53.4% 和 51.5%。

原材料库存指数为 46.5%，比上月下降 0.8 个百分点。从企业规模来看，大型、中型和小型企业的原材料库存指数都低于 50%，分别为 46.7%、46.7% 和 45.8%。

从业人员指数为 47.2%，比上月下降 1.4 个百分点。从企业规模来看，大型、中型和小型企业的从业人员指数都低于 50%，分别为 47.5%、47.7% 和 45.9%。

供应商配送时间指数为 37.2%，比上月下降 9.3 个百分点。从企业规模来看，大型、中型和小型企业的供应商配送时间指数都低于 50%，分别为 37.5%、36.7% 和 37.0%。

生产经营活动预期指数为 53.3%，比上月下降 2.4 个百分点。从企业规模来看，大型、中型和小型企业的生产经营活动预期指数都高于 50%，分别为 54.3%、53.2% 和 51.2%。

5 月

2022 年 5 月，中国制造业采购经理指数（PMI）为 49.6%，比上月上升 2.2 个百分点。

特约分析师张立群指出：5 月，PMI 回升，表明疫情影响明显减弱，稳增长、保民生多项政策效果开始显现。生产指数较大幅度回升，表明应对疫情影响、全面复工复产的努力效果明显；新订单指数、新出口订单指数回升，表明疫情对短期需求的抑制明显减弱。也要注意到，PMI 仍处荣枯线以下，购进价格指数仍处高位，反映原材料、物流成本高的调查企业占比仍超过 50%；订单类指数均处荣枯线以下，反映需求不足的企业占比超过 40%。需求收缩、供给冲击等压力仍很严重，疫情对经济增长的影响仍不容低估。要进一步精心统筹好防控疫情和稳增长、保民生的大局，以更大力度有效应对三重压力，尽快释放中国经济增长潜力，不断增强中国经济回升向好势头。

5 月 PMI 中的 13 个分项指数变化情况如下。

生产指数为 49.7%，比上月上升 5.3 个百分点。从企业规模来看，大型企业的生产指数高于 50%，为 52.5%；中型和小型企业的生产指数低于 50%，分别为 48.9% 和 44.9%。

新订单指数为 48.2%，比上月上升 5.6 个百分点。从企业规模来看，大型企业的新订单指数高于 50%，为 50.7%；中型和小型企业的新订单指数低于 50%，分别为 48.3% 和 42.7%。

新出口订单指数为 46.2%，比上月上升 4.6 个百分点。从企业规模来看，大型、中型和小型企业的新出口订单指数都低于 50%，分别为 47.8%、43.6% 和 44.4%。

积压订单指数为 45.0%，比上月下降 1.0 个百分点。从企业规模来看，大型、中型和小型企业的积压订单指数都低于 50%，分别为 47.4%、44.9% 和 40.0%。

产成品库存指数为 49.3%，比上月下降 1.0 个百分点。从企业规模来看，大型企业的产成品库存指数高于 50%，为 51.3%；中型和小型企业的产成品库存指数低于 50%，分别为 48.7% 和 45.7%。

采购量指数为 48.4%，比上月上升 4.9 个百分点。从企业规模来看，大型企业的采购量指数高于 50%，为 50.5%；中型和小型企业的采购量指数低于 50%，分别为 47.4% 和 45.2%。

进口指数为 45.1%，比上月上升 2.2 个百分点。从企业规模来看，大型、中型和小型企业的进口指数都低于 50%，分别为 45.4%、45.4% 和 41.9%。

购进价格指数为 55.8%，比上月下降 8.4 个百分点。从企业规模来看，大型、中型和小型企业的购进价格指数都高于 50%，分别为 54.5%、56.4% 和 57.7%。

出厂价格指数为 49.5%，比上月下降 4.9 个百分点。从企业规模来看，大型、中型和小型企业的出厂价格指数都低于 50%，分别为 49.3%、49.8% 和 49.3%。

原材料库存指数为 47.9%，比上月上升 1.4 个百分点。从企业规模来看，大型、中型和小型企业的原材料库存指数都低于 50%，分别为 49.6%、47.2% 和 45.1%。

从业人员指数为 47.6%，比上月上升 0.4 个百分点。从企业规模来看，大型、中型和小型企业的从业人员指数都低于 50%，分别为 47.8%、47.5% 和 47.2%。

供应商配送时间指数为 44.1%，比上月上升 6.9 个百分点。从企业规模来看，大型、中型和小型企业的供应商配送时间指数都低于 50%，分别为 45.4%、43.5% 和 42.2%。

生产经营活动预期指数为 53.9%，比上月上升 0.6 个百分点。从企业规模来看，大型、中型和小型企业的生产经营活动预期指数都高于 50%，分别为 55.1%、53.8% 和 51.5%。

6 月

2022 年 6 月，中国制造业采购经理指数（PMI）为 50.2%，比上月上升 0.6 个百分点。

特约分析师张立群指出：6 月，PMI 继续回升，且重回荣枯线以上，表明经济全面恢复态势更为明显。显示随着疫情影响减轻，中国经济充沛的增长动能很快显露。新订单指数回升到荣枯线以上，但小型企业的新订单指数仍在荣枯线以下，反映需求不足的企业占比接近 50%，表明需求虽有恢复，但需求收缩压力仍然很大。购进价格指数明显下降，但仍在 50% 以上，特别是小型企业的购进价格指数高于大、中型企业，反映原材料价格高的企业占比超过 58%，表明保供稳价成效明显，但能源原材料供给保障水平仍需努力提高。综上，全面实现全年经济预期目标，仍需持续控制疫情影响，着力应对三重压力，全力以赴地抓实抓好各方面工作。

6月 PMI 中的 13 个分项指数变化情况如下。

生产指数为52.8%，比上月上升3.1个百分点。从企业规模来看，大型和中型企业的生产指数高于50%，分别为53.2%和54.5%；小型企业的生产指数低于50%，为49.6%。

新订单指数为50.4%，比上月上升2.2个百分点。从企业规模来看，大型和中型企业的新订单指数高于50%，分别为50.4%和52.4%；小型企业的新订单指数低于50%，为47.8%。

新出口订单指数为49.5%，比上月上升3.3个百分点。从企业规模来看，小型企业的新出口订单指数高于50%，为50.1%；大型和中型企业的新出口订单指数低于50%，分别为49.3%和49.8%。

积压订单指数为44.2%，比上月下降0.8个百分点。从企业规模来看，大型、中型和小型企业的积压订单指数都低于50%，分别为44.7%、44.0%和43.4%。

产成品库存指数为48.6%，比上月下降0.7个百分点。从企业规模来看，大型、中型和小型企业的产成品库存指数都低于50%，分别为49.1%、49.3%和46.7%。

采购量指数为51.1%，比上月上升2.7个百分点。从企业规模来看，大型和中型企业的采购量指数高于50%，分别为52.2%和52.1%；小型企业的采购量指数低于50%，为47.5%。

进口指数为49.2%，比上月上升4.1个百分点。从企业规模来看，中型和小型企业的进口指数高于50%，分别为52.0%和51.7%；大型企业的进口指数低于50%，为47.8%。

购进价格指数为52.0%，比上月下降3.8个百分点。从企业规模来看，大型、中型和小型企业的购进价格指数都高于50%，分别为51.6%、51.7%和53.2%。

出厂价格指数为46.3%，比上月下降3.2个百分点。从企业规模来看，大型、中型和小型企业的出厂价格指数都低于50%，分别为45.0%、46.7%和48.6%。

原材料库存指数为48.1%，比上月上升0.2个百分点。从企业规模来看，中型企业的原材料库存指数高于50%，为50.2%；大型和小型企业的原材料库存指数低于50%，分别为47.5%和46.7%。

从业人员指数为48.7%，比上月上升1.1个百分点。从企业规模来看，大型、中型和小型企业的从业人员指数都低于50%，分别为48.8%、48.5%和48.8%。

供应商配送时间指数为51.3%，比上月上升7.2个百分点。从企业规模来看，大型、中型和小型企业的供应商配送时间指数都高于50%，分别为51.6%、51.6%和50.3%。

生产经营活动预期指数为55.2%，比上月上升1.3个百分点。从企业规模来看，大型、中型和小型企业的生产经营活动预期指数都高于50%，分别为55.2%、55.5%和54.8%。

7月

2022年7月，中国制造业采购经理指数（PMI）为49.0%，比上月下降1.2个百分点。

特约分析师张立群指出：7月，PMI由升转降，且重新回到荣枯线以下，表明内生性下行压力较大。一方面，全力控制疫情影响，着力应对三重压力的努力，正在使企业的生产经营条件趋好；另一方面，散发疫情影响仍时有抬头，需求收缩等问题累积时间很长，多重困难较长时间持续和叠加，使越来越多的企业陷于困境。两类因素相互消长，摆脱困境的企业逐步增加，预计仍需时间。内生性下行压力一般有自我加速的特点，其显露需高度重视。要坚决控制住散发疫情对企业生产经营各种可能的新冲击；全力加大应对三重压力的宏观政策力度并显著增强政策效果，尽快使投资、消费需求全面回暖。齐心协力加快改善企业生产经营条件，严密防控企业的倒闭风潮。

7 月 PMI 中的 13 个分项指数变化情况如下。

生产指数为 49.8%，比上月下降 3 个百分点。从企业规模来看，大型企业的生产指数高于 50%，为 50.9%；中型和小型企业的生产指数低于 50%，分别为 49.2% 和 48.2%。

新订单指数为 48.5%，比上月下降 1.9 个百分点。从企业规模来看，大型企业的新订单指数位于 50%；中型和小型企业的新订单指数低于 50%，分别为 47.8% 和 46.3%。

新出口订单指数为 47.4%，比上月下降 2.1 个百分点。从企业规模来看，大型、中型和小型企业的新出口订单指数都低于 50%，分别为 48.5%、45.6% 和 46.1%。

积压订单指数为 42.6%，比上月下降 1.6 个百分点。从企业规模来看，大型、中型和小型企业的积压订单指数都低于 50%，分别为 43.4%、42.6% 和 40.9%。

产成品库存指数为 48.0%，比上月下降 0.6 个百分点。从企业规模来看，大型、中型和小型企业的产成品库存指数都低于 50%，分别为 48.9%、48.7% 和 45.2%。

采购量指数为 48.9%，比上月下降 2.2 个百分点。从企业规模来看，大型企业的采购量指数高于 50%，为 50.1%；中型和小型企业的采购量指数低于 50%，分别为 48.9% 和 46.3%。

进口指数为 46.9%，比上月下降 2.3 个百分点。从企业规模来看，大型、中型和小型企业的进口指数都低于 50%，分别为 47.1%、46.0% 和 48.2%。

购进价格指数为 40.4%，比上月下降 11.6 个百分点。从企业规模来看，大型、中型和小型企业的购进价格指数都低于 50%，分别为 38.7%、41.8% 和 42.2%。

出厂价格指数为 40.1%，比上月下降 6.2 个百分点。从企业规模来看，大型、中型和小型企业的出厂价格指数都低于 50%，分别为 37.8%、40.9% 和 43.9%。

原材料库存指数为 47.9%，比上月下降 0.2 个百分点。从企业规模来看，大型、中型和小型企业的原材料库存指数都低于 50%，分别为 47.2%、48.6% 和 48.4%。

从业人员指数为 48.6%，比上月下降 0.1 个百分点。从企业规模来看，大型、中型和小型企业的从业人员指数都低于 50%，分别为 49.9%、46.9% 和 48.1%。

供应商配送时间指数为 50.1%，比上月下降 1.2 个百分点。从企业规模来看，大型和小型企业的供应商配送时间指数高于 50%，分别为 50.5%、50.1%；中型企业的供应商配送时间指数低于 50%，为 49.5%。

生产经营活动预期指数为 52.0%，比上月下降 3.2 个百分点。从企业规模来看，大型、中型和小型企业的生产经营活动预期指数都高于 50%，分别为 51.5%、52.8% 和 52.1%。

8 月

2022 年 8 月，中国制造业采购经理指数（PMI）为 49.4%，比上月上升 0.4 个百分点。

特约分析师张立群指出：8 月，PMI 小幅提高，表明支持经济回升的力量开始趋强；但指数水平仍处荣枯线以下，表明长期蓄积的经济下行压力仍不可低估，企业生产经营面临的困难仍不可低估。订单类指数有所回升，表明市场需求开始回暖；采购量指数、进口指数、价格类指数回升，表明企业生产展现恢复态势，对未来的预期开始转好。需要注意到，调查企业中，反映市场需求不足的占比达54%；反映原材料成本高的占48%，表明企业生产经营面对的困难仍然空前严峻。要科学全面地统筹好疫情防控和稳增长工作，毫不松懈地落实好助企纾困、应对三重压力的各项政策措施，全力巩固经济回升向好的基础。

8月PMI中的13个分项指数变化情况如下。

生产指数为49.8%，与上月持平。从企业规模来看，大型企业的生产指数高于50%，为51.4%；中型和小型企业的生产指数低于50%，分别为49%和47.4%。

新订单指数为49.2%，比上月上升0.7个百分点。从企业规模来看，大型企业的新订单指数高于50%，为50.9%；中型和小型企业的新订单指数低于50%，分别为48.4%和46.5%。

新出口订单指数为48.1%，比上月上升0.7个百分点。从企业规模来看，大型、中型和小型企业的新出口订单指数都低于50%，分别为49.1%、48.4%和42.4%。

积压订单指数为43.1%，比上月上升0.5个百分点。从企业规模来看，大型、中型和小型企业的积压订单指数都低于50%，分别为44.2%、43.2%和40.5%。

产成品库存指数为45.2%，比上月下降2.8个百分点。从企业规模来看，大型、中型和小型企业的产成品库存指数都低于50%，分别为46%、44.8%和44%。

采购量指数为49.2%，比上月上升0.3个百分点。从企业规模来看，中型企业的采购量指数高于50%，为50.4%；大型和小型企业的采购量指数低于50%，分别为49.8%和46.3%。

进口指数为47.8%，比上月上升0.9个百分点。从企业规模来看，大型、中型和小型企业的进口指数都低于50%，分别为48.1%、47.9%和44.8%。

购进价格指数为44.3%，比上月上升3.9个百分点。从企业规模来看，大型、中型和小型企业的购进价格指数都低于50%，分别为42.9%、44.7%和46.8%。

出厂价格指数为44.5%，比上月上升4.4个百分点。从企业规模来看，大型、中型和小型企业的出厂价格指数都低于50%，分别为44.6%、43.2%和46.2%。

原材料库存指数为48%，比上月上升0.1个百分点。从企业规模来看，大型、中型和小型企业的原材料库存指数都低于50%，分别为48%、48.3%和47.6%。

从业人员指数为48.9%，比上月上升0.3个百分点。从企业规模来看，大型企业的从业人员指数高于50%，为50.1%；中型和小型企业的从业人员指数低于50%，分别为48%和47.6%。

供应商配送时间指数为49.5%，比上月下降0.6个百分点。从企业规模来看，大型、中型和小型企业的供应商配送时间指数都低于50%，分别为49.8%、48.8%和49.8%。

生产经营活动预期指数为52.3%，比上月上升0.3个百分点。从企业规模来看，大型、中型和小型企业的生产经营活动预期指数都高于50%，分别为52.7%、52.5%和51.2%。

9月

2022年9月，中国制造业采购经理指数

（PMI）为50.1%，比上月上升0.7个百分点。

特约分析师张立群指出：9月，PMI继续回升，且重回荣枯线之上，表明经济回升态势进一步明确。生产指数、采购量指数、生产经营活动预期指数等均明显回升，表明企业生产经营活动趋向活跃，经济增长的微观层面活力有所增强。同时要看到，订单类指数水平仍处荣枯线之下，反映需求不足的企业占比过半，需求收缩的制约仍然突出。特别是新出口订单指数回落，可能预示外需增长势头减弱，扩大内需的紧迫性进一步增强。价格类指数明显提高，一方面反映生产开始活跃，另一方面也对保供稳价工作提出更高要求。要进一步释放能源、原材料产能，确保经济回升过程中供应链、产业链安全，确保生产资料价格基本稳定。

9月PMI中的13个分项指数变化情况如下。

生产指数为51.5%，比上月上升1.7个百分点。从企业规模来看，大型和中型企业的生产指数高于50%，分别为53.7%和50.4%；小型企业的生产指数低于50%，为48.3%。

新订单指数为49.8%，比上月上升0.6个百分点。从企业规模来看，大型企业的新订单指数高于50%，为51%；中型和小型企业的新订单指数低于50%，分别为49.8%和47.2%。

新出口订单指数为47%，比上月下降1.1个百分点。从企业规模来看，大型、中型和小型企业的新出口订单指数都低于50%，分别为49.3%、44.2%和42.3%。

积压订单指数为44.1%，比上月上升1个百分点。从企业规模来看，大型、中型和小型企业的积压订单指数都低于50%，分别为44.3%、44.4%和43.2%。

产成品库存指数为47.3%，比上月上升2.1个百分点。从企业规模来看，大型、中型和小型企业的产成品库存指数都低于50%，分别为48.6%、46%和46.2%。

采购量指数为50.2%，比上月上升1个百分点。从企业规模来看，大型企业的采购量指数高于50%，为52.4%；中型和小型企业的采购量指数低于50%，分别为48.4%和47.9%。

进口指数为48.1%，比上月上升0.3个百分点。从企业规模来看，大型、中型和小型企业的进口指数都低于50%，分别为49.4%、45%和47.7%。

购进价格指数为51.3%，比上月上升7个百分点。从企业规模来看，大型、中型和小型企业的购进价格指数都高于50%，分别为50.2%、51.2%和53.8%。

出厂价格指数为47.1%，比上月上升2.6个百分点。从企业规模来看，小型企业的出厂价格指数高于50%，为51.1%；大型和中型企业的出厂价格指数低于50%，分别为45.3%和47.1%。

原材料库存指数为47.6%，比上月下降0.4个百分点。从企业规模来看，大型、中型和小型企业的原材料库存指数都低于50%，分别为47.9%、48.3%和45.9%。

从业人员指数为49%，比上月上升0.1个百分点。从企业规模来看，大型、中型和小型企业的从业人员指数都低于50%，分别为49.5%、48.5%和48.6%。

供应商配送时间指数为48.7%，比上月下降0.8个百分点。从企业规模来看，大型、中型和小型企业的供应商配送时间指数都低于50%，分别为49%、48.7%和48.1%。

生产经营活动预期指数为53.4%，比上月上升1.1个百分点。从企业规模来看，大型、中型和小型企业的生产经营活动预期指数都高于 50%，分别为 54.4%、52% 和 53.1%。

10 月

2022 年 10 月，中国制造业采购经理指数（PMI）为 49.2%，比上月下降 0.9 个百分点。

特约分析师张立群指出：10 月，PMI 出现回落，且重回荣枯线以下，表明中国经济回升的基础还不巩固。既要注意十一长假对月度环比指标的客观影响，也要注意散发疫情对市场和企业生产经营活动的影响，这些是 PMI 明显下降的主要原因。新订单指数明显下降，反映需求不足的企业占比达 52.8%，表明需求收缩压力仍然明显；购进价格指数和出厂价格指数提高，则表明确保产业链、供应链稳定的工作不可丝毫松懈。要进一步接续发力做好应对三重压力稳增长的工作，为全面落实中共二十大战略部署开好局、起好步。

10 月 PMI 中的 13 个分项指数变化情况如下。

生产指数为 49.6%，比上月下降 1.9 个百分点。从企业规模来看，大型企业的生产指数高于 50%，为 51.3%；中型和小型企业的生产指数低于 50%，分别为 48.8% 和 47.8%。

新订单指数为 48.1%，比上月下降 1.7 个百分点。从企业规模来看，大型、中型和小型企业的新订单指数都低于 50%，分别为 49.6%、47.4% 和 46.7%。

新出口订单指数为 47.6%，比上月上升 0.6 个百分点。从企业规模来看，大型、中型和小型企业的新出口订单指数都低于 50%，分别为 49.3%、44.9% 和 45.3%。

积压订单指数为 43.9%，比上月下降 0.2 个百分点。从企业规模来看，大型、中型和小型企业的积压订单指数都低于 50%，分别为 45.1%、43% 和 42.4%。

产成品库存指数为 48%，比上月上升 0.7 个百分点。从企业规模来看，大型、中型和小型企业的产成品库存指数都低于 50%，分别为 48.6%、47.3% 和 47.6%。

采购量指数为 49.3%，比上月下降 0.9 个百分点。从企业规模来看，大型企业的采购量指数高于 50%，为 51.1%；中型和小型企业的采购量指数低于 50%，分别为 48% 和 47.2%。

进口指数为 47.9%，比上月下降 0.2 个百分点。从企业规模来看，大型、中型和小型企业的进口指数都低于 50%，分别为 47.6%、48.3% 和 49.2%。

购进价格指数为 53.3%，比上月上升 2 个百分点。从企业规模来看，大型、中型和小型企业的购进价格指数都高于 50%，分别为 52.9%、52% 和 56%。

出厂价格指数为 48.7%，比上月上升 1.6 个百分点。从企业规模来看，小型企业的出厂价格指数高于 50%，为 51.4%；大型和中型企业的出厂价格指数低于 50%，分别为 47.1% 和 49.5%。

原材料库存指数为 47.7%，比上月上升 0.1 个百分点。从企业规模来看，大型、中型和小型企业的原材料库存指数都低于 50%，分别为 48.2%、48% 和 46.2%。

从业人员指数为 48.3%，比上月下降 0.7 个百分点。从企业规模来看，大型、中型和小型企业的从业人员指数都低于 50%，分别为 48.5%、47.8% 和 48.6%。

供应商配送时间指数为 47.1%，比上月下降 1.6 个百分点。从企业规模来看，大型、中型和小型企业的供应商配送时间指数都低于 50%，分别为 47.8%、46.1% 和 47.1%。

生产经营活动预期指数为 52.6%，比上月下降 0.8 个百分点。从企业规模来看，大型、中型和小型企业的生产经营活动预期指数都高于50%，分别为53.7%、52.1%和50.9%。

11月

2022年11月，中国制造业采购经理指数（PMI）为48%，比上月下降1.2个百分点。

特约分析师张立群指出：11月，PMI较大幅度在荣枯线下回落，表明经济恢复态势进一步放缓，回升动力明显不足。需求类指数继续回落，且均处荣枯线之下；反映需求不足的企业占比提高到55%，表明需求收缩已成为制约经济恢复最突出的问题。采购量指数、生产经营活动预期指数继续较快回落，且均处荣枯线以下，表明企业信心明显转弱。价格类指数继续回落，既有经济运行放缓的因素，也显现保供稳价的成效。综合来看，供给冲击压力明显缓解，需求收缩压力仍然突出并带动了信心转弱压力加大。要高度重视疫情散发多发对经济恢复和政策落实的外在冲击，加快科学精准防控步伐，尽快减小疫情对经济恢复的冲击；进一步加大政府投资带动作用，稳定房地产投资滑坡态势，尽快解除需求收缩对经济恢复的制约。

11月PMI中的13个分项指数变化情况如下。

生产指数为47.8%，比上月下降1.8个百分点。从企业规模来看，大型、中型和小型企业的生产指数都低于50%，分别为49.4%、47.8%和44.3%。

新订单指数为46.4%，比上月下降1.7个百分点。从企业规模来看，大型、中型和小型企业的新订单指数都低于50%，分别为48.3%、46.8%和41.8%。

新出口订单指数为46.7%，比上月下降0.9个百分点。从企业规模来看，大型、中型和小型企业的新出口订单指数都低于50%，分别为48.7%、43.4%和44.6%。

积压订单指数为43.4%，比上月下降0.5个百分点。从企业规模来看，大型、中型和小型企业的积压订单指数都低于50%，分别为45.6%、42.8%和39.5%。

产成品库存指数为48.1%，比上月上升0.1个百分点。从企业规模来看，大型、中型和小型企业的产成品库存指数都低于50%，分别为49.2%、48.9%和44.7%。

采购量指数为47.1%，比上月下降2.2个百分点。从企业规模来看，大型、中型和小型企业的采购量指数都低于50%，分别为49%、45.7%和44.8%。

进口指数为47.1%，比上月下降0.8个百分点。从企业规模来看，小型企业的进口指数高于50%，为51.9%；大型和中型企业的进口指数低于50%，分别为47.3%和45%。

购进价格指数为50.7%，比上月下降2.6个百分点。从企业规模来看，小型企业的购进价格指数高于50%，为55%；大型和中型企业的购进价格指数低于50%，分别为49.2%和49.9%。

出厂价格指数为47.4%，比上月下降1.3个百分点。从企业规模来看，小型企业的出厂价格指数高于50%，为50.4%；大型和中型企业的出厂价格指数低于50%，分别为45.9%和47.4%。

原材料库存指数为46.7%，比上月下降1个百分点。从企业规模来看，大型、中型和小型企业的原材料库存指数都低于50%，分别为47%、47%和45.7%。

从业人员指数为47.4%，比上月下降0.9个百分点。从企业规模来看，大型、中型和小型企业的从业人员指数都低于50%，分别为47.9%、47.1%和46.7%。

供应商配送时间指数为46.7%，比上月下降0.4个百分点。从企业规模来看，大型、中型和小型企业的供应商配送时间指数都低于50%，分别为46.8%、46.7%和46.5%。

生产经营活动预期指数为48.9%，比上月下降3.7个百分点。从企业规模来看，大型企业的生产经营活动预期指数高于50%，为50.6%；中型和小型企业的生产经营活动预期指数低于50%，分别为49.2%和44.7%。

12月

2022年12月，中国制造业采购经理指数（PMI）为47%，比上月下降1个百分点。

特约分析师张立群指出：12月，PMI继续较快回落，表明经济下行压力进一步加大。订单类指数持续回落，且大型、中型、小型企业均明显低于荣枯线水平，表明需求收缩约束进一步加强；采购量指数、进口指数均在荣枯线以下继续下降，表明企业信心减弱，生产经营活动更加谨慎；生产指数在荣枯线以下继续较快回落，预示工业增速可能进一步下降。价格类指数提高，表明供给保障能力仍需加强。综上，受疫情等超预期因素冲击，三重压力有所加大，经济收缩速率有所加快。也要看到，经过三年来全国上下团结一心的不懈斗争，中国人民克服疫情影响，恢复正常生产生活秩序的能力和勇气显著提高，随着疫情防控政策调整，超大规模国内市场长期被压制的生活和生产建设需求能量巨大、蓄势待发。据此研判，当前中国经济正处于底部回升的重要节点。

12月PMI中的主要分项指数变化情况如下。

生产指数为44.6%，比上月下降3.2个百分点。从企业规模来看，大型、中型和小型企业的生产指数都低于50%，分别为46.6%、44.1%和40.8%。

新订单指数为43.9%，比上月下降2.5个百分点。从企业规模来看，大型、中型和小型企业的新订单指数都低于50%，分别为46.4%、42.9%和39.8%。

新出口订单指数为44.2%，比上月下降2.5个百分点。从企业规模来看，大型、中型和小型企业的新出口订单指数都低于50%，分别为46.5%、41.7%和38.6%。

积压订单指数为43.1%，比上月下降0.3个百分点。从企业规模来看，大型、中型和小型企业的积压订单指数都低于50%，分别为45.7%、40.5%和40.9%。

产成品库存指数为46.6%，比上月下降1.5个百分点。从企业规模来看，大型、中型和小型企业的产成品库存指数都低于50%，分别为48%、46.9%和43.1%。

采购量指数为44.9%，比上月下降2.2个百分点。从企业规模来看，大型、中型和小型企业的采购量指数都低于50%，分别为47.4%、44.4%和40.1%。

进口指数为43.7%，比上月下降3.4个百分点。从企业规模来看，大型、中型和小型企业的进口指数都低于50%，分别为44.7%、41.5%和42.3%。

购进价格指数为51.6%，比上月上升0.9个百分点。从企业规模来看，大型、中型和小型企业的购进价格指数都高于50%，分别为52.7%、50.7%和50.4%。

出厂价格指数为49%，比上月上升1.6个百分点。从企业规模来看，大型企业的出厂价格指数高于50%，为50.3%；中型和小型企业的出厂价格指数低于50%，分别为47.7%和48.1%。

原材料库存指数为47.1%，比上月上升0.4个百分点。从企业规模来看，大型、中型和小型企业的原材料库存指数都低于 50%，分别为 48.9%、47.2%和 43.2%。

从业人员指数为 44.8%，比上月下降 2.6 个百分点。从企业规模来看，大型、中型和小型企业的从业人员指数都低于 50%，分别为 44.9%、44.2%和 45.4%。

供应商配送时间指数为 40.1%，比上月下降 6.6 个百分点。从企业规模来看，大型、中型和小型企业的供应商配送时间指数都低于 50%，分别为 40.6%、40.2%和 38.8%。

2022 年 1—12 月中国制造业采购经理指数（PMI）走势如下图所示。

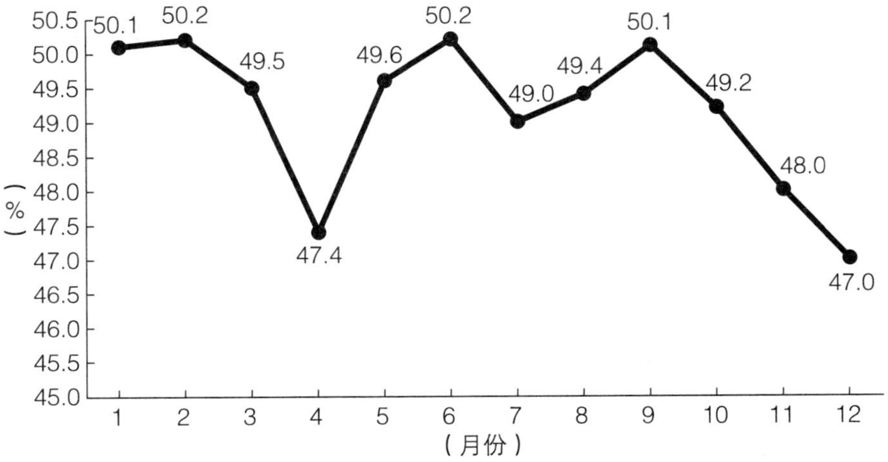

2022 年 1—12 月中国制造业采购经理指数（PMI）走势

（中国物流信息中心）

2022年1—12月中国非制造业商务活动指数

（中国物流与采购联合会、国家统计局服务业调查中心发布）

1月

2022年1月，中国非制造业商务活动指数为51.1%，环比下降1.6个百分点。

中国物流与采购联合会副会长蔡进指出：2022年1月，商务活动指数较上月下降1.6个百分点至51.1%，新订单指数较上月下降0.6个百分点至47.8%，显示非制造业供需增速较上月有所放缓。受疫情多点散发影响，交通运输、住宿餐饮和文体娱乐相关行业有所回落，成为拖累非制造业增长的主要因素。商务活动指数仍保持在51%左右，表明非制造业仍保持增长态势，经济平稳运行的基础仍在。一是投资相关活动保持稳定，建筑业商务活动指数保持在55%以上的较高水平，建筑业新订单指数较上月有明显上升；二是节日消费需求有所释放，零售业和景区服务业供需增速较上月有所加快；三是新动能行业保持较快增长，信息服务相关行业商务活动指数保持高位，随着5G和数字经济的广泛应用，信息服务业有望继续加快增长；四是企业预期趋升，业务活动预期指数较上月有所上升，特别是建筑业企业预期明显上升。从非制造业来看，稳需求仍是第一季度经济稳定的重中之重，新订单指数连续3个月环比下降，疫情短期影响较大。春节后，随着财政和货币政策的适度超前发力，市场需求有望加快释放。

分行业来看，建筑业商务活动指数为55.4%；服务业商务活动指数为50.3%。21个行业中，建筑安装装饰及其他建筑业、电信广播电视和卫星传输服务业、金融业、航空运输业、房屋建筑业、互联网及软件信息技术服务业等12个行业高于50%；邮政业、土木工程建筑业、铁路运输业、水上运输业和道路运输业等9个行业低于50%。

1月中国非制造业商务活动指数各分项指数变化如下。

新订单指数环比下降。1月，新订单指数为47.8%，环比下降0.6个百分点。分行业来看，建筑业新订单指数为53.3%；服务业新订单指数为46.8%。21个行业中，建筑安装装饰及其他建筑业、航空运输业、金融业、邮政业、电信广播电视和卫星传输服务业等7个行业高于 50%；批发业、土木工程建筑业、互联网及软件信息技术服务业、水上运输业和铁路运输业等 14 个行业低于 50%。

投入品价格指数环比上升。1 月，投入品价格指数为 52.1%，环比上升 2.8 个百分点。分行业来看，建筑业投入品价格指数为 53.6%；服务业投入品价格指数为 51.8%。21 个行业中，批发业、建筑安装装饰及其他建筑业、土木工程建筑业、水上运输业和铁路运输业等 19 个行业高于 50%；租赁及商务服务业、金融业 2 个行业低于 50%。

销售价格指数环比上升。1 月，销售价格指数为 51.0%，环比上升 2.9 个百分点。分行业来看，建筑业销售价格指数为 53.8%；服务业销售价格指数为 50.5%。21 个行业中，批发业、土木工程建筑业、建筑安装装饰及其他建筑业、房屋建筑业和住宿业等 12 个行业高于 50%；文化、体育和娱乐业位于 50%；铁路运输业、装卸搬运及仓储业、房地产业、居民服务及修理业和水上运输业等 8 个行业低于 50%。

从业人员指数环比下降。1 月，从业人员指数为 46.9%，环比下降 0.7 个百分点。分行业来看，建筑业从业人员指数为 49.2%；服务业从业人员指数为 46.5%。21 个行业中，建筑安装装饰及其他建筑业、航空运输业、生态保护环境治理及公共设施管理业 3 个行业高于 50%；土木工程建筑业、金融业、互联网及软件信息技术服务业、批发业和餐饮业等 18 个行业低于 50%。

业务活动预期指数环比上升。1 月，业务活动预期指数为 57.9%，环比上升 0.6 个百分点。分行业来看，建筑业业务活动预期指数为 64.4%；服务业业务活动预期指数为 56.7%。21 个行业中，金融业、建筑安装装饰及其他建筑业、土木工程建筑业、铁路运输业和航空运输业等 10 个行业高于 60%；零售业位于 60%；批发业，装卸搬运及仓储业，生态保护环境治理及公共设施管理业，文化、体育和娱乐业，餐饮业等 10 个行业低于 60%。

2 月

2022 年 2 月，中国非制造业商务活动指数为 51.6%，环比上升 0.5 个百分点。

中国物流与采购联合会副会长蔡进指出：2022 年 2 月，商务活动指数较上月上升 0.5 个百分点，连续 2 个月保持在 51% 以上，显示非制造业呈现企稳趋升迹象。建筑业和金融业商务活动指数较上月均有明显上升，充分表明我国财政政策和货币政策超前发力，支持经济平稳运行的力度在加码。专项债资金加快落实保障了基建投资需求的加快释放，带动建筑业活动趋升。1 月社会融资规模创单月历史新高，体现了货币政策加大对实体经济支持力度的决心，金融业活动在 1 月较高水平基础上继续保持活跃。春节对交通运输、餐饮和文化娱乐消费的带动也为非制造业稳定运行带来支撑，上述相关行业商务活动指数较上月均有不同程度上升。企业预期仍保持乐观，业务活动预期指数较上月明显上升，升至 60% 以上。行业向好恢复态势值得期待。

分行业来看，建筑业商务活动指数为 57.6%；服务业商务活动指数为 50.5%。21 个行业中，航空运输业、邮政业、金融业、房屋建筑业和土木工程建筑业等 14 个行业高于 50%；住宿业、批发业、房地产业、居民服务及修理业、水上运输业等 7 个行业低于 50%。

2 月中国非制造业商务活动指数各分项指数变化如下。

新订单指数环比下降。2 月，新订单指数为 47.6%，环比下降 0.2 个百分点。分行业来看，建筑业新订单指数为 55.1%；服务业新订单指数为46.3%。21个行业中，航空运输业、土木工程建筑业、建筑安装装饰及其他建筑业、互联网及软件信息技术服务业等9个行业高于50%；文化、体育和娱乐业位于50%；装卸搬运及仓储业、批发业、房屋建筑业、租赁及商务服务业、住宿业等11个行业低于50%。

投入品价格指数环比上升。2月，投入品价格指数为53.9%，环比上升1.8个百分点。分行业来看，建筑业投入品价格指数为58.4%；服务业投入品价格指数为53.1%。21个行业中，土木工程建筑业、航空运输业、水上运输业、批发业和道路运输业等18个行业高于50%；租赁及商务服务业、金融业、装卸搬运及仓储业3个行业低于50%。

销售价格指数环比下降。2月，销售价格指数为49.8%，环比下降1.2个百分点。分行业来看，建筑业销售价格指数为53.4%；服务业销售价格指数为49.2%。21个行业中，批发业、土木工程建筑业、水上运输业、房屋建筑业和铁路运输业等7个行业高于50%；航空运输业、邮政业、零售业、装卸搬运及仓储业、道路运输业等14个行业低于50%。

从业人员指数环比上升。2月，从业人员指数为48.0%，环比上升1.1个百分点。分行业来看，建筑业从业人员指数为55.8%；服务业从业人员指数为46.7%。21个行业中，建筑安装装饰及其他建筑业、土木工程建筑业、邮政业、互联网及软件信息技术服务业4个行业高于50%；餐饮业、金融业、批发业和航空运输业等17个行业低于50%。

业务活动预期指数环比上升。2月，业务活动预期指数为60.5%，环比上升2.6个百分点。分行业来看，建筑业业务活动预期指数为66.0%；服务业业务活动预期指数为59.6%。21个行业中，航空运输业、建筑安装装饰及其他建筑业、邮政业、铁路运输业和土木工程建筑业等14个行业高于60%；餐饮业，文化、体育和娱乐业，住宿业，道路运输业，租赁及商务服务业等7个行业低于60%。

3月

2022年3月，中国非制造业商务活动指数为48.4%，环比下降3.2个百分点。

中国物流与采购联合会副会长蔡进指出：2022年3月，受多地疫情散发影响，非制造业供需增速较上月有明显放缓，商务活动指数和新订单指数较上月均有明显下降。交通运输、住宿餐饮、文体娱乐和旅游等接触型、聚集型行业增速较上月均有明显放缓是导致非制造业增速放缓的主要因素。受疫情和地缘政治影响，企业成本压力加大，投入品价格指数升至55.9%，连续2个月上升。企业调查显示，反映原材料成本高和物流成本高的企业比重较上月均有上升。在相关政策激励下，建筑业和金融业活动保持稳健运行，投资稳增长和金融支持实体经济的作用稳定发挥。信息服务业商务活动指数保持在较高水平，新动能发展态势良好。总体来看，疫情对非制造业影响较为明显，消费相关服务业需求受到抑制。但也要看到，消费需求有一定的内在稳定性，只要疫情影响得到明显缓解，其恢复速度也相对较快。继续加快推进投资进度以及加大扩内需的支持力度是我国经济平稳恢复的重要保障。同时，实施针对性扶持政策，助力疫情影响较大行业平稳过渡，稳定市场预期也是当务之急。

分行业来看，建筑业商务活动指数为58.1%；服务业商务活动指数为46.7%。21个行业中，土木工程建筑业、金融业、电信广播电视和卫星传输服务业、房屋建筑业和邮政业等10个行业高于50%；零售业，租赁及商务服务业，文化、体育和娱乐业，道路运输业等

11 个行业低于 50%。

3 月中国非制造业商务活动指数各分项指数变化如下。

新订单指数环比下降。3 月，新订单指数为 45.7%，环比下降 1.9 个百分点。分行业来看，建筑业新订单指数为 51.2%；服务业新订单指数为 44.7%。21 个行业中，金融业、邮政业、电信广播电视和卫星传输服务业、土木工程建筑业、装卸搬运及仓储业 5 个行业高于 50%；房屋建筑业位于 50%；互联网及软件信息技术服务业、批发业、建筑安装装饰及其他建筑业、水上运输业和零售业等 15 个行业低于 50%。

投入品价格指数环比上升。3 月，投入品价格指数为 55.9%，环比上升 2 个百分点。分行业来看，建筑业投入品价格指数为 61.4%；服务业投入品价格指数为 54.9%。21 个行业中，建筑安装装饰及其他建筑业、航空运输业、批发业、土木工程建筑业、水上运输业和道路运输业等 19 个行业高于 50%；邮政业位于 50%；文化、体育和娱乐业低于 50%。

销售价格指数环比上升。3 月，销售价格指数为 51.1%，环比上升 1.3 个百分点。分行业来看，建筑业销售价格指数为 54.4%；服务业销售价格指数为 50.6%。21 个行业中，批发业、航空运输业、建筑安装装饰及其他建筑业、房屋建筑业和土木工程建筑业等 9 个行业高于 50%；铁路运输业、电信广播电视和卫星传输服务业、道路运输业、邮政业、租赁及商务服务业等 12 个行业低于 50%。

从业人员指数环比下降。3 月，从业人员指数为 47.1%，环比下降 0.9 个百分点。分行业来看，建筑业从业人员指数为 50.1；服务业从业人员指数为 46.6%。21 个行业中，互联网及软件信息技术服务业、土木工程建筑业、金融业、邮政业和航空运输业 5 个行业高于 50%；房屋建筑业位于 50%；批发业，装卸搬运及仓储业，文化、体育和娱乐业，电信广播电视和卫星传输服务业等 15 个行业低于 50%。

业务活动预期指数明显下降。3 月，业务活动预期指数为 54.6%，环比下降 5.9 个百分点。分行业来看，建筑业业务活动预期指数为 60.3%；服务业业务活动预期指数为 53.6%。21 个行业中，铁路运输业、电信广播电视和卫星传输服务业、金融业、互联网及软件信息技术服务业、土木工程建筑业等 14 个行业高于 50%；居民服务及修理业、房地产业、道路运输业和餐饮业等 7 个行业低于 50%。

4 月

2022 年 4 月，中国非制造业商务活动指数为 41.9%，环比下降 6.5 个百分点。

中国物流与采购联合会副会长蔡进指出：2022 年 4 月，受疫情影响，非制造业经济继续呈现下行走势。商务活动指数和新订单指数均降至较低水平，环比降幅有所扩大。销售价格指数降至 50% 以下。从业人员指数连续 2 个月环比下降，本月降幅有所扩大。业务活动预期指数连续 2 个月环比下降。分行业看，疫情对零售业、餐饮业、文体娱乐、交通运输及旅游等相关接触型服务业的直接影响继续显现，上述行业商务活动指数均保持在较低水平；物流不畅也给批发业带来影响，其商务活动指数和新订单指数较上月均有下降，存货指数有所上升；建筑企业用工有所影响，建筑业从业人员指数降至 50% 以下，环比降幅明显。当前，市场需求不足和物流成本高仍是困扰企业的主要问题。4 月下旬以来，疫情防控各项政策更加精准，针对保主体、保畅通、促消费、强投资、稳就业的各项扶持政策陆续出台，我国经济在经历短期冲击后有望重归平稳恢复的轨道。与基建相关的土木工程建筑业商务活动指数虽有回落，但仍保持在60%以上，基础建设投资释放力度依然较强。只要疫情影响得到控制，延迟的消费需求有望集中释放，带动我国经济加快恢复。

分行业来看，建筑业商务活动指数为52.7%；服务业商务活动指数为40.0%。21个行业中，土木工程建筑业、电信广播电视和卫星传输服务业、互联网及软件信息技术服务业3个行业高于50%；建筑安装装饰及其他建筑业、房屋建筑业、金融业、装卸搬运及仓储业、邮政业、批发业和零售业等18个行业低于50%。

4月中国非制造业商务活动指数各分项指数变化如下。

新订单指数明显下降。4月，新订单指数为37.4%，环比下降8.3个百分点。分行业来看，建筑业新订单指数为45.3%；服务业新订单指数为36.0%。21个行业中，土木工程建筑业高于50%；电信广播电视和卫星传输服务业、装卸搬运及仓储业、建筑安装装饰及其他建筑业、水上运输业、金融业和互联网及软件信息技术服务业等20个行业低于50%。

投入品价格指数环比下降。4月，投入品价格指数为53.7%，环比下降2.2个百分点。分行业来看，建筑业投入品价格指数为60.3%；服务业投入品价格指数为52.6%。21个行业中，水上运输业、建筑安装装饰及其他建筑业、土木工程建筑业、房屋建筑业、航空运输业和住宿业等20个行业高于50%；租赁及商务服务业低于50%。

销售价格指数环比下降。4月，销售价格指数为48.9%，环比下降2.2个百分点。分行业来看，建筑业销售价格指数为53.2%；服务业销售价格指数为48.1%。21个行业中，房屋建筑业、批发业、建筑安装装饰及其他建筑业、装卸搬运及仓储业、土木工程建筑业5个行业高于50%；水上运输业、互联网及软件信息技术服务业、铁路运输业、电信广播电视和卫星传输服务业、零售业等16个行业低于50%。

从业人员指数环比下降。4月，从业人员指数为45.4%，环比下降1.7个百分点。分行业来看，建筑业从业人员指数为43.1；服务业从业人员指数为45.8%。21个行业中，邮政业、互联网及软件信息技术服务业2个行业高于50%；金融业位于50%；批发业、建筑安装装饰及其他建筑业、装卸搬运及仓储业、电信广播电视和卫星传输服务业、生态保护环境治理及公共设施管理业等18个行业低于50%。

业务活动预期指数环比下降。4月，业务活动预期指数为53.6%，环比下降1个百分点。分行业来看，建筑业业务活动预期指数为57.0%；服务业业务活动预期指数为53.0%。21个行业中，航空运输业、电信广播电视和卫星传输服务业、土木工程建筑业、金融业和铁路运输业等14个行业高于50%；生态保护环境治理及公共设施管理业、居民服务及修理业、房地产业、道路运输业和住宿业等7个行业低于50%。

5月

2022年5月，中国非制造业商务活动指数为47.8%，环比上升5.9个百分点。

中国物流与采购联合会副会长蔡进指出：2022年5月，商务活动指数和新订单指数较上月有较大幅度回升，说明我国非制造业经济正在加快恢复重振。供需两端都恢复较快，说明供应链产业链逐渐疏通，经济恢复增长既有需求动力，也有供给基础。这得益于疫情的有效控制，也得益于各项宏观经济政策的有效落实。分行业看，一是基建投资相关活动保持较强增势。土木工程建筑业商务活动指数和新订单指数较上月均有上升，且指数保持在较高水平。二是与居民日常消费和出行相关活动恢复较快。零售业、邮政业、铁路运输业和航空运输业商务活动指数较上月均有明显上升，均升至50%以上。三是住宿业、餐饮业、旅游和文体娱乐相关行业商务活动指数较上月均有不同程度上升。同时，非制造业企业预期趋于回升，业务活动预期指数较上月上升2个百分点至55.6%，结束连续两个月下降趋势，说明市场对未来预期看好。企业调查显示，市场需求不足仍是当前非制造业企业面临的最主要问题。扩内需、稳预期和保市场主体是当前经济稳定恢复的重中之重。

分行业来看，建筑业商务活动指数为52.2%；服务业商务活动指数为47.1%。21个行业中，土木工程建筑业、电信广播电视和卫星传输服务业、铁路运输业、航空运输业和邮政业等8个行业高于50%；批发业、水上运输业、道路运输业、餐饮业、互联网及软件信息技术服务业等13个行业低于50%。

5月中国非制造业商务活动指数各分项指数变化如下。

新订单指数明显上升。5月，新订单指数为44.1%，环比上升6.7个百分点。分行业来看，建筑业新订单指数为46.4%；服务业新订单指数为43.7%。21个行业中，土木工程建筑业、电信广播电视和卫星传输服务业、铁路运输业和邮政业4个行业高于50%；水上运输业、航空运输业、批发业、零售业、装卸搬运及仓储业等17个行业低于50%。

投入品价格指数环比下降。5月，投入品价格指数为52.5%，环比下降1.2个百分点。分行业来看，建筑业投入品价格指数为52.4%；服务业投入品价格指数为52.5%。21个行业中，水上运输业、航空运输业、土木工程建筑业、批发业和餐饮业等16个行业高于50%；装卸搬运及仓储业，租赁及商务服务业，文化、体育和娱乐业，金融业，房屋建筑业5个行业低于50%。

销售价格指数环比上升。5月，销售价格指数为49.4%，环比上升0.5个百分点。分行业来看，建筑业销售价格指数为51.5%；服务业销售价格指数为49.0%。21个行业中，批发业、土木工程建筑业、航空运输业、铁路运输业和零售业等8个行业高于50%；互联网及软件信息技术服务业、建筑安装装饰及其他建筑业、电信广播电视和卫星传输服务业、水上运输业和道路运输业等13个行业低于50%。

从业人员指数微幅下降。5月，从业人员指数为45.3%，环比下降0.1个百分点。分行业来看，建筑业从业人员指数为45.5%；服务业从业人员指数为45.3%。21个行业中，各行业均低于50%。

业务活动预期指数环比上升。5月，业务活动预期指数为55.6%，环比上升2个百分点。分行业来看，建筑业业务活动预期指数为57.9%；服务业业务活动预期指数为55.2%。21个行业中，航空运输业、铁路运输业、土木工程建筑业、电信广播电视和卫星传输服务业、邮政业等18个行业高于50%；房地产业、住宿业、租赁及商务服务业3个行业低于50%。

6月

2022年6月，中国非制造业商务活动指数为54.7%，环比上升6.9个百分点。

中国物流与采购联合会副会长蔡进指出：2022年6月，商务活动指数为54.7%，新订单指数为53.2%，均高于近三年同期水平，表明非制造业市场供需加快恢复，呈现以下特征。一是恢复基本面较广。21个行业中，19个行业商务活动指数环比上升，19个行业商务活动指数超过50%。二是恢复力度增强。商务活动指数和新订单指数较上月增幅分别超过6个和9个百分点。三是恢复均衡性较好。分行业看，不仅是与投资相关的建筑活动保持良好升势，前期受疫情影响较大的消费相关服务业活动较上月均有明显上升。投资与消费具备共同发力基础。四是恢复质量有所提升。伴随着供需加快恢复，就业有所回升，从业人员指数较上月上升1.6个百分点至46.9%；企业成本压力有所缓解，投入品价格指数为52.6%，明显低于第一季度的平均水平。总体来看，本月非制造业明显恢复，企业预期有所升温，业务活动预期指数升至61%以上，创年内新高。但市场需求恢复基础仍待巩固。企业调查显示，反映市场需求不足的企业比重升至51.6%，连续5个月环比上升。市场需求内生动力恢复力度仍需进一步加强。

分行业来看，建筑业商务活动指数为56.6%；服务业商务活动指数为54.3%。21个行业中，航空运输业、铁路运输业、餐饮业、道路运输业和金融业等19个行业高于50%；居民服务及修理业、房地产业2个行业低于50%。

6月中国非制造业商务活动指数各分项指数变化如下。

新订单指数明显上升。6月，新订单指数为53.2%，环比上升9.1个百分点。分行业来看，建筑业新订单指数为50.8%；服务业新订单指数为53.7%。21个行业中，航空运输业、金融业、餐饮业、铁路运输业和道路运输业等17个行业高于50%；租赁及商务服务业位于50%；居民服务及修理业、批发业和房地产业3个行业低于50%。

投入品价格指数微幅上升。6月，投入品价格指数为52.6%，环比上升0.1个百分点。分行业来看，建筑业投入品价格指数为48.7%；服务业投入品价格指数为53.3%。21个行业中，水上运输业、航空运输业、铁路运输业、道路运输业和批发业等17个行业高于50%；文化、体育和娱乐业，金融业，建筑安装装饰及其他建筑业，房屋建筑业4个行业低于50%。

销售价格指数环比上升。6月，销售价格指数为49.6%，环比上升0.2个百分点。分行业来看，建筑业销售价格指数为50.3%；服务业销售价格指数为49.5%。21个行业中，航空运输业、批发业、零售业、铁路运输业和水上运输业等10个行业高于50%；互联网及软件信息技术服务业位于50%；房屋建筑业、电信广播电视和卫星传输服务业、餐饮业、租赁及商务服务业、居民服务及修理业等10个行业低于50%。

从业人员指数环比上升。6月，从业人员指数为46.9%，环比上升1.6个百分点。分行业来看，建筑业从业人员指数为48.3%；服务业从业人员指数为46.6%。21个行业中，水上运输业和土木工程建筑业2个行业高于50%；餐饮业、金融业、邮政业、批发业、互联网及软件信息技术服务业等19个行业低于50%。

业务活动预期指数环比上升。6月，业务活动预期指数为61.3%，环比上升5.7个百分点。分行业来看，建筑业业务活动预期指数为63.1%；服务业业务活动预期指数为61%。21个行业中，航空运输业，住宿业，铁路运输业，文化、体育和娱乐业，餐饮业等16个行业高于60%；水上运输业位于60%；装卸搬运及仓储业、居民服务及修理业、租赁及商务服务业、房地产业4个行业低于60%。

7 月

2022年7月，中国非制造业商务活动指数为53.8%，环比下降0.9个百分点。

中国物流与采购联合会副会长蔡进指出：2022年7月，商务活动指数虽较上月有所回落，但仍达到53.8%的较高水平，为年内次高点。就业活动相对稳定。投资相关活动持续向好，建筑业商务活动指数连续2个月上升。商品流通环节趋于顺畅。批发业商务活动指数和新订单指数较上月均有明显上升；前期受疫情影响较大的住宿业、景区服务业商务活动指数均连续上升；餐饮业商务活动指数仍在60%以上。值得关注的是，新订单指数降至50%以下，反映市场需求不足的企业比重仍在50%以上。下半年，应在扩大需求上积极作为，继续以扩投资、促消费、稳就业为主线，增强经济恢复的内生动力。

分行业来看，建筑业商务活动指数为59.2%；服务业商务活动指数为52.8%。21个行业中，航空运输业、电信广播电视和卫星传输服务业、建筑安装装饰及其他建筑业、餐饮业和住宿业等18个行业高于50%；居民服务及修理业、房地产业、租赁及商务服务业3个行业低于50%。

7月中国非制造业商务活动指数各分项指数变化如下。

新订单指数环比下降。7月，新订单指数为49.7%，环比下降3.5个百分点。分行业来看，建筑业新订单指数为51.1%；服务业新订单指数为49.5%。21个行业中，航空运输业、住宿业、铁路运输业、电信广播电视和卫星传输服务业和生态保护环境治理及公共设施管理业等13个行业高于50%；房屋建筑业、互联网及软件信息技术服务业、道路运输业、装卸搬运及仓储业、水上运输业等8个行业低于50%。

投入品价格指数环比下降。7月，投入品价格指数为48.6%，环比下降4个百分点。分行业来看，建筑业投入品价格指数为45.0%；服务业投入品价格指数为49.2%。21个行业中，航空运输业，住宿业，餐饮业，文化、体育和娱乐业，邮政业，居民服务及修理业等11个行业高于50%；零售业、租赁及商务服务业、土木工程建筑业、房地产业和道路运输业等10个行业低于50%。

销售价格指数环比下降。7月，销售价格指数为47.4%，环比下降2.2个百分点。分行业来看，建筑业销售价格指数为50.2%；服务业销售价格指数为46.9%。21个行业中，土木工程建筑业、水上运输业、住宿业、铁路运输业、道路运输业和餐饮业6个行业高于50%；邮政业，互联网及软件信息技术服务业，文化、体育和娱乐业，电信广播电视和卫星传输服务业，航空运输业等15个行业低于50%。

从业人员指数环比下降。7月，从业人员指数为46.7%，环比下降0.2个百分点。分行业来看，建筑业从业人员指数为47.7%；服务业从业人员指数为46.6%。21个行业中，土木工程建筑业、金融业、邮政业、餐饮业和住宿业5个行业高于50%；文化、体育和娱乐业，装卸搬运及仓储业，批发业，航空运输业，生态保护环境治理及公共设施管理业等16个行业低于50%。

业务活动预期指数环比下降。7月，业务活动预期指数为59.1%，环比下降2.2个百分点。分行业来看，建筑业业务活动预期指数为61.0%；服务业业务活动预期指数为58.8%。21个行业中，航空运输业、电信广播电视和卫星传输服务业、土木工程建筑业、金融业和铁路运输业等10个行业高于60%；互联网及软件信息技术服务业，文化、体育和娱乐业，道路运输业，批发业，住宿业等11个行业低于60%。

8月

2022年8月，中国非制造业商务活动指数为52.6%，环比下降1.2个百分点。

中国物流与采购联合会副会长蔡进指出：2022年8月，商务活动指数为52.6%，虽然环比有所下降，但仍高于去年同期和上半年平均水平，显示非制造业经营活动仍保持恢复。同时也要关注疫情反复及极端天气影响了非制造业的恢复力度。尤其是多地疫情反复，给餐饮业、航空运输业、景区服务业和文体娱乐等接触型服务业带来不同程度影响，相关行业商务活动指数较上月均有不同程度下降。建筑业商务活动指数较上月也有所下降，但仍在56%以上的较高水平。值得关注的是，建筑业新订单指数为53.4%，连续4个月环比上升，且升幅较上月有所扩大，表明投资持续发力基础较为稳固，目前来看，服务业需求增长相对乏力，服务业新订单指数为49.2%，扩大需求，尤其是扩大消费需求是当前经济稳定恢复增长的当务之急。

分行业来看，建筑业商务活动指数为56.5%；服务业商务活动指数为51.9%。21个行业中，住宿业、建筑安装装饰及其他建筑业、金融业、电信广播电视和卫星传输服务业、土木工程建筑业等14个行业高于50%；道路运输业、装卸搬运及仓储业、居民服务及修理业、房地产业、租赁及商务服务业等7个行业低于50%。

8月中国非制造业商务活动指数各分项指数变化如下。

新订单指数微幅上升。8月，新订单指数为49.8%，环比上升0.1个百分点。分行业来看，建筑业新订单指数为53.4%；服务业新订单指数为49.2%。21个行业中，住宿业、电信广播电视和卫星传输服务业、建筑安装装饰及其他建筑业、铁路运输业和金融业等12个行业高于50%；零售业、互联网及软件信息技术服务业、装卸搬运及仓储业、居民服务及修理业、道路运输业等9个行业低于50%。

投入品价格指数环比上升。8月，投入品价格指数为50%，环比上升1.4个百分点。分行业来看，建筑业投入品价格指数为53.4%；服务业投入品价格指数为49.4%。21个行业中，住宿业、餐饮业、房屋建筑业、生态保护环境治理及公共设施管理业、土木工程建筑业等11个行业高于50%；房地产业、零售业、道路运输业、铁路运输业、租赁及商务服务业等10个行业低于50%。

销售价格指数小幅上升。8月，销售价格指数为47.6%，环比上升0.2个百分点。分行业来看，建筑业销售价格指数为51.4%；服务业销售价格指数为46.9%。21个行业中，航空运输业、土木工程建筑业、餐饮业、建筑安装装饰及其他建筑业4个行业高于50%；铁路运输业、邮政业、房屋建筑业、互联网及软件信息技术服务业、住宿业等17个行业低于50%。

从业人员指数微幅上升。8月，从业人员指数为46.8%，环比上升0.1个百分点。分行业来看，建筑业从业人员指数为47.7%；服务业从业人员指数为46.7%。21个行业中，金融业和邮政业2个行业高于50%；土木工程建筑业、装卸搬运及仓储业、水上运输业、铁路运输业、互联网及软件信息技术服务业等19个行业低于50%。

业务活动预期指数环比下降。8月，业务

活动预期指数为58.4%，环比下降0.7个百分点。分行业来看，建筑业业务活动预期指数为62.9%；服务业业务活动预期指数为57.6%。21个行业中，航空运输业、建筑安装装饰及其他建筑业、铁路运输业、土木工程建筑业和邮政业等10个行业高于60%；批发业、租赁及商务服务业、道路运输业、住宿业和水上运输业等11个行业低于60%。

9月

2022年9月，中国非制造业商务活动指数为50.6%，环比下降2个百分点。

中国物流与采购联合会副会长蔡进指出：2022年9月，非制造业商务活动指数为50.6%，较上月下降2个百分点；新订单指数为43.1%，较上月下降6.7个百分点，显示非制造业供需增速较上月均有放缓，需求收缩压力尤为明显。主要原因在于9月以来，新冠疫情多地散发，涉及面较广，线下消费相关活动受到较大影响，拖累了非制造业的增长。但是，也形成了有利于经济恢复增长的有利因素。一是疫情倒逼线上相关服务活动保持活跃。电信广播电视和卫星传输服务业、互联网及软件信息技术服务业商务活动指数较上月均有明显上升，企业及居民线上交流意愿有所增强。节日临近叠加疫情影响，居民网络购物趋于活跃，邮政业商务活动指数和新订单指数环比升幅明显。二是建筑业商务活动指数升至60%以上，投资保持持续稳定发力态势，基础建设投资仍将是稳定经济增长的重要抓手。三是金融业商务活动指数持续上升，社会融资基础较为稳定。总体来看，疫情扰动导致线下消费需求短期收缩压力明显，但投资和金融环境仍较为稳定。随着疫情影响的减弱和第四季度节日相关消费的拉动，消费需求有望加快恢复。

分行业来看，建筑业商务活动指数为60.2%；服务业商务活动指数为48.9%。21个行业中，电信广播电视和卫星传输服务业、金融业、土木工程建筑业、建筑安装装饰及其他建筑业、邮政业等9个行业高于50%；租赁及商务服务业，生态保护环境治理及公共设施管理业，批发业，文化、体育和娱乐业，零售业等12个行业低于50%。

9月中国非制造业商务活动指数各分项指数变化如下。

新订单指数降幅明显。9月，新订单指数为43.1%，环比下降6.7个百分点。分行业来看，建筑业新订单指数为51.8%；服务业新订单指数为41.6%。21个行业中，邮政业、建筑安装装饰及其他建筑业、电信广播电视和卫星传输服务业、铁路运输业和金融业等7个行业高于50%；互联网及软件信息技术服务业、道路运输业、批发业、租赁及商务服务业、水上运输业等14个行业低于50%。

投入品价格指数与上月持平。9月，投入品价格指数为50%，与上月持平。分行业来看，建筑业投入品价格指数为52.4%；服务业投入品价格指数为49.6%。21个行业中，餐饮业、住宿业、邮政业、土木工程建筑业和房屋建筑业等14个行业高于50%；房地产业、航空运输业、水上运输业、装卸搬运及仓储业、金融业等7个行业低于50%。

销售价格指数环比上升。9月，销售价格指数为48.2%，环比上升0.6个百分点。分行业来看，建筑业销售价格指数为52%；服务业销售价格指数为47.5%。21个行业中，航空运输业、房屋建筑业、铁路运输业、土木工程建筑业、建筑安装装饰及其他建筑业等7个行业高于50%；租赁及商务服务业、邮政业、餐饮业、零售业和水上运输业等14个行业低于50%。

从业人员指数小幅下降。9月，从业人员指数为46.6%，环比下降0.2个百分点。分行业来看，建筑业从业人员指数为48.3%；服务业从业人员指数为46.3%。21个行业中，邮政业、金融业、生态保护环境治理及公共设施管理业3个行业高于50%；土木工程建筑业、水上运输业、航空运输业、批发业、电信广播电视和卫星传输服务业等18个行业低于50%。

业务活动预期指数环比下降。9月，业务活动预期指数为57.1%，环比下降1.3个百分点。分行业来看，建筑业业务活动预期指数为62.7%；服务业业务活动预期指数为56.1%。21个行业中，铁路运输业、邮政业、电信广播电视和卫星传输服务业、金融业和房屋建筑业等8个行业高于60%；水上运输业、互联网及软件信息技术服务业、零售业、批发业和道路运输业等13个行业低于60%。

10月

2022年10月，中国非制造业商务活动指数为48.7%，环比下降1.9个百分点。

中国物流与采购联合会副会长蔡进指出：2022年10月，非制造业商务活动指数走低主要还是受疫情拖累。零售、交通运输、住宿、餐饮、景区服务和文体娱乐等行业活动持续偏弱。从第四季度来看，企业预期较为乐观，投资和消费发力基础仍在。非制造业业务活动预期指数较上月上升0.8个百分点至57.9%。从投资看，建筑业商务活动指数仍在58%以上的较高水平，建筑业业务活动预期指数较上月明显上升。第四季度，多地基建项目纷纷提速，国务院部署的专项债地方结存限额于10月底发行完毕，为基建加速提供资金保障。从消费看，批发业商务活动指数和新订单指数较上月大幅上升，预示“双十一”相关线上消费需求有望集中释放。消费相关扶持政策持续发力以及节日需求将为消费稳定恢复带来支撑。在疫情影响减弱的前提下，相关服务消费需求有望加快恢复。服务业业务活动预期指数较上月小幅上升。

分行业来看，建筑业商务活动指数为58.2%；服务业商务活动指数为47%。21个行业中，电信广播电视和卫星传输服务业、土木工程建筑业、房屋建筑业、水上运输业、建筑安装装饰及其他建筑业等9个行业高于50%；装卸搬运及仓储业，文化、体育和娱乐业，房地产业，铁路运输业，生态保护环境治理及公共设施管理业等12个行业低于50%。

10月中国非制造业商务活动指数各分项指数变化如下。

新订单指数环比下降。10月，新订单指数为42.8%，环比下降0.3个百分点。分行业来看，建筑业新订单指数为48.9%；服务业新订单指数为41.7%。21个行业中，建筑安装装饰及其他建筑业、电信广播电视和卫星传输服务业、互联网及软件信息技术服务业、铁路运输业和邮政业5个行业高于50%；土木工程建筑业、批发业、金融业、房屋建筑业和水上运输业等16个行业低于50%。

投入品价格指数环比上升。10月，投入品价格指数为51%，环比上升1个百分点。分行业来看，建筑业投入品价格指数为52.3%；服务业投入品价格指数为50.8%。21个行业中，餐饮业、住宿业、土木工程建筑业、生态保护环境治理及公共设施管理业、建筑安装装饰及其他建筑业等15个行业高于50%；航空运输业位于50%；居民服务及修理业，租赁及商务服务业，金融业，装卸搬运及仓储业，文化、体育和娱乐业5个行业低于50%。

销售价格指数微幅下降。10月，销售价格

指数为48.1%，环比下降0.1个百分点。分行业来看，建筑业销售价格指数为49.8%；服务业销售价格指数为47.8%。21个行业中，生态保护环境治理及公共设施管理业、邮政业、房屋建筑业、批发业和铁路运输业5个行业高于50%；互联网及软件信息技术服务业、电信广播电视和卫星传输服务业、土木工程建筑业、零售业和餐饮业等16个行业低于50%。

从业人员指数环比下降。10月，从业人员指数为46.1%，环比下降0.5个百分点。分行业来看，建筑业从业人员指数为47.8%；服务业从业人员指数为45.8%。21个行业中，邮政业和金融业2个行业高于50%；批发业、房屋建筑业、装卸搬运及仓储业、土木工程建筑业和水上运输业等19个行业低于50%。

业务活动预期指数环比上升。10月，业务活动预期指数为57.9%，环比上升0.8个百分点。分行业来看，建筑业业务活动预期指数为64.2%；服务业业务活动预期指数为56.7%。21个行业中，铁路运输业、土木工程建筑业、金融业、航空运输业、电信广播电视和卫星传输服务业等9个行业高于60%；批发业、水上运输业、零售业、租赁及商务服务业、生态保护环境治理及公共设施管理业等12个行业低于60%。

11月

2022年11月，中国非制造业商务活动指数为46.7%，环比下降2个百分点。

中国物流与采购联合会副会长蔡进指出：2022年11月，随着疫情波及面的逐步扩大，非制造业供需面临较大下行压力。商务活动指数降至46.7%，新订单指数降至42.3%。企业用工需求和预期也在一定程度上受到疫情的影响。从业人员指数和业务活动预期指数较上月均有下降。尤其是接触型服务业受疫情影响较大。但在稳投资政策支持下，基建项目建设继续向好，土木工程建筑业商务活动指数升至62%以上，连续3个月运行在60%以上。金融业商务活动指数较上月上升明显，金融支持实体经济力度依然较强，降准及资本市场的活跃都将有利于改善企业融资环境。随着防疫政策的逐步优化，疫情对经济的影响会有所减弱，经济有望实现探底回升。

分行业来看，建筑业商务活动指数为55.4%；服务业商务活动指数为45.1%。21个行业中，土木工程建筑业、金融业、邮政业、房屋建筑业和互联网及软件信息技术服务业等6个行业高于50%；铁路运输业、生态保护环境治理及公共设施管理业、租赁及商务服务业、水上运输业和批发业等15个行业低于50%。

11月中国非制造业商务活动指数各分项指数变化如下。

新订单指数环比下降。11月，新订单指数为42.3%，环比下降0.5个百分点。分行业来看，建筑业新订单指数为46.9%；服务业新订单指数为41.4%。21个行业中，金融业高于50%；邮政业位于50%；住宿业、土木工程建筑业、电信广播电视和卫星传输服务业、房屋建筑业和铁路运输业等19个行业低于50%。

投入品价格指数环比下降。11月，投入品价格指数为49.9%，环比下降1.1个百分点。分行业来看，建筑业投入品价格指数为48.7%；服务业投入品价格指数为50.1%。21个行业中，餐饮业、生态保护环境治理及公共设施管理业、铁路运输业、建筑安装装饰及其他建筑业、邮政业等12个行业高于50%；道路运输业、房地产业、批发业、装卸搬运及仓储业、水上运输业等9个行业低于50%。

销售价格指数环比上升。11月，销售价格

指数为48.7%，环比上升0.6个百分点。分行业来看，建筑业销售价格指数为50.9%；服务业销售价格指数为48.3%。21个行业中，土木工程建筑业、生态保护环境治理及公共设施管理业、航空运输业、房屋建筑业、互联网及软件信息技术服务业等7个行业高于50%；零售业、批发业、邮政业、建筑安装装饰及其他建筑业、水上运输业等14个行业低于50%。

从业人员指数环比下降。11月，从业人员指数为45.5%，环比下降0.6个百分点。分行业来看，建筑业从业人员指数为47.1%；服务业从业人员指数为45.2%。21个行业中，各行业均低于50%。

业务活动预期指数环比下降。11月，业务活动预期指数为54.1%，环比下降3.8个百分点。分行业来看，建筑业业务活动预期指数为59.6%；服务业业务活动预期指数为53.1%。21个行业中，金融业、航空运输业、房屋建筑业、电信广播电视和卫星传输服务业4个行业高于60%；土木工程建筑业、铁路运输业、互联网及软件信息技术服务业、批发业和邮政业等17个行业低于60%。

12月

2022年12月，中国非制造业商务活动指数为41.6%，环比下降5.1个百分点。

中国物流与采购联合会副会长蔡进指出：2022年12月，非制造业市场供需继续下行探底，商务活动指数和新订单指数较上月均有明显下降。接触型服务业相关活动受到影响相对较大。我们认为，非制造业供需下行，用工紧张的不利影响会很快得到修复，经济回稳向上的迹象将会在2023年第一季度逐步体现。一是投资需求有继续释放的潜力，土木工程建筑业新订单指数升至53%以上，环比升幅超过4个百分点；二是随着社会面人员流动性的改善，接触型消费需求有望探底回升，航空运输相关活动初步出现好转迹象；三是即将到来的元旦和春节有望提振相关消费需求；四是投资、消费和金融等政府相关扶持政策效果将陆续释放；五是春节在1月，有利于2月和3月社会生产经营相关活动的集中释放。总体来看，2023年第一季度经济有望探底回升，第二季度将实现加快恢复。

分行业来看，建筑业商务活动指数为54.4%；服务业商务活动指数为39.4%。21个行业中，航空运输业、土木工程建筑业、房屋建筑业、电信广播电视和卫星传输服务业、金融业等6个行业高于50%；建筑安装装饰及其他建筑业、邮政业、批发业、装卸搬运及仓储业、铁路运输业等15个行业低于50%。

12月中国非制造业商务活动指数各分项指数变化如下。

新订单指数环比下降。12月，新订单指数为39.1%，环比下降3.2个百分点。分行业来看，建筑业新订单指数为48.8%；服务业新订单指数为37.4%。21个行业中，航空运输业、土木工程建筑业和金融业3个行业高于50%；房屋建筑业、电信广播电视和卫星传输服务业、邮政业、批发业和装卸搬运及仓储业等18个行业低于50%。

投入品价格指数环比下降。12月，投入品价格指数为49.2%，环比下降0.7个百分点。分行业来看，建筑业投入品价格指数为51.2%；服务业投入品价格指数为48.9%。21个行业中，航空运输业、住宿业、建筑安装装饰及其他建筑业、餐饮业和土木工程建筑业等11个行业高于50%；金融业位于50%；租赁及商务服务业、房地产业、装卸搬运及仓储业、零售业和邮政业等9个行业低于50%。

销售价格指数环比下降。12月，销售价格

指数为 47.5%，环比下降 1.2 个百分点。分行业来看，建筑业销售价格指数为 50%；服务业销售价格指数为 47%。21 个行业中，邮政业、航空运输业、土木工程建筑业、互联网及软件信息技术服务业、铁路运输业 5 个行业高于 50%；电信广播电视和卫星传输服务业、房屋建筑业、建筑安装装饰及其他建筑业、租赁及商务服务业、生态保护环境治理及公共设施管理业等 16 个行业低于 50%。

从业人员指数环比下降。12 月，从业人员指数为 42.9%，环比下降 2.6 个百分点。分行业来看，建筑业从业人员指数为 45.7%；服务业从业人员指数为 42.4%。21 个行业中，邮政业高于 50%；金融业、批发业、土木工程建筑业、电信广播电视和卫星传输服务业、航空运输业等 20 个行业低于 50%。

2022 年 1—12 月中国非制造业商务活动指数走势如下图所示。

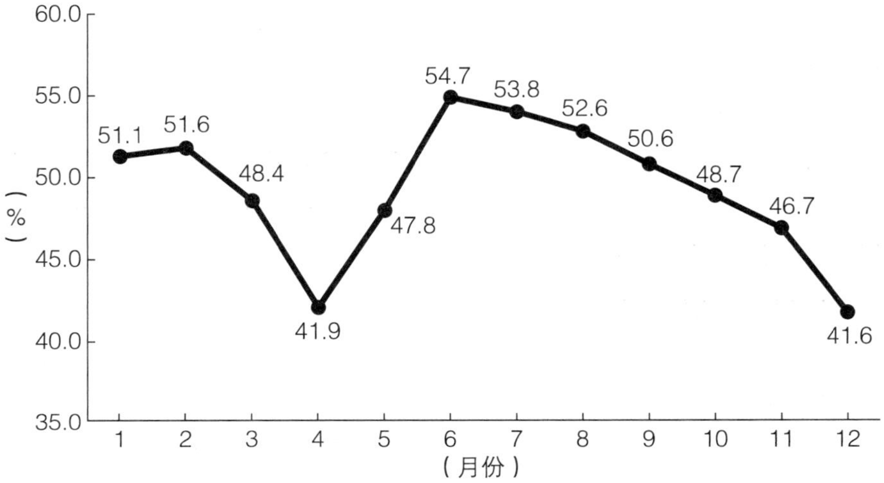

2022 年 1—12 月中国非制造业商务活动指数走势

（中国物流信息中心）

第三部分

物流产业

2022 年中国交通运输业

2022 年，中共二十大胜利召开，擘画了以中国式现代化全面推进中华民族伟大复兴的宏伟蓝图，开启了党领导全国各族人民全面建设社会主义现代化国家、向第二个百年奋斗目标进军的新征程。这一年，全球疫情形势迎来关键拐点，我国统筹疫情防控和经济社会发展，因时因势优化调整防控政策措施，最大限度保护了人民群众生命安全和身体健康，实现全年经济增长 3.0%，面对日趋严峻复杂的国际环境和依然艰巨繁重的国内发展改革任务，我国交通运输行业在以习近平同志为核心的党中央坚强领导下，以习近平新时代中国特色社会主义思想为指导，深入学习贯彻中共二十大精神，继续推进交通强国建设，高质量发展取得新成效。全年完成交通固定资产投资总额 3.8 亿元，比上年增长 6%，约占全社会固定资产投资总额的 6.6%，与上年基本持平。

一、基础设施

1. 铁路

2022 年，我国完成铁路固定资产投资 7109 亿元，比上年下降 5.1%，全年新建铁路投产里程 4100 公里，其中，高速铁路 2082 公里。截至 2022 年年底，全国铁路营业里程达到 15.5 万公里，其中，高铁营业里程 4.2 万公里。路网密度 161.1 公里/万平方公里，比上年增加 4.4 公里/万平方公里。复线率和电气化率分别达到 59.6% 和 73.8%。

2. 公路

2022 年，我国完成公路固定资产投资 28527 亿元，比上年增长 9.7%。其中，高速公路完成投资 16262 亿元，同比增长 7.3%；普通国省道完成投资 5973 亿元，同比增长 6.5%；农村公路建设完成投资 4733 亿元，同比增长 15.6%。全年全国 832 个脱贫县完成公路固定资产投资 8273 亿元，同比增长 9.1%。

截至 2022 年年底，全国公路总里程 535.48 万公里，比上年年末增加 7.41 万公里。公路密度 55.78 公里/百平方公里，增加 0.77 公里/百平方公里。二级及以上等级公路里程达到 74.36 万公里，增加 2.0 万公里，占公路总里程的 13.9%。高速公路里程 17.73 万公里，比上年年末增加 0.82 万公里，其中，国家高速公路 11.99 万公里，增加 0.29 万公里。农村公路 453.14 万公里，其中，县道里程

69.96 万公里，乡道里程 124.32 万公里，村道里程 258.86 万公里。

3. 水路

2022 年，我国完成水路固定资产投资 1679 亿元，比上年增长 10.9%。其中，内河建设完成投资 867 亿元，增长 16.7%；沿海建设完成投资 794 亿元，增长 9.8%。

（1）内河航道。

截至 2022 年年底，全国内河航道通航里程 12.8 万公里，比上年年末增加 0.04 万公里。等级航道里程 6.75 万公里，占总里程的 52.7%，其中，三级及以上航道 1.48 万公里，占总里程的 11.6%。

（2）港口。

截至 2022 年年底，我国港口拥有生产用码头泊位 21323 个，比上年年末增加 456 个。其中，沿海港口生产用码头泊位 5441 个，增加 22 个；内河港口生产用码头泊位 15882 个，增加 434 个。全国港口拥有万吨级及以上泊位 2751 个，比上年年末增加 456 个。其中，沿海港口万吨级及以上泊位 2300 个，增加 93 个；内河港口万吨级及以上泊位 451 个，减少 1 个。万吨级及以上泊位中，专业化泊位 1468 个，比上年年末增加 41 个，通用散货泊位和通用件杂货泊位分别为 637 个和 434 个，分别增加 41 个和 13 个。

4. 民航

2022 年，我国完成民航固定资产投资 1231 亿元，比上年增长 0.7%。截至 2022 年年底，我国颁证民用运输机场 254 个，比上年年末增加 6 个，其中，定期航班通航机场 253 个，定期航班通航城市 249 个。全年旅客吞吐量达到 100 万人次以上的机场 69 个，其中达到 1000 万人次以上的机场 18 个。全年货邮吞吐量达到 1 万吨以上的机场 51 个，全国第一个专业货运机场——鄂州花湖机场正式投运。

5. 城市轨道交通

截至 2022 年年底，我国内地共有 55 个城市开通运营城市轨道交通，其中，南平、金华、南通、台州、黄石 5 个城市首次开通城市轨道交通。城市轨道交通运营线路 308 条、运营里程 10287.45 公里，其中，地铁运营线路 8008.17 公里，轻轨运营线路 219.75 公里。2022 年我国交通基础设施规模及增长情况如下表所示。

2022 年我国交通基础设施规模及增长情况

指标	单位	2021 年	2022 年	比上年增长
铁路营业里程	万公里	15.0	15.5	0.5
#高速铁路	万公里	4.0	4.2	0.2
公路通车里程	万公里	528.07	535.48	7.41
#高速公路	万公里	16.9	17.73	0.82
内河航道通航里程	万公里	12.76	12.8	0.04
#等级航道	万公里	6.72	6.75	0.03
港口生产用码头泊位	个	20867	21323	456
#万吨级及以上泊位	个	2659	2751	92
民用运输机场	个	248	254	6
城市轨道交通运营里程	公里	8735.6	10287.45	1551.85

6. 输油气管道

截至2022年年底，我国输油气管道总里程超过18万公里。

二、运输服务

1. 运输总量

2022年，受国内疫情散发多发、反复跌宕等因素影响，客运方面，公众出行规模明显下降，旅客运输量同比大幅下滑，货运物流方面，通过因时因势调整优化保供保畅各项举措，市场基本保持稳定。2022年，全社会完成营业性客运量55.9亿人次，比上年下降32.7%，完成旅客周转量12921.5亿人公里，比上年下降34.6%。全年完成营业性货运量506.6亿吨，比上年下降3.1%，完成货物周转量226161.0亿吨公里，比上年增长3.4%。

全国港口完成货物吞吐量156.85亿吨，比上年增长0.9%。其中，外贸货物吞吐量46.07亿吨，比上年下降1.9%，完成集装箱吞吐量2.96亿标准箱，比上年增长4.7%。全国港口完成集装箱铁水联运量874.7万标准箱，比上年增长16.0%。全国民航运输机场完成旅客吞吐量5.2亿人，同比下降42.7%，完成货邮吞吐量14536.1万吨，同比下降18.5%。

2. 运输结构

在旅客运输方面，各种运输方式运输量均比上一年有所降低。铁路客运量同比降幅较大，达到35.9%，占比降为29.9%，但由于在中长途运输中发挥的作用持续提升，周转量比重提高至50.9%，高铁、城际列车在旅客出行中所占比重进一步上升。公路客运占比小幅回升，客运量和旅客周转量所占比重分别提高至63.5%和18.6%。水路客运量也呈现下降趋势，客运量和旅客周转量同比分别下降28.8%和31.7%，所占比重与上年基本持平，分别为2.1%和0.2%。航空客运受疫情冲击较大，客运量和旅客周转量同比分别下滑42.9%和40.1%，所占比重分别为4.5%和30.3%。

在货物运输方面，运输结构持续优化调整，铁路、水路等绿色交通方式占比继续提高。铁路货运量和货物周转量增速分别达到4.4%和8.1%，占比分别达到9.8%和15.9%。公路货运量和货物周转量同比分别下降5.5%和1.2%，占比分别为73.3%和30.5%。水路货运稳定增长，货运量、货物周转量同比分别增长3.8%和4.7%，占比分别为16.9%和53.5%，内河货运量、货物周转量增速超过海洋货物运输量。民航货邮量降幅较大，货邮量和货邮周转量同比分别降低17.0%和8.7%。

3. 运输质量

2022年，旅客运输服务水平稳步提升，公众出行体验继续改善。铁路部门科学分析旅客出行规律，精准实施“一日一图”，推广新型票制、商务座提质等服务，全面推行电子化补票，持续增开旅游专列。全国超过2200个二级及以上汽车客运站实现电子客票服务，全年开行定制客运线路4000余条，私家车等个性化出行趋势明显，高速公路9座及以下小客车出行量达170亿人。民航平均航班正常率为94.98%，251家机场实现“无纸化”便捷出行，41家千万级大型机场开通旅客“易安检”服务，比普通安检时间缩减38.7%，国内行李全流程跟踪率达到18.1%。各行业出色完成冬奥运输服务保障工作，北京冬奥组委、北京市、张家口市共同筹措6800余辆服务用车和1.3万余名驾驶员，国铁集团开发了12306冬奥订票专区，累计开行赛时冬奥列车1664列、运送旅客9.2万人次，国航为保障运动员大件行李运输，制定冬奥会和冬残奥会运动器械器具运输标准，为赛事提供专业保障。

2022 年，落实疫情防控各阶段要求，交通物流保通保畅成效显著。铁路对关系国计民生的煤炭、石油、粮食、化肥等重点物资实行精准保供，坚定不移实施“以货补客”，深入开展货运增量攻坚战，优化 95306 系统功能，持续提升用户体验和网上办理效率。多式联运加快发展，大宗货物和中长途货物运输“公转铁”“公转水”有序推进。国际物流供应链稳定畅通，中欧班列已通达欧洲 25 个国家的 200 多个城市，全年开行量达 1.6 万列、增长 9%，西部陆海新通道班列发送货物 75.6 万标准箱，增长 18.5%。快递业规模继续扩张，全年完成业务量 1105.8 亿件，完成业务收入 10566.7 亿元，同比分别增长 2.1% 和 2.3%。

三、运输装备

截至 2022 年年底，我国铁路机车拥有量为 2.21 万台，比上年年末增加 0.04 万台，其中，内燃机车为 0.78 万台，电力机车为 1.42 万台。铁路客车拥有量为 7.7 万辆，比上年年末减少 0.02 万辆，其中，动车组为 4194 标准组、33554 辆，分别增加 41 标准组、333 辆。铁路货车拥有量为 99.7 万辆，比上年年末增加 3.1 万辆。

全国民用汽车保有量达到 31903 万辆（包括三轮汽车和低速货车 719 万辆），比上年年末增加 1752 万辆，其中，私人汽车保有量为 27873 万辆，增加 1627 万辆。民用轿车保有量为 17740 万辆，增加 1003 万辆，其中，私人轿车保有量为 16685 万辆，增加 954 万辆。拥有公路营运汽车 1222.08 万辆，其中，载客汽车为 55.42 万辆，载货汽车为 1166.66 万辆，分别比上年年末减少 3.28 万辆和 6.60 万辆。营运货车中，普通货车为 387.69 万辆，专用货车为 63.43 万辆，牵引车为 354.18 万辆，挂车为 361.36 万辆，占比分别为 33.2%、5.4%、30.4%、31.0%，结构进一步优化。

全国拥有水上运输船舶 12.19 万艘，比上年年末减少 0.40 万艘，净载重量 2.98 亿吨，载客量 86.18 万客位，集装箱箱位 298.72 万标准箱，分别比上年年末增加 0.13 亿吨、0.40 万客位和 10.29 万标准箱，船舶大型化趋势明显。

全国民航运输飞机在册架数为 4165 架，比上年年末增加 111 架，其中，客运飞机 3942 架，货运飞机 223 架，分别比上年年末增加 86 架和 25 架。客运飞机中宽体飞机 472 架、窄体飞机 3225 架、支线飞机 245 架。货运飞机中大型货机 50 架、中小型货机 173 架。通用航空在册航空器 3186 架。全行业注册无人机共计 95.8 万架。

全国拥有公共汽电车 70.32 万辆，比上年年末减少 0.63 万辆，其中，纯电动车 45.55 万辆，占整个城市公共汽电车的比重为 64.8%，同比提高 5.6 个百分点。拥有城市轨道交通配属车辆 6.26 万辆，比上年年末增加 0.53 万辆。拥有巡游出租汽车 136.2 万辆，比上年年末减少 2.93 万辆。拥有城市客运轮渡船舶 183 艘，比上年年末减少 13 艘。

四、技术标准

2022 年，交通运输领域持续加强科技创新，继续推动技术标准体系建设工作。全年共有 323 项科技成果入选年度交通运输重大科技创新成果库，320 项科技成果进入铁路重大科技创新成果库。全年铁路行业认定重点实验室

13 个、工程研究中心 13 个，共有 27 项专利获第二十三届中国专利奖。年末公路水路领域共有 60 个行业重点实验室，86 个行业研发中心，19 个协同创新平台，13 个野外科学观测研究基地。全年民航承担国家重点研发计划项目立项 7 项，国家自然科学基金民航联合研究基金重点项目立项 18 项，民航科技成果评价共 90 项，评选中国航空运输协会民航科学技术奖 39 项。全年交通运输行业共发布国家和行业标准 244 项。

五、交通安全

2022 年，全国铁路交通未发生特别重大、重大事故，发生较大事故 5 件，比上年增加 4 件，事故死亡人数同比下降 14.6%。公路水运工程建设领域未发生重特大事故，发生生产安全事故 47 起、死亡 61 人，分别比上年下降 26.6% 和 32.2%，共发生运输船舶水上交通事故（等级事故）103 起，比上年下降 20.2%，死亡失踪 88 人、下降 42.5%，沉船 33 艘、下降 28.3%，港口作业领域发生生产安全一般事故 9 起、死亡 8 人，未发生较大及以上等级事故。运输航空百万架次重大事故率十年滚动值为 0.011，通用航空事故万架次率为 0.0367。邮政领域共发生事故 2 起，比上年减少 6 起。

六、绿色发展

2022 年，在建设交通强国和实现“双碳”目标的双重压力下，交通运输持续推动绿色发展，加大节能减排力度，积极发展新能源和清洁能源运输工具。国家铁路能源消耗折算标准煤 1512.58 万吨，比上年减少 74.33 万吨，单位运输工作量综合能耗 3.91 吨标准煤/百万换算吨公里，比上年减少 0.17 吨标准煤/百万换算吨公里，单位运输工作量主营综合能耗 3.88 吨标准煤/百万换算吨公里，比上年减少 0.16 吨标准煤/百万换算吨公里，化学需氧量排放量 1448 吨，二氧化硫排放量 1228 吨，分别比上年减少 158 吨和 1112 吨。民航吨公里油耗为 0.302 公斤，机场电力、天然气、外购热力占比达到 82.8%，太阳能、地热能等清洁能源占比约 1.0%，平均每客能耗和每客二氧化碳排放分别较基线（2013—2015 均值）上升 26.1% 和下降 21.6%。

注释：

［1］文中统计数据未包括香港、澳门特别行政区及台湾省。

［2］各项统计数据因四舍五入的原因，存在合计数据与分项加总数据不等的情况。

数据来源：《中华人民共和国 2022 年国民经济和社会发展统计公报》《2022 年交通运输行业发展统计公报》《2022 年铁道统计公报》《2022 年民航行业发展统计公报》《2022 年邮政行业发展统计公报》《城市轨道交通 2022 年度统计和分析报告》。

（谢雨蓉　樊一江）

2022 年中国港口物流业

2022 年，全球新冠肺炎疫情进一步得到控制，但各国相继结束了巨额财税刺激政策，加上地缘政治冲突、国际贸易制裁等国际事件频发，全球经济增长势头减弱，全球贸易量增速大幅收窄，海运贸易需求与港口吞吐量增幅也均呈现大幅收窄态势。在此背景下，我国港口生产形势同样转弱，尤其第二季度受疫情影响严重出现吞吐量负增长，但全年规模以上港口货物吞吐量、集装箱吞吐量分别保持 0.9%、4.7% 的增长幅度，呈现出较强的韧性。同时，近两年我国逐渐加大了水运基础设施投资建设，2022 年沿海枢纽港口产能扩充稳步推进，内河港口处于快速拓展期。

一、货物吞吐量大幅回落但仍保持增长，吞吐量下跌的港口超过三成

2022 年，我国规模以上港口完成货物吞吐量 156.85 亿吨，同比增长 0.9%，与上一年 6.9% 的增速相比有较大幅度回落。分季度来看，2022 年仅第二季度因部分外向型制造产业停工导致增速降至负区间，其余季度均保持正增长。其中，规模以上港口吞吐量下跌的超过三成，北方港口增速表现略好于南方，自“俄乌冲突”爆发后，欧美贸易制裁措施相继落地，导致国际大宗商品价格一路走高，受价格高涨影响，我国油品、铁矿石、煤炭等进口贸易需求大幅回落，由此使环渤海湾等北方港口煤炭、矿石下水量激增，带动北方港口吞吐量上涨；而南方除个别散杂货接卸港外，如深圳、厦门、东莞等大部分港口因外贸形势不佳而导致吞吐量下滑。虽然为促进内需，政府出台一系列减税措施，很大程度上缓解了加工制造产业困境，但外贸疲软依然难掩港口货量下滑态势，加之房地产投资放缓、消费市场信心不足，对港口增长造成不利影响。而我国香港和台湾的港口同样受外贸形势低迷及供应链物流不畅等因素影响，高雄、台中、基隆等港口均陷入负增长，而香港港更是全年跌幅超过 10%，年末出口同比跌幅接近 29%，创下 70 年以来最大单月跌幅。2019—2022 年各季度我国大陆规模以上港口货物吞吐量增速如图 1 所示。

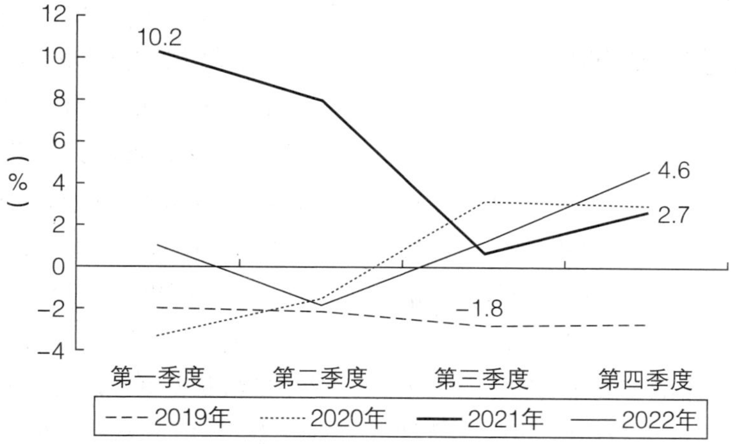

图1　2019—2022 年各季度我国大陆规模以上港口货物吞吐量增速

二、内贸货物吞吐量率先恢复支撑，货物吞吐量小幅增长

2022 年外贸货物吞吐量增速为 -1.9%，由 2021 年 4.5%的增速转为负增长，主要由于年内国际大宗商品价格保持高位运行，我国原油、铁矿石以及煤炭海运进口量均有一定幅度下降，尤其煤炭外贸吞吐量受欧洲国家在全球范围抢购煤炭影响，大幅下降 13.6%。相较而言，内贸货物吞吐量增速虽有回落，但仍保持 2.1%的增速持续增长，其间，仅在第二季度出现负增长，主要由于我国煤炭、原油等大宗散货产量增加，相应货类的内贸货物吞吐量也有一定幅度增长，是我国港口货物吞吐量实现小幅增长的主要推动力。2020—2022 年各季度我国大陆港口内外贸货物吞吐量及增速如图 2 所示。

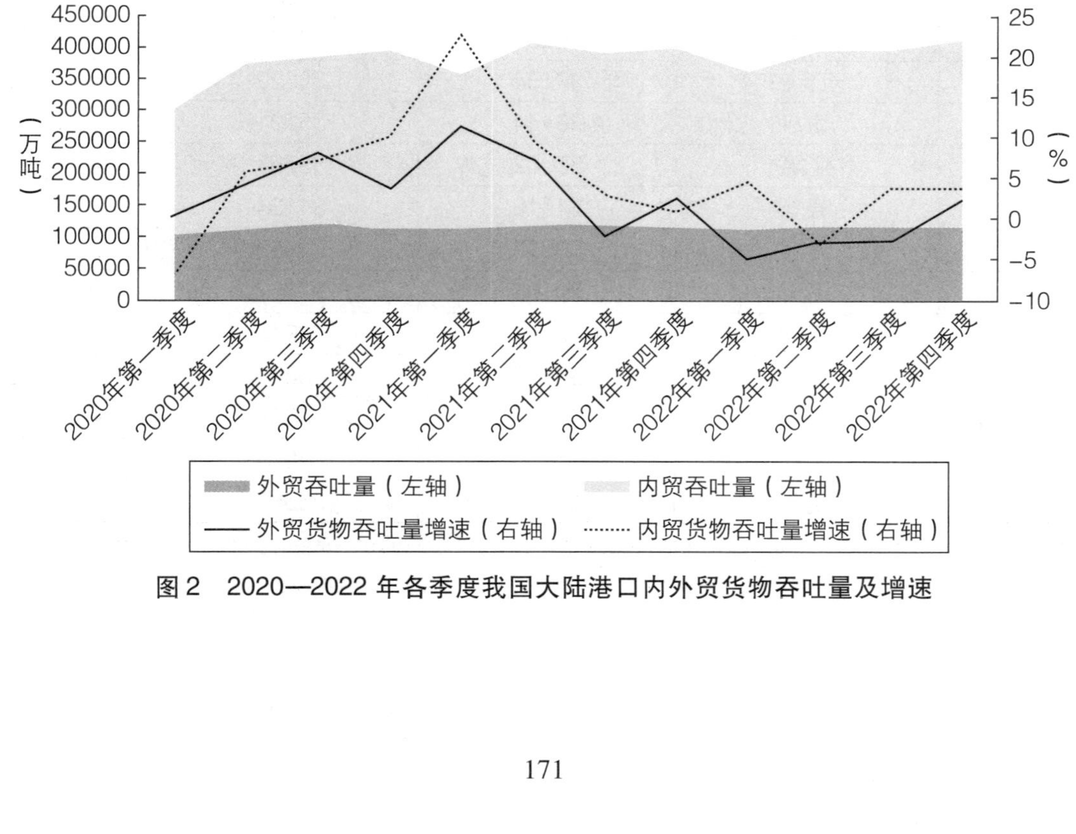

图2　2020—2022 年各季度我国大陆港口内外贸货物吞吐量及增速

三、前20大港口货物吞吐量保持平稳增势

我国前20大港口中，上海港受煤炭、粮食和机械设备贸易影响，吞吐量出现5.4%的明显下跌，大连港、南通港、深圳港和湛江港也出现了不同程度的下跌，其余枢纽港依然保持平稳增势。其中，环渤海地区的唐山、烟台、日照等港口因内贸煤炭与矿石下水规模扩大，使货物吞吐量增速均超过5%；同时，各港口持续加强干散货作业系统建设力度，唐山域内的曹妃甸和京唐港区均有重点项目建成投产，支撑煤炭和矿石作业量增长；而青岛董家口矿石码头也通过技术实现堆料过程全自动化，极大地缩短了矿石作业时间；加之注册在青岛的贸易、金融和航运企业增多，带动更多货源向青岛港集聚。此外，烟台港滚装车辆吞吐量超过40万辆，同比增长35%，助力货物吞吐量增长9.3%；而煤炭贸易也使连云港港口货物吞吐量增速接近12%。2022年我国前20大港口货物吞吐量排名如表1所示。

表1　2022年我国前20大港口货物吞吐量排名

港口排名	港口名称	2022年（万吨）	2021年（万吨）	同比增长（%）
1（1）	宁波舟山	126134	122405	3.0
2（3）	唐山	76887	72240	6.4
3（2）	上海	72777	76970	-5.4
4（4）	青岛	65754	63029	4.3
5（5）	广州	65592	62367	5.2
6（6）	苏州	57276	56590	1.2
7（7）	日照	57057	54117	5.4
8（8）	天津	54902	52954	3.7
9（9）	烟台	46257	42337	9.3
10（10）	广西北部湾	37134	35822	3.7
11（11）	泰州	36444	35291	3.3
12（12）	江阴	35062	33757	3.9
13（14）	黄骅	31510	31134	1.2
14（13）	大连	30613	31553	-3.0
15（17）	福州	30164	27352	10.3
16（18）	连云港	30111	26918	11.9
17（15）	南通	28508	30851	-7.6
18（16）	深圳	27243	27838	-2.1
19（19）	南京	27155	26855	1.1
20（20）	湛江	25376	25555	-0.7

注：（1）“港口排名”列中，括号外的数字为该港2022年排名，括号内数字为2021年排名；（2）港口数据包含沿海与内河吞吐量，广州港内河吞吐量在2022年纳入统计。

资料来源：中国交通运输部。

四、集装箱增速有所回落，但增长表现优于货物吞吐量

2022年，随着“后疫情”时代“报复性”增长的贸易需求释放，全球商品贸易重回理性，而各国财税刺激政策和宽松货币政策的退出，对全球集装箱商品贸易造成直接打压。由于贸易需求的减少，国际班轮海运费也呈现“断崖式”下跌，大量空箱集聚亚洲港口，全球海运集装箱规模快速回落。2022年，我国大陆港口共完成集装箱吞吐量2.96亿标准箱，同比增长4.7%，与上一年7.0%的增速相比略有回落。虽然欧美消费市场因通货紧缩政策陷入疲软，但随着RCEP（《区域全面经济伙伴关系协定》）等自由贸易协定生效，我国与协定区域内港口之间的集装箱贸易更加频繁，包括进一步加强对东南亚热带水果、橡胶和药材的进口，与日韩之间集成电路、机械设备与化工材料的贸易也维持相对平稳态势。同时，我国大力促进北煤南运“散改集”与内贸集装箱运输，使我国港口集装箱吞吐量依然维持正向增长。此外，随着欧亚航线和太平洋航线贸易需求减少，凭借相对便宜的土地成本，大量空箱集中调运至我国港口堆存，一定程度上也增加了我国港口的装卸规模。2019—2022年我国规模以上港口集装箱吞吐量增速如图3所示。

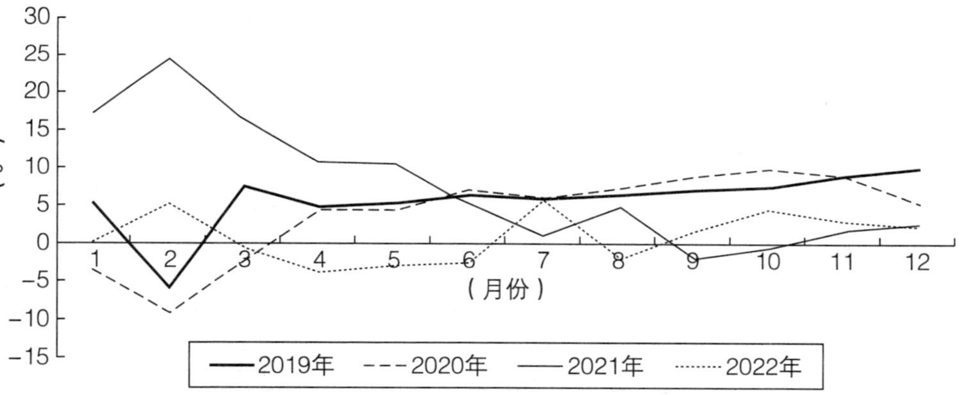

图3　2019—2022年我国规模以上港口集装箱吞吐量增速

五、20大港口集装箱吞吐量保持稳定增长

我国前20大港口集装箱吞吐量总体涨势良好，仅营口、东莞和佛山等港口处于下跌状态，数量较上一年度略有减少，这3个负增长港口属于连续数年的持续下跌状态，主要受省域内港口资源整合影响，大部分货量持续向大连、广州等枢纽港转移。上海、深圳、广州、厦门等港口受外贸需求疲软影响较大，增速出现明显回落；上海港虽仍居榜首，但集装箱吞吐量增速仅有0.6%，而上海港自身产能不足的瓶颈也越加凸显。相较之下，宁波舟山港和青岛港不仅发挥产能充足的优势，还逐步加强海铁联运、河海联运、水水中转等多式联运优势，积极提升口岸服务效率，拓展货源腹地，使集装箱吞吐量保持较高速度增长。此外，大连与连云港等港口成立市场开发专班，重点加强临港产业园建设，并依托国际班列（大连中

欧班列开行数量增长超过47%、连云港新辟至俄罗斯运输通道）和铁路"快速通关""抵港直装""船边直取"等业务模式，实现集装箱吞吐量的快速增长。2022年我国前20大港口集装箱吞吐量排名如表2所示。

表2　　2022年我国前20大港口集装箱吞吐量排名

港口排名	港口	2022年（万标准箱）	2021年（万标准箱）	同比增长（%）
1（1）	上海	4730	4703	0.6
2（2）	宁波舟山	3335	3108	7.3
3（3）	深圳	3004	2877	4.4
4（5）	青岛	2567	2371	8.3
5（4）	广州	2486	2418	2.8
6（6）	天津	2102	2027	3.7
7（7）	厦门	1243	1205	3.2
8（8）	苏州	908	811	12.0
9（10）	日照	580	517	12.2
10（11）	连云港	557	503	10.7
11（12）	钦州	541	463	16.8
12（9）	营口	500	521	−4.0
13（15）	大连	446	367	21.5
14（16）	烟台	412	365	12.9
15（17）	福州	346	345	0.3
16（14）	东莞	341	369	−7.6
17（20）	嘉兴	336	259	29.7
18（18）	唐山	329	334	−1.5
19（13）	佛山	322	371	−13.2
20（19）	南京	320	311	2.9

注：（1）"港口排名"列中，括号外的数字为该港2022年排名，括号内数字为2021年排名；（2）港口数据包含沿海与内河集装箱吞吐量。

资料来源：中国交通运输部，上海国际航运研究中心（SISI）整理。

六、继续稳步推进港口投资建设

2020年以来，在新冠肺炎疫情背景下，我国在全球供应链中发挥了重要支撑作用，但我国港口逐渐出现供给能力不足，尤其是集装箱枢纽港口普遍出现利用率过高的情况，因此2022年继续稳步推进水运基础设施投资建设，水路固定资产投资额增速达10.9%，洋山港区小洋山北侧作业区项目等一批集装箱港口建设工程稳步有序推进或竣工落地，支撑港口高质量发展目标。其中，沿海集装箱枢纽港口产能扩充稳步推进，上海、宁波舟山、深圳、青岛等港口着力推进码头连片开发，内河集装箱港口也处于快速拓展期，太仓、合肥、阳逻等地高标准打造新集装箱内河港。2001—2022年我国水路交通固定资产投资额走势如图4所示。

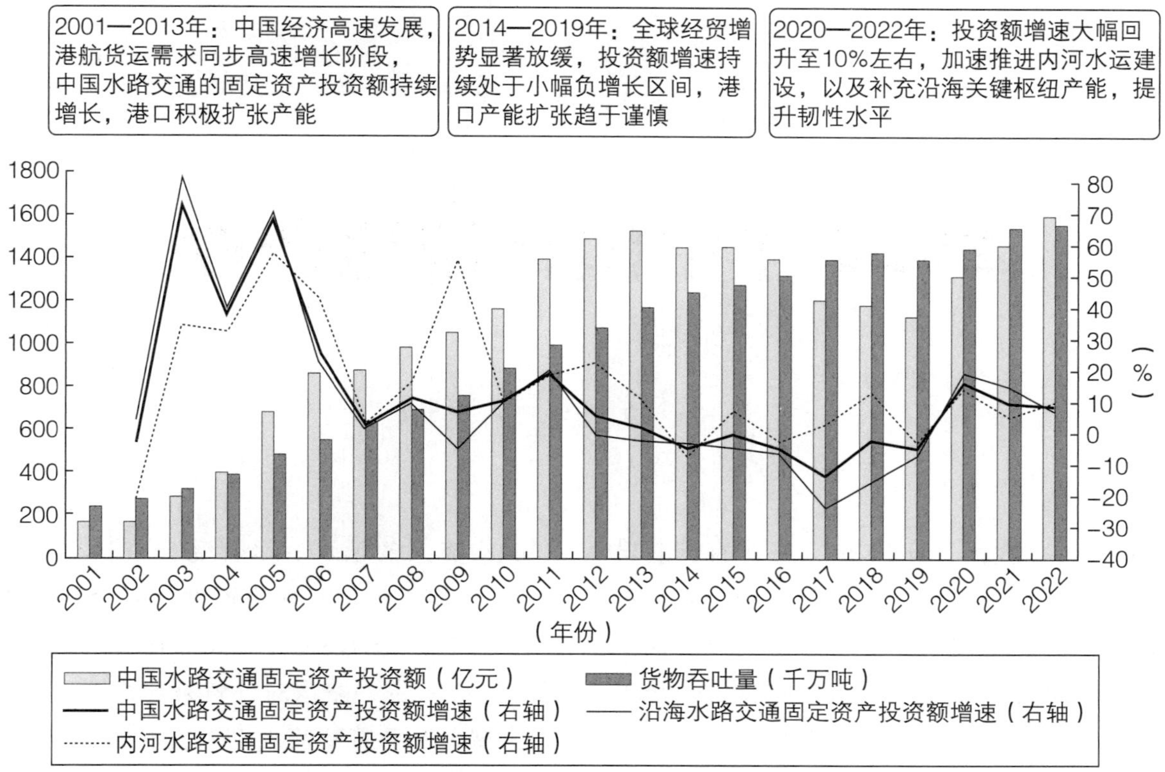

图4　2001—2022年我国水路交通固定资产投资额走势

资料来源：中国交通运输部。

（上海国际航运研究中心　谢文卿）

2022 年中国物流地产业

2022 年是我国“十四五”规划的承上启下之年，面对风高浪急的国际形势和艰巨繁重的国内改革发展稳定任务，全年国民经济顶住压力持续发展，经济社会大局保持稳定。全年国内生产总值 1210207 亿元，比上年增长 3%。分季度来看同比增长，由于疫情变化影响，前半年变化较大（第一季度 4.8%，第二季度 0.4%），后半年有所回升。在国民经济稳中有进的背景下，尽管 2022 年我国物流行业景气指数大多处于收缩区间，但总体而言，我国物流业实现平稳运行，主要经济指标实现平稳增长。2022 年全国社会物流总额达到 347.6 万亿元，同比增长 3.4%；全年物流业总收入达到 12.7 万亿元，同比增长 4.7%；全国社会物流总费用达到 17.8 万亿元，同比增长 4.4%。

在此背景下，物流相关行业固定资产投资继续增长，多部“十四五”发展规划的出台，为物流地产的高质量发展指明了方向。物流地产行业总体投融资活动较为谨慎，然而仓储类基础设施公募表现较好，物流地产资产证券化得到投资人的认可。尽管受到疫情变化的影响，仓储物流市场波动较大，但是在扩大内需、消费恢复的预期下，高标仓市场需求依然稳健。“一带一路”对外贸易和跨境电商的快速发展，推动着物流地产行业拓展海外市场，物流企业加快出海布局，2022 年我国物流地产发展态势较为平稳。

一、物流相关行业固定资产投资继续增长，政策助力行业高质量发展

据国家统计局数据显示，2022 年全国固定资产投资（不含农户）572138 亿元，比上年增长 5.1%。全国交通运输、仓储和邮政业固定资产投资额增速增长显著，由上年的 1.6% 上升到 9.1%。其中，铁路运输业投资额比上年增长 1.8%，道路运输业投资额比上年增长 3.7%。2016—2022 年全国交通运输、仓储和邮政业固定资产累计投资额增长情况如图 1 所示。

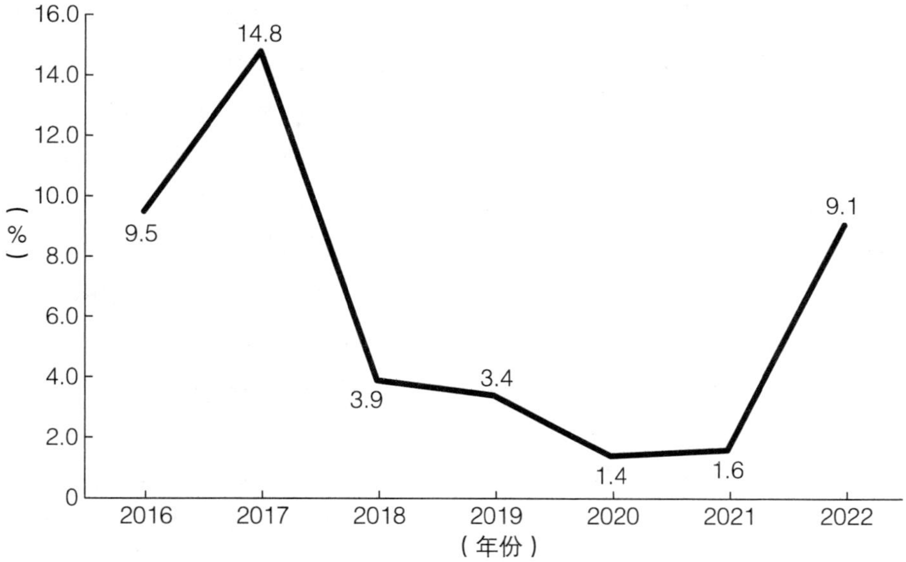

图1 2016—2022年全国交通运输、仓储和邮政业固定资产累计投资额增长情况

资料来源：国家统计局。

交通运输部发布，2022年1—11月，完成交通固定资产投资3.5万亿元，同比增长5.8%。其中，完成公路投资和水运投资分别为2.6万亿元和1478亿元，同比增长分别为9.1%和10.2%。截至2022年年底，全国综合交通运输网络总里程超过600万公里；全国铁路营业里程达15.5万公里，其中，高铁4.2万公里；公路通车里程535万公里，其中，高速公路17.7万公里；港口拥有生产性码头泊位2.1万个，全国内河航道通航里程12.8万公里；民用颁证机场达254个；共有53个城市开通运营城市轨道交通，运营总里程9584公里。

政策方面，2022年，国务院颁布了多部"十四五"发展规划，从各个角度对我国物流行业的发展提出了更高的要求，也为物流地产的高质量发展指明了方向。我国首部数字经济五年发展规划《"十四五"数字经济发展规划》，将"智慧物流"列为七大重点行业之一，提出"大力发展智慧物流""打造智慧供应链体系""建设智能仓储体系，提升物流仓储的自动化、智能化水平"。我国首部现代物流五年发展规划《"十四五"现代物流发展规划》指出，"到2025年，基本建成供需适配、内外联通、安全高效、智慧绿色的现代物流体系"，要"完成120个左右国家物流枢纽、100个左右国家骨干冷链物流基地布局建设，基本形成以国家物流枢纽为核心的骨干物流基础设施网络""建设20个左右国家物流枢纽经济示范区"。此外，由国家发展改革委出台的《"十四五"现代流通体系建设规划》，由民航局印发的《"十四五"航空物流发展专项规划》，由国家发展改革委、交通运输部联合印发的《国家公路网规划》等，均从政策规划的顶层设计上指导我国物流地产行业高质量发展。

在2022年国家层面出台的物流行业相关政策规划中，冷链物流相关的政策规划超过了52项，其中，由国务院联合其他部委共同出台11项以上，由交通运输部联合其他部委共同出台19项以上。农业农村部、财务部、科技部、国家市场监督管理总局、国家铁路局、中国民用航空局等各部门均参与出台相关政策，从冷链智能装备研发、农产品冷链物流设施建设及冷链疫情防控等各个角度，联合指导冷链物流高质量发展。根据中物联冷链委不完全统计数据显示，全国各省市地方政府陆续出台了冷链物流相关政策和规划超过481项，其中涉及各地“十四五”建设的相关冷链物流政策规划超过96项，主要结合各省市经济发展结构、自身资源及建设情况，重点在补齐设施短板、畅通物流通路，推动各地冷链物流体系逐步完善。

二、物流地产行业投融资活动谨慎，仓储类基础设施公募表现较佳

2022年全年，受疫情及国际形势变化等因素影响，地产类投资交易活动放缓，物流行业投融资活动较为谨慎。从商业地产的整体数据来看，商业地产的投资额总体下降。根据仲量联行数据显示，2022年亚太区商业房地产投资总额1290亿美元，同比下降27%，中国市场录得商业地产投资总额248亿美元，同比下降37%。

从物流行业融资情况来看，2022年物流行业企业融资额度要低于上一年度。根据运联研究院的统计数据显示，2022年全年物流行业共完成79笔融资，融资总额为688亿元。尽管融资事件在数量上保持连续3年每年70笔以上的记录，但融资总额同比降低36%，巨额融资事件较少，融资额度普遍较小，其中20亿元以上的巨额融资事件只有5起（2021年为23起）。2022年物流行业只有7家企业成功上市（2021年为14家）。

尽管物流行业整体投融资活动较为谨慎，但仓储物流类基础设施公募REITs（不动产投资信托基金）作为物流地产资产证券化的体现方式，在资本市场中表现较好，得到投资人的认可。目前在已上市的24只基础设施公募REITs中，有14只REITs在2022年没有获得正向收益。而仓储物流类REITs，包括中金普洛斯REITs和红土创新盐田港REITs，2022年全年的涨幅高于大多数REITs。其中，中金普洛斯REITs全年涨幅13.93%，在基础设施公募REITs涨跌幅排序中排名第一，红土创新盐田港REITs全年涨幅2.57%，排名第六位。2022年年底，我国首个民营仓储物流REITs、同时也是我国第三只仓储物流REITs——嘉实京东仓储基础设施REITs正式上市。

三、疫情变化影响仓储物流市场波动，高标仓市场需求稳健

2022年我国仓储物流市场全年波动较大，整体呈现前高后低的趋势。根据物联云仓数据统计的全国通用仓储空置率和平均月租金全年变化数据显示，2022年第一季度保持了上一年度的空置率和租金水平，然而4月、5月受到疫情变化影响，平均月租金下跌，空置率上升。下半年平均月租金有所回升，市场整体较为稳定（见图2）。

分城市来看，一线城市仓储物流市场的表现普遍优于其他城市。一线城市（北京、上海、广州、深圳）大多空置率不高，在空置率有所上升的情况下依然能够保持平均月租金上涨；二线城市则表现各异，空置率较高的部分城市，如重庆、武汉，出现平均月租金下跌的状况，空置率较低的城市，如成都、东莞，出现平均月租金小幅上涨的情况。2022年部分城市租金及空置率情况如下表所示。

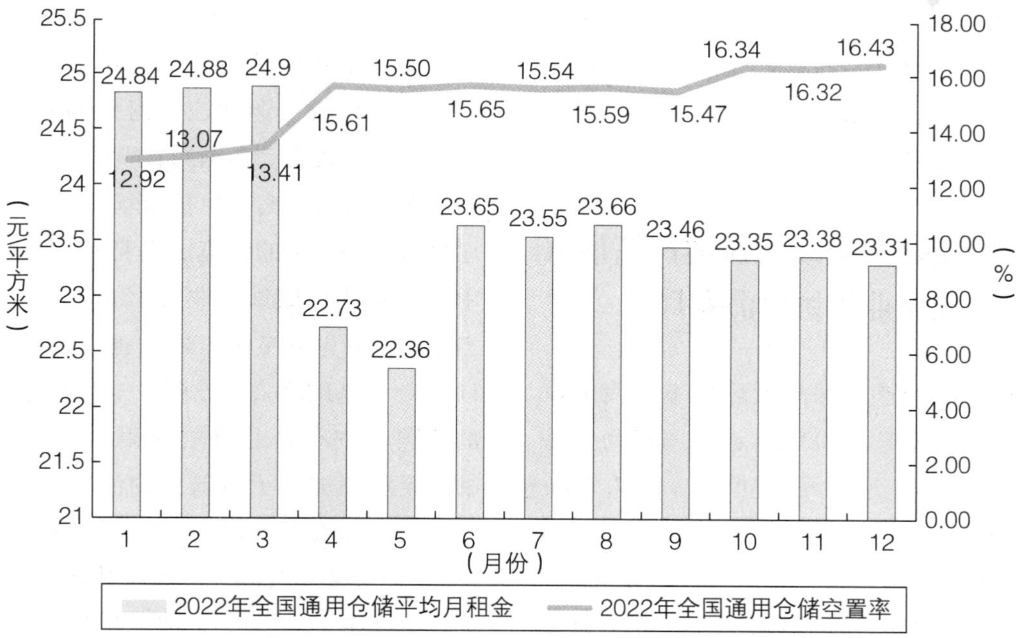

图2　2022 年全国通用仓储平均月租金及空置率

资料来源：物联云仓。

2022 年部分城市租金及空置率情况

城市	租金增长（%）	空置率水平（%）
北京	2.9	18
上海	2.3	9.3
广州	4.6	9.9
深圳	2.7	0.7
重庆	-1.5	-22
成都	0.2	9.8
东莞	3.8	9.4
武汉	-0.7	33.3

资料来源：世邦魏理仕。

尽管全国通用仓储市场整体表现不佳，但受到国内消费市场恢复、产业转型升级的影响，高标仓储物流仍具有很大的市场需求。在消费市场领域，直播电商、冷链物流等领域的需求增长会进一步推动高标仓市场需求。2022 年全国直播电商交易规模近 3.5 万亿元（数据来源于艾瑞咨询）；冷链物流市场规模预计达到 4916 亿元；冷链物流市场需求总量将突破 3.2 亿吨（数据来源于中物联）。在工业物流领域，制造业的产业升级同样加大了对高标仓的市场需求。2022 年规模以上高技术制造业和装备制造业增加值增速分别为 7.4% 和 5.6%，高于全部规模以上工业增加值增速（3.6%）（数据来源于国家统计局）；汽车及零部件企业高标仓新租交易面积将近45万平方米，同比增长86%（数据来源于世邦魏理仕）。

四、跨境电商推动物流地产拓展海外市场，物流企业加快出海布局

在全球经济增速放缓的大环境下，我国对外贸易依然保持增长。2022年，我国货物贸易进出口达到42.07万亿元，同比增长7.7%；跨境电商进出口额（含B2B）2.11万亿元，同比增长9.8%，其中出口占比较大，为1.55万亿元，同比增长11.7%。根据网经社电子商务研究中心发布的《2022年度中国电子商务市场数据报告》显示，2022年中国跨境电商市场规模达15.7万亿元，同比增长10.56%。

跨境电商作为支撑外贸高质量发展的重要力量，推动了我国物流地产行业拓展海外市场，国际物流基础设施建设也得到了进一步完善。截至2022年年底，国务院已分批设立165个跨境电子商务综合试验区，覆盖了31个省区市的约20万家跨境电商相关企业。国际物流基础设施建设方面，我国目前已布局超过2000个海外仓，总面积超过1600万平方米。截至2022年年底，铁路运输中欧班列通达欧洲25个国家的200多个城市；国际定期航班通航62个国家的153个城市；国际道路客货运输线路开通300余条，覆盖19个国家；远洋运输航线拓展至100多个国家和地区，覆盖"一带一路"沿线所有沿海国家。

随着《区域全面经济伙伴关系协定》（RCEP）正式生效，电商企业海外仓储需求不断增加，物流企业加速了海外布局。2022年2月，中通正式启动泰国曼谷转运中心。4月，圆通宣布开发菲律宾马尼拉市场。8月，极兔宣布增加中国到欧美的跨境快递业务。9月，菜鸟联手Lazada推出服饰产业带出海专线。10月，顺丰速运国际电商专递正式开通"新马泰"服务。11月，菜鸟网络公开巴西3年发展规划。12月，韵达国际宣布开通肯尼亚集运线路。2022年，物流企业还加大了对航空物流基础设施的建设力度，为物流服务提速、延伸服务范围打下基础。7月，顺丰与湖北省出资共建的"世界第四个、亚洲第一个"专业货运机场——鄂州花湖机场顺利投入运营。8月，京东物流宣布获取了"航空承运人运行合格证"。物流巨头企业的航空物流基础设施逐步完善，将助力物流企业进一步拓展海外业务，顺利实现出海布局。

致谢：本项研究获国家社科基金重大项目（20&ZD053）的支持，并得到过程管理与效率工程教育部重点实验室和中国（西安）数字经济发展监测预警基地的支持。

（数据来源：国家统计局、新华社网、光明网、物联云仓、央广网、中国物流与采购联合会、中国新闻网、人民日报海外版、澎湃新闻、北京商报、现代物流报）

（西安邮电大学经济与管理学院 尤晓岚
西安电子科技大学经济与管理学院 徐金鹏
西安交通大学管理学院 冯耕中 赵东月）

2022 年中国保税物流业

2022 年，尽管受新冠肺炎疫情多点暴发影响，我国保税物流依然实现稳步增长。截至 2022 年年底，我国保税物流中心进出口额实现 1505.26 亿元，同比增长 23.7%。其中，出口额为 477.89 亿元，同比增长 4.4%；进口额为 1027.37 亿元，同比增长 35.4%。

一、2022 年保税物流发展情况

（一）海关特殊监管区域的发展

1. 2022 年海关特殊监管区域设立情况

2022 年 2 月 4 日，国务院批复同意天津港保税区与天津港综合保税区整合优化为新的天津港综合保税区，规划面积 5.67 平方公里。其中，围网面积 5.67 平方公里，为一区两片，海港片区围网面积 4.37 平方公里，空港片区围网面积 1.3 平方公里。

2022 年 2 月 24 日，国务院批复同意设立青岛空港综合保税区，山东省首个空港型海关特殊监管区域由此诞生。其位于青岛胶东国际机场西北侧，规划总用地面积 1.44 平方公里，邻近机场货运区，可实现与机场紧密衔接和功能互补。

2. 2022 年海关特殊监管区域验收及封关运作情况

1 月 16 日，青藏高原首个综合保税区——西宁综合保税区封关运行，西宁综合保税区位于青海省西宁市大通回族土族自治县北川工业园区，规划占地面积 0.924 平方公里。

3 月 28 日，梅州综合保税区封关运行，梅州综合保税区位于广东梅兴华丰产业集聚区内，面积 2.53 平方公里，一期封关围网面积 1.29 平方公里，是广东省首个内陆型综合保税区。

5 月 10 日，哈尔滨综合保税区通过验收，哈尔滨海关会同黑龙江省发展改革委、黑龙江省财政厅、黑龙江省自然资源厅、黑龙江省商务厅、黑龙江省税务局、国家外汇管理局黑龙江省分局组成联合验收组，对哈尔滨综合保税区规划调整后的 2.26 平方公里范围内基础和监管设施进行了验收。

5 月 27 日，陕西杨凌综合保税区（一期）通过验收，8 月 24 日封关运行，陕西杨凌综合保税区位于杨凌自贸片区，规划面积 0.88 平方公里，是经国务院批复设立的全国唯一农业特色的综合保税区。

5月27日，拉萨综合保税区通过验收，7月20日封关运行，拉萨综合保税区位于拉萨经开区C区，围网面积0.8437平方公里，拉萨综合保税区为西藏外贸经济发展注入了新动能，填补了西藏没有海关特殊监管区域的空白。

5月27日，重庆万州综合保税区（一期）通过验收，6月封关运行，万州综合保税区位于万州经开区的核心发展区——高峰园鹿山片区，规划面积1.85平方公里，分两期建设，其中一期占地面积0.85平方公里，围网面积0.72平方公里。

5月27日，湖北襄阳综合保税区通过验收，9月22日封关运作。襄阳综合保税区位于中国（湖北）自由贸易试验区襄阳片区北端，依托襄阳保税物流中心（B型）整合升级形成，规划面积2平方公里，是襄阳自贸片区的核心功能区和重要板块。

6月30日，开封综合保税区顺利通过预验收，开封综合保税区位于开封市城乡一体化示范区、国家级开封经济技术开发区、中国（河南）自由贸易试验区开封片区核心地带，总规划面积1.78平方公里。

7月8日，湛江综合保税区（一期）通过预验收，湛江综合保税区位于广东省湛江市霞山临港工业园区内，规划用地面积2.09平方公里，一期围网面积1.05平方公里，是粤西首个综合保税区。

8月30日，珠海高栏港综合保税区通过预验收，珠海高栏港综合保税区位于珠海市金湾区西南部，广东自贸试验区联动发展区内，规划面积2.514平方公里，是珠海唯一的综合保税区。

10月10日，梧州综合保税区通过预验收，梧州综合保税区位于粤桂合作特别试验区，规划面积1.02平方公里，是广西第五个综合保税区，也是西江黄金水道上首个综合保税区。

11月25日，赣州综合保税区通过预验收，赣州综合保税区位于赣州国际陆港，规划面积1.308平方公里，是江西内陆高水平开放、高质量发展的“新引擎”。

12月19日，汕头综合保税区二期通过验收。汕头综合保税区位于广东省汕头市中心城区南区，二期通过验收后，汕头综合保税区隔离围网封闭面积达到2.57平方公里，实现全域封关运作，是粤东首个综合保税区。

3. 海关特殊监管区域数量及分布

截至2022年年底，我国海关特殊监管区域共168个，其中综合保税区156个，保税区8个，保税港区2个，跨境工业区1个（珠澳跨境工业区珠海园区），出口加工区1个。分布在全国31个省（自治区、直辖市）。全国海关特殊监管区域总规划面积445.1平方公里，已验收面积359.4平方公里，已验收面积占比80.7%。

海关特殊监管区域在各省（自治区、直辖市）的分布数量分别为：江苏21个、广东16个、山东14个、浙江12个、上海10个、福建7个、陕西7个、湖北6个、四川6个、重庆6个、安徽5个、广西5个、河南5个、湖南5个、辽宁5个、河北4个、江西4个、天津4个、新疆4个、贵州3个、海南3个、内蒙古3个、北京2个、黑龙江2个、吉林2个、云南2个、甘肃1个、宁夏1个、青海1个、山西1个、西藏1个。

目前，我国海关特殊监管区域在发展过程中存在不平衡问题，东部地区的特殊区域发展优于中西部地区，部分省份设立了多个特殊区域，也存在着发展参差不齐的问题。在发展过程中还有不充分的问题，部分特殊区域产业单一，同质化现象比较突出，产业配套不够完善，竞争优势还不明显。2022年全国海关特殊监管区域分布及名单如表1所示。

表 1　　2022 年全国海关特殊监管区域分布及名单

序号	省（市）	名称
1	北京	北京天竺综合保税区
2		北京大兴国际机场综合保税区
3	天津	天津东疆综合保税区
4		天津滨海新区综合保税区
5		天津港综合保税区
6		天津泰达综合保税区
7	河北	曹妃甸综合保税区
8		秦皇岛综合保税区
9		廊坊综合保税区
10		石家庄综合保税区
11	山西	太原武宿综合保税区
12	内蒙古	呼和浩特综合保税区
13		鄂尔多斯综合保税区
14		满洲里综合保税区
15	辽宁	大连大窑湾综合保税区
16		大连湾里综合保税区
17		大连保税区
18		营口综合保税区
19		沈阳综合保税区
20	吉林	长春兴隆综合保税区
21		珲春综合保税区
22	黑龙江	绥芬河综合保税区
23		哈尔滨综合保税区
24	上海	洋山特殊综合保税区
25		上海浦东机场综合保税区
26		上海外高桥港综合保税区
27		上海外高桥保税区
28		松江综合保税区
29		金桥综合保税区
30		青浦综合保税区
31		漕河泾综合保税区
32		奉贤综合保税区
33		嘉定综合保税区

续 表

序号	省（市）	名称
34	江苏	张家港保税港区
35		苏州工业园综合保税区
36		昆山综合保税区
37		苏州高新技术产业开发区综合保税区
38		无锡高新区综合保税区
39		盐城综合保税区
40		淮安综合保税区
41		南京综合保税区
42		连云港综合保税区
43		镇江综合保税区
44		常州综合保税区
45		吴中综合保税区
46		吴江综合保税区
47		扬州综合保税区
48		常熟综合保税区
49		武进综合保税区
50		泰州综合保税区
51		南通综合保税区
52		太仓港综合保税区
53		江阴综合保税区
54		徐州综合保税区
55	浙江	宁波梅山综合保税区
56		宁波保税区
57		宁波北仑港综合保税区
58		宁波前湾综合保税区
59		舟山港综合保税区
60		杭州综合保税区
61		嘉兴综合保税区
62		金义综合保税区
63		温州综合保税区
64		义乌综合保税区
65		绍兴综合保税区
66		台州综合保税区

续 表

序号	省（市）	名称
67	安徽	芜湖综合保税区
68		合肥经济技术开发区综合保税区
69		合肥综合保税区
70		马鞍山综合保税区
71		安庆综合保税区
72	福建	厦门海沧港综合保税区
73		泉州综合保税区
74		厦门象屿综合保税区
75		厦门象屿保税区
76		福州保税区
77		福州综合保税区
78		福州江阴港综合保税区
79	江西	九江综合保税区
80		南昌综合保税区
81		赣州综合保税区
82		井冈山综合保税区
83	山东	潍坊综合保税区
84		济南综合保税区
85		东营综合保税区
86		章锦综合保税区
87		淄博综合保税区
88		青岛前湾综合保税区
89		烟台综合保税区
90		威海综合保税区
91		青岛胶州湾综合保税区
92		青岛西海岸综合保税区
93		临沂综合保税区
94		日照综合保税区
95		青岛即墨综合保税区
96		青岛空港综合保税区

续 表

序号	省（市）	名称
97	河南	郑州新郑综合保税区
98		郑州经开综合保税区
99		南阳卧龙综合保税区
100		洛阳综合保税区
101		开封综合保税区
102	湖北	武汉东湖综合保税区
103		武汉经开综合保税区
104		武汉新港空港综合保税区
105		宜昌综合保税区
106		襄阳综合保税区
107		黄石棋盘洲综合保税区
108	湖南	衡阳综合保税区
109		郴州综合保税区
110		湘潭综合保税区
111		岳阳城陵矶综合保税区
112		长沙黄花综合保税区
113	广东	广州南沙综合保税区
114		广州白云机场综合保税区
115		深圳前海综合保税区
116		深圳盐田综合保税区
117		福田保税区
118		深圳坪山综合保税区
119		广州黄埔综合保税区
120		广州保税区
121		广东广州出口加工区
122		东莞虎门港综合保税区
123		珠海保税区
124		珠澳跨境工业区珠海园区
125		珠海高栏港综合保税区
126		汕头综合保税区
127		梅州综合保税区
128		湛江综合保税区

续 表

序号	省（市）	名称
129	广西	钦州综合保税区
130		广西凭祥综合保税区
131		北海综合保税区
132		南宁综合保税区
133		梧州综合保税区
134	海南	海南洋浦保税港区
135		海口综合保税区
136		海口空港综合保税区
137	重庆	重庆西永综合保税区
138		重庆两路果园港综合保税区
139		重庆江津综合保税区
140		重庆涪陵综合保税区
141		重庆万州综合保税区
142		重庆永川综合保税区
143	四川	成都高新综合保税区
144		成都高新西园综合保税区
145		绵阳综合保税区
146		成都国际铁路港综合保税区
147		泸州综合保税区
148		宜宾综合保税区
149	贵州	贵阳综合保税区
150		贵安综合保税区
151		遵义综合保税区
152	云南	昆明综合保税区
153		红河综合保税区
154	陕西	西安综合保税区
155		西安关中综合保税区
156		西安高新综合保税区
157		西安航空基地综合保税区
158		宝鸡综合保税区
159		陕西西咸空港综合保税区
160		陕西杨凌综合保税区

续　表

序号	省（市）	名称
161	甘肃	兰州新区综合保税区
162	宁夏	银川综合保税区
163	新疆	阿拉山口综合保税区
164		乌鲁木齐综合保税区
165		霍尔果斯综合保税区
166		喀什综合保税区
167	青海	西宁综合保税区
168	西藏	拉萨综合保税区

（二）保税物流中心的发展

1. 保税物流中心设立审批验收情况

2022 年，由于保税物流中心设立审批调整工作尚未完成，保税物流中心相关审批验收工作不多。

8 月 30 日，海关总署同意注销淄博保税物流中心（B 型），淄博保税物流中心（B 型）升级为淄博综合保税区（淄博综合保税区于 2021 年 3 月获得国家验收）。

9 月 20 日，海关总署同意注销安庆（皖西南）保税物流中心（B 型），安庆（皖西南）保税物流中心（B 型）升级为安庆综合保税区（安庆综合保税区于 2021 年 12 月 2 日获得国家验收）。

10 月 28 日，厦门海关会同财政部厦门监管局、厦门税务局、厦门外汇管理局成立联合验收组，对厦门火炬（翔安）保税物流中心（B 型）变更面积进行验收。2021 年，厦门火炬集团申请将物流中心内闲置的部分地块进行变更，面积由原来的 0.3415 平方公里缩减为 0.135 平方公里。

2. 保税物流中心数量及分布

截至 2022 年年底，全国保税物流中心（B 型）数量合计 85 个。

保税物流中心在各省（自治区、直辖市）的分布数量分别为：江苏 8 个、广东 7 个、浙江 6 个、安徽 5 个、山东 5 个、湖北 5 个、内蒙古 4 个、辽宁 4 个、福建 4 个、河南 4 个、河北 3 个、山西 3 个、重庆 3 个、四川 3 个、天津 2 个、吉林 2 个、黑龙江 2 个、上海 2 个、湖南 2 个、广西 2 个、云南 2 个、北京 1 个、江西 1 个、海南 1 个、甘肃 1 个、青海 1 个、宁夏 1 个、新疆 1 个。2022 年保税物流中心（B 型）分布及名单如表 2 所示。

表 2　　2022 年保税物流中心（B 型）分布及名单

序号	省（市）	项目名称
1	北京	北京亦庄保税物流中心
2	天津	天津经济技术开发区保税物流中心
3		蓟州保税物流中心

续 表

序号	省（市）	项目名称
4	河北	河北武安保税物流中心
5		唐山港京唐港区保税物流中心
6		辛集保税物流中心
7	山西	山西方略保税物流中心
8		山西兰花保税物流中心
9		大同国际陆港保税物流中心
10	内蒙古	巴彦淖尔市保税物流中心
11		包头市保税物流中心
12		七苏木保税物流中心
13		赤峰保税物流中心
14	辽宁	营口港保税物流中心
15		盘锦港保税物流中心
16		铁岭保税物流中心
17		锦州港保税物流中心
18	吉林	吉林市保税物流中心
19		延吉国际空港经济开发区保税物流中心
20	黑龙江	黑河保税物流中心
21		牡丹江保税物流中心
22	上海	上海西北物流园区保税物流中心
23		虹桥商务区保税物流中心
24	江苏	连云港保税物流中心
25		徐州保税物流中心
26		如皋港保税物流中心
27		大丰港保税物流中心
28		江苏海安保税物流中心
29		新沂保税物流中心
30		靖江保税物流中心
31		南京空港保税物流中心
32	浙江	杭州保税物流中心
33		义乌保税物流中心
34		湖州保税物流中心
35		湖州德清保税物流中心
36		宁波栎社保税物流中心
37		宁波镇海保税物流中心

续　表

序号	省（市）	项目名称
38	安徽	蚌埠（皖北）保税物流中心
39		合肥空港保税物流中心
40		安徽皖东南保税物流中心
41		铜陵（皖中南）保税物流中心
42		皖江江南保税物流中心
43	福建	厦门火炬（翔安）保税物流中心
44		漳州台商投资区保税物流中心
45		泉州石湖港保税物流中心
46		翔福保税物流中心
47	江西	龙南保税物流中心
48	山东	青岛西海岸新区保税物流中心
49		烟台福山回里保税物流中心
50		菏泽内陆港保税物流中心
51		鲁中运达保税物流中心
52		青岛保税港区诸城功能区保税物流中心
53	河南	河南德众保税物流中心
54		河南商丘保税物流中心
55		河南民权保税物流中心
56		河南许昌保税物流中心
57	湖北	黄石棋盘洲保税物流中心
58		宜昌三峡保税物流中心
59		襄阳保税物流中心
60		仙桃保税物流中心
61		荆门保税物流中心
62	湖南	长沙金霞保税物流中心
63		株洲铜塘湾保税物流中心
64	广东	佛山国通保税物流中心
65		东莞保税物流中心
66		东莞清溪保税物流中心
67		深圳机场保税物流中心
68		中山保税物流中心
69		湛江保税物流中心
70		江门大广海湾保税物流中心

续 表

序号	省（市）	项目名称
71	广西	防城港保税物流中心
72		柳州保税物流中心
73	海南	三亚市保税物流中心
74	重庆	重庆铁路保税物流中心
75		重庆南彭公路保税物流中心
76		重庆果园保税物流中心
77	四川	成都空港保税物流中心
78		天府新区成都片区保税物流中心
79		南充保税物流中心
80	云南	昆明高新保税物流中心
81		腾俊国际陆港保税物流中心
82	甘肃	武威保税物流中心
83	青海	青海曹家堡保税物流中心
84	宁夏	石嘴山保税物流中心
85	新疆	奎屯保税物流中心

（三）自贸试验区发展

1. 自贸试验区分布情况

2013 年 9 月 29 日，上海自由贸易试验区正式挂牌成立。多年改革实践中，国务院又先后批准设立了广东、天津、福建、辽宁、浙江、河南、湖北、重庆、四川、陕西、海南、山东、江苏、广西、河北、云南、黑龙江、北京、湖南、安徽 20 个自贸试验区，连点成线、连线成面，形成了“1 +3 +7 +1 +6 +3”的自贸试验区雁阵，实现 21 个自贸试验区在沿海省份全覆盖和东西南北中协调格局。

当前国内外形势正在发生深刻复杂的变化，自贸试验区建设也面临着新的形势、新的要求。这要求自贸试验区要深入贯彻党的二十大提出的实施自贸试验区提升战略，围绕开放前沿重点领域，进行更加深入系统的开放实验，加快推进高水平的对外开放。

2. 自贸试验区中的特殊区域情况

在全国 21 个自贸试验区中，共设立了 66 个海关特殊监管区域，其中综合保税区 60 个。全国各地区自贸试验区数量及分布如表 3 所示。

进出口总值位列全国前 30 名的海关特殊监管区域中，有 22 个位于自贸试验区范围内；其中，综合保税区有 25 个，保税区 5 个。

二、保税物流进出口数据分析

（一）海关特殊监管区域数据

1. 2014—2022 年海关特殊监管区域进出口数据

2014—2022 年全国海关特殊监管区域进出口总值累计为 498565 亿元（人民币，下同），占累计全国外贸总值的 17.9%。

海关数据显示，从 2017 年开始，我国海关

表 3　　全国各地区自贸试验区数量及分布

地区	设有自贸试验区的省（市）	自贸试验区内海关特殊监管区域数量（个）	自贸试验区内综合保税区数量（个）
东部地区	北京、天津、河北、上海、江苏、浙江、福建、山东、广东、海南	35	30
中部地区	安徽、河南、湖北、湖南	11	11
西部地区	四川、云南、陕西、重庆、广西	14	14
东北地区	辽宁、黑龙江	6	5

特殊监管区域进出口总值呈现稳步增长。从 2020 年开始，海关特殊监管区域进出口总值占同年全国外贸总值的比重均高于 19%。

2. 2022 年海关特殊监管区域进出口数据

2022 年我国货物贸易进出口总值为 42.07 万亿元，比 2021 年增长 7.7%，首次突破 40 万亿元关口。2022 年全国海关特殊监管区域实现进出口总值 83838 亿元，同比增长 7.4%，占全国外贸进出口总值的 19.9%。其中，出口值 42656 亿元，同比增长 10.8%；进口值 41182 亿元，同比增长 4.2%。

2022 年综合保税区进出口总值为 65643 亿元，同比增长 11.4%；保税区进出口总值为 17247 亿元，同比下降 5%；保税港区进出口总值为 888 亿元，同比增长 5.7%；珠澳跨境工业区珠海园区进出口总值为 60 亿元，同比增长 34.9%。

3. 海关特殊监管区域进出口数据分析

2022 年，海关特殊监管区域进出口总值占我国对外贸易总值的近 20%。海关特殊监管区域以不到十万分之五的国土面积，贡献了全国 1/5 的对外贸易进口值。

在新时期，海关特殊监管区域的发展主要呈现出三个方面的特点。

首先，区域规模不断扩大。2022 年海关特殊监管区域进出口总值比 2012 年翻一番，对外贸易占比由 2012 年的 15.7% 提高到现在的近 20%。

其次，产业结构不断优化。“保税 +” 等行业持续发展，融资租赁、跨境电商等新兴业态蓬勃发展，呈现出多元化的发展态势。其中，2022 年保税维修进出口总值达到 1984 亿元，同比增长 32.7%。

最后，区域发展更加协调。海关特殊监管区域以龙头企业为核心，带动上下游企业集聚发展态势明显。其中，四川、重庆、河南、陕西等省（市）海关特殊监管区域进出口总值占当地外贸进出口总值的比重超过 50%。

（二）保税物流中心数据

2022 年全国保税物流中心（B 型）实现进出口总值突破 1500 亿元大关，同比增长 23.7%。其中，出口额为 477.89 亿元，同比增长 4.4%，占比为 31.7%，贸易差值为 549.48 亿元，呈贸易逆差状态；进口额为 1027.37 亿元，同比增长 35.4%，占比为 68.3%。

排名前五的保税物流中心（B 型）为深圳机场保税物流中心、北京亦庄保税物流中心、东莞清溪保税物流中心、天津经济技术开发区保税物流中心、义乌保税物流中心。

（三）自贸试验区数据

1. 自贸试验区进出口数据

2022 年，全国 21 个自贸试验区实现进出口总额 7.5 万亿元，同比增长 14.5%。其中，出口额为3.3万亿元，同比增长18.1%，进口额为4.2万亿元，同比增长11.8%。海南自由贸易港货物进出口快速发展，继2021年首次突破1000亿元后，2022年再上新台阶，首次突破2000亿元关口，达到2009.5亿元，同比增长36.8%。其中，出口额为722.6亿元，同比增长120.7%，进口额为1286.9亿元，同比增长12.8%。

2022年1月1日起，新版自贸试验区外资准入负面清单施行，实现了制造业条目清零、服务业持续扩大开放。全年21家自贸试验区实际使用外资2225.2亿元，占全国的18.1%。其中，高技术产业实际使用外资863.4亿元，同比增长53.2%。

2. 自贸试验区的示范引领作用

一是对开放型经济发展的引领作用越来越明显。受全球经济不景气等原因影响，我国外贸进出口面临多重考验，全球外国直接投资流量持续下降，自贸试验区作为改革开放新高地，成为稳住外贸外资基本盘的重要阵地，引领全国开放型经济发展。

二是对制度创新的先导示范作用越来越明显。各自贸试验区依托制度创新优势，加大开放压力测试，推动外商投资、服务贸易、金融等领域开放创新，进一步完善海关、外汇、税收等环节管理服务，充分体现了自贸试验区在推进制度型开放方面的先导示范作用。

三是对打造世界级产业集群的支撑作用越来越明显。自贸试验区以服务构建新发展格局、塑造创新驱动优势、对标国际经贸新规则为三大战略导向，以制度创新、技术赋能、区域联动、国际合作为培育路径，以优化要素供给、营造良好环境为发展保障，培育和打造了一批现代物流、生物医药、新材料、光电信息等产业集群，为我国加快构建现代化经济体系，抢占未来产业发展的制高点作出了贡献。

三、2022年保税物流重要政策

2022年海关总署印发《中华人民共和国海关综合保税区管理办法》，共六章四十七条，自2022年4月1日起施行。《中华人民共和国海关综合保税区管理办法》继承了《中华人民共和国海关保税港区管理暂行办法》的核心内容，固化了综合保税区的一系列政策措施，体现机构改革后海关监管中增加的检验检疫新职能，为有实际需求的区域预留了创新发展空间。

2022年海关总署印发《综合保税区验收工作规程》，简化了综合保税区验收程序，进一步明确验收标准，规范验收工作。

2022年海关总署印发《综合保税区申请设立工作指引》，以量化和定性指标为基础，进一步规范综合保税区申请设立工作，要求各省、自治区、直辖市政府在申请设立综合保税区时，切实落实主体责任，严格做好分析评估，按需科学合理规划布局，不断促进综合保税区高水平开放和高质量发展。

2022年海关总署印发《海关总署关于2021年度综合保税区发展绩效评估结果的函》，分别通报2021年度全国综合保税区发展绩效评估结果，要求各省、自治区、直辖市政府切实落实主体责任，强化安全监管，加强管理，优化服务，不断促进综合保税区高水平开放和高质量发展。

（大连海关四级调研员　李岩）

2022 年中国铁路物流业

2022 年，我国铁路货运系统高效统筹疫情防控和铁路运输经营，积极应对严峻复杂的经营形势，大力推进增运增收补欠，不仅在保通保畅、增运增收方面取得突出成效，而且持续推进货运组织改革、积极参与支撑国家战略发展。

一、铁路货运经营稳步向好

1. 铁路货运规模持续增长

2022 年，全国铁路货物发送量完成 49.8 亿吨，比上年增长 4.4%，货物周转量完成 35946 亿吨公里，比上年增长 8.1%。国家铁路货物发送量完成 39.03 亿吨，比上年增长 4.8%。其中，电煤发送量 14.9 亿吨、同比增长 13%。国家铁路货物周转量完成 32668.36 亿吨公里，比上年增长 9.1%。十年间，铁路系统坚持以市场需求为导向，以铁路运输供给侧结构性改革为主线，大力实施货运增量行动，铁路货物发送量持续提升。2022 年国家铁路完成运输总收入 6936 亿元，其中，货运收入 4786 亿元、同比增长 9.8%，经营效益再创佳绩。2013—2022 年全国铁路货物发送量及增速如图 1 所示。

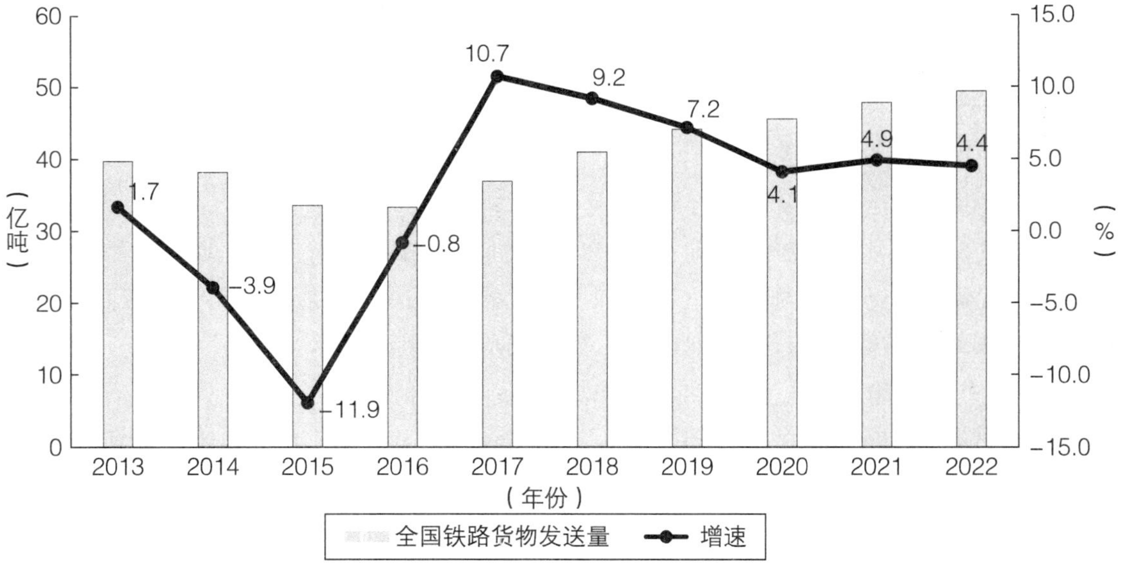

图 1 2013—2022 年全国铁路货物发送量及增速

2. 重点物资运输精准保供

2022年，面对世纪疫情严峻影响，国铁集团抓好铁路站车、口岸、内部疫情防控工作，全力以赴保健康、保安全、保畅通，坚持“保重点、增收入、多发送、快接卸”，全力组织电煤保供专项行动，对粮食、化肥、防疫等重点物资精准保供，有效服务国计民生需求和地方经济社会发展。2022年，铁路电煤运量完成14.9亿吨，同比增长13%，充分用好大秦、唐包、瓦日、浩吉、乌将线等主要煤运通道，增开煤运重载列车，组织北煤南运、西煤东运和疆煤外运，持续加大电煤保供力度。其中，瓦日铁路在2022年的货运量首次突破1亿吨大关，达到1.03亿吨，为我国新增一条运量过亿吨的能源动脉。此外，2022年铁路完成粮食运量1.12亿吨、化肥运量5000多万吨，同比分别增长9.4%、6.7%；积极参与疫情防控，2022年上海疫情防控关键时期，中铁快运公司针对医药企业提出的紧急运输需求，连夜制订“高铁+行李车”“特快班列+行李车”“货运+行李车”多种联程运输方案，确保219批药品从上海发至98个城市，“门到门”安全送达医疗机构，持续优化铁路快运产品供给质量，有助于社会效益提升。

二、铁路基础设施建设稳步推进

1. 运输网络日益完善

2022年，全国铁路固定资产投资完成7109亿元，投产新线4100公里，其中，高速铁路2082公里；全国铁路营业里程达15.5万公里，其中，高铁4.2万公里，基础设施网络日益完善。十年间，我国“四纵四横”高速铁路主骨架全面建成，“八纵八横”高速铁路主通道和普速干线铁路加快建设，全国铁路营业里程从10.3万公里增加至15.5万公里，铁路网规模和质量不断提升。同时川藏铁路全线开工，重点区域城际铁路快速推进，老少边及脱贫地区铁路建设加力提速，建成世界最大的高速铁路网，基本形成布局合理、覆盖广泛、层次分明、配置高效的铁路网络。2013—2022年全国铁路营业里程增长变化如图2所示。

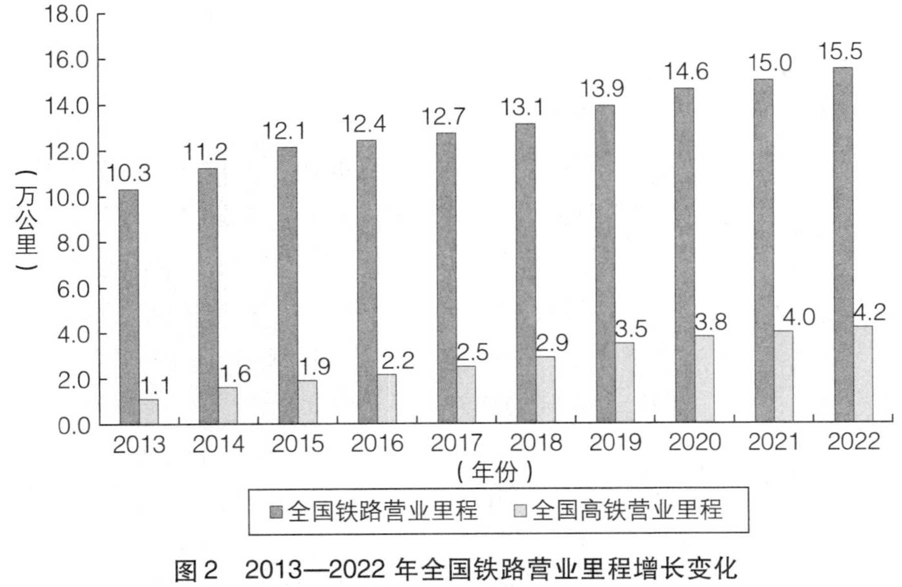

图2 2013—2022年全国铁路营业里程增长变化

2. 节点建设不断推进

2022年，铁路物流基地、无水港、境外还箱点等铁路节点建设逐渐完善，为提升铁路物流服务的竞争力做好基础。物流基地建设方面，全国首个高铁快运物流基地广元·川陕甘高铁快运物流基地即将建成，建成后将有力促进川陕甘特色农产品等高附加值产品和京津冀、长三角、珠三角等地区中心城市货物产品实现快速双向流动。无水港建设方面，霍尔果斯—东门无水港新增两条窄轨专用铁路线正式运行，使东门无水港场站的换装能力提高一倍，为更好服务中亚地区进出口贸易提供支撑。同时，由中铁十局三建公司承建的梅州国际无水港（松棚铁路物流基地）顺利建成并投入使用，作为梅州市构建区域性物流枢纽的重要平台，将全面推动梅州苏区高质量发展，为全国铁路货物运输高质量发展提供有力支撑。境外还箱点建设方面也在持续发力，国铁集团开设泰国林查班堆场、越南海防堆场等4个境外还箱点，提升西部陆海新通道全程物流服务水平。

三、铁路服务国家战略成效明显

1. 服务“一带一路”建设

在世界百年未有之大变局下，发展的不确定性与不稳定性不断上升，为服务共建“一带一路”高质量发展，铁路充分发挥路网优势，将欧亚大陆紧密相连，实现了政策沟通、贸易畅通、设施联通。

从中欧班列发展来看，2022年，中欧班列开行1.6万列、发送160万标准箱，同比分别增长9%、10%。2013年，“一带一路”倡议提出后，全国各地的中欧班列开始快速发展。截至2022年年底，全国中欧班列累计开行突破6.5万列、运输货物超过600万标准箱、货值3000亿美元，联通中国境内108个城市，通达欧洲约25个国家的200多个城市。在疫情期间，中欧班列有效缓解了海运空运通道不畅对贸易的影响，成为国际贸易运输体系不可或缺的重要组成。2013—2022年中欧班列开行数量如图3所示。

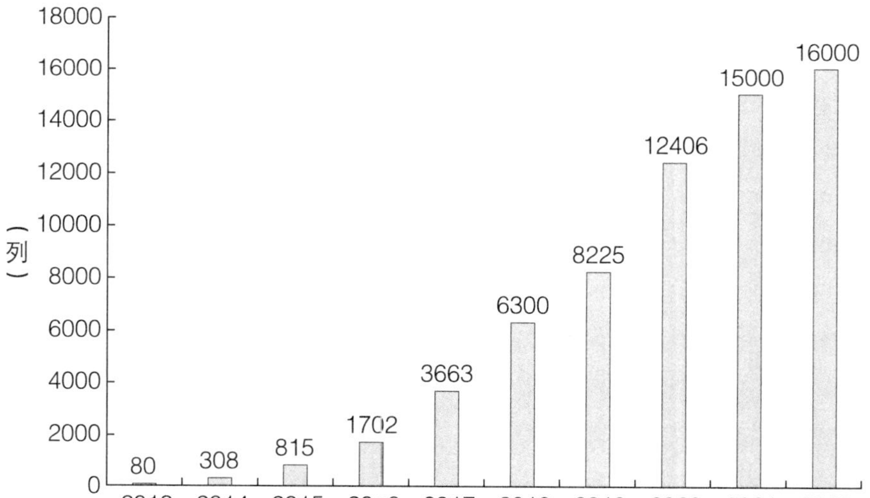

图3 2013—2022年中欧班列开行数量

中欧班列的发展不仅体现在量的增加，也体现在质的跨越，不仅给沿线国家送去了“中国制造”“中国机会”，也带回了“欧洲产品”“欧洲希望”。随着中欧班列跨境电商专列、邮政专列以及“班列+贸易”“班列+超市”等新型服务业态的快速发展，中欧班列运送货物品类进一步拓展升级。中国运往欧洲的货物品类从最初的手机、电脑等IT产品，拓展到包括汽车整车、机械设备、家具建材、服装鞋帽、电子产品、防疫物资等53大门类、5万多种商品。欧洲运往中国的货物品类从早期的木材、汽车及零部件等逐步拓展到机电产品、食品、医疗器械、机械设备、酒类等，实现了多样化发展。

从西部陆海新通道班列来看，2022年，铁路货运系统抓住《区域全面经济伙伴关系协定》（RCEP）实施的机遇，西部陆海新通道货物运输保持强劲增长态势，货物集聚效应进一步凸显。2022年，西部陆海新通道铁海联运班列全年累计开行量突破8800列，同比增长44%，日均发车约24列，年度开行量再创历史新高；累计发送货物75.6万标准箱，同比增长18.5%。截至2022年年底，西部陆海新通道铁海联运班列线路覆盖17个省份的113个站点，较2021年新增了21个站点，并实现我国西部12个省份全覆盖，覆盖全球113个国家和地区的338个港口。同时，开通了系列特色班列，例如“阿联酋—钦州—兰州”进口汽车海铁联运班列、“印度—钦州—兰州”原糖班列、“成都—钦州—泰国”新能源车班列等，创建货物“出海”新航道。通过西部陆海新通道，来自西部省份的货物从钦州港“下车即上船”，来自世界各地的货物也在这里“下船即上车”，铁海联运实现了无缝衔接。

从中老铁路建设与发展来看，自2021年12月3日开通运营以来，客货运量持续增长，服务品质显著提升，辐射效应不断增强，国际物流黄金大通道作用日益凸显，为服务两国民众便捷高效出行、畅通国内国际双循环、促进中老经济走廊建设发挥了积极作用。中老铁路开通运营一周年累计运送货物1120万吨，开行跨境货物列车3000列，跨境运输货值超过130亿元。全国已有25个省（区、市）开行中老班列，业务辐射范围已覆盖老挝、泰国、缅甸、马来西亚、柬埔寨、新加坡等10多个“一带一路”沿线国家和地区，运输品类从开通初期的100多种扩展到1200多种。同时，运输时间和物流成本大幅压缩，铁路部门与海关部门加强沟通协调，积极推行快速通关和转关模式，大幅提升口岸通关效能，逐步压缩货物通关时间，实现昆明至万象最快26小时直达。此外，铁路部门不断创新“中老铁路+中欧班列”“中老铁路+西部陆海新通道班列”国际运输模式，开行定点、定时、定线、定车次的中老“澜湄快线”国际货物列车，跨境货物列车由开通初期的日均2列增加到目前的日均12列。中老铁路万象南站换装场正式建成投用，首批跨境集装箱货物在此完成标准轨与米轨间换装后，驶向泰国林查班港，这标志着中老泰铁路实现互联互通，陆海联运国际物流通道更加便捷畅通。

2. 助力乡村振兴实现

2022年，铁路货运系统积极参与巩固拓展脱贫攻坚成果，助力乡村振兴战略，全年老少边及脱贫地区完成铁路基建投资3695亿元，占铁路基建总投资的80.2%，运送货物7.9亿吨，减免费用14.5亿元。

3. 推动“双碳”目标实现

2022年，铁路进一步发挥敞顶箱运输优势，加大货物公转铁、散改集组织力度，全年通过敞顶箱完成大宗货物发送 4.42 亿吨，同比增长 26.7%。铁路货运量占全社会货运量的比重由 2017 年的 7.8% 增加至 2022 年的 9.7%，公转铁成效明显，运输结构持续优化。此外，2022 年铁路单位运输工作量综合能耗同比下降 4.2%，达到 3.91 吨标准煤/百万换算吨公里；国家铁路能源消耗折算标准煤 1512.58 万吨，比上年下降 4.7%；国家铁路化学需氧量排放量 1448 吨，比上年下降 9.8%。铁路绿色低碳发展取得新成效，为实现“双碳”目标作出了应有贡献。

四、铁路改革创新持续深化

1. 铁路货运服务持续优化

2022 年，铁路货运系统持续优化运输组织，充分运用新线开通和因配合防疫部分客车停开释放的运输能力，持续增加货运能力供给；统筹运用线路、场站、机车、机辆和人力资源，精细化调整车流和机车机班，统筹用好平行通道能力，合理组织迂回运输，强化两端接驳，进一步提高路网能力利用水平，打造铁路精品品牌。

从铁海联运班列产品来看，2022 年铁路货运系统持续加大铁水联运组织力度，在组织实施长三角、珠三角铁水联运增量基础上，密切对接地方政府和港口企业，系统完善铁水联运增量方案，全年铁水联运完成 1169 万标准箱、同比增长 25.7%。多条铁海联运班列已实现稳定运行，为进一步“公转铁”、助力碳达峰碳中和，开启了全新模式，例如，西安局采用“铁路敞顶箱 + 运河轮船”模式，推动焦炭等能源物资运输；“海南自贸港—南沙港—西南区域”铁海联运专列、“重庆—湛江港—粤港澳大湾区”铁海联运班列等特色班列产品的推出，也支撑了我国区域重大战略、区域协调发展战略的实施。

从高铁快运产品来看，铁路货运系统充分发挥高铁成网运营优势，不断提供更加优质高效的物流服务。2022 年，全国 293 个车站可办理高铁快运业务，服务覆盖 31 个省区市，每日可用于满足紧急寄递需求的动车组列车达 3500 列。2022 年“双十一”电商网购高峰期，共发运快件 5.7 万吨，在 327 个车站搭建起高铁快运服务网络，并推出“高铁极速达”、医药冷链“定温达”、温控货物“定时达”以及食品冷链“冷鲜达”等特色产品，确保货物安全、快速、精准送达。

从商品车运输产品来看，铁路货运系统积极争取政策支持，优化商品车装载方式，加大商品车市场开发力度，不断提高市场份额。此外，铁路货运系统还创新商品车集装箱运输模式，通过定制商品车集装箱固定架，使单个集装箱可最多装载 4 台商品车，运输成本较公海联运降低约 3/4，从而提高市场竞争力。

2. 铁路科技实力全面提升

2022 年，货运服务实现重大变革，国铁核心业务完成数字化转型。铁路 95306 平台完成整体升级改版后，实现铁路货运业务全程网上办理，并同步创新货运组织模式和业务办理流程。截至 2022 年年底，全国铁路的 3649 个货运营业站、8392 条专用线全部具备网上办理条件，全程通过 95306 网站、客户端和微信公众号办理货运业务的货主比例达 81%，电子运单使用比例达 97%。6900 多家企业使用电子营业执照在平台自助注册，5.5 万家货主申领数字证书并通过电子签名办理业务，有效解决了受疫情影响难以线下办理货运业务和传递单据等问题，极大方便了广大货主发货，同时每年可为货主节省往返铁路货运站的人工、交通等综合成本 10 亿元以上。铁路自主创新成果显著，铁路集装箱移动式装卸机械智能作业管理系统、货运铁路综合智能调度指挥系统开发与应用、铁路货车轮轴智慧检修技术研究等铁路货运技术入选“2022 年度铁路重大科技创新成果库”，科技实力全面提升。

3. 铁路投融资改革不断深化

2022 年，铁路市场化改革取得初步成效，投融资模式不断创新，社会资本投资比例持续提升。2022 年，义新欧首次实现铁路运单物权化融资改革创新落地，形成以运单为依据、控货为抓手、保险为后盾的服务模式，为广大经营户、外贸公司等外贸市场主体提供高效强劲的金融支撑。同时，国铁集团深入推进股份制改革，推动优质企业股改上市，取得良好成效。中铁特货 2021 年股改上市，2022 年实现营业收入 94 亿元，同比增长 7.03%；归属于上市公司股东的净利润 4.2 亿元，同比增长 6.37%。其成效显著推动了优质铁路资产资本化、股权化、证券化，增强了国铁物流企业核心竞争力，对实现高质量发展具有重要意义。广州局集团公司完成厦深铁路市场化债转股，开创性地探索粤海轮渡铁路基础设施 REITs，首创大田“建设、运营、移交”大型物流园区投融资模式，有序推进大田、平湖南等铁路物流基地项目建设，吸引社会投资约 140 亿元。

（数据来源：国家统计局、中国国家铁路集团有限公司、光明网、人民铁道网、四川省人民政府网、中国政府网、华夏时报网、中国新闻网、中国经济网）

（北京交通大学交通运输学院物流工程系
陆铮　王沛　张晓东）

2022 年中国快递业

2022 年，我国快递业务量连续 9 年保持全球第一位，快递服务覆盖全国 95% 建制村。

一、2022 年我国快递业发展情况

（一）2022 年我国快递业发展基本概况

2022 年，我国快递业务量累计完成 1105.8 亿件，同比增长 2.1%；快递业务收入 10566.7 亿元，同比增长 2.3%。快递业支持实物商品网购零售交易额近 12 万亿元，日处理快件的能力最高可达 7 亿件；年人均消费快件量接近 80 件。2021—2022 年各月我国快递业务量完成情况如图 1 所示。

其中，同城快递业务量累计完成 128.0 亿件，同比下降 9.3%；异地快递业务量累计完成 957.7 亿件，同比增长 4.0%；国际/港澳台地区快递业务量累计完成 20.2 亿件，同比下降 4.1%。① 2021—2022 年分专业快递业务量完成情况如图 2 所示。

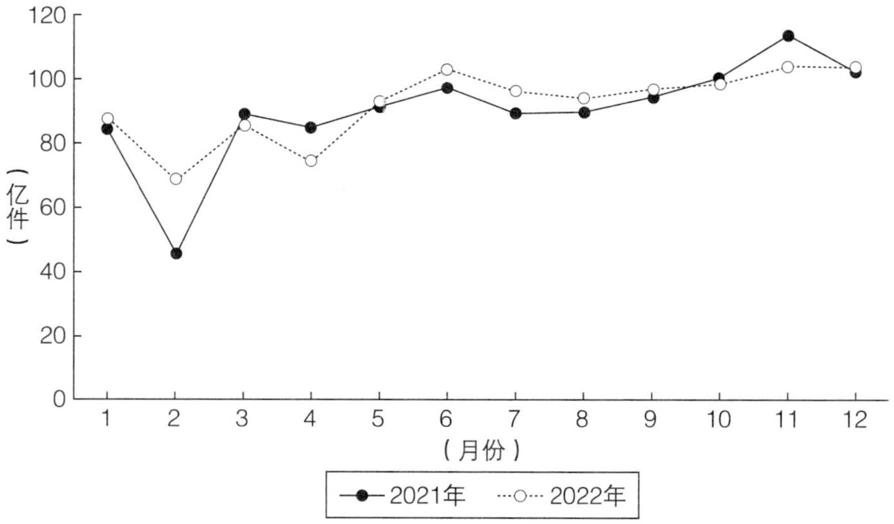

图 1　2021—2022 年各月我国快递业务量完成情况

① 增速按可比口径计算。全书同。

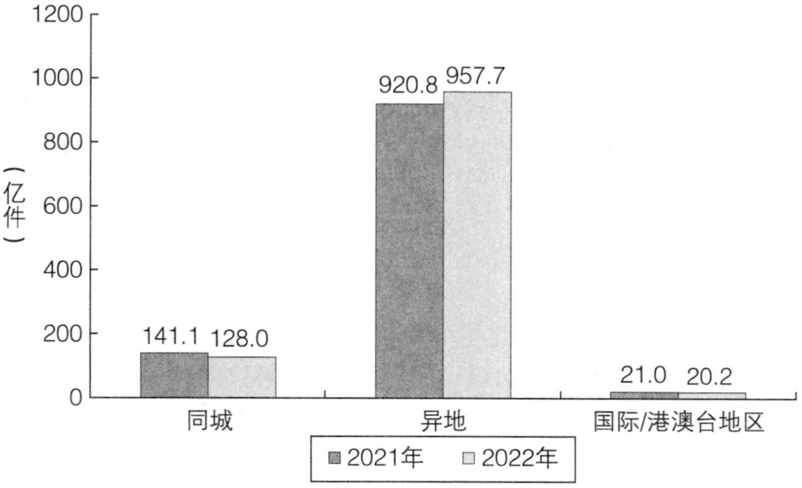

图 2　2021—2022 年分专业快递业务量完成情况

2022 年，同城、异地、国际/港澳台地区快递业务量分别占全部快递业务量的 11.6%、86.6%和 1.8%；快递业务收入分别占全部快递业务收入的 6.5%、49.5%和 11.0%。与去年同期相比，同城快递业务量的比重下降 1.4 个百分点，异地快递业务量的比重上升 1.6 个百分点，国际/港澳台地区快递业务量的比重下降 0.2 个百分点。2022 年我国快递业务量分专业占比情况如图 3 所示，2022 年我国快递业务收入分专业构成情况如图 4 所示。

2022 年，东、中、西部地区快递业务量比重分别为 76.8%、15.7%和 7.5%，快递业务收入比重分别为 77.6%、13.4%和 9.0%。与去年同期相比，东部地区快递业务量比重下降 1.3 个百分点，快递业务收入比重下降 0.6 个百分点；中部地区快递业务量比重上升 1.1 个百分点，快递业务收入比重上升 0.5 个百分点；西部地区快递业务量比重上升 0.2 个百分

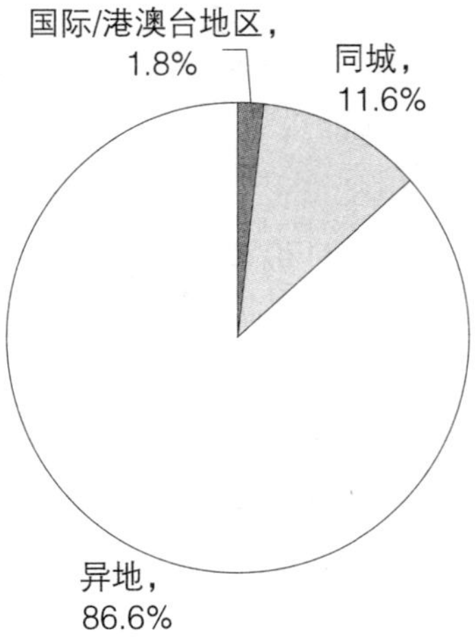

图 3　2022 年我国快递业务量分专业占比情况

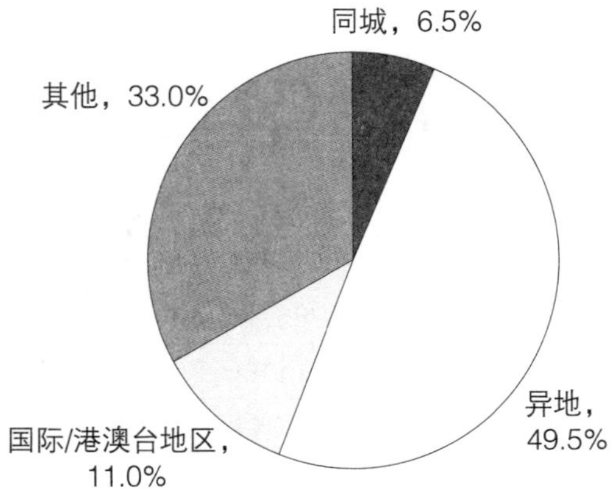

图 4　2022 年我国快递业务收入分专业构成情况

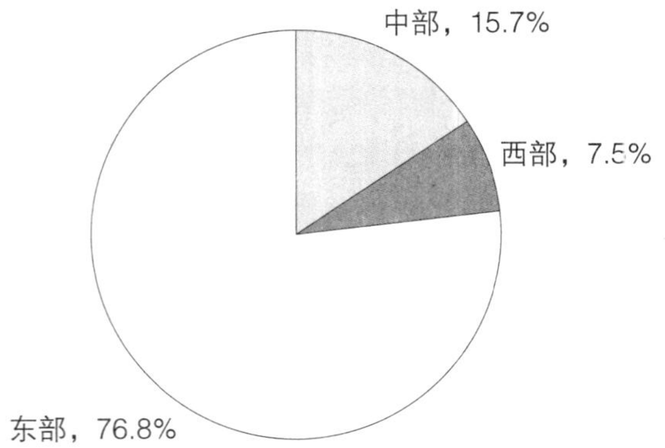

图 5 2022 年快递业务量分地区完成情况

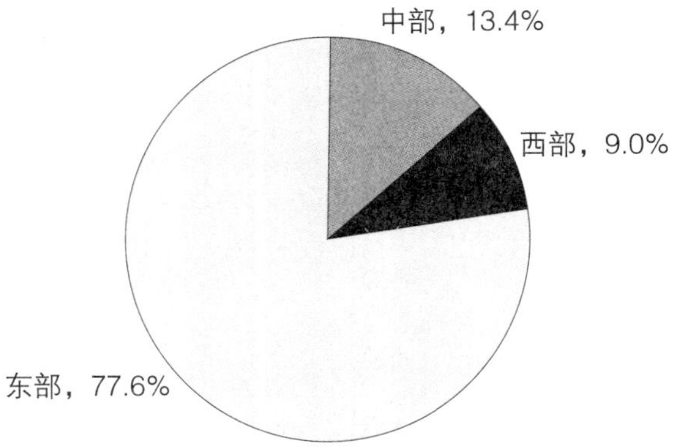

图 6 2022 年快递业务收入分地区构成情况

点，快递业务收入比重上升 0.1 个百分点。2022 年快递业务量分地区完成情况如图 5 所示，2022 年快递业务收入分地区构成情况如图 6 所示。

2022 年，快递与包裹服务品牌集中度指数 CR8 为 84.5，较 1—11 月下降了 0.1。

2022 年各省（自治区、直辖市）快递服务企业业务量和业务收入情况如表 1 所示，2022 年全国快递业务量排名前 50 位城市情况如表 2 所示，2022 年全国快递业务收入排名前 50 位城市情况如表 3 所示，2022 年部分快递企业年报如表 4 所示。

表 1 2022 年各省（自治区、直辖市）快递服务企业业务量和业务收入情况

地区	快递业务量累计（万件）	同比增长（%）	快递业务收入累计（万元）	同比增长（%）
全国	11058122.0	2.1	105667264.6	2.3
北京	195628.5	-11.5	2915532.3	-7.0
天津	121552.9	-1.5	1374733.2	-1.9
河北	526889.0	4.1	3802277.8	-5.8
山西	70585.0	-9.7	794701.5	-11.9
内蒙古	24213.5	-7.2	483439.1	-6.9
辽宁	171216.7	4.2	1689150.5	0.7
吉林	58194.0	-6.4	713756.7	-7.2
黑龙江	72638.1	20.1	895306.0	7.4
上海	285770.4	-23.6	18454342.2	7.6
江苏	871160.7	1.2	8213333.3	4.2
浙江	2290410.3	0.5	12049381.1	-4.7
安徽	353238.8	13.0	2374648.4	9.5
福建	426376.5	2.7	3548369.1	1.0
江西	182264.7	13.9	1617054.7	12.1

续 表

地区	快递业务量累计（万件）	同比增长（%）	快递业务收入累计（万元）	同比增长（%）
山东	577179.8	3.1	4518325.9	0.5
河南	445289.4	2.2	3313457.8	3.8
湖北	321241.6	19.3	2673822.6	10.8
湖南	231716.8	17.1	1786807.5	10.0
广东	3013602.8	2.3	25103048.8	2.3
广西	105450.9	2.6	1168930.0	3.7
海南	16561.0	14.2	299529.5	3.3
重庆	109176.8	11.5	1115136.6	7.8
四川	286917.5	3.1	2782040.6	3.8
贵州	49204.6	23.7	726716.0	9.0
云南	88781.8	5.5	987788.3	8.7
西藏	1219.3	-17.9	44815.9	-9.4
陕西	112826.2	0.9	1251205.8	3.4
甘肃	19588.3	6.1	381585.5	3.2
青海	3103.6	-15.8	83052.9	-17.7
宁夏	9905.9	-0.6	156235.8	1.4
新疆	16216.5	0.2	348739.4	-7.3

注：因四舍五入原因，分项与总值存在不符，未进行机械调整。全书同。

表2　　2022年全国快递业务量排名前50位城市情况

排名	城市	快递业务量累计（万件）	排名	城市	快递业务量累计（万件）
1	金华（义乌）市	1180468.0	13	成都市	175968.3
2	广州市	1013080.9	14	温州市	167561.7
3	深圳市	579983.0	15	佛山市	158426.2
4	揭阳市	372893.7	16	郑州市	148490.1
5	杭州市	348459.5	17	石家庄市	146150.0
6	东莞市	288061.6	18	宁波市	144131.7
7	上海市	285770.4	19	临沂市	143394.3
8	汕头市	245711.6	20	台州市	139797.4
9	苏州市	243498.4	21	长沙市	138933.5
10	泉州市	210753.4	22	合肥市	132838.1
11	北京市	195628.5	23	保定市	127333.9
12	武汉市	184599.4	24	嘉兴市	121620.6

续 表

排名	城市	快递业务量累计（万件）	排名	城市	快递业务量累计（万件）
25	天津市	121552.9	38	南昌市	65263.8
26	重庆市	109176.8	39	湖州市	61453.7
27	南通市	108976.7	40	商丘市	59543.4
28	无锡市	96128.1	41	福州市	56938.5
29	绍兴市	93581.8	42	宿迁市	56873.1
30	南京市	91565.8	43	厦门市	56548.4
31	中山市	87148.9	44	昆明市	56493.1
32	青岛市	80928.7	45	惠州市	56061.7
33	廊坊市	78681.3	46	邢台市	53868.8
34	西安市	77670.2	47	徐州市	51783.0
35	济南市	76856.0	48	哈尔滨市	50070.0
36	沈阳市	76502.2	49	南宁市	48751.4
37	潮州市	73854.3	50	潍坊市	48665.1

表3　2022年全国快递业务收入排名前50位城市情况

排名	城市	快递业务收入累计（万元）	排名	城市	快递业务收入累计（万元）
1	上海市	18454342.2	16	泉州市	1252772.0
2	广州市	8404275.1	17	汕头市	1234807.6
3	深圳市	6021671.5	18	重庆市	1115136.6
4	金华（义乌）市	3417986.6	19	无锡市	1081282.3
5	杭州市	3355474.5	20	嘉兴市	1053403.5
6	北京市	2915532.3	21	温州市	1030664.1
7	东莞市	2890080.3	22	长沙市	994041.7
8	苏州市	2489998.4	23	南京市	942257.9
9	揭阳市	1780487.6	24	合肥市	920183.1
10	佛山市	1743644.7	25	石家庄市	863609.2
11	成都市	1632977.8	26	青岛市	860261.6
12	武汉市	1591062.7	27	西安市	849690.1
13	天津市	1374733.2	28	济南市	820670.0
14	郑州市	1311368.6	29	厦门市	786009.5
15	宁波市	1303778.4	30	南通市	777943.1

续 表

排名	城市	快递业务收入累计（万元）	排名	城市	快递业务收入累计（万元）
31	沈阳市	749387.6	41	南宁市	555167.6
32	中山市	739430.6	42	昆明市	537612.1
33	台州市	732683.3	43	惠州市	524283.6
34	廊坊市	715626.4	44	绍兴市	507834.3
35	福州市	712439.2	45	长春市	447481.6
36	南昌市	695776.9	46	徐州市	409731.0
37	保定市	687072.6	47	湖州市	401788.5
38	临沂市	661319.4	48	大连市	370145.0
39	常州市	603783.8	49	潍坊市	348761.9
40	哈尔滨市	571578.8	50	太原市	333765.5

表 4　　2022 年部分快递企业年报

项目	顺丰控股	申通快递	圆通快递	韵达股份	中通快递	京东物流
全年营收（亿元）	1742.15	326.13	452.55	458	353.77	1374
营收同比增长（%）	2.62	32.61	20.66	15.57	16.35	31.24
归母净利润（亿元）	60.5～62.5	2.6～3.3	39.2	13.08～15.03	66.59	−13.97
净利同比增长（%）	42～46	128.6～136.3	86.34	−11.44～1.75	41.64	91
业务完成量（亿件/票）	110.73	129.47	174.79	176.09	244	未披露
业务量同比 增长（%）	5.12	16.89	5.66	−4.31	9.40	未披露
市场份额（%）	10.07	11.70	15.80	15.90	22.10	≈8
单票收入（元）	15.73	2.52	2.59	2.6	1.46	未披露
单票收入同比增长（%）	−2.38	13.46	14.19	20.78	8.10	未披露

注：以上数据是根据快递企业公示采集，未进行公示的企业不在此表，其中市场份额数据来自券商和媒体等。

（二）2022 年全国邮政市场行政执法情况

2022 年，全国各级邮政管理部门共计开展邮政市场“双随机、一公开”行政执法检查 3.1 万人次，检查市场主体 1.4 万家次，查处整改违法违规问题 5328 个，办理邮政市场行政处罚案件 6077 件，实施行政罚款 5453 万元。

2022 年，各级邮政管理部门全年共办理邮政行业安全监管类案件 2756 件、快递服务质量监管类案件 1511 件、快递市场准入管理类案件 1430 件、生态环境保护监管类案件 373 件、快递市场经营秩序管理类案件 5 件、集邮市场监管类案件 1 件、邮政用品用具监管类案件 1 件。在相关行政处罚案件中，各级邮政管理部门依法实施警告的有 43 件，其中 2 件并处罚款；依法行政罚款的有 5814 件，其中 205 件处 3 万元以上较大数额罚款；依法暂扣或者吊销许可证的有 6 件；依法实施责令停产停业的有 214 件，其中 16 件并处罚款。

从行政处罚案件适用案由情况看，全年行政处罚案件的案由适用数量占比居前十位的分别是，开办快递末端网点未备案 669 件，占比 11.01%；违反快递服务标准 644 件，占比 10.60%；未按规定分拣作业 560 件，占比 9.22%；安全设备的使用不符合国家标准或行业标准 503 件，占比 8.28%；未按规定对从业人员进行安全生产教育和培训 489 件，占比 8.05%；未按规定报送实名收寄信息 277 件，占比 4.56%；未按规定提交快递业务经营许可年度报告 272 件，占比 4.48%；未采取措施消除事故隐患 228 件，占比 3.75%；安全设备安装不符合国家或行业标准 222 件，占比 3.65%；未如实记录安全生产教育和培训情况 214 件，占比 3.52%。

（三）快递服务满意度

根据国家邮政局组织第三方机构的调查数据显示，2022 年快递服务公众满意度得分为 83.4 分，同比微降 0.3 分。在 5 项二级指标中，受理服务、揽收服务、售后服务得分分别为 89.1 分、88.3 分、74.5 分，同比分别上升 0.1 分、0.5 分、2.0 分；投递服务、信息服务得分分别为 84.4 分、83.7 分，同比分别下降 0.7 分、3.1 分。

受疫情影响，虽然个别指标有所下降，但快递服务发挥连通线上线下功能，有效满足人民群众对生活物资、医疗物资等现实需求，赢得了广大用户更多的包容、理解和认可。第三方机构 2022 年 8 月对 10 种商业服务的满意度调查结果显示，快递服务得分为 81.1 分，排名第二。

2022 年快递服务公众满意度得分排名前 3 位的品牌为顺丰速运、京东快递、邮政速递。（数据来自国家邮政局）

（四）重点地区快递服务时限

2022 年全国重点地区快递服务全程时限为 58.82 小时，受疫情影响，同比延长 1.74 小时；72 小时准时率为 77.82%，同比下降 0.12 个百分点。其中，寄出地处理时限为 7.56 小时，寄达地处理时限为 10.76 小时，基本保持了 2021 年时效水平。

在疫情影响相对较小的第三季度，快递服务全程时限为 56.74 小时，同比缩短 1.47 小时，较第二季度缩短 6.23 小时；72 小时准时率为 80.39%，同比提高 2.10 个百分点，较第二季度提高 6.82 个百分点。（数据来自国家邮政局）

二、2022 年我国快递业发展特点

（一）2022 年我国快递业务量增长率和收入增长率创有统计以来最低

2017—2022 年全国快递服务企业发展情况如表 5 所示。

表 5　2017—2022 年全国快递服务企业发展情况

数据分类	2017 年	2018 年	2019 年	2020 年	2021 年	2022 年
快递业务量（亿件）	400.6	507.1	635.2	833.6	1083.0	1105.8
快递收入（亿元）	4957.1	6038.4	7497.8	8795.4	10332.3	10566.7
件均收入（元）	12.4	11.9	11.8	10.6	9.5	9.6
业务量年增长率（%）	28.0	26.6	25.3	31.2	29.9	2.1
收入年增长率（%）	24.7	21.8	24.2	17.3	17.5	2.3

（二）“快递进村”工程等基础设施推进成效显著

快递业深入推进“快递进村”工程，累计建成990个县级寄递公共配送中心、27.8万个村级快递服务站点，全国95%的建制村实现快递服务覆盖。推进“客货邮”融合发展，加快农村邮路汽车化，新增农村投递汽车近2万辆，累计开通交邮联运邮路1888条。累计培育快递服务现代农业年业务量超千万件金牌项目117个、邮政农特产品出村“一市一品”项目822个，有力服务乡村振兴。主要寄递企业累计设立海外仓249个。持续推动中欧班列常态化运输邮件和跨境电商商品，全年发运超过4500个集装箱。加强邮政综合服务平台建设，政邮合作实现全国县级以上政务平台（大厅）全对接。累计布放智能快件（信包）箱36.2万组，建设快递营业网点和末端服务站34.3万个。累计投放可循环快递箱（盒）近1500万个，回收复用瓦楞纸箱7亿个。持续开展从业人员职业技能提升行动，全年培训从业人员57万余人次，新增5244人取得快递工程专业技术职称。

（三）快递业配合各地政府保民生物资供应

一是毫不放松抓好行业疫情防控。快递业强化薄弱环节管理，加强快递作业的日常监督检查。持续抓好快递员疫苗接种工作，免疫接种率稳定在90%以上。妥善处置行业突发疫情，有效阻断疫情通过寄递渠道扩散。

二是受疫情影响，城际间的快递量和收入的增长率创有统计以来的新低。

（四）快递产业集中度依然分散

2022年快递的产业集中度基本与2021年一样，这是快递业诸多问题底层逻辑的体现。目前我国快递业内资快递品牌企业前8家的市场份额在90%以上，与欧美日相比前三家在90%左右的占比还存在优胜劣汰和兼并重组的空间。加盟模式快递的加盟商具有定价权，会使产业集中度更低。如果产业集中度不提升，快递业难以健康、有序和可持续发展。

三、2022年快递行业大事记

（一）国家政府工作报告第九次涉及“快递”

2022年政府工作报告中提出，“发展农村电商和快递物流配送”“启动乡村建设行动”“加强水电路气信邮等基础设施建设”“加快国际物流体系建设”“充分发挥跨境电商作用，支持建设一批海外仓”。这是自2014年以来，政府工作报告第9次将“快递”纳入其中。

（二）《邮政业生态环境保护工作信息报告规定（试行）》（以下简称《规定》）经国家邮政局第3次局长办公会审议通过

《规定》共计22条，主要内容包括：一是明确了信息报告的总体要求，包括《规定》的适用范围、监督管理权限、工作原则等；二是明晰了信息报告的主体、内容和程序，包括信息报告主体和层级、企业总部管理责任、邮政管理部门报告内容、寄递企业报告内容、信息报告与统计体系衔接、报告方式、报告频次、信息处理等；三是规定了监督管理相关要求，包括减轻企业负担、信息通报、保密义务、工作责任制、信息核实、报告制度落地细化等内容。该《规定》于2022年6月1日正式印发施行。

（三）新版《中华人民共和国职业分类大典》新增3个邮政快递类职业（工种）

2022年9月，人力资源和社会保障部正式发布了新修订的《中华人民共和国职业分类大典》。本次修订将近年来发布的新职业信息收录到大典之中，共计新增 168 个职业，调整后职业分为 8 个大类，净增了 158 个新的职业，现在职业数达到了 1639 个。

本次修订后的大典涉及邮政快递领域职业共 17 个，工种 15 个。此次新增了国际快递业务师、快递站点管理师、快递设备运维师等职业工种。国际快递业务师（4－02－07－10）是从事国际寄递服务网络设计搭建、海外仓等节点建设、业务市场开发、国际邮件快件中转清关管理等工作的人员。快递站点管理师（4－02－07－11）是从事快递末端站点生产作业、质量管控、业务开发等工作的人员。快递设备运维师是机电设备维修工职业新增设的工种。

（四）亚洲最大的货运枢纽鄂州花湖机场投入使用

2022 年 7 月，由顺丰携手政府打造的鄂州花湖机场投入运营。作为亚洲第一座、世界第四座专业货运机场，货运首期开通鄂州至深圳、上海 2 条货运航线，年内还将开通大阪、法兰克福等国际货运航线。

（五）15 名邮政快递领域人员获交通运输青年科技英才称号

2022 年 10 月，交通运输部办公厅公布《2022 年度交通运输青年科技英才名单》，确定 140 名同志入选 2022 年度交通运输青年科技英才。

其中，国家邮政局推选的 15 名候选人入选，分别为北京国邮科讯科技发展有限公司胡倩、潘迪，邮政科学研究规划院有限公司余艳，中国邮政集团有限公司云南省分公司方鹏，中国邮政集团有限公司河南省分公司刘亚伟，顺丰科技有限公司唐勇、陈桓，北京京东远升科技有限公司孙勇，北京邮电大学魏伟，南京邮电大学孙哲，西安邮电大学李永飞，重庆邮电大学万粒，北京印刷学院朱磊，石家庄邮电职业技术学院谭宇硕，青岛酒店管理职业技术学院潘华南。

（六）《关于电子烟产品、雾化物、电子烟用烟碱等限量寄递的通告》发布

2022 年 11 月，为规范寄递电子烟行为，维护国家利益和消费者利益，满足消费者合理诉求，保障寄递电子烟规范有序运行，根据《中华人民共和国邮政法》《中华人民共和国烟草专卖法》及其实施条例、《电子烟管理办法》的规定，国家烟草专卖局、国家邮政局在充分调研、评估论证、吸收各方面意见建议的基础上，研究制定了《国家烟草专卖局 国家邮政局关于电子烟产品、雾化物、电子烟用烟碱等限量寄递的通告》（以下简称《通告》）。《通告》主要内容为对寄递电子烟产品、雾化物、电子烟用烟碱等实行限量管理和具体数量的规定，包括对因特殊情形需超量寄递、依法取得烟草专卖许可证的电子烟交易主体之间运输要求和跨境限量寄递的有关规定。

（七）两项国家标准颁布实施

2022 年两项快递业国家标准颁布实施。一是《通用寄递地址编码规则》（GB/T 41832—2022）于 2022 年 10 月 14 日发布，2023 年 2 月 1 日起实施；二是《快递电子运单》（GB/T 41833—2022）于 2022 年 10 月 14 日发布，2023 年 2 月 1 日起实施。

（八）中国快递协会发布 2021 年度《中国快递业社会贡献报告 2021》

2022 年 12 月，《中国快递业社会贡献报告 2021》正式发布，该报告围绕“创新、服务、环保、安全、关爱、人才”六个方面呈现了快递业的“贡献度”。

（九）邮政快递业 3 案例入选 2022 年全国

消费帮扶助力乡村振兴优秀典型案例

国家发展改革委发布2022年全国消费帮扶助力乡村振兴优秀典型案例，邮政快递业《邮政服务宁德古田食用菌“出村进城”》《探索消费帮扶新机制 打通脱贫地区经济“大动脉”》《打通“堵点”让“农产品上行”之路越走越顺》3个案例入选。

（十）圆通首架B767宽体货机“亚运号”入列

2022年1月14日，圆通速递旗下圆通航空引进首架波音B767－300ERF宽体货机。该机业载达到57吨，货舱容积482立方米，满载航程5920公里，可以完全覆盖亚洲全域市场。先期投入昆明至巴基斯坦最大城市卡拉奇的货运航线。

（十一）中国邮政排名世界邮政第一

2022年在《财富》世界500强排行榜上榜的世界邮政企业中，中国邮政排名第1位，其中，营业收入和利润排名均列世界邮政第1位。

（十二）顺丰进入世界500强，排名第441位

8月3日，《财富》杂志发布2022年世界500强排行榜，顺丰控股股份有限公司上榜，以321亿美元排名第441位。这也是中国民营快递企业首次进入世界500强。

（十三）极兔速递与海航货运正式签署战略合作协议

2022年8月5日，极兔速递有限公司（以下简称“极兔速递”）与海航货运有限公司（以下简称“海航货运”）正式签署了战略合作框架协议。双方将在全球范围内开展航空物流领域的合作。

（十四）顺丰入选《财富》中国ESG影响力榜，成为唯一上榜的快递物流公司

2022年8月23日，《财富》发布首份中国ESG影响力榜，顺丰控股作为唯一的快递物流公司入选。

（十五）顺丰航空第75架全货机投入运行

2022年9月6日，顺丰航空第75架全货机（B767－300）正式投入商业运行，这是顺丰航空2022年投运的第7架新运力。这架宽体全货机运力投入深圳至北京的航线，助力提升华南往来华北之间的快件空运时效与品质。

（十六）京东物流上榜“2022年度中国数据管理十大名牌企业”

中国电子信息行业联合会在首届中国数据治理年会上公布了“2022年度中国数据管理十大名牌企业”，京东物流成为业内唯一获得该奖项的企业。

（十七）2022年中通快递完成快递业务量243.9亿件，连续7年排名行业第一

2022年中通快递完成业务量243.9亿件，同比增长9.4%，实现了22.1%的市场份额，同比提升1.5个百分点，连续7年排名行业第一。

（蜂网投资有限公司　徐勇　徐梦馨）

2022 年中国民航货运业[1]

2022 年，民航全行业在以习近平同志为核心的党中央坚强领导下，坚持以习近平新时代中国特色社会主义思想为指导，全面贯彻落实党的二十大精神和中央经济工作会议精神，坚决贯彻落实中共中央、国务院决策部署，坚持稳中求进工作总基调，积极应对安全压力、疫情防控、经营亏损等不利因素交织叠加的局面，在前所未有的困难面前经受住了考验，稳住了行业发展基本盘，持续推动民航高质量发展取得新成效。

一、运输航空[2]

2022 年，新冠肺炎疫情对民航运输生产影响的深度和持续性远超预期。

（一）运输周转量[3]

2022 年，全行业完成运输总周转量 599. 28 亿吨公里，比上年下降 30. 1%。国内航线完成运输总周转量 387. 86 亿吨公里，比上年下降 39. 5%，其中，港澳台航线完成 2. 30 亿吨公里，比上年下降 23. 6%；国际航线完成运输总周转量 211. 42 亿吨公里，比上年下降 1. 9%。2018—2022 年民航运输总周转量增长变化情况如图 1 所示。

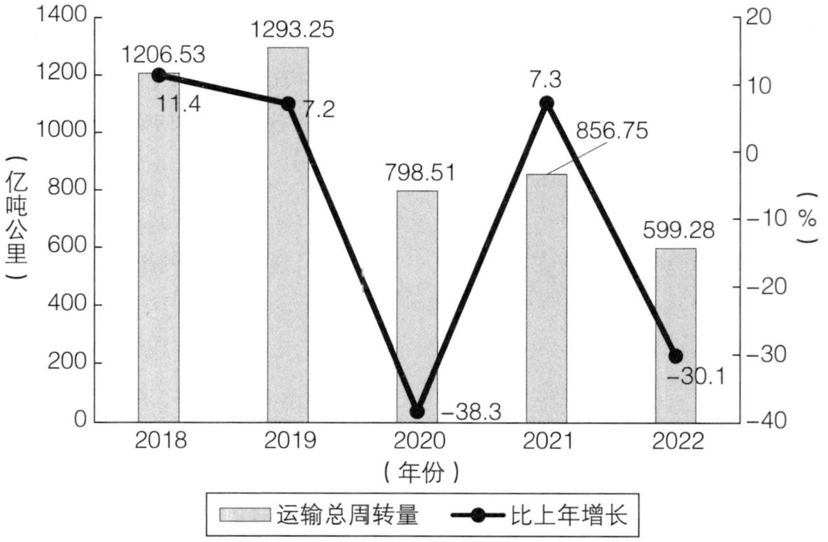

图 1　2018—2022 年民航运输总周转量增长变化情况

全行业完成货邮周转量254.10亿吨公里，比上年下降8.7%。国内航线完成货邮周转量52.30亿吨公里，比上年下降25.9%。其中，港澳台航线完成1.73亿吨公里，比上年下降24.6%；国际航线完成货邮周转量201.79亿吨公里，比上年下降2.8%。2018—2022年民航货邮周转量增长变化情况如图2所示。

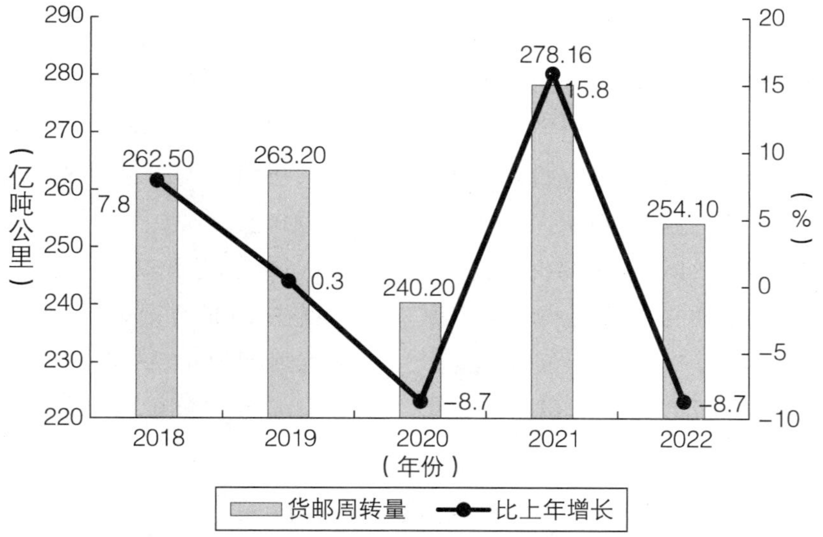

图2　2018—2022年民航货邮周转量增长变化情况

（二）货邮运输量

2022年，全行业完成货邮运输量607.61万吨，比上年下降17.0%。国内航线完成货邮运输量343.79万吨，比上年下降26.1%。其中，港澳台航线完成14.74万吨，比上年下降22.4%；国际航线完成货邮运输量263.82万吨，比上年下降1.1%。2018—2022年民航货邮运输量增长变化情况如图3所示。

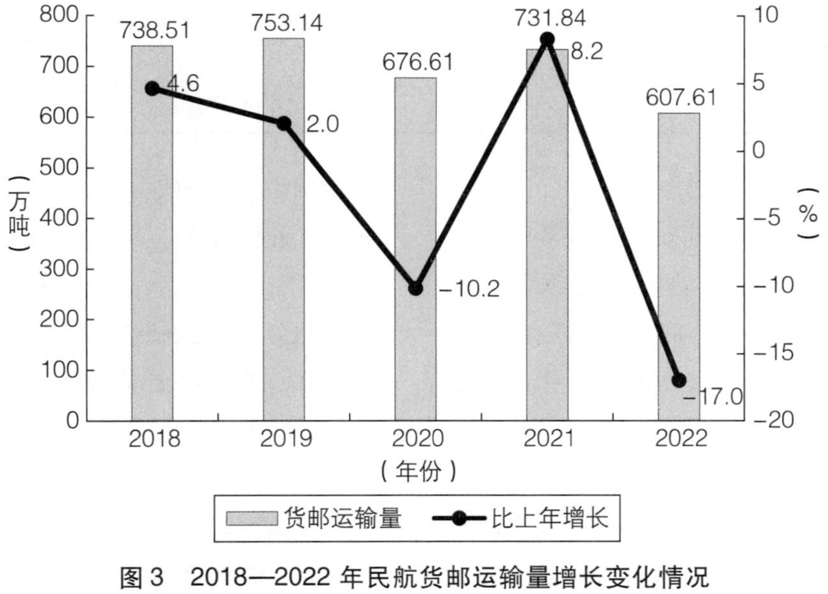

图3　2018—2022年民航货邮运输量增长变化情况

（三）飞行小时和起飞架次

2022 年，全行业运输航空公司完成运输飞行小时 627.56 万小时，比上年下降 32.7%。国内航线完成运输飞行小时 556.90 万小时，比上年下降 35.2%，其中，港澳台航线完成 2.10 万小时，比上年下降 20.5%；国际航线完成运输飞行小时 70.66 万小时，比上年下降 2.7%。

2022 年，全行业运输航空公司完成运输起飞架次 256.57 万架次，比上年下降 35.1%。国内航线完成运输起飞架次 246.74 万架次，比上年下降 36.0%，其中，港澳台航线完成 1.01 万架次，比上年下降 18.7%；国际航线完成运输起飞架次 9.82 万架次，比上年增长 1.6%。

2022 年，全行业运输航空公司完成非生产飞行小时 5.94 万小时。其中，训练飞行 1.26 万小时；完成非生产起飞架次 11.60 万架次。

（四）运输航空企业数量

截至 2022 年年底，我国共有运输航空公司 66 家，比上年底净增 1 家。按不同所有制类别划分：国有控股公司 39 家，民营和民营控股公司 27 家。在全部运输航空公司中，全货运航空公司 13 家，中外合资航空公司 9 家，上市公司 8 家。

（五）运输机队

截至 2022 年年底，民航全行业运输飞机期末在册架数 4165 架，比上年底增加 111 架。2022 年运输飞机数量如表 1 所示。

表 1　　2022 年运输飞机数量

飞机分类	飞机数量（架）	比上年增（架）	在运输机队占比（%）
合计	4165	111	100.0
客运飞机	3942	86	94.6
宽体飞机	472	7	11.3
窄体飞机	3225	47	77.4
支线飞机	245	32	5.9
货运飞机	223	25	5.4
大型货机	50	7	1.2
中小型货机	173	18	4.2

（六）航线网络

2022 年，我国共有定期航班航线 4670 条，国内航线 4334 条。其中，港澳台航线 27 条，国际航线 336 条。按重复距离计算的航线里程为 1032.79 万公里，按不重复距离计算的航线里程为 699.89 万公里。

2022 年，定期航班国内通航城市（或地区）249 个（不含香港、澳门和台湾地区）。我国航空公司国际定期航班通航 50 个国家的 77 个城市，内地航空公司定期航班从 20 个内地城市通航香港，从 5 个内地城市通航澳门，大陆航空公司从 7 个大陆城市通航台湾地区。

（七）运输航空（集团）公司生产[4]

2022 年，中航集团完成飞行小时 126.27 万小时，比上年下降 35.8%；完成运输总周转量 130.99 亿吨公里，比上年下降 32.4%；完成货邮运输量 126.33 万吨，比上年下降 28.4%。东航集团完成飞行小时 112.49 万小时，比上年下降 37.5%；完成运输总周转量 111.65 亿吨公里，比上年下降 31.1%；完成货邮运输量 114.34 万吨，比上年下降 21.4%。南航集团完成飞行小时 155.64 万小时，比上年下降 26.2%；完成运输总周转量 163.83 亿吨公里，比上年下降 22.8%；完成货邮运输量 132.67 万吨，比上年下降 8.0%。

2022 年，其他航空公司共完成飞行小时 233.17 万小时，比上年下降 32.3%；完成运输总周转量 192.82 亿吨公里，比上年下降 33.2%；完成货邮运输量 234.27 万吨，比上年下降 11.9%。2022 年各航空（集团）公司运输总周转量比重如图 4 所示。

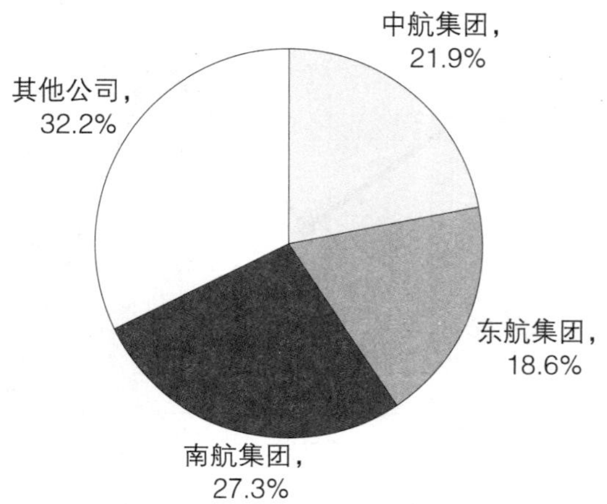

图 4　2022 年各航空（集团）公司运输总周转量比重

（八）重大航空运输任务

2022 年，民航局根据国务院联防联控机制部署和其他相关单位、部委需求，组织开展疫情防控等各类重大航空运输任务，共组织 62 家航空公司执行 2588 架次任务，运输人员 18.7 万名、行李 12 万件、物资 5744 吨。

（九）运输机场

截至 2022 年年底，我国境内运输机场（不含香港、澳门和台湾地区）254 个，比上年底净增 6 个。2022 年新增昭苏天马机场、阿拉尔塔里木机场、鄂州花湖机场、塔什库尔干红其拉甫机场、山南隆子机场、日喀则定日机场。2022 年，达州河市机场迁至达州金垭机场、湛江机场迁至湛江吴川机场。颁证运输机场按飞行区指标[5]分类：4F 级机场 15 个，4E 级机场 39 个，4D 级机场 37 个，4C 级机场 158 个，3C 级机场 4 个，3C 级以下机场 1 个。

截至 2022 年年底，全行业新增跑道 7 条，停机位 182 个，航站楼面积 11 万平方米；全行业运输机场共有跑道 283 条，停机位 7315 个，航站楼面积 1798.9 万平方米。2022 年各地区[6]颁证运输机场数量如表 2 所示。

（十）机场业务量

2022 年，全国民航运输机场完成货邮吞吐量 1453.05 万吨，比上年下降 18.5%。2018—2022 年民航运输机场货邮吞吐量增长变化情况如图 5 所示。

表 2　　2022 年各地区颁证运输机场数量

地区	颁证运输机场数量（个）	占全国比例（%）
全国	254	100. 0
东部地区	56	22. 1
中部地区	41	16. 1
西部地区	130	51. 2
东北地区	27	10. 6

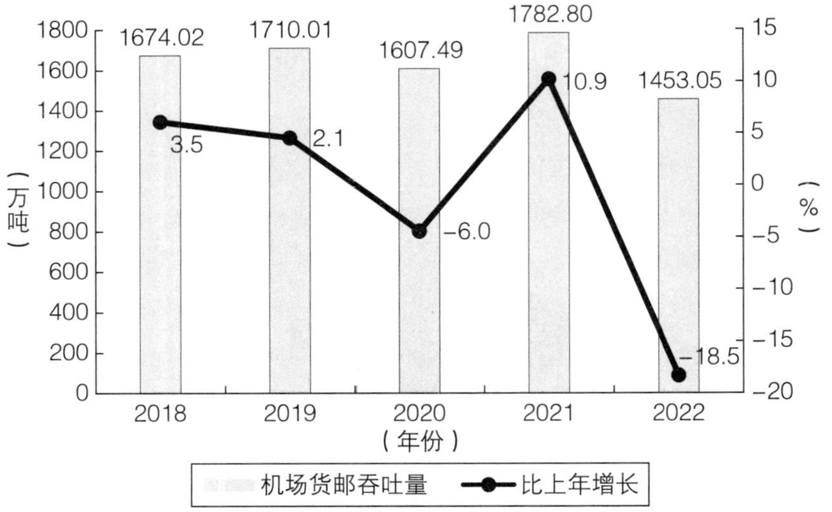

图 5　2018—2022 年民航运输机场货邮吞吐量增长变化情况

其中，2022 年东部地区完成货邮吞吐量 1069. 70 万吨，比上年下降 17. 6%；中部地区完成货邮吞吐量 126. 01 万吨，比上年下降 20. 7%；西部地区完成货邮吞吐量 215. 10 万吨，比上年下降 21. 1%；东北地区完成货邮吞吐量 42. 24 万吨，比上年下降 19. 3%。2022 年民航运输机场货邮吞吐量按地区分布情况如图 6 所示。

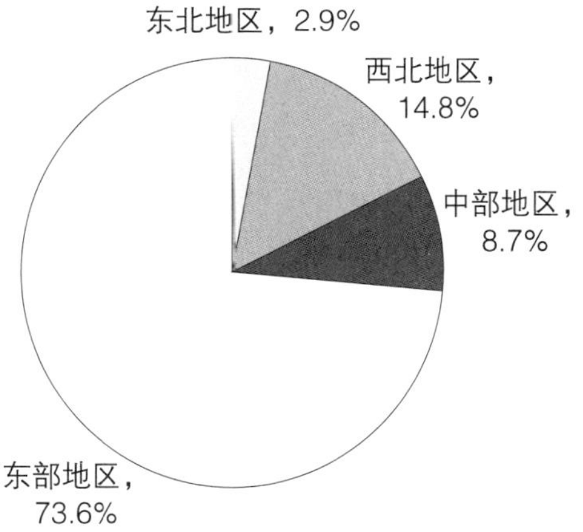

图 6　2022 年民航运输机场货邮吞吐量按地区分布情况

2022 年，全国民航运输机场完成起降架次715.19 万架次，比上年下降 26.9%。其中，运输架次 519.18 万架次，比上年下降 35.0%。

2022 年，年货邮吞吐量 1 万吨以上的运输机场 51 个。其中，北京、上海和广州三大城市机场货邮吞吐量占全部境内机场货邮吞吐量的 43.4%，比上年下降 1.5 个百分点。2022 年按货邮吞吐量分类的机场数量如表 3 所示。

表 3　2022 年按货邮吞吐量分类的机场数量

年货邮吞吐量	机场数量（个）	比上年增加（个）	吞吐量占全国比例（%）
10 万吨（含）以上	23	-8	88.4
1 万（含）~10 万吨	28	-2	10.1
1 万吨以下	203	16	1.5

二、通用航空

（一）通用航空企业数量[7]

截至 2022 年年底，获得通用航空经营许可证的传统通用航空企业 661 家，比上年底净增 62 家。其中，华北地区 130 家、东北地区 48 家、华东地区 179 家、中南地区 150 家、西南地区 93 家、西北地区 37 家、新疆地区 24 家。

（二）机队规模

截至 2022 年年底，通用航空在册航空器总数达到 3186 架。其中，教学训练用飞机 1157 架。

（三）通用机场

截至 2022 年年底，比上年底净增通用机场 29 个，全国在册管理的通用机场数量达到 399 个。

（四）飞行小时

2022 年，全国通用航空共完成飞行 121.9 万小时，比上年增长 3.5%。其中，载客类完成 1.8 万小时，比上年下降 10.0%，载人类完成 10.8 万小时，比上年增长 0.8%，其他类完成 64.3 万小时，比上年增长 8.8%；非经营性作业完成 45.1 万小时，比上年下降 2.1%。

（五）无人机情况

截至 2022 年年底，获得通用航空经营许可证的无人机通用航空企业 15130 家，比上年底净增 2467 家。其中，华北地区 2179 家，东北地区 1200 家，华东地区 5350 家，中南地区 2934 家，西南地区 1788 家，西北地区 1123 家，新疆地区 556 家。

截至 2022 年年底，全行业无人机拥有者注册用户 70.0 万个。其中，个人用户 63.9 万个，企业、事业、机关法人单位用户 6.1 万个。全行业注册无人机共 95.8 万架。

截至 2022 年年底，全行业无人机有效驾驶员执照 15.28 万本。2022 年，全年无人机累计飞行小时 2067 万小时，同比增长 6.17%。

三、运输效率与经济效益

（一）运输效率

2022 年，全行业在册运输飞机平均日利用率为 4.35 小时，比上年减少 2.27 小时。其中，大中型飞机[8]平均日利用率为 4.47 小时，比上年减少 2.30 小时；小型飞机平均日利用率为 2.16 小时，比上年减少 1.62 小时。

2022 年，正班客座率平均为66.6%，与上年降低 5.8 个百分点；2022 年，正班载运率平均为 65.0%，比上年降低 1.9 个百分点。

（二）经济效益[9]

据初步统计，2022 年，全行业累计实现营业收入 6328.9 亿元，比上年下降 15.8%；亏损 2174.4 亿元，比上年增亏 1374.6 亿元。其中，航空公司实现营业收入 3364.8 亿元，比上年下降 20.5%；亏损 1771.2 亿元，比上年增亏 1143.4 亿元。机场实现营业收入 770.1 亿元，比上年下降 18.5%；亏损 476.2 亿元，比上年增亏 228.0 亿元。保障企业实现营业收入 2194.0 亿元，比上年下降 6.2%；利润总额 73 亿元，比上年减少 3.2 亿元。

据初步统计，2022 年，全行业运输收入水平为 4.98 元/吨公里，比上年提高 0.56 元/吨公里。其中，客运收入水平 6.22 元/吨公里，比上年提高 1.01 元/吨公里；货邮运输收入水平 3.31 元/吨公里，比上年提高 0.52 元/吨公里。

据初步统计，2022 年，民航全行业应交税金 300.3 亿元，比上年减少 23.5 亿元。

四、航空安全

（一）运输安全

2022 年，民航安全运行平稳可控，运输航空百万架次重大事故率十年滚动值为 0.011。通用航空事故万架次率为 0.0367。

2022 年，全年共发生运输航空征候 291 起，其中运输航空严重征候 3 起，人为责任原因征候 3 起。人为责任原因征候万时率为 0.005，同比下降 70.3%，各项指标均较好控制在年度安全目标范围内。2022 年，全行业共有 56 家运输航空公司未发生人为责任征候。

（二）空防安全

截至 2022 年年底，全行业共有安检员、监护护卫员 73137 名，比上年减少 1201 名。

2022 年，全国民航安检部门共检查航空货物（不含邮件、快件）4.91 亿件次，检查邮件、快件 2.79 亿件次，处置故意传播危害民航安全、运营秩序虚假信息事件 82 起，查处各类安保事件 7638 起，确保了民航空防持续安全，实现了 247 个空防安全月。

五、教育与科技创新

（一）教育情况

2022 年，民航直属院校共招收学生 23389 人。其中，研究生 1719 人，普通本专科生 21466 人，成人招生 204 人。全年招收飞行学生 2322 人。

民航直属院校在校学生数达到 81604 人。其中，研究生 4567 人，普通本专科生 75069 人，成人在校生 1968 人。

民航直属院校共毕业学生 22015 人。其中，硕士研究生 1115 人，普通本专科 19703 人，成人学生 1197 人。

（二）科技创新

2022 年，民航承担国家重点研发计划项目立项 7 项。国家自然科学基金民航联合研究基金重点项目立项 18 项。民航科技成果评价 90 项，评选中国航空运输协会民航科学技术奖 39 项。

（三）航行新技术应用

截至 2022 年年底，全行业 36 家航空公司具备 HUD（飞行平视指引系统）运行能力，1391 架运输飞机具备 HUD 能力，具备 HUD 特殊Ⅰ类标准的机场 111 个，具备 HUD 特殊Ⅱ类标准的机场 21 个，具备 HUD RVR150 米起飞标准的机场 18 个。

全行业 247 个运输机场具备 PBN（在相应的导航基础设施条件下，航空器在指定的空域内或者沿航路、仪表飞行程序飞行时对系统精确性、完好性、可用性、连续性以及功能等方面的性能要求。）飞行程序，地形复杂的 31 个机场配备 RNP AR 程序，3931 架运输飞机具备 ADS－B（OUT）能力，55 家航空公司应用了电子飞行包（EFB）。

六、专业技术人员

（一）飞行员数量

截至 2022 年年底，我国运输航空公司共有驾驶员 57854 名，比上年增加 2277 名；共有乘务员 85001 名，比上年减少 3125 名。

截至 2022 年年底，中国民航驾驶员有效执照总数为 81430 本，比上年底净增 5194 本。其中，运动驾驶员执照（SPL）1934 本，私用驾驶员执照（PPL）5211 本，商用驾驶员执照（CPL）45895 本，多人制机组驾驶员执照（MPL）176 本，航线运输驾驶员执照（ATPL）28214 本。中国民航飞行机械员有效执照 69 本。2022 年中国民航驾驶员执照分类统计如表 4 所示。

表 4　　2022 年中国民航驾驶员执照分类统计

执照种类	数量（本）	比上年增加（本）
运动驾驶员执照（SPL）	1934	419
私用驾驶员执照（PPL）	5211	389
商用驾驶员执照（CPL）	45895	3450
多人制机组驾驶员执照（MPL）	176	-11
航线运输驾驶员执照（ATPL）	28214	947
合计	81430	5194

（二）其他专业技术人员

截至 2022 年年底，全行业持照机务人员 68992 名，比上年增加 5512 名；持照签派员 11256 名，比上年增加 434 名。空管行业四类专业技术人员共 36765 名[10]，比上年新增 1502 名。其中，空中交通管制人员 17019 名，比上年新增 783 名。

七、对外关系

2022 年，我国先后与 6 个国家或地区举行双边航空会谈或书面磋商。截至 2022 年年底，我国与其他国家或地区签订双边航空运输协定 129 个，比上年底增加 1 个（《中华人民共和国政府和圭亚那合作共和国政府民用航空运输协定》）。其中，亚洲 44 个（含东盟），非洲 27 个，欧洲 38 个（含欧盟），美洲 13 个，大洋洲 7 个。

2022 年，中国民用航空局与欧盟航空安全局签署了适航审定方面的技术安排或工作安排。截至 2022 年年底，与我国建立双边适航关系的国家或地区共 40 个，现行有效的双边适航文件共 191 份。

八、固定资产投资

2022 年，民航固定资产投资总额 1906.09

亿元，其中，民航基本建设和技术改造投资1231.38亿元，比上年增长0.7%。

九、绿色发展

2022年，我国民航吨公里油耗为0.302公斤，较2005年（行业节能减排目标基年）下降11.4%，机场平均每客能耗和每客二氧化碳排放分别较基线（2013—2015均值）上升26.1%和下降21.6%。

2022年，共有50.1万架次航班使用临时航路，缩短飞行距离1635.3万公里，节省燃油消耗8.8万吨，减少二氧化碳排放27.8万吨。

截至2022年年底，机场场内电动车辆设备1.2万台，充电设施5200个，电动车辆占比24%。

自2018年民航启动打赢蓝天保卫战以来，实施项目累计162个，总投资额达38.3亿元，累计节省航油约88.3万吨，相当于减少二氧化碳排放278.2万吨，减少各种空气污染物1.1万吨。

2022年，机场能源清洁化保持较高水平，电力、天然气、外购热力占比达到82.8%，太阳能、地热能等清洁能源占比约1.0%。

十、法规和信用体系建设

2022年，22部规章完成制定、修订或废止工作并予以公布。全年民航各级行政机关共实施行政处罚280起，依据《民航行业信用管理办法》，将5家组织、11个自然人的严重失信行为信息列入民航行业信用信息记录。

注释：

[1] 本公报未包括香港、澳门及台湾地区统计数据。公报中部分数据因四舍五入原因，存在着与分项合计不等的情况。

[2] 运输航空各项数据为正式年报数据，部分统计数据与此前公布的初步统计数据如有出入，以本次公布数据为准。

[3] 运输周转量、旅客运输量、货邮运输量、飞行小时和起飞架次涉及的数据均为境内航空公司承运的数据。

[4] 中航集团包括中国国际航空股份有限公司、中国国际货运航空有限公司、深圳航空有限责任公司、山东航空股份有限公司、昆明航空有限公司、中国国际航空内蒙古有限公司、大连航空有限责任公司和北京航空有限责任公司；东航集团包括中国东方航空股份有限公司、中国货运航空有限公司、上海航空有限公司、中国联合航空有限公司、中国东方航空江苏有限公司、中国东方航空武汉有限责任公司、东方航空云南有限公司和一二三航空有限公司；南航集团包括中国南方航空股份有限公司、厦门航空有限公司、中国南方航空河南航空有限公司、中国南方航空货运有限公司、贵州航空有限公司、汕头航空有限公司、重庆航空有限责任公司、河北航空有限公司、珠海航空有限公司和江西航空有限公司。

[5] 包括飞行区指标Ⅰ和飞行区指标Ⅱ，飞行区指标Ⅰ按拟使用该飞行区跑道的各类飞机中最长的基准飞行场地长度，采用1、2、3、4进行划分；飞行区指标Ⅱ按拟使用该飞行区跑道的各类飞机中的最大翼展，采用字母A、B、C、D、E、F进行划分。

飞行区指标Ⅰ	飞机基准飞行场地长度（m）
1	<800
2	800～1200（不含）
3	1200～1800（不含）
4	≥1800

飞行区指标Ⅱ	翼展（m）
A	<15
B	15～24（不含）
C	24～36（不含）
D	36～52（不含）
E	52～65（不含）
F	65～80（不含）

［6］东部地区是指北京、上海、山东、江苏、天津、浙江、海南、河北、福建和广东10省市；中部地区是指江西、湖北、湖南、河南、安徽和山西6省；西部地区是指宁夏、陕西、云南、内蒙古、广西、甘肃、贵州、西藏、新疆、重庆、青海和四川12省（区、市）；东北地区是指黑龙江、辽宁和吉林3省。

［7］通用航空企业地区分布按民航各地区管理局所辖区域划分。

［8］大中型飞机是指100座级（含）以上的航空器，小型飞机是指100座级以下的航空器。

［9］经济效益涉及数据为财务快报数据，最终数据以财务年报数据为准。

［10］空管行业四类专业人员包括空中交通管制员、航空电信人员、航空情报人员和航空气象人员。

（本文节选自《2022年民航行业发展统计公报》）

2022 年中国水路运输业

2022 年，我国统筹国内国际两个大局，统筹疫情防控和经济社会发展，统筹发展和安全，加大宏观调控力度，应对超预期因素冲击，发展质量稳步提升，带动我国水路运输市场整体稳定向好发展，不同细分市场呈现不同特点。

一、国内沿海航运市场总体平稳

（一）干散货运输市场运行总体平稳，运价波动下行

截至 2022 年年底，全国共拥有沿海省际万吨以上干散货船 2427 艘、7982.4 万载重吨，吨位同比增长 6.5%。

2022 年，沿海散货运输市场行情总体平稳。春节前后，暖冬气温偏高，工业和居民用电量均低于预期水平，运输市场供需两弱，运价低位震荡。自 2 月下旬开始，国内一系列稳价保供政策出台，煤炭供给趋于稳定，煤炭价格维持在合理区间，运价出现短期跳涨，但随着国际能源价格快速上涨，沿海散货需求回落，市场运价在 3—4 月重回下行通道。5 月开始，运输需求逐步回升，随着夏季到来，超高温天气一度拉升民用电需求，但在保供稳价政策下，长协保供协议扎实落地，下游煤炭库存长期保持在较好区间，沿海运价 8 月后总体较为平缓。上海航运交易所发布的中国沿海（散货）综合运价指数全年平均值为 1124.52 点，较上年下跌 13.5%。全年指数最高值为 3 月 18 日的 1254.16 点，较上年高点回落 22.7%。

（二）液货危险品运输市场需求总体平稳，运力供给相对稳定

截至 2022 年年底，全国共拥有沿海省际运输油船 1194 艘、1142.2 万载重吨，吨位同比增长 2.5%。

原油运输方面，国内二程中转原油上半年特别是 3 月起受国际油价暴涨、新冠疫情和炼油厂传统检修季等因素影响，运输需求减弱，下半年随着油价企稳、炼厂总体负荷逐步回升，运输需求陆续恢复，全年运输量有所增加；海洋油在油田产量提升的拉动下，全年运输量有所增加；管道油因航线、用户单一，运输量总体保持稳定。全年沿海省际原油运输量完成 9100 万吨，同比增长 18.2%。成品油运输方面，上半年受疫情影响，成品油社会库存上涨，运输需求整体偏弱；下半年受传统消费

旺季及国际原油价格宽幅走高影响，市场活跃度提升，运输需求企稳回升。全年沿海成品油运输量完成约8500万吨，同比增长约4.9%。总体上，2022年，沿海省际原油运输市场平稳，成品油运价先抑后扬。沿海省际原油运价指数平均值为1578点，同比上涨2.3%；沿海成品油运价指数平均值为1058点，同比上涨0.4%。

截至2022年年底，沿海省际化学品船（含油品、化学品两用船）287艘、139.9万载重吨，吨位同比增长8.5%。由于我国化工品生产和消费仍处于稳健增长期，沿海散装液体化学品船水运市场需求持续增长，全年沿海省际化学品运输量约4000万吨，同比增长约9.6%。沿海省际化学品船运价整体稳定，市场供需处于紧平衡状态，部分航线运价略有上涨。

截至2022年年底，沿海省际液化气船共80艘、28.8万载重吨，吨位同比增长8.2%。液化气船运输需求总体保持稳定，全年完成沿海液化气运输量528万吨，同比增长0.06%。沿海省际液化气船运输价格水平回升，供需关系总体平衡。

（三）集装箱运输市场运力小幅提升，运价同比上涨

截至2022年年底，沿海省际运输700标准箱以上集装箱船共计350艘、箱位数83.0万标准箱，箱位数同比增长5.4%。受国际集装箱海运市场运价高位回落影响，部分内外兼营船舶由国际市场转移至国内市场，国内市场供给相对充足。全年内贸集装箱运价指数总体震荡下行，上半年国内市场延续高涨需求，市场运价保持强劲态势，下半年受国际市场需求低迷影响，沿海集装箱市场运价回落，由于年末我国防疫政策出现优化调整，12月沿海集装箱运价回暖。2022年，新华·泛亚航运中国内贸集装箱运价指数平均值为1661点，同比增长13.1%。

二、内河航运市场货运量稳中有升

2022年，内河水路运输需求总体较为稳定，增速有所放缓。从细分市场看，干散货运输市场平稳增长，船舶运力仍供大于求，全年运价总体低位运行；集装箱运输市场呈现较快增长态势，集装箱铁水联运量同比增长超过六成；散装液体危险货物运输市场相对稳定。

2022年，长江水系省市完成水路货运量61.7亿吨，同比增长4.5%；长江干线港口货物吞吐量35.9亿吨，同比增长1.7%；三峡枢纽通过量1.6亿吨，同比增长6.1%。全年，长江干散货运价指数均值为728.4点，同比下降4.1%；集装箱运价指数均值为1012.1点，同比上升1.9%。

2022年，珠江水系完成水路货运量13.90亿吨，同比下降4.8%；长洲枢纽过闸货运量1.55亿吨，同比增长2.0%。全年珠江航运散货运价指数均值为1023点，同比下降3.2%；集装箱运价指数均值为894点，同比增长1.3%。

三、海峡两岸间航运市场基本稳定

2022年，海峡两岸间海上直航完成货运量4723万吨，同比下降9.9%。散杂货、液体化学品、液化气运量分别为1478万吨、360万吨、71万吨，同比分别下降12.6%、下降18.4%、增长8.2%。集装箱运量完成229.8万标准箱，同比下降4.8%。

四、国际航运市场受疫情影响明显，市场波动剧烈

（一）干散货运输需求转弱，运力过剩，运价下滑

2022 年，受俄乌冲突、疫情反复、通胀压力攀升等因素影响，国际干散货运输市场海运需求总体疲软。第三方机构数据显示，2022 年全球干散货海运量下降 2.7%，增速为 2010 年以来最低。运力增速进一步放缓，截至 2022 年年底，全球干散货船舶运力 9.72 亿载重吨，较 2021 年增长 2.8%；由于境外港口拥堵状况改善，且需求增速低于运力增速，干散货运力总体过剩，运价大幅下滑。

2022 年，远东干散货（FDI）综合指数平均值为 1522 点，同比下滑 21.5%，运价指数 1362.95 点，同比下降 7.3%，租金指数 1760.69 点，同比下降 33.4%；波罗的海干散货指数（BDI）平均值为 1934 点，同比下滑 34.3%。

（二）原油市场运输需求改善，运价底部反弹

据第三方机构统计，2022 年全球原油海运量约 19.53 亿吨，同比上升 5.1%。运力方面，2022 年年底全球油轮（万吨以上）共 5574 艘、6.34 亿载重吨，较年初增长 3.5%。俄乌冲突导致石油贸易流向改变，美国墨西哥湾沿岸地区、巴西和西非至欧洲的原油运输里程增加，同时苏伊士和阿芙拉型船的运价上涨也带来 VLCC（超大型油轮）市场需求上涨；随着全球石油供应风险的增加，同时受部分国家控制油价上涨以抗通胀的有关政策影响，VLCC 在美国墨西哥湾沿岸地区东向需求大幅受益。2022 年原油现货运输市场运价上涨明显，并创两年以来新高。

2022 年，中国进口原油运价指数（CTFI）年平均值为 1132 点，同比上涨 93.6%。沙特拉斯坦努拉至中国宁波（CT1）航线运价年平均为 12.66 美元/吨，同比上涨 96.8%。

（三）集装箱市场需求逐步回落，运价由高位运行到逐步恢复常态

据第三方机构 2022 年 12 月统计，全球集装箱船舶达到 5690 艘、2591 万标准箱，运力规模同比增长 4.15%。在全球集装箱运输需求总体下滑、有效运力持续增长等因素影响下，2022 年国际集装箱运价从高位持续回落。第一季度，因境外港口拥堵和补库存需求，市场运价保持强劲态势，中国出口集装箱运价指数第一季度均值为 3444.33 点，同比上涨 75.6%，在 2 月 11 日达到 3587.91 点，创下历史新高。此后随着境外港口拥堵缓解，有效运力持续释放，运价震荡下行。从第三季度开始，欧美主干航线进口需求疲软，同时境外港口拥堵持续缓解，运价开始加速下行。

2022 年，中国出口集装箱运价指数年平均值为 2792.14 点，同比上涨 6.8%。

（四）国际邮轮因受疫情影响，2022 年进出我国境内港口的邮轮运输继续暂停

（本文选自“2022 年水路运输市场发展情况和 2023 年市场展望”，原文由上海航运交易所、中国船东协会、交通运输部水运科学研究院提供技术支撑）

2022 年中国数字货运物流

数字经济是继农业经济、工业经济之后新的经济形态，它以数据资源为重要生产要素，以数字化转型为重要动力，对于国家和地区经济社会增长和发展方式转型产生了重要影响。习近平总书记指出，“我们要坚持以供给侧结构性改革为主线，加快发展数字经济，推动实体经济和数字经济融合发展”。《“十四五”数字经济发展规划》的出台，明确了“十四五”时期推动数字经济健康发展的指导思想、基本原则、发展目标、重点任务和保障措施。

一、数字货运物流基本概念与特征

数字货运物流产业是以新一代信息技术为支撑、以数据资源为关键要素、以互联网平台为重要载体，通过数字技术与货运物流行业深度融合，推动货运物流数字化转型，重构产业发展模式的新型产业形态。

数字货运物流是货运领域数字产业化、产业数字化、数字化治理、数据价值化的统一，主要特征表现为以下几点。

一是数字产业化。货运领域的数字产业化是数字货运的先导力量，包括信息技术、数据资源、新型基础设施等，是货运物流数字化转型的创新体系。

二是产业数字化。货运物流领域的产业数字化即狭义的货运物流数字化转型，是数字货运的主引擎，通过数字技术与货运行业的融合带来成本降低和效率提升，创造新的产业价值。

三是数字化治理。数字化治理是数字货运物流的必要保障，作为新的经济范式的表现形式，数字货运需要与新型的政府治理体系、服务模式相适应。

四是数据价值化。包括但不限于数字货运相关的数据采集、数据标准、数据确权、数据标注、数据定价、数据交易、数据流转、数据保护等。一方面，数据推动资本、劳动力、土地等传统生产要素深刻变革与优化重组，对经济社会发挥放大、叠加、倍增效应；另一方面，数据要素与传统产业广泛深度融合，对经济发展发挥巨大价值和潜能，倍增效应凸显。

二、数字货运物流的发展基础

数字货运物流的发展顺应了货运物流转型

升级的需要，抓住了新一代信息技术与产业变革的机遇，正在指引走出一条动能转换的新道路。

据中物联公路货运分会调查企业的数据显示，2022 年在数字化转型方面的投入总体呈增长态势，近六成（59.7%）的企业在数字化转型方面投入有所增长，还有近 1/3（33.1%）的企业反映投入基本持平，两者合计占比超过九成（92.8%），显示企业在数字化转型方面投入保持积极态势。

2022 年企业在数字化转型方面的投入分布情况如图 1 所示。

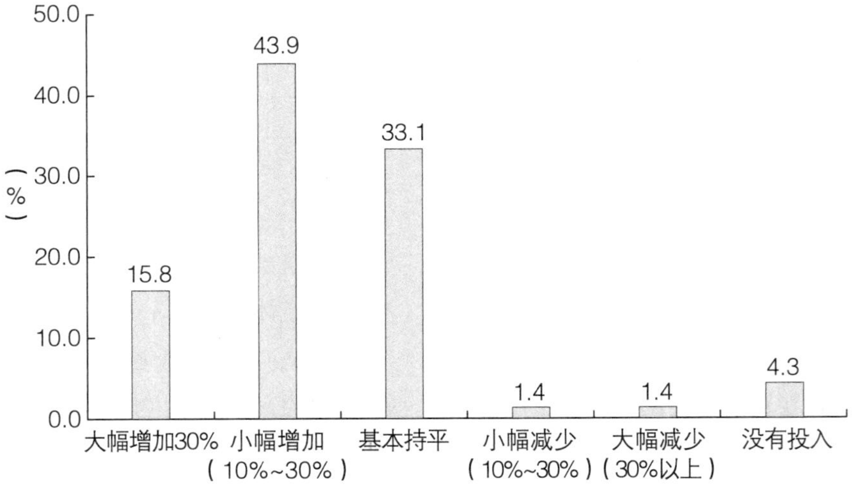

图 1 2022 年企业在数字化转型方面的投入分布情况

从企业开展实践看，企业数字化转型正在多个层面展开。调查数据显示，近八成（77.7%）的企业进行了管理信息系统建设或升级，加快业务管理的在线化。有超过一半（50.4%）的企业自建或运营网络货运平台，探索和尝试企业运营的平台化。超过四成（43.9%）的企业投入智能技术装备改造升级，加快物流作业的自动化、智能化。还有不到两成（17.3%）的企业使用社会化的 SaaS 平台，融入行业生态化系统。2022 年企业数字化转型主要实践分布情况如图 2 所示。

数字化转型。参与此次调查的企业初步具备了多样化的数字化服务能力。调查数据显示，有超过八成（82.7%）的企业具备数字化运输管理能力，这也是公路货运市场最先启动数字化转型的领域，也是公路货运企业开展业务提升的基础工具。其次是客户订单管理（66.9%）和车队管理（56.1%）的数字化，占比在六成左右，仍然是业务开展的重要领域。此外，数字化能力较强的还有车辆视频监控（48.2%）、司机管理（48.2%）、全程运输可视（45.3%）和交易平台（44.6%）。这些都是伴随着业务的数字化转型首先推进的，对于提升效率、降低成本、服务客户具有积极意义。但是，企业数字化转型还处于初级阶段，对于数据的挖掘、算法的使用、交易的结算、安全的保障、能源的管理等方面，还需要数字化转型更上一个台阶。参与调查企业已具备数字化服务能力领域的分布情况如图 3 所示。

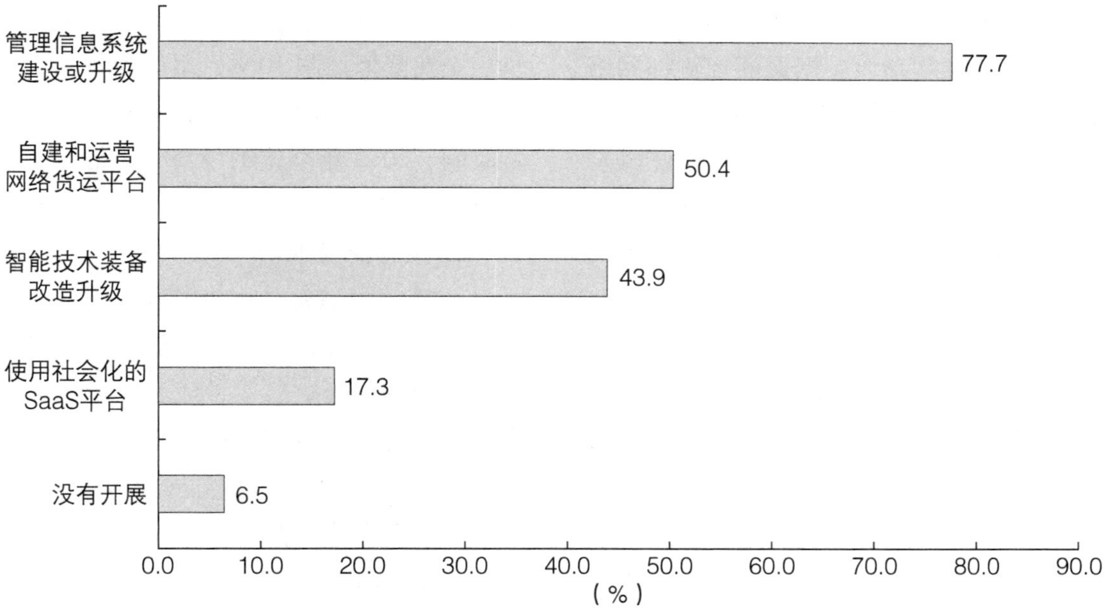

图 2　2022 年企业数字化转型主要实践分布情况

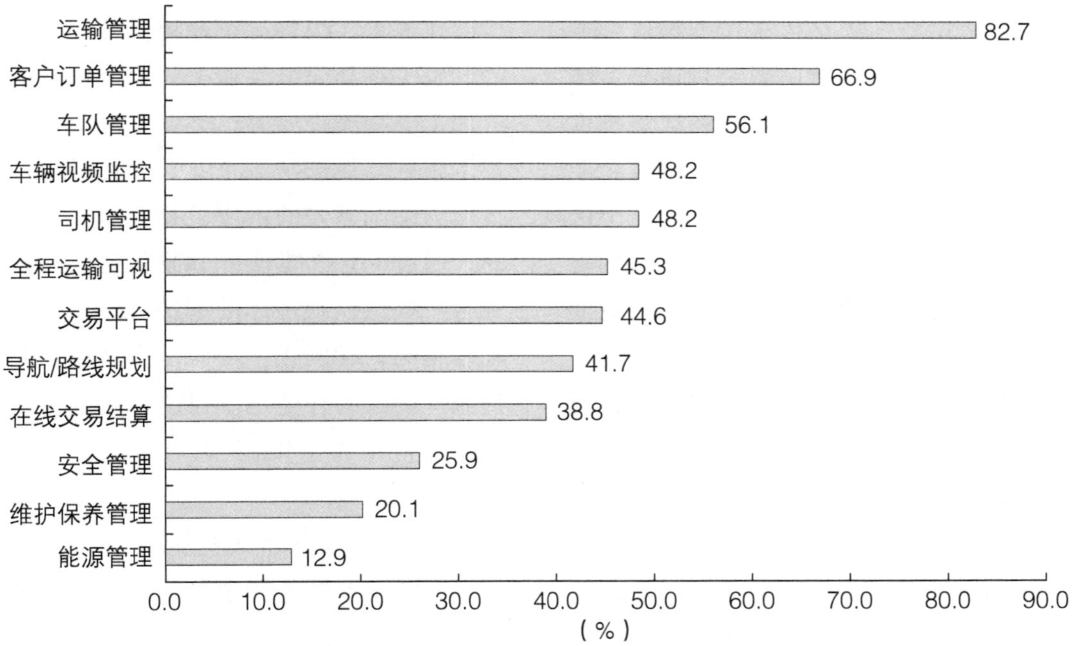

图 3　参与调查企业已具备数字化服务能力领域的分布情况

三、数字货运物流发展现状

数字货运平台是数字货运产业化的重要表现形式，数字货运平台主要包括网络货运平台和撮合交易平台。

（一）市场规模快速增长

2022 年，我国公路货运市场规模在 5 万亿元，数字货运平台整体市场规模约为 7000 亿元，市场渗透率约为 15%。据交通运输部网络货运信息交互系统统计，截至 2022 年年底，全国共有 2537 家网络货运企业（含分公司），整合社会零散运力 594.3 万辆，整合驾驶员 522.4 万人。全年共上传运单 9401.2 万单，同比增长 36.0%。

（二）业务模式逐步分化

数字货运的发展，带来组织系统的快速变革。平台型企业成为数字货运的主体。数字货运平台的产生有两条关键路径，一是互联网原生与传统企业转型。满帮、货拉拉等都是互联网原生型企业，具有互联网基因，不以提供产品或服务为导向，而是着力建设数字货运基础设施、打造共享平台、培育生态体系，实现短时间内的爆发式增长。二是传统大型物流企业也在加快通过数字化转型转向数字货运平台体系，一批具有行业经验的传统企业将数字技术与产业痛点相结合，通过平台化方式打破企业边界，向更多的中小微企业赋能。例如，中国南山集团成立新赤湾、东方驿站、卡车易购等各类平台，利用行业运营经验帮助中小微企业和个体司机降本增效。

随着市场集中度不断提高，公路货运市场头部效应逐步显现，探索出了推动传统货运行业规模化、集约化发展的有效路径。

1. 网络货运平台

根据《网络平台道路货物运输经营管理暂行办法》，网络货运平台是指经营者依托互联网平台整合配置运输资源，以承运人身份与托运人签订运输合同，委托实际承运人完成道路货物运输，承担承运人责任的道路货物运输经营活动。作为首批 5A 级网络货运平台企业，中储智运 2022 年实现全年成交金额 362.4 亿元，同比增长 21%，近三年复合增长率达 25.5%，平台运作物资达到 3.1 亿吨。平均为货主企业降低成本 10%，累计为货主企业降低物流成本超过 80 亿元，为司机减少 69% 的找货时间，2022 年全年纳税 29.43 亿元，累计纳税已超过 110 亿元。

2. 撮合交易平台

参照《中华人民共和国电子商务法》中的电子商务平台经营者，撮合交易平台是指在货运电子商务中为交易双方或者多方提供网络经营场所、交易的撮合、信息发布服务，供交易双方或者多方独立开展交易业务的服务平台，撮合交易平台不承担承运人的责任。

3. 技术服务平台

结合国家发展改革委、中央网信办的“上云用数赋智”行动，技术服务平台是依托新一代信息技术，为货运企业提供数字化转型所需的开发工具和公共性服务，以及经营管理、生产加工、物流售后等核心业务环节数字化转型技术服务，促进物流企业数字化转型。易流科技作为中国领先的供应链物流数字化服务运营商，通过 IoT 智能硬件和物流透明 SaaS 服务，为客户提供软硬一体的解决方案，实现物流基础设施的物联网化、供应链全链条的数字化和物流全场景的智能化。目前，已为全国 4 万多家物流企业和 4000 多家货主企业提供物流透明服务。

（三）社会经济效益显著

数字技术改造传统货运行业，有利于深入推进物流行业降本增效提质。据行业监测数据显示，数字货运中的网络货运平台，通过高效匹配车货信息、缩短简化交易链条，能够提高车辆利用效率约 50%；司机平均等货时间由 2～3 天缩短至 8～10 小时；司机月收入增加 30%～40%，较传统货运降低交易成本 6%～8%。同时，数字货运推动行业加快转型升级。由于我国货运物流信息化、数字化水平低，数字货运平台的出现帮助大量小微企业和个体司机缩短信息传递链，提供数字化工具和解决方案，通过建立数字货运生态，推动行业转型升级。

（四）为稳定就业作出贡献

据调查，73.4%的货车司机注册了货运App软件，52.4%的司机通过平台承揽业务，20.1%的司机年均与网络货运企业合作20次及以上，比2020年提高了6.9个百分点，网络货运平台已成为广大货车司机承揽货源的重要载体。截至2022年年底，全国共有2537家网络货运企业（含分公司），整合社会零散运力594.3万辆，整合驾驶员522.4万人，全年共上传运单9401.2万单，同比增长36%。

（五）成为创业投资热点

近年来，数字货运创业企业成为资本市场的投资热点。2020年6月22日，满帮集团在纽交所上市，发行8250万股ADS（美国存托股），发行价格为19美元，筹资15.675亿美元。

首日收盘后市值为233.6亿美元，折合人民币1500多亿元。随着满帮集团的成功上市，以“平台经济”为典型代表的数字物流平台越发受到关注。受滴滴货运、货拉拉等重要交易的推动，2021年数字物流平台的交易金额同比增长42%至约212亿元。

（六）国际市场开始起步

数字货运企业开始积极探索国际化。满帮集团完成对巴西撮合交易平台TruckPad的战略投资，满帮还将输出其运营经验和技术，推动TruckPad在拉美地区的业务发展。货拉拉参股投资东南亚初创公司Inteluck，Inteluck总部在新加坡，但菲律宾是其主要市场，作为一个SaaS平台为菲律宾的卡车公司提供监管货运和司机的服务。此外，菜鸟的海外数智化分拨系统已经实现全球化部署，支持全球跨境和本地物流网络，并通过多语种适配的方式，为海外各地的物流实操人员提供了本地差异化的系统支持。

（七）技术应用

伴随数字货运物流的发展，一批物联网、大数据、云计算、人工智能企业深耕货运物流领域，加快技术应用创新发展。

1. 车联网

当前，汽车数字化、网联化、智能化成为趋势。车联网通过将“车—路—云—网”等要素连接，应用场景和服务能力不断演进，市场渗透不断提升。2020年，中国车联网行业渗透率已达48.8%，超过全球车联网行业渗透率，车联网用户规模约为13713万辆。中国车联网市场规模高速增长，2020年超过1600亿元，年均复合增长率达到29.91%。

2. 物流云

随着数字化的深入，传统自建自用计算机设施的模式逐步被云计算取代。云计算的物流实体是超大型数据中心，涉及计算、存储和数据库等基础设施技术，以及机器学习、人工智能、物联网等新兴技术。在提供服务类型上，主要包括LaaS（基础设施即服务），PaaS（平台即服务）、SaaS（软件即服务）。根据Gartner（高德纳咨询公司）监测报告，到2020年，全球公共云服务市场将达到2600亿美元。

货运物流领域是云计算的重要应用领域，大量物流公司已经将现场数据中心迁移到云计算中心。一批云计算服务商推出了物流云服务，2015年年底，菜鸟网络物流云平台正式作为一个基于云计算的物流基础信息服务平台，能提供安全稳定的云设施环境，帮助快递企业和物流订单涉及所有链路成员建立连接、沉淀大数据，并在此基础上提供多样化的智能产品。

3. 人工智能

随着数据量的爆发式增长、计算能力大幅提升，尤其是机器深度学习算法的发展，新一代人工智能技术驶入发展“快车道”。近年来，中国人工智能产业在政策与技术双重驱动下呈现高速增长态势。根据中国信通院数研中心测算，2020年中国人工智能产业规模为3031亿元，同比增长15.1%。货运物流领域是人工智能的重要应用场景，除了自动驾驶卡车外，还包括物流机器人、视觉识别、智能仓库等。

4. 软件和信息技术服务

近年来，信息技术服务加快云化发展，软件应用服务化、平台化趋势明显。软件收入保持稳定增长。2022年，全国软件和信息技术服务业规模以上企业超过3.5万家，累计完成软件业务收入108126亿元，同比增长11.2%，增速较上年同期回落6.5个百分点。从细分领域看，软件产品收入平稳增长。

2022年，软件产品收入26583亿元，同比增长9.9%，增速较上年同期回落2.4个百分点，占全行业收入的比重为24.6%。其中，工业软件产品实现收入2407亿元，同比增长14.3%，高出全行业整体水平3.1个百分点。

信息技术服务收入较快增长。2022年，信息技术服务收入70128亿元，同比增长11.7%，高出全行业整体水平0.5个百分点，占全行业收入的比重为64.9%。其中，云服务、大数据服务共实现收入10427亿元，同比增长8.7%，占信息技术服务收入的14.9%，占比相较上年同期提高2个百分点；集成电路设计收入2797亿元，同比增长12.0%；电子商务平台技术服务收入11044亿元，同比增长18.5%。

信息安全产品和服务收入稳步增长。2022年，信息安全产品和服务收入2038亿元，同比增长10.4%，增速较上年同期回落2.6个百分点。货运物流领域软件和信息技术服务保持稳步增长，SaaS（软件即服务）化趋势较为明显。

（八）制度保障

2016年，《交通运输部办公厅关于推进改革试点加快无车承运物流创新发展的意见》出台，在全国开展道路货运无车承运人试点工作。29个省（区、市）共筛选确定了283个无车承运试点企业。

2017年3月，《交通运输部办公厅关于做好无车承运试点运行监测工作的通知》印发，公布了283家试点企业名单，明确了运行监测的主要内容，同时发布了无车承运试点企业运行检测平台接入指南和无车承运试点运行监测分析报告编写指南。交通运输部运输服务司组织相关单位开发建设了无车承运人试点运行监测系统（目前已升级为“交通运输部网络货运信息交互系统”），建立电子单证报送机制，利用信息化手段加强试点运行监测，有效规范了试点企业经营行为，防控试点风险。

2017年11月，《交通运输部办公厅关于进一步做好无车承运人试点工作的通知》明确了2017年年底对首批无车承运人试点企业进行考核的具体办法，从定量考核和定性考核两个层面明确了试点企业的退出条件，不满足考核条件的将取消试点资格。

2018年2月，《交通运输部办公厅关于公布无车承运人试点考核合格企业名单的通知》公布了经过考核的229家试点企业名单，并为其延续一年试点资格到2019年2月底。

同时提出要进一步完善试点监测平台功能，提高数据报送质量，做好异常单证处理和数据保密工作。文件中要求试点企业增补资金流水单，于2018年4月前完成联调测试正式上传。这项文件进一步加强了业务真实性的风险防范。

2018年4月，《交通运输部办公厅关于深入推进无车承运人试点工作的通知》主要从加强试点运行监测评估、优化试点企业发展的外部环境、推动完善相关税收保险政策、强化运输安全管理及加强技术创新和经验推广等方面进一步细化试点工作要求。

2018年10月，《交通运输部办公厅关于无车承运人试点综合监测评估情况的通报》要求，对2018年上半年试点企业的表现进行了综合评估，公布了各省无车承运试点企业综合监测评估排名，以及无车承运试点企业综合监测评估前30位和后20位的排名状况，旨在通过综合评估，在行业内树标杆、找典型，同时督促排名靠后的省份和企业加强试点工作整改，确保达到试点预期效果。

2019年5月，《国务院办公厅转发交通运输部等部门关于加快道路货运行业转型升级促进高质量发展意见的通知》明确提出，要"大力发展无车承运人等道路货运新业态"，"加快制定出台网络平台道路货物运输经营管理办法"，规范"互联网+"物流新业态发展。

2019年9月，中共中央、国务院印发《交通强国建设纲要》。其中提及了智慧物流，大力发展共享交通，打造基于移动智能终端技术的服务系统，实现出行即服务。发展"互联网+"高效物流，创新智慧物流营运模式。

2019年9月，《交通运输部国家税务总局关于印发〈网络平台道路货物运输经营管理暂行办法〉的通知》发布，为期三年多的无车承运人试点正式宣告结束。该办法在系统总结无车承运人试点工作的基础上形成。对符合相关条件要求的试点企业，可换发道路运输经营许可证。未纳入交通运输部无车承运人试点范围的经营者，可按照该办法申请经营许可，依法依规从事网络货运经营。同期发布的《网络平台道路货物运输经营服务指南》《省级网络货运信息监测系统建设指南》《部网络货运信息交互系统接入指南》三个指南，对网络货运平台申请资质、上线运营、数据接入做出了明确要求。

2019年9月，《网络平台道路货物运输经营管理暂行办法》正式实施，企业可申请经营范围为"网络货运"的道路运输经营许可。

2021年12月31日，交通运输部国家税务总局关于延长《网络平台道路货物运输经营管理暂行办法》有效期的公告，决定将《网络平台道路货物运输经营管理暂行办法》有效期延长至2023年12月31日。

2022年，作为我国数字经济领域的首部国家级专项规划——国务院印发《"十四五"数字经济发展规划》正式发布，清晰设定了未来数字经济发展的基本原则和目标，从数据基础、数据要素、产业数字化、数字产业化，到公共服务、治理体系、安全体系、国际合作等诸多方面都提出了明确的任务，并提出了相关领域内的保障措施，以保证发展目标的顺利实现，描绘了"十四五"时期中国数字经济的发展蓝图。其中，在大力推进产业数字化转型任务中，在专栏4重点行业数字化转型工程中提出"大力发展智慧物流"。

（九）降低行业准入门槛

近年来，"放管服"改革大力推进，为数字货运创造了宽松条件。2013年以来，中央指定地方实施行政许可事项目录清单共取消269项，国务院部门行政审批中介服务清单共取消320项；国务院部门设置的职业资格许可和认定事项，削减比例超过70%；非行政许可审批彻底终结。各部门深入落实国家“放管服”改革要求，多措并举，激发市场主体活力，切实减轻数字货运相关主体制度性交易成本。

（十）税收政策获得重点支持

为行业发展营造宽松的税收环境。一是根据《国家税务总局关于开展互联网物流平台企业代开增值税专用发票试点工作的通知》，经省税务局批准，互联网物流平台企业可以为同时符合相关条件的货物运输业小规模纳税人代开专用发票，并代办相关涉税事项。

二是根据《货物运输业小规模纳税人申请代开增值税专用发票管理办法》，货物运输业小规模纳税人在境内提供公路或内河货物运输服务，可在税务登记地、货物起运地、货物到达地或运输业务承揽地（含互联网物流平台所在地）中任何一地，就近向税务机关申请代开增值税专用发票。2018 年税务登记放宽到包括临时税务登记。放宽条件，可以不办工商登记，办理临时税务登记即可。

三是根据《国家税务总局关于跨境应税行为免税备案等增值税问题的公告》，纳税人以承运人身份与托运人签订运输服务合同，收取运费并承担承运人责任，并委托实际承运人完成全部或部分运输服务时，自行采购并交给实际承运人使用的，用于委托实际承运人完成的运输服务的成品油和支付的道路、桥、闸通行费，如相应取得合法有效的增值税扣税凭证，可按照现行规定抵扣进项税额，增加了企业进项抵扣。

四是根据《财政部 税务总局关于实施小微企业和个体工商户所得税优惠政策的公告》，2021 年 1 月 1 日至 2022 年 12 月 31 日，对小型微利企业年应纳税所得额不超过 100 万元的部分，减按 12.5% 计入应纳税所得额，按 20% 的税率缴纳企业所得税；根据《财政部 税务总局关于小微企业和个体工商户所得税优惠政策的公告》，2023 年 1 月 1 日至 2024 年 12 月 31 日，对小型微利企业年应纳税所得额超过 100 万元但不超过 300 万元的部分，减按 25% 计入应纳税所得额，按 20% 的税率缴纳企业所得税。

五是根据《财政部 税务总局关于对增值税小规模纳税人免征增值税的公告》，自 2022 年 4 月 1 日至 2022 年 12 月 31 日，增值税小规模纳税人适用 3% 征收率的应税销售收入，免征增值税；适用 3% 预征率的预缴增值税项目，暂停预缴增值税。

六是大力实施“互联网 + 税务”行动，搭建税务信息平台，实现在线受理、申报、查询、核验、退税等服务，大力推动移动开票、电子发票、发票查验等应用，全面实现税务在线化、智能化、生态化，减少纳税人负担。

（十一）劳动制度创新积极探索

数字货运的发展吸引了大量个体参与，正在形成庞大的新型劳动者群体。我国现行劳动保障制度难以适应数字经济下的灵活用工模式。2017 年，《国务院关于做好当前和今后一段时期就业创业工作的意见》出台，明确提出“完善适应新就业形态特点的用工和社保等制度。支持劳动者通过新兴业态实现多元化就业，从业者与新兴业态企业签订劳动合同的，企业要依法为其参加职工社会保险，符合条件的企业可按规定享受企业吸纳就业扶持政策。其他从业者可按灵活就业人员身份参加养老、医疗保险和缴纳住房公积金，探索适应灵活就业人员的失业、工伤保险保障方式，符合条件的可享受灵活就业、自主创业扶持政策。加快建设‘网上社保’，为新就业形态从业者参保及转移接续提供便利。建立全国住房公积金异地转移接续平台，为跨地区就业的缴存职工提供异地转移接续服务。”

《人力资源社会保障部关于贯彻落实〈国务院关于做好当前和今后一段时期就业创业工作的意见〉的通知》，加快推进具体实施办法的制定，为新兴业态的发展、新就业形态的发展提供有力支持。2018 年，国家发展改革委等 19 部门联合印发的《关于发展数字经济稳定并扩大就业的指导意见》以大力发展数字经济促进就业为主线，以同步推进产业结构和劳动者技能数字化转型为重点，加快形成适应数字经济发展的就业政策体系，大力提升数字化、网络化、智能化就业创业服务能力，不断拓展就业创业新空间，着力实现更高质量和更充分就业。

近年来，网约车、网络货运平台等交通运输新业态从业人员劳动强度大、工作时间长、职业归属感不强、权益保障不到位等问题日益凸显。交通运输部、中华全国总工会等 8 部门联合出台《关于加强交通运输新业态从业人员权益保障工作的意见》，结合各部门职责，提出了完善平台和从业人员利益分配机制、支持从业人员参加社会保险、保障从业人员合理劳动报酬、保障从业人员获得合理休息、改善从业环境和工作条件、加强对从业人员的人文关怀、促进网约车平台企业合规发展、维护公平竞争市场秩序、畅通投诉举报渠道、强化工会组织保障作用 10 个方面的主要任务。

交通运输部、中央网信办、国家发展改革委等 16 个国家部委联合发布《关于加强货车司机权益保障工作的意见》，从严格规范公正文明执法、畅通货车司机投诉举报渠道、简化货车司机办事办证手续、优化调整货车禁限行政策、改善货车司机停车休息条件、依法打击车匪路霸、规范网络货运新业态经营行为、推进货车司机参加社会保险、合理引导货运市场供给这九项主要任务入手，切实改善货车司机生产经营环境，保障货车司机合法权益。

（十二）推进信息开放共享

我国高度重视公共信息资源开放工作。《促进大数据发展行动纲要》提出了公共信息资源共享共用的总体要求和目标。2017 年，中央全面深化改革领导小组第三十二次会议通过了《关于推进公共信息资源开放的若干意见》，进一步推进和规范公共信息资源开放，释放信息资源的经济价值。目前，全国多个省市通过政府数据开放平台，开放大量数据集。多地出台了政务数据资源管理办法。交通、司法、信用、气象、地理、环保、统计等领域已经开放了部分数据。

（十三）法律法规逐步完善

2018 年 8 月 31 日，中共十三届全国人大常委会第五次会议通过了《中华人民共和国电子商务法》，自 2019 年 1 月 1 日起施行。这是我国电子商务领域第一部系统、完整的法律规定，基于《中华人民共和国电子商务法》的规定，对电商平台以及网店电商经营者进行规范。

此外，我国在网络安全立法方面取得了可喜成绩，《中华人民共和国网络安全法》《中华人民共和国数据安全法》《关键信息基础设施安全保护条例》等法律法规逐步完善，网络安全产业发展有法可依，有章可循。

四、数字货运物流转型新思路

当前，货运物流数字化转型仍处于战略机遇期，我国以数字货运平台为主体的数字货运快速发展，促进了我国货运物流行业的转型升级和可持续发展。2022 年 4 月 29 日，中共中央政治局召开会议，分析研究当前经济形势和经济工作。中共中央总书记习近平主持会议，会议强调，要促进平台经济健康发展，完成平台经济专项整改，实施常态化监管，出台支持平台经济规范健康发展的具体措施，包括数字货运在内的数字经济迎来发展新机遇，也需要发展新思路，助力货运物流产业高质量发展。

（本文摘编自《中国数据货运发展报告》）

（中国物流与采购联合会）

《第六次全国物流园区（基地）调查报告（2022）》[1]摘编

中国物流与采购联合会、中国物流学会在2006年以来五次调查的基础上，于2022年组织开展了第六次全国物流园区（基地）调查。

一、规划布局情况

（一）全国物流园区总数达2553家，继续保持较快增长态势

经核实，全国符合本次调查基本条件的各类物流园区共计2553家，比2018年第五次调查的1638家增长55.9%。4年间，我国物流园区总数年均增长11.7%，增速总体上保持较快态势。2006—2022年历次调查全国物流园区数量情况如图1所示。

（二）运营园区数量超过1900家，东部地区超八成园区已投入运营

在列入本次调查的2553家园区中，处于运营状态（园区已开展物流业务）的1906家，

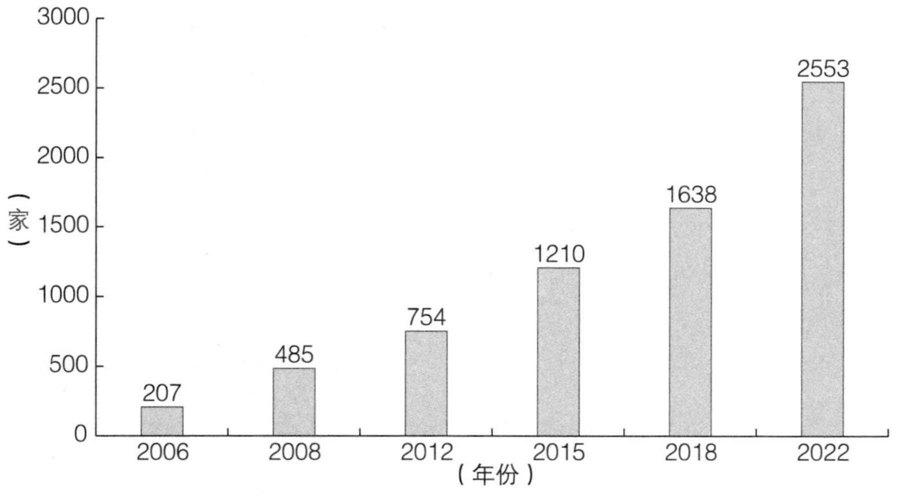

图1　2006—2022年历次调查全国物流园区数量情况

占74.6%；处于在建状态（园区开工建设但未开业运营）的395家，占15.5%；处于规划状态（园区已开展可行性研究但尚未开工建设）的252家，占9.9%。

从区域分布来看，四大经济区域运营园区占比均有不同程度提升。东部地区运营园区占比从2018年调查的75.7%提升至2022年的84.1%，提升了8.4个百分点；西部地区、东北地区运营园区占比分别为68.0%和77.8%，均提升了6.7个百分点；中部地区运营园区占比提升3.6个百分点至69.0%。

（三）江苏、山东、广东物流园区总数居前，中部地区园区数量增长较快

调查结果显示，物流园区规划布局与经济发展程度密切相关。东部地区物流需求较为旺盛，物流园区总数和运营园区数量前三名分别为江苏、山东和广东，均地处东部。中西部地区承接产业转移，物流园区建设速度明显加快，河南、湖北、安徽等省份园区总数分别排在第四、第六和第七。东北地区物流园区建设相对平稳，与经济发展水平有关。

（四）国家物流枢纽承载城市规模效应显现，平均运营园区数量高于非承载城市

《国家物流枢纽布局和建设规划》（发改经贸〔2018〕1886号）依据区域经济总量、产业空间布局、基础设施联通度和人口分布等，选择127个具备一定基础条件的城市作为国家物流枢纽承载城市。调查显示，国家物流枢纽承载城市物流集聚、辐射和带动作用显著提升。在全国1906个已运营的物流园区中，有1145个分布在国家物流枢纽承载城市，平均每个城市运营园区数量为9.1个；有761个分布在非国家物流枢纽承载城市，平均每个城市运营园区数量为3.3个。

（五）67.3%的园区周边5公里内有高速公路出入口，24.2%的园区引入铁路专用线

调查结果显示，在建和运营的物流园区中，周边5公里内有高速公路出入口的占比达到67.3%。其中，48.2%的园区紧邻1条高速公路，15.3%的园区紧邻2条高速公路，3.8%的园区紧邻3条及以上高速公路。

在规划政策的引导下，交通物流设施融合取得积极成效。调查结果显示，在建和运营的物流园区中，24.2%的园区引入铁路专用线，45.6%的园区内部或周边5公里内建有铁路物流基地（货场）、港口码头或机场等货运枢纽。其中，34.5%的园区内部或周边建有铁路货物基地（货场），13.7%的园区内部或周边建有港口码头，5.9%的园区紧邻机场。

（六）物流园区功能类型以综合服务型居多，商贸服务型园区占比提升较快

《物流园区分类与规划基本要求》（GB/T 21334—2017）按照园区依托的物流资源和市场需求特征，根据服务对象和功能，将园区分为货运服务型、生产服务型、商贸服务型、口岸服务型和综合服务型5类。调查结果显示，综合服务型园区占比从2018年调查的60.6%下降至55.1%。电子商务的快速发展和居民消费的刚性需求，带动了电商、冷链、医药、农产品等商贸服务型物流园区发展，商贸服务型园区占比从2018年调查的17.1%上升至23.8%，提升了6.7个百分点。2022年调查和2018年调查物流园区功能类型占比情况如图2所示。

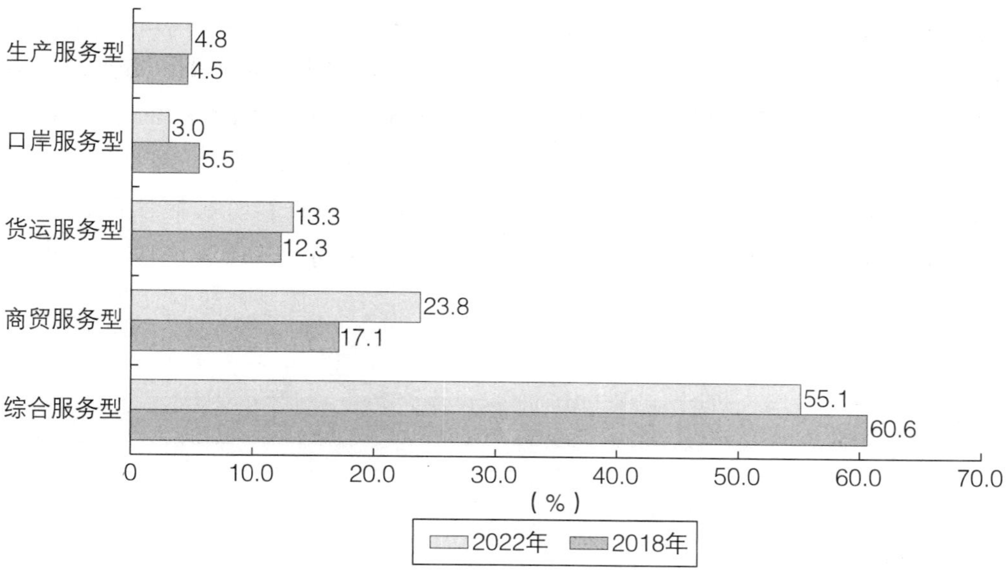

图2 2022年调查和2018年调查物流园区功能类型占比情况

二、开发建设情况

（一）超六成运营园区实际占地面积小于0.5平方公里，东部地区物流用地偏紧

园区实际占地面积是指物流园区已开发并投入运营的土地面积。调查结果显示，在投入运营的园区中，65.4%的园区实际占地面积小于0.5平方公里，27.3%的园区实际占地面积在0.5~5平方公里，7.3%的园区实际占地面积在5平方公里以上。与2018年调查相比，本次调查园区实际占地面积分布变化不大。

从区域分布来看，东部地区运营园区实际占地面积在0.1~0.5平方公里的比例为63.6%，高于2018年调查7个百分点。东部地区在2018年以后开业的园区中，超八成园区实际占地面积在0.5平方公里以下。西部地区运营园区实际占地面积较大，0.5~5平方公里和5平方公里及以上的园区占比均最高。东北地区运营园区实际占地面积分布结构有所调整，0.5~5平方公里的园区占比较2018年调查增长1倍多。

（二）运营园区规划面积平均完成率达八成，其中56.6%的运营园区已全部完成规划面积

规划面积完成率是指园区实际占地面积占园区规划面积的比例，是衡量园区开发建设进度的指标。本次调查结果显示，运营园区规划面积平均完成率为80.8%。

（三）物流运营面积占比进一步提升，近七成园区达50%以上

物流运营面积占比是指物流园区物流运营面积占园区实际占地面积的比例。物流运营面积指园区内已投入运营使用的物流设施总占地面积，包括码头、铁路专用线、道路、库房、堆场、雨棚、月台、流通加工场所、货车停车场、装卸搬运场地、信息服务用地等，不包括生活配套和商务配套用地。本次调查结果显示，运营园区平均物流运营面积占比为64.6%，比2018年调查的58.8%提升5.8个百分点。其中，68.6%的运营园区符合《物流园区服务规范及评估指标》（GB/T 30334—

2013）物流园区物流运营面积占比不得低于50%的要求。

（四）物流园区平均实际投资总额增加，近半数园区在5亿元以上

园区实际投资总额指园区内已用于建造和购置资产的总投入额。调查结果显示，实际投资总额在5亿元以下的园区占比为48.8%，比2018年调查下降4.7个百分点；实际投资总额在10亿元以上的园区占比从2018年调查的25.9%上升至2022年的31.6%。2022年调查和2018年调查物流园区实际投资总额分布情况如图3所示。

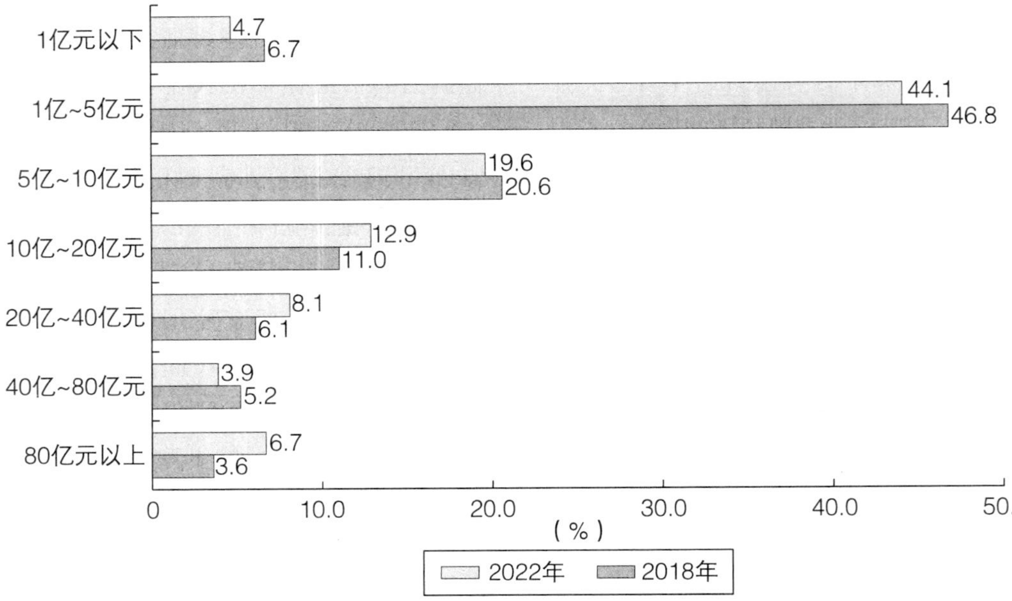

图3 2022年调查和2018年调查物流园区实际投资总额分布情况

（五）运营园区平均投资强度为156.5万元/亩，东部地区投资强度最高

物流园区投资强度是指园区实际投资总额与园区实际占地面积的比值。调查结果显示，运营园区平均投资强度为156.5万元/亩。其中，投资强度在100万元~200万元/亩的园区占比最大，为34.6%；还有6.3%的园区投资强度在400万元/亩及以上。

从区域分布来看，东部地区运营园区平均投资强度最高，为190.0万元/亩，分别是中部地区、西部地区、东北地区运营园区的1.33倍、1.56倍和1.50倍。

从不同类型园区来看，在投入运营的园区中，口岸服务型园区平均投资强度最高，为213.9万元/亩；其次是商贸服务型园区，平均投资强度184.9万元/亩；货运服务型和生产服务型园区平均投资强度较低，均不足130万元/亩。

（六）智慧物流发展水平有所提升，发展不平衡、不充分问题依然存在

物流园区智慧物流投入是指在本园区范围内，用于园区综合信息服务平台、信息化软件及设备、智能物流装备和技术等方面的累计投入额，与园区实际投资总额的比例，可以在一定程度上反映出园区智慧物流发展水平。调查结果显示，运营园区智慧物流投入占实际投资总额的平均值为9.2%。其中，智慧物流投入占比在5%以下的运营园区从2018年51.1%下

降至47.8%，智慧物流投入占比在20%及以上的运营园区则从2018年的10.2%上升至16.8%。

从区域分布来看，东部地区运营园区智慧物流发展水平相对较高，平均智慧物流投入占比为10.4%，较2018年调查提升了1.6个百分点；西部地区、东北地区运营园区智慧化发展水平相对滞后，平均智慧物流投入占比分别低于全国平均水平0.4个和0.9个百分点。2018年调查和2022年调查四大经济区域运营园区平均智慧物流投入占比如图4所示。

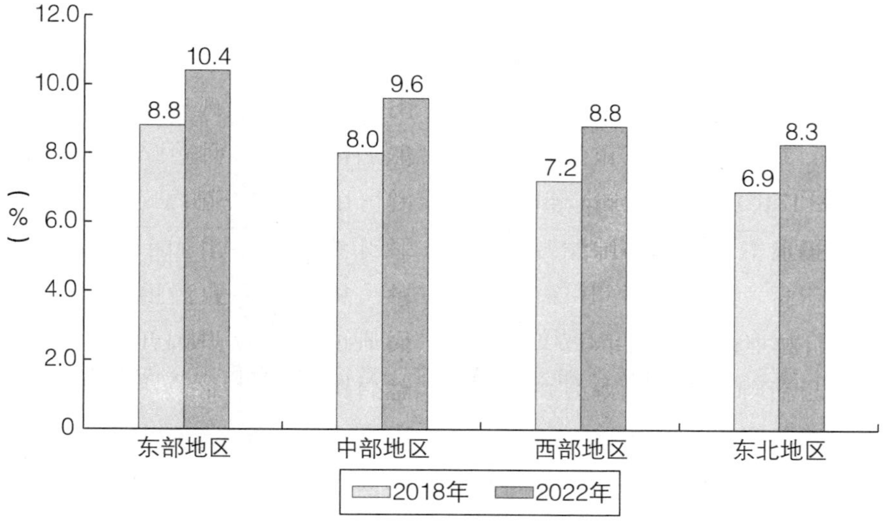

图4　2018年调查和2022年调查四大经济区域运营园区平均智慧物流投入占比

从不同类型园区来看，在投入运营的园区中，商贸服务型园区平均智慧物流投入占比从2018年调查的7.7%增长至9.8%，智慧物流发展水平提升较快。口岸服务型、货运服务型、生产服务型平均智慧物流投入占比增速均慢于综合服务型。

三、服务功能情况

（一）运营园区储存面积稳步提升，高标存储设施建设初见成效

园区储存面积指园区已建成的库房建筑面积和堆场面积之和，是反映园区储存服务能力的重要指标。调查结果显示，运营园区平均储存面积为35.0万平方米，比2018年调查的32.5万平方米增长7.7%。其中，储存面积5万平方米以下的运营园区占比明显下降，由2018年调查的27.4%下降至20.5%；10万~50万平方米的运营园区占比则由36.7%上升至41.8%。2022年调查和2018年调查运营园区储存面积分布情况如图5所示。

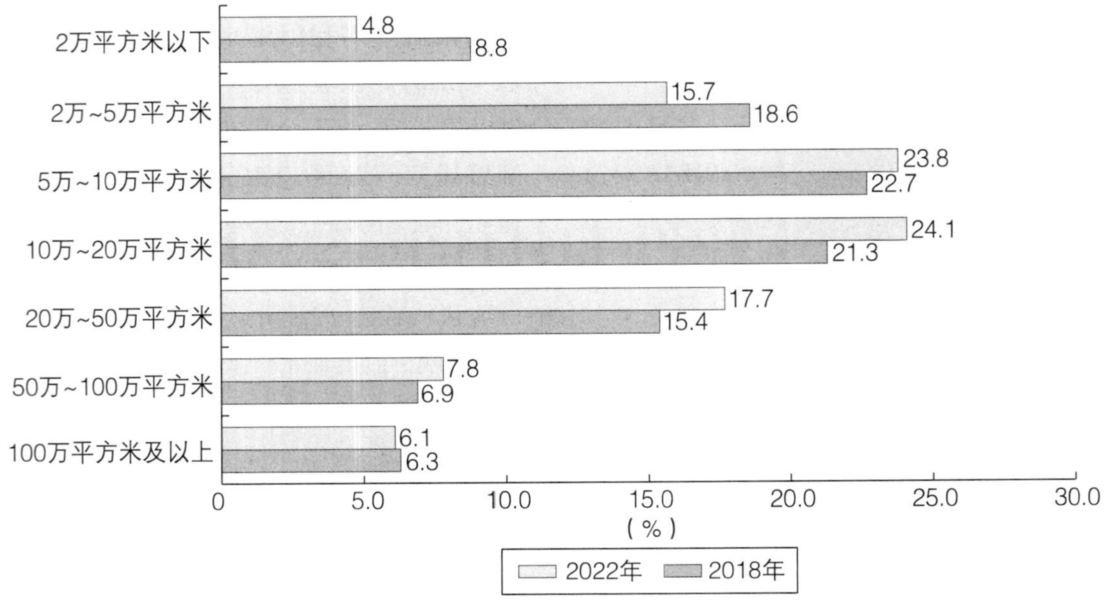

图 5　2022 年调查和 2018 年调查运营园区储存面积分布情况

从区域分布来看，东部地区运营园区储存面积为 46.0 万平方米，分别是中部、西部和东北地区的 2.07 倍、1.21 倍和 2.95 倍，储存能力明显高于其他地区。

从不同类型园区来看，在投入运营的园区中，综合服务型园区平均储存面积最高，接近 40 万平方米。货运服务型、生产服务型园区平均储存面积较低，分别为 20.6 万平方米和 29.5 万平方米。

随着我国经济转型升级，物流园区储存设施结构也发生了明显变化。调查结果显示，运营园区建有库房、自动化库房、保税库房、冷藏冷冻库房、大宗散货堆场、集装箱堆场的园区比例分别为 92.7%、29.3%、17.9%、36.6%、53.2%和 40.0%。

在建有自动化库房的运营园区中，28.4%的园区自动化库房面积在 2 万～5 万平方米，34.0%的园区自动化库房面积在 2 万平方米以下。

在建有冷藏冷冻库房的运营园区中，37.1%的园区冷藏冷冻库容积在 5 万立方米及以上，21.3%的园区冷藏冷冻库容积在 2 万～5 万立方米，还有 41.6%的园区冷藏冷冻库容积在 2 万立方米以下。

（二）运营园区进出货运车辆明显增加，业务辐射范围显著扩大

调查结果显示，运营园区高峰日平均进出货运车辆数为 937 辆（次），较 2018 年调查的 365 辆（次）增长了 156.7%。其中，东部地区高峰日平均进出货运车辆数最多，为 1162 辆（次）；东北地区高峰日平均进出货运车辆数最少，为 357 辆（次）。四大经济区域运营园区高峰日平均进出货运车辆数量情况如图 6 所示。

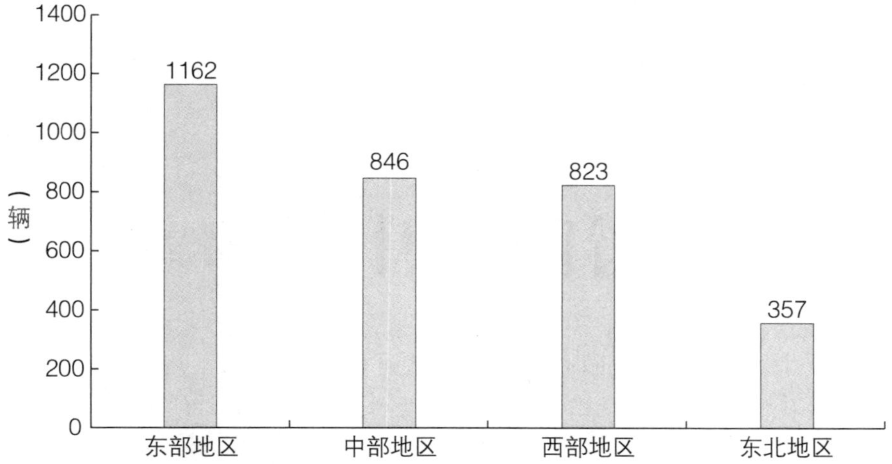

图6　四大经济区域运营园区高峰日平均进出货运车辆数量情况

调查结果显示，运营园区业务通达全国（即辐射全国31个以上省份）的占比大幅提升，达到了26.7%，比2018年调查增长了10.1个百分点。但仍有37.9%的运营园区辐射范围在10个省份及以内，与2018年调查基本保持一致。此外，“一带一路”建设的深入推进，拓展了物流园区发展新空间，约14.1%的运营园区组织开行了国际货运班列、班轮、航班或班车。

（三）运营园区平均配送半径161公里，近半数园区配送网点在50个以上

调查结果显示，在开展配送业务的运营园区中，平均配送半径为161公里，45.6%的运营园区配送网点超过50个。

（四）六成以上的运营园区建有公共信息平台，平台服务功能有待提升

调查结果显示，约64.4%的运营园区搭建了物流公共信息服务平台。从服务功能来看，主要集中在信息发布、物业管理、货物跟踪、数据交换等方面，支付结算、运力交易、物流保险、融资服务、增值信息服务功能实现的较少。

从信息服务平台功能数量来看，超过一半的园区信息平台服务功能数量不超过4项，信息平台建而不联、联而不通现象依然存在。但也有一部分物流园区在物流公共信息服务平台建设上取得了新进展，信息平台服务功能数量在10项及以上的园区占比从2018年调查的11.6%上升至14.0%。

（五）运营园区服务种类丰富多样，增值服务、配套服务有待拓展

调查结果显示，园区服务主要集中于存储、运输、配送、转运等传统业务领域，开展这些业务的园区占比均超过80%；贸易、信息服务等业务也是园区拓展服务范围的重要领域，约60%的园区开展了这两项业务。运营园区主要服务种类情况如图7所示。

从增值服务来看，可提供综合物流与供应链解决方案、设施设备租赁服务的运营园区占比较高，分别为42.9%和39.3%；贸易代理、代理采购、保险、保价运输等业务快速发展，可提供这些服务的运营园区占比均超过了20%；保理、提单质押、保兑仓等创新金融物流业务拓展相对缓慢，可提供这些服务的运营园区占比均在10%左右。

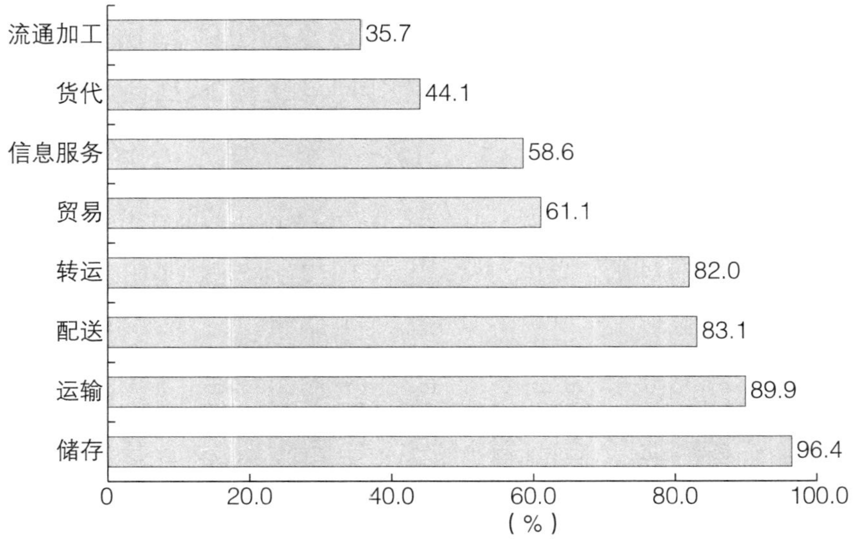

图 7　运营园区主要服务种类情况

从国际物流服务来看，可提供报关、报检、国际运输服务的运营园区占比稍高，分别为 20.7%、19.7% 和 19.4%；可提供海外仓服务的运营园区占比最低，仅为 7.7%。

从园区基础配套服务来看，一半以上的运营园区具有停车、办公服务、物业和餐饮服务功能。

从政务服务来看，市场监管、公安占比稍高，分别为 32.3% 和 31.1%；交通、税务、邮政分别为 27.0%、24.4% 和 23.2%。

四、运营管理情况

（一）运营园区平均运营时间为 7.3 年，超七成园区在 2011—2020 年开业

调查结果显示，运营园区平均运营时间为 7.3 年（调查截止时间为 2021 年 12 月 31 日）。其中，在“十三五”期间开业运营的园区占比最高，为 40.3%；其次是在“十二五”期间开业运营的园区，占比为 31.9%；还有 5.5% 的运营园区在 2006 年 1 月 1 日前开业运营。

（二）七成以上物流园区管理以企业为主，委托第三方管理园区开始兴起

调查结果显示，74.5% 的物流园区运营管理主体为企业自主，20.0% 的物流园区由政府设立管委会管理。值得注意的是，委托第三方专业运营管理机构管理园区开始兴起，达到 4.8%。物流园区运营管理方式如图 8 所示。

（三）运营园区平均入驻企业 268 家，物流产业生态圈不断丰富

调查结果显示，运营园区平均入驻企业数为 268 家。

从区域分布来看，东部地区、西部地区运营园区平均入驻企业数量分别为 310 家和 292 家，高于全国运营园区入驻企业平均数。中部地区、东北地区运营园区平均入驻企业数量分别为 202 家和 184 家，低于全国运营园区入驻企业平均数。

从园区类型来看，商贸服务型园区平均入

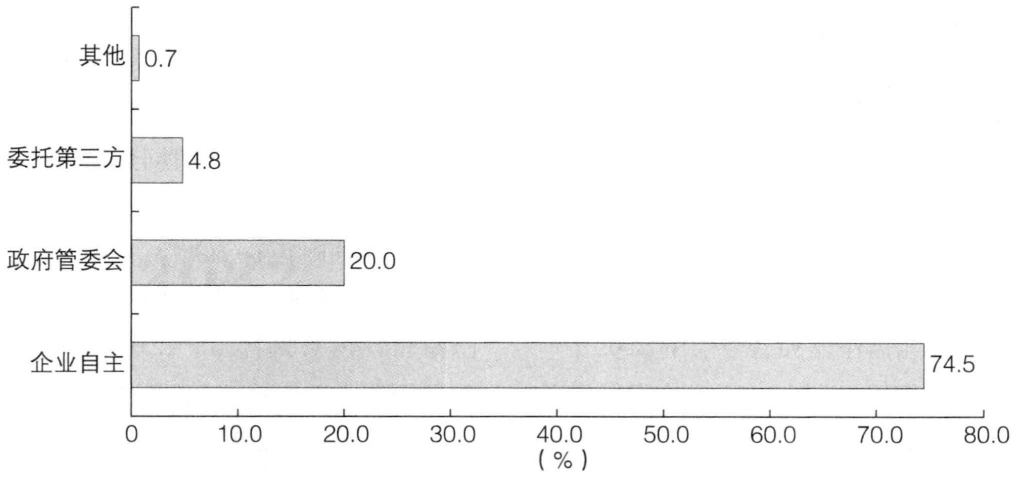

图8　物流园区运营管理方式

驻企业数量最高，为461家；其次是综合服务型园区241家；货运服务型园区为92家，远低于其他类型园区。

从入驻企业类型来看，94.3%的运营园区有物流企业入驻，其中第三方物流企业、快递企业的占比较高，A级物流企业也有一定比例。此外，70.8%的运营园区有商贸企业入驻，53.7%的运营园区有电商企业入驻，部分运营园区还入驻有加工制造企业、信息平台类企业、世界500强、金融保险类企业，物流园区生态体系不断丰富。

（四）流转商品结构整体保持稳定，流转居民消费品园区占比略有提升

调查结果显示，运营园区平均流转6种商品品类，流转商品结构与2018年调查基本保持一致。其中，流转水产品、食品、农副土特产品、邮件快递、药品等居民消费品的运营园区占比有所提升；流转化工品、机械、家居建材、车辆、危化品等商品的园区占比则出现了不同程度的下降。

（五）运营园区平均物流强度约500万吨/（平方公里·年），东部地区集约化程度较高

物流强度是指物流园区年货物吞吐量与实际占地面积的比值，是衡量园区运营效率的核心指标。调查结果显示，运营园区平均物流强度为500.8万吨/（平方公里·年），比2018年调查404.6万吨/（平方公里·年）增长23.8%。其中，14.5%的运营园区物流强度突破了1000万吨/（平方公里·年），比2018年调查增长4.2%；18.5%的运营园区物流强度不足100万吨/（平方公里·年），比2018年调查下降了9.5个百分点。

从区域分布来看，东部地区运营园区运营效率最高，平均物流强度达到了570.5万吨/（平方公里·年），分别是中部、西部和东北地区的1.14倍、1.38倍和1.43倍。

从不同类型园区来看，在投入运营的园区中，综合服务型园区平均物流强度达到550.2万吨/（平方公里·年），其次是口岸服务型园区500.1万吨/（平方公里·年），商贸服务型园区平均物流强度最低，为398.8万吨/（平方公里·年）。

（六）运营园区物流业务收入分化明显，近一半园区达4亿元以上

调查结果显示，15.2%的运营园区物流业务收入超过32亿元，经营业绩成效显著。

9.6%的运营园区物流业务收入在16亿~32亿元，12.8%的运营园区物流业务收入在8亿~16亿元，11.4%的运营园区物流业务收入在4亿~8亿元，运营园区物流业务收入超过4亿元的占比接近一半。

（七）园区运营管理单位收入以物业和物流业务为主，收入来源呈现多元化趋势

调查结果显示，在投入运营的园区中（不包括政府管委会管理的园区），近七成园区运营管理单位收入以物业和物流收入为主。其中，51.3%的园区运营管理单位物业与物流收入之和占总收入的比例超过了90%。而随着越来越多园区运营管理单位介入供应链和产业链，收入来源呈现多元化，29.9%的园区运营管理单位从事商品贸易，11.1%的园区开拓了金融物流业务，52.1%的园区有其他收入来源。

五、社会贡献情况

（一）物流园区成为就业稳定渠道，平均提供就业岗位超过3700个

在经济下行压力加大的情况下，物流就业岗位的包容性和灵活性，使物流园区成为就业蓄水池、稳定器。调查结果显示，运营园区平均就业人数为3712人。从区域分布来看，东部地区运营园区平均就业人数最高，为4379人；而中部地区、西部地区、东北地区运营园区平均就业人数分别为3135人、3561人和2401人，均低于全国平均水平。

（二）物流园区成长为价值创造高地，运营园区平均劳动生产率达57.6万元/（人·年）

劳动生产率是指物流园区年物流业务总收入与园区物流从业人员数的比值，是衡量平均每个物流从业人员产生价值的指标。调查结果显示，运营园区平均劳动生产率为57.7万元/人。其中，园区劳动生产率在20万~40万元/（人·年）、40万~80万元/（人·年）、80~160万元/（人·年）的比例分别为22.6%、22.1%和21.9%。

从不同类型园区来看，在投入运营的园区中，生产服务型、口岸服务型园区平均劳动生产率较高，分别为81.6万元/（人·年）和78.3万元/（人·年），而货运服务型、商贸服务型和综合服务型园区劳动生产率相差不大。

（三）物流园区加快新能源推广应用，近四成园区设置了充电桩

碳达峰、碳中和全面融入经济社会发展，倒逼园区加快绿色物流发展。约50.1%的运营园区至少使用了充电桩、加气站和太阳能光伏中的一种。其中，使用充电桩的园区占比最高，达到39.2%，比2018年调查增长了约124%。2022年调查和2018年调查运营园区新能源使用情况如图9所示。

六、物流园区发展面临的主要困难和问题

（一）支持性政策不足

调查结果显示，超过50%的园区认为支持性政策不足制约园区发展，排在所有问题的第一位。近年来，国务院及各有关部门出台了多个政策文件支持物流业高质量发展，园区在设施建设、减税降费、用地保障等方面得到了一定政策支持。但由于物流园区土地占用面积大、投资强度低、税收贡献少，地方政府对投入资源扶持物流园区发展缺乏内生动力；同时，园区各管理部门间管理体制和机制不同，政策兑现协调性不足，导致优惠政策落地难、

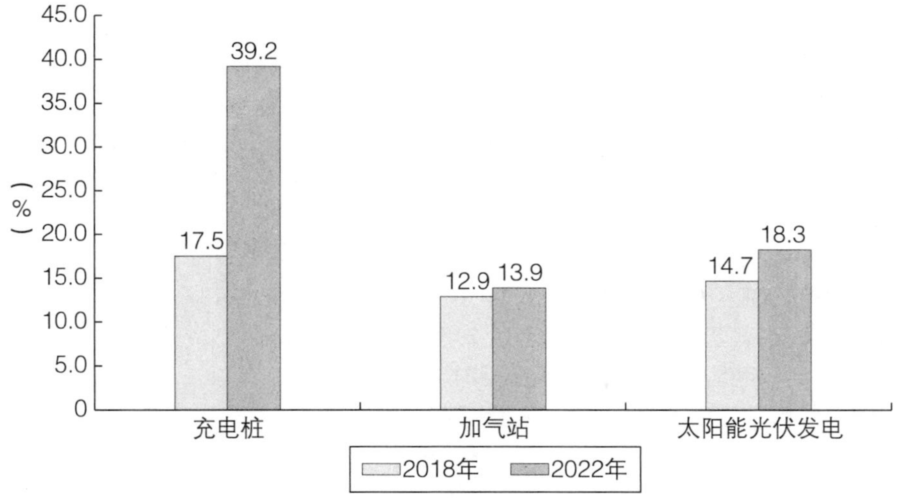

图9　2022年调查和2018年调查运营园区新能源使用情况

限制多，与物流园区的实际感受有一定差距。

（二）物流用地供应紧缺

调查结果显示，全国约43.1%的园区认为土地资源制约物流园区发展。一方面，以中心城市和城市群为主要空间形态的新型城镇化吸引人口向东部地区和中西部省会城市等经济发达地区流动，刺激了城市物流用地需求增长。另一方面，城市物流用地供给逐年缩减、城区物流设施拆迁、老旧仓库设施改造升级费用高、闲置厂房改造难度大等原因，造成了高质量物流设施供给不足。

（三）配套设施不完善

近年来，越来越多的城市选择将物流园区疏解外迁，为改善城市环境和产业升级腾出空间。但外迁物流园区多数位于城市边缘地带，城市基础设施建设相对滞后，不仅供电、供水、供气、排水、通信等生产配套设施不够完善，餐饮、交通、住宿等生活服务设施也较为薄弱，给物流园区生产经营活动和工作人员生活出行带来不便。调查结果显示，34.7%的园区认为配套设施不完善成为制约园区发展的主要因素，其中西部地区对配套设施的需求更加强烈。

（四）园区运营成本高企

调查结果显示，约33.1%的园区认为园区运营成本高企制约物流园区发展。一是俄乌冲突造成石油等大宗商品价格飙升，大幅增加了物流企业和园区的生产运作成本；二是疫情反复延宕，核酸检测、病毒消杀、隔离停工等防疫成本也加重了园区运营负担；三是人力资源成本较高，约32.2%的园区认为缺乏运营管理人才制约了园区发展，还有22.4%的园区认为招工难、用工难制约了园区发展。

（五）园区营商环境有待优化

调查结果显示，物流园区发展还存在一些政策障碍。如认为资金周转困难、周边道路不畅、税费偏高、市场检查过多、行政审批难等制约园区发展的比例分别为28.6%、22.1%、14.9%、10.6%和10.4%。同时有效需求不足、同质化竞争、创新驱动不足、设施水平不高、铁路运力受限等问题，也是制约物流园区发展的重要问题。物流园区发展存在的主要问

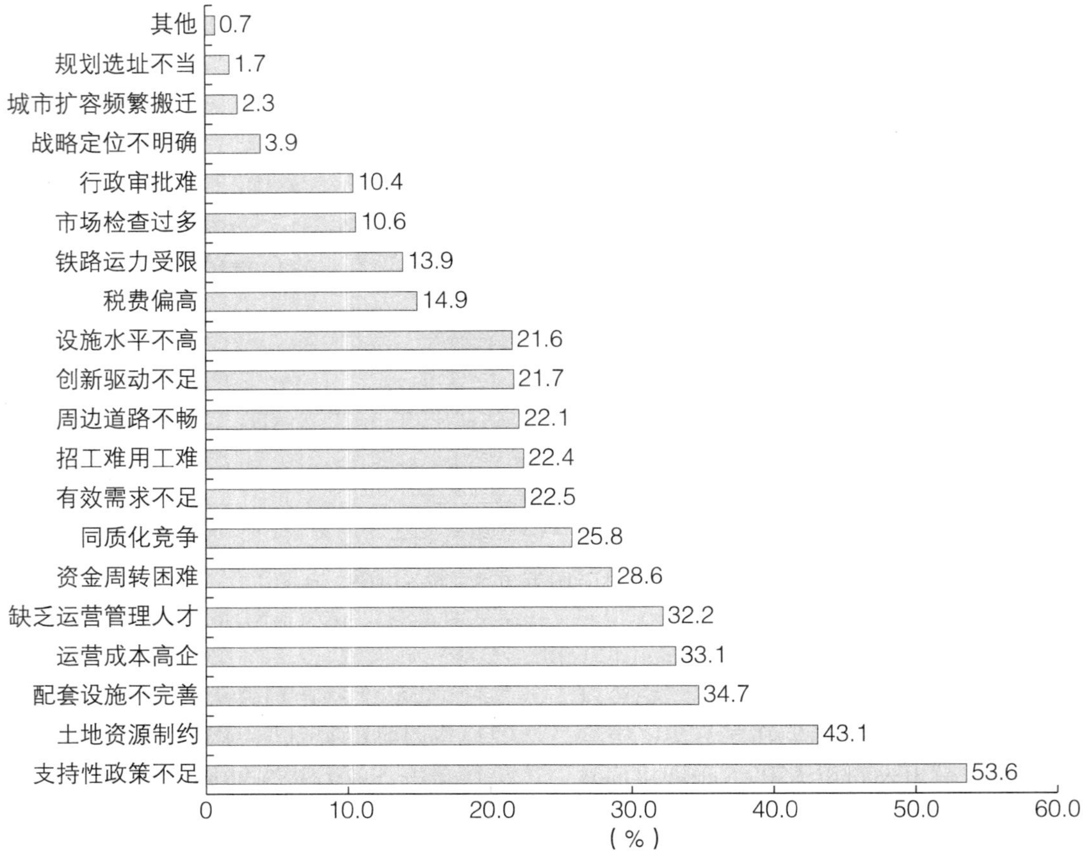

图 10　物流园区发展存在的主要问题

题如图 10 所示。

注释：

［1］纳入本次调查的对象，需要同时符合以下 3 个基本条件：①署名为物流园区、物流枢纽、物流基地、物流中心、公路港、铁路港、物流港、无水港等的企业（单位）；②园区占地面积在 150 亩（0.1 平方公里、即 10 万平方米）及以上，具有政府部门核发的用地手续；③园区有多家企业入驻，能够提供社会化的物流服务。规划、在建及运营的物流园区均在调查范围内，调查数据截止日期为 2021 年年底。

按照以上调查范围及标准，本次调查共收到 2600 多份调查问卷，经逐一反复筛选梳理，最终确认 2553 个物流园区作为本次报告的基础数据。通过对调查数据和信息系统的定量和定性分析，并充分吸收地方政府、行业协会、重点物流园区和企业代表及专家意见，最终形成本报告。

本报告区域划分参照《中华人民共和国国民经济和社会发展第十三个五年规划纲要》四大经济区域的划分方法。即东部地区包括北京、天津、河北、上海、江苏、浙江、福建、山东、广东、海南 10 个省（市）；中部地区包括山西、安徽、江西、河南、湖北、湖南 6 个省；西部地区包括内蒙古、广西、重庆、四川、贵州、云南、西藏、陕西、甘肃、青海、宁夏、新疆 12 个省（市、自治区）；东北地区包括辽宁、吉林、黑龙江 3 个省。

（中国物流与采购联合会　中国物流学会　中国物流与采购联合会物流园区专业委员会）

第四部分

行业物流

2022 年中国制造业物流

2022 年，面对世界变局加快演变、疫情冲击等多重考验，我国制造业总体保持稳定运转，制造业物流韧性凸显，稳步发展。

一、2022 年中国制造业发展主要特点

（一）工业制造业总体平稳，新动能作用日益凸显

根据国家统计局数据，2022 年，我国全部工业增加值达 40.2 万亿元，制造业增加值 33.5 万亿元，均居世界首位。工业对经济增长贡献率达到 36%，拉动经济增长 1.1 个百分点，其中，制造业拉动 0.8 个百分点；制造业增加值占 GDP 的比重达 27.7%，较上年提高 0.2 个百分点。

2022 年，工业经济运行总体平稳，高技术制造业和装备制造业较快增长。新能源汽车、移动通信基站等绿色产品、智能产品产量保持高速增长，工业控制计算机及系统等工业新动能产品和新材料产品不断引领和创造新需求，体现出工业、制造业持续成为稳增长、调结构、补短板、促发展的稳定器和主引擎。

2022 年全国规上企业工业增加值比上年增长 3.6%。分门类看，制造业增长 3.0%。高技术制造业、装备制造业增加值分别增长 7.4%、5.6%，增速分别比规模以上工业增加度快 3.8 个、2.0 个百分点。分产品看，新能源汽车、移动通信基站设备、工业控制计算机及系统产量分别增长 97.5%、16.3%、15.0%。2016—2022 年我国规上企业工业增加值年度增长率如图 1 所示。

（二）PMI 呈波动下降趋势，制造业下行压力加大

2022 年制造业 PMI 全年均值为 49.1%，低于荣枯线，较 2021 年全年均值下降 1.4 个百分点，降幅较为明显，且指数波动性也较 2021 年有所加大。12 月制造业 PMI 为 47%，连续 3 个月下降，为 2022 年以来的最低点。结合制造业 PMI 走势来看，当前经济探底运行，制造业下行压力加大。2022 年 1—12 月制造业 PMI 数据如图 2 所示。

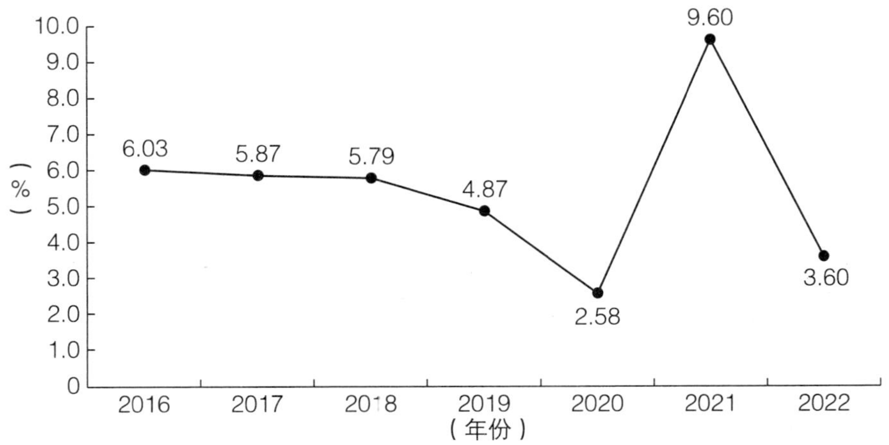

图 1 2016—2022 年我国规上企业工业增加值年度增长率

资料来源：国家统计局。

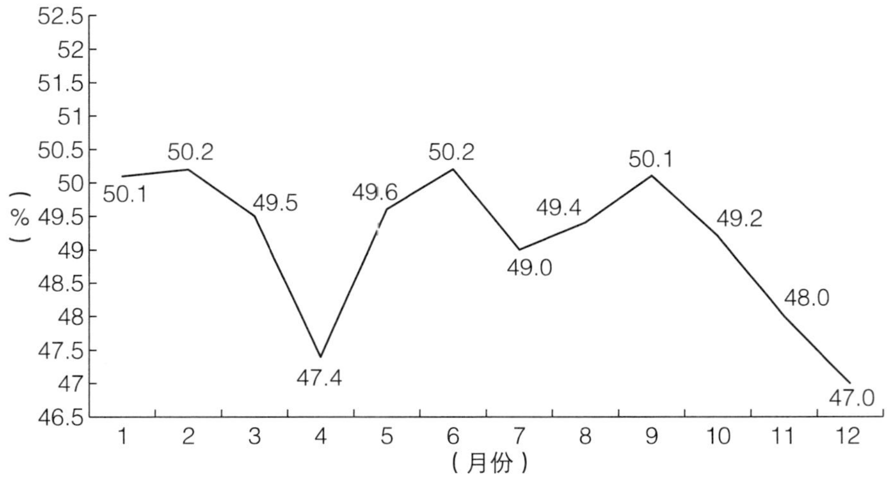

图 2 2022 年 1—12 月制造业 PMI 数据

资料来源：国家统计局。

从 PMI 的构成指数来看，生产指数除 1 月、2 月、6 月、9 月外，其余 8 个月均处于 50% 以下，说明制造业企业生产经营活动放缓。新订单指数除 2 月、6 月两个月以外，均在 50% 以下，说明市场需求整体保持收缩势头。原材料库存指数全年均在荣枯线以下，表明制造业主要原材料库存量有所减少，企业信心减弱，生产经营活动较为谨慎。从业人员指数全年低于 50%，12 月为 44.8%，是 2020 年 3 月以来的最低水平；供应商配送时间指数除 6 月、7 月，均保持在荣枯线以下，3 月为 46.5%，是 2020 年 3 月以来的最低点，说明企业人员到岗不足，物流运输不畅，交货周期延长。2022 年中国制造业 PMI 及构成情况如下表所示。

从重点行业来看，装备制造业和高技术制造业的生产活动收缩尤为突出。12 月，装备制造业生产指数为 41.7%，较上月大幅下降 6.2

个百分点，不仅连续 4 个月下降，也连续 2 个月运行在 50% 以下。高技术制造业生产指数为 41.9%，较上月下降 6.5 个百分点，为 2022 年以来最低水平，连续 6 个月下降，连续 4 个月运行在 50% 以下。结合来看，2022 年下半年以来我国新动能持续运行在下行通道。

2022 年中国制造业 PMI 及构成情况

单位：%

月份	PMI	生产指数	新订单指数	原材料库存指数	从业人员指数	供应商配送时间指数
1	50.1	50.9	49.3	49.1	48.9	47.6
2	50.2	50.4	50.7	48.1	49.2	48.2
3	49.5	49.5	48.8	47.3	48.6	46.5
4	47.4	44.4	42.6	46.5	47.2	37.2
5	49.6	49.7	48.2	47.9	47.6	44.1
6	50.2	52.8	50.4	48.1	48.7	51.3
7	49.0	49.8	48.5	47.9	48.6	50.1
8	49.4	49.8	49.2	48.0	48.9	49.5
9	50.1	51.5	49.8	47.6	49.0	48.7
10	49.2	49.6	48.1	47.7	48.3	47.1
11	48.0	47.8	46.4	46.7	47.4	46.7
12	47.0	44.6	43.9	47.1	44.8	40.1

资料来源：国家统计局。

（三）工业企业利润总额有所下滑，结构持续改善

2022 年，面对严峻复杂的国际环境和多重超预期因素冲击，在以习近平同志为核心的党中央坚强领导下，各地区、各部门高效统筹疫情防控和经济社会发展，工业生产总体稳定，企业利润结构有所改善。

2022 年，全国规模以上工业企业实现利润总额 84038.5 亿元，比上年下降 4.0%。从三大门类看，采矿业实现利润总额 15573.6 亿元，比上年增长 48.6%；制造业实现利润总额 64150.2 亿元，下降 13.4%；电力、热力、燃气及水生产和供应业实现利润总额 4314.7 亿元，增长 41.8%。①

虽然全年工业利润总额有所下降，但工业利润结构继续好转。三大门类中，“电热燃水生产和供应业改善、采矿业回落、制造业筑底”的利润格局还在延续。从 41 个工业大类行业中看，2022 年有 21 个行业利润总额比上年增长，19 个行业下降，1 个行业由亏转盈。值得注意的是，上游采矿业和原材料制造业利

① 国家统计局．国家统计局工业司高级统计师朱虹解读工业企业利润数据［EB/OL］．（2023－01－31）［2023－02－04］．http：//www.stats.gov.cn/xxgk/jd/sjjd2020/202301/t20230131_1892606.html.

润占全部工业的比重已经连续 8 个月回落；中游装备制造业利润占比较 1—11 月提高 1.2 百分点、较 2021 年提高约 2 个百分点；下游消费品制造业利润占比边际有所回升但仍处低位，利润结构总体好转。2022 年规上工业企业各月累计营业收入与利润总额增速如图 3 所示。

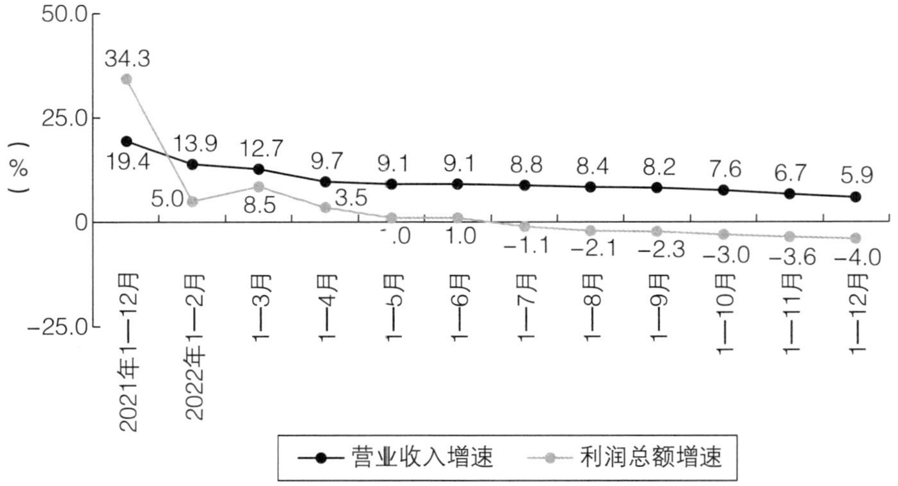

图 3　2022 年规上工业企业各月累计营业收入与利润总额增速

资料来源：国家统计局。

（四）科技与创新提供强劲支撑，制造业高质量发展成效显著

习近平总书记在党的二十大报告中强调："坚持把发展经济的着力点放在实体经济上""推动制造业高端化、智能化、绿色化发展"。这为中国制造迈向高质量发展指明了方向。2022 年，新发展理念深入贯彻，创新驱动持续向好，制造业高质量发展取得了新的成效。

第一，强化科技力量，高技术产业稳步发展。2022 年，我国全社会研究与试验发展（R&D）经费继续保持两位数增长，投入总量迈上 3 万亿元新台阶①。《2022 年全球创新指数报告》显示，中国排名连续十年稳步提升，位列第 11 名，比 2012 年提高了 23 名，位居 36 个中高收入经济体之首。高技术产业投资增势较好，增长 18.9%，其中，高技术制造业、高技术服务业投资分别增长 22.2%、12.1%。

第二，践行绿色低碳，节能环保取得新突破。2022 年，能源消费结构持续优化，能源消费总量比上年增长 2.9%。非化石能源消费占能源消费总量的比重较上年提高 0.8 个百分点。工业绿色低碳转型稳步推进，2022 年 1—11 月，规模以上工业单位增加值能耗同比下降 1.4%。新产品产量保持高速增长，特别是新能源汽车连续 8 年保持全球第一，产销量同比分别增长 96.9% 和 93.4%。

第三，提升企业能力，优质企业梯队壮大。"2022 中国制造业企业 500 强"的入围门槛为 147.78 亿元，较上年提高 36.88 亿元；实现营业收入 47.11 万亿元，较上年增长 17.09%；实现净利润 1.47 万亿元，较上年增

① 中国工业新闻网.【2022 年终盘点】加快实现高水平科技自立自强 我国科技实力跃上新的大台阶［EB/OL］.（2023-01-03）［2023-01-24］. http：//www. cinn. cn/gongjing/202301/t20230103_ 264385. shtml.

长24.47%。这三项指标均创下历史新高。《中国高端制造业上市公司白皮书2022》报告显示，截至2022年12月10日，我国A股制造业上市公司数量达到3313家。其中，高端制造行业上市公司数量达到2121家，占制造业上市公司的64%，相比于2017年年底的1250家增长了69.7%。我国企业科技水平和创新发展能力持续提升，综合实力和竞争力稳步增强。

第四，推进数字新基建，制造业数字化转型加快。截至2022年年底，我国5G基站数超过231万个，“东数西算”8个国家算力枢纽节点加快推进。2022年，数据中心规模增速超过25%，算力规模达到全球第二，算力核心产业规模达到1.8万亿元。工业互联网已经全面融入45个国民经济大类，产业规模突破万亿元大关，截至2022年10月底，工业App数量突破60万个，制造业企业数字化研发设计工具普及率达到76%，关键工序数控化率达到57.2%。在数字基础设施的支撑下，我国制造业数字化转型进入快车道。

二、2022年中国制造业物流发展主要特点

2022年，物流业发展波动性加大，但随着制度环境进一步改善，企业活力增强，物流业韧性进一步增强，并呈现出以下发展特征。

（一）物流需求受到疫情冲击，物流行业景气水平明显下降

2022年，我国物流行业运行持续承压，受国际复杂环境和国内疫情大面积反弹的影响，工业、进口、民生消费等领域物流需求均有不同程度放缓，但总体实现平稳运行，主要经济指标实现平稳增长，物流行业韧性进一步显现。2022年全国社会物流总额347.6万亿元，按可比价格计算，同比增长3.4%。从构成看，工业品物流总额309.2万亿元，按可比价格计算，同比增长3.6%。综合来看，社会物流总额增速基本延续恢复态势，全年顶住压力实现恢复性增长。

通过中国物流业景气指数（LPI）分析，2022年第一季度物流业景气指数为50.3%，物流运行保持韧性，开局总体平稳；第二季度回落至48.4%，受多点散发疫情影响，短期冲击加大；第三季度小幅回升至48.5%，疫情影响持续，物流业景气指数保持低位运行；第四季度回落至低点47.1%，物流需求仍位于收缩区间。2022年全年物流业景气指数平均为48.6%，较上年降低4.8个百分点，受全国多地疫情反弹和地区防控政策差异影响，物流需求疲软，跨区流通难度大，物流促通保畅能力下降，物流业景气水平明显下降。分行业看，仓储业、电商物流业和快递物流业等均受到不同程度的冲击，行业发展态势放缓。其中，12月业务总量指数为46%，环比回落0.4个百分点，新订单指数为45.2%，环比回落0.7个百分点。

（二）工业物流总体稳定，供应链一体化水平持续优化

2022年是党和国家事业发展进程中十分重要的一年，面对复杂的外部环境，我国制造业物流展现出强大韧性，积极主动采取各种措施，攻坚克难，有效保障了产业链循环和民生供给，稳住了我国的经济大盘。中国物流信息中心和中国物流与采购联合会公布的数据显示，2022年我国社会物流总费用17.8万亿元，同比增长4.4%，全年社会物流总费用与GDP的比率为14.7%，同比提高0.1个百分点，反映社会物流运行效率总体有所回落。从工业领

域物流需求结构看，能源行业、消费品生产需求保持稳定，装备制造、高技术制造业物流需求支撑依然强劲。全年高技术制造业物流总额同比增长 7.4%，装备制造业物流总额同比增长 5.6%。

2022 年，产业链供应链安全稳定面临严峻挑战，特别是对于产业链条长的汽车、家电、电子、装备制造等产业影响程度加深。在复杂的环境下，物流业内驱力明显增强，现代物流适应制造业智能化、服务化趋势，有效推动了供应链一体化水平和物流服务供给质量的提升。数据显示，2022 年全年物流业总收入为 12.7 万亿元，同比增长 4.7%，物流业总收入与社会物流总费用的比率为 71.3%，专业物流依然保持较强的供给能力，发展水平与占比稳步提升，供应链一体化服务能力进一步优化。

（三）数字化转型步伐加快，智慧物流模式升级加力提速

2022 年 1 月，国务院颁布了我国首部数字经济五年发展规划《“十四五”数字经济发展规划》，提出全面深化重点产业数字化转型，深入实施智能制造工程，大力推动装备数字化，开展智能制造试点示范专项行动，完善国家智能制造标准体系，加快对传统物流设施的数字化改造升级，促进现代物流业与农业、制造业等产业融合发展，加快建设跨行业、跨区域的物流信息服务平台，实现需求、库存和物流信息的实时共享，探索推进电子提单应用。建设智能仓储体系，提升物流仓储的自动化、智能化水平。2022 年 2 月，工业和信息化部、国家发展改革委和生态环境部联合颁布了《关于促进钢铁工业高质量发展的指导意见》，以钢铁工业为重点，鼓励企业大力推进智慧物流，探索新一代信息技术在生产和营销各环节的应用，不断提高效率、降低成本。

在国家政策支持下，制造业物流领域科技创新水平稳步提升，智能制造和工业互联网的快速发展同样带动了智慧物流模式的加速升级。当前，移动互联网、大数据、云计算、物联网等新技术在物流领域广泛应用，网络货运、数字仓库、无接触配送等“互联网 +”高效物流新模式新业态不断涌现。自动分拣系统、无人仓、无人码头、无人配送车、物流机器人、智能快件箱等技术装备加快应用，高铁快运动车组、大型货运无人机、无人驾驶卡车等起步发展，快递电子运单、铁路货运票据电子化得到普及。同时，智慧物流标准体系进一步完善，2022 年 10 月，《智慧物流服务指南》（GB/T 41834—2022）正式发布实施，为我国智慧物流产业和制造业物流服务水平的全面提升提供了巨大推力。

（四）可持续理念深入贯彻，制造业物流绿色探索取得积极成效

2022 年，可持续理念深入贯彻到物流产业规划、国家政策制定和实际操作实施中。国家政策层面继续加强引导，聚焦物流绿色化发展。2022 年 1 月，国家发展改革委、工业和信息化部、住房和城乡建设部、商务部、市场监管总局、国管局、中直管理局研究制定《促进绿色消费实施方案》，提出要强化绿色消费科技和服务支撑，加快发展绿色物流配送。鼓励企业使用商品和物流一体化包装，更多采用原箱发货，大幅减少物流环节二次包装。2021 年 10 月，交通运输部发布《绿色交通“十四五”发展规划》，指出持续优化调整运输结构。加快推进港口集疏运铁路、物流园区及大型工矿企业铁路专用线建设，推动大宗货物及中长距离货物运输“公转铁”“公转水”。2022 年 1 月，国务院发布《“十四五”节能减排综合工作方案》，指出要推动交通物

流节能减排工程。

我国物流产业体量大，促进绿色物流产业发展、构建低碳生态，是一项日益重要且迫切的任务。2022 年，在可持续发展理念和相继出台的绿色低碳发展政策引导下，我国绿色物流呈现较快发展态势，正在向低污染、低消耗、低排放、高效能、高效率、高效益的现代化物流转变。2022 年，再生领域物流需求快速增长，全年再生资源物流总额同比增长超过 18%，各地在绿色物流仓储园区建设、高效节能设备采用、高新技术应用、物流智能化改造、仓储设计优化、快递包装绿色化发展等方面取得了积极成效。同时，越来越多的企业加大绿色低碳投入，从加强绿色包装应用、加大新能源车推广、加强智慧能源管理等角度出发，积极推进制造业物流的绿色发展。例如，海尔旗下日日顺供应链荣获“2022 绿色可持续发展贡献奖”和“2022 碳中和杰出案例奖”，以低碳高效贯穿企业经营发展全流程，打造覆盖生产制造、仓储管理、干线运输、末端配送等在内的全生命周期低碳管理体系，为行业绿色发展起到了积极示范作用①。

（五）两业融合创新发展继续强化，两业深度融合走深走实

制造业与物流业深度融合创新发展是制造业物流提质增效和高质量发展的重要抓手。2022 年，在国家政策的引导下，“融合”发展理念持续深入。2022 年 1 月，国务院印发的《“十四五”数字经济发展规划》中明确提出，要促进现代物流业与农业、制造业等产业融合发展。2022 年 12 月，国务院办公厅印发的《“十四五”现代物流发展规划》中指出，要以数字化、网络化、智慧化为牵引，深化现代物流与制造、贸易、信息等融合创新发展，推动形成需求牵引供给、供给创造需求的良性互动和更高水平动态平衡。2022 年 12 月，为进一步加快物流与供应链数字化转型发展，促进现代物流业与制造业高度融合、确保供应链产业链安全稳定，提升我国现代物流与供应链的高质量发展水平，中国物流与采购联合会在湖南省长沙市举办了“2022（第十四届）中国物流与供应链信息化大会”，会议上就数智技术助力智能制造与智慧物流融合创新发展进行了积极探讨。

2022 年，我国两业融合走深走实，并取得了良好成效和效益。物流已转变为提高制造企业市场竞争力、降本增效、扩大利润空间的关键环节，制造业物流的重要性越发凸显，物流企业与制造企业融合发展格局加快形成，有效推动了供应链全链条上的战略合作、相互渗透、共同发展。一方面，两业融合业务流程衔接标准积极推进。2022 年 9 月 25 日，中国物流与采购联合会研究室和天津大学作为发起单位对物流企业与制造企业业务流程融合指南的设计进行了构思和孵化，相应的国家标准也正在起草中。另一方面，物流企业主动深入制造企业提供一体化供应链服务。顺丰在“2022 世界制造业大会”上重点展示了顺丰与制造业融合发展的智慧供应链解决方案，顺丰基于三网合一资源向制造业行业客户提供贯穿供应链全流程数字化物流服务，通过丰智云链将制造业供应链各环节串联打通，促进与制造业行业客户商流、物流、资金流、信息流四流协同，从

① 日日顺供应链官网. 日日顺荣获“2022 碳中和杰出案例奖”，低碳高效绿色供应链获认可［EB/OL］.（2022－09－02）［2023－01－20］. https：//www. rrswl. com/front/wmdt/redianhuodong/redian_details? id＝2070682.

而打破边界，实现全面衔接，推动全维度多层次的深度融合发展。安得智联生产物流解决方案在中国物流与采购联合会主办的“2022 全球产业链供应链数字经济大会”上入选“2022 产业链供应链数字经济创新案例”。安得智联将美的多年精益制造经验沉淀并转化为“灯塔工厂供应链方案”，以供应链变革为主轴，形成了生产物流全链路供应链服务能力，为客户提供高质量的生产物流服务的同时，也协助客户推动物流业制造业的两业融合。

［本文受国家社科基金重大项目“物流业制造业深度融合创新发展的政策与路径研究”（No. 22&ZD139）资助］

（天津大学管理与经济学部　刘伟华
高永正　曹悦男　刘羽菲）

2022 年中国钢铁物流

2022 年，伴随国内外疫情多发、全球通胀压力加大，我国经济在稳增长政策推动下保持较强韧性和潜力。在国内外多重因素影响下，钢铁行业供需两弱，钢铁市场震荡幅度收窄，均价下移，原材料成本虽有下移但明显低于钢价跌幅，因此钢铁行业利润明显收缩，创近 20 年来新低。钢铁企业发展面临前所未有的困境，钢铁流通景气度下降，钢铁流通“蓄水池”功能下降；同时，钢铁行业兼并重组加快推进，钢铁物流向绿色低碳转变。

一、2022 年中国钢铁产业运行情况

1. 2022 年我国钢铁市场震荡幅度收窄，均价明显下移

2022 年，受到国外经济环境复杂多变，国内需求疲软等因素影响，国内钢材市场呈现震荡下行局面。据兰格钢铁网监测数据显示，截至 2022 年 12 月底，兰格钢铁全国钢材综合价格为 4359 元（吨价，下同），同比下跌 681 元，跌幅为 13.5%。其中，建材价格为 4239 元，同比下跌 11.7%；板材价格为 4393 元，同比下跌 14.5%；型材价格为 4322 元，同比下跌 15.5%；管材价格为 4843 元，同比下跌 15.4%。2022 年我国钢价指数走势如图 1 所示。

从年度均值来看，也呈现明显下移趋势，据兰格钢铁网监测数据显示，2022 年兰格钢铁全国钢材综合价格均值为 4723 元，较上年全年均值下跌 722 元，年同比跌幅为 13.3%。从震荡幅度来看，兰格钢铁综合钢材价格指数峰值出现在 2022 年 4 月 6 日，价格为 5451 元；谷值出现在 2022 年 11 月 1 日，价格为 4069 元，波峰、波谷震荡幅度为 1382 元，较 2021 年（震荡幅度 2019 元）收窄 637 元。

2. 2022 年我国钢铁产量继续下降

2022 年，由于下游需求疲软、钢价震荡下行、钢厂利润明显收缩甚至出现亏损，钢厂生产积极性下降，带动钢铁产量呈现回落态势。据国家统计局数据显示，2022 年，我国生铁产量 86383 万吨，同比下降 0.8%；粗钢产量 101300 万吨，同比下降 2.1%；钢材产量 134034 万吨，同比下降 0.8%。2001—2022 年粗钢产量及增速变化情况如图 2 所示。

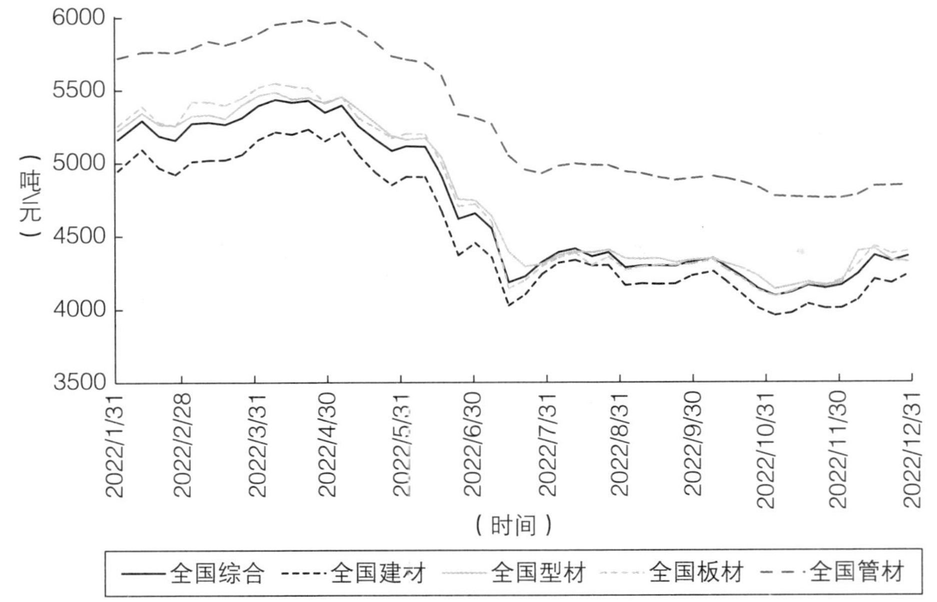

图 1 2022 年我国钢价指数走势

资料来源：兰格钢铁网。

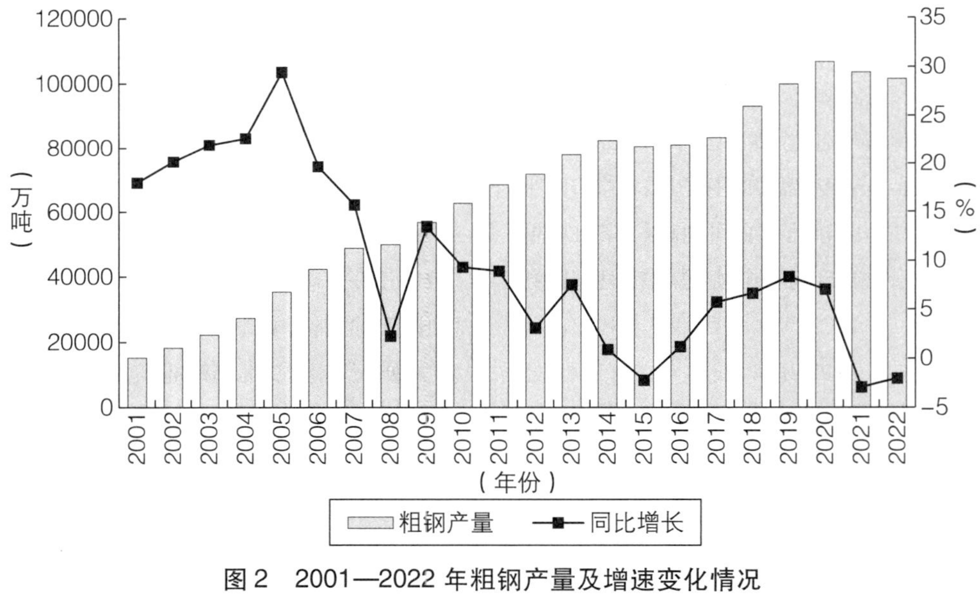

图 2 2001—2022 年粗钢产量及增速变化情况

资料来源：国家统计局，兰格钢铁研究中心。

就粗钢日产水平来看，年度日产略有下降，2022 年粗钢平均日产 277.5 万吨，较 2021 年全年平均日产 283.0 万吨减少了 5.5 万吨，同比下降 1.9%；月度日产在 2022 年 5 月创年内最高水平，为 311.6 万吨，较 2021 年 4 月历史最高纪录 326.2 万吨减少 14.6 万吨。

3. 原材料价格中线下移，钢材成本有所下降

2022 年，全球通货膨胀压力加大，以美联储为首的各国央行持续加息，大宗商品明显承

压。据世界钢铁协会统计数据显示，国际、国内钢铁产能释放收缩，2022 年，全球 64 个国家及地区生产粗钢 18.31 亿吨，同比下降 4.3%；其中，我国粗钢产量同比下降 2.1%，我国以外国家及地区粗钢产量同比下降 6.9%。产量缩减带动原材料需求下滑，铁矿石市场阶段性供需宽松，铁矿石价格均值有所下行。据兰格钢铁网监测数据显示，2022 年，普氏铁矿石价格均值 120.2 美元，同比下跌 24.6%；中国海关进口铁矿石均价 115.7 美元，同比下跌 29.5%。

2022 年，在上游炼焦煤价格走高以及下游钢厂利润微薄夹击下，焦企和钢企之间频繁博弈，价格持续波动，从趋势来看，全年呈现先扬后抑翘尾走势，整体均价与上年同期基本持平。据兰格钢铁网监测数据显示，2022 年，唐山地区二级冶金焦价格均值 2894 元，较上年下跌 3 元；其中，峰值 3850 元、谷值 2250 元，峰谷震荡差 1600 元，较上年收窄 560 元。

2022 年废钢价格呈现冲高回落、触底反弹行情，全年均价有所下移。据兰格钢铁网监测数据显示，2022 年，废钢价格（唐山重废）均值 3065 元，同比下跌 9.3%。

在原材料均价下移的带动下，钢铁企业吨钢生产成本有所下降。兰格钢铁研究中心测算数据显示，2022 年，生铁成本指数均值在 150.5 元，同比下降 7.9%。

4. 吨钢毛利明显下降，钢企盈利创 20 年来新低

2022 年，尽管成本小幅下行，但因钢价跌幅超越成本降幅，吨钢盈利明显下降，行业整体盈利显著下滑，超越 2015 年创近 20 年以来新低。兰格钢铁研究中心测算数据显示，2022 年，三级螺纹钢和热轧卷板吨钢毛利分别为 58 元和 -53 元，较上年同期分别下降 290 元和 560 元，同比分别下降 83.3% 和 110.5%。从行业整体盈利来看，据国家统计局数据显示，2022 年 1—12 月，黑色金属冶炼及压延加工业实现营业收入 87147.0 亿元，同比下降 9.8%；营业成本 83221.4 亿元，同比下降 6.0%；实现利润总额 365.5 亿元，同比下降 91.4%。2011—2022 年我国黑色金属冶炼及压延加工业利润变化情况如图 3 所示。

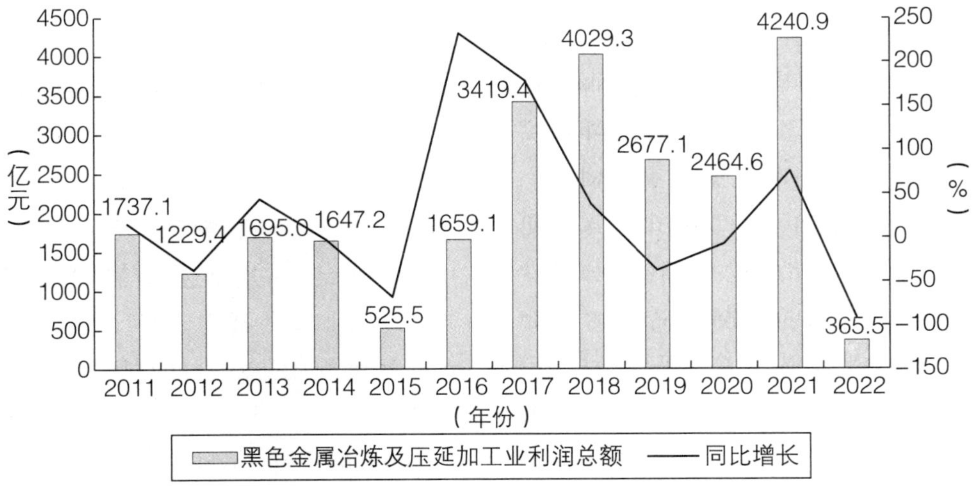

图 3　2011—2022 年我国黑色金属冶炼及压延加工业利润变化情况

资料来源：国家统计局。

二、2022 年钢铁物流发展情况

2022 年，伴随钢铁市场波动下行，钢铁流通业景气度也在下降。随着下游需求收缩，市场去库存进程不及上年，蓄水池功能减弱；海外供应不足和价格上涨，使我国钢材出口仍具备一定优势，钢材出口小幅增长；但在钢铁产量下降带动下，铁矿石进口量价齐降。

1. 2022 年钢铁流通业景气度下降

2022 年，伴随我国钢铁行业需求疲软，钢材价格下行，我国钢铁流通业景气度有所下降。兰格钢铁网统计发布的钢铁流通业 PMI 数据显示，2022 年该指数仅有 2 个月高于 50%，较上年减少 2 个月，有 10 个月在收缩区间运行，反映钢铁流通业景气度明显不足，特别是下半年指数运行基本低于前两年。2020—2022 年我国钢铁流通业 PMI 指数变化情况如图 4 所示。

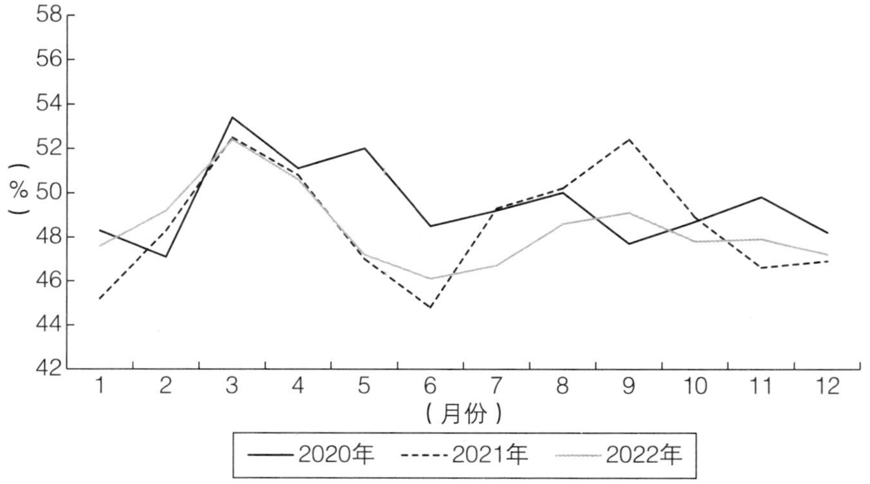

图 4　2020—2022 年我国钢铁流通业 PMI 指数变化情况

资料来源：兰格钢铁网。

钢材产品在分销流通环节流通量进一步扩大。据中国钢铁工业协会数据显示，2022 年重点大中型企业通过分销环节销售的钢材量为 28698 万吨，同比增长 1.3%，占销售总量的比例为 37.5%。在钢铁行业减量发展中，流通环节分销量仍呈增长态势，反映钢铁流通环节在钢铁供应链体系中仍占据重要的地位，发挥渠道作用。

2. 库存水平低于上年，流通环节“蓄水池”功能减弱

钢铁流通领域的钢材社会库存承担着钢铁行业“蓄水池”的作用，由于近几年钢铁行业供需关系的明显变化以及疫情影响，钢贸企业正在通过转型服务方式，下沉产业终端，缩短业务链条，应对供需变化，加快转型发展的步伐，而钢材社会库存的“蓄水池”作用正在逐渐缩小。

2022 年，我国钢材社会库存动态变化表现出三个特点。一是社会库存峰值时间与上年相当，但最高库存低于 2021 年同期水平。兰格钢铁网监测数据显示，2022 年 3 月 4 日，统计的 29 个重点城市钢材社会库存到达年内高点，为 1659.8 万吨，较上年高点减少 314.9 万吨，同比下降 15.9%。二是整体去库存速度继续低于上年，其中，板材去库存速度略有加快。2022 年钢材社会库存最高点到最低点降速为

52.4%，较上年收缩4.5个百分点；其中，建材库存降速为66.3%，较上年收缩3.7个百分点；板材库存降速为27.0%，较上年扩大2.2个百分点。三是年末库存低于上年同期。2022年由于库存最高点相对较低，叠加钢铁贸易企业对后市的预期相对悲观，“蓄水池”功能有所削弱，钢材社会库存低于上年同期。截至2022年12月底，钢材社会库存为828.1万吨，同比下降2.4%。其中，建材社会库存为411.7万吨，同比下降2.2%；板材社会库存为416.4万吨，同比下降2.5%。2020—2022年我国钢材社会库存变化情况如图5所示。

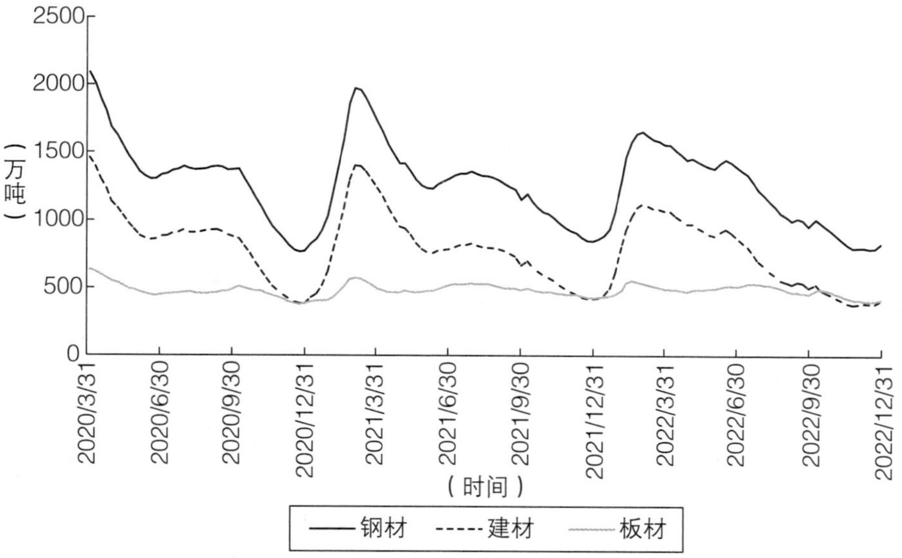

图5　2020—2022年我国钢材社会库存变化情况

资料来源：兰格钢铁网。

3. 钢材出口再现增长，进口大幅回落

2022年，在俄乌冲突及其引发的地缘政治格局演变影响下，俄罗斯、乌克兰、欧盟和欧洲其他国家钢铁生产持续受到较大制约，中国以外的地区钢铁产量持续下滑，叠加中国钢铁出口供应链稳定、价格相对优势，海外订单指数阶段性好转，使钢材出口保持韧性，呈现小幅增长态势；而因我国国内制造业景气度下滑，以及高端钢材自给率的提升，钢材进口明显回落。海关总署数据显示，2022年我国出口钢材6732.3万吨，同比增长0.9%；进口钢材1056.6万吨，同比下降25.9%；同期净出口钢材5675.7万吨，同比增长7.8%。2011—2022年我国钢材进出口变化情况如图6所示。

4. 铁矿石进口量价齐降，进口资源仍相对集中

2022年，我国钢铁产量下降带动铁矿石进口量继续减少。据海关总署数据，2022年我国进口铁矿石11.07亿吨，同比下降1.5%；进口金额1281.0亿美元，同比下降29.7%；全年进口铁矿石平均价格为115.7美元，同比下降29.5%。

进口铁矿石分国别结构方面，澳大利亚仍是我国铁矿石进口的主要国家，2022年我国从澳大利亚进口铁矿石72932.3万吨，同比增长5.1%；占进口总量的65.9%，较2021年上升4.2个百分点。巴西是我国铁矿石进口的第二大国，2022年进口巴西铁矿石22730.4万吨，

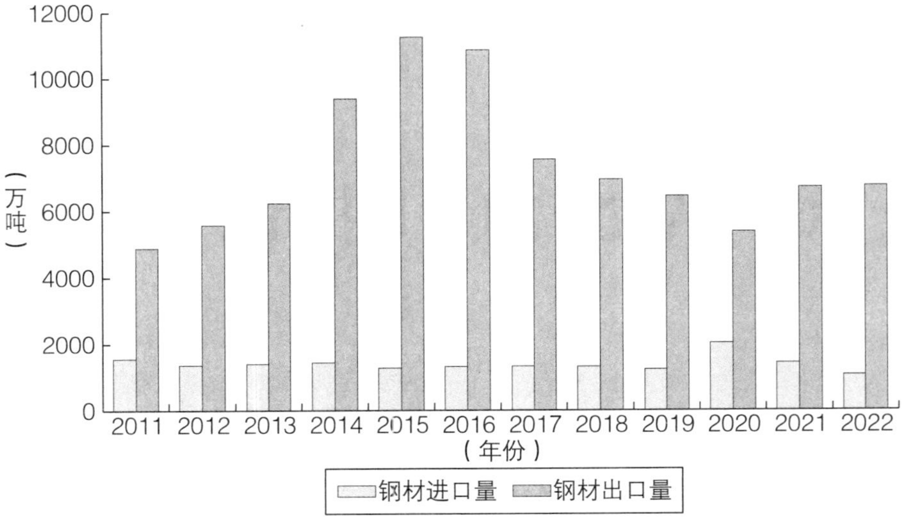

图 6 2011—2022 年我国钢材进出口变化情况

资料来源：海关总署，兰格钢铁研究中心。

同比下降 4.3%；占进口总量的 20.5%，较 2021 年下降 0.6 个百分点。从其他国家及地区进口铁矿石 15023.3 万吨，同比下降 22.5%；占进口总量的 13.6%，较上年下降 3.6 个百分点。2011—2022 年我国进口铁矿石变化如图 7 所示。

三、钢铁物流发展的新亮点

钢铁行业已经进入高质量发展阶段，当前及未来几年仍将是整合重组的窗口期。随着产能整合的推进，钢铁行业集中度的提升是确定性趋势。随着期货市场的成熟以及钢材产品金融属性增强，期货与现货相结合已经成为重要的钢铁贸易模式；钢铁物流顺应"双碳"目标方向，通过优化交通运输结构，积极推广新能源重卡，持续推进货物运输绿色转型，清洁运输将进入绿色低碳发展新阶段。

1. 钢铁行业兼并重组再提速，产业链重组成为亮点

2022 年 2 月 7 日，工业和信息化部等 3 部门发布《关于促进钢铁工业高质量发展的指导意见》，鼓励行业龙头企业实施兼并重组，打造若干世界一流超大型钢铁企业集团；国资委方面也明确，2022 年将深化跨行业跨领域跨企业专业化整合，推进钢铁等领域资源整合，加快铁矿石资源整合力度。

2022 年，钢铁行业兼并重组加快，行业集中度进一步加快。日照钢铁控股山东隆盛钢铁，持股比例达 50.5837%，成为山东隆盛钢铁的最大股东，获得控制权；鞍钢筹划重组凌钢；安阳钢铁部分国有股份无偿划转河南装投集团，且已完成过户登记。

作为国内和全球最大的钢铁企业，中国宝武的重组之路更有亮点。2022 年中国宝武与新钢联合重组获国务院国资委批复同意；宝钢股份与包钢股份合资成立新公司，双方将共同出资成立钢管平台公司。此外，中国中钢整体划入中国宝武，不再作为国资委直接监管企业，反映钢铁行业的兼并重组已由产能整合向产业链整合发展。据兰格钢铁研究中心监测数据显示，中国中钢在澳大利亚、南非等地有铁矿石等矿产资源投资，可以进一步扩大中国宝武的

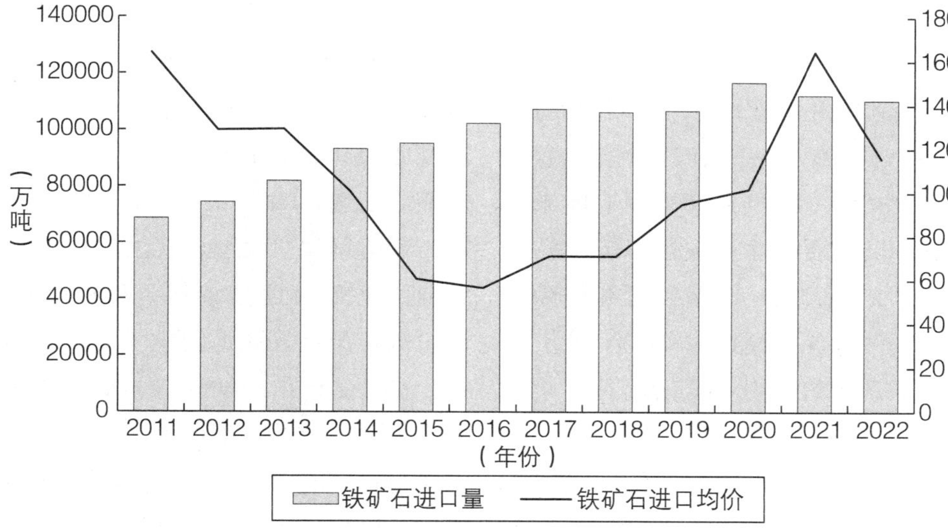

图7　2011—2022年我国进口铁矿石变化

资料来源：兰格钢铁研究中心。

海外权益规模；同时，中国中钢在工程技术服务及设备制造方面的服务体系也可以提升中国宝武的综合能力，而中国宝武庞大的分支体系也会成为中国中钢未来服务的重点对象，产业链体系相关环节的协同融合有助于提升中国宝武整体竞争优势，实现由大向强升级，助力中国钢铁业竞争力提升。

2. 钢材产品金融属性增强，钢铁贸易模式不断变化

钢铁行业是我国经济发展的支柱产业，钢铁贸易是钢铁行业发展的重要环节。我国不仅是钢铁生产大国，同时也是钢铁贸易大国，钢铁贸易的稳定、健康发展对我国国民经济发展具有重要的促进作用。近年来随着期货市场在我国逐渐发展成熟，钢铁供应链中的品种基本已经实现在国内期货市场上线，给钢铁产业链的发展带来了重大影响，由于期货和现货市场的联动性越加明显，钢材产品金融属性日益增强，钢铁贸易企业在钢材价格的把控上的难度也随之加大，原有的钢铁贸易模式已经不能满足现实的需要，钢铁贸易期现一体化经营模式逐步成为趋势。

期现一体化运行对钢铁贸易企业是一个重要的运营模式，可以有效帮助钢铁贸易企业在钢铁流通市场更好地站稳脚跟，打通产业链上下游核心关节，为整个钢铁产业健康发展保驾护航。但当前钢铁贸易行业关于期现一体化经营的水平还比较有限，无论是市场层面还是经营者层面，在运行过程中都还存在诸多问题。从钢铁贸易企业角度来讲，期现一体化可以拓展经营手段，提高企业运行稳定性。随着期货市场的不断成熟，期货对于钢铁这种大宗商品的作用越来越大，钢铁贸易公司越来越重视期货的功能，期货与现货相结合已经成为重要的经营模式。

3. 钢铁物流加快向绿色低碳发展

钢铁行业是交通运输业重要的服务产业之一，钢铁物流是大宗商品货运领域第二大门类。钢铁供应链运行存在交通运输工具方式多、用能总量消耗多、装备能效利用水平低、组织效率低的“两高两低”问题。

2022年7月，交通运输部、国家铁路局、

中国民用航空局、国家邮政局出台《贯彻落实〈中共中央 国务院关于完整准确全面贯彻新发展理念做好碳达峰碳中和工作的意见〉的实施意见》（以下简称《实施意见》），该《实施意见》是"双碳"目标实现"1 + N"政策体系的重要组成部分，是交通运输业碳达峰碳中和顶层设计文件。《实施意见》将节约能源作为降碳的首要途径，将优化交通运输结构、推广节能低碳型交通工具、积极引导低碳出行、增强交通运输绿色转型新动能作为主要抓手。《实施意见》的公布为钢铁物流绿色低碳发展提供了新重点、新手段、新突破的发展契机。钢铁物流业将进一步加快转型升级，构建绿色低碳高质量发展的新格局，为钢铁行业和交通物流业实现"双碳"目标提供有效支撑。

在高能耗、重负荷的钢铁行业，钢铁物流排放占据了约30%的产业链排放总量，绿色运输成了钢铁行业实现低碳减排目标的重点，零碳排放的新能源重卡则成了实现低碳减排目标的不二之选。2022年以来，中国宝武、荣程钢铁、晋南钢铁、太钢、宁波钢铁、中新钢铁等企业优化交通运输结构，积极推广新能源重卡。低碳绿色发展是钢铁工业高质量发展的关键，在各省市出台的深入打好污染防治攻坚战方案中，对钢铁方面的要求也专门提到要优化交通运输结构，持续推进货物运输绿色转型，清洁运输将进入绿色低碳发展新阶段。

（北京兰格云商科技有限公司　王国清　刘陶然　刘长庆）

2022 年中国粮食物流

2022 年，我国粮食总产量 68653 万吨（13731 亿斤），比 2021 年增加 368 万吨（74 亿斤），同比增长 0.5%，创历史新高，其中，谷物产量 63324 万吨（12665 亿斤），比 2021 年增加 49 万吨（10 亿斤）。全国粮食播种面积 17.75 亿亩，比上年增加 1052 万亩，同比增长 0.6%。全国粮食单位面积产量 387 公斤/亩，比 2021 年减少 0.2 公斤/亩，同比下降 0.1%。分季节看，夏粮、早稻、秋粮纷纷增产，夏粮产量 2948.1 亿斤，比上年增加 28.9 亿斤；早稻产量 562.5 亿斤，比上年增加 2.1 亿斤；秋粮产量 10220 亿斤，比上年增加 42.5 亿斤。分品种看，稻谷产量略有降低，小麦、玉米产量有所增加，稻谷产量 4170 亿斤，比上年减少 87 亿斤，同比减少 2%；小麦产量 2754 亿斤，比上年增加 15 亿斤，同比增长 0.6%；玉米产量 5544 亿斤，比上年增加 93 亿斤，同比增长 1.7%。从供需总量看，近年来，受疫情延宕、经济下行、极端天气、地缘冲突等因素影响，国际粮食市场波动较大，全球粮食安全环境的不确定性增加。与之相比，我国粮食生产实现“十九连丰”，总产量连续 8 年保持在 1.3 万亿斤以上，粮价总体保持平稳，人均粮食占有量明显高于世界平均水平，但饲料粮和工业用粮消费持续增加，粮食生产环境资源约束趋紧，粮食供需中长期将处于紧平衡态势。2022 年我国进口粮食 14687.2 万吨，同比降低 10.7%，进口金额同比增长 10.5%，进口大米 619 万吨，同比增加 123 万吨，增幅达 24.8%，创历史最高水平。2022 年粮农组织谷物价格指数创 154.7 点的历史新高，同比上涨 17.9%。其中，2022 年世界玉米和小麦价格双双创历史新高，分别较 2021 年平均价格上涨 24.8% 和 15.6%。

2022 年是党和国家历史上极为重要的一年，习近平总书记在党的二十大报告中明确提出，全方位夯实粮食安全根基，确保中国人的饭碗牢牢端在自己手中。中央发出了第 19 个聚焦“三农”工作的一号文件，相继出台实施重要农产品保障战略、建立粮食生产功能区和重要农产品生产保护区、加强耕地保护和改进占补平衡、加强高标准农田建设等政策文件，成为保障国家粮食安全的重要制度安排。面对国内外多重超预期因素的冲击，全国粮食系统坚决贯彻习近平总书记关于保障国家粮食安全的重要论述精神，认真落实总体国家安全观和国家粮食安全战略、乡村振兴战略，牢记“国之大者”，增强忧患意识，坚持底线思维，坚决扛稳保障粮食安全政治责任，在国际粮价大幅波动的情况下国内粮食市场保持总体平稳，为维护经济发展和社会大局稳定发挥了积极作用。

一、切实提升粮食收储调控能力

为保障国家粮食安全，稳定口粮生产，综合考虑粮食生产成本、市场供求、国内外市场价格和产业发展等因素，2022 年国家继续在稻谷主产区和小麦主产区实行最低收购价政策。2022 年生产的早籼稻（三等，下同）、中晚籼稻和粳稻最低收购价格分别为每 50 公斤 124 元、129 元和 131 元，早籼稻比 2021 年上调 2 元，中晚籼稻、粳稻都比 2021 年上调 1 元；2022 年生产的小麦（三等）最低收购价为每 50 公斤 115 元，比 2021 年上调 2 元。国家有关部门加强粮食收购统筹组织，先后批复江苏、安徽、河南、湖北、黑龙江五省启动中晚稻最低收购价执行预案，共安排收储库点 790 多个、仓容 560 多亿斤，五省累计以最低收购价收购中晚稻 180 多亿斤。全年各类粮食企业累计收购 8000 亿斤左右，主产区各类粮食企业累计收购秋粮 2324 亿斤。其中，中晚籼稻 499 亿斤、粳稻 632 亿斤、玉米 1152 亿斤、大豆 40 亿斤。各地统筹抓好粮食市场化收购和政策性收购，夏粮和早籼稻旺季收购圆满收官，秋粮旺季收购平稳有序，牢牢守住农民“种粮卖得出”的底线，切实保护种粮农民利益。

二、着力推进粮食应急保障体系建设

应急粮食保障直接关系到群众生活和社会稳定。我国加快粮食应急保障中心建设，推动形成粮食储备、加工、配送、供应功能集成的区域、省、市、县粮食应急保障中心，有效衔接粮食产业链供应链上下游，确保区域粮食应急供应稳定高效，粮油储备不断充实，成品粮保障水平不断提高，保供稳价物质基础扎实稳固。到 2022 年年底，全国共有粮食应急加工企业 6584 家、应急储运企业 4846 家、应急配送中心 3542 家、应急供应网点 56495 个。应急加工能力每天可达到 164 万吨，能满足全国人民 2 天的需要。不断推动完善国家、省、市、县四级粮食应急预案体系，扎实推进《国家粮食应急预案》修订工作，目前有 19 个省（区、市）修订印发省级粮食应急预案，333 个地级市均具备粮食应急预案，2431 个县具备县级粮食应急预案。持续加大仓储物流现代化建设，全国标准粮食仓房完好仓容近 7 亿吨，仓储条件总体达到世界较先进水平，粮食物流网络更加健全。粮食储备体系进一步完善，政府粮食储备数量足、质量好，有效发挥了守底线、稳预期、保安全的关键作用。

三、深入实施优质粮食工程和粮食节约行动

2022 年各地安排财政资金 176 亿元，支持“十四五”期间实施优质粮食工程，推进优粮优产、优购、优储、优加、优销“五优联动”，加快粮食产业高质量发展，提高粮油加工技术和装备水平，以人民群众需求为导向，提高粮油产品供给质量，促进增品种、提品质、创品牌，在更高层次上促进了粮食产需动态平衡。国家有关部门印发粮食节约减损指导意见，全国 5500 多个粮食产后服务中心积极发挥为农服务作用，粮食产后综合服务水平不断提高。

强化标准化引领，修订《大米》（GB/T 1354—2018）、《小麦粉》（GB/T 1355—2021）、《菜籽油》（GB/T 1536—2021）等推荐性国家标准，发布《二氧化碳气调储粮技术规程》（LS/T 1213—2022）、《氮气气调储粮技术规程》（LS/T 1225—2022）等绿色储粮标准发布，推进粮食全链条节粮减损取得显著成效。举办世界粮食日和全国粮食安全宣传周等主题活动，大力营造爱粮节粮、健康消费的社会新风尚。

四、持续提高粮食安全依法治理水平

粮食系统深入贯彻实施新修订的《粮食流通管理条例》，用好行政执法手段，严格落实法律责任，提高粮食流通法治化规范化水平。国家粮食和物资储备局组织开展了粮食流通“亮剑”专项执法行动，全力推进依法治粮、依法管储。截至2022年年底，“亮剑”行动中各级粮食和物资储备部门作出警告以上行政处罚1022例，罚款2475.78万元，没收违法所得207.94万元。黑龙江、辽宁、河南、山东、湖南、新疆等省（区）粮食和物资储备部门以及湖南垂管局均作出了罚款50万元及以上的行政处罚，执法力度创历史新高。深入推进粮食购销领域专项整治，推动出台一系列制度文件，动态监管系统覆盖全部中央储备粮储存库点，29个省份实现省级储备信息化全覆盖，创新采用“云端指挥、直插库点”方式开展线上查库，穿透式监管格局初步形成。

（中国粮食行业协会　韩兆轩）

2022 年中国汽车物流

2022 年，党的二十大胜利召开，开启了我国全面建成社会主义现代化强国、实现第二个百年奋斗目标，以中国式现代化全面推进中华民族伟大复兴的新征程。2022 年，面对需求收缩、供给冲击、预期转弱三重压力，中国汽车市场在逆境下整体复苏向好，持续保持恢复增长态势，全年汽车产销量稳中有增，展现出强大的发展韧性，为稳定我国经济发展起到了重要作用。随着汽车市场逐渐恢复，2022 年汽车物流行业整体运行稳定，主要表现在以下几个方面。

一、我国汽车物流市场运行总体稳定

（一）全年汽车产销保持恢复增长态势

汽车产业是我国国民经济重要的支柱性产业，产业链长、涉及面广、带动性强，被称为稳定宏观经济大盘的“压舱石”。据中国汽车工业协会统计，2022 年，我国汽车产销分别完成 2702.1 万辆和 2686.4 万辆，同比分别增长 3.4% 和 2.1%，全年实现小幅增长。与 2021 年相比，产量增速持平，销量增速下降 1.7 个百分点。纵观 2022 年全年汽车市场，1—2 月走势良好，产销量稳定增长；3—5 月受上海和吉林的疫情影响，部分地区汽车供应链受阻，汽车产销量出现大幅下滑；6 月产销量迅速恢复，增长明显；2022 年上半年汽车产销整体呈现 U 形走势。在下半年，7—9 月，随着疫情防控优化调整、购置税优惠政策落地以及 2021 年同期因芯片短缺造成的基数较低等因素，汽车销量迅速恢复并实现较高的同比增长。进入第四季度，受疫情冲击，消费者购车需求释放受阻，终端消费市场增长乏力，汽车产销量增速回落。2022 年我国汽车产业经受住了年中的波动震荡，在克服诸多不利因素的同时，保持了恢复增长的态势，对于稳定我国工业经济增长发挥了重要作用。作为汽车产业的重要支撑，受汽车市场的影响，2022 年我国汽车物流市场运行总体稳定。2018—2022 年我国汽车年产销量及其增长率如图 1 所示。

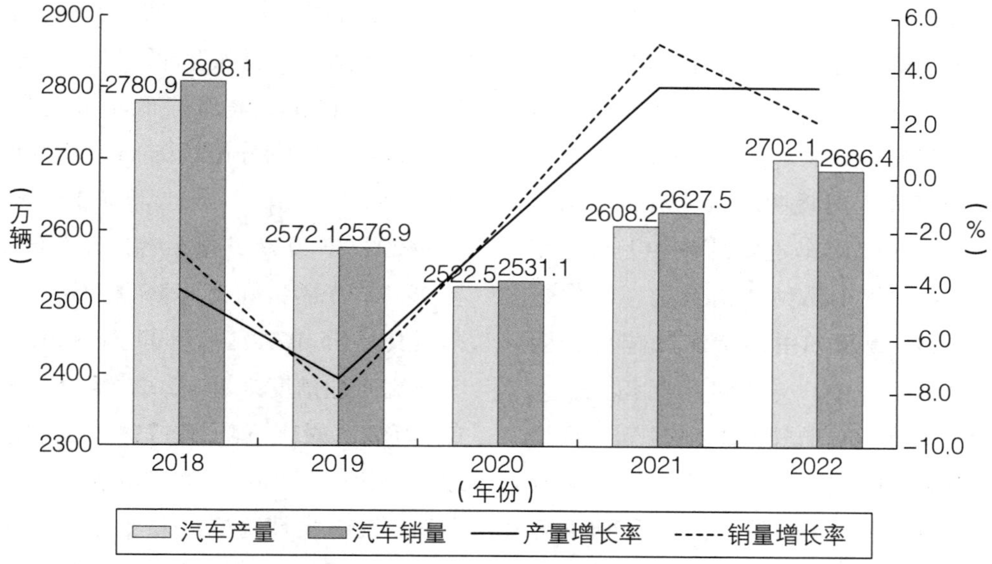

图1 2018—2022年我国汽车年产销量及其增长率

资料来源：中国汽车工业协会。

（二）乘用车市场涨幅明显

据中国汽车工业协会统计，2022年我国乘用车产销分别完成2383.6万辆和2356.3万辆，同比分别增长11.2%和9.5%，增速高于行业总体。自2020年以来，我国汽车市场已出现连续正增长，尤其是乘用车销量市场。在乘用车主要品种中，与上年同期相比，基本型乘用车（轿车）和运动型多用途乘用车（SUV）产销量呈现较快增长，继续占据主导地位；其他两大类车型呈现不同程度下降。2022年，中国自主品牌乘用车企业积极推动汽车电动化和智能化，得到消费者认可，其销量达1176.6万辆，同比增长22.8%，市场份额达到49.9%，增长5.4个百分点。伴随居民收入水平提高，全年汽车市场整体呈现出“传统燃油车高端化，新能源车全面化”的发展特征，消费升级趋势明显，但增速有所放缓。2022年，高端品牌乘用车销量388.6万辆，同比增长11.1%，占乘用车销量的16.5%，占比高于上年0.7个百分点。汽车产业消费升级也将带动汽车物流行业服务效率与质量的快速提升。

（三）新能源汽车市场保持高速增长

2022年，我国新能源汽车产销量分别达到705.8万辆和688.7万辆，同比分别增长96.9%和93.4%，市场占有率达到25.6%，产销量连续8年位居全球第一，保持快速发展态势。仅2022年12月，新能源汽车产销量分别达到79.5万辆和81.4万辆。细分来看，在新能源汽车主要品种中，纯电动汽车、插电式混合动力汽车和燃料电池汽车产销量继续保持高速增长。2022年，纯电动汽车销量536.5万辆，同比增长81.6%，插电式混合动力汽车销量151.8万辆，同比增长1.5倍。近年来，在国家宏观政策大力支持下，关键技术有效突破，品牌竞争力持续提升；在配套设施日益优化的影响下，我国新能源汽车已经逐步进入全面市场化拓展期，发展势头强劲，而围绕新能源汽车开展的物流服务也将拥有广阔的发展空间。

（四）商用车需求放缓，产销均下降

受前期环保和治超政策的需求透支，以及疫情和油价上涨的影响，2022 年，我国商用车产销量分别为 318. 5 万辆和 330 万辆，同比下降 31. 9% 和 31. 2%，呈现两位数下滑，商用车整体需求放缓。在商用车主要品种中，与上年同期相比，四大类货车品种产销量均呈两位数下降，其中，重型货车和中型货车降幅更为明显；在客车主要品种中，与上年同期相比，大型客车产销量实现小幅增长，中型客车和轻型客车产销量明显下降。2022 年，货车产销量分别为 277. 8 万辆和 289. 3 万辆，同比分别下降 33. 4% 和 32. 6%；客车产销量分别为 40. 7 万辆和 40. 8 万辆，同比分别下降 19. 9% 和 19. 2%，全年客车和货车产销量均呈较快下降趋势。

（五）二手车市场活力略有下降

据中国汽车流通协会统计，2022 年全国二手车累计交易 1602. 78 万辆，同比下降 8. 86%。其中，低龄和低价二手车交易活跃，整体二手车市场呈现“低车龄化”和“低价化”特征。在细分市场方面，基本型乘用车共交易 952. 37 万辆，同比下降 10. 1%；SUV 共交易 203. 83 万辆，同比增长 3. 1%；MPV 共交易 96. 92 万辆，同比下降 3. 9%；交叉型乘用车共交易 35. 07 万辆，同比下降 12. 8%。从跨区域流通性角度来看，2022 年全年转籍总量为 401 万辆，同比下降了 17%。目前来看，与发达国家相比，我国二手车市场还有很大的发展空间。随着疫情防控“新十条”的颁布，2023 年我国二手车市场消费信心将得到有效恢复，市场活力将大幅提升，这也为汽车物流企业提供了更多的发展机遇。2018—2022 年我国二手车市场交易量情况如图 2 所示。

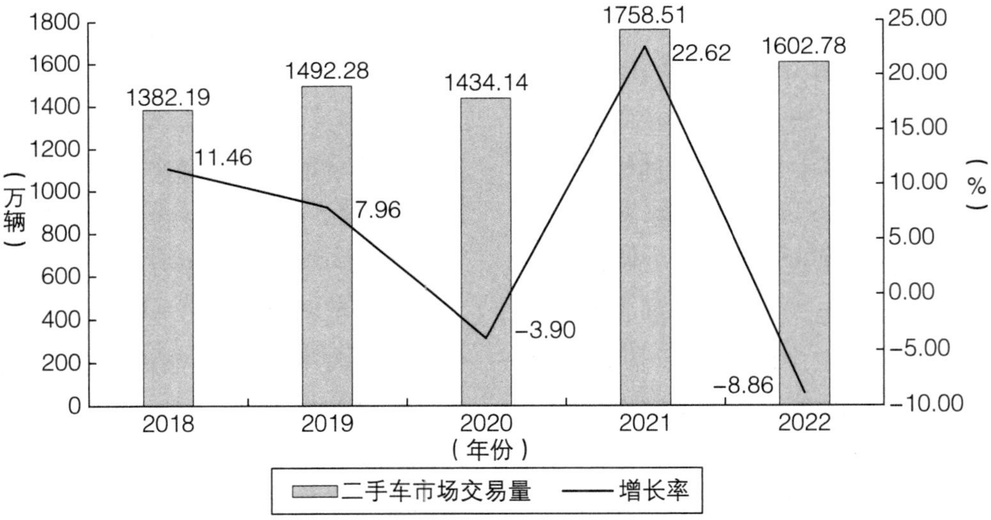

图 2 2018—2022 年我国二手车市场交易量情况

资料来源：中国汽车流通协会。

二、整车物流综合服务能力提升

我国汽车整车物流的方式主要分为公路运输、铁路运输和水路运输。近年来，随着整车物流运输结构的持续优化，公路、铁路、水路运输各自发挥其优势，逐渐形成高效节能的汽车整车综合运输网络。2022 年，汽车整车铁路发运共计 641 万辆，占乘用车市场运量的 27% 左右。汽车整车滚装运输量 308 万辆，占乘用车市场运量的 13.1% 左右。其中，沿海滚装 200 万辆，长江滚装 108 万辆。2018—2022 年我国汽车整车铁路、水路运输量如图 3 所示。

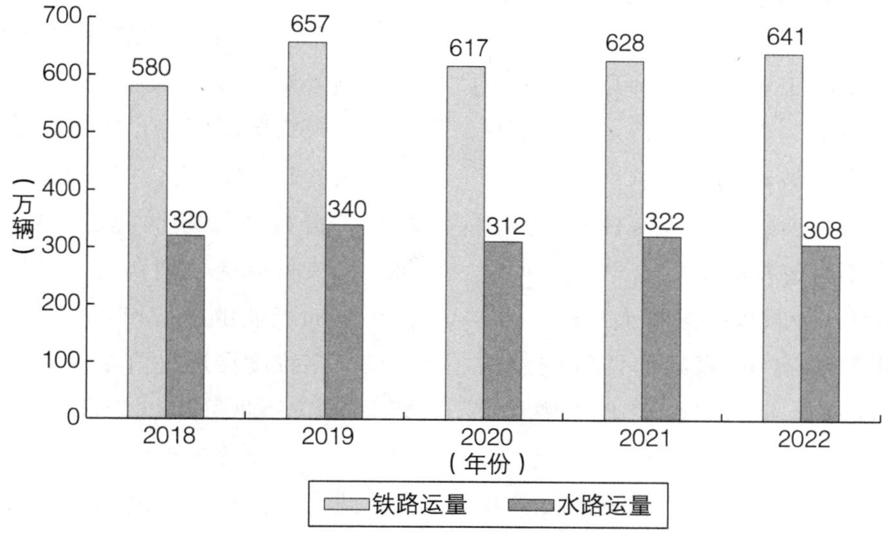

图 3　2018—2022 年我国汽车整车铁路、水路运输量

2022 年，中物联汽车物流分会对行业内整车物流承运商的自有运力进行了调查，共有 109 家整车物流承运商参与统计调查。经统计，109 家调查样本企业共有 16022 辆自有运输车，其中，平头车 1150 辆，约占调查总车辆的 7.2%；尖头车 2668 辆，约占调查总车辆的 16.7%；中置轴车 12204 辆，约占调查总车辆的 76.2%。在参与调研的企业自有车辆数量方面，拥有 400 台以上车辆的企业，占 14%；拥有 200～400 台车辆的企业，占 16%；拥有 100～200 台车辆的企业，占 33%；拥有 50～100 台车辆的企业，占 22%；50 台以下的企业，占 15%。调研中，约有 42.7% 的企业，其单车单趟平均运距小于 500 公里。未来，将有越来越多的整车物流承运商将业务集中在短途支线运输，公路运输在干线运输中的份额将逐渐缩减。

铁路运输方面，截至 2022 年，作为我国整车铁路运输的主要承担者，中铁特货物流股份有限公司在全国拥有商品汽车装卸作业点 200 余个，55 个物流基地，总面积近 500 万平方米。目前拥有 JSQ5、JSQ6、JSQ7、JSQ8、JNA1 等商品汽车专用运输车近 2 万辆，能够匹配各类商品汽车运输需求，年运输能力在 700 万台以上。

水路运输方面，截至 2022 年，我国汽车船公司滚装船共计 93 艘，其中，江船 57 艘，海船及远洋 36 艘，在役船舶总计 15.36 万车位数。其中 2022 年无新增下水船舶，2 艘船舶退出市场（1 艘江船拆解退出、1 艘海船出售退出）。此外，滚装船在建工程 36 艘，随着中国汽车出口呈现强劲增长，对远洋滚装船的需求极为迫切，滚装船在建工程全为远洋滚装船，其中 2021 年下单 2 艘，2022 年下单 34 艘。滚装船在建工程预计 18.34 万车位数，计划于 2024 年陆续交付。

随着铁水运输装备数量的逐年增加，我国

铁水运能持续扩大，这也将进一步推动整车物流综合运输体系的快速发展。

三、汽车供应链服务体系逐渐完善

汽车作为典型的工业供应链产品，具有供应链层级多、节点散、需求广的特点。零部件供应链上任何一个小波动都会影响汽车生产企业的正常生产秩序，所以汽车零部件物流一直是汽车供应链中不可忽视的重要部分。

（一）零部件产业规模持续扩大

2022 年，我国共有 10 家零部件供应商进入全球零部件百强企业名单，较上年增长 2 家，分别是延锋、北京海纳川、中信戴卡、德昌电机、五菱工业、诺博汽车系统、敏实集团、安徽中鼎、宁波拓普和德赛西威。我国汽车零部件产业规模较之以往明显扩大，经济效益显著提高，基本摆脱了原有数量多、规模小、质量差的格局，正向着全球汽车价值链的中高端不断迈进，不仅为建设有国际竞争力的现代化汽车产业体系提供了重要支撑，同时也带动了我国汽车零部件物流市场持续增长。

（二）维护汽车供应链安全稳定

2022 年，受疫情散发、芯片短缺、地缘冲突等因素干扰，我国汽车供应链屡受冲击，严重影响我国汽车产业的正常运行。因此，维护汽车供应链的安全稳定是汽车产业健康发展的基础。2022 年 3 月，我国部分城市暴发疫情。由于上海、吉林等地是我国重要的汽车工业城市，聚集着大量关键零部件供应商，受疫情地区停工、停运的影响，我国汽车供应链处于高度紧张甚至部分断裂状态，严重限制了汽车企业的生产和销售能力。以主机厂为代表的汽车供应链上下游企业，通过加强供应链风险防控体系建设，推动供应链体系本地化、多元化、标准化发展，以提升供应链控制能力。同时，汽车零部件物流企业通过开发运输新路线、调整安全库存、制订紧急方案等方式努力维护汽车供应链稳定运行。

（三）汽车供应链数字化升级

近年来，我国数字经济迅猛发展，新业态、新模式层出不穷，成为推动我国经济高质量发展的新引擎。在“十四五”规划中也明确提出“分行业做好供应链战略设计和精准施策，形成具有更强创新力、更高附加值、更安全可靠的产业链供应链”。数字技术已经从多方向、多维度渗透进汽车供应链中。汽车供应链上下游企业可通过物联网、大数据、云计算、人工智能等多种数字技术的融合与创新应用，进行全流程、全链条、全要素改造。数字化技术在行业中的广泛深入应用，为汽车供应链转型升级带来新契机，汽车物流行业将向专业化、协同化、智能化方向快速发展，同时也将加速汽车制造业向智能制造方向迈进。

（四）汽车售后服务备件物流前景广阔

据公安部统计，2022 年全国机动车保有量达 4.17 亿辆，其中，汽车 3.19 亿辆。我国已成为全球汽车保有量最大的国家。巨大的汽车存量市场对售后服务备件物流也提出了更高的要求，而高效的物流体系也是汽车售后服务的支撑和保障。由于汽车售后服务备件物流具有随机性大、批量小、频次高、品种多、网点分散的特点，其物流需求有明显的不确定性，客户对时效性要求较高，所以企业需要具备良好的物流服务能力。随着我国新能源汽车产业加速发展，市场越发成熟，其保有量已达到 1300 万辆。与新能源汽车充电桩解决方案及售后服务有关的一体化供应链物流服务需求也不断增长，这也给汽车售后市场带来新的发展机遇。新能源汽车的生产和销售多采取“线上 + 线下”模式，导致其销售及售后服务渠道呈现碎片化，这也对物流公司的服务能力提出了更高的要求。由于新能源汽车售后服务的复杂性、专业性要求，产业链上下游需要有效协同、融合发展，新能源汽车售后服务备件物流体系发展任重而道远。

四、汽车国际物流机遇与挑战并存

近年来，中国汽车与全球汽车产业互动越发频繁，深度参与融入全球分工中，缔造了“中国制造”“中国创新”的高光时刻。我国汽车产业在拉动全球汽车产业链供应链畅通运行的同时，积极提升国际物流服务能力，抢抓国际市场的发展机遇。

（一）海外汽车市场再创新高

据中国汽车工业协会统计，2022 年，我国车企出口竞争力持续增强，全年累计出口超过 300 万辆，达到 311. 1 万辆，同比增长 54. 4%，成为全球第二大汽车出口国，有效拉动行业整体增长。继去年 8 月单月出口 30. 8 万辆后，汽车出口持续保持较高水平，连续 5 个月月均出口量超过 30 万辆。其中，2022 年 10 月汽车企业出口创下 33. 7 万辆的历史新高。从细分车型来看，2022 年我国乘用车出口 252. 9 万辆，同比增长 56. 7%；商用车出口 58. 2 万辆，同比增长 44. 9%；新能源汽车出口 67. 9 万辆，同比增长 1. 2 倍。其中，11 月新能源汽车出口 15. 3 万辆，环比增长 5. 5%，创下单月出口量新高。整车出口的强劲态势同样带动了相关零部件走出国门。据海关总署数据统计，2022 年汽车产业链上下游出口额超过 1400 亿美元。其中，整车（包括底盘）出口额 601 亿美元，同比大涨 74. 4%；汽车零部件出口额 810 亿美元，同比增长 7. 4%。快速增长的海外汽车市场充分体现了我国汽车产业链强劲的韧性与优势。为了保障海外汽车市场的发展，行业企业需要提供更加优质丰富的国际物流服务，这对我国汽车物流企业提出了全新的挑战。2018—2022 年我国汽车出口量如图 4 所示。

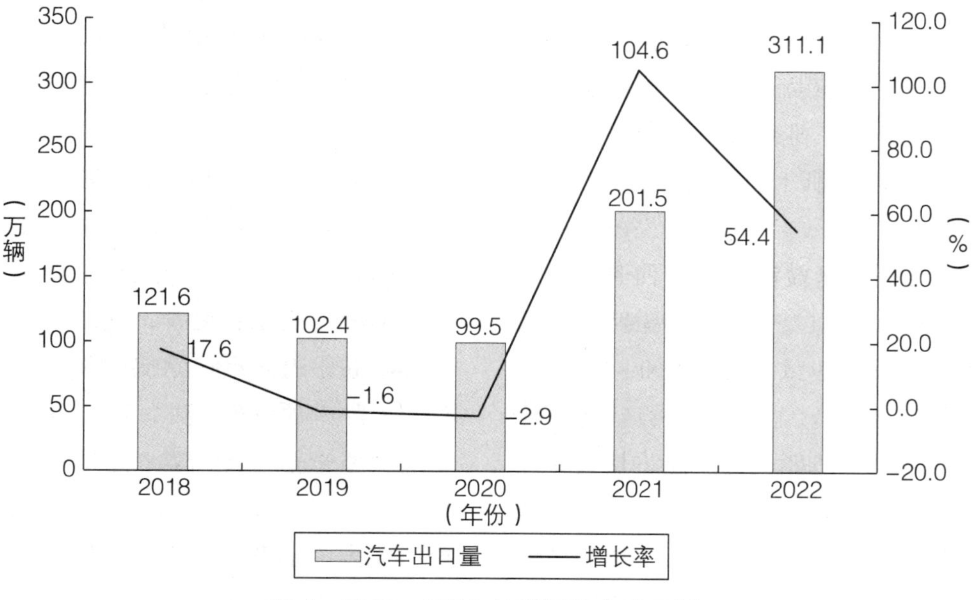

图 4　2018—2022 年我国汽车出口量

（二）国际航运能力亟待提升

随着我国汽车出口爆发式增长，市场覆盖范围迅速扩大，行业需要更加高质量的国际物流服务作为支撑。目前，我国汽车出口主要有远洋汽车滚装船、集装箱船、中欧班列、汽车等运输方式，并以远洋滚装运输为主。但与国际航运企业相比，我国远洋滚装船舶数量少、船型小、额定车位数少，远洋滚装能力明显不足。从船舶数量上来看，我国目前拥有在役远洋滚装船 10 艘，而国际知名的船运公司均拥有 30 艘以上的远洋滚装船，其中，以华伦威尔森（WWL）远洋滚装船数量最多，达到近 130 艘。从额定车位数方面来看，我国远洋滚装船共拥有额定车位数 47956 位，年运输能力为 17.5 万辆/年。我国最大的滚装船是中远海运集团的“玉衡先锋”号，额定车位数为 5380 辆。全球最大的滚装船是礼诺航运的“礼诺旅行者”号，额定车位数为 8500 辆，远大于我国的“玉衡先锋”号。所以与超过 300 万辆的汽车出口量相比，无论是在船舶数量还是年运输能力方面，我国汽车出口在海运上正面临“供小于求”的局面，运力不足和船期的不确定性，对我国汽车企业的海外交付周期、生产计划和海外战略产生严重影响。

海外汽车市场的蓬勃发展，使我国海运能力不足的短板越发凸显，如何把握汽车出口快速发展机遇，已成为当前车企、船公司和汽车物流企业积极布局的重点。中远海运计划从 2024 年下半年起陆续投入 15 艘 7000～8600 车位的双燃料大型滚装船；招商轮船将建造 6 艘 9000 车位的双燃料滚装船；比亚迪将建造 4 艘 9400 车位以及 2 艘 7000 车位的双燃料汽车滚装船；上汽集团旗下的安吉物流订购了 3 艘 7800 车位、2 艘 7600 车位和 7 艘 8900 车位的多燃料汽车运输船；安徽省港航集团与奇瑞、江淮共同成立国际滚装运输公司。随着新船陆续下水，我国国际船运运力将得到快速补充，汽车出口物流水平也将迅速增长。

除远洋滚装运输外，2022 年集装箱运输凭借批量灵活、班期密度高、覆盖范围广的特点，作为我国海运运力的有效补充，保障了我国汽车出口供应链的稳定运行。以中远海运集运为例，公司全年累计完成整车出口运输 7 万多辆，其中，新能源汽车超过 2 万辆。公司通过创新开发的多用途船专用框架运输商品车、集装箱运输整车等新模式，以及优质的服务，积极助力中国汽车品牌拓展海外市场。

（三）国际铁路运输取得新成效

疫情期间，受国际航运不畅的影响，铁路运输在我国汽车进出口物流方面发挥了重要作用。据国铁集团数据显示，2022 年开行中欧班列 1.6 万列、发送 160 万标准箱，同比分别增长 9%、10%，充分发挥中欧班列战略通道作用；西部陆海新通道班列发送货物 75.6 万标准箱，同比增长 18.5%。2022 年，载有来自阿联酋原装进口汽车的西部陆海新通道铁海联运班列从广西钦州港东站出发，驶向甘肃兰州。这标志着西部陆海新通道“阿联酋—钦州—兰州”进口汽车铁海联运线路顺利开通，这也是中东进口汽车首次通过西部陆海新通道销往我国。近年来，随着中欧班列项目逐渐成熟，运输线路越加丰富，集疏运基础设施不断完善，口岸通关效能显著提升，这对于我国发展汽车国际贸易，提升汽车物流国际服务能力有推动作用。除中欧班列以外，2022 年我国汽车首次通过铁路笼车（JSQ 型）运输形式出口，这标志着中欧商品汽车班列采用 JSQ 型车运输方面取得成效，迈出了铁路商品汽车国际联运业务的重要一步。国际铁路运输多点开花，有效提升了我国汽车进出口的供应链保障能力。

五、行业企业深化合作互利共赢

近年来，汽车物流行业企业发展迅速，规模持续扩大。2022 年共有 3 家企业入选 2022 年中国物流企业 50 强，分别是上汽安吉物流股份有限公司（以下简称“安吉物流”）、一汽物流有限公司（以下简称“一汽物流”）和中都物流有限公司，3 家企业入选 2022 年中国民营物流企业 50 强，分别是北京长久物流股份有限公司、保定市长城蚂蚁物流有限公司和浙江吉速物流有限公司，还有多家企业获评 5A 级物流企业，涌现一批行业领军企业，行业内良好的竞争格局已经形成。同时，行业内企业积极开拓外部合作，如大众汽车、一汽物流与安吉物流合资成立供应链管理公司；长安民生物流与华通汽车物流开展全面深化合作，双方一致同意建立长期、全面、高质量的合作伙伴关系，共同努力深耕汽车物流网络，全力打造汽车产业链新生态；中远海运与一汽集团签署战略合作框架协议，以促进双方形成更加稳定的全球供应链合作关系，实现世界一流企业发展目标；北京普田物流与北京诚通物流开展战略合作，以促进区域合作，提高运输效率，降低运营成本，共同搭建节能高效的汽车物流服务体系；安吉航运与远海汽车船在运力协同、航线布局、海外供应链物流方面，依托各自资源，展开更加深入的合作。企业间通过深化合作，能够最终达到拓展业务、延伸服务范围、提高服务质量、互利共赢的目的。

六、汽车物流标准体系不断完善

2022 年，汽车物流行业标准工作持续推进，《电动汽车动力蓄电池物流服务规范》与《汽车零部件入厂物流质损判定及处理规范》两项行业标准召开了标准审查会，进入报批阶段，对已发布的 4 项标准，包括《汽车整车出口物流标识规范》（GB/T 34393—2017）国家标准以及《乘用车水路运输服务规范》（WB/T 1067—2017）、《乘用车物流质损判定及处理规范》（WB/T 1068—2017）、《乘用车运输服务通用规范》（WB/T 1069—2017）三项行业标准进行了实施情况评估，并依据《中华人民共和国标准化法》以及国家发展改革委《关于对开展物流行业标准复审工作的复函》相关规定，完成了标准复审工作。在广泛、客观的标准实施情况评估和复审后，认为四项标准在内容制定方面科学合理，具有较强的实用价值，在当下行业运行中，由于标准内容没有明确的不适用性，后期按继续有效执行。汽车物流标准体系的持续完善，有利于推动汽车物流行业健康有序发展。

（中国物流与采购联合会汽车物流分会）

2022 年中国书业物流

数据显示，2022 年图书零售市场整体规模约 923 亿元，销售数量同比下降 18.50%，销售码洋同比下降 9.21%。其中，线下市场销售数量同比下降 18.66%，销售码洋同比下降 8.45%；线上市场销售数量同比下降 18.35%，销售码洋同比下降 9.58%。实体店渠道零售图书市场同比下降了 37.22%，降幅超过 2020 年的下降水平。和 2019 年相比，同比下降了 56.7%，实体店零售形势依然比较严峻。

同样，依托其大数据平台监控的 8500 多个实体和网络书店的数据，中金易云监测显示，2022 年动销码洋同比下降 2.65%。2022 年新书市场表现欠佳，新书码洋同比 2021 年下降 45.56%，新书品种同比下降 11.44%。传统电商渠道仍是图书市场销售主阵地，但份额有所下滑，整体走势是下行的；各大电商平台重点有所转移，不再一味投入资源追求高 GMV（商品交易总额），变得更为看重 CLV（客户生命周期价值）。实体渠道的销售在这一年不断走低，2022 年，实体店零售销售笔数同比下降 21.65%，整体降幅较大。

以上不同的监测数据均表明 2022 年图书销售同比下降。集信息传递、物品递送、资金流通和文化传播等多种功能于一体的书业物流，由于关联生产、流通、消费、投资和金融等多个领域，其业绩也受到了影响。但图书电商和全国各地新华发行集团、民营策划书商，没有“躺平”，而是积极应变，在危机中育新机。

一、图书电商求稳、求变、重塑逻辑

对图书电商来说，2022 年是一个多变之年。“4·23”“6·18”“双十一”等促销期，给图书销售增长带来了一定的机遇，但受疫情反复影响，发货、物流、仓储等受到了不同程度的挑战。在机遇与挑战并存之下，2022 年是图书电商求稳、求变、重塑逻辑的一年。

2022 年，京东图书进一步发挥自身独特优势，更好地服务读者、服务行业，突出图书供应链优势，让好书抵达更多区域。京东通过打造“有责任的供应链”和“织网计划”，深耕供应链基础设施和技术，实现了货网、仓网、云网深度融合的“三网通”，不仅保障自身供应链的稳定性与可靠性，还带动上下游生态企业数字化转型和降本增效。据京东消费及产业发展研究院发布的《2022 阅读报告》显示，随着消费者视野的拓展，京东物流的下沉，越来越多的正版书籍可以更高效地触达偏远地区读者，一些原本不易买到的小众书、专业书，如今在偏远地区的市场也能轻松买到，逐渐拉平不同发展程度的城市之间的成交额占比。

2022 年，博库数字出版传媒集团（以下简称“博库”）持续完善供应链体系，与天猫合作优仓项目，联合数百家供应商与分销商，资源高度共享助力物流增效，用线上技术升级带动线下物流加速，用系统数智结合赋能发货逻辑，整体依托“思路更宽、眼界更远”的战略布局实现供应链体系集成完善，有非常强的可持续意义，实现了较好发展。

二、传统发行集团提升专业化、精细化、市场化水平

2022 年，新华发行集团和民营策划书商为选择和占领最有吸引力的目标市场，瞄准线上渠道，加强自有渠道建设，并配套设立更具适应性的营销推广、运营管理、仓储物流体系，提升营销渠道立体化、专业度、精细度和市场化水平。

2022 年，新华联合发行有限公司以现代化的设备、信息化的系统和数字化的思维，为客户提供图书物流一体化服务，包含多类型物流一体化服务，囊括 B 端、C 端、社群等全渠道，涵盖从收、发、存、拣、包、退和门到门配送等全链路，一站式满足图书行业物流需求；利用供应链管理系统助力客户整理数据、使用数据，提供数据分析应用服务；此外，新华联合研发了一套专门适配书业货主的承运商与运输管理平台，建立数据服务中心并提供信息技术服务。

随着纸质图书业务规模的发展，特别是线上自营业务的快速增长，2022 年新华发行集团对仓储物流建设和相关服务品质的要求不断提高。为更好地匹配相关业务的发展情况，凤凰新华电商实现 ERP（企业资源计划）和 WMS（仓储管理系统）两系统融合，物流拣货效率提升 20%，完成销售码洋 20 亿元。

新华文轩积极调整物流经营理念，进一步提升了供应链一体化网络服务能力，为整体服务水平和盈利能力的提升提供有力支撑。2022 年 6 月，华南物流中心正式投入运行，物流网络拓展为西南、华北、华东和华南四个核心区域节点，实现了全国性的物流布局，运行效率更高，客户服务体验进一步提升。同时，物流供应链向上下游延伸，三方物流业务稳步拓展，通过提供专业化、差异化的仓配一体化物流服务来满足行业客户需求，不断优化业务结构，2022 年公司实现三方物流业务收入 2.53 亿元。

内蒙新华新建及改扩建库房 10 个，对现有物流仓储进行智慧化提升，自动打包机与自动分拣系统正稳步推进。

皖新传媒建成国内图书发行行业的第一条全自动包装线，实现教材教辅自动化包装，其首个基于 5G 物联网技术的智能仓储系统建成并于 2022 年 9 月底投入运行。

中原传媒通过开拓农村电子商务服务市场，培育发展第三方物流，校园书店、社区书店同步推进，新华书店、新华快的、新华超市、百姓文化云齐头并进，渠道竞争力进一步彰显。

民营策划书商读客文化（以下简称“公司”）自 2021 年起就持续加大线上自营渠道的投入，自营渠道对纸质图书销售的贡献增大。该公司已在包括天猫、京东、抖音、拼多多在内的多个平台建立了旗舰店，对接更多潜在读者，自营渠道使话语权增大，培育私域流量增

强读者黏性，促进新书畅销。2022 年，公司纸质图书通过自营渠道实现的营业收入同比上升 34.06%，达到 1.19 亿元，自营渠道在纸质图书业务中的占比从 20.36% 上升到 26.61%。自营渠道带来销售费用的增长影响了业绩，但长期来看，规模效应明显。为此，其在 2022 年已规划仓储物流、营销推广的配套业务。公告显示，公司拟在天津成立全资子公司，配合线上自营规模扩张，负责仓储物流，提高供应链管理水平和运营效率。2022 年，其纸质图书自营毛利率同比增长 4.52%~34.85%。

据开卷信息调查显示，2022 年图书行业仅有短视频电商这一销售渠道逆势同比增长 42.86%。短视频电商、直播带货的自营模式拉升图书销量的作用增强。中金易云监测也显示，短视频电商呈持续上升的态势，市场份额达到 18%。儿童读物和考试教辅类产品占比过半，是短视频电商渠道最为热销的品类，进口原版书受到原版绘本热卖的影响，占比也在逐渐上升。

三、增强智能化现代物流实力

书业物流发展到今天，对数智融合的能力有了更高的要求。电子商务、大数据、现代物流改变着图书流通市场，但书业物流的提质升级与科技的创新发展息息相关。电商平台和传统出版企业利用技术手段，加强大数据分析在品类运营、客群运营、渠道经营、供应链管理、上下游协同等日常经营环节中的应用，提升经营成效。

2022 年，博库积极宣传贯彻党的二十大精神，响应浙江省第十五次党代会的号召，提出以数字化为核心，深化数据采集、技术分析与算法优化水平，增强精准营销实力与智能化现代物流实力。博库在与分销商的合作中进行了大胆尝试——基于现有的技术实力与信息融合的理念，与分销商共享订单、共享仓储、共享物流，进行多方位全频度合作，取得了很好的效果。未来博库也会持续聚焦数字化转型，助推行业间更加多元的信息融合，实现全行业的良性发展。而这些也是其他书业物流企业的发展方向。

系统的每一次优化，都带来了切实的便利；数据的每一次整合，都加速了场景的智能。未来是属于数字经济的，书业物流也会在这股浪潮中勇抓科技创新的机遇。

（中国出版传媒商报社　穆宏志）

2022 年中国冷链物流

2022 年，我国整体经济发展仍然面临巨大压力。前三季度在多地疫情频发带来的影响下，居民消费信心不足，投资增长受到制约，企业生产面临要素短缺，一系列因素导致我国经济发展经历较大波动。

物流产业的提质增效是支撑国家经济建设的重要抓手，对于促发展、稳增长、保民生具有至关重要的作用。2022 年，我国社会物流总额达 347.6 万亿元，按可比价格计算，同比增长 3.4%，物流需求规模再上新台阶，实现稳定增长。冷链物流虽然在物流业总收入中的占比不高，但其作为保障食品安全的关键通路，受到了各个层面的高度关注和广泛支持。

一、冷链物流行业发展现状

（一）冷链产业环境持续改善

国家发展改革委、交通运输部、商务部、应急管理部等部门先后针对冷链网络、运输体系、农产品供应链、制冷方式等完善政策方针。据不完全统计，2022 年国家层面出台的冷链相关政策、规划共超过 52 项，其中，由国务院出台的超过 11 项，多部门多维度共同指导部署，推动冷链物流行业高质量发展。通过对 2022 年度国家冷链物流政策梳理，整体文件聚焦于七大核心发展方向，分别为发展规划、基础建设、绿色发展、装备研发、细分品类、运输方式及疫情防控。其中，细分品类建设聚焦于肉类、医药、农产品领域；基础建设以农产品产地建设为主；疫情防控更加聚焦于进口冷链；在资金支持方面，国务院指导国家开发银行、中国农业发展银行等设立千亿元基础设施基金，重点支持冷链基础设施建设；标准方面，2022 年 6 月 1 日起，《冷链物流分类与基本要求》（GB/T 28577—2021）和《食品冷链物流交接规范》（GB/T 40956—2021）两项国家标准正式实施。在《国家标准化发展纲要》《市场监管总局等八部门关于实施企业标准“领跑者”制度的意见》等文件要求下，《质量分级及“领跑者”评价要求 食品冷链物流服务》团体标准的制定、发布与实施工作已完成。并且《冷链物流术语》国际标准正式立项，《冷库低碳评价指标》团体标准也已经正式启动。国标、行标以及团标的制定，有效提升了行业准入门槛。

（二）冷链物流市场需求基本稳定

2022 年，社会消费品零售总额达 44 万亿元，与 2021 年基本持平。其中，新型消费发展态势较好，实物商品网上零售额增长 6.2%，占社会消费品零售总额的比重进一步提升，达到 27.2%。实体零售保持增长，限额以上零售业实体店商品零售额增长 1%，消费场景不断拓展，消费体验不断提升。餐饮受疫情冲击较为严重，对应冷链需求滑落明显，但生鲜零售市场冷链需求有所增加。伴随着疫情对消费市场的影响逐渐弱化，消费市场持续回暖。需求的向好，为冷链物流发展打造了黄金时代。“生鲜电商 + 冷链宅配”“中央厨房 + 食材冷链配送”等服务模式的变革，推动了冷链物流行业发展进入快车道，冷链物流市场需求持续扩张，2022 年我国冷链物流市场需求总量将达 3.3 亿吨，同比增长约 9.27%。冷链物流市场规模将达 4916 亿元，同比增长约 7.2%。

（三）预制菜为冷链物流带来新机遇

在传统冷链物流需求不振的情况下，预制菜、生鲜直播带货等为冷链物流带来新机遇。2022 年，中共中央、国务院出台《扩大内需战略规划纲要（2022—2035 年）》，随着国内超大规模市场优势的进一步释放，会有更多的消费领域助力冷链物流发展。2022 年，预制菜产业不仅被食品企业视为第二增长点，也被地方纳入新一批“千亿产业集群”规划。从 2014 年外卖行业蓬勃发展，到 2020 年疫情催生家庭端消费需求，预制菜行业由速冻米面等极少数品类拓展至多种菜品，形成由 B 端延伸至 C 端消费者，由一线城市逐渐下沉的树形发展路径。目前，预制菜行业规模超过 2000 亿元，相关企业超过 7 万家，近 5 年涌入大量市场参与者。2022 年以来，广东、山东、福建、河北等地先后出台预制菜产业发展政策，瞄准万亿产业前景，争夺“预制菜之都”“千亿产业集群”或“单项冠军企业”。预制菜产业热度从市场、资本向政策端延伸，进一步激发冷链物流市场活力。

（四）冷链物流基础设施初具规模

2022 年 10 月，国家发展改革委发布了第二批 24 个国家骨干冷链物流基地，加上此前发布的 17 个，目前已布局 41 个国家骨干冷链物流基地，覆盖全国 27 个省市。伴随着国家骨干冷链物流基地布局、产地销地冷链设施建设的持续推进，在国家及各地方政府的政策引导和需求向好的双重作用下，冷链物流基础设施逐步完善。2022 年针对冷库建设，国家层面出台相关政策超过 20 项，重点围绕冷库规划布局、节能减排、投资建设、运营管理、城乡发展、骨干培育、细分品类、技术赋能等多个领域提出明确要求，进一步推动冷库领域发展步入正轨。2022 年，我国公共型冷库总容量约 2.1 亿立方米，同比增长 6.88%。以冷库为依托的全国三级冷链物流网络已成雏形。2022 年，全球经济环境依旧低迷，冷链物流行业继续承压前行，整体保持着逆势上扬之态。国内冷藏车市场稳步发展，全年销量波动较大，累计销售 52010 辆。伴随着相关政策引导，我国冷藏车逐步朝向合规化、绿色化、技术化方向发展。据不完全统计，2022 年，我国冷藏车市场保有量约 38.23 万辆，同比增长 11.96%。其中，国产车辆品牌高端化、智能化、年轻化，国外品牌国内量产等发展趋势显著。

二、冷链物流行业发展问题

立于当下，面对冷链物流的发展热潮，我们仍然需要保持理性，客观看待冷链物流现存问题。

（一）经济下行压力依然较大，消费信心不足，带来冷链需求波动

据国家统计局数据显示，2022 年全国餐饮收入 43941 亿元，同比下降 6.3%。2022 年全年，全国餐饮收入增速、限额以上单位餐饮收入增速分别相较上年下降 24.9 个百分点和 29.4 个百分点，低于社会消费品零售总额增速 6.1 个百分点，餐饮行业受疫情影响较为严重。2022 年 12 月以来，随着优化疫情防控措施落地、助企纾困力度加大，各地餐饮业才开始逐步回归正轨。在此重压之下，冷链物流需求量受到较大影响，虽然受线上消费、预制菜等新兴产业高速发展带动，但整体增速仍然持续放缓。2022 年，餐饮市场经受了疫情冲击等多重考验，充分展现了餐饮经济韧性强、潜力大、活力足等特点。目前，餐饮消费逐渐复苏回暖，消费市场已现曙光，冷链物流也将迎来新的发展机遇。

（二）冷链物流企业同质化服务严重，陷入存量博弈泥潭，从而加剧内卷

目前，我国大部分冷链物流企业都处于存量市场中，客户数量有限，行业过度竞争，势必会导致价格下降，企业无法处于适当的发展环境中。同质化竞争造成现在行业发展越来越内卷，而非良性发展状态，在此特殊的情况下，全行业需要认真思考，探寻突围发展之道。

（三）现有冷链基础设施设备阶段性、区域性饱和，资源浪费和低效率等问题严峻

目前来看，我国很多地方冷库已经严重过剩，但仍然还在投资建设，导致资源浪费。此外，还有些地方虽然建立了很多冷库，但是其运营管理能力又无法匹配，造成资源闲置。到 2025 年，国家要建设 100 个左右国家骨干冷链物流基地，到 2022 年年底已公布了 41 个，每个国家骨干冷链物流基地都是 500 亩起，达到至少 60% 的涉冷，每个基地背后都要有政府支持，所以冷链物流企业在投资建设之前一定要进行谨慎考量和理性分析，在轻资产和重资产之间寻找平衡点，避免陷入资金问题，最后将企业托入泥潭。

（四）疫情考验着冷链物流企业的综合服务能力，特别是供应链韧性有待加强

2022 年，从宏观层面看，疫情之下，无论线上线下都遭受了较大冲击。如上海全域封闭期间，对物流服务有着直接影响。但经历挑战之后，政府层面、消费者层面、市场层面对供应链及物流保通保畅都给予了前所未有的高度重视与支持，这是危机之下的机遇与机会。从微观层面看，冷链物流企业面对严峻的发展环境，还需激发出更多的思考与解决方案，如无接触配送解决方案、闭环运作体系建立、疫情防控方案等。在抵御不确定性环境危机的同时，冷链物流企业还应不断提升自身专业能力水平。

（中国物流与采购联合会冷链物流专业委员会）

2022 年中国危化品物流

2022 年是百年变局进一步深化的关键时期。在经历了多重风险叠加世界范围的能源危机的艰难环境下，作为国民经济的支柱产业，我国石化产业和物流业稳住发展并实现整体波动增长，逐步恢复正常化的发展新阶段。

一、我国石化行业发展情况

（一）石化产业市场空间大

2022 年，我国石化产业区域结构不断优化，落后产能不断淘汰，创新能力不断提升，国际化经营水平不断提高。根据国家统计局数据，2022 年我国石化全行业实现营业收入 16.56 万亿元，同比增长 14.4%；进出口总额 1.05 万亿美元，同比增长 21.7%；利润总额 1.13 万亿元，同比下降 2.8%。利润总额虽然比上年度减少 300 多亿元，但这是连续第二年保持在万亿元以上，占全国规模以上工业利润总额的 13.4%。同时，营业收入和外贸进出口总额均连创新高，并且营业收入占全国规模以上工业总收入的 12%，石化行业进出口额占全国进出口总额的 16.6%。石化产业作为国民经济的重要支柱产业，为国民经济稳增长、稳外贸和经济发展作出了重要贡献。2019—2022 年我国石化行业营业收入及增长变化情况如图 1 所示。

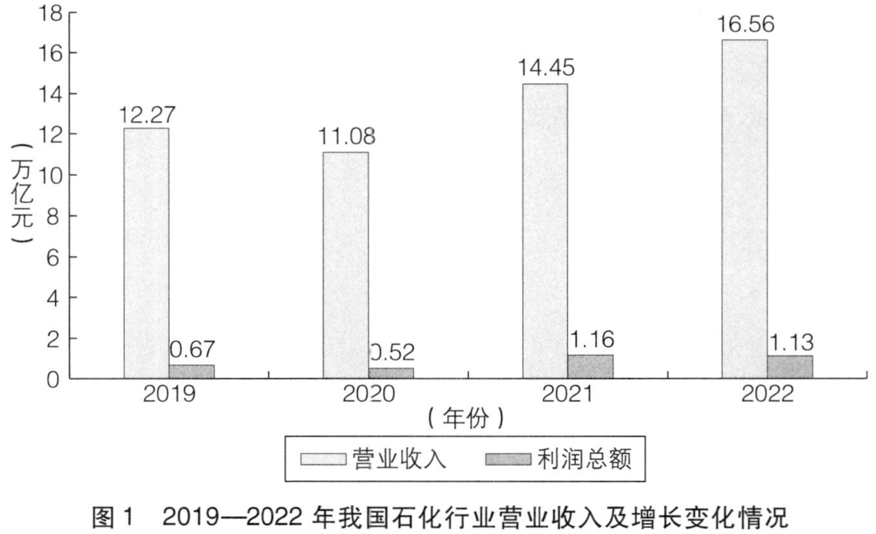

图 1 2019—2022 年我国石化行业营业收入及增长变化情况

资料来源：石化联合会。

（二）石化行业核心企业发展活力较强，行业加速修复

2022年，石化行业经营环境遭遇了多重不利因素叠加影响，下游终端消费需求疲软，能源、运输、辅料等生产成本明显抬升，原油及产业链相关产品价格剧烈波动。在上述多重压力下，我国石化行业核心企业迎难而上，通过优化生产组织、精细经营举措、倡导降本节能措施、强化风险管控，着力补强了产业链薄弱环节。同时，随着国内疫情防控措施的调整优化，经济稳增长等政策发力，化工品需求或将逐步回升，炼油化工及其他石化板块盈利逐步修复。从2022年国内大型石化企业前三季度的运营情况来看，营收及净利润增长情况较为稳定，部分头部企业效益同比增幅较大。2022年前三季度我国大型石化企业运营情况如下表所示。

2022年前三季度我国大型石化企业运营情况

企业名称	营收	同比增长（%）	净利润	同比增长（%）
中国石化	2.5万亿元	22.6	566.6亿元	5.6
中国石油	2.5万亿元	30.6	1202.7亿元	60.1
中国海洋石油	3111.5亿元	79.0	1087.7亿元	105.9
万华化学	1304.2亿元	21.5	142.4亿元	−28.4
中国神华	2329.5亿元	7.5	627.7亿元	52.0
巨化股份	163.8亿元	29.7	17.0亿元	557.3
滨化集团	67.8亿元	3.7	10.1亿元	−28.1

资料来源：中国物流与采购联合会危化品物流分会。

二、危化品物流业发展

2022年，我国物流行业在这一年展现了超预期的韧性和动能，在疫情冲击、需求不足和成本上升等多重压力下，全年社会物流总额仍达347.6万亿元，同比增长3.4%；物流业总收入达12.7万亿元，同比增长4.7%。保持了平稳增长，有力保障了产业链和供应链的稳定以及我国经济的稳定运行。

（一）政策出台不断引导行业正向发展

从政策层面，相关政策的支持为危化品物流行业长期稳定发展提供了有力保障，对于发展高效绿色专业物流、打造质量高韧性强的供应链、加快产业链提质增效转型升级、更好统筹供给侧结构性改革升级，实现全行业资源整合和流程优化、促进产业协同发展具有重要意义。2022年1—12月国家/地方危化品行业政策发布数量如图2所示。

2022年，据不完全统计，国家/行业等相关监管机构共出台危化品相关政策约72项；各级地方政府/行业共出台危化品相关政策约64项。

（二）危化品物流行业市场规模将超过2.4万亿元

石化产业的生产和制造环节提供的市场空间比较大，带动了整个石化行业的物流需求。中国物流与采购联合会危化品物流分会预测，到2022年年底危化品及危险货物物流行业市场规模将超过2.4万亿元，同比增长7.6%。2015—2022年我国危化品物流市场规模及增长情况如图3所示。

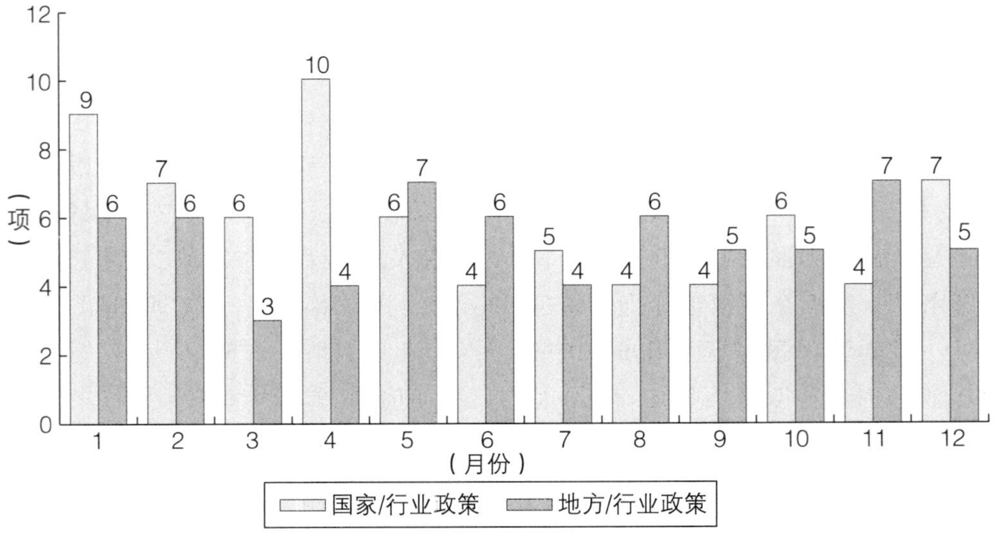

图 2　2022 年 1—12 月国家/地方危化品行业政策发布数量

资料来源：中国物流与采购联合会危化品物流分会。

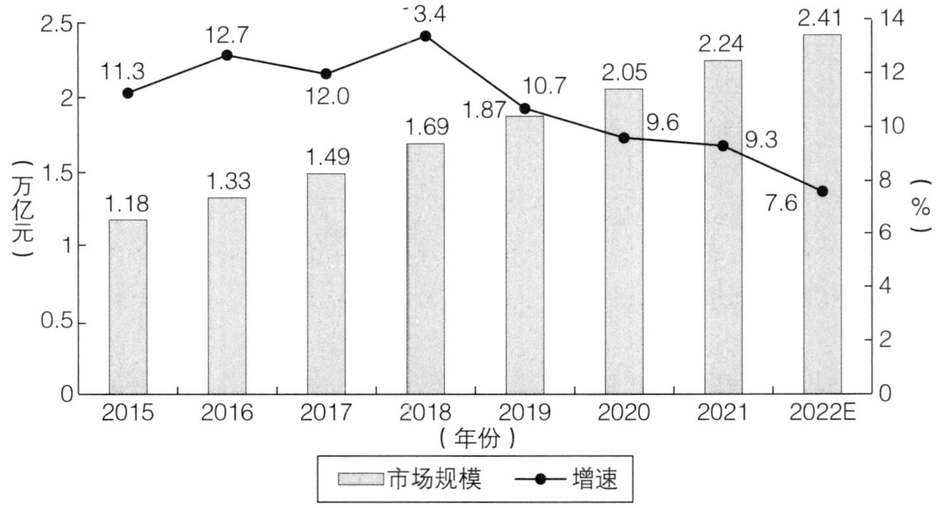

图 3　2015—2022 年我国危化品物流市场规模及增长情况

资料来源：中国物流与采购联合会危化品物流分会。

我国危化品运输虽然以公路运输为主，但随着石化产业集群逐渐往沿海地区聚集，成本更低的水运渗透率逐渐提升。2022 年危化品水运占比达 22%，相较 2018 年提升 4 个百分点。2022 年我国危化品运输方式占比相较 2018 年的变化情况如图 4 所示。

（三）危化品公路运输发展韧性凸显

从综合运输视角看，公路运输承担比例相对较高。由于生产区域分布不均衡、产销分离等原因，95% 以上的危险物品都需要跨区域转运。据初步测算，2022 年全国危险货物运输量约 18 亿吨，其中，公路运输完成 12 亿吨，占各种运输方式运输总量的 64%，受到多发性疫情影响，运输不通畅导致公路运输占比较往年有所下降。根据电子运单数据统计分析，危险货物公路平均运距约 500 公里，大大超出公路

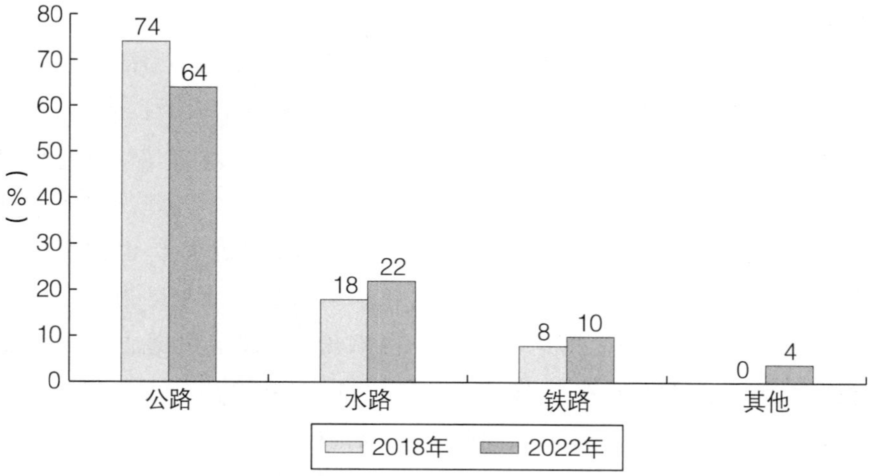

图4　2022年我国危化品运输方式占比相较2018年的变化情况

资料来源：中国物流与采购联合会危化品物流分会。

运输200公里的经济运距，公路运输承担了大量超长距离危险货物运输。

2022年，对于部分道路运输企业而言，高油价、低运费、货源不稳、高运营成本等因素仍是发展道路上的主要难题，在动力相对不足、压力多重叠加的情况下，化工物流行业通过持续有效的市场支撑措施，释放了较强的韧性和潜能。

1. 运输户数

截至2022年年底，全国危化品运输经营性户数在1.34万户左右，与2021年基本持平。受限于2022年疫情防控措施等影响，部分企业业务萎缩面临倒闭，同时行业结构优化、头部企业的资源集聚效应和发展速度逐渐加快，企业间整合、并购等导致行业企业整体新增数量变缓。2014—2022年我国危化品运输户数如图5所示。

2. 从业人员结构

截至2022年年底，我国共有各工种危险货物从业人员169.06万人，其中，驾驶员77.85万人，押运员86.22万人，装卸管理员

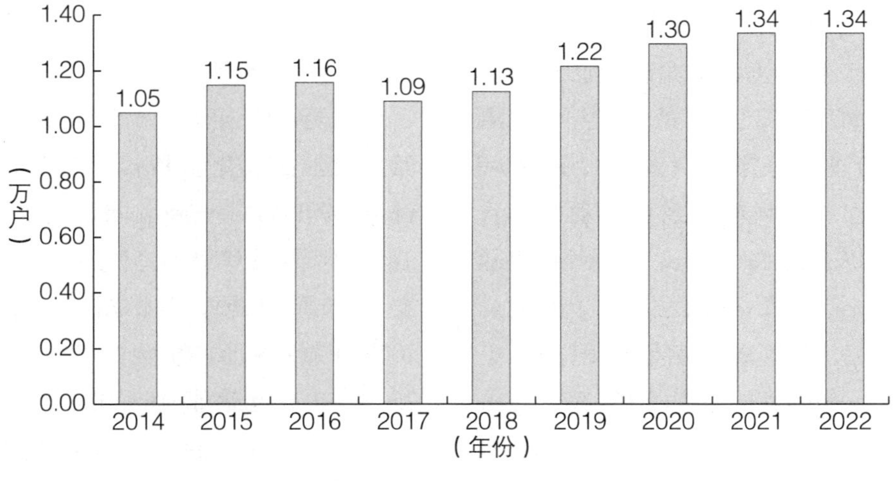

图5　2014—2022年我国危化品运输户数

资料来源：中国物流与采购联合会危化品物流分会。

4.99 万人，占比分别为 46%、51% 和 3%。

从历年变化看，装卸管理员数量大致呈现逐年减少趋势，从最高时的 8.23 万人，减少到 2022 年的 4.99 万人，这主要得益于装饵技术水平的提升和装卸设备的升级。同时，驾驶员和押运员数量在逐年递增。

3. 货车辆吨位与数量

截至 2022 年年底，道路危险货物运输货车合计 182245 辆，总吨位 1705926 吨。其中，大型车辆 125441 辆（含重型 87151 辆），总吨位 1599901 吨（含重型 1599901 吨）；中型车辆 16778 辆，总吨位 57877 吨；小型车辆 40026 辆，总吨位 48148 吨。

4. 挂车辆吨位与数量

截至 2022 年年底，我国拥有道路危险货物运输挂车 245405 辆，总吨位 7349410 吨。其中，大型挂车 243379 辆（含重型 238887 辆），总吨位 7343007 吨（含重型 7319806 吨）；中型挂车 1884 辆，总吨位 6206 吨；小型挂车 142 辆，总吨位 197 吨。

5. 安全事故频发

据可知数据统计，2022 年全年，我国危化品道路安全事故共 312 起。车辆侧翻、泄漏事故 175 起，车辆抛锚事故 3 起，清洗罐车窒息事故 8 起，轮胎起火、松动事故 37 起，车辆追尾或被追尾事故 31 起（死亡事故 4 起、死亡人数 7 人），车辆行驶中操作不当事故 13 起（死亡事故 3 起、死亡人数 5 人），车辆自燃、起火事故 27 起，车辆发生故障 10 起，车辆躲避事故 2 起（死亡事故 1 起、死亡人数 1 人），车辆受天气原因事故 5 起，车辆罐体破损事故 1 起。

（四）危化品水运发展势头较好

2022 年，化学品船运整体市场与国际关系、全球疫情情况有较高关联度，大宗化学品的价格波动也带动了化学品船运景气度上升。在内贸市场方面，随着“十四五”阶段大型炼化项目相继落地投产，近两年航运市场对于内贸化学品船运业务需求有所提升，而内贸运力因继续受国家配额控制影响，载重吨的增速小于市场需求的增速，需求大于供给也带动运输价格上涨。

同时，水运市场得益于国家不断完善和优化水运政策，行业运力有序扩张，但同时运力退出较为积极，因此，船舶数量增长较慢。

1. 油船

截至 2022 年 12 月 31 日，沿海省际油船（含原油船、成品油船，不含油品、化学品两用船）共计 1194 艘、1142.2 万载重吨（部分船舶经检验后变更了载重吨，总计核减 1.7 万载重吨），同比减少 30 艘，但吨位增加了 28.1 万载重吨，吨位增幅 2.5%。2022 年新增运力 57 艘、57.8 万载重吨；共有 87 艘、28.0 万载重吨船舶提前退出市场。

沿海省际油船平均船龄 11.0 年，较 2021 年年底增长了 0.2 年。其中，老旧船舶（船龄 12 年以上）和达到特检船龄的船舶（船龄 26 年以上）分别有 503 艘、2 艘，占总艘数的 42.1% 和 0.2%。老旧船舶数量较 2021 年年底增长了 34 艘，同比增长 7.2%，特检船舶数量较 2021 年年底减少 1 艘，同比减少 33.3%。

2. 化学品船

截至 2022 年 12 月 31 日，沿海省际化学品船（含油品、化学品两用船，下同）共计 287 艘、139.9 万载重吨，同比增加 3 艘、11.0 万载重吨，吨位增幅 8.5%（部分船舶经检验后变更了载重吨，总计核减 0.2 万载重吨）。2022 年新增运力 28 艘、18.8 万载重吨，共有 25 艘、7.6 万载重吨船舶提前退出市场。

沿海省际运输化学品船平均船龄 10.8 年，较 2021 年年底减少了 0.4 年。其中，老旧船舶（船龄 12 年以上）和达到特检船龄的船舶（船龄 26 年以上）分别有 135 艘、1 艘，占总艘数的 47.0% 和 0.3%。老旧船舶数量与 2021 年年底相同，特检船舶数量较 2021 年年底减少了 2 艘，同比减少了 66.7%。

3. 液化气船

截至 2022 年 12 月 31 日，沿海省际液化气船共计 80 艘、28.8 万载重吨，同比增加 3 艘、2.2 万载重吨，吨位增幅 8.2%。2022 年新增运力 6 艘、2.8 万载重吨；除强制报废船舶 3 艘、0.6 万载重吨，没有提前退出市场的船舶。

沿海省际液化气船平均船龄 13.1 年，较 2021 年年底减少了 0.6 年。其中，老旧船（船龄 12 年以上）和达到特检船龄的船舶（船龄 26 年以上）分别有 39 艘、5 艘，占总艘数的 48.8% 和 6.3%。老旧船舶和特检船舶数量与 2021 年年底相同。

总体来看，在当前相对分散、供需平衡的内贸液化市场中，船队规模成为各家公司的发展重点。受限于审批制度带来的自建运力的增速较小，外购船舶或许是龙头公司加速发展的主要途径之一。考虑到外购船舶会带来资金需求增加，民营龙头有望以上市为契机去降低资金成本，同时有利于其扩大品牌影响力，跻身头部客户的供应链名单，从而在规模和效益上取得高于同行的增长动能。

（五）危化品第三方仓储保持了快速发展

当前，我国危化品仓库包括平仓、楼仓、立体仓、储罐、堆场等，其中，储罐是近期发展比较快的一种库型，据相关数据统计，储罐占仓储总量的 55%，是仓储环节中的重要组成部分。其中，液体储罐近年来发展更快，与 2016 年相比，储罐增幅约 10%。

1. 化工品仓库

据调研统计数据显示，我国化工品固体库区现有 106 个，分布区域为华东 77 个、华南 11 个、华北 6 个、东北 5 个、西南 4 个、华中 3 个。2022 年我国甲、乙、丙类危化品仓库面积和占比情况如图 6 所示。

2. 化工品储罐

据可统计数据显示，我国化工品罐区现有 175 个，分布区域为华东 115 个、华南 34 个、华北 11 个、华中 6 个、东北 6 个、西南 3 个。化工品储罐总容量 4221.0428 万立方米。2022 年各区域储罐容量分布占比情况如图 7 所示。

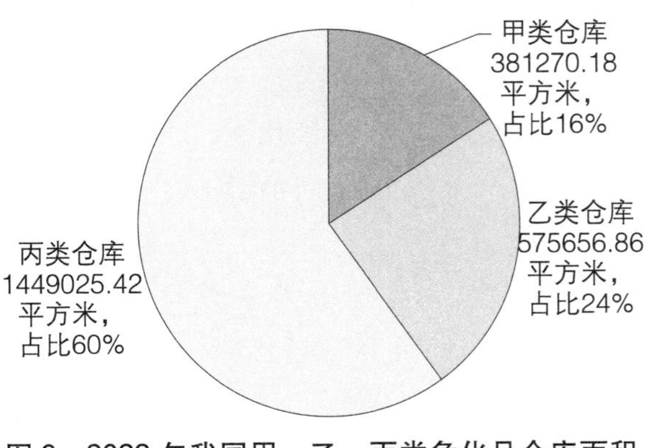

图 6　2022 年我国甲、乙、丙类危化品仓库面积和占比情况

资料来源：中国物流与采购联合会危化品物流分会。

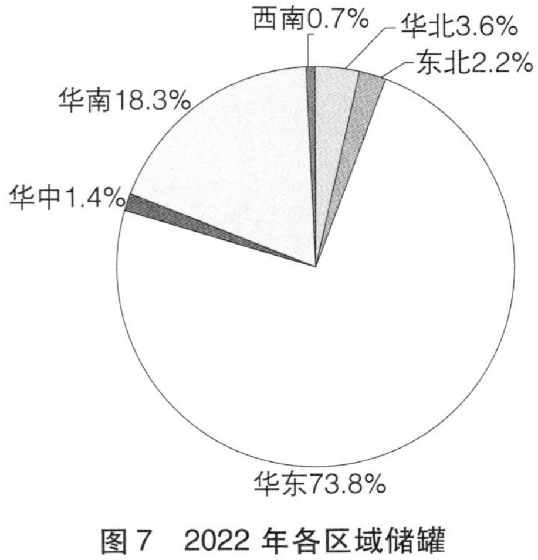

图 7　2022 年各区域储罐容量分布占比情况

资料来源：中国物流与采购联合会危化品物流分会。

从我国危化品仓储能力分布看，我国长三角、珠三角、环渤海湾地区的占比在70%以上，中西部地区的占比不足30%，且大多分布在大中城市和能源产地，地域性集中分布的特点非常明显。

目前，我国液体化工储罐企业以民营企业为主，占到85%以上。我国第三方仓储保持了快速发展，经济周期波动并没有影响储罐企业的扩张步伐，第三方仓储需求仍将稳定增长。

（中国物流与采购联合会危化品物流分会）

提效率 强服务 拓市场

马钢物流奋力开创转型发展新局面

作为中国宝武钢铁基地的节点物流企业，马钢物流遵循集团化管控、专业化运营、一体化发展理念，持续为钢铁基地提供优质高效物流服务，致力成为中国宝武基地物流服务标杆企业。目前，马钢物流拥有汽运、航运、仓储三大物流板块，已成为公路、水路、仓储配送、全程物流及物流供应链服务、多式联运等多元产业同步发展的综合性物流企业，年营收超过20亿元。

马钢物流积极响应客户降本要求，树立“一切成本皆可降”理念，努力节能降耗、严控费用开支、提升效率，加大降本增效工作推进力度，同时采取优化内部运力、提高运输效率、降低运输成本和持续提升特种车辆业务收入占比等措施，全力协同降本。

马钢物流克服新冠肺炎疫情及极端天气的不利影响，通过加强汽车运力组织、灵活调配、强化出运能力，锁定船舶运力、以船代库、保障码头中转能力，寻备周边仓库、增加厂外仓储库容、增强仓储接卸货能力等一系列措施，有力保障钢铁主业物流畅通。

依托区域市场，马钢物流逐步壮大汽车修理、油品经营、危险品运输、汽车租赁、集装箱业务等多元产业，不断提升多元发展水平，持续稳步推进生态圈协同引流业务、供应链业务，实现外部收入占比逐年提升。

马钢物流将安全管理体系延伸至所有业务协作单位，做到承运商和协作人员的“四同管理”，实现安全管理体系全覆盖，全面提升协作单位安全管控能力。开展车辆本质化安全改造，建设“马钢厂区车辆安全管控平台”，通过平台安全管理功能，实现自卸车举升自锁装置状态监控、超速报警、限高警示、驾驶员状态监控等，不断加强马钢物流车辆安全信息化管控水平，保障物流运输稳定顺行。

马钢物流坚决贯彻落实国家及中国宝武关于碳达峰碳中和相关要求，推进清洁运输，发展绿色物流，打造本质环保企业和绿色物流企业。积极推动大宗物资定制式集装箱公铁联运示范线路等多式联运示范工程建设，综合运输成本有效降低，运输过程绿色、低碳、高效、稳定。持续实施清洁运输，已投资建设换电站6座，在做好换电重卡充换电、维护保养、应急救援处置、夜间泊车一体化服务的同时向区域市场进行服务延伸。

地址：安徽省马鞍山市经济开发区汇林路299号　电话：0555-7196009

拓展铁水联运网络

广州局集团公司积极响应国家运输结构调整和建设粤港澳大湾区绿色物流政策要求，发挥铁路运输优势，大力推进覆盖全国的铁水联运物流网络建设，新增开行南沙港至江门、赣州、株洲北、贵州都拉营、重庆团结村等方向的海铁联运班列，深化与广州港、深圳港的战略合作，不断扩大港口在湖南、广东等地内陆港网络，年内新增江门、岳阳、龙川、南昌4个内陆港，先后开设广州国际港、小塘西、茂名东、衡阳南、永州北等7个港口外堆场，全力满足客户对时效稳定的需求。2022年，铁水联运集装箱运量完成75万标准箱，其中水铁联运完成15.3万标准箱、同比增加113%，海铁联运完成59.7万标准箱、同比增加23.6%。

提升服务保障能力

广州局集团公司推进物流基地增点加密、扩能升级，持续推进实施47个物流基地规划建设，已建成投产长沙北、广州国际港、平湖南、湛江西等物流基地18个；补短板、强链条，通过路企出资合作、自带流量入场等方式，吸引社会资本对肇庆等3个老旧、闲置货场进行扩能改造，进一步破解“最后一公里”制约以提升铁路、港口、厂矿间互联互通，近年来新建疏港铁路3条、进港进企专用线20条；持续深化实施拉通、提速、增吨、加密等运输挖潜提效11条，打通堵点、精细组织，深挖货运潜力，促进运输效率持续提升。

提升货运服务品质

广州局集团公司坚持“简化受理、随到随办、规范收费、热情服务”，稳步推进货运集中办理，在全路率先将内交付、进款、报表、退款业务全部集中，将分散在粤湘琼三省的237个货运营业厅的需求受理、运单制票、收款对账、内交付、理赔等内勤业务集中统一办理，客户通过95306电话、网站、App等多种渠道，都能快捷地提出需求、得到反馈、随到随办。同时，加快智慧物流平台、物流园信息系统、物流安全监控体系建设，推动实现在线受理、跟踪查询、电子票据、结算办理、货物交付及客户管理等一站式服务，不断提升货主满意度。

股票代码【603569】

二、国际铁路运输线路

"一带一路"沿线国家汽车物流领军者，整车、零部件国际铁路运输专家。

International Railway Transportation Routes

A leader in automobile logistics in national along the "Belt and Road" and an expert in international railway transportation of vehicles and parts.

站到站线路

- 国内始发站：成都、西安、哈尔滨、重庆、沈阳、合肥、郑州、锦州、大连等
- 国外到达站：汉堡、杜伊斯堡、马拉、纽伦堡、蒂尔堡、杜尔日、布达佩斯、莫斯科、新西伯利亚、阿拉木图、塔什干等

Station-to-Station Routes

- Domestic departure stations：Chengdu, Xi'an, Harbin, Chongqing, Shenyang, Hefei, Zhengzhou, Jinzhou, Dalian, etc.
- Overseas arrival stations: Hamburg(Germany)、Duisburg(Germany)、Mara(Poland)、Nuremberg(Germany)、Tilburg(Holland)、Dourges (France)、Budapest(Hungary)、Mexico (Russia)、Novosibirsk(Russia)、Alma-Ata (Kasachstan)、Tashkent(Uzbekistan) .etc.

境外代理线路

- 进出口口岸：满洲里、绥芬河、二连浩特、阿拉山口、霍尔果斯
- 国外到达站：汉堡、杜伊斯堡、马拉、纽伦堡、蒂尔堡、杜尔日、布达佩斯、莫斯科、新西伯利亚等

Overseas Agency Routes

- Import and Export ports：Manchuria(China)、Suifenhe(China)、Erlianhot(China)、Alataw pass(China)、Horgos(China).
- Overseas arrival stations：Hamburg(Germany)、Duisburg(Germany)、Mara(Poland)、Nuremberg(Germany)、Tilburg(Holland)、Dourges (France)、Budapest(Hungary)、Mexico (Russia)、Novosibirsk(Russia).etc.

三、国际海运主要线路

仁川—上海—胡志明—西哈努克—巴生—雅加达—新加坡—林查班—八打雁—仁川

上海—八打雁—上海—平泽—蔚山—上海—香港—八打雁—上海

上海、天津—蒙巴萨（肯尼亚）、达累斯萨拉姆（坦桑尼亚）、德班、伊丽莎白、开普敦（南非）、路易港（毛里求斯）马普托（莫桑比克）

Water Transportation Routes

Incheon (Korea)-Shanghai (China)- Ho Chi Minh (Vietnam) - Sihanouk (Cambodia)-Klang (Malaysia;) - Jakarta - Singapore - Laem cha bang(Thailand)etc. – Batangas (Philippines) - Incheon

Shanghai (China)- Batangas (Philippines) - Shanghai (China)- Pyeongtaek (Korea) – Ulsan (Korea)- Shanghai (China)- Hong Kong - Batangas (Philippines) - Shanghai (China)

Shanghai，Tianjin (China)-Mombasa (Kenya), Dar es Salaam (Tanzania), Durban, Elizabeth, Cape Town (South Africa), Port Louis (Mauritius), Maputo (Mozambique)

四、海外分支机构

在德国、中国香港、波兰、俄罗斯均设有全资子公司，此外在波兰马拉收购ADP SA 30%股权。

Oversea Subsidiaries

We have subsidiaries in Germany, Hong Kong, Poland and Russia, and acquired 30% shares of ADP SA.

ADD:

99 Shigezhuang Road, Chaoyang District, Beijing, China

Hamburg. Grobe Elbstrbe 45, 7.OC, 22767 Hamburg, Germany

www.changjiulogistics.global

+49 (0) 40 8090 06950

info.de@changjiulogistics.com

三峡物流园 商贸物流集散地

蔬菜/水果/副食/酒水/粮油/干调/冻品/日杂/百货/针纺/家电/鲜肉/水产海鲜

宜昌三峡物流园位于中国（湖北）自由贸易试验区宜昌片区内，隶属稻花香集团，是湖北稻花香酒业股份有限公司全资子公司，总投资18.8亿元，占地面积1154亩，总建筑面积80.8万平方米。宜昌三峡物流园立足三峡区域，辐射鄂西渝东，服务周边2000万人口。2021年以来日均进出车辆超过8万车次，外来采货车辆每天达8000辆以上，从业人员3万多人，年物流交易量突破1020万吨，年物流交易额508亿元。

园区设立了五大功能区和一个试点，即农贸批发城、物流中心、冷链仓储中心、电商中心、乡村振兴专区和国家市场采购贸易方式试点，堪称宜昌城区的“米袋子”和“菜篮子”，是鄂西渝东区域大型现代化综合性批发交易市场和价格形成中心。

农贸批发城交易面积28.8万平方米，规划有生活物资类13大品类，经营180万种商品，是鄂西渝东区域大型全天候一站式生活用品采购中心。

物流中心分为零担专线物流和城乡共配两个部分。零担专线物流拥有500多条物流专线，辐射全国各大中小城市。城乡共配辐射半径达300公里，解决物流“最后一公里”难题。三峡物流园物流中心借助宜昌作为国家物流枢纽城市的区位优势，内可实现公、铁、水、空联运，外可直通中欧班列，是三峡区域大型的物流集散地。

冷链仓储中心分为高低温冷库和常温仓库。高低温冷库库容量5万吨，是鄂西渝东区域的“城市冰箱”。23万平方米的标准常温仓库，充分满足了农贸批发城交易和物流中转的配套需求。

电商中心打造“一中心三平台”。即鄂西渝东供应链服务中心，物流信息交易配送平台、仓储批发交易平台、社区供应链平台，共同推动工业品下乡和农产品进城。

乡村振兴专区免费提供展销店铺40间，入驻宜昌市54个贫困村40家扶贫企业，有力助推脱贫攻坚与乡村振兴有效衔接。

国家市场采购贸易方式试点是宜昌三峡物流园主动融入国际国内双循环经济发展新格局的又一增长极。试点于2018年申报，2020年9月获批，2021年3月23日市场采购贸易联网信息平台顺利通过国家七部委联合验收后，试点正式开始运行。预计2021至2025年可实现市场采购贸易出口30亿元，累计培育进出口龙头企业20家，培育至少3个国际地标品牌。

经过数年奋力开拓和创新发展，宜昌三峡物流园已荣升为国家示范物流园，是国家5A级物流企业，是国家示范物流园和国家市场采购贸易方式试点。在2020年抗疫保供期间，被商务部认定为保供重点联系农产品批发市场，并获得商务部办公厅的感谢信。荣获“湖北省抗击新冠肺炎疫情先进集体”。

展望未来，宜昌三峡物流园将继续抢抓国家“一带一路”发展机遇，充分利用宜昌物流优势，构建市场采购贸易国际物流大通道，实现线上链接国内外市场、线下服务实体商贸，推动“宜荆荆”区域现代商贸服务与高效物流深度融合，构建多维商贸生态圈，打造区域供应链服务中心。

宜昌三峡物流园获批内外贸一体化改革试点产业基地

2023年8月5日，湖北省商务厅对湖北省内外贸一体化试点地区、改革试点产业基地和试点企业名单进行了公示，宜昌三峡物流园成功获批内外贸一体化改革试点产业基地（商贸流通）。

宜昌三峡物流园位于中国（湖北）自由贸易试验区宜昌片区内，是鄂西渝东区域大型现代化综合性交易市场。为促进内外贸融合创新发展，宜昌三峡物流园在湖北省市区各级政府的高度重视和各级主管部门的悉心指导下，先后申请并获批成为国家市场采购贸易方式试点、省级外贸综合服务中心，并投资建设了宜昌三峡物流园进出口商品展示交易中心——三峡物流园全球购。

三峡物流园全球购位于物流园西大门左侧，设有出口商品展示区、跨境电商体验区与进口商品直销区，陈列展示着来自全球120多个国家的2000余款商品，以及三峡区域特色产品和市场采购贸易出口畅销产品，将作为宜昌三峡物流园内外贸一体化发展的重要窗口，拉动园区商户从事外贸出口业务，着力推进外贸产业培育、多种业态融合、供应链聚集和内外贸结合转型升级。

更多好物请微信扫码进入小程序

三峡物流园全球购 | ☎0717-6235555 | 地址：宜昌市伍家岗区东站路188号三峡物流园西大门

中国物流年鉴

2023（下册）

CHINA LOGISTICS YEARBOOK 2023

CFLP

中国物流与采购联合会编

中国财富出版社有限公司

图书在版编目（CIP）数据

中国物流年鉴．2023．下册/中国物流与采购联合会编．—北京：中国财富出版社有限公司，2023.9

ISBN 978-7-5047-7993-9

Ⅰ．①中…　Ⅱ．①中…　Ⅲ．①物流—中国—2023—年鉴　Ⅳ．①F259.22-54

中国国家版本馆 CIP 数据核字（2023）第 193476 号

策划编辑　赵雅馨　　**责任编辑**　白　昕　陈　嘉　　**版权编辑**　李　洋

责任印制　尚立业　　**责任校对**　杨小静　　**责任发行**　敬　东

出版发行	中国财富出版社有限公司		
社　址	北京市丰台区南四环西路 188 号 5 区 20 楼	**邮政编码**	100070
电　话	010-52227588 转 2098（发行部）		010-52227588 转 321（总编室）
	010-52227566（24 小时读者服务）		010-52227588 转 305（质检部）
网　址	http://www.cfpress.com.cn	**排　版**	宝蕾元
经　销	新华书店	**印　刷**	北京博海升彩色印刷有限公司
书　号	ISBN 978-7-5047-7993-9/F·3600		
开　本	880mm×1230mm　1/16	**版　次**	2023 年 11 月第 1 版
印　张	41.25　彩　插　2	**印　次**	2023 年 11 月第 1 次印刷
字　数	1075 千字	**定　价**	480.00 元（全 2 册）

《中国物流年鉴》（2023）编委会

武　勇　中国铁路广州局集团有限公司党委书记、董事长
钟荣钦　台湾物流协会秘书长
姜　旭　北京物资学院物流学院院长、教授
姜超峰　中国物资储运协会名誉会长
袁美仪　香港物流协会会长
盖忠琳　山东盖世国际物流集团有限公司党委书记、总经理
董礼华　国家统计局贸易外经统计司司长
韩　骏　中远海运集团总经理助理兼中远海运物流供应链董事长、党委书记
裴　亮　中国连锁经营协会会长
薄世久　北京长久物流股份有限公司董事长

特别支持单位

中远海运物流供应链有限公司

郑州银行股份有限公司

北京长久物流股份有限公司

荣庆物流供应链有限公司

联邦快递（中国）有限公司

珠海万纬物流发展有限公司

四川安吉物流集团有限公司

山东盖世国际物流集团有限公司

《中国物流年鉴》（2023）

主　　办	中国物流与采购联合会
承　　办	《中国物流与采购》杂志社
主　　编	何黎明
副 主 编	崔忠付　任豪祥　蔡　进　贺登才　余　平
编辑部主任	刘乃杰
副 主 任	罗文丽
编　　辑	崔　冬　朱贝特　王国辉　赵雷刚　董　岩
发　　行	高　威
广告设计	唐晓光

编辑部电话	010－83775835　010－63738995
邮　　箱	gwrshk@126. com
发　　行	010－63738995
传　　真	010－63738995

《中国物流年鉴》（2023）供稿者

（按姓氏笔画排序）

马增荣　王　芮　王　沛　王　萌　王方春　王国文　王国清　王盼盼　王继祥　尤晓岚　孔维明
田　征　冯耕中　庄　陇　庄　巍　刘　悦　刘长庆　刘汉才　刘伟华　刘宇航　刘羽菲　刘陶然
刘鹏云　闫　鸣　孙熙军　李　岩　李　航　李　鹏　李新波　吴　江　邸正宏　张　宇　张　洁
张　楠　张晓东　陆　铮　金　蕾　金爱军　孟　圆　赵东月　赵宏莉　胡　凯　胡　海　胡功杰
姜　旭　秦玉鸣　秦华侨　顾宁军　晏庆华　徐　勇　徐金鹏　徐梦馨　高　帅　高　珉　高永正
郭肇明　涂云霞　曹悦男　康译文　韩兆轩　程利丰　焦　飞　谢文卿　谢雨蓉　谢宝贵　樊一江
穆宏志

国家发展改革委、交通运输部、商务部、国家邮政局、国家发展改革委综合运输研究所、吉林省发展改革委、黑龙江省发展改革委、安徽省发展改革委、山东省发展改革委、河南省发展改革委、湖南省发展改革委、海南省发展改革委、四川省发展改革委、郴州市发展改革委、山西省工业和信息化厅、青海省工业和信息化厅、吉林省统计局、河南省统计局、四川省统计局、郴州市统计局、青岛市交通运输局、武汉市交通运输局、福州市商务局、大连海关、中国粮食行业协会、河北省现代物流协会、内蒙古物流协会、黑龙江省物流与供应链商会、安徽省物流协会、河南省物流与采购联合会、湖南省物流与采购联合会、重庆市物流与供应链协会、宁夏现代物流协会、中国国际货运代理协会、陕西省道路运输协会、宜昌市物流业发展中心、中国物流信息中心、中物联网络事业部、中物联行业事业部、中物联教育培训部、中物联标准化工作部、中物联评估办、中国物流发展专项基金“宝供物流奖”办公室、中物联汽车物流分会、中物联危化品物流分会、中物联物流园区专业委员会、中物联冷链委、中物联托盘委、中汽研（天津）汽车信息咨询有限公司、中国工程机械工业协会工业车辆分会、中国船东协会、上海航运交易所、上海国际航运研究中心、交通运输部水运科学研究院、蜂网投资、北京物资学院、北京交通大学、天津大学、大连理工大学、西安交通大学、西安邮电大学、西安电子科技大学、武汉现代物流研究院、《物流技术与应用》杂志社、《中国出版传媒商报》社、北京兰格云商科技有限公司、供应链管理专业协会（CSCMP）、中物信息技术发展有限公司、华为技术有限公司、中铁物贸科创与数字化运营中心

《中国物流年鉴》（2023）
广告提供单位

上册

《中国物流与采购》杂志社
顺丰速运重庆有限公司
中远海运物流供应链有限公司
北京长久物流股份有限公司
荣庆物流供应链有限公司
德邻陆港供应链服务有限公司
联邦快递（中国）有限公司
秀山华渝物流投资有限公司
四川安吉物流集团有限公司
中铁物资集团有限公司
郑州银行股份有限公司
珠海万纬物流发展有限公司
武汉捷利物流有限公司
成都达海金属加工配送有限公司

下册

中国物流与采购联合会物流信息服务平台分会
马钢集团物流有限公司
中国铁路广州局集团有限公司
北京长久物流股份有限公司
山东盖世国际物流集团有限公司
宜昌三峡物流园有限公司
湖南现代物流职业技术学院
广东秦粤物流有限公司
《中国储运》杂志社
万联网
中外运物流（云南）有限公司
九江市新雪域置业有限公司
《中国物流与采购》杂志社

编辑说明

一、《中国物流年鉴》（以下简称《年鉴》）是中国物流与采购联合会主办、《中国物流与采购》杂志社承办的大型文献性工具书。自 2002 年创办至今，已经连续出版发行二十二年。二十二年来《年鉴》的编纂质量不断提升，赢得了业界广泛好评。《年鉴》具有的权威性、可读性和资料性，使其成为业界人士查询、引用、论证、存档不可或缺的“工具”。

二、2022 年是实施“十四五”规划的关键之年，是我国进入全面建设社会主义现代化国家、向第二个百年奋斗目标进军新征程的重要一年。这一年，中共二十大胜利召开，中共二十大报告再次提出要加快建设交通强国，要求建设高效顺畅的流通体系，降低物流成本。同时强调，着力提升产业链供应链韧性和安全水平。

12 月 15 日，国务院办公厅印发《“十四五”现代物流发展规划》，这是我国现代物流领域第一份国家级五年规划，具有重要的里程碑意义，明确了“十四五”时期我国现代物流发展的总体思路、空间布局、重点任务和重大工程。并指出到 2025 年，我国基本建成供需适配、内外联通、安全高效、智慧绿色的现代物流体系。

2022 年，我国物流业在国家政策支持引导下，积极克服需求收缩、供给冲击，多措并举促进了物流业韧性恢复，实现高质量发展，有力地支撑了产业链供应链循环畅通。全年社会物流总额实现 347.6 万亿元，按可比价格计算，同比增长 3.4%；物流业总收入达 12.7 万亿元，同比增长 4.7%。物流需求规模再上新台阶，实现稳定增长。快递业务量累计完成 1105.8 亿件，快递业务收入达 10566.7 亿元；全国铁路货物发送量完成 49.8 亿吨，比上年增长 4.4%，货物周转量完成 35946 亿吨公里，比上年增长 8.1%；物流技术装备水平不断提升，互联网 +、物联网、工业互联网、智能计算、数字孪生、区块链、人工智能、物流自动化、5G 通信、工业机器人等先进技术都开始在物流技术装备业集成应用，推动了物流装备技术迭代创新、集成应用。

2022 年，全国物流业示范企业带动作用增强，商务部、工信部、中物联等 8 单位公布 2022 年全国供应链创新与应用示范城市和示范企业名单，15 个示范城市和 106 家示范企业上榜，引领示范转型升级；物流网络建设持续发力，据《第六次全国物流园区（基地）调查报告（2022）》显示，全国规模以上物流园区总数达 2553 家，累计 4 批共 95 个国家物流枢纽和 2 批共 41 个国家骨干冷链物流基地纳入国家支持范围；鄂州花湖机场建成投运，这是由顺丰与湖北省政府出资共建，是全球第 4 个，也是亚洲首个专业货运枢纽；跨境电商海外仓建设获政策支持，国家综合货运枢纽补链强链，农村县域物流网点下沉结网，物流集聚形成了战略新支点。

三年的新冠肺炎疫情，对我国的物流业产生了极大的冲击，但全体物流同人坚持以习近平新时代中国特色社会主义思想为指导，全面落实党中央、国务院决策部署，持续推进现代物流体系建设，涌现出一批又一批逆行驰援、抗疫保供的先进事迹，彰显了以人民为中心的行业发展观。

三、2023 版《年鉴》的组稿、编纂工作得到了国家发展改革委、商务部、交通运输部、国家统计局等中央部委和部分省区市政府部门、物流行业社团，相关行业协会，中国物流信息中心、全国物流标准化技术委员会等机构，以及中远海运物流供应链有限公司、中铁物资集团有限公司、中国铁路广州局集团有限公司、郑州银行股份有限公司、联邦快递（中国）有限公司、北京长久物流股份有限公司、山东盖世国际物流集团有限公司、德邻陆港供应链服务有限公司、顺丰速运重庆有限公司、珠海万纬物流发展有限公司、四川安吉物流集团有限公司、秀山华渝物流投资有限公司、武汉捷利物流有限公司、湖南现代物流职业技术学院、成都达海金属加工配送有限公司、宜昌三峡物流园有限公司、广东秦粤物流有限公司等知名企业的大力支持，对此我们表示衷心的感谢。

四、对不符合《年鉴》编辑要求的来稿，编辑人员进行了认真删改，由于时间原因这部分稿件来不及请作者核校，希予见谅。

五、因编辑部人员水平有限，如有不妥之处，恳请批评指正。

六、2023 版《年鉴》在框架结构和主体内容上将继续 2022 版的风格，力求真实地展示行业发展变化的全貌，继续加大数据和图表的内容，继续加强物流业细分领域重点企业的展示，使《年鉴》更具可读性、资料性，成为社会了解行业发展的窗口。

欢迎大家继续对 2024 版《年鉴》的组稿和编辑工作给予支持！

《中国物流年鉴》编辑部

二〇二三年八月三十日

前　　言

2022 年，中共二十大胜利召开，以中国式现代化全面推进中华民族伟大复兴，物流和供应链为此奠定高质量发展的战略基石。国务院办公厅发布《“十四五”现代物流发展规划》，中国式现代物流体系建设启航，擘画了现代物流发展蓝图。

一、2022 年我国物流业发展现状

2022 年，新冠肺炎疫情对物流业的冲击程度远超前两年，物流保通保畅任务艰巨。我国物流业在疫情冲击、需求不足和成本上升多重压力下，总体实现平稳运行，主要经济指标实现平稳增长。

（一）现代物流保持韧性，总体实现平稳运行

2022 年，我国社会物流总额达 347.6 万亿元，按可比价格计算，同比增长 3.4%；物流业总收入 12.7 万亿元，同比增长 4.7%；社会物流总费用 17.8 万亿元，同比增长 4.4%，社会物流总费用与 GDP 的比率比上年提高 0.1 个百分点，物流运行保持了较高韧性。我国物流市场已连续 7 年位居全球最大规模的物流市场。

铁路、冷链、快递等专业物流领域保持了较高增速。2022 年国家铁路全年完成货物发送量 39 亿吨，同比增长 4.8%，增速为近 3 年来最高；冷链物流市场规模全年超过 4900 亿元，同比增长 7.2% 左右；快递业务量累计完成 1105.8 亿件，比上年净增 22.8 亿件。

智慧物流活力彰显，物流园区、配送中心、物流仓库加大智能化改造力度，智慧物流园区和智能仓储设施升级换代。截至 2022 年第三季度末，全国网络货运平台总数已达 2382 家；全国即时物流平台全年订单数超过 400 亿单。

国际物流不断开拓新赛道。2022 年全年中欧班列开行 1.6 万列、发送 160 万标准箱，同比分别增长 9% 和 10%；西部陆海新通道货运保持强劲增长势头，全年发送 75.6 万标准箱，同比增长 18.5%。

2022 年制造业 PMI 全年均值为 49.1%，低于荣枯线，较 2021 年全年均值下降 1.4 个百分点，降幅较为明显，制造业下行压力加大。2022 年全年物流业景气指数平均为 48.6%，较上年降低 4.8 个百分点，物流业景气水平明显下降。我国工业领域物流总体呈稳定恢复态势，2022 年工业品物流总额超过 300 万亿元，比上年增长 3.6%。能源行业、消费品生产需求保持稳定，装备制造、高技术制造业物流需求支撑依然强劲。全年高技术制造业物流总额同比增长 7.4%，增速快于工业品物流总额 3.8 个百分点；装备制造业物流总额同比增长 5.6%，增速快于工业品物流总额 2.0 个百分点。民生领域物流需求稳定增长，全年单位与居民物品物流总额同比增长 3.4%，其中电商物

流需求韧性较强，实物商品网上物流额增速超过 6%，我国依然是全球第一大网络零售市场，超大规模市场优势成为支撑民生物流的重要动力。随着“双碳”目标的加快推进，再生资源物流成为实现战略的重要抓手，相关的废弃物循环利用体系加快形成，带动再生领域物流需求实现较高增长。

（二）物流市场主体保持定力，集中度稳步提升

2022 年，规模企业逆势增长。截至 2022 年年底，我国物流业总收入达 12.7 万亿元，同比增长 4.7%，全国 A 级物流企业超过 9000 家，持续保持较快增长速度。中国物流 50 强企业收入合计超过 1.9 万亿元，千亿规模企业数量持续增加。一批领军企业逆势而上，兼并重组、战略调整，市场份额稳步扩大。

（三）物流模式创新促进转型升级

面对“断链”风险，现代物流与相关产业深化融合，供应链服务竞争优势成为驱动转型升级的催化剂。商务部、中物联等 8 单位公布 2022 年全国供应链创新与应用示范城市和示范企业名单，15 个示范城市和 106 家示范企业上榜，有效发挥示范引领作用。

（四）物流技术创新应用取得突破

智慧物流技术装备取得新突破。2022 年，国家鼓励国内企业开展技术攻关，智能卡车商业化应用探索推进，无人配送车、智能物流柜在疫情防控中作用初显。智能配送中心改造升级，智慧物流园区提升数字管控。网络货运平台加速分化，供应链物流集成系统更新，数字化转型、智能化改造、平台化升级提速，开辟了物流发展新赛道。

（五）物流网络建设持续有力推进

物流网络建设持续发力，筑牢物流发展底盘。中物联、中国物流学会发布《第六次全国物流园区（基地）调查报告（2022）》，全国规模以上物流园区超过 2500 家。累计 4 批共 95 个国家物流枢纽和 2 批共 41 个国家骨干冷链物流基地纳入国家支持范围。亚洲首个专业货运枢纽机场——鄂州花湖机场建成投运。跨境电商海外仓建设获政策支持，国家综合货运枢纽补链强链，农村县域物流网点下沉结网，建设县级电商公共服务中心和物流配送中心超过 2600 个，村级电商物流服务站点 15.3 万个。

（六）物流政策措施助力援企纾困

2022 年是国家出台物流业支持政策数量多且力度大的一年。特别是国务院发布《扎实稳住经济的一揽子政策措施》，提出统筹加大对物流枢纽和物流企业的支持力度。1000 亿元交通物流专项再贷款、货车司机贷款延期还本付息等多项政策惠及物流业，大幅提升物流行业融资效率，一定程度上缓解了物流行业的资金压力。

（七）行业基础工作支撑高质量发展

2022 年年初，根据《国家标准化发展纲要》的有关要求，全国物流标准化技术委员会对物流标准体系表进行了更新完善，细化了通用物流设施设备标准、通用物流作业标准、通用物流管理标准分类，以及冷链物流、医药物流标准、托盘标准、逆向物流标准等专业领域的标准体系，进一步明确了物流国家标准、行业标准的层级范围，为物流标准化工作的系统推进夯实了基础。

中物联配合国家有关部门研究编制《“十四五”现代物流发展规划》，国务院办公厅于 2022 年年底发布，该规划提出要进一步健全物流标准规范体系的目标。要求强化基础标准支撑，一是

健全物流统计监测体系；二是健全现代物流标准体系。推动基础通用和产业共性的物流技术标准优化升级，以标准提升促进物流科技成果转化。建立政府推动、行业协会和企业等共同参与的物流标准实施推广机制。

教育培训方面，截至目前，全国有740多个本科物流类专业点、1200多个高职物流类专业点和500多个中职物流类专业点，全国已有70多万人参加了物流、采购等职业能力等级培训与认证，多层次、全方位、高素质的物流人才队伍不断成长壮大。稳步推动物流管理“1+X”证书制度试点工作，物流管理“1+X”共计考核人数10万余人。自2007年以来，中物联共开展了31批物流企业信用评价工作，共评出A级信用企业1108家。2022年度中物联科学技术奖共收到申报项目材料671项，评出获奖项目322项。中物联科学技术奖为物流行业企业树立了良好的标杆，为促进行业绿色健康可持续化发展起到了重要示范作用。

二、当前我国物流业发展面临的形势

从物流需求看，恢复基础仍不牢固，2022年12月中国制造业采购经理指数为47%，市场需求仍在收缩，经济回升动力偏弱。从物流供给看，能源成本持续高位波动，严重挤压市场利润空间。从市场预期看，2022年12月中国物流景气指数为46%，市场景气度仍未完全恢复。需求收缩、供给冲击、预期转弱三重压力仍然较大，物流市场风险点依然较多，需要引起足够重视。

一是着力提升高质量供给，改善消费条件，创新消费场景，顺应投资变化，创造有效需求，把恢复和扩大消费摆在优先位置。当前，需求不足是物流运行面临的突出矛盾，国家提出大力实施扩大内需战略，把实施扩大内需战略同深化供给侧结构性改革有机结合起来。我们要立足物流高质量供给，关注、适应、创造扩大消费的市场机会。面向传统消费升级、新型消费培育，完善城市物流设施网络，健全分级配送体系，改造升级存量设施，加强生活消费保障能力。创新物流服务供给方式，通过完善服务功能、优化服务流程、改变经营模式，来改善消费条件、创新消费场景。关注房地产、基建等政策调整，顺应社会投资变化带来的新需求。

二是着力统筹现代物流与相关产业融合发展，加快融入现代化产业体系，确保国民经济循环畅通。我国作为世界第一制造大国，面临在全球产业分工中提升地位和竞争力的艰巨任务。物流、采购、供应链服务作为生产性服务发育不足，是制约制造业等相关产业转型升级的重要瓶颈。我们要深化联动融合发展，推动现代物流与制造业、商贸业、农业深度融合，加大双向投资和业务嵌套，建立长期战略合作伙伴关系，加快融入现代化产业体系。引导制造、商贸、物流等企业资源整合优化和高效组织协同，培育打造集成供应链服务体系，支持发展敏捷制造、精益生产等高端制造，推动传统产业向中高端升级，确保产业链供应链循环畅通。

三是着力练好企业内功，坚定战略自信，深化“提质、增效、降本”。社会物流成本水平是国民经济发展质量和综合竞争力的集中体现。近年来，社会物流总费用与GDP的比率基本保持稳定。受疫情影响，特别是随着生产生活方式的转变，多批次小批量物流需求上升，存在推高物流成本的压力。我们要坚持内生发展，逐步从单一降低各环节物流成本的“数量型降成本”转向以推进全链条降成本、提高物流质量效率为重点的“效率型降成本”和“系统型降成本”。坚定战略自信，从传统单一环节的运输仓储服务商向仓干配一体化的物流服务商转变，从低附加值的物流服务向专业化的供应链服务转变，从简单的业务开展、园区经营向企业协同、设施联动、生态融合转变，更深层次推动降低社会物流成本。

四是着力实施创新驱动，加快动能转换，打造“新技术、新模式、新生态”。数字经济是未来较长一段时期，我国现代物流实现赶超的必由之路。我们要聚焦智慧物流发展，以数字化转型为抓手，加快数字物流基础设施建设，实现物流运营全面线上化。开发更多面向中小微物流企业的云平台、云服务，引导企业向云端跃迁。以智能化改造为手段，推进新一代信息技术和设施设备在物流领域应用，大力发展智能驾驶、无人配送、无人货机、无人码头等“无人化”技术装备。分类推动传统基础设施改造升级，支持智慧园区、智慧枢纽、智能仓储基地等新型基础设施建设。以网络化升级为方向，推动网络货运、即时物流等平台经济健康发展，促进物流信息互联互通、物流资源共享利用，培育物流新业态，打造“数字驱动、协同共享”的智慧物流生态体系。

五是着力推进更高水平对外开放，补链强链，扬帆出海，提升“产业链供应链韧性和安全水平”。近年来，受逆全球化、新冠肺炎疫情、地缘政治冲突等多重因素影响，保持产业链供应链稳定遇到较大挑战，有必要构建内外联通、安全高效的物流网络。我们要坚持补链强链，继续开展全国供应链创新与应用示范创建，通过示范引领带动，培育具有国际竞争力的现代物流和供应链服务企业。加快物流“走出去”步伐，加强国外港口码头、机场、海外仓等物流节点建设，从而更加紧密地融入国际物流网络。努力提升国际物流通道辐射带动能力，开辟国际物流新机遇，打开国际贸易新领域。加快培育国际物流服务能力，抓住跨境电商、内外贸一体化等现实需求，铺设国际快递物流服务网络。针对国际竞争压力和风险挑战，构建关键原材料、重要商品等全球供应链物流体系，保障产业链供应链韧性和安全水平。

2022 年，我国现代物流成绩取得来之不易，一大批物流企业家迅速成长起来，为兴行业、稳就业、保民生做出了重要贡献。三年的疫情也考验了我们企业家的毅力和智慧。优秀的企业家精神需要大力弘扬，物流行业复苏需要重振企业家精神。

《中国物流年鉴》是中国物流与采购联合会主办、《中国物流与采购》杂志社承办的大型文献性工具书。二十多年来，《中国物流年鉴》坚持用数据和事实反映物流业发展变化的轨迹、记录我国物流业发展的历程，赢得了业界好评。面对我国物流业不断发展变化的新形势，《中国物流年鉴》将继续以求真务实、严谨负责的态度做好资料收录工作，宣传行业正能量，特别是宣传在抗击疫情中做出突出贡献的组织、企业和个人。同时，真诚地希望业界同人提出宝贵意见，使其越做越精、越做越好。

二〇二三年八月三十日

目　录

上　册

第一部分　物流政策法规

第二部分　物流统计

第三部分　物流产业

第四部分　行业物流

下　册

第五部分　地区物流

第六部分　物流技术与装备

第七部分 物流教育、信息化、标准化

第八部分 部分优秀物流企业及经典案例

第九部分 物流综合

第五部分

地区物流

2022年河北省物流业发展情况

2022年是党和国家历史上极为重要的一年，党的二十大胜利召开。河北省物流业坚持以习近平新时代中国特色社会主义思想为指导，全面学习贯彻党的十九大、二十大精神，在河北省委、省政府领导下，解放思想、奋发进取，加快建设经济强省、美丽河北。面对百年变局和世纪疫情叠加的复杂局面，河北省物流行业积极克服需求收缩、供给冲击、预期转弱等多重不利因素影响，有效应对疫情和环境变化，总体保持了平稳运行。

一、物流业总体保持平稳运行

2022年，河北省社会物流总额为8.62万亿元，比上年增长3.4%，增速高于2020年同期水平；第一季度同比增长7.2%，上半年增长4.2%，前三季度增长2.5%。从社会物流总额结构看，农产品物流总额增长显著，比上年增长10.8%；工业物流总体稳中有进，工业品物流总额为4.52万亿元，比上年增长1%，占社会物流总额的比重为52.4%；省外流入物品物流总额为2.76万亿元，比上年增长14.1%；民生消费物流保持平稳增长；进口物流下行压力趋升，进口物流量由上年的增长29.3%转为下降5.2%。全省物流业增加值占服务业增加值的比重为13.5%，比上年同期下降1.5个百分点；占GDP的比重为6.7%，比上年同期下降0.7个百分点。物流运行效率、供应链响应水平有所提升，物流在畅通经济内外循环、保障产业链稳定方面发挥了重要作用，物流成本稳中有降，物流效率不断提升，物流总费用与GDP的比率为14.7%，同比下降0.6个百分点。全年货物运输总量24.1亿吨，比上年下降10.7%；货物周转量15018.4亿吨公里，比上年下降3.3%。公路货运量19.67亿吨，同比下降13.4%，货物周转量7890亿吨公里，同比下降8.8%；水路货运量0.52亿吨，货物周转量838亿吨公里。全省公路通车里程20.9万公里（包括村道），比上年增长1.0%。其中，新增高速公路241.3公里，高速公路通车里程达到8325.8公里；农村公路总里程达到18.0万公里（包括专用公路）。2022年分季度河北省社会物流总额如表1所示，2022年河北省货物运输量及增长变化如表2所示。

表 1 2022 年分季度河北省社会物流总额

指标	第一季度	上半年	前三季度	全年
社会物流总额（万亿元）	2. 14	4. 51	6. 79	8. 62
比上年增长（%）	7. 2	4. 2	2. 5	3. 4

表 2 2022 年河北省货物运输量及增长变化

指标	绝对值	比上年增长（%）
货物运输总量（亿吨）	24. 1	−10. 7
其中：铁路	3. 0	3. 4
公路	19. 7	−13. 4
货物周转量（亿吨公里）	15018. 4	−3. 3
其中：铁路	5506. 0	2. 0
公路	7890. 3	−8. 8

二、快递物流业增长放缓

2022 年，河北省全年快递业务量累计完成 52. 7 亿件，同比增长 4. 1%。其中，同城快递业务量累计完成 5. 1 亿件，同比增长 11. 2%；异地快递业务量累计完成 47. 5 亿件，同比增长 3. 5%；国际/港澳台快递业务量累计完成 175. 7 万件，同比下降 64. 9%。快递业务收入累计完成 380. 2 亿元，同比下降 5. 8%。同城、异地、国际/港澳台快递业务量分别占全省快递业务量的 9. 77%、90. 20% 和 0. 03%；快递业务收入分别占全省的 6. 37%、69. 24% 和 1. 09%。与去年同期相比，同城快递业务量的比重上升 0. 62 个百分点，异地快递业务量的比重下降 0. 56 个百分点，国际/港澳台快递业务量的比重下降 0. 07 个百分点。2018—2022 年河北省快递业务收入如表 3 所示，2022 年河北省分地市快递业务量和业务收入如表 4 所示。

表 3 2018—2022 年河北省快递业务收入

指标	2018 年	2019 年	2020 年	2021 年	2022 年
快递业务收入（亿元）	180. 8	242. 4	335. 0	403. 6	380. 2
比上年增长（%）	42. 9	34. 1	38. 2	20. 5	−5. 8

表 4 2022 年河北省分地市快递业务量和业务收入

单位	快递业务量（万件）	同比增长（%）	占全省比重（%）	快递业务收入（万元）	同比增长（%）	占全省比重（%）
河北省	526888. 8	4. 1	100	3802277. 8	−5. 8	100
石家庄市	146150. 0	−1. 8	27. 7	863609. 2	−8. 3	22. 7

续 表

单位	快递业务量（万件）	同比增长（%）	占全省比重（%）	快递业务收入（万元）	同比增长（%）	占全省比重（%）
唐山市	13801.7	1.3	2.6	193974.1	-8.7	5.1
秦皇岛市	4771.0	-1.9	0.9	74622.0	-13.1	2.0
邯郸市	25350.5	12.2	4.8	283964.4	1.9	7.5
邢台市	53868.8	7.3	10.2	307585.3	4.8	8.1
保定市	127333.9	10.4	24.2	687072.6	-9.4	18.1
张家口市	4450.5	1.7	0.8	72736.5	-7.3	1.9
承德市	2313.7	0.0	0.4	46068.9	-10.3	1.2
沧州市	41314.1	-10.3	7.8	331666.7	-20.7	8.7
廊坊市	78681.3	6.3	14.9	715626.4	-2.3	18.8
衡水市	28853.3	20.9	5.5	225351.7	21.7	5.9

三、港口物流发展稳定

2022年，河北省港口货物吞吐量完成12.8亿吨，再创新高，同比增长3.4%。其中，唐山港完成货物吞吐量7.7亿吨，同比增长6.4%；黄骅港完成货物吞吐量3.2亿吨，同比增长1.2%；秦皇岛港完成货物吞吐量1.9亿吨，为上年同期的96.1%。全省港口集装箱吞吐量共完成498.3万标准箱，同比增长3.7%。其中，秦皇岛港完成63万标准箱，为上年同期的98.2%；唐山港完成334.3万标准箱，同比增长1.5%；黄骅港完成101万标准箱，同比增长16%，增速持续领跑全省“三港四区”。

河北港口集团2022年全年完成货物吞吐量超过7.3亿吨，吞吐量水平位居全国沿海港口第3；实现利润总额35.8亿元，同比增长19.33%，增幅居全国港口行业领先水平，港口货物吞吐量和经营效益实现双增长。煤炭、矿石两大主导货类合计吞吐量跃居全国沿海港口第1，领先优势进一步扩大；集装箱运输积极构建“陆海内外联动、东西双向互济”开放格局，全年吞吐量实现494万标准箱，服务地方经济发展和对外开放水平能力进一步提升，河北港口集团核心竞争力、综合服务能力显著增强。河北港口集团推动航线干支连通、内陆港互联互动、海铁班列共建共享，全面增强海港、陆港辐射带动能力，目前集装箱内外贸航线增至48条、内陆港增至64个，海铁联运线路拓达24条，构建起“面向国内、辐射日韩、覆盖三北、连通蒙俄、通达欧洲”的国内国际物流网络。在唐山，借助曹妃甸国家自贸试验区等政策优势，建设集多功能于一体的物流产业集聚区，助力唐山加快实现“三个努力建成”。在沧州，全力推进沧州黄骅港30万吨级原油码头项目建设，推动黄骅港向现代化综合服务港、国际贸易港迈进。在邯郸等内陆城市，依托腹地内陆港资源优势，积极参与内陆园区、物流场站等基础设施建设，促进内陆城市物流产业集聚和现代服务业跨越发展。2022年，全省港口建设投资累计完成58.2亿元，全年新增港口生产性泊位 4 个、达到 246 个，新增通过能力 2440 万吨、达到 11.58 亿吨/年，居全国第 3 位。黄骅港散货港区矿石码头一期（续建）等工程建成投产。2018—2022 年河北省港口货物吞吐量如表 5 所示。

表 5　2018—2022 年河北省港口货物吞吐量

指标	2018 年	2019 年	2020 年	2021 年	2022 年
港口货物吞吐量（亿吨）	11.56	11.6	12.0	12.3	12.8
比上年增长（%）	6.2	0.6	3.6	2.5	3.4

四、物流需求稳定增长

2022 年河北省地区生产总值 42370.4 亿元，比上年增长 3.8%。粮食总产量 3865.06 万吨，比上年增长 1.05%；畜牧业生产稳中向好，猪牛羊禽肉产量 475.4 万吨，增长 3.1%，牛奶产量 546.7 万吨，增长 9.7%。规模以上工业增加值比上年增长 5.5%，增速比上年加快 0.6 个百分点。服务业增加值比上年增长 3.2%。固定资产投资平稳增长。全年完成固定资产投资比上年增长 7.9%，增速比上年加快 4.9 个百分点。全年社会消费品零售总额实现 13720.1 亿元，比上年增长 1.6%。全年网上零售额实现 4192.5 亿元，比上年增长 16.4%。其中，实物商品网上零售额 3891.5 亿元，增长 16.8%，占社会消费品零售总额的比重为 28.4%，比上年提高 7.1 个百分点。全省以实施“数商兴农”工程为牵引，不断夯实“快递进村”工程和“互联网 +”农产品出村进城工程，积极推进电子商务进农村，在带动农民增收等方面发挥了重要作用。目前，全省淘宝镇、淘宝村分别达到 284 个和 734 个，分别居全国第 3 位和第 5 位。目前，已在全国率先实现农村电子商务全覆盖，县、乡、村三级物流体系覆盖率达 100%。2018—2022 年河北省地区生产总值如表 6 所示，2018—2022 年河北省社会消费品零售总额如表 7 所示，2018—2022 年河北省实物商品网上零售额如表 8 所示。

表 6　2018—2022 年河北省地区生产总值

指标	2018 年	2019 年	2020 年	2021 年	2022 年
地区生产总值（万亿元）	3.25	3.51	3.62	4.04	4.24
比上年增长（%）	6.0	6.8	3.9	6.5	3.8

表 7　2018—2022 年河北省社会消费品零售总额

指标	2018 年	2019 年	2020 年	2021 年	2022 年
社会消费品零售总额（亿元）	16537.1	17934.2	12705.0	13509.9	13720.1
比上年增长（%）	9.0	8.4	−2.2	6.3	1.6

表 8　　2018—2022 年河北省实物商品网上零售额

指标	2018 年	2019 年	2020 年	2021 年	2022 年
实物商品网上零售额（亿元）	1685.3	2108.4	2505.3	2877.2	3891.5
比上年增长（%）	33.7	25.5	17.8	22.0	16.8

五、进出口贸易实现平稳增长

2022 年，河北省外贸进出口总值 5629 亿元，同比增长 3.9%，出口额达 3407.4 亿元，同比增长 12.5%。其中，对东盟进出口 766.7 亿元，同比增长 32.2%；对美国进出口 627 亿元，同比增长 6.6%；对欧盟进出口 585.1 亿元，同比增长 7.7%；对马来西亚进出口 200.6 亿元，同比增长 54%；对日本进出口 177.4 亿元，同比增长 10.1%。此外，对“一带一路”沿线国家进出口 1968.3 亿元，同比增长 21.9%，其中，对卡塔尔进出口 136.4 亿元，同比增长 88.1%。贸易方式方面，全年以一般贸易占主导。以一般贸易方式进出口 4947.3 亿元，同比增长 4.4%，占河北省进出口总值的 87.9%。以保税物流方式进出口 358.3 亿元，同比增长 19.1%。全年民营企业进出口 3746.8 亿元，同比增长 10.6%，占河北省进出口总值的 66.6%。外商投资企业进出口 854.4 亿元，同比增长 3.2%。进口以大宗商品为主，2022 年进口煤及褐煤 558.7 万吨，同比增长 1.9%。进口原油 320.3 万吨，同比增长 56.8%；进口农产品 449.4 亿元，增长 18.3%。2022 年全国开行中欧班列 1.6 万列、发送 160 万标准箱，同比分别增长 9%、10%；全省中欧班列年运营列数突破 500 列，开行量再创历史新高。石家庄海关关区中欧班列运营企业组织发送进出境班列 515 列，承载货物 5.06 万标准箱，同比分别增长 125.88%、131.85%。石家庄国际陆港已发运列数同比增长 140%，超过以往四年总和，累计发送 49320 标准箱，货重 48.8 万吨，货值 101.17 亿元，各项指标继续稳居京津冀同类国际陆港首位。2018—2022 年河北省外贸进出口总额如表 9 所示。

表 9　　2018—2022 年河北省外贸进出口总额

指标	2018 年	2019 年	2020 年	2021 年	2022 年
进出口总额（亿元）	3551.6	4001.6	4410	5415.6	5629
比上年增长（%）	5.1	12.6	10.2	21.5	3.9
进口总额（亿元）	1308.7	1631.3	1888.5	2385.8	2221.6
比上年增长（%）	4.5	24.4	15.8	23.2	-7.0

六、货物通关效率不断提升

2022 年，河北省进出口整体通关时间分别为进口 33.43 小时、出口 0.90 小时，同比压缩 10.88%、43.75%，均优于全国水平。石家庄海关优化服务全力以赴稳外贸，积极打造“1 + N”模式，“一地一策”深化关地合作，出台打造一流口岸营商环境措施，构建“1+3”海关通关便利化场景，出台促进外贸保稳提质“15+6+7”条措施，发布“京津冀地区产业链供应链重点企业名单”，保障货物通关畅通。在进一步优化服务促进综保区发展方面，石家庄海关将立足河北特点、促进综保区等海关特殊监管区差异化、互补化发展，持续推进跨境电商B2B出口监管试点，围绕“跨境电商+海外仓”优势，助力跨境电商转型升级。叠加综保区政策功能，支持曹妃甸、京唐港、廊坊等地扩大跨境电商保税进口规模，促进贸易新业态优质发展。

七、物流基础建设加快

2022年，国家发展改革委将25个国家物流枢纽纳入年度建设名单，河北省石家庄陆港型国家物流枢纽入选。目前，该名单已扩围至95个，河北省共有2家入选，即唐山港口型（生产服务型）国家物流枢纽和石家庄陆港型国家物流枢纽。2022年内公布了第二批24个国家骨干冷链物流基地，河北省保定国家骨干冷链物流基地入选。目前，该名单已达41个。根据中物联的全国物流园区调查显示，全国规模以上物流园区达2553家，河北省有55家。“中国快递示范城市”已评选了三批共41个城市，廊坊市入选第三批“中国快递示范城市”。

八、物流标准化工作取得新进展

2022年，河北省新评和升级A级物流企业15家。截至2022年年底全省共有A级物流企业152家，其中5A级物流企业达21家。有10家仓储企业达到了国家星级仓储企业标准。此外，担保存货管理及质押监管企业评估工作、网络货运平台、冷链星级物流企业评估工作稳步推进。通过评估评定工作的开展，企业整体经营管理和服务水平明显提升，品牌效益明显增强。在政府政策引导和支持下，宣贯国家标准开展企业评估评定工作已取得明显成效，一批综合实力强、引领作用大的龙头骨干企业迅速成长。

九、京津冀协同促进物流业发展

京津冀协同发展向纵深推进。加快京津产业转移承接，全年承接京津转入各类单位4395家。石家庄至承德高铁开通运营，京唐城际建成投用。北京通州区与廊坊北三县一体化高质量发展示范区获批建设。雄安新区建设迈出坚实步伐。全年在建各类项目428个，完成固定资产投资增长28.0%。中国星网、中国中化、中国华能总部开工建设，20多家央企子公司注册落地。启动区等重点片区加快建设，雄商、雄忻高铁正式开工。石家庄国际陆港与北京、天津、邢台、沧州、衡水、保定、邯郸、廊坊开通8条“+石欧”班列，充分发挥了陆港型国家物流枢纽功能，全力创建京津冀中欧班列集结中心，为京津冀地区外贸企业搭建了一条便捷高效、安全稳定的物流通道，有效促进了区域间经济协同发展。津冀港口集装箱合作航线达到7条，干支联动的集装箱运输网络加速完善。推进集装箱铁水联运拓展，2022年开通多式联运线路30条，建成内陆港71个，多式联运集装箱运量达76.4万标准箱。京津冀协同发展战略实施以来，北京、天津、河北三地海关着力推动通关监管业务协同发展，不断释放改革红利，口岸营商环境持续优化提升。京津冀三地海关在工信部门“白名单”基础上，共同梳理确定两批“京津冀地区产业链供应链重点企业名单”。截至2022年年底，共计257家，其中，涉及河北企业101家，实现名单内企业三关互认。

十、统计调查体系进一步完善

结合行业发展实际，河北省现代物流协会深入开展了河北省社会物流综合统计调查，月度、季度和年度物流调查统计工作不断完善；为不断加强统计分析，完善数据指标体系，提升综合利用和专题分析数据的能力，开展了物流景气调查工作，及时准确地反映全省经济运行和现代物流运行的状态，体现了物流业的先导性、基础性和战略性作用。

十一、物流产业地位进一步提升

《国务院关于印发扎实稳住经济的一揽子政策措施的通知》中提出，统筹加大对物流枢纽和物流企业的支持力度。国家发展改革委、工业和信息化部、财政部、交通运输部、商务部等部门按照职责分工，分别针对公路货运、冷链物流、民航物流、医药物流等领域出台指导意见。《“十四五”现代物流发展规划》正式印发，明确了“十四五”时期现代物流发展的总体思路、任务要求和重点工程。河北省在贯彻国务院及有关部门政策的基础上，结合实际，推出了一系列政策措施，促进现代物流发展的政策环境和营商环境持续改善。

总体来看，2022年疫情对物流业的冲击远超前两年，1—2月河北省物流运行总体平稳；随着疫情影响持续，物流需求、物流市场规模等增速有所放缓，时效受到较大影响，物流运行成本压力有所加大，物流需求增速明显回落，物流通行能力下降，企业盈利能力持续下降；12月，物流保通保畅政策措施和纾困助企措施不断发力，疏通物流堵点、畅通供应链产业链，使物流供需均有所恢复。

注：本文部分数据因四舍五入与加权计算原因，存在总计与分项合计不等情况。

（河北省现代物流协会）

2022年内蒙古自治区物流业发展情况

2022年，国际环境更趋复杂严峻，内蒙古自治区疫情反弹明显，“三重压力”不断加大。面对冲击，自治区政府、企业等积极主动采取各种措施，攻坚克难，有效保障了产业链循环和民生稳定，全区工业生产、国际贸易、民生消费等领域需求均有不同程度改善，社会物流总额有所回升，物流运行效率有所改善，物流行业韧性进一步显现。

一、总体发展情况

（一）物流需求稳定恢复，呈现较好韧性

2022年，内蒙古自治区社会物流总额完成45973.9亿元，按可比价格计算，同比增长4.1%，三年年均增长3.3%。

从社会物流总额构成看，工业品物流总额占61.3%，农产品物流总额占5.1%，进口货物物流总额占1.9%，其他物品物流总额和单位与居民物品物流总额占31.7%，显示出工业品仍占主导位置。整体发展特征如下。

一是工业品物流总额贡献突出。全区工业品物流总额同比增长15.2%。全区新动能行业物流需求持续展现出新活力，高技术制造业物流需求发展态势较好。规模以上工业战略性新兴产业增加值同比增长19.9%，高技术制造业同比增长33.6%。

二是农业需求平稳向好。全区农产品物流总额同比增长4.3%。

三是进口货物物流需求增速大幅提高。在工业生产恢复、大宗商品价格趋稳等因素影响下，特别是在煤炭市场的带动下，全区进口货物物流总额同比增长17.8%，增速较2021年提高10.4个百分点，高于全国平均水平13.5个百分点。

四是民生物流需求基本保持平稳。随着疫情防控政策优化调整，居民外出消费逐步增多，特别是在一系列促消费政策靠前发力下，限额以上单位消费品零售额比上年增长2.0%。实物商品网上零售额占社会消费品零售总额的比重为6.9%，比上年提高0.9个百分点。限额以上单位通过公共网络实现的商品零售额增长75.8%。反映出新业态、新动能持续拉动消费，物流需求快速增长，网上零售、电商物流增势持续向好。

2022 年内蒙古自治区社会物流总额构成情况如图 1 所示。

此外，2022 年邮政行业寄递业务量累计完成6.1 亿件，同比下降 4.0%。其中，快递业务量累计完成 2.4 亿件，同比下降 7.2%；邮政寄递服务业务量累计完成 3.7 亿件，同比下降1.9%；同城快递业务量累计完成 3249.6 万件，同比下降 4.9%；异地快递业务量累计完成 2.1亿件，同比下降 7.3%；国际/港澳台快递业务量累计完成 22.7 万件，同比下降 72.1%。

（二）物流运行成本有所优化

2022 年，内蒙古自治区社会物流总费用完成 3592.8 亿元，同比增长 10.0%，三年年均增长 5.9%。整体发展特征如下。

一是物流运行成本有所下降。全区社会物流总费用与 GDP 的比率为 15.5%，较上年同期下降 0.8 个百分点，高于全国社会物流总费用与 GDP 的比率 0.8 个百分点。显示出物流运行效率优化，但较全国依然偏高。后期随着供应链、产业链协同性逐步提升，物流运行成本仍有优化空间。

二是运输物流展现出较强韧性。全区运输费用完成 2500.7 亿元，同比增长 9.8%。显示出随着经济持续恢复，推动运输物流需求规模加快增长，运输费用增加。

三是保管环节保持增长。全区保管费用完成 812.5 亿元，同比增长 9.9%。显示出上下游未形成有机的协同机制，供应链不稳定性增大，物流动态环节减少，制造、流通领域产销衔接不畅，社会库存增加。

2022 年内蒙古自治区社会物流总费用构成情况如图 2 所示。

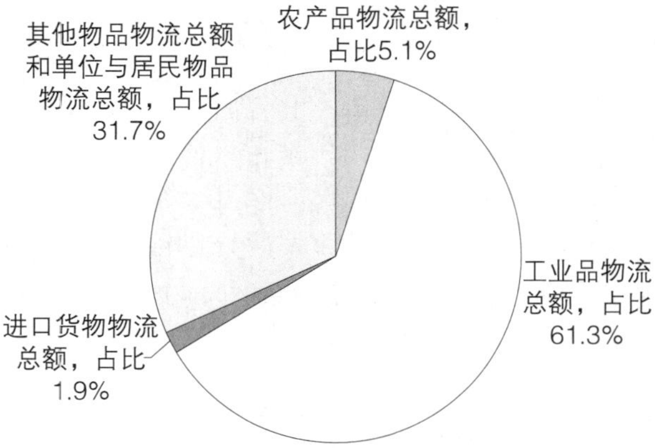

图 1　2022 年内蒙古自治区社会物流总额构成情况

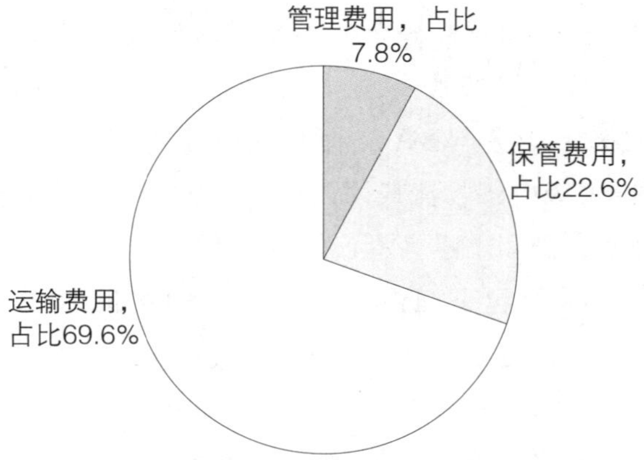

图 2　2022 年内蒙古自治区社会物流总费用构成情况

（三）物流市场需求活跃度增强

2022 年，内蒙古自治区物流相关行业总收入完成 2997.5 亿元，同比增长 10.3%，三年年均增长 6.6%。从恢复动能来看，运输物流收入成为主要支撑动力，铁路、道路等运输物流收入呈现良好增长态势，对物流业总收入增长贡献明显，贡献率高达八成。电商快递物流收入带动物流业相关总收入增长 2.8 个百分点。

2022 年以来疫情多点散发，部分地区封控持续时间较长，对物流业景气指数影响较大。全区平均物流业景气指数为 48.6%，处于疫情三年的最低水平，但全区物流业景气指数仍高于全国平均水平3.8个百分点。随着疫情防控政策不断优化和稳经济政策持续发力，经济逐渐复苏、消费潜能稳定释放，物流运行趋势预期向好。

（四）运输结构有所改善

2022年内蒙古自治区货运量完成20.8亿吨，同比下降1.9%；货物周转量完成5187.0亿吨公里，同比增长6.0%。全区铁路货运量、货物周转量占总货运量、货物周转量的比重较2021年分别提高1.6个和4.1个百分点。铁路货运量、货物周转量比重上升，显示出运输结构有所改善，“公转铁”成效初现。特别是疫情期间，铁路运输通道作用得到发挥，在煤炭等大宗商品保供方面显示出较强优势。

（五）基础设施水平和物流企业实力增强

2022年内蒙古自治区共认定自治区级物流枢纽6个，自治区示范物流园区5家，自治区物流枢纽运营标杆企业1家，为加快推动全区物流基础设施服务能力提升奠定了良好的基础。2022年全区A级物流企业新评2家，分别是4A级中铝物流集团内蒙古有限公司和3A级内蒙古亚欧国际物流有限责任公司；升级1家，5A级包头钢铁（集团）铁捷物流有限公司。现共有A级物流企业42家，其中5A级8家、4A级17家、3A级15家、2A级2家。京东、传化、菜鸟、顺丰等知名企业入驻内蒙古自治区，物流企业一体化运作、网络化经营和供应链管理水平进一步提升。

二、存在的问题

2022年，物流企业受国际国内多重因素影响，经营波动较大，主要体现在以下两个方面。

（一）物流企业利润有所下降

从内蒙古自治区重点调查物流统计样本数据来看，全区物流企业主营业务收入同比增长2.5%，全区物流企业主营业务成本同比增长2.2%，全区物流企业平均利润率为-8.8%。物流企业业务量普遍回调，物流需求下行压力增加，物流行业利润回落，企业压力持续增大。特别是公路运输等服务同质化较高的领域，油价、人力等高成本并未及时向市场价格传导，价格回升步伐明显滞后，物流企业利润空间进一步挤压，企业盈利水平有所下降。尤其是第四季度，受到区域疫情、政策变化等因素影响，物流企业需要调配全网资源，并针对不同区域制定方案，业务衔接、网络体系维护成本压力加大，跨区域运力周转、人力资源调配等相关成本明显增加。

（二）物流企业用工成本上涨

从内蒙古自治区重点调查物流统计样本数据来看，物流人员劳动报酬占收入的比重由2021年的1.8个百分点上涨到2022年的2.4个百分点。作为劳动密集型行业，物流行业用工需求量较大，但是疫情以来一线人员（如货运司机、生产物流作业人员）供给不足现象严重，阶段性、结构性的招工难频现，用工成本上涨。

三、相关工作建议

（一）创造有利于市场主体发展的政策环境

结合新形势下物流市场主体的发展方向，进一步完善金融、土地、财政支持、税收减免等相关政策。逐步加大对内蒙古自治区物流市场主体的政策支持力度，探索自治区级物流枢纽、示范物流园区等市场主体培育发展的政策支持体系。

（二）强化财政金融支持

设立物流业发展专项资金或者引导资金，支持、引导和调动全社会发展物流业。对于信誉良好的民营企业增加授信额度、降低贷款利率。

（三）探索人才培养新方式

一是鼓励企业通过多种渠道和方式，培养、引进和留住人才，进一步提高物流从业人员工资水平，改善其工作环境，进一步调动从业人员的工作积极性。二是各级政府要积极引导大专院校与物流企业开展交流合作，支持建立校企结合的物流综合培训体系、实验基地和人才孵化基地，培育物流业适用技能人才，促进企业做大做强，以形成有效的规模效应，加强企业的整体竞争力。

（四）推进物流高质量发展

以自治区级物流枢纽、示范物流园区、A级物流企业等优质物流资源为抓手，推动物流新基建、新技术、新模式、新业态的探索和应用，带动全区物流实现智慧化、绿色化发展。

综合来看，2022年内蒙古自治区物流行业依然表现出较强的韧性和承压能力，总体保持恢复态势。各部门积极优化物流相关疫情防控政策，保通保畅成果持续巩固，社会物流总额、物流业总收入基本保持增长态势。

（内蒙古物流协会）

2022 年吉林省物流业发展情况

2022 年，随着疫情防控工作和社会经济发展工作的稳步推进，吉林省物流业运行稳中有进，物流需求持续稳定增长，物流市场规模进一步拓展，物流运行效率和质量显著提升，货运市场发展持续向好，快递业务发展再上新台阶，物流供给服务体系进一步完善，物流行业稳中向好，为抗击疫情、保障民生、促进经济发展提供了有力支撑。

一、2022 年吉林省物流业总体发展情况

（一）物流需求持续稳定增长，有力支撑经济发展

2022 年，吉林省社会物流总额完成 27760. 2 亿元，较去年同期的 27501. 2 亿元增长 0. 94%，物流需求总体呈现稳中有升的趋势。其中，农产品物流总额完成 3217. 9 亿元，同比增长 8. 26%，占比 11. 59%；工业品物流总额完成 12550. 9 亿元，同比下降 3. 15%，占比 45. 21%；外部流入货物物流总额完成 8946. 0 亿元，同比增长 3. 64%，占比 32. 23%；单位与居民物品物流总额完成 3041. 6 亿元，同比增长 3. 64%，占比 10. 96%；再生资源物流总额完成 3. 7 亿元，同比增长 42. 6%，占比 0. 01%。2022 年吉林省社会物流总额构成情况如图 1 所示，2021—2022 年吉林省社会物流总额及各分项物流总额同比增长情况如图 2 所示。

就物流总额的变化而言，相比去年同期，农产品物流总额、外部流入货物物流总额、单位与居民物品物流总额均有不同程度提升。其中，粮食、肉类等农产品的物流总额均有较明显的增长，农业生产向好发展，农产品生产制造需求增加；外部流入货物物流需求保持稳定增长，在一定程度上拉动了全省物流需求，有助于满足居民基本生活需要。

受疫情多发、频发影响，2022 年全省工业品物流总额同比小幅下降，但全省工业经济仍展现出较强韧性，重点产业发展缓中趋稳。从汽车行业发展来看，2022 年，全省汽车产量为 215. 58 万辆，同比下降 11. 07%，汽车进口量为 4. 87 万辆，同比下降 34. 09%，汽车出口量为 3. 84 万辆，同比增长 82. 56%，汽车制造业增加值为 1082. 76 亿元，同比下降 13. 56%。其他重点产业如石油化工产业、冶金建材产业、电力生产行业等工业增加值也有不同幅度

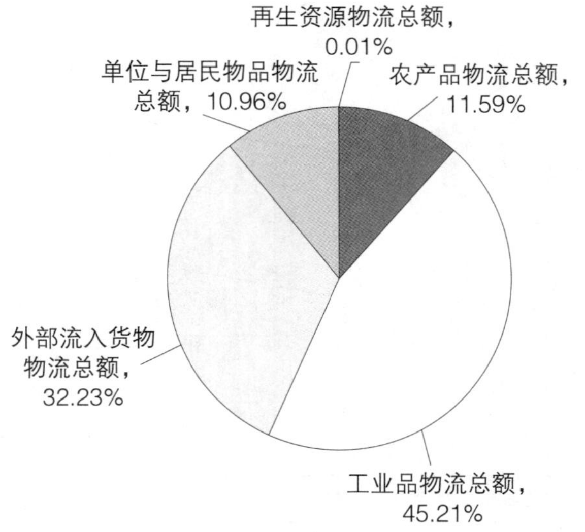

图1　2022 年吉林省社会物流总额构成情况

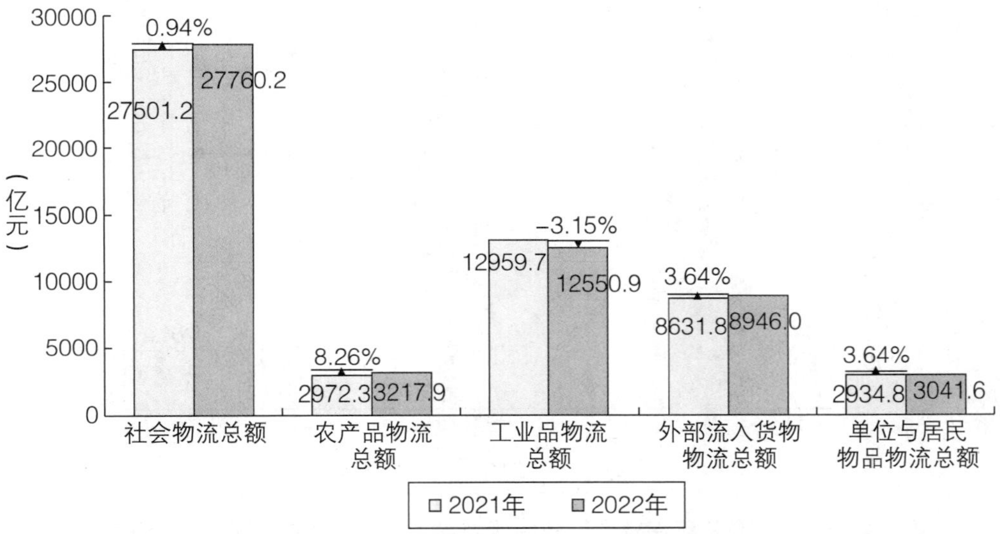

图2　2021—2022 年吉林省社会物流总额及各分项物流总额同比增长情况

下降。但在疫情冲击下，食品产业、信息产业、医药产业、纺织工业等部分行业保持了增长，体现出较强韧性，有效保障了居民基本生活和生产循环基本稳定。2022 年吉林省社会物流总额按季度环比增长情况如图 3 所示。

从环比数据来看，随着疫情影响逐步减弱、秋季生产活动大规模开展以及"双十一"等电商促销活动对物流需求的拉动，全省全年物流总额稳步增长，第二季度环比增长 10.6 个百分点，第三季度环比增长 11.7 个百分点，第四季度环比增长 13.5 个百分点，综合来看，物流需求总体保持稳步增长，展现了较强的韧性和活力。

（二）物流市场规模不断拓展，物流行业稳健发展

2022 年吉林省物流业总收入实现 1609.54 亿元，同比增长 34.14%。其中，运输收入实现 1410.76 亿元，同比增长 49.90%，占比 87.65%；

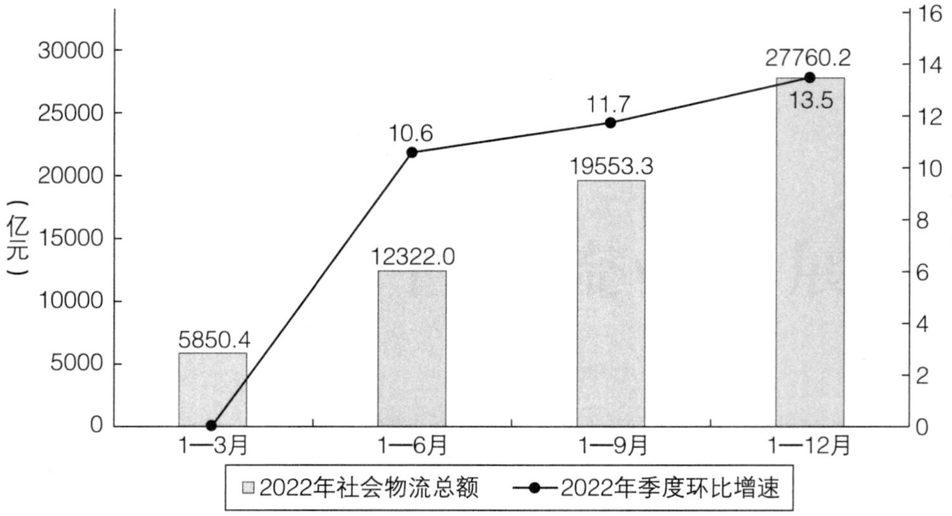

图 3 2022 年吉林省社会物流总额按季度环比增长情况

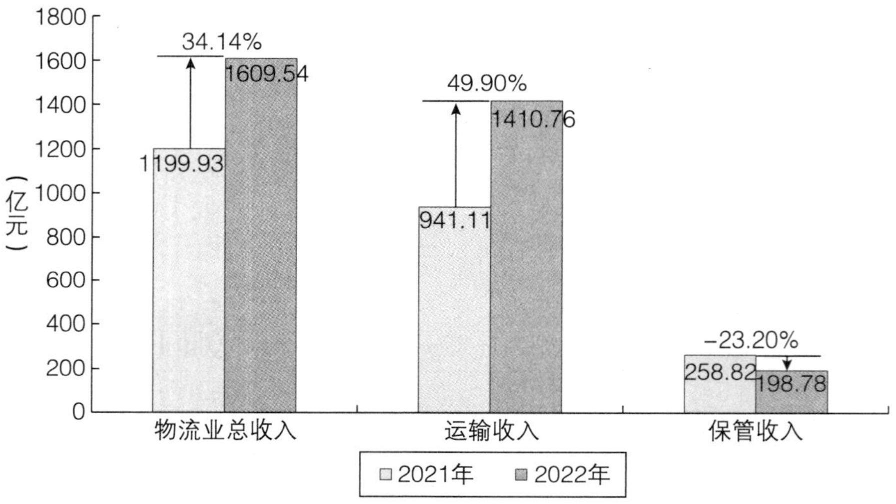

图 4 2021—2022 年吉林省社会物流总收入及各分项物流收入增长情况

保管收入实现 198.78 亿元，同比下降 23.20%，占比 12.35%。2021—2022 年吉林省社会物流总收入及各分项物流收入增长情况如图 4 所示。

随着疫情得到有效控制和缓解，铁路、公路、航空、管道等运输网络总体畅通，铁路发挥了主要运输通道作用，在煤炭、粮食等大宗商品保供方面发挥优势，推动物流提质增效降本效果显著，运输收入实现较大幅度增长。物流作为兼具生产性服务业和生活性服务业的产业，服务不断向高质量迈进，在经济恢复期的价值得以进一步凸显。

二、物流业发展亮点

（一）物流运行效率和质量显著提升，单位 GDP 物流费用进一步降低

2022 年，吉林省社会物流总费用为 1833.91 亿元，同比下降 3.41%；社会物流总

费用与 GDP 的比率为 14.0%，相比 2021 年下降 0.3 个百分点，同比下降 2.1%，低于全国水平（14.7%）0.7 个百分点，可见吉林省社会物流运行质量继续提高，运行效率进一步提升，物流业“降本增效”目标进一步推进。其中，运输费用、保管费用和管理费用分别占比 54.7%、34.8%和 10.4%。其中，运输费用完成 1003.88 亿元，同比下降 9.06%；保管费用完成 638.48 亿元，同比增长 5.53%；管理费用完成 191.55 亿元，同比增长 0.94%。受 2022 年年初疫情影响，全省库存成本上升，存货周转放缓，组织和管理各项物流活动的要素规模上升，保管费用、管理费用同比增长。随着疫情趋于稳定，物流业降本增效成果逐步显现，全省生产经营活动复苏，商品大规模销往省内外，形成规模效应，运输费用同比下降，社会物流总费用也同比小幅下降。综合来看，全年全省宏观经济在第一、第二季度受到疫情等因素的多重冲击，进入第三季度之后，逐渐保持稳定恢复的态势。面对复杂局面，吉林省物流展现了强劲的韧性和巨大的潜力，运行效率和质量显著提升。2021—2022 年吉林省社会物流总费用构成及各分项增长情况如图 5 所示。

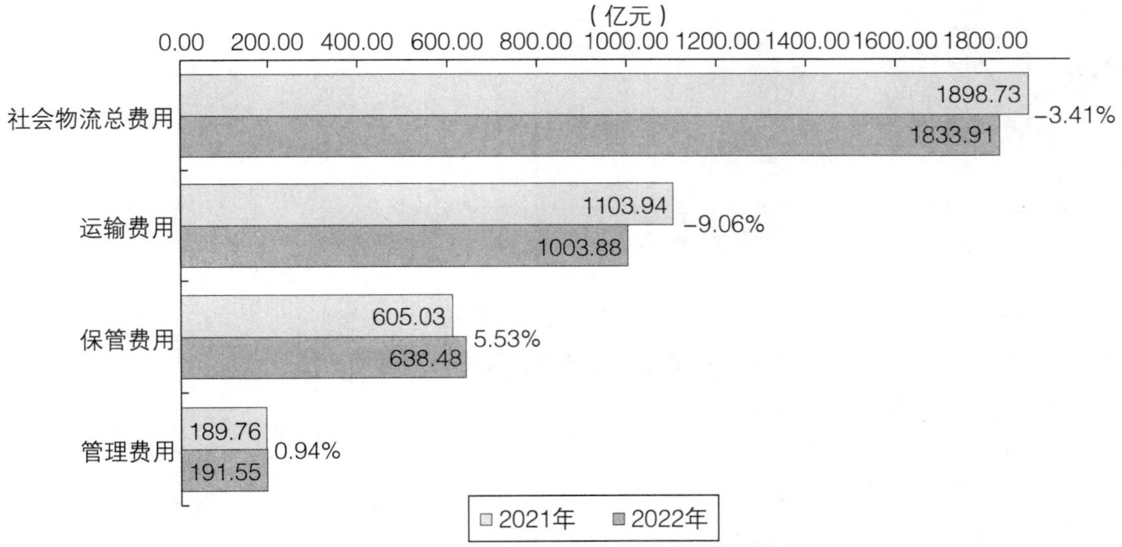

图 5　2021—2022 年吉林省社会物流总费用构成及各分项增长情况

（二）物流需求不断增长，货运市场缓中趋稳

2022 年，吉林省货运量完成 46470.05 万吨，同比下降 13.29%；货物周转量完成 1873.92 亿吨公里，同比下降 9.43%。全省铁路货物发送量完成 5654.25 万吨，同比下降 4.36%，铁路货物周转量完成 596.87 亿吨公里，同比增长 9.57%；公路货运量完成 40813.23 万吨，同比下降 14.39%，公路货物周转量完成 1276.68 亿吨公里，同比下降 16.22%。此外，多式联运和运输代理业营业收入同比呈现增长态势。受到疫情对物流业与货运市场的影响，公路、铁路货运量均有下降，从运输结构上看，公路货运量的降幅超过铁路货运量，铁路货运量受到较小冲击，基本保持平稳。充分体现了吉林省持续推动提升铁路运输能力、推进多式联运发展，运输结构优化取得新成效。2021—2022 年吉林省铁路、公

路货运量同比增长情况如图6所示，2021—2022年吉林省铁路、公路货物周转量同比增长情况如图7所示。

（三）加快基础设施建设，提升物流网络效率

截至2022年年底，吉林省共有A级物流企业99家，其中5A级6家，4A级52家，3A级39家，2A级2家。现有物流园区34个，注册物流（包含物流园和物流园区）企业8330家，注册资本787.23亿元，从业人员3.6万人。运输企业5368家，注册资本261.65亿元，从业人员2.4万人。获批中国物流示范基地1个（长春一汽国际物流有限公司物流园区）、中国优秀物流园区1个（香江物流园）、国家骨干冷链物流基地1个（四平国家骨干冷链物流基地）。入选国家物流枢纽布局承载城市3

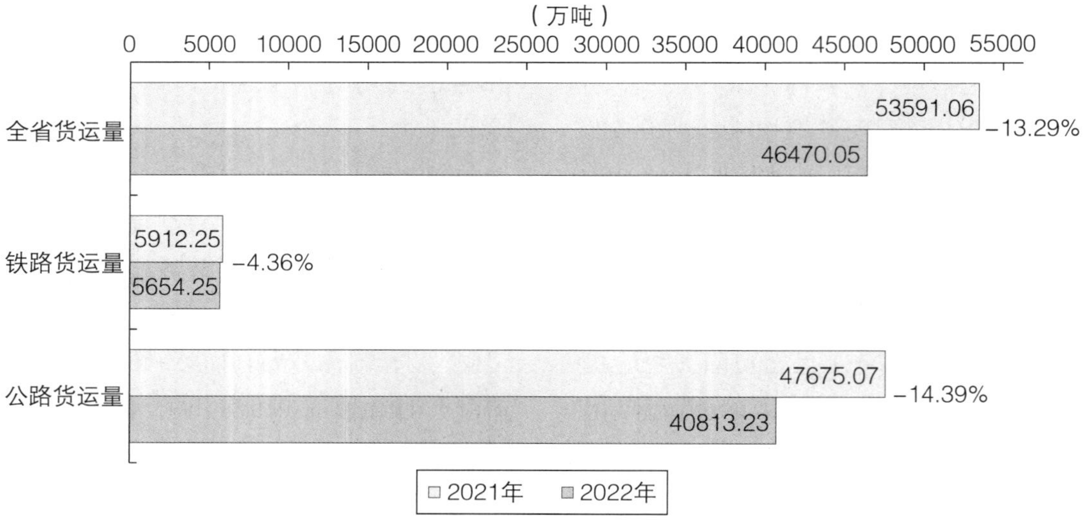

图6 2021—2022年吉林省铁路、公路货运量同比增长情况

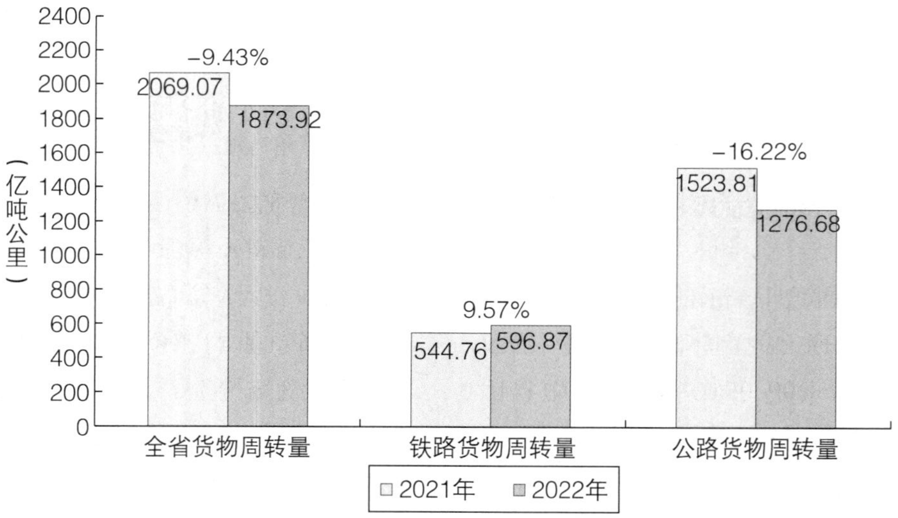

图7 2021—2022年吉林省铁路、公路货物周转量同比增长情况

个，即长春市、吉林市、珲春市；国家物流枢纽5个，即长春生产服务型、陆港型、商贸服务型，吉林商贸服务型，珲春陆上边境口岸型。其中，长春生产服务型国家物流枢纽于2020年获批，珲春陆上边境口岸型国家物流枢纽于2021年获批，长春陆港型国家物流枢纽于2022年获批。

吉林省综合货运枢纽、多式联运示范工程、跨境电商海外仓、城郊大仓、农村县域物流网点等设施获得政策支持，物流网络建设取得长足进展。智慧物流彰显新的活力，国际物流不断开拓新赛道，吉林省助企纾困政策密集出台，促进现代物流发展的政策环境持续改善。

（吉林省发展改革委）

2022 年黑龙江省物流业发展情况

2022 年，面对复杂严峻的发展环境和疫情反复的不利影响，黑龙江省物流业与全省宏观经济协同恢复发展，总体运行平稳，社会物流总费用与 GDP 的比率下降 0.1 个百分点，运行效率有所改善，为产业链供应链及民生物流需求提供了有效保障，社会物流总额保持稳定增长，社会物流运行宏观指标数据变化处于合理区间。

一、社会物流总额实现稳定增长

2022 年，黑龙江省社会物流总额为 38630 亿元，增长 6.6%，物流需求规模实现稳定增长。从总额构成看，农产品物流总额 6524 亿元，增长 3.9%，占比 16.9%；工业品物流总额 13704 亿元，下降 9.2%，占比 35.5%；省外流入（含进口）货物物流总额 17505 亿元，增长 20.4%，占比 45.3%；再生资源物流总额 168 亿元，增长 50%，占比 0.4%；单位与居民物品物流总额 729 亿元，占比 1.9%。其中，工业领域和商贸领域物流总额占比达 80.8%，是构成全省物流需求的主要部分。（因核算口径调整与上年不可比）

2022 年黑龙江省社会物流总额构成情况如图 1 所示。

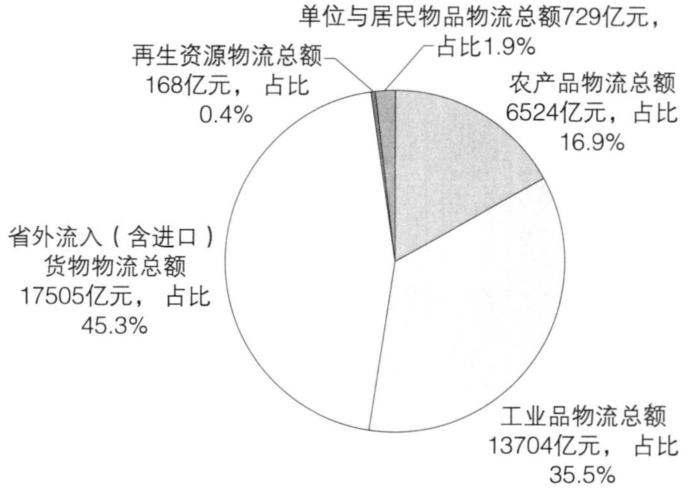

图 1　2022 年黑龙江省社会物流总额构成情况

二、社会物流总费用与 GDP 的比率小幅下降

2022 年，黑龙江省社会物流总费用为 2420 亿元，同比增长 6.1%。社会物流总费用与 GDP 的比率为 15.2%（全国 14.7%），比上年下降 0.1 个百分点。

从构成看，运输费用 1181 亿元，同比增长 0.3%，占比 48.8%；保管费用 871 亿元，同比增长 37.5%，占比 36%；管理费用 368 亿元，同比增长 40.5%，占比 15.2%。

2022 年黑龙江省社会物流总费用构成情况如图 2 所示。

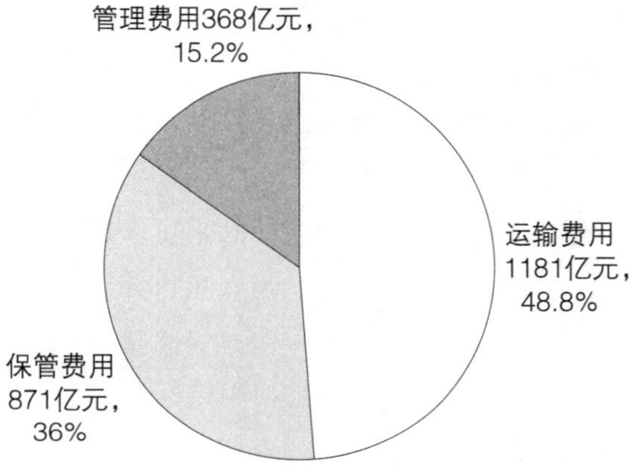

图 2　2022 年黑龙江省社会物流总费用构成情况

三、物流相关行业固定资产投资情况

2022 年，黑龙江省固定资产投资增长 0.6%，全省物流相关行业固定资产投资额同比有升有降。其中，交通运输业投资增长 0.9%；仓储业投资增长 47.5%；批发零售业投资增长 36.7%；邮政业投资下降 81.7%。交通运输业中的铁路运输业投资同比下降 33.5%；公路运输业、水路运输业、航空运输业、管道运输业投资同比分别提高了 5.4%、795.7%、156.4%、1095.5%。

四、货运量小幅下降，货物周转量大幅增长

2022 年，黑龙江省货运量实现 5.95 亿吨，同比下降 4.5%，货物周转量实现 2185 亿吨公里，同比增长 25.1%。

从货运量构成看，铁路货运量实现 1.3 亿吨，同比增长 3.7%；公路货运量实现 3.9 亿吨，同比下降 8.2%；水路货运量实现 547 万吨，同比增长 5.5%；航空货运量实现 9.9 万吨，同比下降 10.9%；管道货运量实现 7363 万吨，同比增长 2.4%。

从货物周转量构成看，铁路货物周转量实现969.3亿吨公里，同比增长9.8%；公路货物周转量实现846.1亿吨公里，同比增长3.7%；水路货物周转量实现36.2亿吨公里，同比下降21.8%；航空货物周转量实现2.3亿吨公里，同比下降9.7%；管道货物周转量实现331.1亿吨公里，同比增长0.7%。

从货运结构看，黑龙江省依然是以铁路运输和公路运输为主，铁路货运量占比较上年提高1.8个百分点，运输结构调整有所优化；水路和航空货物周转量均有所下降，显现出两种运输方式的物流需求不足，但存在上升空间。

五、物流业总收入保持增长

2022年，黑龙江省物流业总收入实现1757亿元，增长8%，物流市场总体保持稳步扩张。

注：部分数据因四舍五入原因，总量与分项合计不等。

（黑龙江省发展改革委）

2022 年安徽省物流业发展情况

2022 年，安徽省物流业克服疫情影响，保持平稳增长，物流枢纽网络不断完善，物流成本稳步下降，有力支撑全省经济平稳运行。

一、社会物流总额实现稳定增长

2022 年，安徽省社会物流总额达 83639.8 亿元，同比增长 3.9%，增幅高于全国 0.5 个百分点，快于全省 GDP 增速 0.4 个百分点。

从构成看，工业品物流总额 58860.2 亿元，同比增长 6.1%；农产品物流总额 6274.5 亿元，同比增长 2.5%；再生资源物流总额 617.2 亿元，同比增长 20%；单位与居民物品物流总额 1325.9 亿元，同比增长 8.5%；外省流入物品物流总额 13795.1 亿元，同比增长 5.1%；受疫情影响，进口货物物流总额 2766.9 亿元，进口物流需求有所下降，同比下滑约 10.3%。2022 年安徽省社会物流总额构成情况如下图所示。

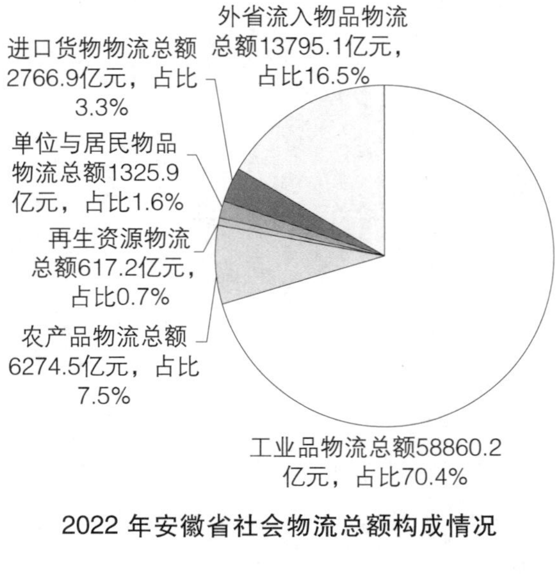

2022 年安徽省社会物流总额构成情况

二、货运量小幅回落

2022 年，安徽省完成货运量 39.4 亿吨，同比下降 1.8%。其中，公路货运量 24.6 亿吨，同比下降 5%；铁路货运量 14 亿吨，同比增长 2.7%；水路货运量 0.8 亿吨，同比增长 3.4%；民用运输机场货邮吞吐量 8.5 万吨，同比下降 15%。

三、社会物流总费用与 GDP 的比率平稳回落

2022 年，安徽省社会物流总费用 6248.8 亿元，同比增长 3.8%。社会物流总费用与 GDP 的比率为 13.9%，低于全国 0.8 个百分点，同比下降 0.1 个百分点。

从结构看，运输费用占比 53.6%，较上年降低 1.6%；保管费用占比 34.3%，较上年增长 0.2%；管理费用占比 12.1%，较上年增长 1.4%。

四、枢纽网络不断完善

2022 年，新获批生产服务型国家物流枢纽 1 个、国家骨干冷链物流基地 1 个，新认定省级示范物流园区 5 家、冷链物流基地 4 家、冷链集配中心 15 家。高速公路实现县县通、高铁里程全国第一、内河船舶运力居全国第一；多式联运发展水平明显提升，常态化开通多式联运示范线路 41 条，覆盖全国主要城市及部分国外城市。

（安徽省发展改革委　胡功杰　赵宏莉
安徽省物流协会　刘悦）

2022 年山东省物流业发展情况

2022 年，面对复杂严峻的经济环境和疫情的影响，山东省物流业坚持保畅通、保供应、保民生的工作要求，有效保障了产业链供应链稳定和民生物流需求，为全省经济增长和社会发展作出了积极贡献。

一、物流需求保持平稳增长

2022 年，山东省社会物流总额达 28.5 万亿元，同比增长 3.2%。从构成看，工业品物流总额 12.2 万亿元，同比增长 2.5%；商贸物流总额 10.3 万亿元，同比增长 1.9%；外地货物流入物流总额 3.1 万亿元，同比增长 7.0%；进口货物物流总额 1.3 万亿元，同比增长 10.3%；农产品物流总额 9423.5 亿元，同比增长 4.8%；单位与居民物品物流总额 5890.7 亿元，同比下降 0.2%。2022 年山东省社会物流总额及各分项总额的增长变化情况如图 1 所示。

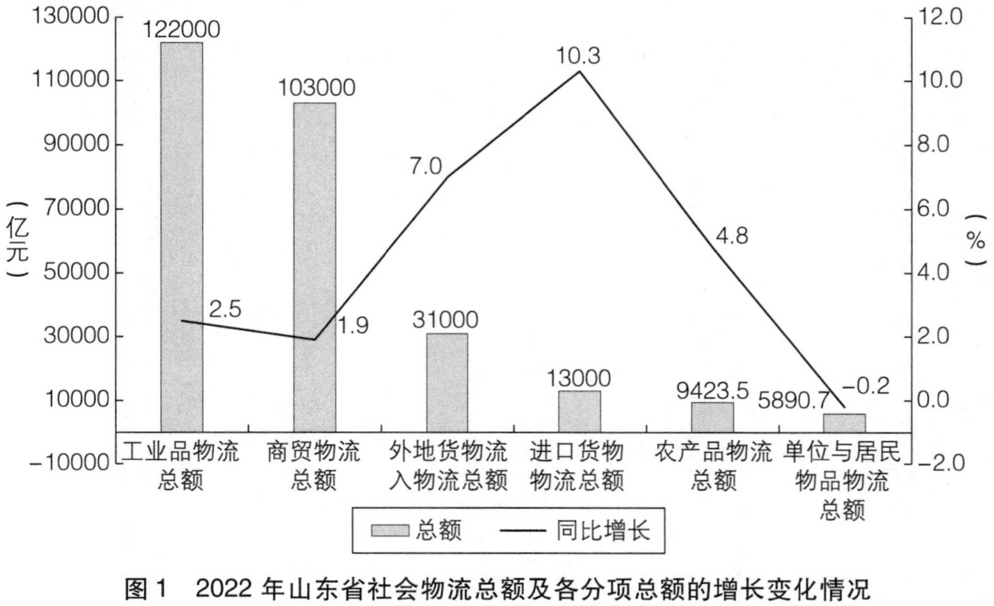

图 1　2022 年山东省社会物流总额及各分项总额的增长变化情况

注：因四舍五入原因，存在总额与分项合计不等。

二、社会物流总费用稳中有降

2022 年，山东省社会物流总费用为 1.3 万亿元，同比增长 7.3%，较前三季度下降 1.7 个百分点；社会物流总费用与 GDP 的比率为 14.8%。从结构看，运输费用 6297.4 亿元，同比增长 7.9%；保管费用 4855.2 亿元，同比增长 7.7%；管理费用 1772.3 亿元，同比增长 3.8%。2022 年山东省社会物流总费用各分项总额及增长变化情况如图 2 所示。

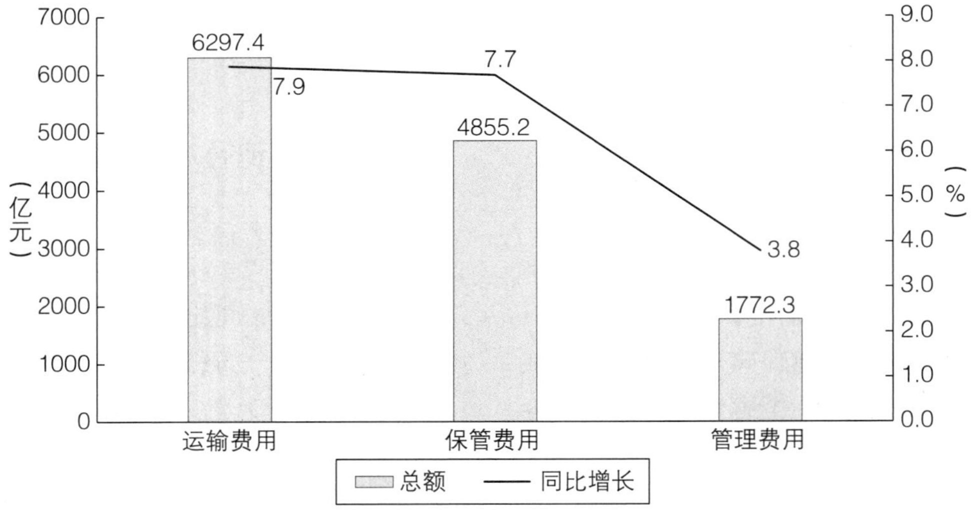

图 2 2022 年山东省社会物流总费用各分项总额及增长变化情况

三、物流业总收入实现较快增长

2022 年，山东省物流业总收入累计完成 8777.3 亿元，同比增长 8.2%。其中，运输环节收入 5309.8 亿元，同比增长 8.9%；保管环节收入 1886.2 亿元，同比增长 8.7%；其他环节收入 1581.3 亿元，同比增长 5.4%。

（山东省发展改革委）

2022 年河南省物流业发展情况

2022 年，受疫情冲击、需求不足和成本上升等多重因素影响，物流业承压较大，但得益于河南省稳经济一揽子政策和交通物流保通保畅措施的有效实施，总体实现稳定运行。

一、社会物流总额平稳增长

2022 年，河南省社会物流总额为 188200.0 亿元，按可比价格计算，同比增长 4.0%。2021—2022 年各季度河南省社会物流总额及增速如图 1 所示。

从需求结构看，工业品物流总额达 159857.6 亿元，同比增长 4.2%，占社会物流总额的 84.9%、同比上升 0.2 个百分点；农产品物流总额达 11694.1 亿元，同比增长 4.8%，占社会物流总额的 6.2%、与去年周期持平；进口货物物流总额 3277.1 亿元，同比增长 3.4%，占社会物流总额的 1.7%、同比下降 0.1 个百分点；单位与居民物品物流总额 1020.9 亿元，同比增长 6.0%，占社会物流总额的 0.5%、与去年同期持平；外省流入物品物流总额 12203.0 亿元，同比增长 1.1%，占社会物流总额的 6.5%、同比下降 0.2 个百分点；再生资源物流总额 147.3 亿元，同比增长 5.1%，

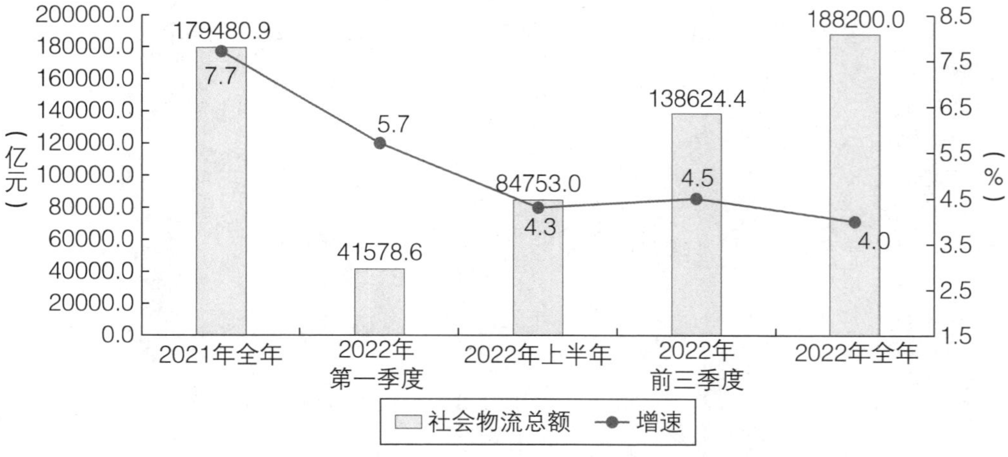

图 1　2021—2022 年各季度河南省社会物流总额及增速

占社会物流总额的 0.1%、与去年同期持平。

二、社会物流效率持续提升

2022 年，河南省社会物流总费用 8250.5 亿元，同比增长 4.2%，社会物流总费用与 GDP 的比率为 13.4%，与去年同期持平。

2021—2022 年各季度河南省社会物流总费用及增速情况如图 2 所示。

从物流各环节的费用看，运输费用 4627.5 亿元，同比增长 3.9%，占总费用的 56.1%、同比下降 0.1 个百分点；保管费用 2596.9 亿元，同比增长 4.3%，占总费用的 31.5%、与去年同期持平；管理费用 1026.1 亿元，同比增长 5.1%，占总费用的 12.4%、同比上升 0.1 个百分点。

三、市场主体不断壮大

2022 年，河南省物流业实现总收入 7792.7 亿元，增长 4.4%。全省交通运输、仓储和邮政业固定资产投资同比增长 11.0%，高于全省固定资产投资 4.3 个百分点，高于全省第三产业投资增速 12.0 个百分点。全省共有 A 级以上物流企业 264 家，较去年年底新增 42 家，其中，5A 级物流企业 13 家，3A 级以上企业 249 家。双汇、华鼎供应链等 9 家企业入选全国冷链物流百强名单，总量位居全国第三。

2018—2022 年河南省社会物流总收入及增速如图 3 所示。

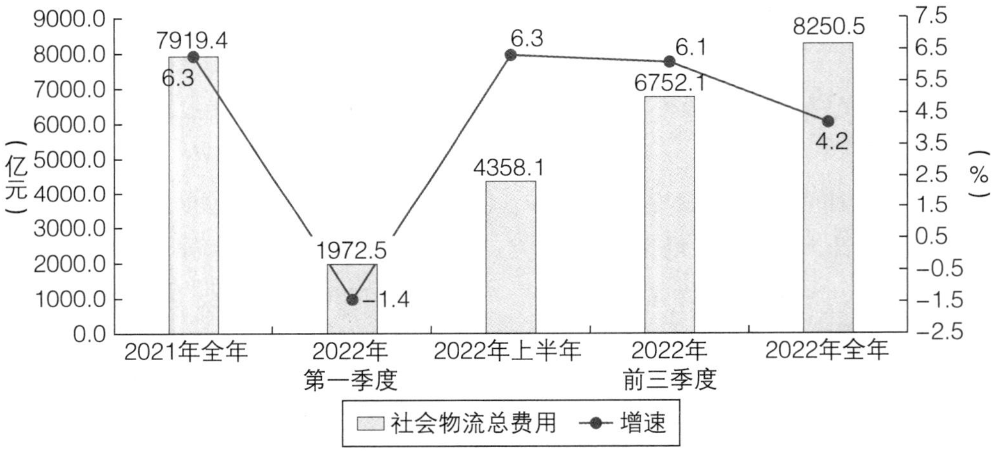

图 2　2021—2022 年各季度河南省社会物流总费用及增速情况

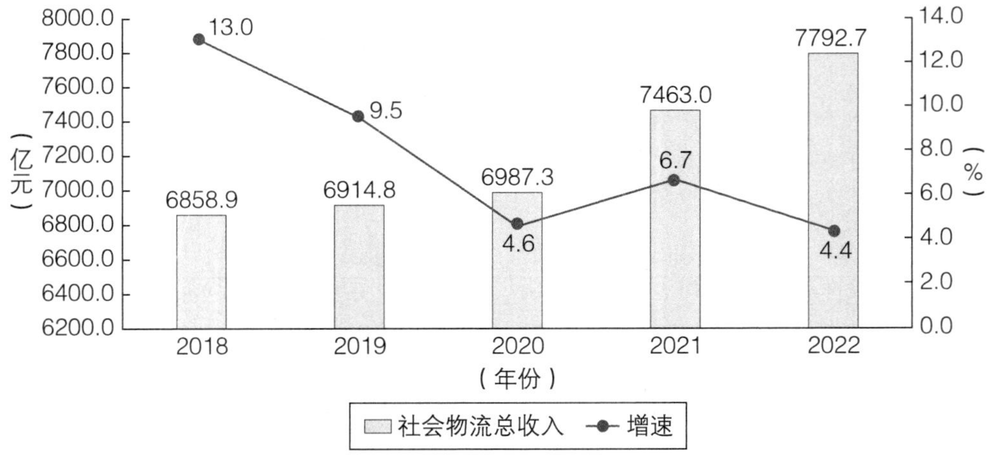

图 3　2018—2022 年河南省社会物流总收入及增速

四、货运实物量平稳增长

2022 年，河南省货运量 25.9 亿吨，增长 1.6%；货物周转量 11404.4 亿吨公里，增长 9.2%。其中，铁路货运量增长 2.4%，货物周转量增长 11.7%；公路货运量增长 1.6%，货物周转量增长 9.8%；水路货运量增长 1.3%，货物周转量增长 1.8%。2022 年河南省货运量和货物周转量情况如下表所示。

2022 年河南省货运量和货物周转量情况

运输方式	货运量（亿吨）	增速（%）	货物周转量（亿吨公里）	增速（%）
铁路	1.1	2.4	2396.9	11.7
公路	23.0	1.6	7716.2	9.8
水路	1.8	1.3	1286.9	1.8
航空	0.0031	-11.4	4.4	-10.4
总计	25.9	1.6	11404.4	9.2

五、中欧班列（中豫号）稳定开行

2022 年，河南省国际班列统一命名为“中欧班列（中豫号）”，实现“五统一”常态化运行，“陆上丝绸之路”由“连点成线”到“织线成网”，构建了“20 个境外直达站点，8 个出入境口岸”的国际物流网络和“1 + N”境内外物流枢纽体系，实现每周去程 16 班、回程 18 班的高频次常态化往返均衡开行状态，业务范围覆盖逾 40 个国家的 140 多个城市，境内外合作伙伴超过 6000 家，综合运营能力处于全国第一方阵。全年全省班列共开行 1752 班、占全国总量的 10.9%，增长 7.4%，累计开行突破 7000 班。其中，郑州开行 1572 班，增长 1.7%；新乡、洛阳分别开行 130 列、50 列，分别增长 128.1%、78.6%。2017—2022 年河南省中欧班列（中豫号）开行数量及增速如图 4 所示。

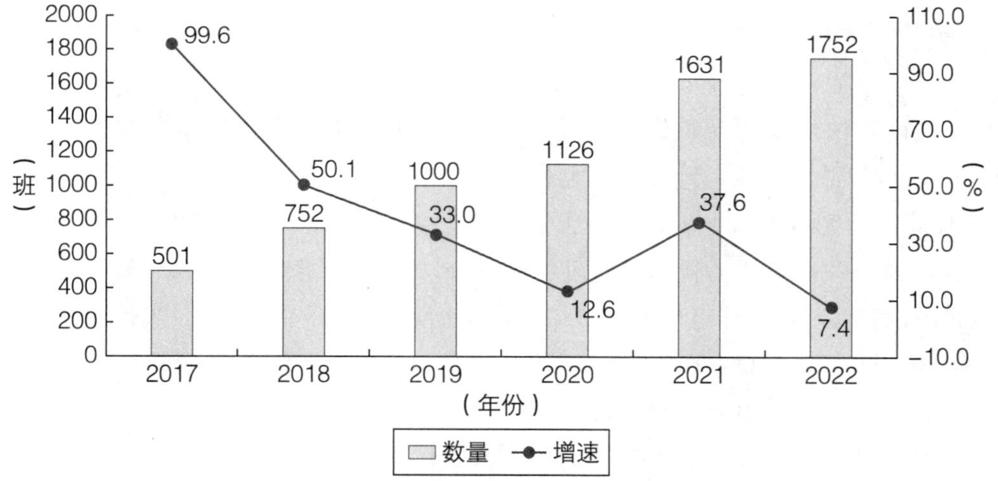

图 4　2017—2022 年河南省中欧班列（中豫号）开行数量及增速

六、航空货运需求下降

郑州机场北货运区正式建成投用，新增货机位 16 个，郑州机场年货邮保障能力跃升至 110 万吨，单体货库面积和货邮保障能力位居中部第一、全国前列，为打造郑州国际航空货运枢纽奠定坚实基础。2022 年，河南省机场货邮吞吐量达到 62.6 万吨、同比下降 11.4%。其中，郑州机场货邮吞吐量为 62.5 万吨、同比下降 11.4%，货运规模连续三年位居全国第 6、跻身全球前 40 强。洛阳机场货邮吞吐量 472.7 吨、同比下降 48.8%；南阳机场货邮吞吐量 554.6 吨、同比下降 34.8%。2021—2022 年各季度河南省机场货邮吞吐量及增速如图 5 所示。

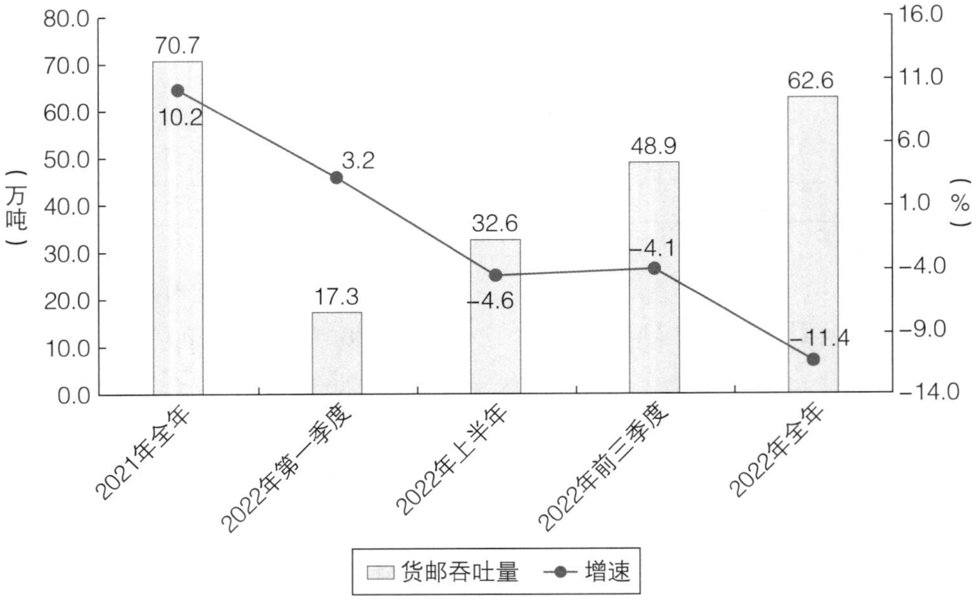

图 5　2021—2022 年各季度河南省机场货邮吞吐量及增速

七、快递物流增速趋缓

2022 年，河南省快递服务企业业务量累计完成 44.5 亿件，位居全国第 6，同比增长 2.2%；业务收入累计完成 331.4 亿元，位居全国第 8，同比增长 3.8%。其中，同城快递业务量累计完成 47614.4 万件，同比增长 6.7%；异地快递业务量累计完成 35694.6 万件，同比增长 1.6%；国际/港澳台快递业务量累计完成 1843.5 万件，同比增长 23.9%。2021—2022 年各季度河南省快递业务量和业务收入增速对比如图 6 所示。

八、物流行业景气水平稳中向好

2022 年，河南省物流业景气指数平均值为 48.0%，低于去年同期 5.3 个百分点。业务活动预期指数平均值为 54.0%，位于较高景气区间，物流业预期将继续保持平稳增长。2021—2022 年河南省物流业景气指数各指标平均值对比情况如图 7 所示。

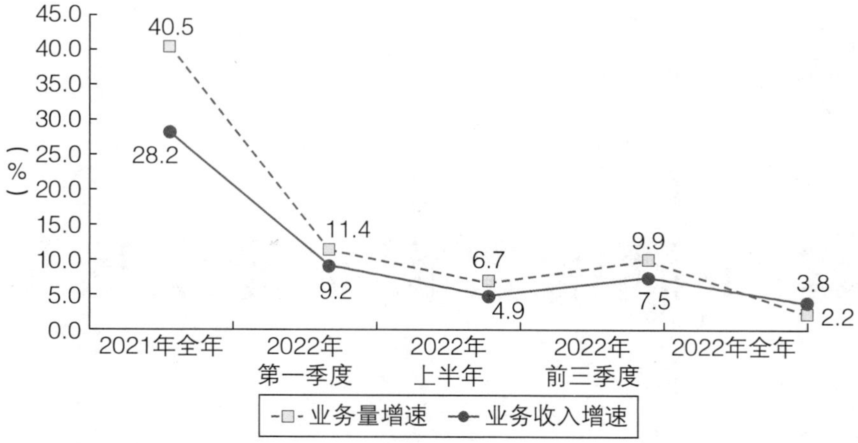

图6　2021—2022 年各季度河南省快递业务量和业务收入增速对比

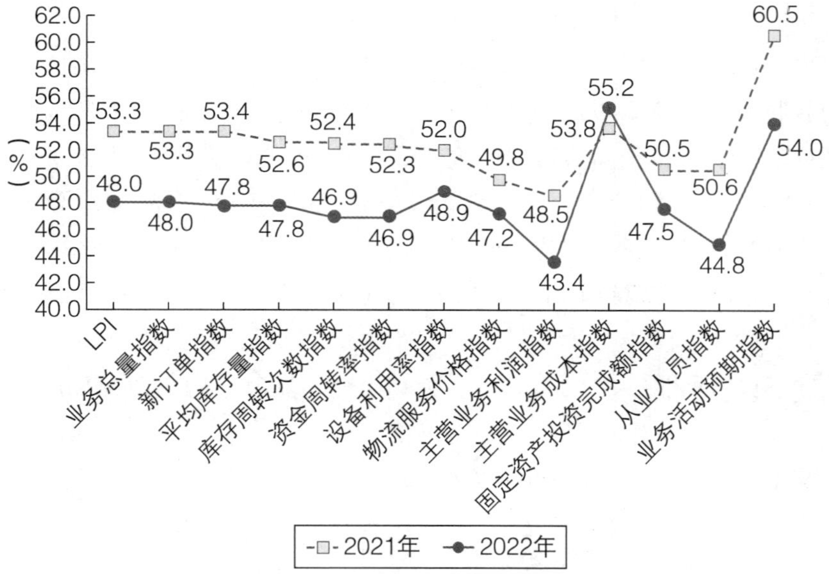

图7　2021—2022 年河南省物流业景气指数各指标平均值对比情况

注：部分数据因四舍五入的原因，存在总计与分项合计不等的情况。

（河南省物流与采购联合会）

2022 年湖南省物流业发展情况

2022 年，面对经济下行压力持续加大、艰巨繁重的改革发展稳定任务和疫情、汛情、旱情叠加影响，湖南省物流行业认真贯彻中共中央和湖南省委、省政府决策部署，全面落实“三高四新”战略定位和使命任务，在疫情冲击、需求不足和成本上升等多重压力下，难中求进，积极做好保通保畅工作，行业运行实现稳中有升。

一、物流需求逐步回暖

2022 年，湖南省社会物流总额 140193.6 亿元，同比增长 5.2%。从构成看，工业品物流总额 88019.1 亿元，同比增长 6.7%；外省流入物品物流总额 41894.5 亿元，同比增长 2.4%；进口货物物流总额 1903.6 亿元，同比增长 8.3%；农产品物流总额 7886.7 亿元，同比增长 3.7%；再生资源物流总额 196.3 亿元，同比增长 4.5%；单位与居民物品物流总额 293.4 亿元，同比增长 10.1%。2022 年湖南省社会物流总额构成情况如图 1 所示。

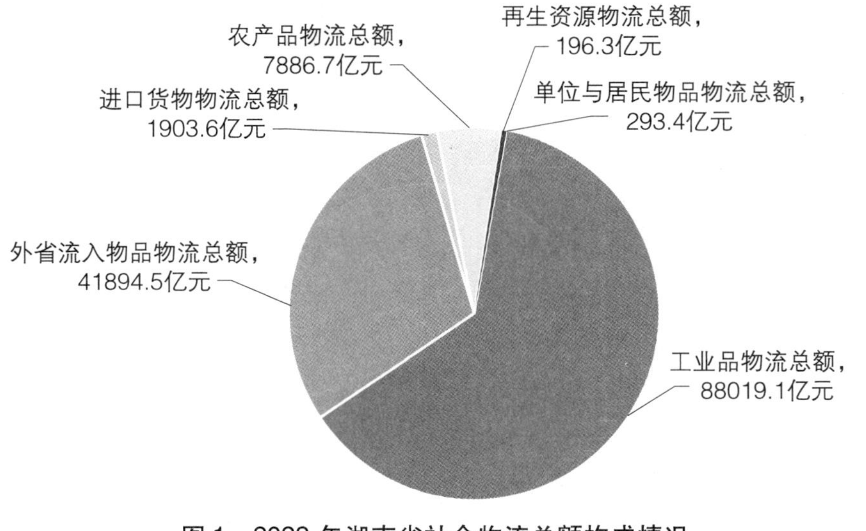

图 1　2022 年湖南省社会物流总额构成情况

二、运行效率稳步提升

2022年，湖南省社会物流总费用7028.1亿元，同比增长5.5%。其中，运输费用3394.8亿元，同比增长3.1%，增速同比下降1.7个百分点；保管费用2523.1亿元，同比增长10.1%，增速同比上升1.5个百分点；管理费用1110.2亿元，同比增长3.3%，增速同比下降0.3个百分点。社会物流总费用与GDP的比率为14.4%，同比下降0.1个百分点。物流市场结构发生变化，物流效率稳步提升。2022年湖南省社会物流总费用构成情况如图2所示。

三、物流业总收入持续增长

2022年，湖南省物流业总收入为4539.3亿元，同比增长5.7%。

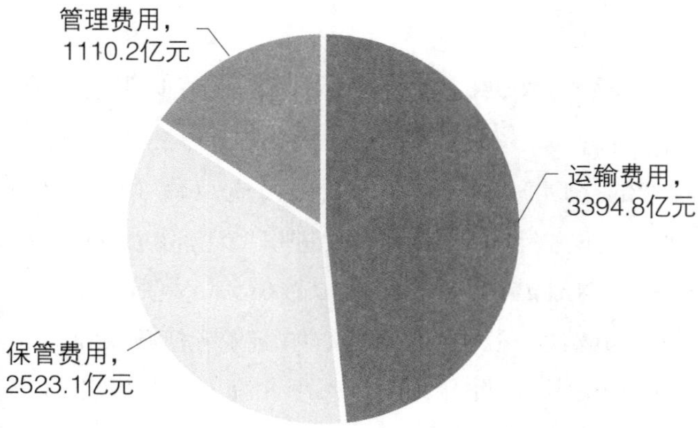

图2　2022年湖南省社会物流总费用构成情况

（湖南省发展改革委）

2022 年海南省现代物流业发展情况

2022 年，海南省物流业面对复杂严峻的经济环境和疫情的影响，在海南省委、省政府物流业“降本增效”接续政策的作用下，全省物流业坚持保畅通、保民生的工作方针，有效保障了产业链供应链稳定和民生物流需求，为全省经济实现正增长作出了积极贡献，社会物流成本略有下降，较去年下降 0.16 个百分点；农产品物流保持稳定增长，同比增长 3.5%，进口物流快速增长，同比增长 12.8%。总的来看，疫情对物流业恢复影响较大，市场规模出现负增长，民生消费领域物流需求下降 9.2%。

一、社会物流总额略有下降

2022 年，海南省社会物流总额 10209.01 亿元，同比下降 2.02%。其基本特征是，外省流入物品物流总额下降幅度较大，同比下降 9.2%，进口货物物流总额继续保持高速增长态势，同比增长 12.8%。

其中，全省农产品物流总额 2272.00 亿元，同比增长 3.5%，农产品物流总额占全省社会物流总额的 22.25%，同比增长 1.19 个百分点；工业品物流总额 2416.89 亿元，同比下降 0.4%，工业品物流总额占全省社会物流总额的 23.67%，同比增长 0.39 个百分点；进口货物物流总额 1286.87 亿元，同比增长 12.8%，进口货物物流总额占全省社会物流总额的 12.61%，同比增长 1.66 个百分点；外省流入物品物流总额 4200.65 亿元，同比下降 9.2%，外省流入物品物流总额占全省社会物流总额的 41.15%，同比下降 3.25 个百分点；单位与居民物品物流总额 32.60 亿元，同比增长 5.3%，单位与居民物品物流总额占全省社会物流总额的 0.32%，同比增长 0.01 个百分点。

2022 年海南省社会物流总额构成及增长情况如图 1 所示。

二、社会物流总费用平稳增长

2022 年，海南省社会物流总费用 1425.04 亿元，同比增长 4.51%。海南省社会物流总费用与 GDP 的比率为 20.90%，同比下降 0.16 个百分点。

从结构来看，2022 年全省运输费用 885.99 亿元，同比增长 8.93%，运输费用占社会物流总费用的 62.17%，比上年升高 2.52 个百分点；

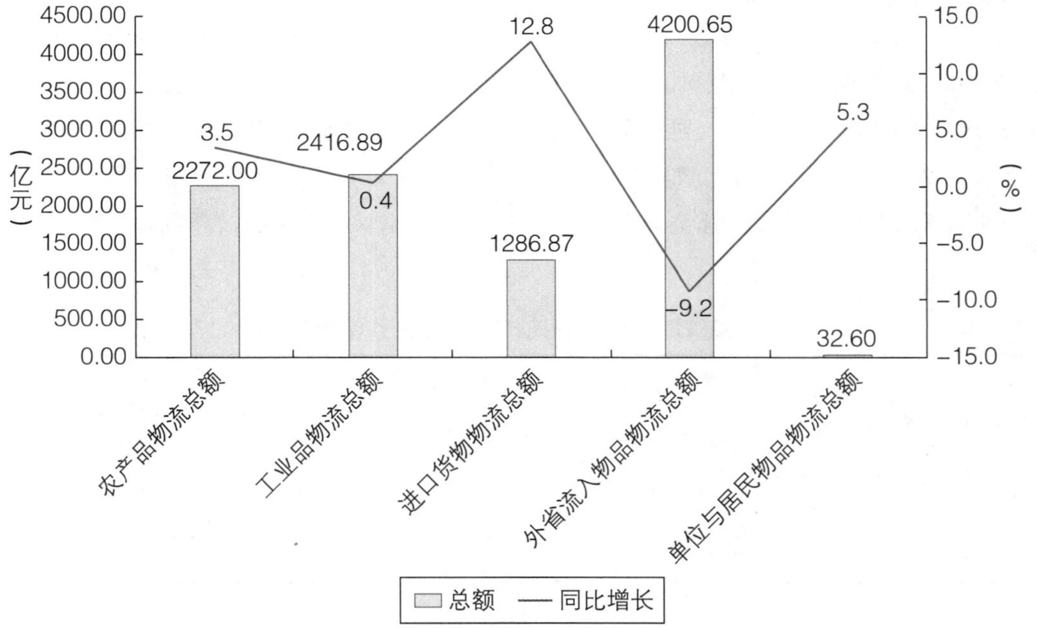

图1 2022年海南省社会物流总额构成及增长情况

保管费用358.96亿元，同比下降2.02%，保管费用占社会物流总费用的25.19%，比上年降低1.68个百分点；管理费用180.09亿元，同比下降2.02%，管理费用占社会物流总费用的12.64%，比上年降低0.84个百分点。

2022年海南省社会物流总费用构成及增长情况如图2所示。

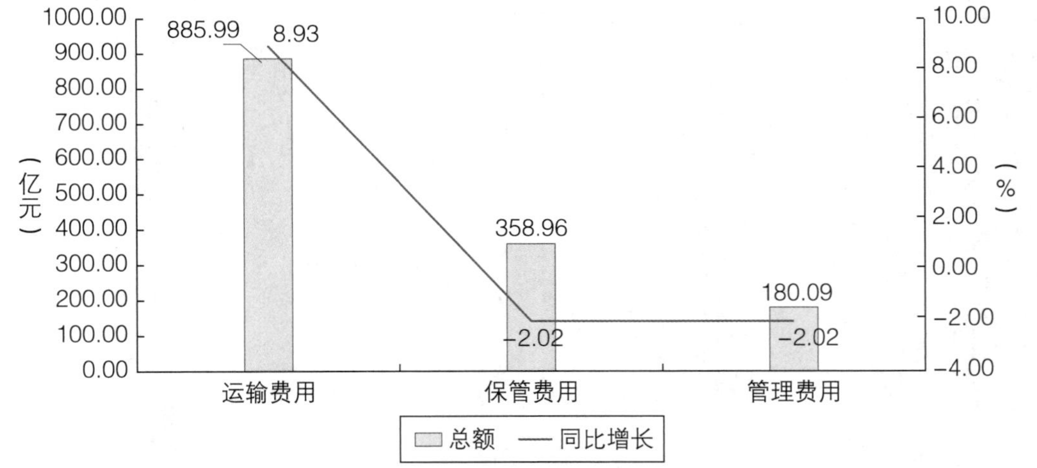

图2 2022年海南省社会物流总费用构成及增长情况

三、物流业务收入稳定增长

2022 年，海南省现代物流业收入 992.07 亿元，同比增长 3.91%。其中，交通运输、仓储和邮政业收入 709.31 亿元，同比增长 1.68%，交通运输、仓储和邮政业收入占社会物流业收入的 71.50%，比上年降低 1.57 个百分点；批发零售业内部物流收入 183.74 亿元，同比增长 10.14%，占物流业收入的 18.52%，比上年升高 1.05 个百分点；工业内部物流收入 99.02 亿元，同比增长 9.72%，占物流业收入的 9.98%，比上年升高 0.53 个百分点。2022 年海南省现代物流业收入情况如下表所示。

2022 年海南省现代物流业收入情况

项目	收入（亿元）	同比增长（%）
海南省现代物流业	992.07	3.91
交通运输、仓储和邮政业	709.31	1.68
批发零售业内部物流	183.74	10.14
工业内部物流	99.02	9.72

注：自 2022 年第三季度起，与海南省统计局协调后，全省社会物流统计部分指标统计口径有所变更，物流统计数据以最新发布数据为准。由于统计口径调整，2021 年发布的社会物流总费用与 GDP 的比率为 16.57%，变更为 21.06%。

（海南省发展改革委）

2022 年重庆市物流业发展情况

2022 年，重庆市物流行业坚持以习近平新时代中国特色社会主义思想为指导、深入贯彻党的二十大和市委六届二次全会精神，立足新发展阶段，完整、准确、全面贯彻新发展理念，积极融入和服务构建新发展格局，紧紧围绕习近平总书记对重庆提出的坚持“两点”定位、“两地”“两高”目标，发挥“三个作用”和推动成渝地区双城经济圈建设等重要指示要求；在市委、市政府的坚强领导下，围绕中国式现代化的深刻内涵和本质要求，加快建设内陆国际物流枢纽和口岸高地，加快建设西部陆海新通道，着力构建现代物流体系，健全现代流通体系，有力保障了产业链供应链循环畅通，有力服务和改善了社会民生，有力支撑了现代化新重庆建设和西部地区开放开发。

一、物流规模相对平稳，货运结构明显好转

2022 年，重庆市完成货物运输总量 13.54 亿吨，同比下降 6.1%。其中，铁路货运量 1828 万吨，同比增长 14.8%；公路货运量 111914.65 万吨，同比下降 7.6%；水路货运量 21677.69 万吨，同比增长 1%；航空货运量 12.30 万吨，同比下降 15.6%。完成铁水联运量 2417.6 万吨，同比增长 11.8%。铁路、公路、水路运输结构调整为 1.4：82.6：16，公路货运量占比下降 1.4 个百分点，铁路货运量、水路货运量占比分别提升 0.3 个、1.1 个百分点。

2022 年，重庆市完成货物周转量 3871.90 亿吨公里，同比增长 0.8%。其中，铁路货物周转量 292.17 亿吨公里，同比增长 18.5%；公路货物周转量 1063.30 亿吨公里，同比下降 8.0%；水路货物周转量 2513.22 亿吨公里，同比增长 3.2%；航空货物周转量 3.20 亿吨公里，同比下降 0.6%。全年内河港口货物吞吐量 20655.37 万吨，同比增长 4.3%；空港货物吞吐量 41.58 万吨，同比下降 13.1%。国际标准集装箱吞吐量 176.54 万标准箱，其中，铁路吞吐量 47.37 万标准箱，同比增长 24.2%。

二、物流需求增速放缓，运行质量持续提升

2022 年，重庆市高效统筹疫情防控和经济社会发展，加力实施稳经济一揽子政策举措，着力稳住宏观经济大盘，经济发展保持恢复态

势，拉动物流需求平稳增长。全年社会物流总额38150.4亿元、同比增长3.8%，增速高于全市年度GDP可比增速1.2个百分点。从构成看，农产品物流总额2147.9亿元、同比增长4.5%，占比5.6%；工业品物流总额27426.2亿元、同比增长3.9%，占比71.9%；外部流入货物物流总额8242.9亿元、同比增长5.3%，占比21.6%；单位与居民物品物流总额189.5亿元、同比增长16.1%，占比0.5%；再生资源物流总额143.9亿元，占比0.4%。（因四舍五入原因，存在分项与合计不符）

2018—2022年重庆市社会物流总额构成情况如下表所示。

2018—2022年重庆市社会物流总额构成情况 单位：亿元

指标	2018年	2019年	2020年	2021年	2022年
重庆市社会物流总额	26600.1	28901.5	31787.5	36752.0	38150.4
农产品物流总额	1371.0	1496.2	1759.4	2055.0	2147.9
工业品物流总额	19910.4	21654.4	23079.2	26391.1	27426.2
进口货物物流总额	1827.3	2079.9	2325.9	2832.3	2913.0
外省货物物流总额	3251.8	3343.5	4218.2	4998.6	5329.9
单位与居民物品物流总额	134.8	166.3	202.1	163.2	189.5
再生资源物流总额	104.8	161.2	202.7	311.8	143.9

近年来，重庆市通过不断加强顶层设计、创新物流组织、强化服务保障等措施，深入推进物流降本增效综合改革试点，着力破解物流降本增效的瓶颈制约。2022年，重庆市社会物流总费用4074.7亿元，同比增长2.7%。其中，运输费用2359.4亿元、同比增长0.5%，占比57.9%；保管费用1275.9亿元、同比增长4.9%，占比31.3%；管理费用439.4亿元、同比增长9.4%，占比10.8%。社会物流总费用与GDP的比率为14.0%，同比下降0.2个百分点，连续三年低于全国平均水平。

2018—2022年重庆市社会物流总费用构成如下图所示。

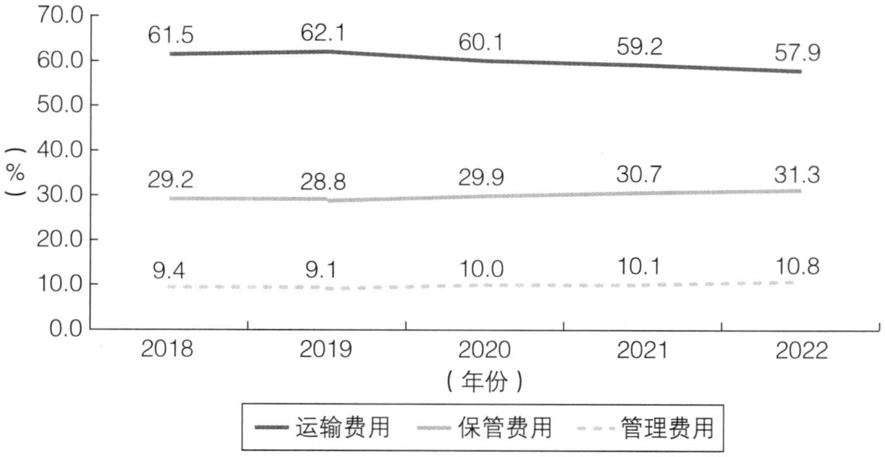

2018—2022年重庆市社会物流总费用构成

注：图中2018年的数据因四舍五入原因，分项合计超过百分百。

三、物流产业做优做强，市场主体逐步壮大

2022 年，重庆市物流业总收入 3245.6 亿元，同比增长 2.7%。其中，运输收入 2109.3 亿元，增长 0.4%；保管收入 1136.3 亿元，增长 7.2%。重庆入选首批国家综合货运枢纽补链强链城市，获批国家骨干冷链物流基地。全市冷库容量达 230 万吨，其中，高温冷库占 24%，低温冷库占 76%。川航物流重庆公司成立，全市航空货运基地公司达到 2 家。全年新评定 A 级物流企业 12 家（含升级），其中 5A 级 2 家、4A 级 2 家、3A 级 8 家；截至 2022 年年底，A 级物流企业保有量达 68 家。

四、物流通道提速增效，网络布局更加完善

2022 年，重庆市有序推进开放通道建设，着力完善西部陆海新通道、中欧班列、长江黄金水道、渝满俄国际铁路班列、国际航空网络通道等开放通道功能，基本形成东西南北四向联通、铁公水空四式联动，连接欧亚、直达东盟、通江达海、畅行全球的复合型网状开放通道体系，通道网络覆盖 100 余个国家（地区）的 300 余个城市。

一是西部陆海新通道增量拓面。2022 年，重庆经西部陆海新通道运输 14.8 万标准箱、货值 251 亿元，同比分别增长 32%、34%，占通道沿线地区总量的 28%；新开辟运行线路 78 条，通道网络覆盖 119 个国家和地区的 393 个港口。

二是中欧班列（成渝）逆势增长。在俄乌冲突影响亚欧贸易的情况下，中欧班列（成渝）全年开行超过 5000 列，占全国开行总量的比重超过 30%；渝满俄国际铁路班列发展迅速，全年开行 2145 列、增速达 105%。成功测试中欧班列南通道班列，新增 3 处境外集散分拨中心，稳定运行线路近 50 条，通道网络覆盖亚欧大陆全境。

三是智慧长江物流工程扎实推进。智慧长江物流工程一期完成验收，共享班轮提高船舶重箱装载率 8%、周转率 10%，压减集装箱运输成本 10%，三峡船闸货物通过量净增 1000 万吨，降低物流成本近 30 亿元；开行沪渝直达快线 1196 艘次、与去年基本持平，开行嘉陵江干支联运班轮 52 艘次、运输集装箱 2268 标准箱，宜宾、泸州至果园港“小改大”班轮 709 艘次、运输货物 10 万标准箱，重庆作为长江上游最大的枢纽港地位得到巩固。

四是国际航空枢纽建设稳步推进。国际（地区）航线累计开通 109 条，其中新开印度新德里、孟买 2 条全货运航线，累计开通货运航线 29 条；国际货邮吞吐量连续第二年超过 20 万吨、达到 22 万吨。

五是跨境公路物流体系不断完善。重庆跨境公路班车共发车 3373 车次，发运 7588 标准箱，总货值约 22 亿元；开辟直通印度洋的公海联运新通道、重庆—泰国公铁联运新线路，形成“3 向 11 线 19 口岸”出入境通道体系，探索发展“跨境零担快运”新模式，集装箱综合装载率提高 10%。

五、物流口岸日益健全，枢纽地位显著增强

口岸开放持续扩大。2022 年，万州机场正式开放，成为重庆市“十四五”时期第一个获批对外开放的口岸和第二个正式开放的航空口

岸；重庆港水运口岸扩大开放万州新田港区、涪陵龙头港区、江津珞璜港区，3个口岸开放项目均纳入国家口岸开放审理计划；重庆铁路口岸成为全国首个可开展中欧班列进口运邮的城市；果园港口岸进境肉类指定监管场地通过海关总署验收。

物流枢纽扩容提质。2022年，重庆市成功创建生产服务型国家物流枢纽，成为全国唯一兼有四种类型国家物流枢纽的承载省（区、市）。港口型国家物流枢纽鱼嘴铁路货运站建设有序推进，中新（重庆）多式联运示范基地一期建成运营，果园港完成货物吞吐量2548万吨、同比增长22.1%，集装箱吞吐量88.95万标准箱、同比增长67%；陆港型国家物流枢纽建成并投用内陆国际物流枢纽展示中心，加快打造国际物流城“升级版”，园区累计在册企业超过5000家，全年枢纽货物吞吐量达到3303万吨、同比增长4.86%，其中集装箱吞吐量87.52万标准箱；空港型国家物流枢纽江北机场T3B航站楼及第四跑道工程完成总工程量的30%左右。

六、降本增效有序推进，营商环境不断优化

一是完善规划和政策体系，引领和保障作用更加明显。出台《重庆市人民政府办公厅关于重庆市“十四五”时期推进西部陆海新通道高质量建设的实施意见》《西部陆海新通道沿线省区市与东盟国家合作行动方案（2022—2025）》《共建成渝地区双城经济圈口岸物流体系实施方案》《重庆市冷链物流高质量发展“十四五”规划》等文件；从优化既有政策实施、加大税费减免力度等十个方面制定了《重庆市口岸物流支撑产业链供应链循环畅通若干政策措施》，促进产业链安全稳定运行；制定出台《重庆市贯彻落实国务院营商环境创新试点和海关总署2022年促进跨境贸易便利化专项行动工作措施》，推出21条改革举措，持续提升跨境贸易便利化水平；出台《建立健全重庆口岸安全联合防控工作制度的实施意见》，完善口岸安全联合防控机制，切实提升口岸安全防控能力，保障重点产业链供应链稳定；深入贯彻落实国家相关部门强化交通物流保通保畅的一系列支持政策，落实高速公路货车优惠通行，交通物流专项再贷款放款34.7亿元，三项社保费缓交9.3亿元；印发《重庆市贯彻落实2022年新出台增值税留抵退税政策工作方案》，加大政策宣传力度，确保企业充分享受退税红利。

二是创新驱动行业发展，促进物流提质增效降本。重庆国际贸易“单一窗口”西部陆海新通道平台上线国家平台，成为第一个由地方建设上升为国家标准版并在全国推广应用的平台，有效支撑通关便利化水平提升；获批成为5个铁路运输单证金融服务试点省市之一，开展中新铁海联运“一单制”数字提单测试，实现数字提单跨境传输，全年签发铁海联运提单1159票、国际铁路提单3333票，单证签发量同比增长139.4%；依托国际贸易“单一窗口”发展“贸易+金融”模式，上线全国首个跨境金融区块链西部陆海新通道融资结算场景，累计服务620余家企业，办理融资与结算合计33.3亿美元。

注：文中货运量和货物周转量数据来自《2022年重庆市国民经济和社会发展统计公报》。

（重庆市物流与供应链协会）

2022 年四川省物流业发展情况

2022 年，面对多重困难叠加的冲击，四川省积极采取各种措施，攻坚克难，有效保障了物流产业链循环和民生稳定，物流行业韧性进一步显现。

一、物流规模持续扩大

2022 年，四川省社会物流总额达到 106487.7 亿元，同比增长 4.0%（按可比价格计算，下同），增速比上年回落 8.0 个百分点。

从结构看，工业品物流总额 59604.2 亿元、增长 4.7%，占比 56.0%。进口货物物流总额 33344.0 亿元、增长 2.3%，占比 31.3%。农产品物流总额 9859.8 亿元、增长 4.0%，占比 9.3%。再生资源物流总额 260.7 亿元、增长 13.4%，占比 0.2%。单位与居民物品物流总额 3419.0 亿元、增长 8.3%，占比 3.2%。

2022 年四川省社会物流总额构成及增长变化情况如图 1 所示。

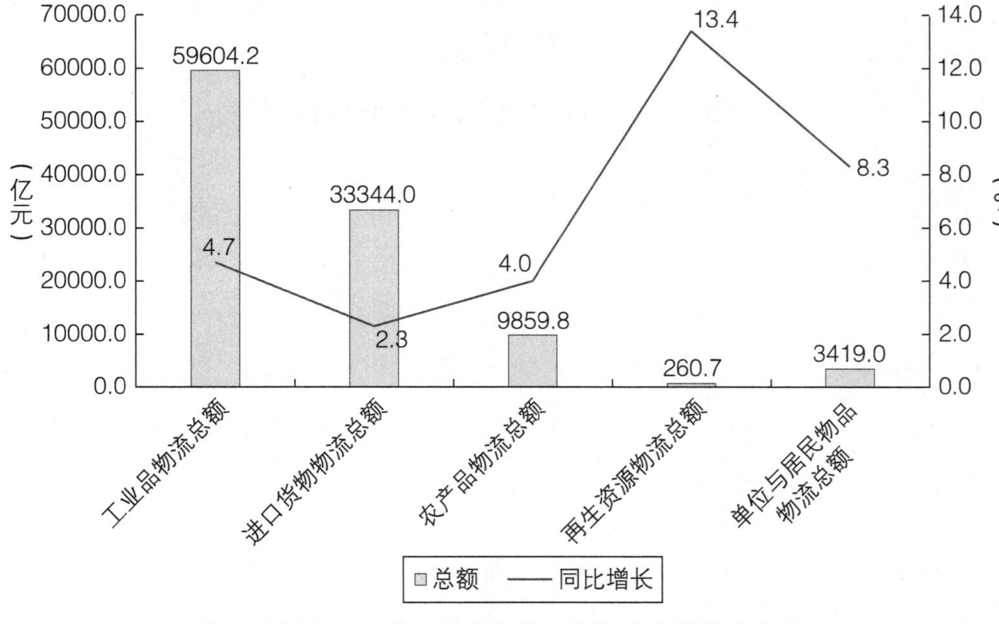

图 1　2022 年四川省社会物流总额构成及增长变化情况

二、物流收入稳定增长

2022 年，四川省物流业实现总收入 5808. 5 亿元、比上年增长 10. 2%，增速比上年高 0. 9 个百分点。从结构看，运输环节占比 73. 6%，保管环节占比 11. 9%。邮政业务总量增长 7. 7%，收入增长 10. 2%。快递服务企业业务量增长 3. 1%，收入增长 3. 8%。

三、物流运行效率有所下降

2022 年，四川省社会物流总费用 8574. 9 亿元、比上年增长 17. 1%，增速比上年高 1. 3 个百分点。社会物流总费用与 GDP 的比率为 15. 1%，比上年高 0. 4 个百分点。

从构成看，运输费用 6124. 6 亿元、比上年增长 23. 8%，占比 71. 4%；保管费用 1780. 7 亿元、比上年增长 3. 7%，占比 20. 8%；管理费用 669. 6 亿元、比上年增长 1. 7%，占比 7. 8%。

2022 年四川省社会物流总费用构成及增长情况如图 2 所示。

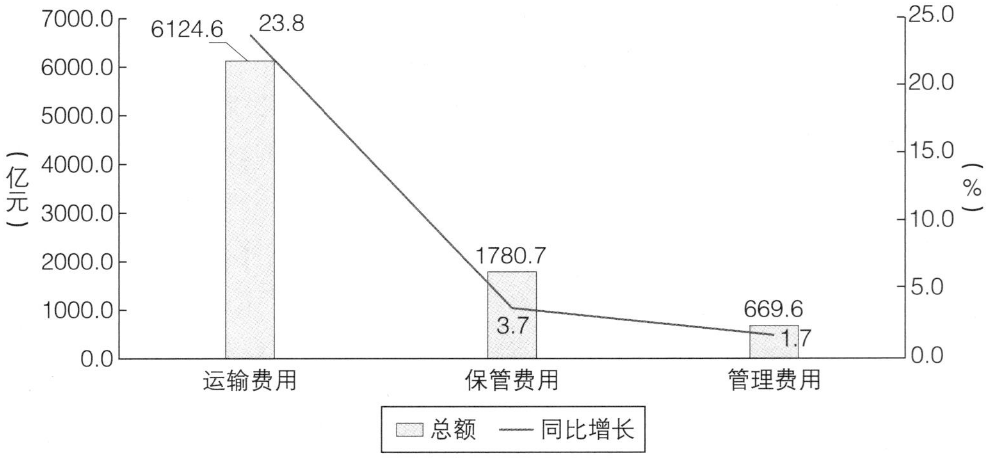

图 2　2022 年四川省社会物流总费用构成及增长情况

（四川省发展改革委）

2022 年陕西省物流业发展情况

2022 年，陕西省物流业全面落实省委、省政府关于“疫情要防住、经济要稳住、发展要安全”的重要部署，在防控疫情、发展经济中发挥积极作用，为全省物流保通保畅和经济社会持续稳定发展作出重要贡献。

一、主要运输方式完成货物运输情况

（1）2022 年，陕西省完成货物运输总量 16.47 亿吨，比上年增长 2.5%。其中，铁路货物运输量 4.35 亿吨，比上年增长 14.8%；公路货物运输量 12.12 亿吨，比上年下降 1.2%。

（2）2022 年，陕西省完成货物周转量 4369.64 亿吨公里，比上年增长 10.7%。其中，铁路货物周转量 2497.87 亿吨公里，比上年增长 17.5%；公路货物周转量 1871.02 亿吨公里，比上年增长 2.9%（其他运输方式未做统计）。

二、邮政和快递业务完成情况

2022 年，陕西省完成邮政业务总量 183.89 亿元，比上年增长 9.1%。其中，快递业务量 11.28 亿件，比上年增长 0.9%。

三、西安中欧班列“长安号”运行情况

（1）2022 年，西安中欧班列“长安号”开行量 4639 列，同比增长 20.8%，全年运输货物 411.7 万吨，同比增长 43.3%。其中，欧洲方向开行 3974 列（去程 1971 列，回程 2003 列），中亚方向开行 665 列（去程 517 列，回程 148 列）。2022 年，西安中欧班列“长安号”开行量、货运量、重箱率三项指标均位居全国第一。2022 年，陕西省内 381 家企业通过西安中欧班列“长安号”进出口货物量同比增长 5.2%。

（2）2022 年，西安国际港务区全年开行跨境电商专列 198 列，跨境电商交易额 35.1 亿元，同比增长 40.4%。

四、综合交通投资完成情况

2022 年，陕西省交通运输投资完成 818 亿元，较上年同比增长 39.9%。其中，公路和水

路完成投资531亿元，同比增长19.1%；铁路完成投资189亿元，同比增长112.4%；民航完成投资98亿元，同比增长97.7%。

五、交通基础设施网络建设情况

2022年，陕西省四通八达、内畅外联的交通基础设施网络日趋完善。全省公路总里程突破18万公里，较10年前新增3.1万公里，增长20.7%；其中，高速公路通车总里程达到6484公里，较10年前新增近2700公里，增长71%；全省铁路营业总里程超过6000公里，较10年前增长44.3%，建成投运大西、宝兰、西成、银西等高铁，营业里程超过1000公里，较10年前增长780%，实现与周边5省高铁直连；建设西安咸阳国际机场三期扩建工程，完成汉中、延安、安康机场迁建和榆林机场二期扩建，省内“一主四辅”民用机场体系得到巩固提升；加快畅通汉江黄金水道，建成陕西省首条国家高等级航道汉江安康至白河段，全面完工汉江洋县至安康航运工程。

六、陕西成为国内交通枢纽省

2022年，陕西省交通运输业加快实施《陕西省省级公路网规划（2018—2035）》《大西安立体综合交通发展战略规划》。目前，在国家“十纵十横”综合运输大通道中有6条、国家高速公路网中有24条、“八横八纵”高铁主通道中有4条经过陕西省。在“678”国家综合立体交通网中，京津冀—成渝主轴和京藏、大陆桥、西部陆海3条走廊及福银通道等5个主骨架经过陕西省。西安被定义为国际性综合交通枢纽、国际铁路枢纽、国际性航空枢纽和全球性国际邮政快递枢纽城市，宝鸡、榆林、安康被列为全国性综合交通枢纽城市。

七、所有建制村实现通沥青（水泥）路、通客车、通邮

2022年，陕西省加快推进“四好农村路”建设，累计创建全国市域示范创建突出单位2个、全国示范县15个，省级示范市3个、示范县62个，全省“最美农村路”10条。全省县、乡、村三级物流体系基本建立，乡镇快递网点全覆盖，实现了快递“运有所达”。

八、创建达标国家A级物流企业情况

2022年，陕西省创建达标国家A级物流企业228家。其中，5A级物流企业16家、4A级物流企业51家、3A级物流企业150家、2A级物流企业9家、1A级物流企业2家。

九、启用道路运输驾驶员电子证照系统

（1）2022年，陕西省道路运输驾驶员高频事项“跨省通办”业务的办结率达97%，全省道路运输驾驶员电子证照系统全面启用。全省道路运输的“3类9证”道路运输驾驶员电子证照包括道路运输经营许可证、道路危险货物运输许可证、放射性物品道路运输许可证、网络预约出租汽车经营许可证、道路运输证、网络预约出租汽车运输证、道路运输从业人员从业资格证、巡游出租汽车驾驶员证、网络预约出租汽车驾驶员证，均实现全国范围内互信互认。

（2）2022年全省建成符合国家部委标准的“司机之家”5个、陕西省“司机之家”20个。

（数据来源：2022年陕西省国民经济和社会发展统计公报、2022年12月9日中共陕西省委宣传部、省人民政府新闻办公室新闻发布会）

（陕西省道路运输协会 闫鸣）

2022 年宁夏回族自治区现代物流业发展情况

2022 年，在宁夏回族自治区党委和政府的正确领导下，全区上下坚持以习近平新时代中国特色社会主义思想为指导，认真贯彻落实习近平总书记视察宁夏重要讲话指示批示精神，坚持稳中求进工作总基调，加快落实稳经济一揽子政策和接续政策措施，高效统筹疫情防控和经济社会发展，全面落实自治区第十三次党代会精神，拓展打好“七大战役”，全力以赴稳经济、保增长、促发展。加大宏观调控力度，有效应对超预期因素冲击，全区物流运行持续保持总体平稳、稳中有进、进中向好的发展态势。

一、社会物流总额突破 1 万亿元大关，运行态势较好

2022 年，在宁夏回族自治区经济运行呈现总体平稳的前提下，物流需求延续前期的中高速增长，全区社会物流总额突破 1 万亿元大关，达到 10230.11 亿元，同比增长 16.2%，增速比去年同期回落 11.9 个百分点。从各季度来看，增速比第一季度、上半年和前三季度分别回落 13.1 个、8.5 个和 5.8 个百分点。2021—2022 年各月宁夏回族自治区社会物流总额及增长速度如图 1 所示。

——工业品物流需求稳中趋缓，支撑带动作用强劲。2022 年，全区各地区各部门高效统筹疫情防控和经济社会发展，加大宏观调控力度以应对超预期因素冲击，全年工业生产总体稳定，工业品物流需求保持稳中趋缓，为保持经济社会大局稳定提供了坚实保障。2022 年，全区工业品物流总额完成 7104.4 亿元，同比增长 18.5%，增速比上年同期回落 17.7 个百分点，比第一季度、上半年和前三季度分别回落 16.8 个、11.7 个和 7.9 个百分点。在工业品物流需求结构中，一是制造业贡献突出；二是重点企业、新建企业快速增长；三是十大工业行业“8 增 2 降”；四是主要产品产量增长较快；五是工业品价格较高。工业品物流占全社会物流总额的 69.4%，比 2021 年提高 1.3 个百分点，拉动社会物流总额增长 12.6 个百分点。

——批发业物流需求恢复略有放缓，市场活力仍然较强。2022 年，全区面对经济运行中出现的超预期因素冲击，各地区各部门高效统

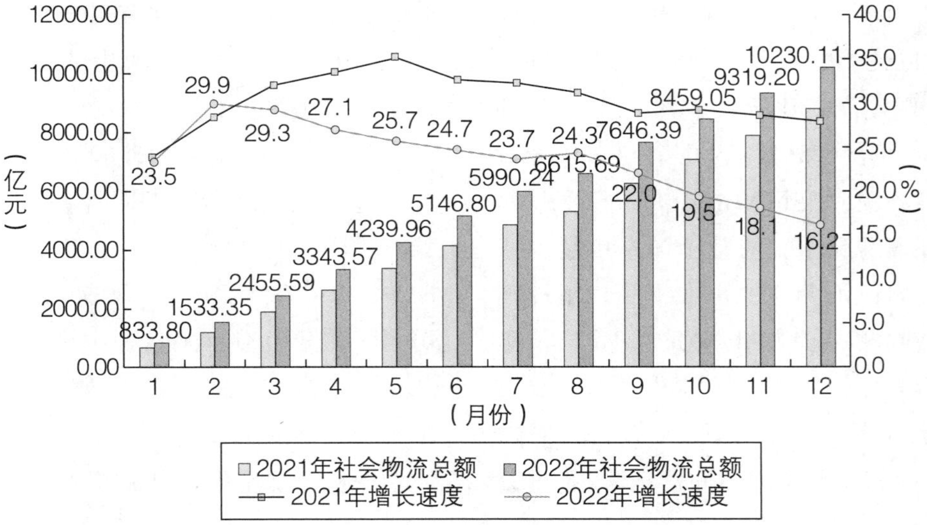

图1　2021—2022年各月宁夏回族自治区社会物流总额及增长速度

筹疫情防控和经济社会发展，推动促消费政策持续发力显效，基本生活用品市场供给充足，批发业物流需求恢复略有放缓，批发市场活力仍然较强。2022年，全区批发业物流总额完成2337.8亿元，同比增长10.6%，增速比上年同期回落4.1个百分点。比第一季度、上半年和前三季度分别回落6.0个、0.7个和2.7个百分点。第一季度，市场销售在3月受到疫情影响，批发业物流总额同比增长16.6%；第二季度，受上海等地疫情冲击，批发业物流总额同比增长11.3%；第三季度，随着一系列促消费政策落地显效，市场主体加快复商复市，批发业物流总额同比增长13.3%；第四季度，疫情反弹再次对消费市场造成一定冲击，批发业物流总额同比增长10.6%。其中，71.2%线上批发业物流增长11.8%，拉动批发业物流增长8.3个百分点；28.8%线下批发业物流增长7.6%，拉动批发业物流增长2.3个百分点。批发业物流总额占全社会物流总额的22.9%，比2021年降低1.1个百分点，拉动社会物流总额增长2.5个百分点。

——农产品物流增速稳定，需求保持良好态势。2022年，全区农产品物流总额完成702.06亿元，同比增长11.6%，增速比上年同期回升3.8个百分点，比第一季度和上半年分别回落2.5个和3.2个百分点，比前三季度回升2.3个百分点。一是粮食生产实现“十九连丰”；二是畜牧业生产快速增长；三是奶产业发展势头强劲；四是主要农产品供给充足，农产品市场保持总体稳定。

——进口货物物流持续较快增长，贸易结构进一步优化。2022年，全区进口货物物流总额完成60.6亿元，同比增长54.5%，增速比上年同期回升47.7个百分点。比第一季度、上半年和前三季度分别回升39.8个、35.4个和3.9个百分点。按贸易区分，保税监管场所进口货物增长390.9%，占进口总额的2.3%；海关特殊监管区域进口货物增长745.4%，占进口总额的15.3%；一般贸易进口货物增长4.0%，占进口总额的80.9%。

——单位与居民物品物流基本稳定，需求动力减弱。面对疫情散发和极端天气等不利因素影响，各地区各部门积极落实“保基本民生”等政策措施，单位与居民物品物流基本稳定。2022 年，单位与居民物品物流总额完成 25.25 亿元，同比增长 4.2%，增速比上年同期回落 18.8 个百分点，比第一季度、上半年和前三季度分别回落 6.5 个、3.6 个和 1.9 个百分点。消费市场受到疫情冲击较大，特别是聚集性、接触性消费受限，对整个消费市场形成的冲击较大。居民消费意愿也在下降，不敢消费、不便消费问题比较突出。另外，受疫情影响，居民出行减少，居家线上消费需求明显增长。全区快递业务量完成 9905.9 万件，同比下降 0.6%，增速比上年同期回落 36.7 个百分点，比第一季度、上半年和前三季度分别回落 8.5、10.0 个和 9.9 个百分点。增速比全国低 2.7 个百分点，在全国 31 个省区市中排名第 23 位；快递业务收入 15.62 亿元，同比增长 1.4%，增速比上年同期回落 28.9 个百分点，比第一季度、上半年和前三季度分别回落 6.2 个、5.3 个和 4.7 个百分点。增速比全国低 0.9 个百分点，在全国 31 个省区市中排名第 18 位。2022 年 1—12 月宁夏回族自治区快递业务量与收入的增长变化情况如图 2 所示，2022 年宁夏回族自治区社会物流总额构成情况如图 3 所示。

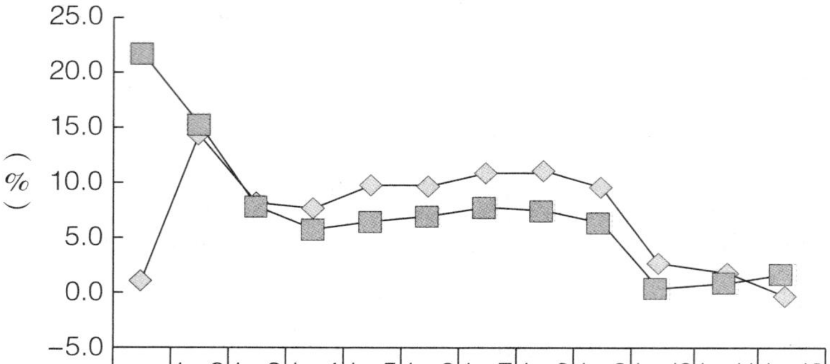

	1月	1—2月	1—3月	1—4月	1—5月	1—6月	1—7月	1—8月	1—9月	1—10月	1—11月	1—12月
快递业务量的增速（%）	0.8	14.1	7.9	7.4	9.5	9.4	10.6	10.8	9.3	2.4	1.5	-0.6
快递业务收入的增速（%）	21.6	15.1	7.6	5.5	6.2	6.7	7.5	7.2	6.1	0.1	0.6	1.4

图 2　2022 年 1—12 月宁夏回族自治区快递业务量与收入的增长变化情况

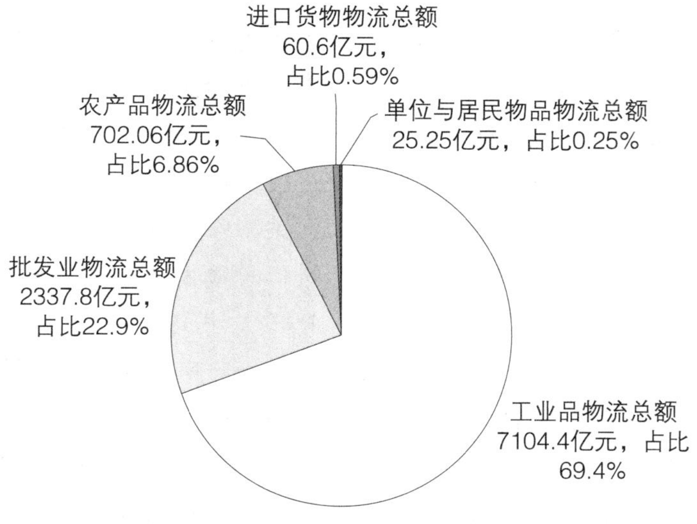

图 3　2022 年宁夏回族自治区社会物流总额构成情况

二、社会物流运行效率改善，物流成本稳中有降

2022年，宁夏回族自治区为了做大做强现代物流业，进一步厘清全区现代物流业发展的路径选择、政策着力点、项目支撑和具体承担主体，形成“规划一张图、建设一盘棋、监督一张网、绩效一杆秤”的现代物流推进路线图。持续推动“公转铁”，提高大宗货物的铁路运输比例。实施多式联运示范工程，加强与铁路、港口的通道衔接，支持骨干企业加大多式联运“一单制”业务活动。加大标准化托盘、周转筐、集装箱等标准化物流器具在物流各环节的应用。优化重点综合物流园区、各级分拨配送中心、末端配送网点的空间布局，在全区形成高效便捷、覆盖全域的城乡商贸物流网络体系。努力构建优化多层次现代物流体系，不断降低社会物流总费用与GDP的比率，提高企业经济效益。尤其是第四季度全区阶段性减免公路货车通行费共计8963.74万元，惠及货车543.93万辆。2022年，全区社会物流总费用840亿元，同比增长8.7%，增速比上年回落7.4个百分点，比第一季度和上半年分别回落6.5个和1.6个百分点，比前三季度回升1.4个百分点。社会物流总费用与GDP的比率为16.6%，比上年同期回落0.5个百分点，比第一季度、上半年和前三季度分别回落0.5个、0.3个和0.1个百分点。

从结构看，运输费用同比增长7.1%，增速比上年同期回落8.7个百分点，比第一季度和上半年分别回落9.7个和3.8个百分点，比前三季度回升0.2个百分点，运输费用占总费用的77.4%；保管费用同比增长15.1%，增速比上年同期回落2.7个百分点，比第一季度、上半年和前三季度分别回升4.8个、8.1个和6.4个百分点，保管费用占总费用的16.3%；管理费用同比增长12.8%，增速比上年同期回落1.8个百分点，比第一季度、上半年和前三季度分别回升3.7个、2.5个和3.1个百分点，管理费用占总费用的6.3%。

三、物流业增加值稳定增长，保持良好态势

2022年，宁夏回族自治区物流相关行业实现增加值432.33亿元，按不变价格计算，同比增长0.4%；增速比上年同期回落8.9个百分点，比第一季度和上半年分别回升2.5和0.5个百分点，比前三季度回落0.4个百分点，比全区GDP增速低3.6个百分点，占全区GDP的8.5%，比上年同期低0.5个百分点。

其中，交通运输业、仓储、邮政业实现增加值213.50亿元，同比增长0.2%，增速比上年同期回落11.9个百分点，比第一季度和上半年分别回升5.1个和0.1个百分点，比前三季度回落0.2个百分点；批发零售业实现增加值218.83亿元，同比增长0.5%，增速比上年同期回落6.2个百分点，比第一季度和前三季度分别回落0.4个和0.7个百分点，比上半年回升0.9个百分点。2022年各季度宁夏回族自治区物流相关行业增加值如图4所示。

四、交通运输保持良好运行，有力支撑经济发展

2022年，由于国际环境更趋复杂严峻，国内疫情大面积反弹，“三重压力”加大，使宁夏回族自治区经济恢复势头有所放缓，但是物流行业韧性进一步显现，面对冲击，各部门各

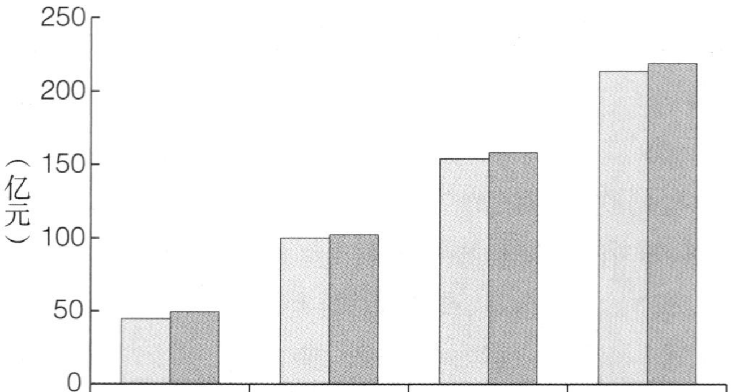

	1—3月	1—6月	1—9月	1—12月
□ 交通运输、仓储、邮政业（亿元）	44.78	100.14	154.07	213.50
■ 批发零售业（亿元）	49.44	102.44	158.26	218.83

图 4　2022 年各季度宁夏回族自治区物流相关行业增加值

地区积极主动采取各种措施，攻坚克难，有效保障了产业链循环和民生稳定。2022 年，全社会完成货运量 48624.20 万吨，同比增长 3.6%，增速比上年同期回落 5.9 个百分点，比第一季度、上半年和前三季度分别回落 1.7 个、2.3 个和 1.5 个百分点。全社会累计完成货物周转量为 873.99 亿吨公里，同比增长 7.6%，增速比上年同期回落 8.7 个百分点，比第一季度、上半年和前三季度分别回升 5.7 个、0.9 个和 0.7 个百分点。

——铁路货运量和货物周转量占比明显提高。2022 年，全区铁路货运量完成 10159.83 万吨，同比增长 7.8%，增速比上年同期回落 1.3 个百分点，比第一季度、上半年和前三季度分别回落 1.1 个、4.0 个和 2.7 个百分点。铁路货运量占全区货运量的 20.9%，比上年同期回升 0.8 个百分点，拉动全区货运量增长 1.6 个百分点。铁路货物周转量完成 275.96 亿吨公里，同比增长 17.7%，增速比去年同期回升 8.4 个百分点，比第一季度回升 6.7 个百分点，比上半年和前三季度分别回落 2.4 个和 2.7 个百分点。铁路货物周转量占全区货物周转量的 31.6%，比上年同期回升 2.7 个百分点，拉动全区货物周转量增长 5.1 个百分点。主要原因是充分发挥了铁路运输网络枢纽、“全国一张网”、集中统一调度指挥的优势，释放货运运力，为干线运输、大宗商品保供和长距离跨区域运输等提供有力保障。

——公路货运量和货物周转量运行态势稳中向好。2022 年，公路货运量完成 38462.93 万吨，同比增长 2.6%，增速比上年同期回落 7.0 个百分点，比第一季度、上半年和前三季度分别回落 1.6 个、1.8 个和 1.2 个百分点。拉动全区货运量增长 2.0 个百分点。增速高于全国（-5.5%）8.1 个百分点，在全国 31 个省份中排名第 3 位；公路货物周转量完成 597.79 亿吨公里，同比增长 3.5%，增速比上年同期回落 15.9 个百分点，比第一季度、上半年和前三季度分别回升 5.6 个、2.1 个和 1.6 个百分点。拉动全区货物周转量增长 2.5 个百分点。增速高于全国（-1.2%）4.7 个百分点，在全国 31 个省份中排名第 7 位。为了统筹做好疫情防控和物流保通保畅，各地区各部门多措并举、共同发力，建立保障重点产业链供应链的企业“白名单”，对相关企业和物资实行优先运力支持、优先检测服务、优先安排配送等“一条龙”服务，实现“民生要托底、货运要畅通、产业要循环”的目标。

——航空货运量及货物周转量增速回落较为明显。航空货运量完成 1.44 万吨，同比下降 36.6%，增速比上年同期回落 14.1 个百分点，比第一季度、上半年和前三季度分别回落 21.0 个、2.5 个和 3.5 个百分点。航空货物周转量完成 2339.45 万吨公里，同比下降 29.1%，增速比上年同期回落 17.5 个百分点，比第一季度、上半年和前三季度分别回落 18.6 个、3.2 个和 4.1 个百分点。2022 年各季度宁夏回族自治区分方式货运量增长变化情况如图 5 所示。

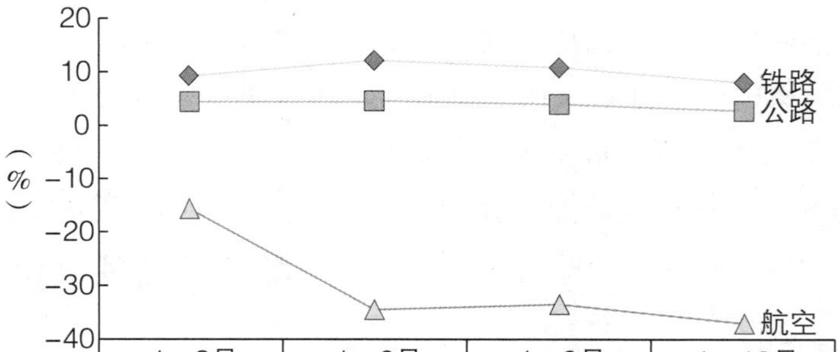

	1—3月	1—6月	1—9月	1—12月
铁路货运量（%）	8.9	11.8	10.5	7.8
公路货运量（%）	4.2	4.4	3.8	2.6
航空货运量（%）	−15.6	−34.1	−33.1	−36.6

图 5　2022 年各季度宁夏回族自治区分方式货运量增长变化情况

五、物流业固定资产投资稳定恢复，增速平稳增长

2022 年，宁夏回族自治区物流业固定资产投资同比增长 11.2%，增速比上年同期回升 1.6 个百分点，比第一季度、上半年和前三季度分别回落 109.2 个、16.4 个和 4.5 个百分点。比同期全区固定资产投资增速高 1.0 个百分点。其中，交通运输、仓储、邮政业投资额同比增长 10.5%，增速比上年同期回升 0.9 个百分点，比第一季度、上半年和前三季度分别回落 119.0 个、16.6 个和 5.2 个百分点；批发零售业投资额同比增长 27.5%，增速比上年同期回升 17.8 个百分点，比第一季度和前三季度分别回升 12.9 个和 10.8 个百分点，比上半年回落 11.6 个百分点。

六、物流企业集中度稳步提升，企业盈利水平依然较为困难

2022 年，是宁夏回族自治区出台支持物流企业政策数量最多、力度最大的一年。宁夏回族自治区出台了《现代物流业高质量发展实施方案（2022—2027 年）》《自治区推动现代物流业发展的若干扶持政策》等有关政策，无论是在资金、环境还是服务上都给予了很大支持，促进现代物流发展的政策环境持续改善。宁夏回族自治区重点调查的 56 户物流企业累计实现物流业务收入 119.64 亿元，同比增长 47.8%，增速比上年同期回升 48.9 个百分点，比第一季度、上半年和前三季度分别回升 48.1 个、39.8 个和 30.2 个百分点；营业利润 4.10 亿元，同比增长 16.4%，增速比上年同期回升

7.7个百分点，比第一季度、上半年和前三季度分别回升12.6个、28.6个和41.1个百分点；物流业务成本112.40亿元，同比增长50.3%，增速比上年同期回升54.5个百分点，比第一季度、上半年和前三季度分别回升56.9个、40.8个和29.3个百分点；流动资产56.56亿元，同比增长26.5%，其中，应收账款21.27亿元，同比增长78.6%，应收账款占流动资产的37.6%；职工薪酬同比增长2.0%。每百元物流业务收入中的物流成本比上年同期提高1.6个百分点。调查物流企业亏损面达到48.2%，比上年同期提高8.9个百分点。

七、稳经济政策落地显效，确保企业物流运行稳定

2022年，稳经济一揽子政策和接续政策措施落地显效，有力促进各种类型企业生产经营保持稳定。例如，加大对工业经济的政策扶持和调控力度，加强能源、原材料等生产要素供给保障，加快推进“六新”产业发展，确保供应链产业链稳定，全力促进工业企业稳定生产；深入推动促进消费政策落实落地，全力以赴保障生活必需品市场供应，大力开展各类促消费活动，多措并举促进消费复苏回补，促进商贸物流的稳定增长。2022年，重点调查的95户工商企业销售总额2095.00亿元，同比增长13.1%，增速比上年同期回落32.5个百分点，比第一季度、上半年和前三季度分别回落18.4个、16.4个和12.9个百分点；企业购进总额1074.41亿元，同比增长8.3%，增速比上年同期回落21.1个百分点，比第一季度、上半年和前三季度分别回落14.4个、16.7个和14.5个百分点；企业物流成本86.27亿元，同比增长11.6%，增速比上年同期回落7.6个百分点，比第一季度和上半年分别回落14.0个和12.6个百分点，比前三季度回升1.7个百分点；购销比为51.3%，比上年同期低2.3个百分点。物流成本占商品销售额的比率比上年同期低0.1个百分点。

八、物流运行压力比较大，景气指数总体有所回落

2022年，宁夏回族自治区物流运行保持了总体平稳、稳中有进的发展态势；但同时，受国际环境复杂多变、国内“三重压力”较大的影响，疫情对全区经济增长恢复的影响持续反复，全区物流运行压力比较大，景气指数总体有所回落，处于收缩区间。2022年，宁夏回族自治区物流业务景气指数为47.0%，比第一季度、上半年和前三季度分别回落2.5个、0.6个和1.0个百分点。其中，平均库存量指数为53.5%，物流服务价格指数为51.3%，业务活动预期指数为49.0%，库存周转次数为48.0%，业务总量指数为47.3%，设备利用率为46.6%，从业人员指数为46.3%，新订单指数为45.3%，资金周转率为44.9%，主营业务成本指数为44.3%，主营业务利润指数为39.9%，固定资产投资完成额为39.9%。

（宁夏现代物流协会　刘汉才　顾宁军）

2022 年福州市物流业发展情况

2022 年，在福州市委、市政府的坚强领导下，全市认真学习宣传贯彻党的二十大精神，高效统筹疫情防控和经济社会发展，扎实开展“提高效率、提升效能、提增效益”行动，经济保持高质量发展，全市物流业总体延续恢复态势，三项主要指标保持稳定发展。

一、福州市物流业业务收入较快增长

据初步测算，2022 年福州市物流业业务收入达 1432.92 亿元，比上年同期增长 14.3%，较前三季度、上半年、第一季度增速各提高 0.1 个、0.4 个和 7.4 个百分点。其中，交通运输、仓储和邮政业中的物流业业务收入达 1018.21 亿元，增长 14.9%，较前三季度、第一季度增速提高 0.1 和 13.7 个百分点，比上半年减少 0.1 个百分点；批发和零售业中的物流业业务收入达 414.71 亿元，增长 12.7%，较前三季度、第一季度增速减少 0.2 个和 11.7 个百分点，比上半年提高 1.8 个百分点。2022 年福州市物流业业务收入及增长情况如表 1 所示。

表 1　　2022 年福州市物流业业务收入及增长情况

	第一季度	上半年	前三季度	年度
一、物流业业务收入（亿元）	255.47	600.66	901.72	1432.92
1. 交通运输、仓储和邮政业中的物流业	182.24	444.47	646.58	1018.21
2. 批发和零售业中的物流业	73.22	156.19	255.14	414.71
二、物流业业务收入同比增长（%）	6.9	13.9	14.2	14.3
1. 交通运输、仓储和邮政业中的物流业	1.2	15.0	14.8	14.9
2. 批发和零售业中的物流业	24.4	10.9	12.9	12.7

注：部分数据由于四舍五入的原因，分项与合计存在不符。增速按可比价格计算。全书同。

二、福州市物流业增加值占 GDP 的比重首次超过 6.0%

2022 年，福州市物流业实现增加值 753.84 亿元，按可比价格计算，比上年同期增长 4.1%，增速分别比前三季度、上半年、第一季度各减少 0.1 个、2.2 个和 5.5 个百分点。其中，交通运输、仓储和邮政业中的物流业实现增加值 465.16 亿元，增长 2.3%，比前三季度增速提高 0.1 个百分点，增速分别比上半年、第一季度减少 2.9 个和 5.9 个百分点；批发和零售业中的物流业实现增加值 288.67 亿元，增长 7.0%，增速分别比前三季度、上半年、第一季度各减少 0.5 个、1.2 个和 5.3 个百分点。

物流业增加值占 GDP 的比重为 6.1%，比上年同期提高 0.4 个百分点，分别比前三季度、上半年、第一季度各提高 0.5 个、0.5 个和 0.8 个百分点；占第三产业增加值的比重为 10.8%，比上年同期提高 0.7 个百分点，分别比前三季度、上半年、第一季度各提高 0.3 个、0.8 个和 0.7 个百分点。2022 年福州市物流业增加值及增长情况如表 2 所示，2022 年福州市物流业增加值占第三产业及地区生产总值的比重如表 3 所示。

表 2　2022 年福州市物流业增加值及增长情况

	第一季度	上半年	前三季度	年度
一、物流业增加值（亿元）	131.34	305.04	463.46	753.84
1. 交通运输、仓储和邮政业中的物流业	81.32	198.34	289.18	465.16
2. 批发和零售业中的物流业	50.02	106.69	174.28	288.67
二、物流业增加值同比增长（%）	9.6	6.3	4.2	4.1
1. 交通运输、仓储和邮政业中的物流业	8.2	5.2	2.2	2.3
2. 批发和零售业中的物流业	12.3	8.2	7.5	7.0

表 3　2022 年福州市物流业增加值占第三产业及地区生产总值的比重

	物流业增加值（亿元）	占第三产业增加值的比重（%）	占地区生产总值的比重（%）
2022 年第一季度	131.34	10.1	5.3
2022 年上半年	305.04	10.0	5.6
2022 年前三季度	463.46	10.5	5.6
2022 年年度	753.84	10.8	6.1

三、物流业固定资产投资完成额稳步增长

2022 年，福州市物流业固定资产投资完成额比上年同期增长 8.2%，增速比前三季度提高 2.1 个百分点；但分别比上半年、第一季度减少 7.7 个和 18.3 个百分点。其中，交通运输、仓储和邮政业中的物流业投资增长 8.6%，比前三季度提高 2.0 个百分点；增速

分别比上半年和第一季度减少 8.1 个和 18.9 个百分点；批发零售业中的物流业投资下降 39.7%，分别比前三季度、上半年、第一季度下降幅度各减少 2.3 个、19.6 个和 23.4 个百分点。2022 年福州市物流业固定资产投资完成额增速情况如表 4 所示。

表 4　　2022 年福州市物流业固定资产投资完成额增速情况

	第一季度	上半年	前三季度	年度
物流业固定资产投资完成额增速（%）	26.5	15.9	6.1	8.2
1. 交通运输、仓储和邮政业中的物流业	27.5	16.7	6.6	8.6
2. 批发和零售业中的物流业	−63.1	−59.3	−42.0	−39.7

总体来看，面对各种困难挑战，2022 年福州市物流业延续稳中有进运行态势。下阶段，随着全市经济秩序的逐步回归正轨，全市上下一心全力拼经济、谋发展，企业生产活动有序开展，以及随着稳经济一揽子政策和接续政策措施落地显效，将有力促进福州市物流运行保持稳定向好。

（福州市商务局）

2022 年青岛市现代物流业发展情况

青岛市锚定建设全国主要的国际物流中心城市总目标，聚焦现代物流运行体系构建、市场主体培育、发展环境优化、产业链招商引资等重点领域，以工作项目化、项目清单化、清单责任化方式，统筹推动青岛市现代物流产业转型升级和高质量发展。

一、物流基础运行体系不断完善

2022 年，青岛市依托海陆空铁“四港联动”核心发展优势，全面构建“通道 + 枢纽 + 网络”的现代物流基础运行体系，有效支撑产业链供应链安全稳定畅通。国际枢纽海港能级提升，港口新增内陆港 6 个、海铁联运集装箱班列线路 5 条，总数分别达到 32 个、70 条，“胶青快线”集疏运循环班列开通运营，海铁联运量达到 190 万标准箱，同比增长 4.5%，保持全国沿海港口首位；青岛—大阪“中日 RCEP 快线”、上合—弗拉迪沃斯托克“中俄快线”实现首航，打通中日间、中俄间海上黄金大通道。国际航空货运网络加密，机场新开国际全货机航线 2 条，总数达到 11 条，货邮吞吐量完成 22 万吨。国际班列开行量质齐升，上合多式联运中心新开至曼海姆、贝尔格莱德、撒马尔罕等 4 条国际班列运营线路，线网辐射范围拓展至 23 个国家的 53 个城市，中欧班列（齐鲁号）累计开行 775 列，同比增长 24.8%，规模位居山东省第一。

二、市场主体、产业规模持续壮大

龙头骨干物流企业对产业发展的引领、带动、提振效用不断增强，有效激发市场主体活力和创新转型动力。统筹开展国家 A 级物流企业、星级冷链物流企业、网络货运平台综合服务能力评估工作，新增国家 A 级物流企业 6 家，总数达到 106 家；汇通丰源等 2 家星级冷链企业入围全国冷链物流百强企业；日日顺供应链、中创物流双双入围中国物流企业 50 强；A 股主板上市物流企业总数达到 3 家。产业发展规模不断拓展，赋能实体经济全面振兴。2022 年，青岛市社会物流总额达 36458.2 亿元，同比增长 6.6%；全市实现物流业增加值 1499.4 亿元，同比增长 7.5%，占 GDP 的比重达到 10%，对国民经济发展的支撑保障作用日益凸显，切实助力供应链畅通、产业链延伸和价值链提升。

三、招商引资、项目建设加快推进

统筹谋划产业链招商方向，积极开展委托招商、平台招商。青岛市围绕产业链发展短板弱项及各区市资源禀赋，编制印发青岛市物流产业链招商引资图谱，涵盖产业链区域招商图、实施路径图和招商企业目录，明确各区市产业重点招商方向；充分借力深青数字供应链创新中心等专业机构以及青岛国际物流博览会等展会论坛资源优势，搭建产业链招商平台，切实优化产业链招商路径、提升产业链招商质效；实施重点项目全过程“管家式”跟踪服务策略，加快项目建设步伐。京东跨境电商智慧物流园、日日顺智慧物流园等16个现代物流产业链年度重点在建项目稳步推进，全年累计实现投资33亿元。

四、区域协作、国际交流不断深化

一是加快完善境外物流服务网络，助力提升对外开放门户枢纽能级。青岛港目前共有国际友好港26个、海运集装箱航线190条，与180多个国家或地区的700多个港口建立了贸易往来。胶东国际机场共开通空中航线200余条，与国内外90余个城市实现直航。中欧班列（齐鲁号）运营公司在日本、韩国、德国、塞尔维亚、乌兹别克斯坦5个国家设立办事处或海外营销中心，并在汉堡、塔什干、贝尔格莱德3个城市布局海外仓。

二是紧承上合示范区建设、自贸区建设以及黄河流域生态保护和高质量发展等战略契机，推动区域协同联动走深走实。山东高速新疆物流产业园暨上合示范区新疆分园揭牌，依托“一区两园”发展模式，统筹陆海双向优质物流资源，助力打造区域性中欧班列集结中心和海铁联运组织中转中心。

五、物流产业发展环境不断优化

随着体制机制、政策保障不断健全，青岛市统筹建立青岛市现代物流产业链推进工作专班，编制印发《青岛市现代物流网建设行动计划》和《青岛市现代物流产业链高质量发展三年行动方案（2022—2024年）》，为未来三年及中长期青岛市现代物流产业链高质量建设提供方向指引和路径遵循。积极开展国家综合货运枢纽补链强链示范申建，争取中央车购税资金补助地方物流园区和集疏运体系建设项目；延续落实国际班列财政补助政策，出台支持航空货运发展、支持航运发展15条等精准扶持政策；定期梳理交通物流领域惠企利民政策并及时向企业宣介，提升企业政策获得感。不断强化基础研究、智力支持。依托深青数字供应链创新中心、青岛市物流协会等专业第三方智库机构开展现代物流战略发展、冷链物流发展、多式联运高质量发展等前瞻性研究，为政府决策和产业发展提供智力支持。

（青岛市交通运输局物流业发展处　刘鹏云）

2022 年武汉市物流业发展情况

2022 年，武汉市高效统筹疫情防控，经济社会发展取得积极成效，物流规模持续扩大，发展质量稳步提高。全市社会物流总额 45769 亿元，同比增长 6.9%。社会物流总费用 2376 亿元，同比增长 4.5%。社会物流总费用与 GDP 的比率为 12.6%，较上年下降 0.2 个百分点，低于全国水平（14.7%）2.1 个百分点。物流业增加值 1727 亿元，同比增长 6.8%（不变价增幅为 2.0%）。物流业增加值占 GDP 的比重为 9.2%，高于上年 0.1 个百分点；物流业增加值占第三产业增加值的比重为 14.8%，高于上年 0.2 个百分点。物流业总收入为 1798 亿元，同比增长 6.1%。全市物流业景气指数（LPI）月度均值为 51.3%，低于上年均值 3.8 个百分点。2022 年武汉市物流业运行指标如表 1 所示。

表 1　　2022 年武汉市物流业运行指标统计

类别	指标名称	2022 年	同比增长（%）
物流业运行指标	社会物流总额（亿元）	45769	6.9
	社会物流总费用（亿元）	2376	4.5
	社会物流总费用与 GDP 的比率（%）	12.6	-0.2
	物流业增加值（亿元）	1727	6.8
	物流业增加值占 GDP 的比重（%）	9.2	0.1
	物流业增加值占第三产业增加值的比重（%）	14.8	0.2
	物流业总收入（亿元）	1798	6.1

一、运行情况分析

2022 年，武汉市物流运行保持恢复态势，物流规模持续扩大、发展质量稳步提高。社会物流总额达 4.58 万亿元，再上新台阶；物流业增加值突破 1700 亿元，物流业增加值占 GDP 的比重连续 4 年保持在 9.0% 以上；物流运行效率持续改善，社会物流总费用与GDP的比率持续下降，比上年下降0.2个百分点；物流投资建设进一步扩大，汉欧国际物流园、汉口北国际多式联运物流港等重点物流项目加快建设推进；物流辐射功能持续增强，中欧班列（武汉）辐射范围持续扩大，武汉港货物吞吐量再创新高，货运加快恢复稳定。

（一）物流需求规模稳定增长

2022年，武汉市社会物流总额为45769亿元，同比增长6.9%，单位GDP物流需求系数为2.43，物流需求规模实现稳定增长。从年内走势看，第一季度物流运行稳中向好、实现良好开局；第二季度面对疫情冲击等超预期因素影响，需求规模增势放缓；第三季度物流运行保持较强韧性、稳步回升；第四季度增势稳中趋缓。从结构来看，工业品物流总额突破2万亿元，同比增长7.0%，工业经济稳中提质，高技术制造业保持快速增长，工业物流需求总体平稳增长；单位与居民物品物流总额同比增长6.6%，消费市场稳步复苏，电商物流需求韧性较强，实现网上实物商品零售额超过1000亿元，有力支撑民生物流发展；进口物流总额同比下降3.6%，着力壮大开放型经济，对外贸易总体平稳。从景气指数看，2022年武汉市物流业景气指数（LPI）月度均值为51.3%，整体保持在50%荣枯线以上，物流运行呈现总体平稳态势。

（二）物流运行效率持续改善

2022年，武汉市社会物流总费用与GDP的比率为12.6%，持续下降，低于全国水平2.1个百分点；每百元社会物流总额花费的社会物流总费用为5.19元，同比下降2.2%，社会物流运行效率持续改善。从物流运行各环节来看，运输费用、保管费用、管理费用分别同比增长0.4%、5.6%和8.9%，三者占比呈现“33.5∶42.7∶23.8”结构特征，三项费用构成与2021年相比，运输费用占比下降1.4个百分点，保管和管理费用占比分别提高0.4个和1.0个百分点。其中，临近年底，疫情防控策略优化调整，短期内冲击劳动力供给，物流业务活动趋缓，道路、航空运输费用等均有回落，而疫情影响下仓储保管、物流人工等刚性成本仍较高，推动保管和管理费用上涨。2022年，全市道路货物营运车辆达12.27万辆，同比增长1.8%；货车数量6.10万辆，同比下降1.4%，运力供给整体未见明显波动。其中，冷藏保温车数量受医药行业带动影响，同比增长61.9%，冷链物流运力得到充足保障。

（三）物流投资建设增速加快

2022年，武汉市物流建设完成投资131.68亿元，同比增长37.2%，增速较上年加快18.6个百分点。其中，52个物流项目完成投资103.78亿元；青山化工、蔡甸常福、江夏金口及汉南纱帽物流中心等园区基础设施投资14.98亿元；武钢堆料场环保改造、新洲京东自动化设备改造及江夏菜鸟智能化升级等技改投资12.92亿元。武汉玉湖国际冷链食品交易中心、汉欧国际物流园等15个项目实现新开工，汉口北国际多式联运物流港、京东亚洲一号武汉蔡甸物流园等24个项目已基本建成或分期建成投运。2022年，武汉港全年完成水运建设投资26.15亿元，同比增长18.9%，阳逻港多式联运海关监管中心投入使用，阳逻港集装箱铁水联运二期项目入选第四批多式联运示范工程，港口基础设施、集疏运体系不断完善，港口整体服务能级明显提升。

（四）物流辐射功能持续增强

2022年以来，中欧班列（武汉）先后开通武汉—满洲里—乌斯季卢卡—德国杜伊斯堡铁海联运班列、武汉—磨憨—万象/琅勃拉邦班列、南通道“跨两海”班列、武汉—罗兹专列、武汉—贝尔格莱德专列、南通道罗马尼亚专列，武汉—东方港国际铁海联运班列等，且首次贯通欧洲—武汉—韩国铁水联运回程过境贸易通道，实现向东出海、向西经中亚入欧、向南至东盟、向北至俄罗斯的“四向齐发”新局面，已拥有41条稳定的跨境运输线路，辐射欧亚大陆40个国家的107个城市，形成由阿拉山口、霍尔果斯、二连浩特、满洲里、凭祥、磨憨、绥芬河7个口岸进出境格局。2022年，中欧班列（武汉）开行数量创历史新高，达到610列，同比增长超过34%。2022年，武汉港货物吞吐量完成1.31亿吨，再创新高，在内河港口中排名第十，较2021年排名上升五位；同比增长11.9%，增速位列内河港口第二；完成集装箱吞吐量269.97万标准箱，同比增长9.0%，其中，铁水联运集装箱吞吐量6.23万标准箱，同比增长20.5%；新开辟武汉港直达俄罗斯东方港航线、“阳逻港—芜湖港”“阳逻港—盐城港”集装箱班轮航线、“新疆—武汉—岳阳—广东”集装箱多式联运中部新通道等，通江达海、铁水联运体系不断完善，港口集聚辐射能力显著提升、综合竞争力持续增强。

二、企业经营情况分析

2022年，武汉市重点调查物流企业177家，其中，运输企业103家（含10家运输代理），占比为58.2%；综合企业49家，占比为27.7%；仓储企业21家，占比为11.9%；快递企业4家，占比为2.3%。武汉市重点调查物流企业行业分布情况如图1所示。

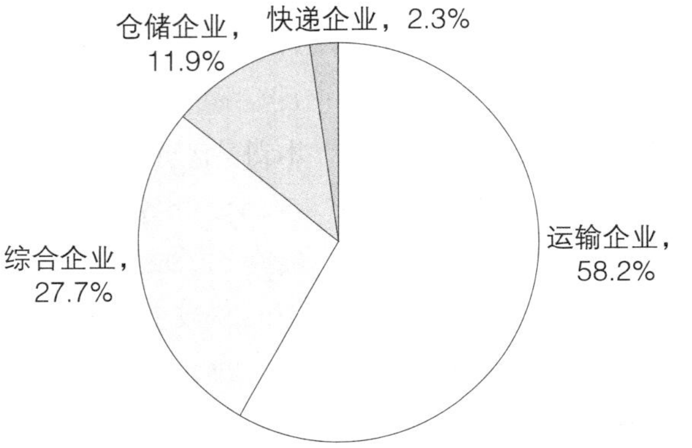

图1　武汉市重点调查物流企业行业分布情况

根据调查企业统计数据显示，2022年，武汉市物流运行总体平稳，物流市场规模增速回落，收入增长稳中趋缓，物流运行成本趋升，企业盈利水平有待提升，物流建设投资增速加快。

（一）市场规模增速回落，快递业务稳定增长

2022年，武汉市样本物流企业货运量同比增长10.2%，货物周转量同比增长9.9%，物流市场规模总体保持平稳增长态势，但增速有所放缓。配送量、流通加工量和包装量分别同比增长12.1%、15.0%和12.9%，年终电商促销旺季、节假日因素刺激配送量、流通加工量和包装量增长，后期因疫情影响，相关物流业务需求有所回落。装卸搬运量和吞吐量分别同比增长7.1%和12.8%，港口水运吞吐量迭创

新高，其中，12 月，武汉港完成货物吞吐量同比增长 11.9%，集装箱吞吐量同比增长 9.0%。快递业务规模保持稳定增长，全市快递服务企业业务量达到 18 亿件，同比增长 15.1%；快递业务收入突破 150 亿元，同比增长 10.3%，双双居全国第 12 位。

（二）收入增长稳中趋缓，增值收入平稳增长

2022 年，武汉市样本物流企业的物流业务收入同比增长 10.6%，2022 年年底因疫情防控政策优化调整，企业人员到岗率、开工率不足，物流经营活动有所放缓，物流业务收入增速回落，呈稳中趋缓态势。从分项看，运输、配送和仓储收入分别同比增长 13.0%、12.9% 和 9.5%，第四季度的增速均呈不同程度放缓趋势，分别较前三季度回落 3.6 个、3.1 个和 4.3 个百分点。信息及相关服务收入、货代业务收入和一体化物流业务收入分别同比增长 8.1%、9.2% 和 9.7%，企业信息化水平持续提升，信息及相关服务等增值收入总体平稳增长，多式联运等业务发展有力支撑相应货代业务和一体化物流业务收入稳定增长。样本物流企业主营物流业务收入同比变化情况如图 2 所示。

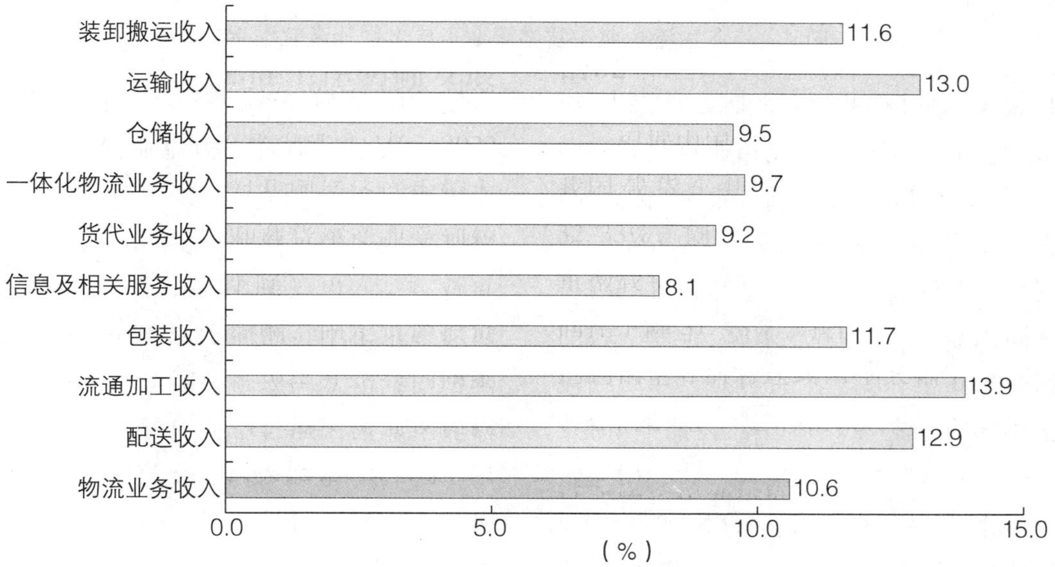

图 2　样本物流企业主营物流业务收入同比变化情况

（三）物流运行成本趋升，企业经营承压前行

2022 年，武汉市样本物流企业的物流业务成本同比增长 11.5%，成本增速虽较前三季度有所回落，但仍高于物流业务收入和利润增速，成本压力不容忽视。主要物流业务成本中，运输、配送、装卸搬运和仓储成本分别同比增长 13.9%、11.1%、10.3% 和 12.2%，增速较第一季度分别回落 20.3 个、7.3 个、5.1 个和 2.5 个百分点，较上半年分别回落 2.8 个、5.0 个、5.6 个和 0.9 个百分点，较前三季度分别回落 0.1 个、4.7 个、1.9 个和 2.7 个百分点。管理成本和应付职工薪酬同比增长 14.1% 和 10.0%，因疫情影响，企业微观经营变化波动明显，运力周转管理、人力资源调配等相关成本明显增加，企业经营压力仍待纾解。样本物流企业主营物流业务成本同比变化情况如图 3 所示。

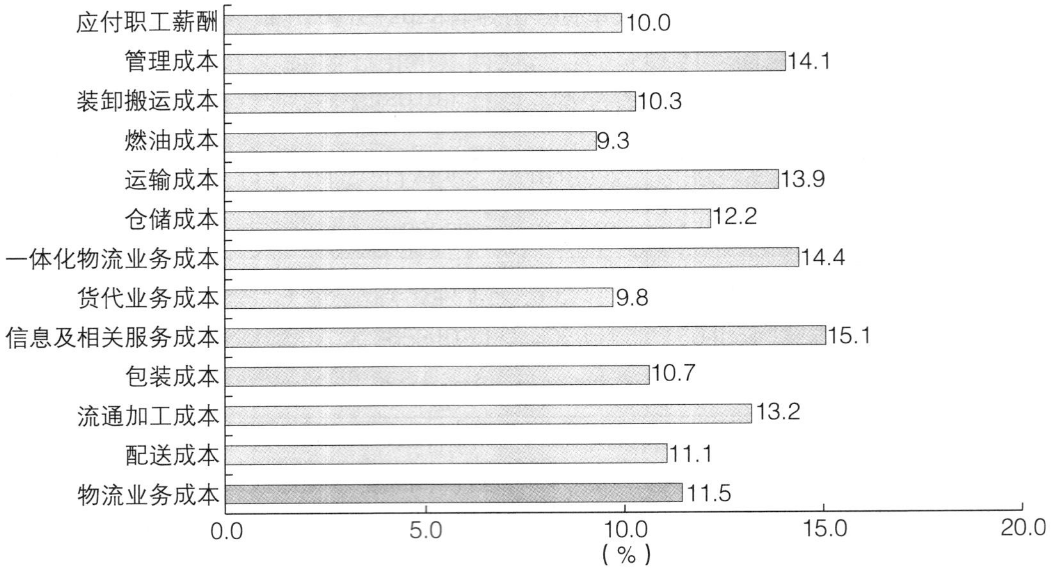

图3 样本物流企业主营物流业务成本同比变化情况

(四) 盈利水平有待提升，企业投资增速加快

2022 年，武汉市样本物流企业营业利润同比增长 7.9%，2022 年年底受疫情影响较大，重点调查企业业务量普遍回调，经营成本增加，盈利水平有待提升。资产总计和流动资产合计分别同比增长 5.2% 和 5.7%，但增速较前三季度回落 6.0 个和 8.3 个百分点，年终物流企业资金周转有所趋紧，流动性较前期降低。固定资产投资完成额同比增长 14.3%，增速较第一季度、上半年和前三季度分别加快 10.2 个、9.0 个和 3.7 个百分点，重点物流项目建设持续加快推进，投资保持较快增长，物流基础设施环境进一步改善。

三、物流业景气指数

(一) 物流业景气概况

2022 年，武汉市物流业景气指数（LPI）月度均值为 51.3%，低于上年均值 3.8 个百分点。从全年来看，物流业景气指数第一季度为 50.5%，因春节假期与疫情原因，走势呈“V”字形；年中电商大促、市场供需两端业务活动趋于活跃，第二季度回升至 51.9%；下半年受疫情多发散发影响，第三季度为 51.8%，第四季度持续回落至 51.1%，物流运行态势全年总体平稳。其中，12 月，全市物流业景气指数（LPI）为 51.3%，较上月回升 4.7 个百分点，高于全国同期（46.0%）5.3 个百分点，随着后期疫情防控政策优化调整，全市物流业景气指数回升至扩张区间。2021 年 12 月—2022 年 12 月全国和武汉市物流业景气指数走势如图 4 所示，2022 年 1—12 月武汉市物流业景气指数分项情况如表 2 所示。

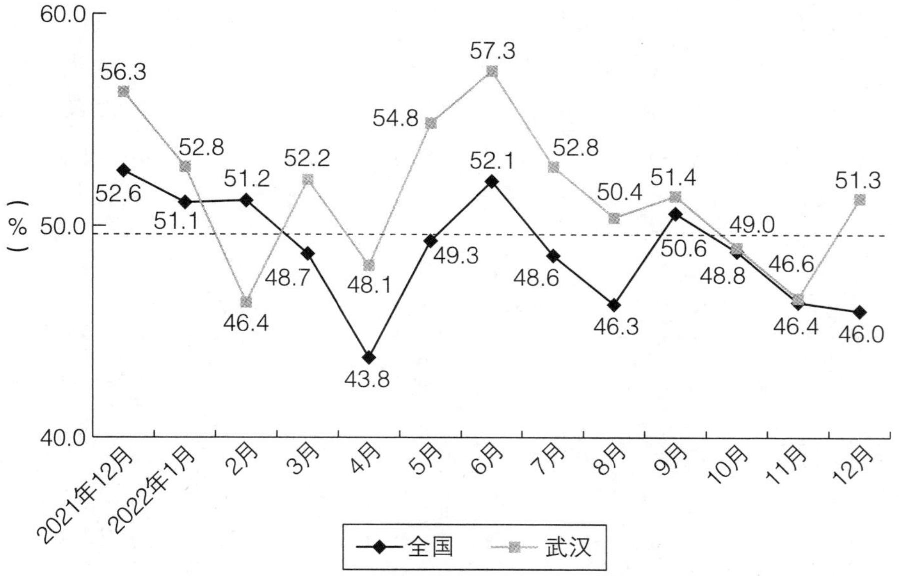

图4　2021 年 12 月—2022 年 12 月全国和武汉市物流业景气指数走势

表 2　　2022 年 1—12 月武汉市物流业景气指数分项情况　　单位：%

分项名称	1 月	2 月	3 月	4 月	5 月	6 月	7 月	8 月	9 月	10 月	11 月	12 月	均值
业务总量指数	52. 8	46. 4	52. 2	48. 1	54. 8	57. 3	52. 8	50. 4	51. 4	49. 0	46. 6	51. 3	51. 1
新订单指数	50. 5	49. 5	50. 9	46. 3	53. 2	54. 7	49. 2	46. 9	50. 0	49. 5	44. 7	46. 1	49. 3
平均库存量指数	55. 2	49. 4	48. 9	46. 5	53. 1	52. 3	50. 0	48. 3	53. 4	52. 4	48. 8	48. 9	50. 6
库存周转次数指数	50. 0	49. 4	52. 8	45. 0	52. 7	55. 0	52. 0	49. 4	54. 5	51. 2	42. 2	50. 0	50. 3
资金周转率指数	52. 3	50. 0	50. 4	42. 9	48. 8	49. 6	50. 4	46. 0	48. 1	48. 5	41. 3	50. 4	48. 2
设备利用率指数	51. 8	49. 5	51. 3	46. 3	50. 4	51. 8	50. 8	47. 8	49. 0	49. 0	42. 8	48. 7	49. 1
物流服务价格指数	53. 7	48. 2	51. 7	51. 9	50. 0	52. 2	52. 0	49. 1	48. 6	48. 0	47. 6	48. 7	50. 1
主营业务利润指数	49. 1	45. 5	46. 5	45. 1	46. 8	51. 1	49. 6	46. 0	46. 7	43. 1	42. 3	50. 0	46. 8
主营业务成本指数	60. 6	52. 7	57. 4	57. 5	58. 1	61. 7	56. 1	53. 6	56. 7	53. 9	56. 7	58. 2	56. 9
固定资产投资完成额指数	51. 9	51. 9	53. 7	52. 9	53. 1	52. 1	50. 0	47. 5	52. 0	47. 3	50. 7	50. 0	51. 1
从业人员指数	47. 7	50. 5	50. 4	49. 6	48. 8	49. 6	48. 8	50. 0	51. 0	49. 0	46. 2	47. 8	49. 1
业务活动预期指数	51. 8	51. 4	54. 8	53. 7	54. 8	57. 3	56. 9	52. 2	55. 2	54. 9	47. 1	47. 8	53. 2

2022 年，从企业类型来看，综合型、运输型和仓储型物流企业景气指数月度平均值分别为 54.3%、48.7% 和 49.9%，分别低于上年 3.9 个、4.0 个和 7.4 个百分点。从 A 级企业情况看，A 级物流企业景气指数月度均值为 52.2%，3A 级及以上物流企业景气指数月度均值为 52.1%，非 A 级物流企业景气指数月度均值为 48.0%。2022 年 1—12 月武汉市分类型企业物流业景气指数如表 3 所示。

表 3　2022 年 1—12 月武汉市分类型企业物流业景气指数　单位：%

类型	1 月	2 月	3 月	4 月	5 月	6 月	7 月	8 月	9 月	10 月	11 月	12 月	均值
运输型	51.7	40.0	50.0	48.0	51.6	52.8	51.6	46.6	48.0	47.1	46.4	50.7	48.7
仓储型	50.0	46.2	45.8	45.8	59.4	61.8	52.9	44.1	50.0	50.0	45.8	46.4	49.9
综合型	55.6	56.6	57.3	44.3	58.0	62.5	54.4	53.2	56.3	51.4	47.3	54.7	54.3
非 A 级	50.0	37.5	51.3	48.6	48.8	51.1	48.6	45.7	52.0	50.0	38.7	54.1	48.0
A 级	54.2	51.4	52.7	44.3	57.9	60.6	52.4	52.0	52.0	48.6	50.0	50.0	52.2
3A 级及以上	54.3	52.2	53.5	43.3	57.6	60.3	52.5	51.4	51.4	48.6	50.0	50.0	52.1

（二）景气指数分析

1. 物流需求整体趋缓，仓储业务相对活跃

2022 年，武汉市物流业务总量指数月度均值为 51.1%，低于上年 3.8 个百分点，低于前三季度均值 0.7 个百分点，低于上半年均值 0.8 个百分点；新订单指数月度均值为 49.3%，低于上年 4.2 个百分点，低于前三季度均值 0.8 个百分点，低于上半年均值 1.6 个百分点。其中，12 月，业务总量指数和新订单指数分别为 51.3% 和 46.1%，较上月分别回升 4.7 个和 1.4 个百分点，随着疫情防控政策全面放开，物流需求有所回升，其中，医疗物资及重点民生物资的跨区域转运和末端配送等物流需求快速增长。2022 年，平均库存量指数月度均值为 50.6%，低于上年 0.8 个百分点；库存周转次数指数月度均值为 50.3%，低于上年 2.3 个百分点。其中，12 月，平均库存量指数为 48.9%，较上月回升 0.1 个百分点；库存周转次数指数为 50.0%，较上月回升 7.8 个百分点，临近节假日，仓储备货有所增加，库存周转加快。2021 年 12 月—2022 年 12 月业务总量与库存等指数走势如图 5 所示。

2. 资金流动总体稳定，运行条件持续改善

2022 年，武汉市资金周转率指数月度均值为 48.2%，低于上年 2.2 个百分点，低于前三季度均值 0.5 个百分点，低于上半年均值 0.8 个百分点。其中，12 月，资金周转率指数为 50.4%，较上月回升 9.1 个百分点，2022 年年底，企业应收账款兑付，资金环境有所改善。固定资产投资完成额指数月度均值为 51.1%，低于上年 2.3 个百分点，低于前三季度均值 0.6 个百分点，低于上半年均值 1.5 个百分点。其中，12 月，固定资产投资完成额指数为 50.0%，较上月小幅回落 0.7 个百分点，仍在扩张区间，物流基础设施建设总体稳步推进。设备利用率指数月度均值为 49.1%，低于上年 3.5 个百分点，低于前三季度均值 0.8 个百分点，低于上半年均值 1.1 个百分点。其中，12

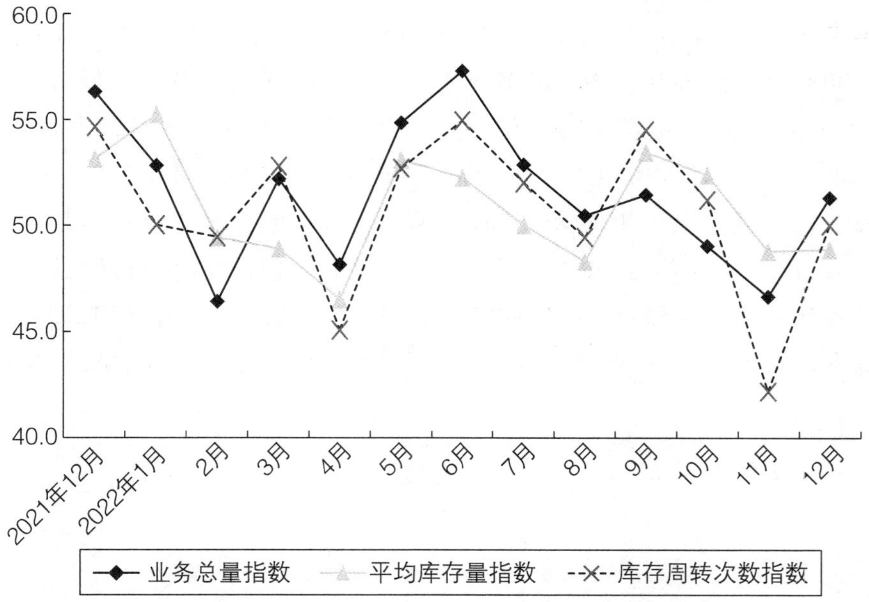

图5　2021 年 12 月—2022 年 12 月业务总量与库存等指数走势

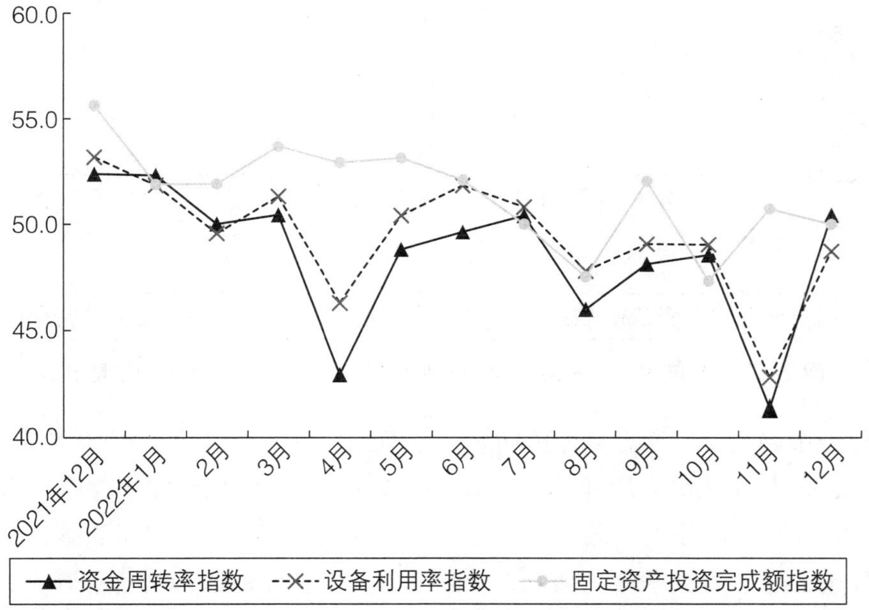

图6　2021 年 12 月—2022 年 12 月资金周转与设备利用等指数走势

月，设备利用率指数为 48.7%，较上月回升 5.9 个百分点，物流相关业务需求回升带动了设备利用率提升。2021 年 12 月—2022 年 12 月资金周转与设备利用等指数走势如图 6 所示。

3. 服务价格相对平稳，经营压力有待缓解

2022 年，武汉市物流服务价格指数月度均值为 50.1%，低于上年 1.2 个百分点，低于前三季度均值 0.7 个百分点，低于上半年均值 1.1 个百分点，物流服务整体价格仍保持相对

平稳。其中，12 月，物流服务价格指数为 48.7%，较上月回升 1.1 个百分点，2022 年年底，道路货运企业运力供给收紧，物流服务价格有所上涨。主营业务成本指数月度均值为 56.9%，低于上年 1.6 个百分点，低于前三季度均值 0.2 个百分点，低于上半年均值 1.1 个百分点。其中，12 月，主营业务成本指数为 58.2%，较上月回升 1.5 个百分点，疫情影响下，物流人工成本、管理成本等刚性成本仍处于较高水平。主营业务利润指数月度均值为 46.8%，低于上年 3.8 个百分点，低于前三季度均值 0.6 个百分点，低于上半年均值 0.5 个百分点。其中，12 月，主营业务利润指数为 50.0%，较上月回升 7.7 个百分点，12 月利润指数回升幅度高于成本指数，企业经营情况有所改善，但仍需政策持续发力，助力企业恢复发展。2021 年 12 月—2022 年 12 月物流服务价格与利润等指数走势如图 7 所示。

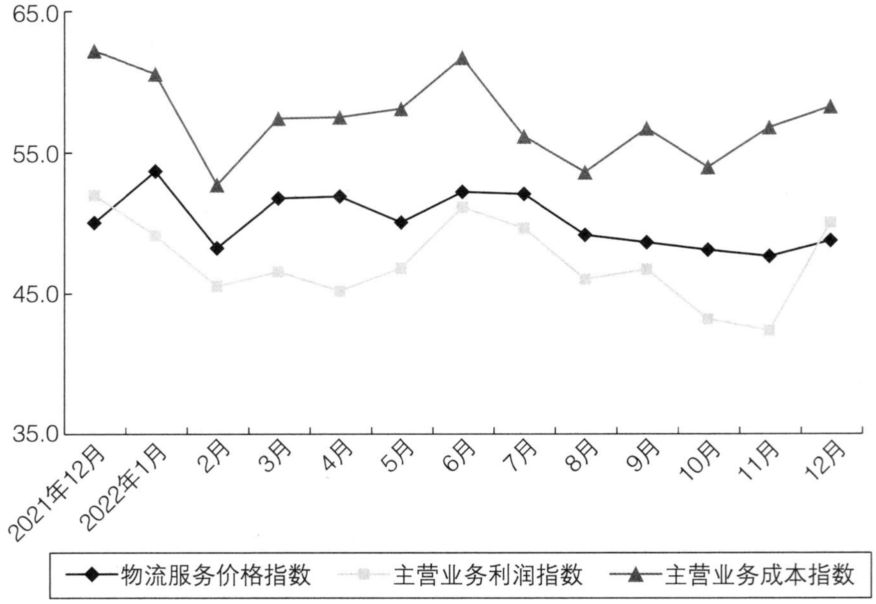

图 7 2021 年 12 月—2022 年 12 月物流服务价格与利润等指数走势

4. 就业形势稳中趋紧，后期走势总体向好

2022 年，从业人员指数月度均值为 49.1%，低于上年 1.5 个百分点，低于上半年均值 0.3 个百分点，低于前三季度均值 0.5 个百分点。其中，12 月，从业人员指数为 47.8%，仍位于紧缩区间，人力紧张较为突出。业务活动预期指数月度均值为 53.2%，低于上年 5 个百分点，低于前三季度均值 1 个百分点，低于上半年均值 0.8 个百分点。其中，12 月业务活动预期指数为 47.8%，较上月回升 0.7 个百分点，显示企业对未来预期审慎乐观，但整体疫情冲击仍然存在，需求恢复动力还不足，后期随着疫情影响逐渐减弱，物流行业有望持续恢复向好。2021 年 12 月—2022 年 12 月新订单与业务预期等指数走势如图 8 所示。

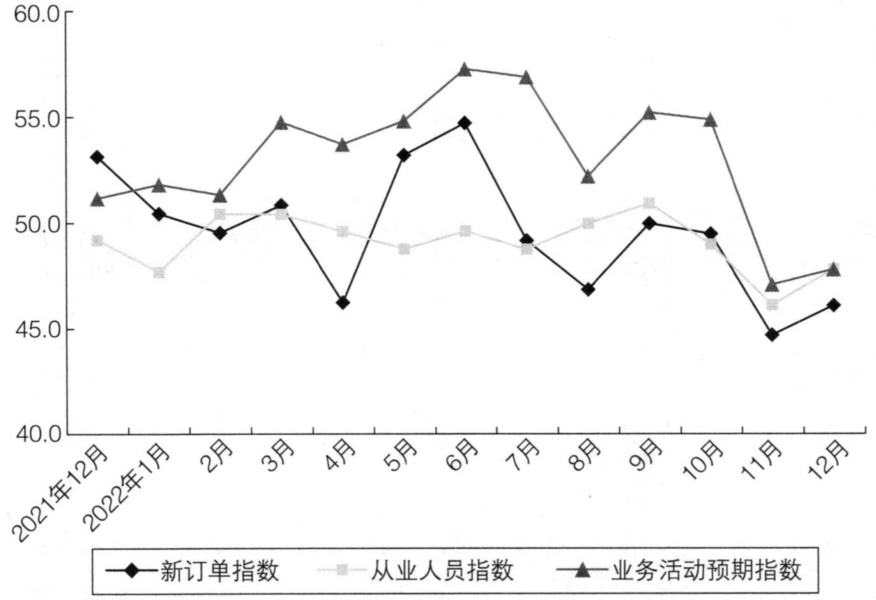

图8　2021 年 12 月—2022 年 12 月新订单与业务预期等指数走势

注：此报告中部分数据因四舍五入，存在总计与分项合计不等的情况。

[数据来源：

《武汉统计月报》（武汉市统计局）

武汉物流企业、工业企业和商业企业的抽样调查数据

武汉市交通运输生产指标月度统计数据（武汉市交通运输局）

《武汉市邮政业运行情况》（武汉市邮政管理局）]

（武汉市交通运输局　武汉现代物流研究院）

2022 年宜昌市物流业发展情况

2022 年是宜昌市物流行业发展充满挑战、极具考验的一年。面对国内疫情多点散发、国际环境复杂多变等情况，全市物流业在宜昌市委、市政府的领导下，努力克服供应链不畅问题，多措并举促使全市物流业保持韧性恢复。全市主要运行指标总体平稳，物流业市场规模、物流供给质量稳步提升，较好地完成了全年目标。

一、物流需求稳定增长

2022 年，宜昌市社会物流总额为 1.4 万亿元，同比增长 16.43%。从年内走势来看，上半年物流运行呈现出开局良好到短期冲击回落明显的趋势，下半年物流运行逐渐回暖。物流需求规模有所提升，需求结构调整继续优化。总体来看，全市社会物流总额延续恢复性增长。

从社会物流结构来看，各领域物流需求与产业升级同步调整。工业物流需求对社会物流总额依然有较高贡献率。全年工业品物流总额为 6625.45 亿元，同比增长 18.12%。其中，制造业物流需求支撑力明显，全年规模工业中的装备制造业增长 22.7%，生物医药相关产业增长 27%，工业新材料增长 12.2%。民生消费相关物流需求稳定，单位与居民物品物流总额为 19.29 亿元。全市邮政行业业务总量累计完成 17.59 亿元，同比增长 14.84%。快递完成业务量达到 1096.5 万件。民生领域物流需求稳定，农产品物流总额为 1043.74 亿元，同比增长 4.4%。外部流入货物物流总额为 6345.42 亿元，同比增长 16.26%。2022 年，全市外贸进出口值首破 400 亿元，位列全省第二。其中，进口达到 48.8 亿元，增长 55.8%；出口达到 365.9 亿元，增长 19.2%，出口中的基本有机化学品、钢材需求较大。

从全年物流业景气指数监测情况来看，全市物流业景气指数平均为 50.84。年内因多频次受到疫情因素影响，物流运输的通畅性被打断，产业链上下游的不稳定性使行业景气水平整体处于历史低位。3 月，总指数达到的最高点为 53.08，10 月，总指数达到的最低点为 47.59。总体来看，在疫情压力持续存在的情况下，运输物流服务保持了较强供给能力，需求端逐步回稳上升，物流市场实现有序恢复。

二、社会物流总费用与 GDP 的比率下降

2022 年，宜昌市社会物流总费用为 728.56 亿元，同比增长 3.74%。社会物流总费用与 GDP 的比率为 13.24%，同比下降 0.74 个百分点。低于国家 1.46 个百分点。从全市社会物流总费用构成情况看，运输环节费用 393.52 亿元，同比增长 3.89%，占社会物流总费用的 54%；保管费用 263.04 亿元，同比增长 3.75%，占社会物流总费用的 36%；管理费用 72 亿元，同比增长 2.8%，占社会物流总费用的 10%。虽然运输费用占比超过 50%，在增长方面却明显低于 2021 年同期。2022 年宜昌市社会物流总费用构成情况如下图所示。

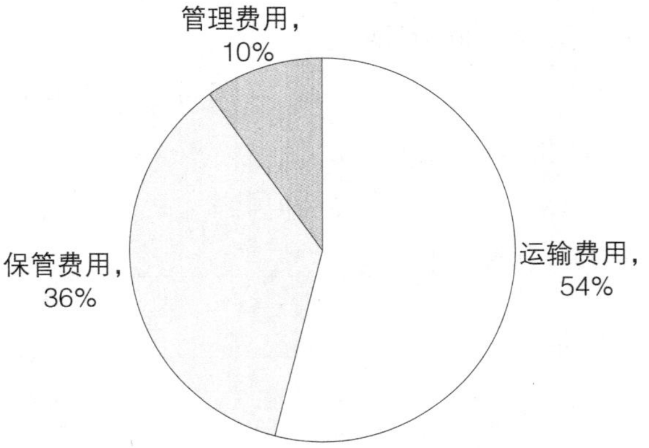

2022 年宜昌市社会物流总费用构成情况

物流成本压力趋于下降。2022 年社会物流总费用与 GDP 的比率下降明显，除了受疫情影响及外部环境多重超预期因素反复冲击，主要有以下两点原因。

一是运输结构优化调整。联运畅通水平提升，多式联运业务有所增长。2022 年全年水铁联运箱量突破 5000 标准箱，同比增长 30%。全市铁路货运量同比增长 9.62%，水路货运量同比增长 6.89%。与 2021 年同期相比，铁路货运量占总货运量的比重由 4.37% 上升为 5.5%，水路货运量占总货运量的比重由 35.56% 上升为 42.29%。港口吞吐量同比增长 7.98%，集装箱吞吐量同比增长 6.53%。不同运输方式衔接水平提升，进一步提高物流运行效率，使宏观物流成本稳中有降。

二是重视政策力度的支持。抓好降本、增效、提质，加大政策宣传引导力度，加快产业支持政策出台。《宜昌市降低物流成本支持物流产业发展若干措施》等惠企政策的推行，为支撑物流发展体系提供有力保障。例如，扩展融资渠道，缓解行业资金压力，收费公路货车通行费减免，保障物流循环畅通，不断优化物流营商环境。

三、物流市场规模增长

2022 年，宜昌市社会物流业总收入为 603.4 亿元，同比增长 4.16%。物流业增加值为 502.6 亿元，同比增长 4.01%。占 GDP 的比重为 9.13%。在促进物流市场稳定增长方面，加快市场主体培育，全年新增 A 级物流企业 20 家。截至 2022 年年底，宜昌市 A 级物流企业

总数达到 137 家，增速为全省第一。宜昌市入选国家骨干冷链物流基地、成功申报国家第三批农村物流服务品牌示范项目。在物流保通保畅工作期间，组建应急物资中转接驳站，制定健全应急保障物流体系，实现应急生活必需品配送工作的精准调配。重点物流项目建设成效显著，完成投资 63 亿元，同比增长超过 20%。物流园区交易额过亿元的企业有 8 家，累计交易额 757 亿元，同比增长 16.06%。其中，三峡物流园园区交易额达 544 亿元，同比增长 7.01%。

2022 年，宜昌市国民生产总值达 5502.69 亿元，第一产业增加值占 GDP 的比重为 10.68%，第二产业增加值占 GDP 的比重为 44.1%，第三产业增加值占 GDP 的比重为 45.21%。物流业增加值占第三产业增加值的比重为 20.2%。物流业仍是第三产业发展的重要组成部分。

注：部分数据因四舍五入与加权计算原因，存在总计与分项合计不等的情况。

（宜昌市物流业发展中心统计分析科　庄陇）

第六部分

物流技术与装备

2022年中国物流技术装备业

我国是实体经济大国，目前我国实体货物总量稳居世界第一，制造业产值超过了美国、日本、德国、韩国、印度总和。单位GDP物流作业总量远远高于发达国家，目前我国物流业发展已经从量的扩张阶段进入提质增效阶段，为物流的自动化、智能化发展创造了良好环境。

一、2022年中国物流技术装备业发展环境

1. 物流技术装备业面临的宏观环境分析

2022年，全国社会物流总额达347.6万亿元，是世界物流实物量第一的大国；2022年我国货物贸易进出口总值42.1万亿元，同比增长7.7%，是世界第一的进出口大国；2022年我国消费品零售额44.1万亿元，是全球第二大消费市场，实物商品网上零售额突破12万亿元，占全社会消费品零售额的27.4%，我国实物的商贸流通量稳居世界第一；2022年我国社会货物运输量为521亿吨；货物周转量为218134亿吨公里。除航空货运量外，均为世界第一；2022年快递包裹量达1105.8亿件，2019—2022年快递包裹增长量超过全世界其他各国。

在政策方面，截至2022年年底，国家已发布7项涉及物流的“十四五”专项规划，包括数字物流、能源物流、粮食物流等；在国家“十四五”规划中27次提到物流，17次提到供应链。国家“十四五”规划中提出建设现代物流体系，加快发展冷链物流，统筹物流枢纽设施、骨干线路、区域分拨中心和末端配送节点建设，完善国家物流枢纽、骨干冷链物流基地设施条件，健全县乡村三级物流配送体系，发展高铁快运等铁路快捷货运产品，加强国际航空货运能力建设，提升国际海运竞争力。优化国际物流通道，加快形成内外联通、安全高效的物流网络，加快建立储备充足、反应迅速、抗冲击能力强的应急物流体系。

2022年12月15日，国务院办公厅正式印发《“十四五”现代物流发展规划》，这是我国首部国家级现代物流发展五年规划。该规划提出，到2025年，基本建成供需适配、内外联通、安全高效、智慧绿色的现代物流体系。展望2035年，现代物流体系更加完善，具有国际竞争力的一流物流企业成长壮大，通达全

球的物流服务网络更加健全，对区域协调发展和实体经济高质量发展的支撑引领更加有力，为基本实现社会主义现代化提供坚实保障。

《“十四五”现代物流发展规划》提出了11项重点物流及供应链工程，包括国家物流枢纽建设工程、铁路物流升级改造工程、物流业制造业融合创新工程、数字物流创新提质工程、绿色低碳物流创新工程、现代供应链体系建设工程、国际物流网络畅通工程、冷链物流基础设施网络提升工程、应急物流保障工程、现代物流企业竞争力培育工程、物流标准化推进工程。

在技术上，互联网+、物联网、工业互联网、智能计算、数字孪生、区块链、人工智能、物流自动化、5G通信、工业机器人等先进技术均开始在物流技术装备业中集成应用，为智慧物流装备技术创新插上了翅膀，推动了技术迭代创新、集成应用，软硬件融合，物流技术装备业开始进入技术驱动的高速增长新时代。总体来看，各项物流规划政策密集出台，对物流技术装备业克服疫情冲击、推动2022年物流技术装备业快速发展有着积极作用。

2. 行业发展环境分析

2022年国家延续了严格管控的疫情防控政策，到2022年年底疫情防控政策放开。这一年产业物流、居民消费和进出口物流需求出现波动与反复。

从行业对物流技术装备需求热点角度看，2022年新能源领域仍然是物流工程市场的最大热点；电商物流市场规模较大，但增长速度下降；海外物流工程市场得到物流技术装备企业的重视，但需要关注内卷问题；冷链物流工程增长较快，但市场分散、以低端为主；化工、工程机械、酒类、粮食等行业的物流技术装备市场开始启动，家居物流的发展空间很大，但难以切入；传统的服装、医药、烟草市场需求趋于下行……

2022年以来，新能源领域、智能制造领域、商贸流通领域、电商快递领域仍然是推动物流技术装备需求增长的主要动力。

二、2022年中国物流技术装备业发展分析

1. 自动仓储领域仍然保持了快速增长

2022年受疫情防控影响，国民经济增长速度下降。根据对几十家物流技术装备企业的走访调研，总体来看，疫情反复、地缘冲突、经济增长放缓，叠加疫情连锁反应，甲方投资慎重，造成不少集成商2022年的项目量减少，总体看市场增长放缓，预计增长10%左右，仍然保持着远高于GDP的增长速度。

从增量市场看，新能源、3C电子、电商物流、智能制造、医药行业是热点，拉动了智能物流市场的增长；酒类、家居、半导体等行业具有潜在高速增长趋势；开拓海外市场，扩大销售渠道，成为系统集成商的新选择。

从技术设备类型看，2022年无人仓储技术产品市场增速明显；料箱机器人自动仓储系统进入快速增长周期，智能装卸车产品市场开始启动；快速分拣设备和输送设备市场继续保持快速增长；货到人拣选系统增长平稳，“穿梭车+货架”自动仓储系统发展仍然很快。非标异形与重载型自动仓储市场值得关注。

从技术创新角度看，2022年总的趋势是虚实融合的智能物流仓储系统创新活跃。具体看，一是数字化受到物流技术装备业前所未有的重视。尤其以数字孪生、软硬件融合、物联网应用、重载AGV、快速出入库设备等较为突出。二是无人化成为技术创新追求的目标。无

人化技术集中应用在自动装卸、自动码垛、自动储存、自动包装、自动分拣、自动输送、自动集货等多个方面。3D机器视觉技术的发展，使物流无人化上了一个新台阶。三是产品创新具有多样性。四是围绕新应用的场景创新比较多，推动物流自动仓储集成商进入工程机械、家居物流、化工、新能源、半导体与高新技术领域。

2. 自动分拣设备市场需求与技术趋势

2022年，虽然自动分拣设备市场增长速度减缓，但依然保持较高速增长，年度增长率约10%。从细分市场看，2022年电商市场趋于饱和，新开工项目降低；烟草领域需求稳定，市场波动很小；新能源与智能制造成为新热点；海外市场空间较大，机遇较多。

2022年自动分拣市场技术趋势如下。一是跨行业多场景下的技术创新，如大包、软包、异形件、易碎品、超大件分拣技术创新；再比如低温冷链、潮湿环境、局促空间、超多格口、洁净环境等多场景技术创新等。二是企业提出的分拣效率、数据分析、技术集成、快速交付、软件控制、管理调度等要求越来越高，考验企业技术能力。三是逆全球化局势下的核心技术自研新挑战，具体到物流技术装备业的一些高端核心部件，如各类控制器、传感器、芯片和核心软件系统仍然被欧美发达国家掌握，需要加快核心部件和软件系统自主化进程。

3. 物流机器人行业繁荣发展，融合创新

根据全球权威研究机构发布的《2022移动机器人市场报告》显示，2021年，全球移动机器人市场出货量增长超过70%。预计未来五年，移动机器人出货量将继续以每年约50%的速度增长，行业营收每年保持30%~40%的增长。其中，仓储物流机器人拥有强劲的市场需求和增长势头，2021年全球仓储物流机器人部署量已高于前两年的总和，预计到2027年将占全部移动机器人总部署量的73%；应用于物料搬运场景的工业物流机器人，预测到2025年，AGV（自动导引运输车）和AMR（自主移动机器人）市场规模将达到110亿美元，到2027年年底，机器人部署量将超过100万台。根据上述资料及相关企业调研，2022年我国物流机器人出货量增长速度在50%左右。

2022年我国物流机器人市场特点如下。一是我国物流机器人技术水平在全球居于领先地位，产品在全球具有较强的竞争力；国内物流机器人市场发展也很快。二是行业快速发展带来资本疯狂进入，前几年机器人创业公司数量激增，市场供给充足，市场竞争惨烈。目前，前期创业的机器人公司已经淘汰掉了绝大部分，同时，大浪淘沙也让有竞争力的部分企业脱颖而出。

在技术创新方向上，物流机器人接口标准与操作系统亟须统一。根据对物流机器人产业的观察，目前需要大力推进机器人系统的通信接口和控制平台的标准统一，实现不同厂家机器人可以在统一平台内柔性扩展，统一调度和优化，实现群智能。在导航技术上，要从目前AMR自主导航技术向未来的多模态智能导航技术发展，实现迭代创新，取得导航技术的重大突破。

物流机器人技术发展方向如下。一是仓储机器人向“全能型”升级，适应大中小件、异形件仓储作业，实现搬运、叉取、升高等机器人组合型作业等；二是软件融合，提升物流机器人智能算法、导航技术和管理系统全面升级；三是装卸车机器人创新快速，市场需求很大；四是全面优化解决方案，为客户提供更好的服务。

4. 2022 年中国叉车销量突破 100 万台，继续占世界总量一半以上

2022 年国内机动工业车辆制造企业五类叉车累计销量为 1047967 台，销量虽略有下降，但仍突破百万台大关，居世界第一。其中，国内销售 686426 台，出口为 361541 台，同比上升 14.50%；受国家排放政策、物流业等对仓储配送的需求，电动叉车的比重不断上升。从销量上看，位列第一阶梯的是安徽合力与杭叉集团；位列第二阶梯的 8 家企业是林德（中国）、中力、龙工、比亚迪、诺力、丰田、永恒力、海斯特。

2022 年中国叉车新的发展方向如下。一是布局出海，外贸出口实现稳步增长；二是新能源产品销量持续上升；三是国内市场逐步趋于饱和，销量略有下滑；四是自主品牌持续发力，产品推陈出新、越加丰富；五是叉车技术向自动化、智能化方向发展，无人叉车成为技术热点。

5. 物流技术装备核心零部件取得较大技术进步

为满足各类物流作业场景和激增的市场需求，国内物流机器人、自动仓储系统、自动分拣系统从整体上看正在赶超世界先进水平，部分技术已经居于世界领先地位。但是目前中国物流技术装备核心零部件的供应商主要是海外厂家，依靠进口，国外核心零部件市场占有率预计在 50%以上。

在物流技术装备中起到关键核心作用的零部件主要有光电感知类零部件、系统控制类零部件和导航通信类零部件。这些零部件大部分需要进口。

2022 年，国家鼓励国内企业开展技术攻关，鼓励国内企业积极采购国内核心零部件进行应用测试、迭代升级、技术提升。随着核心零部件技术在具体应用场景中的磨合与迭代升级，国内核心零部件企业开始逐步成长，取得了较大进步，预计将尽快取得技术突破，不断降低成本，实现国产替代进口。

三、总结

2022 年，中国物流技术装备业总体上继续保持较快增长，但整体发展速度有了较大下降，其中，物流机器人等细分领域市场需求增长最快，行业技术创新点更多；新能源物流领域市场需求发展也较快，带动了物流技术装备业的持续增长。

从技术发展趋势上看，我国如今是世界上第一物流技术来源国，截至 2022 年 5 月 21 日，我国的物流专利申请量已经占全球物流专利总申请量的 76%，综合上看，我国物流装备技术已经处于全球领先水平，展望未来，多智能体自主协同技术、智能分拨技术、无源物联网、下一代智能包装、供应链数字孪生、数字供应链控制塔、交互式 AI、无人卡车、地理大模型、清洁能源解决方案十大趋势将引领未来物流技术创新发展。

（王继祥）

2022年中国货车业

2022年，我国统筹疫情及经济社会发展，全年实现国内生产总值1210207亿元，比上年增长3.0%。全年居民消费价格比上年上涨2.0%，工业生产者出厂价格上涨4.1%。2022年，上海等地疫情散发，对我国经济产生较大影响，尤其是物流运输业和载货车产业受到较大打击，市场需求量大幅下降。

为了对冲疫情的不利影响，固定资产投资起到了稳经济的重要作用。2022年，我国固定资产投资累计增长5.1%，比2021年继续提高0.2个百分点，固定资产投资是稳经济的重要抓手，其增速大幅高于GDP的增速。

2021年以来，我国货车出口高速发展，成为拉动外贸出口的重要力量，2022年，我国货车企业出口量同比大幅增长48.25%，成为拉动货车产品需求的重要细分市场。尤其是2022年1月1日正式生效的《区域全面经济伙伴关系协定》，是我国最大的自贸协定，涵盖发达国家、发展中国家等，多数国家汽车及零部件进口关税将降至零，有利于我国汽车出口。

一、2022年我国载货车市场整体情况

根据中国汽车工业协会统计数据，2022年我国载货车共销售289.26万辆，同比下降32.33%，创下近年来最大降幅。细分领域中，重型载货车降幅最大，全年销售67.19万辆，同比下降51.78%。我国重型载货车在2020年达到销量峰值后连续两年大幅下降，也显示出行业需求量不足的情况。微型载货车降幅最小，2022年共销售50.69万辆，同比下降16.16%。2017—2022年我国载货车分车型销量如表1所示。

尽管我国载货车总销量大幅下降，受益于电动化转型，2022年我国新能源载货车销量达203420辆，同比增长137.16%，是表现最好的细分市场。其中，燃料电池货车受益于国家以奖代补政策落地，全年销售2130辆，同比增长269.79%，2023年，在我国氢能战略和各地方政府推动下，氢燃料电池货车将继续大幅增长。2022年新能源载货车分车型销量如表2所示。

表 1　　2017—2022 年我国载货车分车型销量　　单位：辆

车型	2017 年	2018 年	2019 年	2020 年	2021 年	2022 年	2022 年同比增长（%）
重型载货车	1116851	1147884	1174252	1618932	1393429	671942	-51. 78
中型载货车	229113	177206	139338	159113	178423	95699	-46. 36
轻型载货车	1718943	1894978	1883166	2198748	2098278	1618091	-22. 88
微型载货车	568444	665557	653402	708354	604560	506886	-16. 16
合计	3633351	3885625	3850158	4685147	4274690	2892618	-32. 33

资料来源：中国汽车工业协会。

表 2　　2022 年新能源载货车分车型销量　　单位：辆

车型		2022 年	2021 年	增幅（%）
插电式混合动力货车	半挂牵引车	0	0	—
	非完整载货车	5	9	-44. 44
	载货车	1468	1137	29. 11
	小计	1473	1146	28. 53
纯电动货车	半挂牵引车	11798	4726	149. 64
	非完整载货车	5136	4157	23. 55
	载货车	182883	75169	143. 30
	小计	199817	84052	137. 73
燃料电池载车	半挂牵引车	1139	482	136. 31
	非完整载货车	192	20	860. 00
	载货车	799	74	979. 73
	小计	2130	576	269. 79
合计		203420	85774	137. 16

资料来源：中国汽车工业协会。

2022 年我国载货车共实现出口 518559 辆，比 2021 年同比增长 48. 25%，其中，载货车整车出口 397207 辆，非完整载货车出口 47008 辆，半挂牵引车出口 74344 辆。在载货车出口量前十名企业中，北汽福田、中国重汽和陕汽集团分别居细分领域第一名。北汽福田共完成货车出口 78113 辆，稳居出口规模第一名。2022 年我国载货车分车型出口量前十名企业如表 3 所示。

表 3　　2022 年我国载货车分车型出口量前十名企业　　单位：辆

排名	载货车		半挂牵引车		非完整载货车	
	企业	出口量	企业	出口量	企业	出口量
1	北汽福田	66033	中国重汽	33893	陕汽集团	23490
2	上汽大通	64761	北汽福田	12080	中国一汽	14282
3	江淮汽车	56838	陕汽集团	10872	中国重汽	6157
4	长城汽车	51063	中国一汽	7133	东风集团	2674
5	长安汽车	40868	东风集团	5745	比亚迪	269
6	中国重汽	39822	成都大运	2059	庆铃汽车	136
7	东风集团	22258	徐工汽车	713		
8	江铃股份	18323	江淮汽车	684		
9	河北中兴	8236	比亚迪	404		
10	华晨鑫源	5825	安徽华菱	350		

资料来源：中国汽车工业协会。

二、主要企业

1. 重型载货车企业

2022 年，我国重型载货车企业销量排名发生较大变化，中国重汽由 2021 年的第二名升至 2022 年第一名，2022 年共销售重型载货车 15.88 万辆，同比下降 44.54%。中国一汽由 2021 年的行业第一名降至第三名，销量降幅高达 63.76%。前十名企业中，降幅最小的是徐工汽车，2022 年共销售重型载货车 12374 辆，同比下降 35.76%。我国重型载货车分企业销量如表 4 所示。

表 4　　我国重型载货车分企业销量　　单位：辆

排名	企业	2022 年	2021 年	同比增长（%）
1	中国重型汽车集团有限公司	158829	286367	-44.54
2	东风汽车集团有限公司	126768	264411	-52.06
3	中国第一汽车集团有限公司	125571	346531	-63.76
4	陕西汽车控股集团有限公司	107943	193144	-44.11
5	北汽福田汽车股份有限公司	67582	105387	-35.87
6	成都大运汽车集团有限公司	17372	30348	-42.76
7	安徽江淮汽车集团股份有限公司	14420	34156	-57.78
8	上汽红岩汽车有限公司	13107	63007	-79.20
9	徐州徐工汽车制造有限公司	12374	19263	-35.76
10	北奔重型汽车集团有限公司	7877	12632	-37.64

资料来源：中国汽车工业协会。

2. 中型载货车企业

中型载货车企业销量排名中，北汽福田稳居第一，2022 年销售 34125 辆，降幅 55. 02%，与第二名江淮汽车差距明显缩小。前五名企业中，江淮汽车是唯一实现销量增长的企业，2022 年共销售中型载货车 15908 辆，同比增长 7. 10%。我国中型载货车分企业销量如表 5 所示。

表 5　　我国中型载货车分企业销量　　单位：辆

排名	企业	2022 年	2021 年	同比增长（%）
1	北汽福田汽车股份有限公司	34125	75875	–55. 02
2	安徽江淮汽车集团股份有限公司	15908	14854	7. 10
3	中国第一汽车集团有限公司	14813	26889	–44. 91
4	成都大运汽车集团有限公司	11464	20273	–43. 45
5	东风汽车集团有限公司	8488	14677	–42. 17
6	庆铃汽车（集团）有限公司	5127	9022	–43. 17
7	中国重型汽车集团有限公司	2546	3573	–28. 74
8	浙江飞碟汽车制造有限公司	1045	2281	–54. 19
9	四川南骏汽车集团有限公司	954	8974	–89. 37
10	湖北三环专用汽车有限公司	488	405	20. 49

资料来源：中国汽车工业协会。

3. 轻型载货车企业

多年来，北汽福田稳居轻型载货车销量第一，2022 年销量达到 310705 辆，同比下降 24. 96%。前十名企业中，上汽大通继续保持增长趋势，同比增幅高达 8. 65%，销量为 104577 辆，排名上升至第七名。我国轻型载货车分企业销量如表 6 所示。

表 6　　我国轻型载货车分企业销量　　单位：辆

排名	企业	2022 年	2021 年	同比增长（%）
1	北汽福田汽车股份有限公司	310705	414045	–24. 96
2	长城汽车股份有限公司	186715	233006	–19. 87
3	东风汽车集团有限公司	175229	234320	–25. 22
4	重庆长安汽车股份有限公司	171901	178342	–3. 61
5	安徽江淮汽车集团股份有限公司	152893	208404	–26. 64
6	江铃汽车股份有限公司	127599	186011	–31. 40
7	上汽大通汽车有限公司	104577	96255	8. 65

续 表

排名	企业	2022 年	2021 年	同比增长（%）
8	中国重型汽车集团有限公司	70598	109364	-35.45
9	中国第一汽车集团有限公司	39480	77442	-49.02
10	江西五十铃汽车有限公司	38799	51707	-24.96

资料来源：中国汽车工业协会。

4. 微型载货车企业

微型载货车行业较稳定，上汽通用五菱多年来居行业第一名，2022 年销售 290121 辆，同比下降 21.66%。前五名企业中，重庆长安和山东凯马实现了同比增长，表现较好。我国微型载货车分企业销量如表 7 所示。

表 7　我国微型载货车分企业销量　单位：辆

排名	企业	2022 年	2021 年	同比增长（%）
1	上汽通用五菱汽车股份有限公司	290121	370333	-21.66
2	东风汽车集团有限公司	70022	87357	-19.84
3	重庆长安汽车股份有限公司	68244	55687	22.55
4	山东凯马汽车制造有限公司	43465	41792	4.00
5	奇瑞汽车股份有限公司	27486	32019	-14.16
6	山东唐骏欧铃汽车制造有限公司	6137	13987	-56.12
7	北汽福田汽车股份有限公司	847	1631	-48.07
8	江西昌河汽车有限责任公司	266	1151	-76.89
9	福建新龙马汽车股份有限公司	251	0	—
10	江西江铃集团晶马汽车有限公司	47	91	-48.35

资料来源：中国汽车工业协会。

[中汽信息科技（天津）有限公司　李新波]

2022 年中国工业车辆行业

2022 年，我国工业车辆总销量出现负增长。其中，国内市场处于调整期，出现近十年来较少见的 10%以上的负增长；出口市场继续前两年的增长势头，但涨幅收窄。

一、总体情况

根据中国工程机械工业协会工业车辆分会会员单位不完全统计，2022 年我国机动工业车辆总销量达 1047967 台（1047967 台中不含贴牌，贴牌 232551 台），与 2021 年同期的 1099382 台（1099382 台中不含贴牌，贴牌 191410 台）相比，下降了 4. 68%；非机动工业车辆销量为 1129655 台（1129655 台中不含贴牌，贴牌 125317 台），与上年同期的 1239556 台（1239556 台中不含贴牌，贴牌 181645 台）相比，下降了 8. 87%。其中，国内市场 2022 年销售 686426 台，相比 2021 年同期的 783619 台，下降 12. 40%。

2022 年各月机动工业车辆销售情况如表 1 所示，2021—2022 年各月机动工业车辆销量及变化趋势如图 1 所示。

表 1　　2022 年各月机动工业车辆销售情况

月份	Class1 电动平衡重乘驾式叉车	Class2 电动乘驾式仓储叉车	Class3 电动步行式仓储叉车	Class31（车身重量≤250kg）	Class32（车身重量>250kg 及其他）	Class4+5 内燃平衡重乘驾式叉车	Class1-3 电动叉车	Class1+4+5 平衡重叉车	Class1-5 机动工业车辆
1	8292	1212	40989	26504	14485	32658	50493	40950	83151
2	7127	948	32991	21790	11201	30307	41066	37434	71373
3	11489	1238	62580	42413	20167	50749	75307	62238	126056
4	10336	1155	48626	32179	16447	30336	60117	40672	90453
5	11969	1289	42097	26550	15547	31229	55355	43198	86584

续 表

月份	Class1 电动平衡重乘驾式叉车	Class2 电动乘驾式仓储叉车	Class3 电动步行式仓储叉车	Class31 （车身重量≤250kg）	Class32 （车身重量>250kg及其他）	Class4+5 内燃平衡重乘驾式叉车	Class1-3 电动叉车	Class1+4+5 平衡重叉车	Class1-5 机动工业车辆
6	12807	1683	48683	30752	17931	32499	63173	45306	95672
7	11382	1487	42909	27262	15647	29153	55778	40535	84931
8	11990	1776	42061	25638	16423	27914	55827	39904	83741
9	11536	1716	43887	25844	18043	28814	57139	40350	85953
10	11341	1675	39881	23831	16050	28427	52897	39768	81324
11	12604	1706	39366	22801	16565	28972	53676	41576	82648
12	11234	1717	40985	23825	17160	22145	53936	33379	76081
合计	132107	17602	525055	329389	195666	373203	674764	505310	1047967

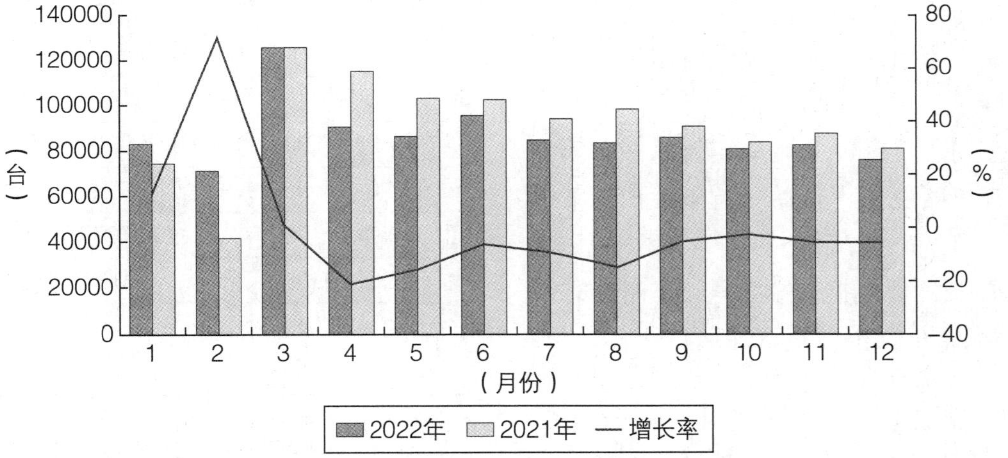

图 1　2021—2022 年各月机动工业车辆销量及变化趋势

二、机动工业车辆销售情况

（一）内燃叉车销售情况

2022 年，我国共销售内燃平衡重乘驾式叉车（简称内燃叉车）373203 台，与上年同期的 441595 台相比，下降了 15.49%。

2021—2022 年各月内燃叉车销量及变化趋势如图 2 所示。

1. 按销量（含贴牌）排名前十位企业

安徽叉车集团有限责任公司、杭叉集团股份有限公司、龙工（上海）叉车有限公司、安徽江淮银联重型工程机械有限公司、柳州柳工叉车有限公司、三菱重工叉车（大连）有限公司、海斯特美科斯叉车（浙江）有限公司、台励福机器设备（青岛）有限公司、丰田产业车辆（上海）有限公司、凯傲宝骊（江苏）叉车有限公司。

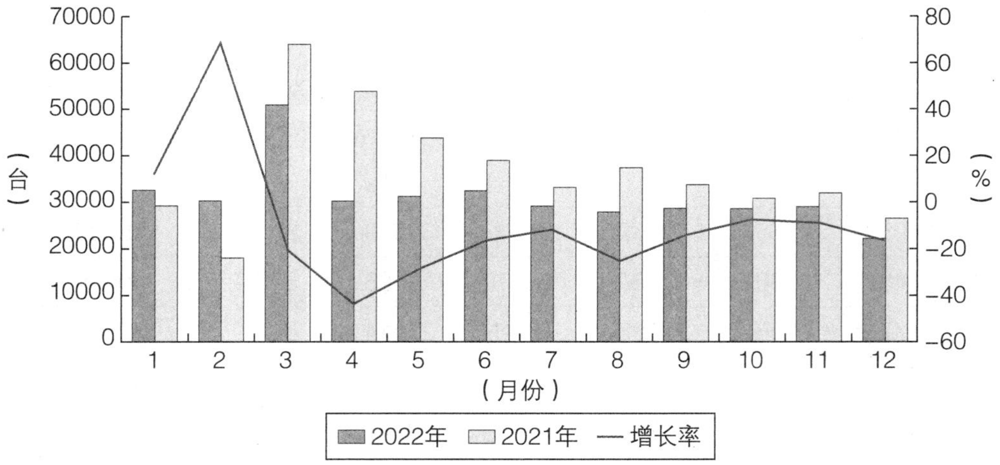

图 2 2021—2022 年各月内燃叉车销量及变化趋势

2. 按自主品牌销量（不含贴牌）排名前十位企业

安徽叉车集团有限责任公司、杭叉集团股份有限公司、龙工（上海）叉车有限公司、安徽江淮银联重型工程机械有限公司、柳州柳工叉车有限公司、三菱重工叉车（大连）有限公司、台励福机器设备（青岛）有限公司、丰田产业车辆（上海）有限公司、凯傲宝骊（江苏）叉车有限公司、浙江吉鑫祥叉车制造有限公司。排名前五位企业的销量为 323342 台，占内燃平衡重乘驾式叉车销量的 86. 64%；排名前十位企业的销量为 359424 台，占内燃平衡重乘驾式叉车销量的 96. 31%。

3. 内燃平衡重乘驾式叉车

内燃平衡重乘驾式叉车总销量（含出口）按起重量吨位级分类情况如表 2 所示；内燃平衡重乘驾式叉车国内总销量为 278184 台，按起重量吨位级分类情况如表 3 所示。

2022 年销售的内燃平衡重乘驾式叉车中含有空箱叉车、重箱叉车、空箱正面吊、重箱正面吊等，共计 497 台，主要销售企业是三一港口机械有限公司、柳州柳工叉车有限公司、安

表 2 内燃平衡重乘驾式叉车总销量（含出口）按起重量吨位级分类情况

起重量（吨位级）	数量（台）	占总销量的比重（%）
0. 0—1. 199	14	0. 01
1. 2—1. 999	5596	1. 50
2. 0—2. 999	37233	9. 98
3. 0—4. 999	297373	79. 68
5. 0—9. 999	27907	7. 48
10. 0—42. 0 以上（含正面吊）	5080	1. 35

表 3 内燃平衡重乘驾式叉车国内总销量按起重量吨位级分类情况

起重量（吨位级）	数量（台）	占总销量的比重（%）
0. 0—1. 199	9	0. 003
1. 2—1. 999	750	0. 27
2. 0—2. 999	4393	1. 58
3. 0—4. 999	249951	89. 85
5. 0—9. 999	19025	6. 84
10. 0—42. 0 以上（含正面吊）	4056	1. 46

徽叉车集团有限责任公司、杭叉集团股份有限公司、海斯特美科斯叉车（浙江）有限公司；2022 年销售的内燃平衡重乘驾式叉车中含有侧面式叉车，共计 127 台，主要销售企业是安徽叉车集团有限责任公司、杭叉集团股份有限公司、浙江吉鑫祥叉车制造有限公司。

（二）电动叉车销售情况

2022 年，我国电动叉车（包括电动平衡重乘驾式叉车和各类电动仓储叉车）销量为 674764 台，与上年同期的 657787 台相比，增长了 2.58%。2021—2022 年各月电动叉车销量及变化趋势如图 3 所示。

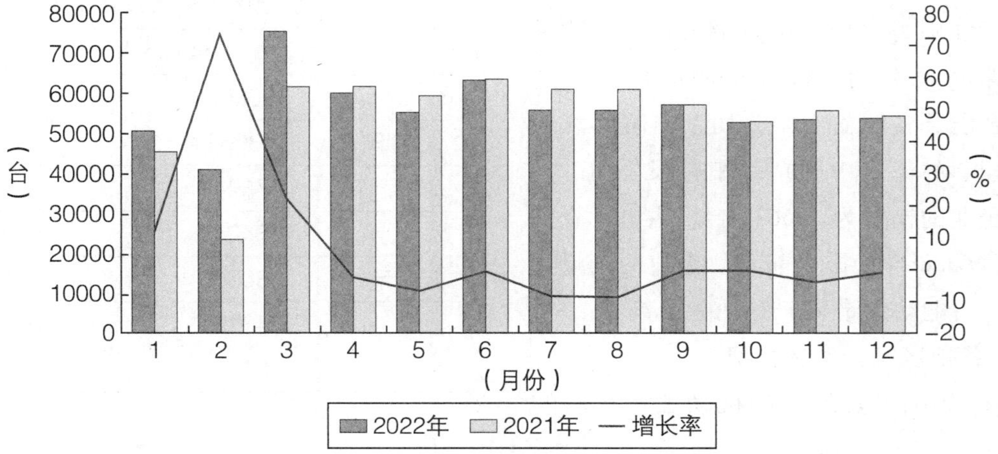

图 3　2021—2022 年各月电动叉车销量及变化趋势

1. 电动平衡重乘驾式叉车分吨位销售情况

2022 年全国共销售电动平衡重乘驾式叉车 132107 台，与上年同期的 112993 台相比，增长了 16.92%。

按销量（含贴牌）排名前六位的企业是杭叉集团股份有限公司、安徽叉车集团有限责任公司、浙江中力机械股份有限公司、韶关比亚迪实业有限公司、林德（中国）叉车有限公司、丰田产业车辆（上海）有限公司。

按自主品牌销量（不含贴牌）排名前六位的企业是杭叉集团股份有限公司、安徽叉车集团有限责任公司、韶关比亚迪实业有限公司、浙江中力机械股份有限公司、林德（中国）叉车有限公司、丰田产业车辆（上海）有限公司。排名前三位企业的销量为 73843 台，占电动平衡重乘驾式叉车销量的 55.90%；排名前六位企业的销量为 106762 台，占电动平衡重乘驾式叉车销量的 80.81%。

电动平衡重乘驾式叉车按起重量吨位级分类的销售情况如表 4 所示。

表 4　电动平衡重乘驾式叉车按起重量吨位级分类的销售情况

起重量（吨位级）	数量（台）	占总销量的比重（%）
0.0—1.199	994	0.75
1.2—1.999	25639	19.41
2.0—2.499	25006	18.93
2.5—2.999	28528	21.59
3.0 以上	51940	39.32

2. 电动仓储叉车（包括电动乘驾式仓储叉车、电动步行式仓储叉车等）

2022 年全国共销售电动仓储叉车 542657 台，与上年同期的 544794 台相比，下降了0.39%。

按销量（含贴牌）排名前六位的企业是浙江中力机械股份有限公司、诺力智能装备股份有限公司、安徽叉车集团有限责任公司、浙江加力仓储设备股份有限公司、杭叉集团股份有限公司、林德（中国）叉车有限公司。

按自主品牌销量（不含贴牌）排名前六位的企业是浙江中力机械股份有限公司、安徽叉车集团有限责任公司、杭叉集团股份有限公司、诺力智能装备股份有限公司、宁波如意股份有限公司、林德（中国）叉车有限公司。排名前三位企业的销量为346630台，占电动仓储叉车销量的63.88%；排名前六位企业的销量为474807台，占电动仓储叉车销量的87.50%。

（三）各地区叉车销售情况

从2022年国内各地区的机动工业车辆的销售流向看，以往市场份额最大的华东地区下降了2.58个百分点。2022年全国机动工业车辆按地区销量与占比情况如表5所示，2022年全国各省区市叉车销量和市场份额顺序如表6所示。

表5　2022年全国机动工业车辆按地区销量与占比情况

地区	数量（台）	占总销量的比重（%）
华东地区	308509	44.94
华南地区	136531	19.89
华中地区	73747	10.74
华北地区	64347	9.37
西北地区	30963	4.51
西南地区	43127	6.29
东北地区	29202	4.26

表6　2022年全国各省区市叉车销量和市场份额顺序

排名	地区	销量（台）	2022年市场份额（%）	2021年市场份额（%）	同比增长（%）
1	广东	118614	17.28	17.85	-0.57
2	浙江	90301	13.16	13.18	-0.02
3	江苏	77204	11.25	11.59	-0.34
4	山东	52500	7.65	8.35	-0.70
5	上海	35381	5.15	5.12	0.03
6	安徽	29284	4.27	3.75	0.52
7	河南	24103	3.51	3.48	0.03
8	福建	23839	3.47	3.60	-0.13
9	河北	21850	3.18	3.18	0.00
10	湖北	18426	2.68	2.53	0.15
11	湖南	17080	2.49	2.36	0.13
12	四川	15975	2.33	2.25	0.08
13	江西	14138	2.06	1.94	0.12

续 表

排名	地区	销量（台）	2022 年市场份额（%）	2021 年市场份额（%）	同比增长（%）
14	辽宁	13980	2. 04	1. 90	0. 14
15	广西	13875	2. 02	2. 27	−0. 25
16	北京	12019	1. 75	1. 83	−0. 08
17	山西	12018	1. 75	1. 18	0. 57
18	天津	11977	1. 74	1. 91	−0. 17
19	重庆	11851	1. 73	1. 69	0. 04
20	陕西	11571	1. 69	1. 62	0. 07
21	新疆	8129	1. 18	1. 24	−0. 06
22	云南	7948	1. 16	1. 07	0. 09
23	吉林	7854	1. 14	1. 07	0. 07
24	黑龙江	7368	1. 07	1. 01	0. 06
25	内蒙古	6483	0. 94	0. 85	0. 09
26	贵州	5722	0. 83	0. 87	−0. 04
27	甘肃	4296	0. 63	0. 69	−0. 06
28	宁夏	4263	0. 62	0. 59	0. 03
29	海南	4042	0. 59	0. 51	0. 08
30	青海	2704	0. 39	0. 32	0. 07
31	西藏	1631	0. 24	0. 22	0. 02

注：因四舍五入原因，部分数据存在分项与合计不符情况。

（四）叉车分行业销售情况

根据中国工程机械工业协会工业车辆分会收到流向上报的部分企业数据分类别①流向统计，2022 年机动工业车辆国内销量中，1 类电动平衡重乘驾式叉车 86617 台，2 类电动乘驾式仓储叉车 11345 台，4 类和 5 类内燃平衡重乘驾式叉车（充气胎、实心胎和除实心软胎以外的其他轮胎）278184 台，以上合计 376146 台（不含 3 类）。2022 年不完全统计的分行业销量为 222413 台（不含 3 类），占实际销量的 59. 13%。

根据中国工程机械工业协会工业车辆分会分行业流向（不完全统计）统计，2022 年机动工业车辆国内销量中，排名前三位的行业为电气、机械行业；批发零售业；交通运输仓储、物流仓储、邮政业。其中，电动平衡重乘驾式叉车主要销售到电气、机械行业；交通运

① 统计 1 类电动平衡重乘驾式叉车，2 类电动乘驾式仓储叉车，4 类和 5 类内燃平衡重乘架式叉车（充气胎、实心胎和除实心软胎以外的其他轮胎），暂不统计 3 类电动步行式仓储叉车。

输仓储、物流仓储、邮政业；食品、饮料行业。电动乘驾式仓储叉车主要销售到电气、机械行业；交通运输仓储、物流仓储、邮政业；冷链业。内燃平衡重乘驾式叉车主要销售到电气、机械行业；批发零售业；冶金及金属制造业。

机动工业车辆三大车型中销售到电气、机械行业的量最大。2022 年国内机动工业车辆销售分行业流向如表 7 所示。

表 7　　2022 年国内机动工业车辆销售分行业流向

序号	行业分类	1 类	2 类	4+5 类	合计
1	农林牧副渔	1726	47	5769	7542
2	采矿业、采石、木材采运	397	2	3261	3660
3	食品、饮料行业	2973	200	3835	7008
4	烟草制造业	498	15	2795	3308
5	纺织业、服装鞋帽	1402	157	4159	5718
6	造业纸及纸制品业	1427	118	4199	5744
7	石油化工行业	2285	225	5167	7677
8	电气、机械行业	6293	1507	45779	53579
9	锂电、风、光、核电等新能源行业	457	270	1612	2339
10	电商	1317	222	1838	3377
11	冷链	2094	531	2050	4675
12	汽车行业	2638	462	4282	7382
13	通信设备、计算机等电子设备制造业	914	140	5230	6284
14	交通运输仓储、物流仓储、邮政业	3722	1261	6623	11606
15	批发零售业	2204	416	9034	11654
16	租赁	2374	321	4266	6961
17	医药及医疗器材	909	224	3697	4830
18	非金属矿物制品	920	80	3947	4947
19	冶金及金属制造	1682	235	8196	10113
20	木业加工家具	533	132	3181	3846
21	其他	9294	1234	39635	50163
合计		46059	7799	168555	222413

三、轻小型搬运车辆市场情况

2022 年，中国工程机械工业协会工业车辆分会会员单位报告的非机动工业车辆销售量为 1129655 台（1129655 台中不含贴牌，贴牌 125317 台），与上年同期的 1239556 台（1239556 台中不含贴牌，贴牌 181645 台）相比，下降了 8.87%。

四、固定平台搬运车销售情况

2022 年，固定平台搬运车销量为 549 台，与上年同期的 764 台相比，下降了 28.14%。

五、牵引车销售情况

2022 年，牵引车销量为 5425 台（其中，电动牵引车为 4907 台，内燃牵引车为 518 台）与上年同期的 4410 台相比，上升了 23.02%。

六、AGV 叉车销售情况

2022 年，我国 AGV 叉车销量为 1135 台，与上年同期的 609 台相比，增长了 86.37%。其中，电动平衡重乘驾式叉车为 102 台，电动乘驾式仓储叉车为 378 台，电动步行式仓储叉车为 655 台。主要销售单位是浙江中力机械股份有限公司、杭叉集团股份有限公司和安徽叉车集团有限责任公司。2022 年 AGV 叉车各车型国内和出口销售情况如表 8 所示。

表 8　2022 年 AGV 叉车各车型国内和出口销售情况

AGV 叉车车型	Class 1 电动平衡重乘驾式叉车	Class 2 电动乘驾式仓储叉车	Class 31 电动步行式仓储叉车	Class 32 电动步行式仓储叉车	合计
内销（台）	102	378	271	310	1061
出口（台）	—	—	13	61	74
总销量（台）	102	378	284	371	1135

七、锂电池及氢燃料叉车销售情况

2022 年锂电池叉车（1-3 类）销售量为 433410 台，比上年同期的 332640 台相比，增长了 30.29%。其中，电动平衡重乘驾式叉车 77452 台，占总销量的 17.87%，与上年同期的 48412 台相比，增长了 59.99%；电动乘驾式仓储叉车 3898 台，占总销量的 0.90%，与上年同期的 2856 台相比，上升了 36.48%；电动步行式仓储叉车 352060 台，占总销量的 81.23%，与上年同期的 281372 台相比，增长了 25.12%。锂电池叉车国内销量为 170955 台，出口销量为 262455 台。2022 年锂电池叉车各车型国内和出口销售情况如表 9 所示。

表 9　　2022 年锂电池叉车各车型国内和出口销售情况

锂电池车型	Class 1 电动平衡重乘驾式叉车	Class 2 电动乘驾式仓储叉车	Class 31 电动步行式仓储叉车	Class 32 电动步行式仓储叉车	合计
内销（台）	49424	2289	91257	27985	170955
出口（台）	28028	1609	212093	20725	262455
总销量（台）	77452	3898	303350	48710	433410
占比（%）	17.87	0.90	69.99	11.24	100

2022 年，锂电池叉车销量排名前六位的企业是浙江中力机械股份有限公司、诺力智能装备股份有限公司、安徽叉车集团有限责任公司、林德（中国）叉车有限公司、杭叉集团股份有限公司、韶关比亚迪实业有限公司。其中，排名前三位企业的销量为 298702 台，占锂电池叉车销量的 68.92%；排名前五位企业的销量为 421318 台，占锂电池叉车销量的 97.21%。

（中国工程机械工业协会工业车辆分会　张洁）

2022年中国托盘业

2022年是中共二十大召开之年，也是踏上全面建设社会主义现代化国家、向第二个百年奋斗目标进军新征程的开局之年。同年，国务院办公厅印发了《“十四五”现代物流发展规划》，精准聚焦现代物流发展重点方向，为托盘行业的发展带来了新的机遇和挑战。

虽然2022年我国物流业经受了疫情冲击、需求不足和成本上升多重压力，但总体还是实现了平稳运行。同样由于受到疫情影响，托盘行业年产量较2021年相比略有下降，但随着国内外疫情管控政策的放开，以“一带一路”托盘共享行动（BRAPS）为代表的托盘国际合作取得了重大突破。《“十四五”现代物流发展规划》中对于托盘循环共用系统建设的发展指引，绿色低碳高质量发展的持续推进，企业成本管控对于自动化、智能化设备需求的日益增长等，都促使托盘企业对2023年托盘市场的发展前景充满了信心。

一、托盘市场规模增速放缓

2022年，由于受到疫情冲击、原材料成本上升、客户需求不足等大环境影响，我国托盘年产量约为3.7亿片，同比下降5%，近几年首次出现产量下滑；托盘保有量约为17亿片，同比增长2.41%，增速较2021年有所放缓；托盘循环共用企业加速扩大各自托盘池规模，加快布局全国运营服务网络，推广带板运输和供应链一体化发展，2022年我国托盘池总量超过3750万片，比2021年增加了350万片，同比增长10.29%。木托盘市场占有率有所降低，塑料托盘市场占有率有所提升，木托盘和塑料托盘总占有率在90%以上。2016—2022年我国托盘年产量如图1所示，2003—2022年我国托盘保有量如图2所示，2012年、2016年、2020年、2022年不同材质托盘市场占有率如表1所示，2017—2022年我国循环共用托盘池规模及增长率情况如图3所示。

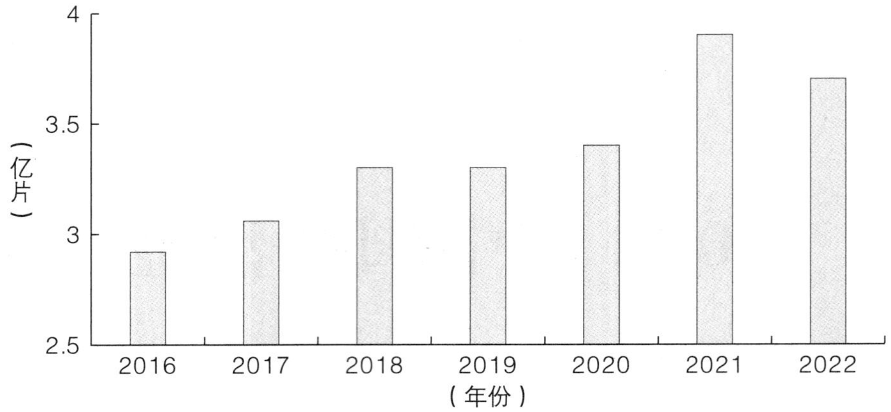

图 1　2016—2022 年我国托盘年产量

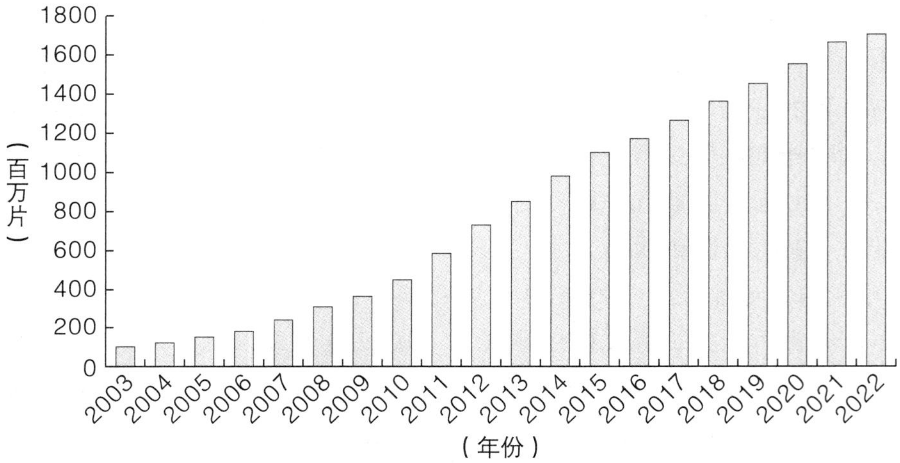

图 2　2003—2022 年我国托盘保有量

2012 年、2016 年、2020 年、2022 年不同材质托盘市场占有率　　单位：%

年份	木托盘	塑料托盘	纸托盘	金属托盘	复合材料托盘
2012	80	12	5	2	1
2016	78	15	4	2	1
2020	74	16	5	4	1
2022	74	18	4	3	1

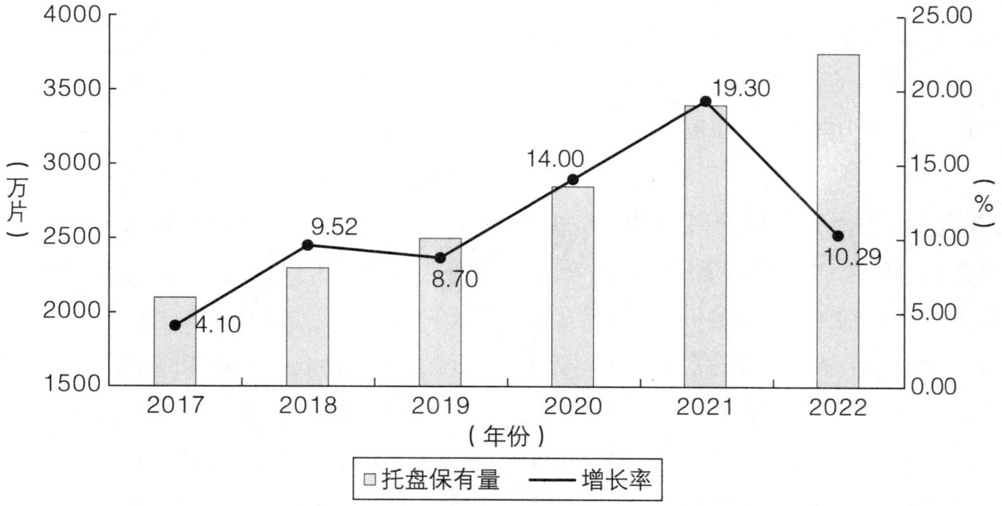

图 3　2017—2022 年我国循环共用托盘池规模及增长率情况

二、行业政策和标准工作明确发展方向

1. 行业政策

2022 年 3 月，《中共中央　国务院关于加快建设全国统一大市场的意见》发布。该意见在推进市场设施高标准联通部分中指出要建设现代流通网络，其中包括推动国家物流枢纽网络建设，大力发展多式联运，推广标准化托盘带板运输模式。

2022 年 9 月，《国务院办公厅关于进一步优化营商环境降低市场主体制度性交易成本的意见》发布。该意见在进一步规范涉企收费，推动减轻市场主体经营负担部分中指出要推动降低物流服务收费，其中包括明确铁路、公路、水路、航空等运输环节的口岸物流作业时限及流程，加快推动大宗货物和集装箱中长距离运输“公转铁”“公转水”等多式联运改革，推进运输运载工具和相关单证标准化，在确保安全规范的前提下，推动建立集装箱、托盘等标准化装载器具循环共用体系。

2022 年 12 月，国务院办公厅印发《“十四五”现代物流发展规划》。该规划在推动绿色物流发展部分中指出要深入推进物流领域节能减排，其中包括加强绿色物流新技术和设备研发应用，推广使用循环包装，减少过度包装和二次包装，促进包装减量化、再利用。加快标准化物流周转箱推广应用，推动托盘循环共用系统建设。

2. 标准工作

《“十四五”现代物流发展规划》的专栏 11“物流标准化推进工程”中指出，要研究制定现代物流标准化发展规划，完善现代物流标准体系。完善包装、托盘、周转箱等标准，加强以标准托盘为基础的单元化物流系统系列标准制修订，加快运输工具、载运装备、设施体系等标准对接和系统运作，提高全社会物流运行效率。中物联托盘委和全国物流标准化技术委员会托盘分技术委员会正式启动了《平托盘主要尺寸及公差》（20220568-T-602）和《托盘术语》（20220571-T-602）两项托盘基础国家标准的修订工作。两项国家标准是托盘标准体系中重要的基础标准，对其他托盘标准起到了基石的作用，广泛受到行业内的关注，被多项国家标准、行业标准、地方标准等引用。两项国家标准的修订，对指导和规范托盘行业与物流行业的良性协调和高质量发展具有积极的推动意义。

《平托盘 主要尺寸及公差》（20220568-T-602）在修订时，符合“一带一路”新发展趋势和国际形势与新的变化，加强了与欧洲托盘标准的对接，有利于中欧间托盘互认共享和“一带一路”发展；同时还强化了与包装、叉车、货运车辆等其他物流装备之间的协调与匹配，充分考虑了托盘尺寸与包装模数、车辆的匹配关系，实现物流过程的机械化、自动化装卸搬运、仓储、运输、配送和带板运输的发展，并且将标准名称进行了更改，目的是扩大原国标中托盘的应用范围。

《托盘术语》（20220571-T-602）的修订，等同采用了《Pallets for materials handling—Vocabulary》（ISO 445：2013），与最新版国际标准保持一致性，实现术语标准化、运用标准化的手段，通过对概念的严格定义，加强托盘行业对内沟通和对外交流的统一规范性，减少技术性贸易壁垒，适应国际化发展需要，更好地促进贸易交流与技术合作，推动我国托盘行业标准化、规范化发展。

2022 年，《木质平托盘 通用技术要求》（GB/T 31148—2022）国家标准，《模压平托盘 植物纤维类》（WB/T 1125—2022）、《塑料箱式托盘》（WB/T 1126—2022）、《箱式、立柱式托盘》（WB/T 1127—2022）和《组合式塑料托盘》（WB/T 1128—2022）四项物流行业标准，以及《质量分级及“领跑者”评价要求 平托盘》（T/CFLP 0038—2022、T/CSTE 0112—2022）和《质量分级及“领跑者”评价要求 托盘租赁服务》（T/CFLP 0039—2022、T/CSTE 0113—2022）两项团体标准正式发布。

自 2021 年，中国物流与采购联合会（以下简称“中物联”）承担 ISO/TC 51（Pallets for unit load method of materials handling；单件货物搬运用托盘）国内技术对口单位以来，中物联托盘委和全国物流标准化技术委员会托盘分技术委员会与英国、韩国等 ISO/TC 51 成员国的联系人保持联络，积极参与相关工作。2022 年中物联托盘委和全国物流标准化技术委员会托盘分技术委员会组织委员及相关单位专家对 3 项 ISO 国际标准修订及转化情况进行征求意见，并根据专家意见，对 3 项标准进行了投票。

3. 企业标准“领跑者”

企业标准“领跑者”以服务标准自我声明公开为基础，以创新为动力，以市场为主导，鼓励托盘生产和租赁服务企业发挥企业标准引领行业发展、提升产品品质和服务质量的作用。

2022 年，中物联托盘委组织开展企业标准“领跑者”申报工作。深圳普拉托、南京蓝宇达、无锡前程、江苏中和、天津新创和巨石集团六家托盘生产和租赁服务企业标准荣获 2022 年企业标准“领跑者”，经“企业标准领跑者管理信息平台”正式发布，成为托盘租赁服务、其他物料搬运设备（钢制平托盘、木质平托盘）领域的企业标准“领跑者”。2022 年申报的六家托盘生产及租赁服务企业标准全部荣获托盘行业“领跑者”。

三、以 BRAPS 为代表的托盘国际交流和托盘循环共用开启新篇章

自 2020 年中物联托盘委与欧洲托盘协会（EPAL）共同提出“一带一路”托盘共享行动

（BRAPS）倡议以来，得到托盘行业广泛关注。2022年，中物联托盘委与欧洲托盘协会（EPAL）于10月在广州共同组织召开了首届"一带一路"托盘共享行动（BRAPS）会议。本次会议是自BRAPS成立以来，第一个面向全球的重要活动，以"绿色、合作、共享、标准"为会议主题，共同交流探讨了新形势下的中欧托盘行业新变局和全球托盘循环共用体系的构建。BRAPS的开展，不仅有助于促进中物联与EPAL的合作和中欧基础物流标准的融合发展，同时也可以带动"一带一路"沿线国家和地区托盘的标准化、网络化、共享化，推进更广阔的国际托盘市场发展，从而建立面向全球的开放型国际托盘共享平台，形成国际跨境托盘循环共用体系，对"一带一路"经贸合作和供应链全球化的高质量发展有着积极的推动作用。

2022年，路凯中国、集保中国、深圳普拉托、上海乐橘、小蚁托盘等托盘运营企业，加速扩大各自托盘池规模和运营网络，提升服务能力；不断更新托盘池中的产品类型，以适应多行业协同发展；纷纷推出具有特色的增值服务，积极推进带板运输，提升效率，有效地促进产业链、供应链协同发展，加速托盘循环共用生态体系建设，为行业创造更多可持续发展价值。

国外托盘租赁企业同样也在中国开展相关业务，韩国众力物流集团（LogisALL）是以统合物流为核心的国际化高端物流企业，其下属的韩国托盘共用公司（KPP）和韩国物流箱共用公司（KCP）以及韩国共同物流公司（KLP）构成了韩国唯一的物流共用化系统。众力物流设备租赁（上海）有限公司作为LogisALL在上海投资成立的独资公司，积极推进RRPP托盘的循环使用；日本托盘租赁公司（JPR）在中国市场经营多年，与深圳市顺航通供应链物流有限公司保持着良好的合作关系。

四、托盘用原材料价格持续处于高位

自新冠肺炎疫情发生以来，托盘用进口原材料受到供应链不顺畅的影响，价格一度居高不下，还经常出现供不应求的现象，这些不确定性和不稳定性因素给木质包装生产企业和行业发展带来了很大压力，进而很多木质包装生产企业和运营企业转为使用供应稳定、价格适中、性能符合国家标准要求的国产木材。

1. 进口原材料价格

由于受到国内疫情和供应链不畅通的影响，2022年托盘进口原材料（板材、原木）价格仍处于高位。受国内上半年疫情影响，丹麦云杉、加拿大铁杉、俄罗斯樟子松/落叶松板材1—6月进口价格总体偏高，下半年随着疫情管控的逐步放开和物流的有序恢复，7—12月进口价格开始整体下降，12月的价格普遍低于1月的价格。进口原木价格同样也是下半年低于上半年。2022年丹麦一级云杉价格走势如图4所示，2022年加拿大铁杉二级湿材价格走势如图5所示，2022年俄罗斯樟子松、落叶松价格走势如图6所示，2022年新西兰辐射松/德国云杉原木价格走势如图7所示。

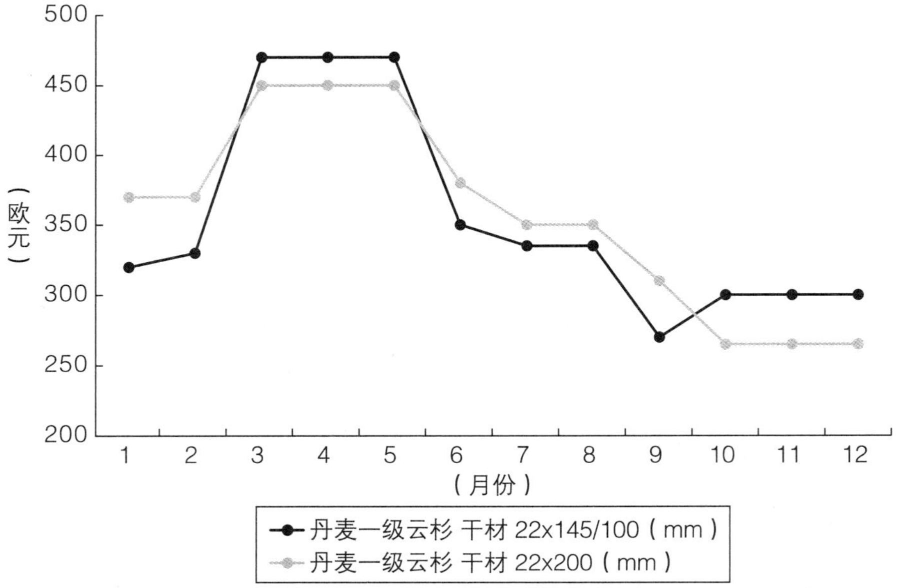

图 4　2022 年丹麦一级云杉价格走势

资料来源：中物联托盘委。

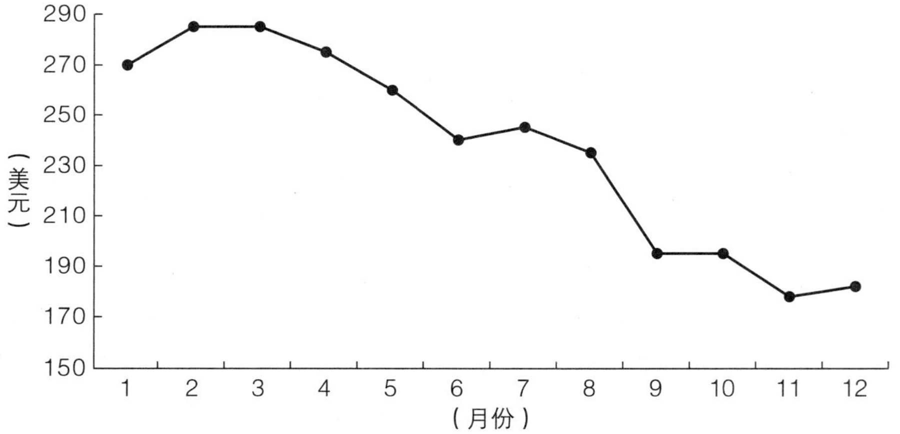

图 5　2022 年加拿大铁杉二级湿材价格走势

资料来源：中物联托盘委。

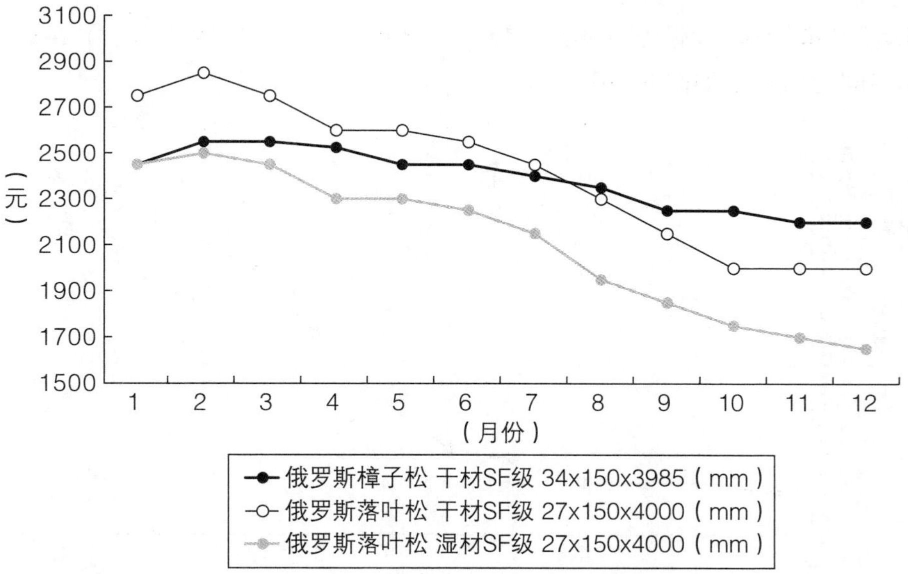

图 6　2022 年俄罗斯樟子松、落叶松价格走势

资料来源：中物联托盘委。

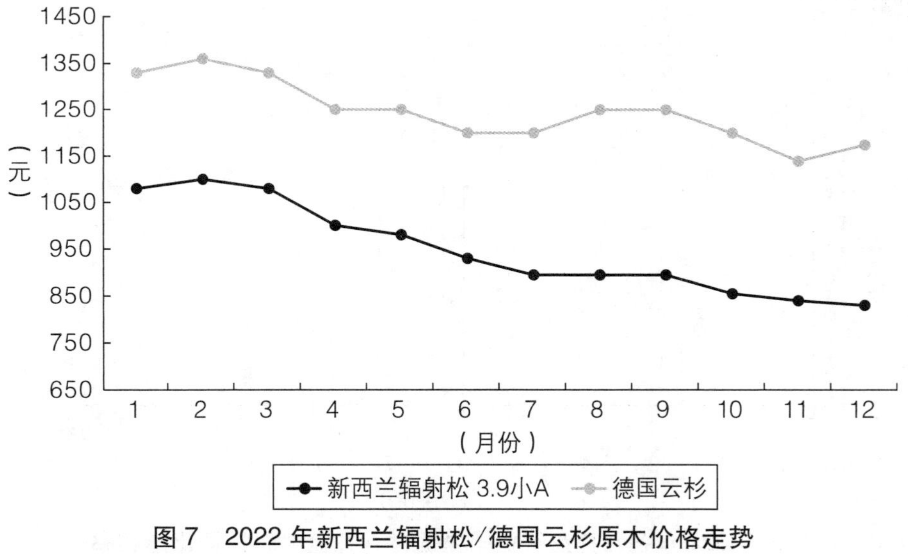

图 7　2022 年新西兰辐射松/德国云杉原木价格走势

资料来源：中物联托盘委。

2. 国内锯材价格

2022 年托盘行业国内锯材（托盘材料）价格同样也保持高位，整体略有下降。第一季度价格略有下降，第二、第三、第四季度由于受到疫情影响，价格略有上升，但全年整体价格波动不大，12 月价格较 1 月价格下降 1.25%，较 2020 年最低价格上涨 35.04%。2022 年 1—9 月价格均高于 2021 年同期价格，10 月价格与 2021 年同期价格基本持平，11—12 月价格略低于 2021 年同期价格。2021—

2022 年托盘行业国内锯材（托盘材料）价格趋势如图 8 所示，2022 年各月托盘行业国内锯材（托盘材料）同比增长率如图 9 所示。（注：价格趋势数据是以国内木材的价格为基数换算所得，只显示价格曲线，不表示真实价格）。

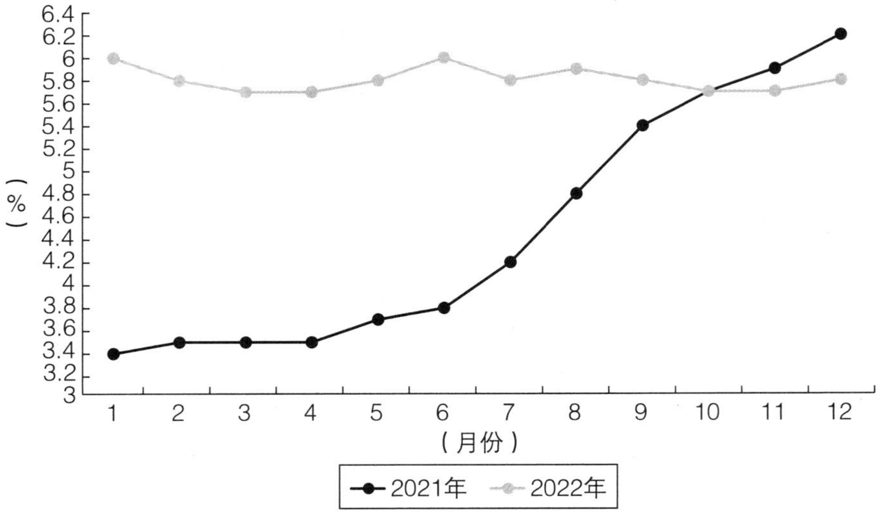

图 8　2021—2022 年托盘行业国内锯材（托盘材料）价格趋势

资料来源：中物联托盘委。

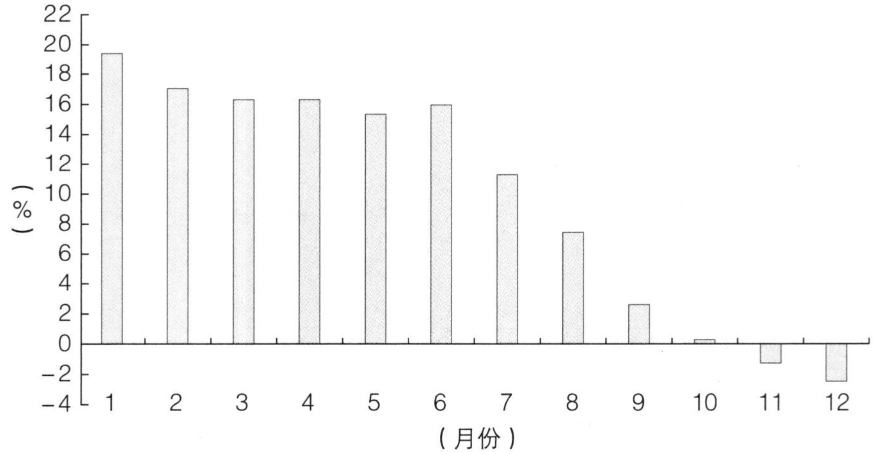

图 9　2022 年各月托盘行业国内锯材（托盘材料）同比增长率

资料来源：中物联托盘委。

五、数字化赋能托盘行业高质量发展

托盘作为物流系统中基础的集装器具，进行数字化转型是必然的趋势。在近些年的发展中，很多托盘企业都乘上了科技的浪潮，实现了数字化转型升级。企业从信息化到数字化转型，终极目标是实现业务洞察、信息实时共享和智能连接。

路凯中国以数字化为全面带板运输服务赋

能，打造了专门面向全面带板运输场景、以用户为中心的一站式数字化服务平台。平台连接上下游，帮助客户提高托盘流转管理效率、提高交易透明度，助力企业优化智慧供应链决策。集保中国以托盘数字化创新，助力客户打造智慧供应链。托盘编码、托盘信息化管理及智能托盘的创新发展能够提升供应链端到端的可视化管理效率，提高内部数字化决策能力，实现精准投放，并且为高效柔性的供应链设计提供前瞻性产品，更好匹配供应链的自动化、标准化和数字化，助力企业客户打造智能数字化供应链。深圳普拉托为更好地利用智慧物流解决物流行业难题，坚持以数字化技术为基础，通过线上线下串联整合，不断实行产品服务创新，增添产品附加增值服务，针对不同客户需求全面升级服务，推出了普托E享、普托云仓、普托云签、普拉托电子签等数字化服务，从而实现物流行业的升级和降本增效，致力打造出更好的供应链解决方案，利用互联网的便捷性，保障物流运输效率和安全的双重提升。中包物联网应用物联网技术为供应链参与者实现包装器具可视化实时管理。小蚁托盘采用数字赋能，无须人工清点、盘存，通过安装在托盘上的智能芯片，可提供全程数据，即使托盘丢失也可以轻松追溯。

六、持续深入推进绿色低碳可持续发展理念

美丽中国建设要求发展绿色低碳物流，我国十分重视环境保护和节能减排，随着“双碳”目标的提出，托盘企业积极响应，深入践行绿色低碳可持续发展理念，增强各自企业的社会责任感，将“双碳”目标全面融入企业发展规划，探索并落实“双碳”工作，提出符合实际、切实可行的碳达峰碳中和行动方案，让绿色环保理念贯穿于企业和行业发展全链条，提升可持续发展能力，用实际行动做到节能降碳、降本增效。

路凯中国依据联合国可持续发展目标以及联合国国际契约组织的十项原则，制定“低碳循环，共赢生态，社会责任”三大可持续战略目标，通过持续建设高效的托盘循环共用服务体系，助力客户供应链脱碳，实现绿色供应链。上海乐橘获CQC认证，从此使用乐橘云盘可有效降低碳足迹；上海乐橘还推出了全新品牌“Yelolife乐橘新生”，该品牌是上海乐橘基于零碳包装而成立的全新板块，致力废旧塑料包装回收利用、再生材料的研发及包装产品的设计和生产。FSC和PEFC是当下全世界流行的两个森林认证，经过认证的森林，可以从源头上进行良好管理，有专门的机构评估森林对周围环境和社会的影响。认证的森林既保持了生物多样性，维护了森林生态系统的稳定，又对当地社区和居民，以及供应链上的企业带来了积极影响。近年来木质包装对于FSC和PEFC认证的需求猛增，以路凯中国、集保中国为代表的越来越多的木质包装企业选择使用FSC或PEFC认证的可持续原材料，在提升企业社会责任的同时还可以有效实现碳减排。

七、新材料托盘产品不断创新

传统的托盘以木托盘和塑料托盘为主，还有部分纸托盘、铝托盘、金属托盘等。随着木材价格的高涨、“双碳”目标的提出，以及人们对于低碳环保、节能减排、循环利用意识的不断加强，越来越多的企业关注到新材料托盘的研发，新材料托盘与传统托盘相比具有高性能、低成本、长效耐用、轻量化等特点，在托

盘行业的应用也得到了逐步提高，众多类型的新材料托盘逐步面向市场。

北京泰纳科通过在塑料托盘原材料中添加靶向增效功能母料，有效解决了塑料托盘老化和变色等问题，将托盘自重减轻20%，提高托盘在循环使用中的耐用性能、使用寿命和循环次数。中集新材生产的竹木复合板基于传统集装箱地板的应用要求设计开发，具备密度大、强度高、防水防潮、整体性能好、质量可靠等突出特性，与实木托盘相比，生产同样性能要求的托盘产品公差小、材料用量可节约30%、自重降低10%，既提升产品品质，也能为企业降低成本。内蒙古佳运通以工业固废为原材料，不断升级原材料和工艺，生产出的托盘产品相比于传统托盘，自重可减轻20%左右、性能提升30%，并且可节省15%左右的成本。广东达中新材料使用改性材料作为原材料生产塑料托盘，可回收循环利用，顺应“碳中和”趋势。河北聚久采用新型复合材料生产的托盘质量轻、强度高；耐低温，适用范围广；可拆装、易清洗、可定制。芜湖亚太通用以废弃的农膜和城市垃圾分类中的废塑料作为原材料，开发了具有革命性替代趋势的木塑模压托盘新型节能环保产品。河南明镁科技依托吉林大学材料科学与工程学院，开发生产的新型镁合金自拆卸物流托盘，设计独特、结构合理、装卸操作方便。

八、智能装备和服务推动托盘行业迈向新台阶

创新驱动，智能引领——创新升级推动行业智能装备的研发生产，智能装备产业浪潮引领制造业实现智能化变革。国外托盘生产企业使用自动化设备较早，木托盘自动化设备以液压托盘生产线为主，代表企业有西班牙的卡贝（CAPE）、意大利的德尔塔（DELTA）和斯拓迪（STORTI），2011年天津新创引入了第一台液压托盘生产线，开启了中国托盘自动化生产设备使用和研发的浪潮。近年来，随着托盘行业的高质量发展、循环共用的大力推进、托盘产品标准化程度的不断提升、人工成本的持续上涨及客户对于产品供货速度和质量的高要求，托盘企业生产方式已由传统人工生产转变为自动化生产，越来越多的企业选择使用自动化生产设备，并不断优化车间设施布局。设备生产企业通过加大研发投入，不断推出新产品，进行技术更新迭代，不仅服务于国内托盘生产企业，同时也加大海外业务布局，将“中国制造”走向世界，扬帆起航正当时，砥砺前行谱新篇。

博创作为塑料托盘整体智能解决方案专家，深耕注塑托盘十六年。基于二板智能注塑机开发出的B-PLT物流托盘专用机系列，适用于市面全尺寸塑料托盘注塑场景，稳定耐用。博创注塑云MES管理及硬件系统，可与全球95%以上注塑机实现联网通信。通过此平台，使用注塑机的厂商能够实现对其注塑机设备的监控和管理，实时掌握注塑机的运行及生产状态。泰瑞机器致力为用户提供一站式智能注塑解决方案，从前期智能规划，多维度的方案定制，到智能生产，提高托盘注塑成型的生产效率，再到智能管理，生产效率精益管理，真正做到了产品全生命周期管理。青岛赛帆作为国内木托盘自动化设备生产企业代表，产品类型不仅涵盖气动和液压托盘打钉生产线，也在积极创新研发木料整理设备、输送线、面板机等自动化加工设备。青岛赛帆在原有自动化设备基础上不断创新优化，适当增加工位，实现节约人工成本、提高产能的功效。

随着每年数以百万的循环共用托盘的诞生，循环共用托盘在完成一次使用后，可通过维修延长托盘的生命周期和使用年限。路凯中国第一个大型自动化循环载具运营服务中心——嘉兴超级营运中心具有集约化、规模化的托盘高效维修系统，开启了托盘自动化维修分拣的新篇章。

九、跨界整合、资本助力，共同打造托盘行业生态圈

资源整合是企业战略调整的手段，即优化资源配置，获得整体最优。随着全球经济一体化进程的加快，企业要想在日益激烈的竞争中立于不败之地，需要通过整合、优化资源配置，以提高效率、降低成本、扩大市场占有率、加强企业核心竞争力、获得新的发展机遇。

路凯中国与布兰堡集团正式宣布，双方将合并路凯中国和集保中国的物流载具循环共用业务。路凯中国与集保中国的合并，将使其成为大中华区规模最大的托盘和汽车周转箱循环共用服务商，凭借在大中华区的显著优势，合并后的业务将受益于更大的规模和客户范围，从而提升大中华区客户服务能力，加速提升托盘和汽车周转箱的价值。合资公司将充分发挥规模效应和协同效应，加速推进中国托盘市场从静态租赁模式向动态流转模式的转变，以助力供应链优化创新及可持续发展。镇江国林生态产业城隶属于中林集团，新民洲港作为中国最大的木材加工中转港口，凭借其地理位置、港口、土地、物流、原材料来源的优势，努力打造木材产业化全供应链体系，将木托盘和木质包装生产作为未来四大产业集群之一。同样隶属于中林集团的中林载具依据集团发展战略，结合集团资源和福州国林莆田产业园优势，开展中林托盘租赁业务，从东南沿海逐步扩展到全国，与中林系统企业合作，建立全国性的服务网络。

2022 年 10 月 11 日，深圳普拉托举行 IPO 启动会，打响了公司正式启动资本战略的第一枪。未来，深圳普拉托将不断巩固和提升在托盘循环共用领域的领先优势，构建持续发展创新体系，不断协同行业变化，持续升级产品服务，助力数智化物流的发展。

十、实施精益化促进企业管理水平提升

精益管理是一种以客户需求为拉动，以消除浪费和不断改善为核心，让企业以最少的投入获取成本和运作效益显著改善的一种全新的生产管理模式。它的特点是强调客户对时间和价值的要求，以科学合理的制造体系为客户带来增值的生产活动，通过缩短生产周期，显著提高公司适应市场万变的能力。随着时代的发展，托盘企业的管理方式也逐渐从粗放式管理慢慢过渡到规模企业管理，再过渡到精益管理。江苏中和智能包装率先采用 JIT、TPS 和生产过程物联网管理，不仅有效地保证了产品品质的稳定性，同时还降低了人工成本，提升了产能。

（中国物流与采购联合会托盘专业委员会
孙熙军　王芮）

第七部分

物流教育、信息化、标准化

2022 年中国物流教育与培训

2022 年，我国发展进入战略机遇和风险挑战并存、不确定因素增多的时期，外部环境不稳定、不确定性因素显著增加，国内经济要素成本和环境容量约束趋紧，经济发展新旧动能转换和产业结构转型升级势在必行，传统物流企业的数字化改造与供应链升级、物流与其他产业融合发展、新业态新模式下物流业务创新和技术应用成为物流产业转型升级的主要任务。同时，物流人才培养面临新挑战，需要培养一批适应数字经济发展，具备跨行业、跨学科、跨专业的综合能力以及国际视野的新型物流人才。

截至目前，全国有 740 多个本科物流类专业点、1200 多个高职物流类专业点和 500 多个中职物流类专业点。为应对数字经济对物流人才培养提出的新需求、新挑战，2022 年我国物流教育培训工作在人才标准体系建设、国家重大项目试点、数字化资源开发建设及教育教学指导与研究等方面重点开展工作。

一、发挥专业优势，服务国家顶层设计

（一）新增物流类职业新工种

中国物流与采购联合会（以下简称“中物联”）教育培训部深度参与 2022 年版《中华人民共和国职业分类大典》编制工作，推动原“交通运输、仓储和邮政业服务人员”中类别名称调整为“交通运输、仓储物流和邮政业服务人员”，新增供应链工程技术人员、供应链管理师两个职业和医药商品物流员、冷链物流员、危化品物流员、烟草物流员四个新工种，大大提升物流在国家职业分类中的行业地位，为物流职业教育提升发展空间。

（二）物流人才培养工作纳入国家规划

中物联教育培训部全面参与国家《“十四五”冷链物流发展规划》和《“十四五”现代物流发展规划》中物流与供应链人才相关内容的编写。《“十四五”现代物流发展规划》明

确物流人才是物流创新的重要力量，首次将物流领域“1+X”证书制度推广、学分银行建设、国际专业认证、物流领域工程技术人才职称评审等纳入国家规划，为行业人才培养打下坚实基础。

（三）推动物流人才就业

中物联教育培训部认真落实国务院秘书一局、国资委和民政部的工作要求，通过面向企业和院校开展大学生就业形势和企业招聘大学生研究，调研了 352 家物流企业和 78 所高校，覆盖 26 个省区市，调研报告得到国务院办公厅、国资委和民政部的高度评价。此外，中物联、物流行指委和中国物流与采购联合会物流与供应链人力资源专业委员会还面向广大行业企业发布助力高校毕业生就业的倡议书、开展校企就业对接、招聘等工作，助力物流学子实习与就业。

（四）推进供应链管理师培训认证体系建设

2022 年，《人力资源社会保障部办公厅关于公布 429 种国家级技工教育和职业培训教材目录的通知》发布，由中物联编写的《供应链管理师国家职业技能等级认定培训教材》（三级）入选国家级规划教材目录。作为唯一一套国家职业技能等级认定培训教材，该教材是企业、院校、第三方社会培训评价组织开展职业技能等级培训、评价工作的重要依据。此外，供应链管理师国家基本培训包目前已经进入出版流程。该培训包是集培养目标、培训要求、培训内容、课程规范、考核大纲、教学资源等于一体的职业培训资源总和，是指导全国院校、企业、培训机构开展供应链管理师职业技能培训的唯一依据。

二、立足工作部署，推动物流教育高质量提升

（一）开展学科专业理论体系建设

2022 年，各个院校和专家开展了一系列探索并形成了一批具有本土特色的创新性研究成果，出版了《物流系统论》《物流系统控制论》《物流系统博弈论》《供应链管理》《供应链设计理论与方法》等一系列著作，重点支持物流与供应链管理学科专业理论体系研究。

（二）夯实专业发展基础

在物流高等教育方面，2022 年，中物联联合物流教指委组织编写完成了《2021—2022 年度中国物流高等教育年度报告》，承担了教育部物流类专业新文科建设试点、教育部物流管理与工程类专业课程思政教学指南研制、《普通高等学校本科专业类教学质量国家标准》修订等工作。在推动物流类专业新文科建设工作中，围绕新文科建设内涵与特色、专业布局、培养模式、课程体系等多个方面，对 300 余所高校开展广泛调研，为明确物流类专业新文科建设的总体思路、行动原则、工作重点提供基本依据。对首批进入物流类专业新文科建设试点的 49 个专业点，物流教指委通过走访和调研，对试点专业进行跟踪、指导、交流，以问题为导向对试点面临的问题、难点针对性地进行专家诊断、师资培训和交流研讨，深化试点的示范培育。在推动一流专业建设工作中，2022 年完成第三批物流类国家级一流专业建设点的遴选推荐工作。根据教育部公布的名单，第三批共有 51 个物流类专业点入选，累计共有 111 个物流类专业入选国家级一流专业建设点，比教育部原计划的总名额增加了 8 个。在虚拟教研室建设上，以东北财经大学牵头的“物流管理专业虚拟教研室”、华中科技大学牵头的“基于央地融合的物流管理专业虚拟教研室”2 个项目列入教育部首批虚拟教研室建设名单。在教材建设上，物流教指委牵头，联合上海海事大学、东南大学、清华大学等多家单位组建队伍，开展物流类专业的本科中外教材对比研究。

在物流职业教育方面，2022 年，教育部正式发布了由中物联指导、物流行指委承担的职业教育物流类 16 个专业简介。相比之前的专业目录，新版职业教育物流类专业目录共新增 2 个专业、更名 5 个专业、调整归属 3 个专业，共设置 16 个专业，包括中职 4 个、高职 10 个、职业本科 2 个专业。2022 年，在现有 2 个物流类高职本科的基础上，教育培训部和物流行指委牵头申报并获批供应链管理职教本科专业，职业教育物流类专业数增加到 17 个。2022 年，在教育部要求下，物流行指委启动了物流类 13 个专业标准的编制工作，目前标准送审稿已按要求报至教育部，此次指委标准编制工作为统一开发教材及课程资源、推进职业教育物流专业进行数字化升级改造奠定了基础。此外物流行指委还开展了第七批物流类专业实验实训条件建设标准的制定工作，目前已经形成物流类职业专业实验实训条件建设标准的调研报告，为构建以专业类为基础的实验实训条件提供基础规范。

（三）全面推进院校物流课程思政建设

为更好地指导院校物流课程思政建设，物流教指委按照教育部要求组织开展《物流管理与工程类专业课程思政教学指南》的编制工作。为发挥优秀课程思政教学案例的示范和引领作用，物流教指委、物流行指委面向全国高校、职业院校物流类专业征集课程思政教学案例 158 个，经过遴选，确定 55 个案例列入“第一批优秀课程思政教学案例培育计划”。此外，物流教指委、物流行指委联合中物联共同筹建“全国物流类专业课程思政建设平台”，依托平台的资源和优秀案例进一步推动物流类专业课程思政建设。

（四）继续服务职业教育“走出去”

2022 年，教育培训部通过“鲁班工坊”“中文+物流职业技能”、“1+X”证书制度试点等工作抓手，积极将中国物流职业教育的最新成果和经验输出到东盟等国家，为中资企业培养留学生和海外员工提供有力支撑。为积极响应新时代高素质国际化物流与供应链技能型人才培养需求，服务“一带一路”教育发展共同体建设，深入教学改革，提升学生、教师专业实践能力和综合职业素质，2022 年 12 月，中物联组织启动了首届“中文+物流职业技能”国际赛，设置学生、教师两个竞赛组别，以大赛为载体，深入推进国际物流职业教育教学改革，引领国际学生物流职业技能培养，加强对外交流，推动构筑“赛教融合”的生态体系。

2022 年，根据国际采购与供应管理联盟（IFPSM）有关规定和互认协议，取得物流管理与供应链运营“1+X”证书以及中物联职业能力等级认证的人员可申领由 IFPSM 颁发的国际证书，该证书在全球范围内得到认可，并得到了全球标准互认联盟内国家和组织相关证书的互认以及院校相关课程学分的互认。本年度共计 1.4 万人通过 IFPSM 互认，顺利获得 IFPSM 颁发的互认证书。

（五）深化为军服务

教育培训部开发培训认证系列课程并正式上线全军军职在线平台，培养军地两用型现代智慧物流人才，助力国防物流体系建设。课程上线军网以来，已经成功展开了培训和认证相关工作，已有学员在线学习并通过考试获得培训证书。

三、紧跟行业发展，推动专业转型升级

（一）巩固优化职业能力等级认证及“1+X”等级认证工作

2022 年，物流从业人员和采购从业人员职

业能力等级认证，正式更名为“物流师和采购师职业能力等级认证”，并启动了供应链管理师职业能力等级认证项目，完成新版知识体系下采购师所有级别教材编写并正式出版。2022年物流管理与供应链运营“1+X”顺利开展，全年共计组织10次全国统一考试，考试人数突破2万人，自2019年“1+X”证书制度试点以来，全国共有820多所院校参与试点，共建设600多个考核站点，培养6000多名师资和2000多名考评员，试点覆盖除台湾以外所有省、自治区、直辖市，参与试点学生20万人，累计完成考试人数13.2万人。国际化是中物联“1+X”项目的显著特色，目前已有近4万人通过申请获得IFPSM的国际证书。

（二）产教融合工作持续深入

2022年，在推进制造业服务业融合发展及人才培养方面，人资委组织完成物流业制造业融合教改教研课题结题评审工作、组织专题论坛、组织编写发布两业融合背景下现代制造业物流人才需求与发展报告等，全方位推进两业融合人才培养工作。

（三）搭建多层次、多形式的交流平台

2022年，中物联组织举办了第二十一届全国高校物流专业教学研讨会暨物流与供应链产教融合创新发展高峰论坛、第十三届全国职业院校物流专业教学研讨会暨物流与供应链产教融合创新发展高峰论坛、第三届全国供应链大赛、第二届全国物流与供应链专业教师数字化职业能力竞赛等多个赛项，指导了2022年全国职业院校技能大赛现代物流综合作业和智慧物流作业方案设计与实施赛项，和“盛世华人杯”第三届全国大学生采购实践大赛。此外，2022年中物联教育培训部共组织举办各类师资培训21期，累计培训人数2000余人，搭建校企合作交流平台、推动双师型教师队伍建设。

（四）打造中国物流、采购与供应链行业高级人才库

为充分发挥物流、采购与供应链人才的智力优势和专业特长，为行业发展和人才培养提供智力支撑和人才保障，为推进我国物流业高质量发展筑牢人才基石，教育培训部建立了中国物流、采购与供应链行业高级人才库，目前人才库已经正式上线运行，来自政府、行业、企业及高校的各类人才，共计200多名成功入库。

（中国物流与采购联合会教育培训部）

2022年中国物流信息化

2022年是我国迈向全面建设社会主义现代化国家、向第二个百年奋斗目标进军新征程的重要一年，也是党的二十大召开之年。2022年10月，习近平总书记在党的二十大报告中明确提出：高质量发展是全面建设社会主义现代化国家的首要任务。我们要坚持以推动高质量发展为主题……着力提升产业链供应链韧性和安全水平。

一、国家对物流信息化工作高度重视

2022年1月，国务院发布《“十四五”数字经济发展规划》，该规划指出目前我国信息基础设施全球领先，建成全球规模最大的光纤和第四代移动通信网络，第五代移动通信网络建设和应用加速推进。宽带用户普及率明显提高，光纤用户占比超过94%，移动宽带用户普及率达到108%，互联网协议第六版（IPv6）活跃用户数达到4.6亿。信息基础设施的建设为我国物流与供应链信息化的发展奠定了坚实基础。

2022年4月，《中共中央　国务院关于加快建设全国统一大市场的意见》发布，明确要建设现代流通网络，加快数字化建设，推动线上线下融合发展，推动第三方物流产业科技和商业模式创新，培育一批有全球影响力的数字化平台企业和供应链企业，促进全社会物流降本增效。

2022年12月，国务院办公厅印发《“十四五”现代物流发展规划》，强调要以数字化、网络化、智慧化为牵引，深化现代物流与制造、贸易、信息等融合创新发展，推动形成需求牵引供给、供给创造需求的良性互动和更高水平动态平衡。强化物流数字化科技赋能，加快物流数字化转型，推进物流智慧化改造，促进物流网络化升级。

二、物流企业数字化、智能化、网络化水平显著提高

1. 物流企业供应链信息化、智能化水平显著提高，促进供应链全过程管理更具可预见性、科学性、先进性

目前，国内的物流企业在承运内部业务全流程中仍然存在工厂计划下达不及时、物流派车效率不高、装货卸货超时、运输延误、交接

异常等各种非常规的状况。出现以上异常情况均是通过人工电话核实、反馈，无法在任务执行过程中真正有效地进行监管。双汇物流通过现代科技手段设计的预警系统，对供应链全程进行在线监控，对监控过程中不规范、处理不及时的问题进行预警或报警，并通知相关部门或人员及时进行处理。该系统通过智能化、自动化数据采集，多渠道、多数据源接入，形成以业务流程为依托，按照触发点阈值熔断机制实现预、报警事件自动化通知，加快相关人员响应速度，及时处理非常规状况，从而提高供应链服务质量和客户体验，提升供应链管理水平。中通服供应链管理有限公司建设的订单管理系统（OMS），可实现公司各业务订单集中统一标准管理，以业务流程全过程数字化管控为目标，自主建设订单管理系统，实现系统互通、订单互联、物料可视多维度能力提升，重塑5G物资统一配送标准化运营管理流程，满足物流信息项目可视及业务全过程数字化管控。

2. 智能物流管理平台高效整合资源，促进供应链上下游协同共生

宏图智能物流股份有限公司自主研发的SCIL智能物流管理平台，可实现统一管理基础数据、驾驶员、车辆、招标等功能，实现了业务流程中全部文件的上传、分类和管理；为货主提供货源发布及货物查询、结算管理，为承运人提供了运输资源、车队管理、车辆管理、运单管理、开具发票等服务，打通业务信息流转瓶颈，提高不同岗位之间的信息传递。北京集联运智慧铁路物流园服务平台融合AI、物联网、云计算、移动互联网等新技术，横向与园区现有各个子系统打通，纵向贯穿“端、边、网、云”，打造数字化、智能化、智慧化的园区管控平台，实现园区人、车、货、场四要素的数字化管控，使铁路物流园运行效率有了明显提升。

航运物流是一项涉及陆运、仓储、海关、海运和空运等多个环节的系统服务，离不开线下实际的物流载体，而这些线下资源分散在不同区域。在传统模式下，由于信息不对称，这些优质的资源很难被获取。金马云构建基于大数据的港航云物流管理平台，应用现代物流信息技术和互联网技术，建立港航产业链上下游延伸、横向兼容合作的一体化体系，实现船舶的组织化管理，有效解决传统业务模式中的各种瓶颈难题，打造可视、高效、安全、便捷的港航货一站式服务平台，通过创新、高效的管理团队，整合线上、线下的相关资源，构建多主体共赢互利的生态圈。

3. 物流园区系统的智能化，有效解决了园区内物流运输各类场景中的实际问题，实现物流业务场景与信息化平台的结合

山东京博物流股份有限公司铁路分公司智能园区通过运用集装箱箱号、铁路货车车号智能识别、集装箱定位等信息化技术，实时采集集装箱在堆场内的到、卸、码、装、发全流程作业信息，实现专用线集装箱堆场智能化管理，将专用线堆场作业信息与铁路集装箱运输管理信息系统数据进行交换，场内作业由传统的人工转变为设备自动采集信息，卡控集装箱作业安全，提高专用线集装箱管理水平，降低专用线运营成本。智能园区系统应用在原有铁路园区基础设施上，有助于实现对铁路货场内集装箱、整车、汽车运输的全程信息化管理，确保货物、集装箱等资产安全，提高火车、汽车装卸效率，降低和节省人工成本。宁夏梦驼铃科技有限责任公司的智慧园区系统可实现结算统计对账、车辆司机调度、货品线路优化、服务对象数据化管理、园区销售物流、门禁协

同办公、仓储库房磅房管理等，借力可视化的大屏展示和数据分析，全面实现业务流转数字化。

三、制造及商贸型企业构建智慧供应链一体化协同系统

啤酒行业供应链瓶颈问题表现在保质期短、订单小且碎片化、供应链柔性复杂、订单履约周期长造成产品售卖期短、酒桶的周转困境、全程冷链的要求。青岛啤酒股份有限公司打造的生鲜冷链一盘货供应链一体化解决方案，通过构建先进数字化供应链系统，依托一盘货中台系统将订单流、物流、资金流、信息流、票据流等多种信息融为一体；通过生鲜冷链一盘货管理系统，统一调配并全程监控工厂提货、干线运输、末端配送，确保全国范围在核心区域 72 小时完成订单交付。通过一盘货中台系统的统筹，将经销商、工厂、物流商融合为一体化线上化运营，有效提高原浆精酿生鲜等高端生鲜啤酒的订单履约交付能力，满足市场和消费者对高端生鲜啤酒的需求。生鲜冷链一盘货项目的实施，通过数字化系统、线上化运营有效解决了这一供应链难题，使订单履约能力大幅提升，订单周期过长造成的售卖期受制约的瓶颈问题也迎刃而解。

中国兵工物资集团有限公司作为兵器工业供应链服务的核心企业，担负着大宗物资集中采购和军工保障的重要职责。但集团单位间信息互通效率和资源协同利用率不高，部分单位发展理念倾向于追求物资供应需求的内部闭合和生产制造条件的自我完善，然而重点产业涉及前端采购管理、中端生产调度管理和后端售后服务保障管理等完整供应链条，存在供应配套关系复杂、链条参与单位多、产品质量和交付时间要求严格等现实问题。兵工集团通过架构改造、业务上云、统一数据及规则等手段，打造兵器智慧供应链协同平台，创新供应链管理新模式，推动资源共享与能力协同，促进内部资源的软整合，提升集团化协同制造能力，构建智慧供应链服务生态圈，助力先进兵器工业转型。

四、数字货运平台服务向供应链上下游延伸

1. 产业互联网平台构建产业互联数字新生态

目前，能源电力行业物流功能组织结构形式较分散，各部门之间缺少相互协调，造成物料流向不合理、物流管理紊乱、浪费严重、效率低下等问题，无法产生系统效应。物流服务现代化程度不高，信息反馈缺乏及时性、准确性、全面性，已陆续出现“物流费用不准确”“物流费用无法有效核实”“物资运输管控不到位”“运力资源缺乏有效整合”等管理痛点。基于以上问题，南方电网结合自身物流业务的管控需求，以及企业数字化转型的客观实际，将数字供应链及智能物流平台建设作为重要抓手，围绕能源产业生态各方在能源产业链的全流程，以线上线下一体化的能源产业互联网运营体系为支撑，推动工业互联网、人工智能、物联网、大数据、区块链等创新技术与能源电力产业融合运用。依托互联网平台去中间化的优势，通过引入外部竞争者和任务调度、任务询价、竞价抢单等业务模式，有效降低物流成本；同时，运力平台将与正在建设的电网管理平台、供应链统一服务平台等进行对接和协同，通过对物流运输业务全生命周期进行可视化、精细化管理，为电网管理平台提供业务全

程数据，助力南方电网打造物资供应全链条的数字化；整合内外部物流资源，通过构建和完善运力资源池，建设运力资源综合考核机制，可对运力资源进行有效管理和数据画像，在对内支持业务的同时，可对外提供服务，形成新的商业模式，最终实现物流业务由“成本中心”向“营收中心”的转化。

随着经济快速发展，中国造纸需求逐年上升，浆纸产品消费量与日俱增，反观传统浆纸市场，上下游浆纸相关产业贸易商多达数万家，呈现数量多、规模小、分布广、层级复杂的特点，在目前浆纸市场格局固化、市场份额有限、产业模式落后的行业现状下，竞争日趋激烈，行业内卷严重，行业效益低下，成本高昂，浆纸行业陷入落后赛道恶性循环。为助力浆纸产业贸易便利化，构建浆纸产业互联新生态，建发纸业自主研发建设建发浆纸产业互联网平台（浆易通和纸源网），以科技赋能浆纸行业贸易供应链转型升级，深度聚焦浆纸行业供应链数字化高速协同，以模式创新、服务创新、技术创新为导向，以数字化手段连接上下游产业服务，依托互联网技术，实现上中下游间的高速供应链协同，解决行业痛点，共同构建浆纸产业互联生态圈。

2. 网络货运平台数字化，实现物流业务的线上智能

中国公路货运行业拥有 6 万亿元的市场规模，但交易模式依然较为传统，在交易链中，发货方的货主企业和运力侧的卡车司机作为市场交易主体，长期存在诸多痛点问题。如司机找货空驶成本高昂、货主找车依赖熟人模式，因价格不透明带来的议价过程烦冗、在途运输缺少服务保障带来了延期交付、交易后结算拖延等问题，这些劣根问题长期制约着行业的规范发展。哒哒智运以数字科技重构物流全流程服务为目标，致力打造智慧供应链集成服务平台，实现物流全流程可视化、数字化、智能化经营。平台将实体货源进行分类线上展示，利用信息系统整合并登记社会零散运力资源，根据司机运力画像、信用画像匹配货源。平台通过中交及 App 定位可实时查询在运途中车辆位置，对运输轨迹实时监管，有效节省了司机往返时间成本和额外支出，并且系统的精准匹配有效增加了运输趟次和装载率；同时，公司物流成本有效减少，车货两端参与方效益的改善有助于平台集聚效应的逐步增强，形成较强的客户黏性。平台信息化在线跟踪功能可实时上传回执单据，查看收货人是否签收完成。平台整合供应链资源及司机情况，打造信息化智能数据库，可对司机和车辆信息进行维护管理，实时搜索查询运力资源。平台相关政策可降低货主运费成本，有效缓解企业成本压力。

福佑卡车选择通过数字化解决行业痛点，构建了“福佑大脑”智慧系统，拥有智能分单、智能定价和智能服务三大系统，全链条实现数字化货运交易。智能分单系统基于 AI 技术与算法，对运单与运力精准预测，实现最优匹配；智能定价系统对整车数据进行大量积累、清洗与分析，结合路线、天气、车型等多因素实时计算运价；智能服务系统结合海量运输数据，通过运力风控、智能预警和智能客服，让拥有不同承运经验的运力输出稳定、统一的标准化服务。因闭环交易带来的服务标准化与交易保障性，更多的承运司机选择加入平台，由此，运力及服务容量获得提升，可以吸收更多的托运客户加入并留存，有效满足承运司机的找货需要，订单密度得以扩大，承运司机的运输效率因此提高，再吸引着更多承运司机加入，环环相扣，形成正向的飞轮效应。“福佑大脑”智慧系统上线以来，显著提升了

公路运输效率，运输准点率达到97.4%，将事故率降至0.02%。

物泊科技精准配送物流平台融合了AI、大数据、物联网等技术，拥有强大的数据融合、处理及分析能力，对平台车辆进行实时定位，产生对应预警信息。平台将在途车辆的每一个节点汇聚到一起，实现各模块互联互通，汇聚各环节实时数据，实现统一管理和监测。平台对各项数据进行融合分析、处理与可视化展示，达到物流管理可视化、物流配送智能化、供应链智慧化等目的，降低企业物流管理成本，提高各环节协同效率。

3. 多式联运平台，促进物流要素规模集聚和集成运作

国家在多层面鼓励企业开展多式联运业务，通过开展多式联运业务，能够积极推动各种交通运输方式深度融合，提升综合运输效率，降低社会物流成本，促进节能减排。安徽港口在省港航集团“五+五链”发展战略实施意见中，实施“港口+互联网”，搭建适合不同运输方式、不同企业应用的多式联运平台，实现了多式联运订单一票制管理、生产业务可视化管理、财务业务一体化管理。公司通过搭建多式联运平台，将原本由公路运输负责的长途货物运输业务，根据业务实际情况，分摊至铁路和水路，大幅降低了运输成本和能源消耗，减少了二氧化碳的排放，实现了低碳绿色物流。平台将公司的多种运输方式在信息化层面进行高度融合，打破了不同运输业务模式之间的信息孤岛，推动各种业务模式之间的信息共享，提高了企业信息化水平，为企业未来的数字化发展打下了基础。

近年来，跨境电商的贸易规模保持高速增长态势，其中出口规模一直保持近80%的占比。跨境出口供应链集成服务的问题主要表现在出海供应链链路太长，跨境供应链服务商分散，中间环节繁杂，信息不对称，价格不透明，供应链履约不稳定，海外仓资源匮乏，以及跨境数字贸易监管模式复杂等。面对以上问题，普洛斯供应链开发跨境数字供应链和多式联运平台系统，首先实现跨境供应链的仓储、国际干线、关务、配送等全流程的信息化打通，实现可视化的一站式集成供应链服务；其次，系统连接各环节服务商，形成丰富的供应链服务资源池；最后，基于以上功能，为品牌、经销商、平台等不同类型客户提供服务商与服务模块的智能化选择，完成一站式的供应链履约交付。

五、数字化仓储实现仓储物品全程追溯管理

1. 数字化转型促进商贸企业仓储管理提质增效，赋能业务发展

国贸股份供应链业务经营的主要商品为黑色金属、有色金属、纸浆等大宗商品，每个月有近350万吨的散货库存需盘点。传统管理模式下，绝大多数货场仍在使用人工盘点，盘点工作费时、费力且准确率低，缺乏智能化手段实现对货物的实时监控与报警、记录。基于上述需求，国贸股份自建“国贸天眼”数字化风控平台及子项目——智慧仓储监控系统，通过区块链、物联网、三维实景建模等技术的复合运用，将国贸股份自身风控理念积极融合数字化技术应用，实现对大宗商品仓储物流环节的智能、敏捷、精益管理，可实现散货的高效、智能、精准盘点。有异常情况发生时，虚拟电子围栏将触发报警系统、抓拍现场图像，并发送至后台系统，实现实时预警。平台打破了SAP系统与OA系统的壁垒，建立关联通道，

新增出仓指令从 SAP 系统关联出仓流程至 OA 系统。线上出仓流程实现全程无纸化、智能化，促进物流环节快速敏捷，降本增效。平台以可视化形式汇聚了全国近千个仓库网络布局、库存占比等关键信息，通过可视化的智能管理驾驶舱，实现对各项关键指标数据的实时跟踪，为管理层制定各类决策提供有力支持。如今，每一个 SKU、每一个订单的背后，都有物联网与大数据技术保驾护航。智能管理驾驶舱为各类决策提供辅助支持，数字化转型促进了公司管理提质增效，赋能业务发展。

近年来，中国电力需求呈现出较快的增长，面临着更高的要求。物资供应是保障安全稳定生产的前提，如何高效且低成本地保证物资供应快速响应成为各业态发电企业亟须解决的问题。由于电力行业各基层单位各自经营，周期性提报物资需求，存在库存周转慢、库存积压严重、占用资金高、内部难以调剂以及物资和仓储管理水平参差不齐等问题。基层单位物资仓储管理标准统一、资源统筹、科学决策、效率提升的需求日益显著。江苏华能基于行业痛点问题，在新能源电力领域率先开展无人值守的数字智能物资服务站试点应用，结合电力物资集中供应服务，通过多元化物资储存策略、精细化管理措施、数字化管理手段以及先进智能设备等应用，实现无人值守的仓储物资管理理念。公司在满足各业态仓储、配送、管理等一体化服务的前提下，基于真实数据，构建电力行业科学、先进的管理分析模型，优化资源配置，并利用精细化仓储管理手段和标准化管理模式，打造属于自己的供应链体系核心竞争力。

2. 家居行业仓储数字化实现产品全流程追溯

当前在家居仓储物流领域，入库和出库任务仍然存在人工清点和核对的现象；标签作业都需要人工拆分，没有唯一码，而且每次拆分前需要调整模板和参考图纸；客户通过 Excel 台账来管理库存，只能粗放地管理到成品套数维度。物联云仓通过构建数字化物流中台实现仓库标准化、信息化管理，采取分期上线 50OMS、50WMS、50TMS 系统，引用规则解析，并通过内置的多规格打印模板统一进行标签打印和拆分，极大减少了拆分人员的工作量；能做到订单全流程线上化追溯、自动化处理，减少了作业盲区，有助于提升仓储管理效率。

六、智能物流技术与装备创新应用

1. 区块链技术促进物流与供应链数智化转型

广东移动基于物资“不在库、就在网”及防止出库后物资“跑、冒、滴、漏”的管理要求，以物资全生命周期为管理对象，以区块链等数字化技术为手段，以 SN 码关联为主线，构建“一码到底”物资管理新模式，落实实物资产数字化管理要求，实现供应链全流程、多场景、端到端“数智化”运营，促进物流及供应链数智化转型。站在社会供应链层面，建立基于区块链技术、SN 码的实物管理智慧中台，将数字技术很好应用在社会各实物领域的生产管理中，推动了社会数字化转型升级。该成果充分利用区块链技术的可追溯、信息不可篡改、去中心化等特点，基于资产实物 SN 码的唯一身份 ID，推动建设透明、安全、信任、共享的绿色实物供应链体系，实现实物全生命周期安全管理。

北京集联运信息技术有限公司以区块链技术为依托实现箱主企业、堆场运营商、物流企业、集卡司机、货主等各方的信息组织协调，打通业务各环节，降低物流成本，致力提高综合物流服务能力。

“国贸天眼”运用区块链不可篡改的技术特征，打造防伪二维码。在提货单上增加防伪二维码，仓库管理人员通过扫描二维码，即可快速识别盖章机构、盖章人员、盖章时间和盖章文档。仓库管理人员通过点击盖章文档，可快速比对盖章文件与原始盖章文档是否存在差异，若该盖章文档已作废，文档上会出现“作废声明”的标识；实现了提货单的防伪溯源。

2. RFID 技术助力企业实现数字化管理

RFID 技术能让每个物品都拥有唯一的身份 ID，被普遍推广使用在物品识别和追踪场景中，它通过射频信号自动识别目标对象并获取相关数据，识别工作无须人工干预，可工作于各种恶劣环境；RFID 技术可识别高速运动的物体，并可同时识别多个标签。青岛啤酒是行业内首家运用 RFID 技术对生鲜产品进行数字化管理的企业。一盘货项目融合物联网及 RFID 技术，对啤酒桶存罐进行唯一标识、经销商绑定，在生产线的出入库增加 RFID 读写器，读取啤酒桶上的 RFID 标签，记录啤酒桶的出入库时间，从而实现对啤酒桶的出入库管理，并对业务数据进行分析监控。

3. 物联网技术实现公路运输管控领域实时监控

原油在运输过程中一般采用机械铅封，但时效性滞后、管控难度大。采用传统纸面单证及人工管理、手工交接确认等操作会带来空驶里程数耗费的成本增加、原油运输车辆周转效率下降、人为管理带来的漏洞等问题。深圳南网鼎立科技有限公司研发和生产的物联绳锁在中国石油天然气股份有限公司得到广泛应用。物联绳锁可与定位系统紧密结合，利用 4G 网络、GIS 的电子围栏等技术，建立覆盖原油运输全程的数据监控网，满足了对原油运输车辆阀门全程实时监控的需求，既解决了机械铅封的管理难点问题，又降低了管理成本，同时又为原油的运输安全、防偷盗行为提供了有效技术手段。

七、新能源商用推动城配行业向绿色、智能化方向转型

目前，新能源物流车的市场推广以运营模式为主，新能源商用车在使用过程中存在一些传统运营方法待解决的难点。市场上缺乏专门针对新能源商用车充电场景的服务平台，电桩资源整合不完全，充电桩密度低，不能覆盖终端司机的充电需求。新能源商用车运营是成本投入高、利润低、用户需求多样化且分散的行业。运营商经营中面临盈利点少、利润低、回本周期长的难题。同时，车辆重资产属性也带来诸多管理上的不便，资产安全管理成本高。运营商如果要扩展上下游业务线，就需要自建配套售后和服务体系，会面临高昂的成本问题。这些经营上的困境导致了商用车运营整体小而散的行业格局。绿色慧联定位于绿色运力和智慧车联网平台提供商，以专属定制车为核心，为客户提供慧联租车、慧联车服、慧联智控等新能源物流车全生命周期运营管理服务；支持客户根据自身需求灵活匹配、定制采购，带给客户全新体验；通过智慧车联网技术，帮助客户实现数智化补能、智能管车等线上服务，推动运营行业的数字化转型。

（中国物流与采购联合会网络事业部
晏庆华　王盼盼）

2022 年中国物流标准化

2022 年，按《国家标准化发展纲要》的要求，我国在推动标准化与科技创新互动发展、提升产业标准化水平、完善绿色发展标准化保障、加快城乡建设和社会建设标准化进程、提升标准化对外开放水平、推动标准化改革创新、进一步夯实标准化发展基础等方面进一步深化，不断提升标准供给质量。全年共计发布国家标准 2267 项，备案行业标准 1914 项，备案地方标准 5844 项。截至 2022 年年底，我国现行有效国家标准累计达到 65115 项，累计发布行业标准 78823 项，累计发布地方标准 63253 项。2022 年，在全国团体标准信息平台注册的社会团体新增 1300 家，新增 17675 项团体标准；至 2022 年 12 月底，累计共有 7058 家社会团体在全国团体标准信息平台注册，共计公布 51078 项团体标准。2022 年，在企业标准信息公共服务平台新增公示企业 48321 家，新增声明公开标准信息 470738 项；至 2022 年 12 月底，累计已公示企业 402284 家，累计声明公开标准信息 2621816 项，其中，遴选出 1386 项企业标准“领跑者”。

一、物流标准化相关政策情况

2022 年年底，国务院办公厅印发《“十四五”现代物流发展规划》，按照立足新发展阶段、贯彻新发展理念、支撑构建新发展格局、推动高质量发展的总体思路，对“十四五”现代物流发展作出了全面、深入、系统的安排部署。

《“十四五”现代物流发展规划》提出进一步健全物流标准规范体系的目标。要求强化基础标准支撑，一是健全物流统计监测体系。研究建立物流统计分类标准，加强社会物流统计和重点物流企业统计监测，开展企业物流成本统计调查试点。研究制定反映现代物流重点领域、关键环节高质量发展的监测指标体系，科学系统反映现代物流发展质量效率，为政府宏观调控和企业经营决策提供参考依据。二是健全现代物流标准体系。强化物流领域国家标准和行业标准规范指导作用，鼓励高起点制定团体标准和企业标准，推动国际国内物流标准接轨，加大已发布物流标准宣传贯彻力度。推动基础通用和产业共性的物流技术标准优化升级，以标准提升促进物流科技成果转化。建立政府推动、行业协会和企业等共同参与的物流标准实施推广机制。建立物流标准实施评价体系，培育物流领域企业标准“领跑者”，发挥示范带动作用。

《“十四五”现代物流发展规划》中提出了“物流标准化推进工程”，内容包括研究制定现代物流标准化发展规划，完善现代物流标准体系。加强多式联运、应急物流、逆向物流、绿色物流等短板领域标准研究与制订。制修订一批行业急需的物流信息资源分类与编码、物流单证、智慧物流标签标准，以及企业间物流信息采集、信息交互标准和物流公共信息服务平台应用开发、通用接口、数据传输等标准。完善包装、托盘、周转箱等标准，加强以标准托盘为基础的单元化物流系统系列标准制修订，加快运输工具、载运装备、设施体系等标准对接和系统运作，提高全社会物流运行效率。推动完善货物运输、物流园区与冷链、大件、药品和医疗器械、危化品等物流标准规范。推进危险货物在铁路、公路、水路等运输环节标准衔接。加快制定智慧物流、供应链服务、电商快递、即时配送、城乡物流配送等新兴领域标准。推进面向数字化与智慧化需求的物流装备设施标准制修订。积极参与国际物流标准制修订。

《“十四五”现代物流发展规划》在加强国家物流枢纽联盟的标准衔接，研制物流业制造业融合发展行业标准、供应链标准，推进跨境物流单证规则、检验检疫、认证认可、通关报关等标准衔接和国际互认合作，研究完善应急物流转运等设施和服务标准、完善应急物流信息联通标准等方面提出了要求。

此外，国务院和相关部委的一些文件也有对物流标准化工作的要求，主要体现在以下几个方面。

1. 提升标准质量效益

2022 年 1 月，国务院印发的《“十四五”市场监管现代化规划》中提出：深化标准化改革创新。加快标准供给由政府主导向政府与市场并重转变，标准运用由产业与贸易为主向经济社会全域转变，标准化工作由国内驱动向国内国际相互促进转变，标准化发展由数量规模型向质量效益型转变。持续优化政府颁布标准与市场自主制定标准协调配合的新型标准体系，推动一般性产品、服务标准由市场自主制定，建立健全政府颁布标准采信市场自主制定标准的机制。建立法规引用标准制度，强化法规与标准有效协调机制，运用标准支撑法规落地实施。加强标准化技术组织建设，提升国家标准研制和实施能力。加强国家技术标准创新基地和国家级标准验证检验检测点建设，提升标准化技术支撑水平。实施标准全生命周期闭环管理，完善标准实施信息反馈与评估制度，建立国家标准动态维护机制。开展对标达标专项行动，推动团体标准培优计划和企业标准领跑者制度实施，消除标准制定团体培育发展的政策障碍，释放企业、社会团体标准化活力。

2. 加强国内国际标准转化和国际标准化工作

2022 年 1 月，《国务院办公厅关于促进内外贸一体化发展的意见》中提出：促进标准认证衔接。积极开展国内国际标准转化，补齐国内标准短板，提高标准技术水平，持续提升国内国际标准一致性。鼓励国内企事业单位积极参与国际标准化活动，加强与全球产业链上下游企业协作，共同制定国际标准。

2022 年 1 月，《商务部等 6 部门关于高质量实施〈区域全面经济伙伴关系协定〉（RCEP）的指导意见》中提出：积极实施标准化战略，加快构建推动高质量发展的国家标准化体系。加大对适用的国际标准的采标力度，提升转化率。加大参与国际标准制订和对接力度，加强行业交流合作。

2022 年 5 月，《商务部等 14 部门关于开展内外贸一体化试点的通知》，在促进标准认证衔接方面提出：支持有条件的企业、行业组织、专业机构等开展国内国际标准比对，积极采用通过开放和透明程序制定的国际先进标准，参与国际标准制定，参与各类国际性专业标准组织。支持国际性专业标准组织来华落驻。推进中外标准互认。

3. 开展重点领域的标准化工作

2022 年 2 月，《国务院关于印发“十四五”国家应急体系规划的通知》中提出：加快构建适应应急管理体制的法律法规和标准体系。实施应急管理标准提升行动计划，建立结构完整、层次清晰、分类科学的应急管理标准体系。针对灾害事故暴露出的标准短板，加快制修订一批支撑法律有效实施的国家标准和行业标准，研究制定应急管理领域大数据、物联网、人工智能等新技术应用标准，鼓励社会团体制定应急产品及服务类团体标准。

2022 年 3 月，财政部办公厅、商务部办公厅、国家乡村振兴局综合司联合发布的《关于支持实施县域商业建设行动的通知》中提出：引导商贸、电商、快递、物流企业围绕农村产品上行，建设分拣、预冷、初加工、配送等商品化处理设施，加强标准和品牌应用，提高农村产品商品转化率。

2022 年 4 月，交通运输部、国家铁路局、中国民用航空局、国家邮政局、中国国家铁路集团有限公司联合发布的《关于加快推进冷链物流运输高质量发展的实施意见》中提出：优化枢纽港站冷链设施布局、完善产销冷链运输设施网络、推进冷链运输工具专业化发展、促进冷链运载单元标准化发展、推广应用智能化温控设施设备、创新冷链运输组织模式、培育冷链运输骨干企业、增强跨境冷链物流服务能力、建立健全法规标准体系、提升数字化监管能力、强化运行监测与统计分析、强化政策支持、加强行业自律、注重人才培养等任务。研究制定道路冷链运输管理规定，健全完善冷链运输监管体系。规范道路冷链运输车辆及从业人员管理，加强食品安全、温控管理等专业知识和技能培训。研究完善冷链物流细分领域运输服务标准规范，加大宣传力度，提升标准规范应用水平。借鉴国际先进冷链运输行业管理标准和经验，积极参与、倡导国际冷链运输标准制定。

2022 年 4 月，《中共中央 国务院关于加快建设全国统一大市场的意见》中提出：建设现代流通网络。优化商贸流通基础设施布局，加快数字化建设，推动线上线下融合发展，形成更多商贸流通新平台新业态新模式。推动国家物流枢纽网络建设，大力发展多式联运，推广标准化托盘带板运输模式。大力发展第三方物流，支持数字化第三方物流交付平台建设，推动第三方物流产业科技和商业模式创新，培育一批有全球影响力的数字化平台企业和供应链企业，促进全社会物流降本增效。加强应急物流体系建设，提升灾害高风险区域交通运输设施、物流站点等设防水平和承灾能力，积极防范粮食、能源等重要产品供应短缺风险。

2022 年 4 月，《国务院办公厅关于进一步释放消费潜力促进消费持续恢复的意见》中提出：完善冷链物流等领域服务标准。

中华全国供销合作总社发布的《全国供销合作社“十四五”公共型农产品冷链物流发展专项规划》中提出：加快冷链物流科技标准应

用和品牌建设。

4. 推动绿色低碳标准化工作

2022 年 3 月，《国家发展改革委等部门关于推进共建“一带一路”绿色发展的意见》中提出：加强绿色标准合作。积极参与国际绿色标准制定，加强与共建“一带一路”国家绿色标准对接。鼓励行业协会等机构制定发布与国际接轨的行业绿色标准、规范及指南。

2022 年 4 月，《国务院办公厅关于进一步释放消费潜力促进消费持续恢复的意见》中提出：完善节能和绿色制造标准体系、绿色产品认证标识体系。

2022 年 5 月，《关于印发〈财政支持做好碳达峰碳中和工作的意见〉的通知》中提出：强化碳达峰碳中和基础理论、基础方法、技术标准、实现路径研究。在支持绿色低碳生活和资源节约利用方面，包括完善废旧物资循环利用体系，促进再生资源回收利用提质增效。在支持完善绿色低碳市场体系方面，包括健全碳排放统计核算和监管体系，完善相关标准体系，加强碳排放监测和计量体系建设。

2022 年 8 月 19 日，《国家发展改革委 国家统计局 生态环境部印发〈关于加快建立统一规范的碳排放统计核算体系实施方案〉的通知》中提出：加快建立覆盖全面、算法科学的行业碳排放核算方法体系。加强碳排放核算领域国际交流，积极参与碳排放国际标准制定。

二、物流标准化工作开展情况

1. 物流标准体系进一步完善

2022 年年初，根据《国家标准化发展纲要》的有关要求，全国物流标准化技术委员会（以下简称“全国物标委”）对物流标准体系表进行了更新完善，细化了通用物流设施设备标准、通用物流作业标准、通用物流管理标准分类，以及冷链物流、医药物流标准、托盘标准、逆向物流标准等专业领域的标准体系，进一步明确了物流国家标准、行业标准的层级范围，为物流标准化工作的系统推进夯实了基础。

2. 标准制修订工作有序推进

2022 年，全国物标委贯彻落实中共中央、国务院及相关部门政策文件要求，结合物流行业发展现状，重点开展了数字化仓库、无人仓、云仓云配、智能仓储、智慧物流服务、物流大数据、企业绿色物流评价、企业温室气体排放核算、逆向物流评价等方面，以及食品冷链、农产品冷链、医药物流、仓库、货架、托盘即时配送、电商物流、汽车物流、应急物流、煤炭物流等重点领域的标准制定，以及仓库、货架、托盘等物流标准的制修订。2022 年物流领域发布的国家标准汇总如表 1 所示，2022 年备案的物流行业标准汇总如表 2 所示。

表 1　　2022 年物流领域发布的国家标准汇总

序号	标准号	标准名称	实施日期
1	GB/T 31148—2022	木质平托盘 通用技术要求	2022-10-01
2	GB/T 41834—2022	智慧物流服务指南	2022-10-12
3	GB/T 42186—2022	医学检验生物样本冷链物流运作规范	2022-12-30
4	GB/T 41242—2022	电子商务物流可循环包装管理规范	2022-10-01

续 表

序号	标准号	标准名称	实施日期
5	GB/T 41402—2022	物流机器人 信息系统通用技术规范	2022-11-01
6	GB/T 42013—2022	信息安全技术 快递物流服务数据安全要求	2023-05-01
7	GB/T 41243—2022	绿色仓储与配送要求及评估	2022-10-01
8	GB/T 18804—2022	运输工具类型代码	2023-05-01
9	GB/T 42230—2022	钢板卷道路运输捆绑固定要求	2022-12-30
10	GB/T 19946—2022	包装 用于发货、运输和收货标签的一维条码和二维条码	2023-05-01
11	GB/T 8719—2022	炭素材料及其制品的包装、标志、储存、运输和质量证明书的一般规定	2023-02-01
12	GB 15603—2022	危险化学品仓库储存通则	2023-07-01
13	GB/T 41800—2022	信息技术 传感器网络 爆炸危险化学品贮存安全监测系统技术要求	2023-05-01
14	GB/Z 41305. 2—2022	环境条件 电子设备振动和冲击 第 2 部分：设备的贮存和搬运	2022-11-01
15	GB/T 41785—2022	磁光电混合存储系统通用规范	2023-05-01
16	GB/T 23156—2022	包装 包装与环境 术语	2023-02-01
17	GB/T 25160—2022	包装 卡纸板折叠纸盒结构尺寸	2023-07-01
18	GB/T 41916—2022	应急物资包装单元条码标签设计指南	2023-05-01
19	GB/T 2102—2022	钢管的验收、包装、标志和质量证明书	2023-05-01
20	GB/T 41833—2022	快递电子运单	2023-02-01
21	GB/T 42013—2022	信息安全技术 快递物流服务数据安全要求	2023-05-01
22	GB 15603—2022	危险化学品仓库储存通则	2023-07-01
23	GB/T 41514—2022	钢结构货架使用安全与评估规范	2023-02-01

表 2　　2022 年备案的物流行业标准汇总

序号	标准号	标准名称	实施日期	发布单位
1	WB/T 1118—2022	数字化仓库基本要求	2022-07-01	国家发展改革委
2	WB/T 1119—2022	数字化仓库评估规范	2022-07-01	国家发展改革委
3	WB/T 1120—2022	废旧动力蓄电池回收服务规范	2022-07-01	国家发展改革委
4	WB/T 1121—2022	仓储管理射频识别技术应用要求	2022-07-01	国家发展改革委
5	WB/T 1122—2022	应急物流基础信息分类与代码	2022-07-01	国家发展改革委

续 表

序号	标准号	标准名称	实施日期	发布单位
6	WB/T 1123—2022	应急物流基础数据元	2022-07-01	国家发展改革委
7	WB/T 1124—2022	应急物流公共数据模型	2022-07-01	国家发展改革委
8	WB/T 1125—2022	模压平托盘 植物纤维类	2022-07-01	国家发展改革委
9	WB/T 1126—2022	塑料箱式托盘	2022-07-01	国家发展改革委
10	WB/T 1127—2022	箱式、立柱式托盘	2022-07-01	国家发展改革委
11	WB/T 1128—2022	组合式塑料托盘	2022-07-01	国家发展改革委
12	WB/T 1129—2022	煤炭内河水运物流服务通用规范	2022-07-01	国家发展改革委
13	JB/T 14302—2022	照相机械包装、运输、贮存条件及试验方法	2022-10-01	工业和信息化部
14	QB/T 5725—2022	食糖包装防伪追溯体系规范	2022-10-01	工业和信息化部
15	JT/T 1443—2022	冷链运输监控管理平台技术要求	2023-03-13	交通运输部
16	JT/T 1426—2022	国际道路运输车辆货物装载区技术条件	2022-12-09	交通运输部
17	JT/T 1425—2022	整车和集装箱道路货物运输成本和价格指数计算方法	2022-09-09	交通运输部
18	JT/T 1412—2022	边境口岸汽车出入境运输管理设施设备建设配置要求	2022-04-13	交通运输部
19	JT/T 1415. 1—2022	交通运输数据资源交换与共享 第 1 部分：总体架构	2022-04-13	交通运输部
20	JT/T 1415. 2—2022	交通运输数据资源交换与共享 第 2 部分：通用技术要求	2022-09-09	交通运输部
21	JT/T 1415. 3—2022	交通运输数据资源交换与共享 第 3 部分：数据格式与接口	2022-04-13	交通运输部
22	SY/T 7639-2021	液化气运输船管汇技术要求	2022-02-16	国家能源局
23	JT/T 1427—2022	道路大型物件运输车辆标志标识	2022-09-09	交通运输部
24	JT/T 1438—2022	快件铁路运输安检数据交换规范	2022-12-13	交通运输部
25	JT/T 697. 7—2022	交通信息基础数据元 第 7 部分：道路运输信息基础数据元	2022-12-13	交通运输部
26	JT/T 1440—2022	无人机物流配送运行要求	2022-12-13	交通运输部

续 表

序号	标准号	标准名称	实施日期	发布单位
27	JT/T 726—2022	集装箱多式联运电子数据交换 基于 XML 的舱单报文	2022-12-13	交通运输部
28	JT/T 1441—2022	集装箱二维码通用技术规范	2022-12-13	交通运输部
29	LS/T 1228—2022	散粮集装箱装卸作业操作规程	2023-01-18	国家粮食和物资储备局
30	JT/T 1434—2022	水路内贸集装箱载运商品汽车安全技术要求	2022-12-09	交通运输部
31	JT/T 1407—2022	系列 2 集装箱 堆场技术管理要求	2022-04-13	交通运输部
32	JT/T 1406—2022	通用集装箱陆空转运技术规范	2022-04-13	交通运输部
33	GA 1801. 2—2022	国家战略储备库反恐怖防范要求 第 2 部分：通用仓库	2023-07-01	公安部
34	CY/T 251—2022	印刷智能仓储系统构建指南	2022-08-01	国家新闻出版署

3. 重要标准制修订情况

（1）国家标准《智慧物流服务指南》（GB/T 41834—2022）。

该标准是我国物流领域首个以“智慧物流”为主题的国家标准。该标准给出了“智慧物流”的定义：以物联网技术为基础，综合运用大数据、云计算、区块链及相关信息技术，通过全面感知、识别、跟踪物流作业状态，实现实时应对、智能优化决策的物流服务系统。将“智慧物流服务”定义为：为满足客户物流需求所实施的一系列智慧物流活动过程及其产生的结果。该标准提供了智慧物流服务的特征和关键要素、服务能力保障、服务提供、服务评价与改进方面的指南，对我国智慧物流的发展具有重要的技术支撑意义。

（2）行业标准《数字化仓库基本要求》（WB/T 1118—2022）、《数字化仓库评估规范》（WB/T 1119—2022）。

《数字化仓库基本要求》（WB/T 1118—2022）规定了数字化仓库的一般要求、技术要求、管理要求，适用于数字化仓库的建设、运营和管理。《数字化仓库评估规范》（WB/T 1119—2022）规定了数字化仓库评估的评估原则、评估指标、评估过程，适用于对数字化仓库进行评估。这两项标准的配套实施，将提升我国数字化仓库的建设水平、综合水平和服务能力，促进仓储业的数字化转型。

（3）行业标准《应急物流基础信息分类与代码》（WB/T 1122—2022）、《应急物流基础数据元》（WB/T 1123—2022）、《应急物流公共数据模型》（WB/T 1124—2022）。

《应急物流基础信息分类与代码》（WB/T 1122—2022）规定了应急物流活动中基础信息的分类与代码，适用于应急物流相关信息系统数据字典构建，以及信息的采集、处理、交换和统计分析。《应急物流基础数据元》（WB/T 1123—2022）规定了应急物流中各信息系统在进行数据交换时所用的基础数据元及其属性，适用于应急物流活动中信息采集、处理与交换。《应急物流公共数据模型》（WB/T 1124—2022）规定了应急物流活动中公共信息集合的数据模型，适用于应急物流相关信息系统的设计。这三项应急物流标准对规范应急物流活动中的基础信息、数据项、数据值的表述、公共数据表提供了技术支持，有助于提高应急物流信息交换效率和共享水平，对提升我国应急物流效率具有重要意义。

4. 标准宣贯力度加大

2022 年，全国物标委开设了“中国物流标准大讲堂”，每月一期以线上方式对 16 项国家标准进行了讲解，全年共开展 10 期，由标准主要起草人对标准技术内容进行解读，相关企业对标准的实施应用进行分享。其间，还邀请了全国集装箱标准化技术委员会、全国物流信息管理标准化技术委员会的相关专家分享其标准体系建设情况，并解读重要的国家标准。

“中国物流标准大讲堂”受众包括物流企业的广大标准使用方、专家学者，以及全国高等院校物流专业的师生。参加人数最多可达 7000 余人，全年累计参加人数达到 30000 余人。“中国物流标准大讲堂”中的解读视频也已制作成标准云课，发布至全国物标委网站的“物流国家标准解读视频”专栏，供广大标准使用者随时浏览。

全国物标委还编制、发布 2022 版《物流标准目录手册》，收集、整理了我国已颁布的现行物流国家标准、行业标准目录共计 1201 项。发布了 12 期《物流标准化动态》电子刊，收集整理当月标准化工作动态、物流相关标准制修订情况、物流标准相关政策及资讯。此外，全国物标委通过网站、微信公众号、微博等渠道对 2022 年发布的物流国家标准、行业标准发布解读文章和解读小视频，开展标准培训、“标准进校园”活动、“标准走进企业”宣贯系列活动。

5. 标准实施深入推进

2022 年，中国物流与采购联合会依据相关标准，深入推进标准的实施。依据《物流企业分类与评估指标》（GB/T 19680—2013）国家标准，开展的物流企业评估工作，共评估 A 级物流企业 645 家，截至 2022 年年底，已累计评估 34 批共 8652 家 A 级物流企业，极大地促进和引导了我国物流业创新、规范、健康可持续发展。

依据《物流企业冷链服务要求与能力评估指标》（GB/T 31086—2014）国家标准开展的星级冷链物流企业评估，2022 年共评估星级冷链物流企业 18 家，截至 2022 年年底已评估星级冷链物流企业 114 家，此项工作的开展为冷链物流的健康发展，为向社会提供优质冷链物流企业提供了保障。目前已有山东、广东、福建、江西、云南、辽宁、安徽、湖南、湖北、河南、陕西等 20 多个省区市出台星级补贴政策，鼓励企业做大做强。2022 年首次依据新发布的《果蔬类周转箱尺寸系列及技术要求》（GB/T 39907—2021）、《果蔬类周转箱循环共用管理规范》（GB/T 40065—2021）两项国家标准，开展的果蔬类周转箱企业试点工作，已分别有 6 家和 10 家企业成为试点单位，这项工作的开展将进一步推动果蔬类周转箱的循环共用模式。

依据《药品冷链物流运作规范》（GB/T 28842—2021）国家标准开展的试点—达标—示范，在 2022 年开展了第 17 批试点、第 10 批达标和第 3 批示范评估工作，截至目前，共 454 家成为国家标准试点企业，126 家企业达到国家标准要求，22 家企业成为国家标准示范企业。

依据《体外诊断试剂温控物流服务规范》（WB/T 1115—2021）行业标准，在 2022 年开展了第 3 批、第 4 批试点和首批达标评估工作。截至目前，已有 72 家企业成为该标准试点企业，其中 18 家成为达标企业。

中国仓储与配送协会依据修订后的《通用仓库等级》（GB/T 21072—2021）、《仓储服务质量要求》（GB/T 21071—2021）两项国家标准，组织业内专家完善了标准实施的评价办法，帮助 86 个库区达到《通用仓库等级》（GB/T 21072—2021）相应等级要求，32 家企业达到《仓储服务质量要求》（GB/T 21071—2021）的要求。现在陆续有地方政府在制定物流相关政策，将“星级仓库”列入支持范围，鼓励当地企业积极参与标准化工作。

6. 国际标准化工作取得突破

2022 年，物流领域国际标准化工作取得了一定突破，具体体现在参与国际标准制定、ISO/TC 国内技术对口单位工作、提案 ISO 成立新 TC 等方面。

（1）参与国际标准制定工作。

2022 年，由中国提出的《无接触冷链物流配送服务要求》（ISO/WD 31511 Requirements for contactless delivery services in cold chain logistics）和《术语》（ISO/AWI 31510 Terminology）两项 ISO 标准正式立项并进入研制阶段，《跨境贸易海外仓服务指南》（Guidelines for Overseas Warehouse Services in Cross - Border Trade）ISO 标准在立项审查阶段。提案国际标准项目的成功立项，迈出了我国物流业深入参与国际标准化工作的步伐。

（2）ISO/TC 国内技术对口单位工作。

国内设有技术对口单位的物流相关 ISO/TC 共有 3 个，分别是 ISO/TC 51（托盘）、ISO/TC 297（废物收集及运输管理）、ISO/TC 315（冷链物流），其对口工作均由中国物流与采购联合会承担。

2022 年，中国物流与采购联合会组织有关专家、行业企业代表共参加了 30 余场国际标准研讨会，提出并获得 3 项 ISO 标准项目的立项，参与了 7 项 ISO 标准的研制，开展了相关标准的国内征求意见工作。目前还有 2 项 ISO 标准项目准备提出立项申请。

ISO/TC 国内技术对口单位工作的加强，将有利于物流领域国际国内标准的转化和研究，为广大物流企业开拓进入国际标准化领域的通道。

（3）提案 ISO 成立新 TC。

由中国物流与采购联合会提交的 ISO “Smart distribution in logistics”（智慧物流配送）新 TC 提案在 2022 年通过了 ISO 成员国和 ISO TMB 的两轮投票。ISO 为此组建了临时工作组，进一步调研物流领域标准化需求和 ISO 体系内物流相关 TC 的协调机制。

7. 团体标准化工作持续开展

《国家标准化发展纲要》中指出，优化标准供给结构，大力发展团体标准，引导社会团体制定原创性、高质量标准。2022 年，作为国家标准、行业标准、地方标准的有力补充，由各类社会团体组织开展的团体标准化工作也取得了一定成绩。据全国团体标准信息平台的公开数据，2022 年道路运输业备案的物流团体标准有 62 项，仓储业备案的物流团体标准有 25 项，装卸搬运和运输代理业备案的物流团体标准有 12 项。物流团体标准对于物流服务新模式、物流新技术应用等方面的总结、规范和推广发挥了重要作用。

8. 企业标准“领跑者”工作启动

2022 年 6 月，“物流服务”被市场监管总局列入 2022 年度实施企业标准“领跑者”重点领域。随后，中国物流与采购联合会获批成为“物流服务”领域企业标准“领跑者”评估机构。

至 2022 年年底，中国物流与采购联合会在综合物流服务、平托盘、托盘租赁服务、零担货物道路运输服务、整车货物道路运输服务、网络货运服务、食品冷链物流服务、药品冷链物流服务8个领域的产品（服务）开展了企业标准“领跑者”评估工作，完成了对33项企业标准的评估，其中有26项经评估、公示后成功获评“领跑者”。

企业标准“领跑者”工作的启动，将推进企业标准对外公开声明、引导物流企业通过标准实现向社会的硬承诺，提升物流企业服务质量和核心竞争力。此项工作有望成为引领物流企业规范运作、推动行业高质量发展的一项重要抓手。

（中国物流与采购联合会标准化工作部）

第八部分

部分优秀物流企业及经典案例

华为公司助力中铁物贸加速“数平化”转型升级

一、打造国际一流建筑业供应链集成服务领军企业，实现“千人千亿”

中铁物贸集团有限公司（以下简称“中铁物贸”）是中国中铁股份有限公司的全资子公司，成立于 2010 年，是中国中铁唯一指定专业从事物资集中采购和物资贸易的大型企业集团。

随着信息化时代的发展，数字化转型势在必行。2021 年中铁物贸与华为在深圳签署战略合作框架协议，双方就数字化创新服务、提高整体运营效率等多个方面开展深入交流，双方明确了中铁物贸数字化转型方向与目标——坚持“连接、协同、共享”，利用先进的数字化与互联网技术，全面推进数字化转型，提升供应链数字化集成服务能力水平，提升作业效率，提高运营效率，做大营业规模，打造国际一流建筑业供应链集成服务领军企业，实现“千人千亿”奋斗目标。

二、转型升级之路

（一）建体系、定标准，打通全链路数据

在数字化转型初期，中铁物贸面临“数据标准不统一，待完善数据架构和规范，待凸显数据资产价值”“各部门 IT 系统需连通，待逐步实现数据统一管理”“存在手工作业录入情况，待提升数字化运营能力”等一系列问题。2021 年，华为团队深入中铁物贸各核心部门，基于中铁物贸的管控特点及系统和数据现状，深入分析中铁物贸现状，结合华为数据治理经验，为中铁物贸制定两个关键路径：“构建统一数据治理体系、定义数据标准”和“实现从‘数据接入’到‘数据分析’全链路打通”。遵循两个关键路径，华为团队与中铁物贸协同推进中铁物贸数字化转型建设。

首先，打造了符合中铁物贸的数据治理管理体系，包括组织职责、制度文件等，同时梳理数据架构，明确数据标准和数据模型，结合管理体系，持续提升中铁物贸数据质量，推动数据在业务系统间高效流转。

其次，通过“1+5+1”管理办法及规定，全方位保障数据治理工作落地，奠定了中铁物贸数据管理制度体系的基础。

再次，建立了中铁物贸第一版数据资产目录，为后续的数据消费提供了参考指引；形成了数据底座全域逻辑模型和物理模型，规范底座开发和数据消费。

最后，随着中铁物贸数字化转型进入深水区，中铁物贸面临的数字化整体架构缺失、IT系统和业务数据繁杂等问题亟待解决，构建可持续的数据治理能力是逐步深化其数字化变革的必由之路。依托华为云数据使能解决方案的“方法论+管理体系+技术平台+应用场景”帮助中铁物贸构建数据湖技术体系架构和数据使能平台，顺利完成中铁物贸全域系统上万个数据表盘点，统一源系统数据分类标准，集成中铁物贸全域IT系统的数据，完成了5000多张数据表的集成与治理，制定了万余个属性级数据标准，快速构建从数据接入到数据分析的端到端智能数据系统，为业务可视、分析、决策等数据消费提供数据服务，实现数字化转型。

通过数据治理一期项目，华为帮助中铁物贸数据标准覆盖率达到98.6%，开发效率提高67%，报表开发周期从30天缩短到10天，业务指标实现每日动态更新。

（二）“物贸即平台，平台即物贸”，共建大宗商品线上交易平台

载万物，集大成，集物（北京）科技有限公司（中铁物贸全资子公司）建设的大宗商品线上交易平台——集物网，于2023年5月31日正式上线，支撑建筑业大宗商品全流程供应链业务，贯穿大宗商品供应链上下游的资源端、运营端、支撑端（仓储、物流、供应链金融等服务业）和终端客户全业务链条，覆盖全品类物资，为建筑业提供一体化集成供应链服务。当前，平台支持终端直采、现货交易、产能预订、撮合交易四类业务模式，并提供第三方仓储物流服务、价格指数服务、大宗商品贸易知识服务等多种综合增值服务。

集物网对中铁物贸而言不是简单的大宗商品电商采购平台，也不是简单的大宗商品集中采购/目录采购管理平台，而是为中国中铁和建筑业上下游提供一体化集成服务的生态平台。

集物网的成功建设，对内可提高作业效率和运营效率。首先，支持中铁物贸战略目标实现，完善“大物贸”平台，引领大宗商品数字化采购平台创新，实现平台化供应链服务型企业转型升级；其次，提升服务能力，建立核心服务体系，包括强大的交易能力、物流仓储能力和风险管理能力；最后，助力产业高质量发展，整合产业上下游参与者，发挥产业协同平台作用，推进实现产业链高效率、低成本、智慧化和生态化。

对外可提供一体化供应链集成服务。其一，创新业务模式，包括商业模式、运营模式与资源整合模式的创新，构建物流、仓储、供应链金融等全方位的大宗商品服务体系；其二，持续提升采购用户体验、满意度和忠诚度，提升大宗商品交易市场份额、品牌及行业影响力，全方面提升中铁物贸影响力及品牌知名度。

华为助力中铁物贸联合设计大宗商品线上交易平台总体建设框架，从四个维度打造平台型服务，提升采购用户体验，基于用户旅程和交易场景，识别4个能力组、51个能力项，有21个能力与IT强相关。基于大宗业务能力框架设计业务流程架构，明确4个核心流程，10个支撑流程，从能力项和流程映射到167个业务组件，推导出应用子系统规划，形成大宗商品线上交易平台应用系统总体视图（含18个

子系统)。

（三）搭建数字能力运营平台，打造一站式数据运营服务体系

在中铁物贸数据管理中心的推进下，二期通过数字能力运营平台，有效整合了业务中的关键数据，中铁物贸从业务数据化转向数据业务化，持续提升中铁物贸的数字运营服务能力，以此支撑中铁物贸的数据应用全链安全管理、全程标准管控、全系质量闭环，是实现夯实数据架构、落地数据治理体系、提升数字化能力的重要一环。

基于中铁物贸数字能力运营平台的正式上线运行，在数据中台建设及数据治理二期项目中，中铁物贸整体贯彻了数据管理体系，全面构建了“汇、管、用、服”数据应用专项能力，成功打造了一站式数据运营服务体系，为中铁物贸数字化转型步伐再添关键篇章。一站式数据运营服务体系落地了数据管理实体组织，开展数据管理工作。中铁物贸数据管理中心根据中铁物贸相关文件建立职责清晰、分工负责、协同配合的数据管理工作机制，推动数据管理工作质量持续提升。

中铁物贸数字能力运营平台支撑了中铁物贸大宗商品线上交易平台，构建了客户全貌分析能力，深化了财务应用场景，挖掘了数据资产价值，实现了大宗商品的价格浮动与走势分析，提升了绩效考核管理效力，打通了供应商内外部数据，满足了中铁物贸业务部门对供应商全维度洞察的需求，实现对供应商的精细化分析管理，提升供应商管理效率。

中铁物贸数字能力运营平台引入了 RPA 机器人流程自动化技术，利用 AI 智能识别技术，联动商旅与财务业务系统，采用机器视觉，进行高频且大量的数据读取与处理，自动完成流程任务，实现报销票据自动匹配；改善人工处理易错问题。同时最大限度地平衡效率、时间与人力成本；用较短的时间完成预设的业务流程，大大地提高了效率，节省了人力成本与资金；实现了固定流程的便捷化、精确化与高效化。

（四）体系健全、监管合规、风险可控、统一运营，保障业务可持续发展

近年来，随着中铁物贸业务对信息化和数字化依赖程度日益加深，中铁物贸面临着越来越复杂的网络安全环境，对业务健康、稳定运营的要求逐步提升。

华为以中铁物贸数字化战略为指导方向，通过对标行业领先的企业，结合集团自身战略、业务特点和实际情况及业界最佳实践经验，明确了未来 3 年顶层网络安全整体规划方案，制定全面的、可落地的集团网络安全整体工作规划和行动路线图，帮助集团有效提升网络安全整体能力和成熟度，实现打好数字安全底座、满足监管要求和保障业务的可持续发展目标。

三、深入、聚焦、优化，展望未来篇章

2023 年，中铁物贸将依托大宗商品线上交易平台，建设物贸在线、鲁班工业品、集物网业务前端系统，推动中铁物贸由传统建筑业物资贸易型企业向平台型服务企业转型，助推企业实现战略发展目标。在建设过程中，中铁物贸将深入贯彻“以用促建”“快速迭代”“价值显现”建设路径，华为也将继续助力中铁物贸围绕“聚焦大宗运营指挥中心，提升数据运营能力”“聚焦财务专项应用，提升‘业财数’融合能力”“聚焦数字能力运营平台建设，提升数据治理和资产管理能力”“聚焦数据安全

体系建设，提升数据安全管理能力”“聚焦智能技术资源融合，人机协同，提升工作效率”“聚焦数据人才培养，提升全员数据思维能力”，为企业高质量发展贡献数智力量。

（华为技术有限公司 孔维明 邱正宏 张宇 庄巍 张楠；中铁物贸科创与数字化运营中心）

便捷高效、技术先进、安全有序、开放共赢

中国石油运输有限公司（以下简称“公司”）是中国石油天然气集团有限公司直属的大型专业化运输物流企业，总部设在新疆乌鲁木齐市，在北京顺义设有调度指挥中心，在全国31个省区市设有分公司，在哈萨克斯坦、土库曼斯坦、尼日尔设有分公司和项目部，是国内危化品运输行业规模大、实力强的公路运输物流企业。

公司努力实现运输主业与油田技术服务“两轮驱动”的良好发展局面，并致力高质量、专业化保障服务中国石油主营业务发展，积极打造安全、优质、高效、诚信的服务品牌，大力推行车辆大型化、多仓化、轻量化和智能化，建成上线了ERP、北斗车辆监控管理、运输管理、“中国石油物流服务平台”、车辆智能管理系统等信息化系统，让传统运输与现代信息技术紧密接轨，提高了运输配送的服务能力、服务质量、运行效率和管控能力。

一、物流服务平台的数字化建设

（一）实施组织

物流服务平台规模庞大且技术复杂，建设遵循“总体规划、统筹兼顾、建用并行”原则。

总体规划：制定统一的总体规划设计方案，并在总体规划设计方案指导下，制定统一的实施策略，确保方案的整体性和一致性。

统筹兼顾：将近期与远期、基础与应用、现实与扩展、局部与全局综合考虑，既满足当前业务的需要，又能保证整体未来发展的需要。

建用并行：按照重要性、紧要性进行建设实施排序，按业务分类进行建设、试点推广，确保继承已有建设成果、又能体现当前信息化建设的特点，力求保证未来投资与已有投资的高效整合。

物流服务平台项目建设分为7个阶段，包括项目准备、现状调研与需求分析、方案设计、系统实现与测试、数据治理与入湖、系统上线及上线后支持、验收。根据总体建设目标，本项目组织范围广，采取“试点+推广”分阶段实施方式，确保应用效果。在项目实施过程中，根据实际情况是否发生变更，进行实时调整。

（二）建设内容

物流服务平台集成运用北斗卫星导航、物流位置服务、车辆智能调度、海量数据分布存储、大容量感知云计算等专利技术，围绕原油、天然气、化工品、成品油及生产物资和公务出行等物流业务，建设快速响应、智能调派、可视跟踪、便捷交易的智慧物流服务体系，为用户提供快速准入、智能调度、车货匹配、过程可视、运费结算、服务评价、车后服务、信息共享等服务，改变传统线下要车模式，实现线下业务线上化。项目总体设计采用“1个平台、2项保障、3层架构、4个产品、8项业务”解决方案，即建设“一个物流服务平台”，落实“标准规范、信息安全”2项保障体系，形成“应用前台、服务中台、资源后台”3层架构，聚焦“中油货运、中油客运、昆仑养车、决策支持”4个产品，建设“运力管理、计划管理、车辆调度、运输配送、考核评价、交易结算、运行分析、车后服务”8项业务，促进物流供应链一体化，形成便捷高效、技术先进、安全有序、开放共赢的中国石油物流服务体系，支撑中国石油油气业务高质量发展。物流服务平台总体架构如图1所示。

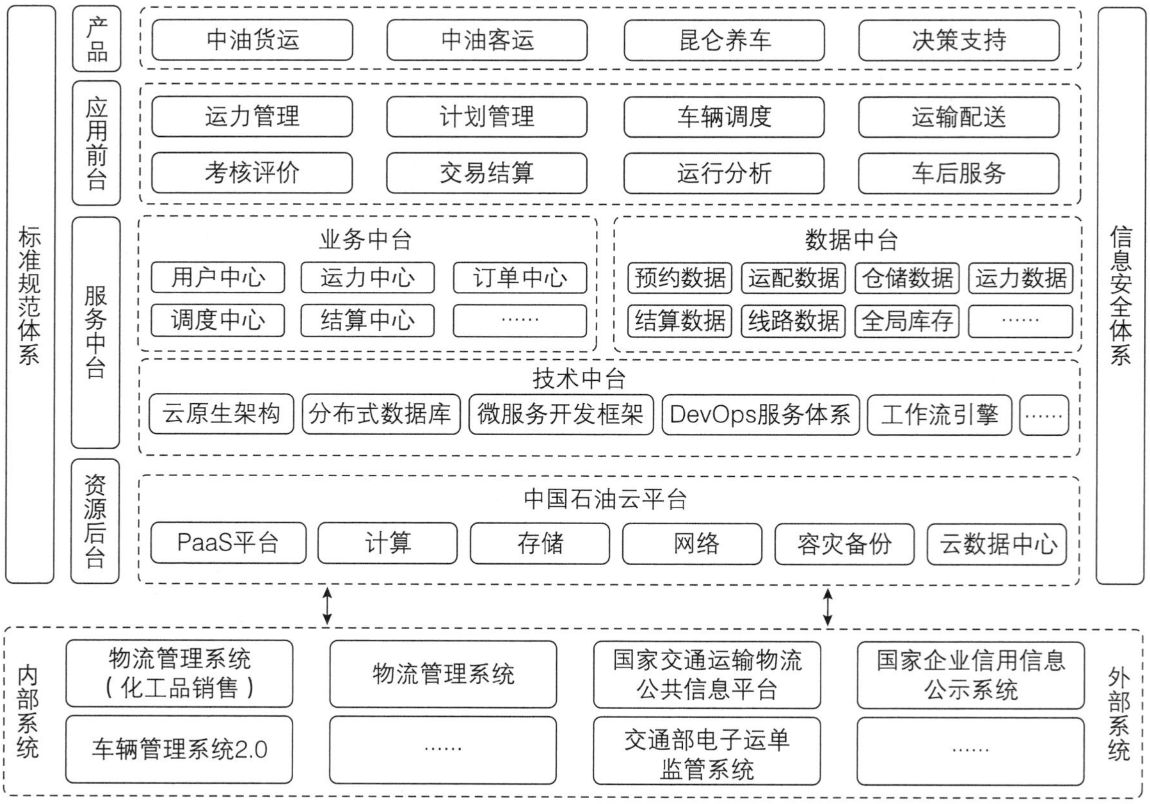

图1 物流服务平台总体架构

（三）系统功能

物流服务平台采用“7+3+1”模式搭建功能架构。系统功能架构如图2所示。

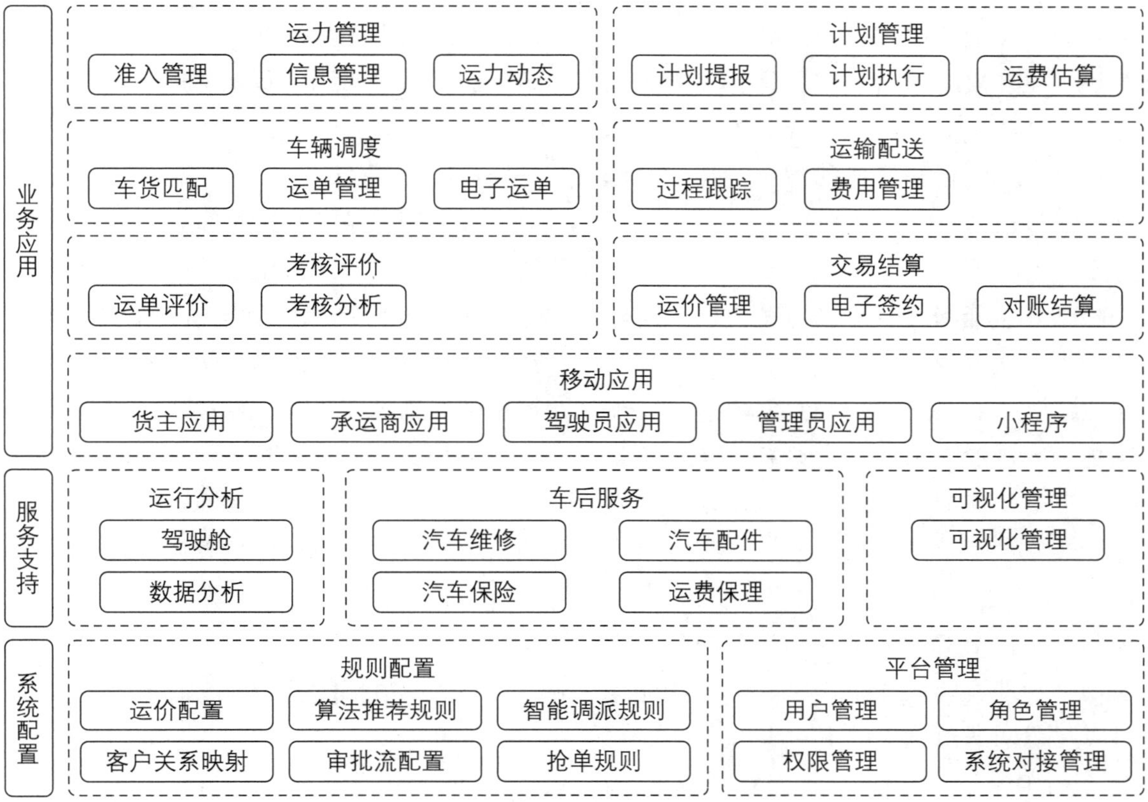

图2　系统功能架构

1. 运力管理

运力管理包括准入管理、信息管理、运力动态3个子功能模块，以及承运商准入、车辆准入、司押人员准入、实名认证、运力看板等13个功能项。作用：对平台承运商、车辆、人员进行注册及准入管理；满足业务点、人车对照、主挂对照、证照等管理服务；并可实时查看车辆、人员等运力情况。

2. 计划管理

计划管理包括计划提报、计划执行、运费估算3个子功能模块，以及计划审核、计划转发、计划跟踪等7个功能项。作用：支持用车单位多种提报方式并预估相应运费；满足根据需求对计划进行拆分合并、变更和转发，并对计划进行跟踪。

3. 车辆调度

车辆调度包括车货匹配、运单管理、电子运单3个子功能模块，以及路线规划、运单确认、运单上报等10个功能项。作用：根据业务需求及运力资源情况，支持辅助调派、自动抢单等调派模式，也可以根据需求对运单进行变更和确认。

4. 运输配送

运输配送包括过程跟踪、费用管理2个子功能模块，以及装卸确认、到达预测、过路过桥费等8个功能项。作用：整个运输过程的所有节点可上传相应的运输凭证并打卡，用车单位用户可对运单进行确认并能实时查看车辆定位等，也满足运输过程中对过路过桥费、加油等费用的管理。

5. 考核评价

考核评价包括运单评价、考核分析2个子功能模块，以及安全评价、服务评价、驾驶员考核等7个功能项。作用：实现对单个运单以及整个运输过程、运输服务的评价，并对驾驶员和承运商进行考核。

6. 交易结算

交易结算包括运价管理、电子签约、对账结算3个子功能模块，以及印章管理、合同签署、对账确认、挂账填报等11个功能项。作用：满足不同运输需求的运价设置，实现一站式印章、证书、存证的管理和合同模板管理及签署，并实施对账及挂账。

7. 移动应用

移动应用包括货主应用、承运商应用、驾驶员应用、管理员应用、小程序5个子功能模块，可以对不同的角色提供不同应用。

8. 车后服务

车后服务包括汽车维修、汽车配件、汽车保险、运费保理4个子功能模块，以及维修工单管理、派修通知、商品管理等10个功能项。作用：提供维修工单的管理、审核和派修信息的通知、完工后的出厂验收、维修工单中项目的管理、汽车出厂竣工的检验等汽车维修服务；对汽车配件的信息进行相关展示，并将所需汽配订单推送至销售公司和供应商平台；提供保险代理增值服务以及运费保理。

9. 运行分析

运行分析包括驾驶舱、数据分析2个子功能模块，以及用户画像、定额分析、运力资源分析等7个功能项。作用：对平台用户的角色信息、运输效率、收入成本和运力资源等数据进行分析。

10. 可视化管理

可视化管理包括可视化管理1个子功能模块。作用：支持集团公司、企业多级单位综合信息展示，发挥物流业务时空特性，可视化展示全国运力分布图、货物流向分布图、货物周转量等指标。

11. 系统配置

系统配置包括规则配置、平台管理2个子功能模块，以及运价配置、智能调派规则、用户管理、角色管理、数据质量管理等功能项。作用：对所有运单的运价进行配置和管理，对抢单的规则进行设立、修改等，对推荐的规则进行配置，对审批的整个流程进行配置，映射各个客户与系统之间的关系；为用户设置不同的角色、为每个角色设置权限，且对系统的对接进行管理。

二、物流服务平台的应用效果

（一）效益分析

1. 直接效益分析

物流服务平台建成并投入使用后，切实解决一线痛点，为中国石油各级单位物流业务管理与客户服务水平带来优化和提升。物流管理成本方面，每年节省约2813万元；物流运营效益方面，每年净增收益7.68万元/车；客运方面，每年节约运维成本6000万元。

（1）物流管理成本。

初步估算调度员等物流专职管理人员约3000人。平台上线后，通过移动应用和应用集成，可以减少用工量。每人每天可减少工作时长0.5小时，每人平均工资15万元/年，年节约物流管理成本：3000×0.5×250×15/（8×250）≈2813（万元）。

（2）物流运营效益。

以油田运输业务为例，按平均单趟运输里程120公里/趟，标记吨位20吨计算，通过平台智能调度后，全年增收7.68万元/车。

（3）客运服务效益。

中国石油拥有各类公务用车5万辆，通过平台统一管理、集中调度，提升车辆运营效率8%~10%，同时可缩减公务车辆5%，近2000台，按年度公务用车维护费用3万元/台计算，可节约维护成本6000万元。

2. 间接效益分析

物流服务平台实现物流高效化、服务优质化、信息集成化，从企业的全局利益和长远利益出发，在提质增效、节约成本、提升管理、创新发展四个方面为中国石油带来间接效益。

（1）提质增效。减少人工作业环节，提高物流服务质量，高效衔接生产运行各环节，有效提升供应链物流运行效率。

（2）节约成本。通过实现信息流与物流同步，提升物流过程管控和指挥调度能力，提高关键物流节点的响应效率，从而有效降低物流成本。

（3）提升管理。全流程线上操作，业务闭环、透明化管理，执行过程步步留痕，助力企业物流考核做到“有理有据”。

（4）创新发展。发挥平台规模效应，对接中国石油内部资源，发展网络货运、汽车维修、汽配销售、汽车保险等线上增值业务，实现多元化发展。

（二）作用和影响

1. 构建资源“一张网”，提高资源利用效率

采集汇聚内外部运力、仓储、节点等物流资源，形成线上线下一体化的、统一的物流基础资源池；动态掌握资源使用情况，盘活闲置、低效的物流资源，统一物流地址编码，规范物流节点信息，智能提取运输路线，形成全面映射、直观可视、高效运行的数字化物流服务网络。

2. 实现物流“一单制”，提升专业化服务水平

以电子运单为核心，提供标准化物流运输服务，统一信息、货源、运力、定价、操作、服务六大业务标准，实现准入、计划、调派、运输、评价、结算六大环节线上化，实时查看物流执行、对账结算、服务评价和安全监管等信息，实现物流过程透明可视、效能提升。

3. 促进业务“一盘棋”，推动供应链一体化运作

对接物流上下游企业信息系统，提供运力准入、计划管理、车辆调派、过程跟踪、在线结算五个服务支撑；支持计划、运力、库存、财务和信息五类数据协同，打通断点、堵点，支撑成品油全环节损耗管控、化工品多式联运优化、昆仑智慧能源平台物流动态跟踪等一体化供应链物流服务。

4. 实现决策“一体化”，提升综合指挥调度能力

依托物联网、电子地图等技术，发挥物流业务时空特性，构建中国石油油气产品流通分布图，动态展示运力分布、物流周转率、货物流向等关键指标，支持生产经营指挥调度；基于物流大数据，洞察物流运行状况，分析费用占比，辅助管理决策。

5. 构建服务“一站式”，探索多元化服务新生态

发挥平台规模效应和引流作用，打造“昆仑养车”车后服务产品，开展汽车维修、配件销售、运费保理、汽车保险等增值业务，为用户提供一站式车后服务。

三、结语

未来，中国石油物流服务平台将持续构筑

一体化供应链综合物流服务能力，支撑全链条降本增效。一是拓展服务领域，打造集仓储、多式联运、配送服务于一体的综合物流服务模式；二是增强服务能力，以供应链整体最优为目标，提供精准调运、统筹预测的智慧物流解决方案；三是扩大覆盖范围，吸纳社会物流资源，形成国内能源与化工行业规模大、效率高、效益好、影响力强的智慧物流服务平台。

（中国物流与采购联合会网络事业部）

中国移动广西公司——“数字化运输”平台

中国移动通信集团广西有限公司（以下简称“中国移动广西公司”）是中国移动的子公司，服务于广西的移动通信主导运营企业。经营范围主要为基础电信业务、增值电信业务、通信信息咨询服务。

中国移动广西公司坚决落实国家建设网络强国、数字中国、智慧社会的战略部署，立足广西区域实际，以当好“数字广西建设领军者”为目标，加快“5G+算力+中台”新型信息基础设施建设，2019 年以来累计投资超过 200 亿元，助力夯实广西数字经济发展底座，推动广西产业数字化转型和经济社会高质量发展。

一、“数字化运输”模型的建设背景

随着广西的区际干线运输及自治区内配送需求的急剧上升，依靠原有的“人工+办公软件”运输管理模式，已无法满足日益增长的物流需求，物流服务质量及响应速度明显下降。日常管理中，经常出现迂回运输及重复配送，易造成多结算或少结算运费问题的发生；无法保证运费清单透明，存在较大廉洁风险；不同物资的密度、装载难易度差别较大，依靠人工填写的标准，存在物资运费结算的争议……运输路线选择及配送批次优化成为急需解决的难题。

针对以上情况，按照集团公司降本增效的要求，中国移动广西公司采购供应部从自身管理水平实际出发，联合工程建设部、网络部、财务部等部门，从优化采购物流管理着手，通过完善运输基础数据，分析供应链价值，从计划、采购到运输交付、结算，利用大数据和互联网技术，搭建一个智能化管理平台，把工建及供应商、承运商统一在一个系统内。供应商根据系统要求，完成生产交付，提高到货准确性，降低需求错误率和采购过程中的沟通往返时间；通过第三方物流服务商协助，使到货交付检测全程可控。

中国移动广西公司致力落实“一切成本皆可控”理念，深入推进降本增效工作的要求，并围绕推进嵌入式廉洁风险防控机制的建设，从物资配送管理入手，于 2016 年，联合上海富勒信息科技有限公司采用人工智能，开发上线智能运输管理功能。经过实施和检验，中国移动广西公司已在“数字化运输”方面取得较好成果，为中国移动通信集团及其他类似公司运输管理，提供了参考模型及良好的实践支撑。

二、“数字化运输”平台的应用

中国移动广西公司采购供应部联合信息技术管理部经过认真调研，多次沟通讨论，明确系统需求及系统框架，经公司领导决策后，开发上线仓储系统计划配送管理模块的“数字化运输”系统功能，并与供应链系统进行对接，把中国移动广西公司、供应商、物流仓储服务商、施工安装等单位纳入“数字化运输”平台，对各方协同管理，做到交付过程可控、可自查、可申诉。

“数字化运输”平台把烦琐的运输交付过程数量化、智能化，在供应商、仓储管理第三方、承运商的配合下，分别通过各自终端，登录运输控制系统，完成信息采集、数量录入、异常反馈，缩短供货周期、降低库存、压缩交付时间、保障物资供应。中国移动广西公司通过平台进行计算运费，并将承运商自提与供应商配送两种配送方式的运费计算进行对比，选取最优配送方式，压降物资运输费用，提升物资配送运费嵌入式廉洁风险防控能力。

中国移动广西公司通过对供应链系统升级，把运配涉及路线、公里数、物资单位固化在系统中，同时把当期承运商运费单价及计价方式录入系统，以供系统智能化分配承运方式，并自动生成签收单、结算单，提高流通效率，节省物资运输成本。

具体实施步骤如下。

首先，通过合同及考核引导，要求供应商、仓储管理第三方及承运商登录“数字化运输”平台，注册相应账户，关联公司各项信息；同时要求作业人员的智能终端预装或安装“数字化运输”平台；必须完成系统交付，才可以触发运费结算。整个交付环节均实现 AI 智能化管理，运输计划生成、传递、下达，提货、装载、运输、签收、结算等均通过智能终端实现，使采购订单、生产制造、物流运输、到货检测、结算等供应链全流程信息传递均采用 EDI，打破原有人工信息传递的繁杂模式，有效提升了信息交互能力，缩短了交付周期。

其次，通过系统管控，为供应商节省运输成本。物资采购订单下达后，物流专员向供应商下达发货通知单时，根据“数字化运输”平台显示物资配送方式，选择自提或供应商配送；供物流专员选择最优的配送方式运输物资，节省运输成本。在到货管控、装卸作业标准等方面，“数字化运输”平台均提供了相应管控方法。

最后，凭证电子化，提高供应效率，缩短货款及服务费支付周期。“数字化运输”平台与中国移动广西公司原有 MIS 系统打通后，工程建设中心、财务部、采购物流中心、RDC、承运商、司机等相关方之间建立起电子数据交换传输渠道，将运输计划下达、车辆配载、交付签收、结算汇总等信息传递电子化，仅保留签收凭证，取消了计划单、进出库单、运单等纸质凭证，单证保管程序简单化，最大限度地避免人为操作失误，提高信息采集效率和准确性。此外，通过“数字化运输”平台，与物资进出库相关的所有单位均可以有效掌控物资的物流信息，实现物联网的部分功能。

三、“数字化运输”平台的应用意义

（一）缩短订货提前期，减少安全库存，

大幅压降相关费用

“数字化运输”平台上线后，运输指令传递时间和交付时间大幅缩短，大幅缩短了订货提前期。订货提前期的缩短，减少了采购批量，降低了到货数量。到货数量降低，使日常库存、安全库存规模均得到压缩，并压降了仓库规模。

经数据对比，库存周转率得到大幅提升，预估年资金溢出价值超过3000万元；全自治区移动公司因订货批量下降、安全库存降低，年节省仓库租赁服务费用超过1500万元。

经过优化后，运输满载率均可以达到90%以上，在提高运输效率的同时，节省了运输成本；按照年配送物资金额30亿元测算，上下游各环节年节省运费超过2000万元。

（二）管理效益提升

“数字化运输”平台将中国移动广西公司有限的物流资源、供应链各环节资源与第三方的物流资源进行无缝连接，充分利用各自优势，节省了费用，提升了管理效益。

1. 内部流程改造与创新

首先，业务在线办理，减少了线下交付单证流转环节，缩短了信息传递周期，提高了交付效率，节省了大量人力、物力。

其次，交付效率提升，使交付变得真正可控、可管、可追溯，有效解决了积压、呆滞库存过高的难题，杜绝了廉政事件的发生。中国移动广西公司的仓库面积从之前的13万平方米，压缩到7万平方米。降本成果显著，库存呆滞比从实施前的17%降至4.9%。

2. 提高企业竞争力

中国移动广西公司深度剖析采购过程中的难点和痛点，并广泛学习和深入研究国内外先进的路径规划经验，结合自身实际，广泛探讨，逐步践行，提高了企业竞争力。

四、结语

中国移动广西公司通过“数字化运输”平台，建立起完整的信息交互和运营有效的管控机制，获得广泛协同、深度合作，促进了供应链上下游降本增效。同时，也促进了供应商管理能力的提升，有利于供应商备货、生产、结算跟进等。此外，交付流程的改进，提高了交付的准确性、及时性，压缩了工程建设周期，降低了工程建设单位的成本。

（中国物流与采购联合会网络事业部）

陕煤运销集团“智慧零售”项目“三步走”

当前，在我国“互联网+”发展战略的不断推动下，煤炭物流产业与互联网、大数据、云计算及人工智能等技术的融合不断加深，正在实现产业数字化转型，向着更加高效、快捷的模式发展前行，以互联网技术为核心的智慧物流模式，成为新时代推动企业高质量发展的新引擎。

陕西省煤炭运销（集团）有限责任公司（以下简称“陕煤运销集团”）作为一个志存高远的大型煤炭运销企业，在战略机遇面前，全面拥抱产业互联网，紧紧围绕“互联网+煤炭销售”，加快“数智运销”建设，促进煤炭销售业务向高效率、高质量方向再发展，着力打造供销一体化和供应链管理的核心竞争力，积极开展“智慧零售”重构煤炭销售模式，在原有煤炭销售模式的基础上，进行数据流、资金流、业务流的线上优化拓展，利用云计算、大数据、人工智能等技术对销售数据进行高效分析。借鉴“智慧零售”理念，创新煤炭运销服务模式，延伸煤炭运销的价值服务链条，借鉴“物流透明”理念，整合公路煤炭资源，打造煤炭公路物流“智能调度”平台，实现“运销一体化”“业务数字化”“服务在线化”“管理精细化”“决策智能化”。

一、原有模式下的弊端

陕煤运销集团以往的煤炭公路销售模式存在以下弊端。

一是难以满足客户个性需求。目前，公路销售仍然沿用坑口销售、客户自提模式运行，终端客户需要对接厂矿、销售、运输等多方，才能实现最终消费。在煤炭市场高频波动、供需趋向“松平衡”的大环境下，坑口销售模式难以为优质终端客户提供个性化的坑口到炉口的销售服务。

二是终端小微企业有效需求难以挖掘。目前所有的地销煤均通过陕西省煤炭交易中心网上竞价销售，交易保证金门槛高、单次竞价销售包数量大，终端小微企业因资金实力不足，难以参与公平竞争，只能通过大贸易商二次采购。

三是矿区车辆调度难度大，运输资源浪费严重。公路销售车辆排队严重，部分矿井经常出现无序堵塞国道等现象，一旦出现堵车，既影响矿方生产又影响国道正常运行，导致地企关系紧张；同时，车货对接透明度低、效率差，部分运输车辆先排队再找货主，增加了无效排队时间和公路物流成本，地方区域交通乱象丛生，路域环境难以管理。

四是公路终端市场掌控力度不强。公路销售用户成交随机性大、分散度高、可控性差，缺少与实际承运企业的数据对接，很难掌握资源最终流向，无法进行准确的市场研判和分析，难以应对地销煤市场的高频变化。

二、煤炭智慧物流供应链服务模式创新

陕煤运销集团积极推进煤炭智慧物流供应链服务模式创新，依托“智慧零售”项目建设，总体规划思路为统一规划、分步实施；统一平台、信息共享。在统一规划、整体设计的前提下，推进功能通用、成熟、可靠的应用上线运行，分阶段优化平台功能，从平台的角度出发，实现与智慧运销系统、矿区系统、第三方物流平台的数据共享，扭转目前存在的“数据孤岛”现象，有效实现资源整合，减少重复投资。

“智慧零售”项目主要按照智能调度、综合支付结算、智慧零售“三步走”的建设思路开展。

第一阶段：智能调度。

通过建设智能调度平台，实现产、运、销、需的线上服务拓展，打通陕煤运销集团下属专业化销售公司与各矿的数据链，实时查看各矿车辆排队状态、自动生成的各类报表（模块化具有可选择性）、客户履约率等。建立车辆线上预约排队模块，解决目前各矿车辆运输拥堵乱象，快速有效收集车辆信息，跟踪车辆的运行轨迹、煤炭流向、卸煤地点，发掘下游用户的使用特点和需求情况，完善建立客户与司机的信用评价体系，规避运输风险，显著提高司机接单效率，提升用户体验度。智能调度平台作为“智慧零售”的核心组成部分，支撑赋能电商平台业务的物流板块，为客户提供“销售+物流”的一体化解决方案。

第二阶段：综合支付结算。

第二阶段是综合支付结算平台。通过网联、银联等支付平台的对接，建设快捷的煤炭交易与运输环节支付结算体系，以及交易信用体系；联合第三方金融公司，提供煤炭销售运输相关环节的定制化金融增值服务，促进煤炭的销售和运输，在运销环节创造经济效益和社会效益。同时提供多种形式的汽车后市场增值服务，比如车辆维修保养、车品商城，以及贷款等金融保理服务。

综合支付结算平台建立三种类型体系，一是建立在各种交易场景下的多种支付体系，有效实现可选择性的聚合支付，方便司机、客户对运费、煤款等费用的给付；二是建立企业和个人账户管理体系，方便客户高效、便捷地使用资金；三是建立完善的结算体系，做到资金状态的实时查看，提升客户体验度。由此实现对资金安全的风险控制。

第三阶段：智慧零售。

第三阶段是智慧零售电商平台，主要借助电商手段，实现煤炭销售模式的多样化，覆盖中小型客户，实现单车销售。通过多渠道的宣传，增加获客来源，为煤炭销售提供新的市场空间和销售机会；减少煤炭零售交易环节，降低煤炭零售中间成本，提升煤炭销售利润；通过在线交易和快捷物流配送，降低交易门槛，实现客户煤炭买卖的全天候实时交易；小微企

业客户低吨位的煤炭交易，为客户提供实时智能派单和配送服务，实现“智慧零售”，显著提升客户满意度，促进运销服务增值。

三、“智慧零售”项目实施里程碑

自2021年3月以来，“智慧零售”项目一期智能调度平台在陕煤运销集团实施多点建设，已初显成效并形成了一定的规模体量，规模效益和社会效益逐渐凸显。

2021年3月15日，红柳林矿块煤地销业务率先上线试运行；4月17日，红柳林矿原、混煤地销业务成功上线试运行，实现了平台在红柳林矿公路销售业务的全覆盖。

2021年11月23日，柠条塔矿洗大块流程的上线试运行，创新性地将柠条塔矿区外部停车场管理系统纳入平台运行流程中，实现了柠条塔矿车辆的有序放行与规范管理。

2021年12月15日，柠条塔矿全煤种线上运行，并实现了二维码和车牌进场双识别，保证了在无人值守情况下车辆的安全、有效验证。

2022年4月14日，榆中销售公司统销矿井小保当矿块煤地销业务上线试运行，标志着项目建设迈入新阶段。

2022年4月28日，小保当矿原煤1号、2号地销业务上线试运行，实现了平台在小保当矿公路煤炭全煤种销售业务覆盖。

（一）实施成效

智能调度平台上线以来，陕煤运销集团结合业务实际情况“找准症结，对症下药”，着力推进平台功能的升级、测试与优化，并已逐步实现了预约排队放行、车辆电子围栏自动签到、车牌识别（套牌预警算法）、放行控制、BI专题、在途跟踪、卸车回单、PC端和App端的定制化开发等主要功能的上线运行，平台重点功能已部署完成，成效显著。

经过智能调度平台的统一调度、统一监管，陕煤运销集团彻底改变了传统运营模式中人工调度时对车辆“看不见、摸不清、找不到”的“三不”状态，对平台在线车辆进行系统定位和实时监控管理，并对车辆做出指令回馈，司机根据手机实时接收的指令信息，对车辆实际运输情况进行调整，实现了系统对线下车辆的远程智能调度。项目一期智能调度平台主要有以下特色亮点。

一是预约签到“少排队”。通过历史数据（包括矿井排产计划、客户动态需求量、各矿区周边车辆排队数）合理设置预约时间段，并提前开放一定的预约数量，司机根据个人预估到达时间，判断可预约时间段，使车辆分散在各个时间段，同时利用电子围栏自动或手动签到，有效避免司机扎堆排队。

二是自动机制“免人工”。通过电子围栏的自动签到，确保车辆的真实性，有效减免人工操作，确保车辆按时进矿。

三是车牌识别“快入场”。通过车牌识别实现进场、过空磅、装煤和过重磅的无人值守，司机不下车即可完成全部煤炭装车流程，实现车辆的快速入场，优化拉运效率。

四是均衡拉运“智能派”。均衡拉运功能在2021年8月上线试运行，目前已经过多次升级优化。在竞拍周期内，通过矿区生产计划、实时库存、竞拍量、调拨量等指标，合理安排每家货主的当日可派车的数量，并根据算法自动分派，实现车辆智能调度，减少人工指派争议。

五是套牌预警“保安全”。通过对接北斗定位系统，实现车辆套牌预警机制。结合在途预警和过磅预警等机制，对套牌车辆进行预警，并推送预警信息到指定业务员，实时处理套牌情况。

六是在途跟踪“可视化”。通过对接每辆车的北斗定位系统，可以实时抓取车辆的在途状态以及卸车状态，把控煤炭销售流向，实现业务的可视化管理。

七是业务流程“线上化”。智能调度平台根据调拨单信息，进行货主委托、承运商派车和司机接单、抢单等操作，实现业务流程的线上化。

八是指挥中心“握全局”。陕煤运销集团建立了以客户服务、即时交流、电子大屏为主的调度指挥中心，其承载了运力分析、调度分析、客户分析、在途跟踪4个BI展示专题和红柳林矿、张家峁矿、柠条塔矿的实时监控画面，为指挥决策提供数据支持。

（二）项目实施效益

截至目前，智能调度平台注册货主1086家、承运商249家、车辆63996辆、司机69283人，煤炭承运总量超过8085万吨，派车单数超过277万单，在榆神地区已初具规模，构建了从车货匹配、预约排队、货运派单至卸货的全流程物流服务体系，其主要成效体现以下几方面。

一是打破了产、运、销、需之间的壁垒，实现了资源的高效统一和整合。平台通过统筹调度物流资源，打破了矿业公司、货主、承运商和司机之间的运输壁垒，有效缓解了车辆调配不合理导致的运力资源浪费或用车紧张等问题，实现了各环节煤炭资源和车辆资源的统一调度、统一监管、高效匹配。

二是减少了人为干预因素，确保了煤炭产品销售的公平、公正及透明。平台完成各环节煤炭资源和车辆资源的智能调度，减少了人为干预因素，过滤掉虚假车辆排队信息，确保煤炭销售和物流环节的公平、公正及透明。

三是降低了空车等待时长，解决了矿区车辆拥堵和无序排队等问题。自平台上线以来，统销矿井车辆拉运的队列长度下降了50%；排队时长降低了40%以上；运费较之前降低了20~30元/吨，显著减少了矿区车辆拥堵、司机原地耗时过长等现象，大幅提升了车辆进场装车和拉运效率，有效降低了物流运输成本。

四是补充了矿区运力不足，提升了智能调度平台活跃度。目前，平台在线车辆超过6.3万辆，运力基本处于稳步增长的状态，司机数量达6.9万人，有效解决了派车难、拉运难等问题，也进一步降低了人力成本，提升了平台活跃度。

五是增加了煤炭产品价值，进一步提高陕煤品牌效应。自智能调度平台上线以来，陕煤运销集团不断结合自身业务对相关功能进行优化，逐步降低了煤炭运输费用，下游客户购买意向增强，运力充足，吸引大量司机入驻平台并进行拉运，进一步增强平台影响力，增值煤炭产品，提升陕煤品牌效应，打响了“陕煤牌”影响力。

（中国物流与采购联合会网络事业部）

整合行业数据链条 建设西煤数据平台

一、陕西煤炭交易中心有限公司概况

陕西煤炭交易中心有限公司（以下简称“交易中心”）是根据陕西省关于促进煤炭产业健康发展和煤炭交易市场体系建设精神要求，经陕西省政府批准、国务院部际联席会议备案的省级地方交易场所。交易中心肩负着陕西省委、省政府的重托，以推动大宗商品和工业品交易便利化为使命，坚持创新驱动，促进传统产业转型升级，形成了以交易为核心、贸易为载体、信息为基础、技术为支撑、支付为纽带、物流为保障、金融为助推的“1+N”综合服务生态体系架构。

自成立以来，交易中心积极探索煤炭等大宗商品通过互联网交易平台开展线上交易，以陕煤集团公路销售煤炭资源为试点，逐步形成了成熟完善的煤炭工业互联网平台模式，拥有“大宗商品互联网现货交易平台”与“陕西省煤炭中长期合同签订履约平台”。截至目前，平台已全面实现了包括陕煤集团、内蒙汇能集团、内蒙开远集团、山西融汇通集团、皖北煤电集团、甘肃庆阳煤电等大型煤炭生产企业，大唐集团、华电集团、华能集团、国电集团、陕投集团以及中煤旭阳能源集团等主要煤炭消费企业的常态化线上交易，交易范围覆盖“晋、陕、蒙、甘、新、渝、鄂、冀、鲁、津”，交易品种涵盖煤炭、钢铁、运力、有色金属、砂石骨料、汽车破碎料、再生塑料以及废旧物资等多品类大宗商品。截至2022年年末，交易平台自运行以来累计交易量达到15.28亿吨，交易金额9297亿元，第三方支付金额超过1680..77亿元，交易主体突破100家，拥有交易注册会员6511家，分布于全国29个省区市，涉及电力、冶金、化工、建材等重点行业，平台品牌知名度与跨区域服务力持续提升。

二、数字化转型业务进程

（一）数据与业务融合

随着交易中心各产品业务板块快速发展，平台客户规模不断增长，为适应新形势下的大数据行业经营战略需要，在数据化时代背景下，更好地发挥平台驱动力量，推动战略转型和新兴业务发展，需要尽快搭建一站式数据全生命周期管理平台，集合多项工作，实现可视化操作，打造煤炭、电力及相关行业链的全流程信息、全价值信息、全场景信息，形成具有价值的数据资源，并通过一站式数据采集分析手段，丰富数据分析方式，打造丰富的数据源，使用户的数据应用场景得到多样化满足。一是建立煤炭市场大数据框架体系，探索煤炭市场信息数据的标准化建设，以顺应全国统一大市场的发展趋势；二是与当前平台业务深入融合，深化平台综合服务内涵，提升信息咨询服务质量，为交易中心挖掘新的利润增长点；三是加强陕西煤炭资源企业的统一管理，为政府煤炭中长期合同监管工作提供技术支持；四是以煤炭供应链数据为切入点，深挖运输环节数据，为集团公司物流业务开展做好信息支持。具体数据化服务产品如下。

1. 建立三个区域煤炭价格指数

随着我国经济发展方式转变及经济结构调整，我国煤炭消费重心向华中、川渝和“三西”等地区偏移，且“三西”地区的煤炭就地转化规模迅速扩大，成为煤炭需求的主要增长点之一。但现有的煤炭价格指数不完全适用于这些地区的煤炭定价机制，这些指数主要反映一定区域、一定品种的平均价格趋势，未反映出煤炭市场的整体运行特征，不宜作为煤炭交易的定价基准。

基于以上背景，交易中心决定针对华中、川渝和“三西”地区确立以市场为依据的规范化定价机制，选取湖北、重庆和陕西作为相应地区代表，建立湖北动力煤价格指数体系、重庆动力煤价格指数体系和陕西煤炭价格指数体系，为华中、川渝和“三西”煤炭企业及其下游用户企业提供参考。

2. 深化数据信息服务内容

在三个区域煤炭价格指数的基础上，继续开发周报、月评市场分析报告，同时设计煤炭资源分布示意图、搭建陕西煤炭行业数据中心，当前需要交易中心煤炭市场数据信息产品及服务的企业不断增多，包括国家能源集团、华能集团、国家电投集团、全国煤炭交易中心等，涉及煤炭采购、运输、销售等，形成的大数据信息产品为政府、煤炭行业主管部门动态监测市场提供了数据依据，同时对经营企业提供煤炭产业链各环节数据推送，便于企业经营策略调整，使业务得以高质量运行。

3. 建设陕西省煤炭中长期合同签订履约平台

自2014年起，按照陕西省发展改革委相关文件要求，交易中心开展陕西省全省煤炭中长期合同网上签订及履约数据汇总工作。一直以来，交易中心充分发挥第三方平台作用，推动陕西省煤炭供需企业在中长期合同签订和履约数据监管方面取得了一定效果。为了更好地开展陕西省煤炭中长期合同签订、履约监管工作，为政府相关部门及煤炭供应链各有关企业提供全流程、一体化、全方位煤炭中长期业务的平台服务，并实现与全国煤炭交易中心平台的数据共享，需建设一套功能完善、使用便捷的煤炭中长期合同签订履约平台。

陕西省煤炭中长期合同签订履约平台的建设，实现了对陕西省煤炭中长期合同签订、运输、流向进行全过程闭环监管，是陕西省将煤炭中长期合同扎实履约作为能源保供的重要抓手。该平台建成后不仅可以通过数据分析、数据看板对中长期合同签订履约进度进行可视化，为政府主管部门提供决策依据，扎实做好陕西省煤炭产运需衔接和煤炭中长期合同签订履约工作，而且可以基于交易中心“1+N”综合服务体系及一账通数据平台，为中长期上下游企业提供物流、金融等业务便利，有利于交易中心市场化业务的拓展及开发。

4. 打造大数据平台

随着交易中心主体业务的不断推进，依靠辅助业务助推主营业务的发展已十分必要，在信息业务领域，依靠煤炭市场信息产品，既能对平台业务做出良好的宣传作用，扩大交易中心影响力，又能为客户提供更高质量的服务。

数据中心系统的建设正是实现这一目标的有效切入点，根据交易中心业务发展需要，结合陕西煤炭市场现有的产、运、需相关数据及信息产品，运用计算机数据库系统，通过网页展示的一套框架数据体系，构建煤炭大数据开放与共享体系，依托互联网、云计算和大数据技术，汇集、整理和挖掘海量数据，及时、准确地分析预测市场走势，其内容包括价格指数、煤炭价格、资源分布、煤炭产销、煤炭运输、煤炭消费、西煤咨询、企业名录、中长期合同录入监管系统等板块内容，以趋势图、柱状图、饼状图、列表等形式展示数据。

数据中心系统不仅便于政府、煤炭行业主管部门动态监测煤炭市场，有助于政策调控更加精准，还为经营企业提供煤炭产业链各环节数据推送，便于企业经营策略调整，实现业务高质量运行。

（二）团队与平台升级

1. 人才队伍建设

交易中心定期开展技术培训、同业交流，及时更新技术信息；加速团队人员迭代，保证团队的合理人员流动，在鞭策现有人员的同时，提高整体团队技术实力。同时，交易中心通过薪酬激励方式，结合创新奖励制度，以引进知识型、技能型、创新型团队，带动企业管理技能升级、操作技能升级，通过人的素质提升带动企业效率提升。

2. 基础设施投入

交易中心已建设了符合大数据平台运行的专业化机房，相关硬件设施、网络环境及软件系统均通过了专业安全机构的认证，具备良好的系统建设基础。服务器架构基于私有云模式实现资源配置灵活，可用性高，能够满足今后5年的应用需求。

3. 科技创新项目研究

交易中心整合原有的传统煤炭信息业务传达模式，鼓励应用智能化信息平台，针对煤炭市场不同角色的信息需求，提供以信息平台为手段的“一对多”服务，将更多的人力解放出来，投入大数据平台建设和市场数据研究上来；鼓励团队探索煤炭价格预测模型的研究，打造智能化的市场预测模型体系，进而为煤炭大数据平台注入具有市场竞争力的关键技术力量。

4. 风险管理体系建设

随着平台业务经营规模的扩大，管理链条的延伸，市场竞争的加剧，交易中心面临的经营管理难度和风险越来越多、越来越大。为做好风险管理工作，交易中心全面梳理业务流程，明确业务环节，分析风险隐患，完善风险评估机制，制定风险应对策略，同时通过企业内部授权审批控制、数据信息归口管理、信息内部公开等办法提高风险管理的针对性和有效性，保障中心业务的有效开展。

三、数字化转型主要成果

（一）优化价值效益

将数据归集于大数据平台，一方面可以降低人工整合数据的时间成本，提高交易中心服务质量，另一方面可以增强客户的体验感和查询数据的便捷性，在促进行业转型升级和健康可持续发展等方面起到重要参考作用。

（二）增强需求效益

湖北、重庆和陕西三个地区的煤炭价格指数体系，将价格控制在合理区间内，可以稳定煤炭价格和运力保障，实现煤炭运输需求与铁路运力资源的高效对接，有利于为供需双方提供更加稳定可靠的运力保障。

（三）增加收入效益

数据中心系统上线以来，实现了信息业务创收的零突破，创造了较为良好的开局。2022年全年收入超过30万元，目前2023年第一季度收入已超过20万元，预计全年收入可达100万元。

（四）拓展市场收益

数据中心系统的一个重要新增功能就是实现与交易系统、一账通的系统互通，可以借助平台交易的会员群体优势，引流客户关注数据中心系统，可根据用户需要设置一定的广告位来实现产品外营收。

（中国物流与采购联合会网络事业部）

智慧供应链云平台助力昆钢制造智能化升级

随着智慧物流的高速发展，特别是在物联网、互联网、人工智能、大数据等技术加持下，物流行业已经从单一的传统模式迈向智慧模式，全球范围内的货物跨区域间流动，促使物流企业不断发展，同时，中小物流企业的快速变革，也将推动我国整个物流行业的大发展。

但是，中小物流企业产业协同不足、服务单一且水平参差不齐、系统技术支撑和技术应用不够、应对市场风险能力不足、供应链金融模式支撑不足，导致中小物流企业在产业链服务过程中未能充分发挥作用和优势。在此情况下，云南省物流投资集团有限公司（以下简称“云南物投”）结合线下物流网络资源，立足已建系统及现有运输、仓储、园区、贸易等业务，利用互联网、大数据、云计算等技术，建立一个满足用户需求多样化、交易便捷化的工业互联网平台。

一、云南省物流投资集团有限公司概况

云南物投前身为云南昆钢金融控股集团有限公司，是云南省属特大型企业集团，也是云南省大型综合性国家现代物流企业。云南物投以打造现代物流服务为主营业务，业务涵盖物流产业投资开发与管理、非金融性资产管理、物流园区投资建设与运营管理、国际国内贸易、供应链管理服务、电子商务平台运营管理、仓储服务、多式联运等在内的智慧物流产业供应链全过程，形成了集可视运输、智能云仓、智慧园区、跨境物流、供应链金融于一体，能够实现“在线交易、在线支付、在线结算”的产业供应链生态圈。

二、智慧供应链云平台

云南宝象物流集团有限公司自应用智慧供应链云平台以来，通过信息平台与智能设备对接，为钢铁产业链提供全流程基于数据驱动的全链路仓、干、配、装一体化智慧供应链服务，目前为钢铁产业提供1000万吨的运输仓储吊装业务服务，服务线路2100条，平台注册客户776个，注册车辆10万余辆；累计运输量8919.06万吨，运输交易额320618.69万元，

数字化仓储管理系统累计吞吐量1729.874万吨，同时基于物联网智能设备对接，目前已经应用PDA、自助机、排队叫号、无人值守地磅、智能门禁等设备应用，实现智能设备与信息平台的信息实时共享，实现运输全流程可视化监管、货物储存透明化管理，助力昆钢制造产业智能化升级。

平台通过与智能设备有机结合，实现线上线下互联互通，提供供应链金融、配套商城等增值配套服务。同时，平台通过对各环节中涉及的数据及信息进行采集、分析处理与优化，通过"加工"实现数据的"增值"，将全供应链数据业务化，深入挖掘价值，优化资源配置，提升整个供应链用户价值，促进物流业与制造业深度融合，助力钢铁产业链智能化转型升级。平台包含运网服务子系统、云仓服务子系统、配套商城子系统、供应链金融子系统、智慧园区子系统、大宗物资交易子系统。主要应用情况如下。

（一）宝象运网——一体化物流运输服务平台

1. 运输资源的整合及服务

云南物投基于常年大宗物资运输的经验及积累，通过智慧供应链云平台运输服务子系统，实现线上线下运输资源的整合，运网服务子系统集在线交易、运输、支付结算、诚信服务评价、在线融资及配套服务于一体，提供多种运力交易模式，实现运力高效配置、运输资源充分共享，满足仓配一体全流程运输可视化管理，凭借第四方物流服务平台的信息整合能力，优化供应链各环节的资源分配，促进货源、车源和物流服务等信息的高效匹配，有效降低车辆空驶率，为供应链上下游企业和客户提供智能、高效的一体化物流服务，使物流、信息流和资金流在整条供应链上高效流转，有效降低物流成本，为优化社会物流资源配置提供支撑。截至目前，运网服务子系统已注册10万余辆货运车辆，服务运输线路2100条，平台累计运量达到8919.06万吨，交易额320618.69万元，基于车载定位设备，以及GPS、北斗定位等技术，实现车辆在途定位达到99%以上。

2. 多模式运力交易

运网服务子系统提供竞价、抢单个性服务，实现运力高效配置、运输资源共享，促进货源、车源和物流服务等信息的高效匹配，有效降低运输车辆空驶率，优化社会物流资源配置，对降低行业物流成本起到积极推动作用。

3. 运输全流程可视化监管

运网服务子系统对平台的运输车辆进行在途管控。车辆安装智能车载定位设备，平台自运输任务通过以云计算、大数据等信息为基础，结合GIS（地理信息系统）、GPS、北斗定位等技术的应用，对运输全流程进行透明化监控、管理，确保货物的安全到达并反馈至平台。目前，运网服务子系统综合定位成功率达到99%以上。

4. 物流运输预警

运网服务子系统通过电子围栏设置，对物流在途运输出现线路偏离、轨迹异常、到货地偏等情况进行实时监控，出现异常后实时进行物流预警。

偏离预警——核实货运车辆运输轨迹是否经过计划运输线路的行政区域。

电子围栏预警——核实司机App点击到达的位置是否在SAP计划的卸货地。

5. 全流程可追溯电子单证管理

运网服务子系统实现全流程电子单证线上流转，从货源订单、计划分配、调度、运力订单到支付结算实现全流程线上化管理。

6. App 端运输管理

“宝象智运司机”和“宝象智运企业”是连接智慧供应链云平台的手机 App 应用，主要功能是订单管理、运输管理、车辆管理。货主和司机可通过 App 端不同使用需求，对运输订单、计划进行管理，以及对运输状态进行追踪。

7. 运网监控平台

智慧物流监控平台对运网服务子系统运营情况进行报表统计和分析，如会员注册情况、车辆注册情况、运力交易情况、运费结算情况、出入金统计情况、运费保理金融统计、保险业务统计、商城销售统计等相关报表统计，报表具有灵活实用的查询过滤条件、简洁的数据表单和图表结合的直观展示方式。

（二）宝象云仓——智慧化仓储管理服务平台

云南物投围绕服务钢铁产业链仓储核心业务，结合现有仓储资源，利用移动应用技术、网络通信技术、物联网技术、可视化技术等搭建宝象云仓系统，同时联合社会优质的仓库、配送资源和货主方，线上化高效地为货找仓、为仓找货、为货主找资金，多渠道提高供应链全流程运作效率，降低物资成本，实现社会仓储资源的高效利用，构建专业高效、互利共赢的仓配生态体系，为最终客户提供一站式、个性化的仓储、配送、供应链金融等服务。截至目前，平台整合昆明、安宁、大理、磨憨、曲靖、普洱、昭通等多个云南省重要物流节点仓库资源，同时也在防城港等地整合部署仓库资源，以提供更好的仓储业务服务。

1. 云仓在线

云南物投宝象云仓系统基于昆钢仓储资源以及自身市场推广，汇聚海量仓库租赁、代管、仓配和运配等需求，通过云仓在线网站精准、高效地展示仓储需求，提供仓储资源在线交易，仓储出入库管理、查询及后续供应链金融服务等服务，使仓储供需商、物流运输商、金融服务商、其他配套资源服务商精准高效实现资源、服务的匹配，促进钢材产成品销售网络及仓储布局优化。

2. 云仓管理

宝象云仓致力为大宗物资管理打造数字化仓储物流管理系统，提供高标准、高质量数字化仓储服务。通过宝象云仓业务平台、客户远程协同两大平台，为货主方、仓储方提供合同管理、库内管理、出入库管理、过户管理、结算、报表结算等全流程服务，实现数据共享、动态跟踪、实时对比、及时纠错，形成货权管理和实物管理系统平行运行，相辅相成，共同服务于宝象云仓管理体系，同时结合科学的生产调度系统、多层次的物资监控功能、先进的条码识别技术，提高实物管理过程的可控制性和可查性，使仓储管理更专业。

货权管理与实物管理的分离管理。宝象云仓专注于物流行业仓储全面解决方案，发现仓储企业货权管理与实物管理之间在相互关联的同时存在着许多差异，于是对仓储管理工作做出了进一步专业化细分，实现货权与实物分离的管理模式，使仓储管理更专业，更科学。

全面的信息采集与统计分析。宝象云仓将生产过程中产生的各类信息进行了全面采集、分类、汇总，为企业管理决策积累了大量真实的、细节化的、全面化的企业生产活动的原始数据。

严防伪功能。宝象云仓通过将客户系统、短信、电子签章等验证手段，与电子提单及二代身份证识别相结合的技术手段作为保证货主货物安全第一道屏障，再结合对提货车辆的跟踪和管理，将客户和仓库货物安全水平提高到一个全新的高度。

3. 客户协同

为更好地方便客户对货物进行实时管理，客户可以在此平台上实现运输仓储业务查询、网上开单、出入库、过户预报、库存报表、对账等自助操作，有效提高业务安全性、便利性、数据的及时性，同时提高企业作业效率，降低差错率。

4. 云仓监管

云南物投通过视频监控、传感器等物联网设备及科技手段，打造“数字化+可视化+合规化+智能化”特点的数字化仓储监管体系，基于云仓管理系统，结合视频监控、盯市监控预警等手段，实现仓储物资动态、静态全流程可视化监管。

可视化监控。通过摄像头、RFID（自动传输货物出入库数据）、智能锁（控制货物进出）等物联网设备实现货物的实时可视化监管。

库存监控。通过物联网设备对物资实现实时影像信息采集，同时自动匹配运网服务子系统的库存数据，实现数据与影像的双重管理，实现库存安全、精准监控。

5. 宝象云仓 App 应用

货主可通过“宝象智运司机”和“宝象智运企业”App 端下达出入库指令并查看库存。

6. 宝象云仓监控中心

宝象云仓监控中心实现对智慧供应链云平台运营情况的实时报表统计和分析。灵活实用的查询过滤条件、简洁的数据表单和图表结合的直观展示方式，可为决策分析提供支持。

（三）宝象金融——多模式供应链金融服务平台

供应链金融子系统基于服务昆钢产业链优势，与中信银行合作，为整个智慧供应链云平台用户提供稳定的支付结算服务；同时推出基于应收应付账款管理的产品“宝通”，通过引入银行等金融机构，为中小型企业、资金困难的用户拓宽融资渠道，解决融资问题。

（四）宝象商城——车后市场一体化服务平台

配套商城子系统围绕昆钢产业链，以客户需求为服务核心，采用线上线下融合模式，针对整个平台用户提供保险、轮胎、汽柴油、汽车修理等车后市场一体化服务。

三、智慧供应链云平台的应用意义

（一）提升产业链信息化管理水平

智慧供应链云平台的应用可以高效提升整个产业链上的中小企业信息化管理水平，充分发挥产业互联网网络协同的作用，从而减少上下游企业间信息流转的低效率、高成本等痛点。智慧供应链云平台从物流企业和行业组织的角度，推动供应链各层面分别实现“点点互联”“水平互联”“垂直互联”，打造点线面相连接的智慧供应链协同网络，实现由单一场景智慧化到产业链全场景的数字化、智能化应用。

（二）创新了商业模式

云南物投通过构建智慧供应链云平台，不断规范由此产生的新模式、新业态的业务管理，促使产业供应链管理成本大幅降低，催生网络化协同、服务化延伸，通过提升生态圈合作伙伴的资产使用效率，有效消除传统流通领域中大量存在且没有价值的中间环节，通过提供供应链金融、汽车后市场线上商城及大数据分析应用等增值服务，助力中小企业实现高质量发展。

（三）产业链上下游高效协同

智慧供应链云平台通过产业互联网实现上

下游信息互联互通，优化业务流程，实现效率变革，降低信息匹配成本和执行成本。产业互联网成为行业服务要素的组织者和载体平台，产业互联网的透明规则，使各交易主体的效率得到提升，同时也使灰色交易无处遁形，更加公平、更加真实地反映资产运行质量，为货主方、承运商、最终用户及相关配套服务商提供高效的信息服务，通过对商流、物流、资金流以及信息流的整合和有效配置，实现全产业链企业的协同、共享、共赢。

（四）构建了供应链共享经济生态圈

云南物投以智慧供应链云平台为核心，综合利用移动互联网、物联网、大数据、区块链、云计算及人工智能等技术，将服务延伸至供应链全场景，进而整合供应链上下游企业资源，形成一个包含物流服务商、贸易服务商、技术服务商、金融服务商和服务供应商等整个产业链企业的融合全业务、全流程、全信息的大集成互联网平台，面向企业的生产、贸易、加工和流通提供贸易、金融和物流一体化服务，最终打造集“场景+科技+金融”于一体的供应链共享经济生态圈。

（五）搭建了多维度风控体系

智慧供应链云平台以数据为基础，建立多维度、智能化的动态风控系统，增强了信息技术赋能其他产业的能力，通过引入区块链等技术，构建线上线下、安全绿色的生态场景，有助于提高钢铁生态圈的信用价值，推动普惠金融的落地，实现金融可持续性地支持中小企业的发展。智慧供应链云平台为生态圈治理、经济分析、系统性风险防范提供有价值的数据资源，为国家治理提供决策和监督工具，在信息和政务大数据的支撑下，可以提升政府的综合管理服务能力和政务服务的便捷性，采用平台经济的数据进行产业监管，有助于防范化解重大风险。

（六）推动了区域经济高效发展

基于核心企业的诚信和资源，智慧供应链云平台体现了现代经济运作特点的需求，强调信息流与物流快速、高效、通畅运转，使物流服务效率得到整体提升，切实提高了物流行业信息化管理水平及企业核心竞争力，通过对社会资源进行高效整合，最终带动云南省物流产业健康发展。

（中国物流与采购联合会网络事业部）

SO56TMS 系统助力快消品物流配送业务服务提升

一、快消品物流配送业务的发展与问题

2023 年，随着疫情管控的放开，消费市场迎来了复苏，伴随互联网经济和电商业务的进一步推进，快消品物流配送业务迅速发展。快消品物流配送业务是指将快速消耗的商品（如食品、日用品等）从生产地或仓库送达销售点或终端消费者手中的过程。快消品物流配送业务的发展得益于电商的崛起，越来越多的消费者选择在网上购买快消品，这就需要物流配送企业提供快速、准时的配送服务。同时，快消品行业的竞争也日益激烈，物流配送环节的效率和可靠性成为企业竞争的重要因素。

然而，快消品物流配送业务也面临一些问题。首先，由于订单总量多、货品种类多，导致分拣作业多、运输频次多，物流配送过程中存在运输效率低下的问题。其次，由于物流配送过程中信息传递不及时、可见性不足，企业难以掌握运输车辆的位置、货物状态等信息，难以及时发现和解决问题。

以上问题严重影响了快消品物流配送业务的效率和成本效益。为了解决这些问题，一些快消品物流配送企业引入了 SO56TMS 系统，并根据自身业务痛点进行了定制功能的开发，提高效率和收益。

二、SO56TMS 系统的应用和定制功能

（一）SO56 平台介绍

SO56 平台是中国物流股份有限公司为满足现代物流仓配一体化业务而打造的服务于第三方物流企业的物流信息管理平台，包括客户管理、订单管理、仓储管理、运输管理、财务结算、数据分析等系统。SO56 平台的核心部分是运输管理系统，即 SO56TMS 系统。该系统是遵循国家网络货运平台标准开发的系统，一方面接入承运企业，承载各类运力进入平台“运力池”中；另一方面引入各行业的货主企业，通过平台实现运输组织、货物分拨、运输方式和运输线路的选择管控等工作。系统支持多式联运，既可以应用于公路运输管理，也可以应用于铁路和水路运输管理。该系统对物流

配送过程中的指令接收、调度排线、指令下达、到仓装货、在途送货、到达清点、运费核算等各个节点进行了优化，通过自动化、信息化、图形化、网络化等手段对原有操作流程进行升级。系统基于云计算和物联网技术的应用，可以实现对运输过程的实时监控、运输计划的优化和调整，以及运输数据的分析和报告。在快消品物流配送业务中，SO56TMS 系统的应用可以带来多方面的优势。

（二）SO56TMS 系统的定制功能

SO56TMS 系统改变了现有的条块分割的数据传递和分析决策模式，构建了全系统统一的基础信息、数据资源、支撑体系、业务流程，并为各业务模式、各系统用户的专项分析和决策提供使用的端口和功能模块；坚持以业务为主，以“全打通、全归集、全共享、全覆盖、全在线”为要求，以大平台、大数据、大系统、大集成为导向，跨货主、跨承运商、跨系统归集共享系统资源。

为了更好地满足快消品物流配送企业的需求，一些企业在 SO56TMS 系统中定制开发了很多实用功能。例如，针对快消品物流配送业务中常见的问题，物流运输承运企业通过定制 SO56TMS 系统的智能调度和资源共享功能，能够实时监控运输车辆的位置和运输进度，可以及时调整运输计划，避免路线拥堵和延误，根据系统推荐的最优路线，减少运输距离和时间，提高运输效率。终端销售点或货主企业通过定制 SO56TMS 系统的运输动态监控功能，可以提升运输可见性，实时监控运输车辆的位置、货物状态等信息，还可以实现运输过程中的温湿度监控和报警，确保货物的质量和安全，全面了解运输过程，及时发现和解决问题。此外，SO56TMS 系统还可以提供运输数据的相关分析和报告，帮助企业了解运输过程中存在的问题和改进空间。

三、SO56TMS 系统在快消品物流配送业务中的应用案例

四川乐送物流股份有限公司（以下简称“乐送公司”）通过引入 SO56TMS 系统提升运输可见性和控制性，不仅提高了运输效率、降低了成本，还显著提升了公司的竞争力。

（一）更高的客户满意度

SO56TMS 系统的运输可见性和控制性，为乐送公司提供了更准确的货物跟踪信息和预计到达时间，帮助其客户及时了解货物的运输状态。这大大提高了客户的满意度，增强了客户对乐送公司的信任和忠诚度。同时，乐送公司通过系统的数据分析和报告，可以及时发现客户需求的变化，并根据需求进行调整和优化，进一步提升客户满意度。

（二）更好的供应链管理

SO56TMS 系统的引入使乐送公司能够更好地管理供应链。系统的实时监控和追踪功能，使乐送公司能够及时掌握货物的运输状态，减少了运输延误和货物损失的风险。此外，系统的温湿度监控和报警功能也可以帮助乐送公司保证货物的质量和安全，提升供应链的可靠性和稳定性。SO56TMS 系统通过优化运输路线和调度策略，降低了运输成本，提高了运输效率，进一步优化了供应链管理。

（三）更强的市场竞争力

快消品物流行业竞争激烈，提升竞争力是公司生存和发展的关键。乐送公司引入 SO56TMS 系统后能够提供更高效、更可靠的物流配送服务，满足客户的需求，在市场上具备竞争优势，可以吸引更多的客户和订单。同时，乐送公司还通过系统的数据分析和报告，

及时调整和优化自身的运营策略，保持市场竞争力。

四、SO56TMS系统提升快消品配送企业的效益分析

（一）提升运输效率

（1）计算模型。定义指标——运输时间的减少百分比（%）；计算公式——（旧运输时间-新运输时间）/旧运输时间×100%。

（2）具体应用情况。配送企业引入SO56TMS系统后，该公司的运输时间显著减少。以往运输一批货物需要10小时，但现在只需要8小时，运输效率提升了20%。通过减少运输时间，配送企业能够更快地将货物送达目的地，提高了供应链的响应速度。这有助于满足客户需求，减少库存积压，并提升客户满意度。

通过SO56TMS系统的实时监控和追踪功能，配送企业能够更准确地掌握运输车辆的位置和运输状态。这有助于避免运输延误和货物丢失情况的发生，提高运输的及时性和可靠性。运输效率的提升将减少运输时间和成本、提高货物的及时性和可靠性，从而提升公司的运营效率和竞争力。

（二）降低运输成本

（1）计算模型。定义指标——运输成本的降低百分比（%）；计算公式——（旧运输成本-新运输成本）/旧运输成本×100%。

（2）具体应用情况。引入SO56TMS系统后，该公司的运输成本明显降低。以往运输一批货物需要1000元，现在只需要800元。这意味着该公司的运输成本降低了20%。通过降低运输成本，配送企业能够节约资金、提高盈利能力。这使该公司能够在市场竞争中更具竞争力，同时也有助于提供更具竞争力的产品价格。

通过SO56TMS系统的数据分析和报告功能，配送企业可以进行运输路线和调度策略的优化。系统可以根据实时的运输需求和交通状况，智能地选择最佳的运输路线和调度方案，减少里程和耗油量，从而降低运输成本。此外，系统还可以帮助公司进行货物的配载优化，最大限度地利用运输资源，进一步降低运输成本。

（三）保障货物质量和安全

（1）计算模型。定义指标——货物质量和安全的保障程度（%）；计算公式——（货物损失次数/总运输次数）×100%。

（2）具体应用情况。引入SO56TMS系统后，该公司能够更好地保障货物的质量和安全。通过系统设定一定的温度和湿度范围，当货物的温度或湿度超出设定范围时，系统会自动发出报警。这有助于减少货物损失和退货的风险。假设货物损失次数为2次，总运输次数为100次，则货物质量和安全的保障程度为2%［（2/100）×100%］。通过保障货物的质量和安全，配送企业能够提升客户满意度，增强客户对产品的信任和忠诚度。这有助于巩固公司在市场中的地位，并提高市场份额。

SO56TMS系统具备温湿度监控和报警功能，可以实时监测货物的温湿度情况。如果温湿度超出设定的范围，系统将自动发出警报，提醒相关人员及时采取措施。这有助于保障货物的质量和安全，减少货物损失和退货的风险。

（四）集成ERP系统

（1）计算模型。定义指标——订单处理效率的提升百分比（%）；计算公式——（旧订单处理时间-新订单处理时间）/旧订单处理时

间×100%。

（2）具体应用情况。配送企业将 SO56TMS 系统与原有的 ERP 系统进行集成。现在，订单信息可以自动传输和交互式通知，使订单处理更加高效和准确，减少了人为错误和重复工作的可能性。通过与 ERP 系统的集成，配送企业能够提高订单处理的效率，减少人力资源的浪费，进一步降低运营成本。这也有助于提升供应链的可见性和协调性，提高整体运作效率。假设旧订单处理时间为 1 小时，新订单处理时间为 0. 5 小时，则订单处理效率提升了 50% [（1-0. 5）/1×100%]。

（中物信息技术发展有限公司　程利丰　李航　胡凯）

第九部分

物流综合

2022年中国物流企业50强名单

排名	企业名称	物流业务收入（万元）
1	中国远洋海运集团有限公司	48062271
2	厦门象屿股份有限公司	23125812
3	顺丰控股股份有限公司	20369023
4	中国外运股份有限公司	12434553
5	中国物资储运集团有限公司	7645000
6	北京京邦达贸易有限公司	7037333
7	上海三快智送科技有限公司	6192589
8	中铁物资集团有限公司	5309188
9	上海韵达货运有限公司	4172929
10	圆通速递股份有限公司	3583209
11	陕西省物流集团有限责任公司	3519030
12	建发物流集团有限公司	3280274
13	中通快递股份有限公司	3040584
14	中集世联达物流科技（集团）股份有限公司	2864952
15	上汽安吉物流股份有限公司	2702485
16	申通快递有限公司	2459796
17	全球国际货运代理（中国）有限公司	2267124
18	嘉里物流（中国）投资有限公司	2251022
19	极兔速递有限公司	1810316
20	准时达国际供应链管理有限公司	1765354
21	日日顺供应链科技股份有限公司	1716276

续 表

排名	企业名称	物流业务收入（万元）
22	中铁铁龙集装箱物流股份有限公司	1704018
23	上海环世物流（集团）有限公司	1373568
24	物产中大物流投资集团有限公司	1295088
25	中创物流股份有限公司	1241383
26	宁波港东南物流集团有限公司	1236229
27	上海中谷物流股份有限公司	1229072
28	全球捷运物流有限公司	1189179
29	百世物流科技（中国）有限公司	1142584
30	安得智联供应链科技有限公司	1128706
31	一汽物流有限公司	1126800
32	济宁港航发展集团有限公司	1111337
33	日通国际物流（中国）有限公司	1050334
34	湖北交投物流集团有限公司	1029052
35	深圳越海全球供应链股份有限公司	1016047
36	四川安吉物流集团有限公司	1008381
37	上海安能聚创供应链管理有限公司	964537
38	利丰供应链管理（中国）有限公司	928055
39	浙商中拓集团股份有限公司	898462
40	湖南和立东升实业集团有限公司	843659
41	广州发展能源物流集团有限公司	830972
42	上海天地汇供应链科技有限公司	830057
43	安通控股股份有限公司	779418
44	云南建投物流有限公司	762347
45	建华物流有限公司	755932
46	云南能投物流有限责任公司	733823
47	包头钢铁（集团）铁捷物流有限公司	703128
48	四川省港航投资集团有限责任公司	677653
49	林森物流集团有限公司	620684
50	中都物流有限公司	616215

（中国物流与采购联合会）

2022年中国民营物流企业50强名单

排名	企业名称	物流业务收入（万元）
1	顺丰控股股份有限公司	20369023
2	北京京邦达贸易有限公司	7037333
3	上海三快智送科技有限公司	6192589
4	上海韵达货运有限公司	4172929
5	圆通速递股份有限公司	3583209
6	中通快递股份有限公司	3040584
7	申通快递有限公司	2459796
8	极兔速递有限公司	1810316
9	准时达国际供应链管理有限公司	1765354
10	日日顺供应链科技股份有限公司	1716276
11	中创物流股份有限公司	1241383
12	上海中谷物流股份有限公司	1229072
13	全球捷运物流有限公司	1189179
14	百世物流科技（中国）有限公司	1142584
15	安得智联供应链科技有限公司	1128706
16	深圳越海全球供应链股份有限公司	1016047
17	上海安能聚创供应链管理有限公司	964537
18	湖南和立东升实业集团有限公司	843659
19	上海天地汇供应链科技有限公司	830057
20	安通控股股份有限公司	779418
21	建华物流有限公司	755932

续 表

排名	企业名称	物流业务收入（万元）
22	林森物流集团有限公司	620684
23	九州通医药集团物流有限公司	612503
24	中通供应链管理有限公司	602513
25	湖南一力股份有限公司	562332
26	密尔克卫化工供应链服务股份有限公司	548966
27	上海则一供应链管理有限公司	529998
28	湖南星沙物流投资有限公司	528632
29	北京长久物流股份有限公司	447563
30	北京大田智慧物流有限公司	374233
31	保定市长城蚂蚁物流有限公司	373496
32	盛丰物流集团有限公司	354009
33	新疆九洲恒昌供应链管理股份有限公司	341641
34	远孚物流集团有限公司	339999
35	浙江吉速物流有限公司	335703
36	万科物流发展有限公司	316000
37	陕西卡一车物流科技有限公司	310600
38	山东京博物流股份有限公司	305506
39	四川通宇物流有限公司	283006
40	镇海石化物流有限责任公司	264493
41	广东高捷航运物流有限公司	251445
42	湖南金煌物流股份有限公司	234739
43	正本物流集团有限公司	224850
44	万和通物流集团有限公司	224834
45	新疆振坤物流股份有限公司	175852
46	哒哒智运（黑龙江）物联科技有限公司	163088
47	深圳市大洋物流股份有限公司	156957
48	贵州丰茂东投物流有限公司	156000
49	振石集团浙江宇石国际物流有限公司	153898
50	道臣物流集团有限公司	151823

（中国物流与采购联合会）

物流企业综合评估全国第三十三批、第三十四批 A 级物流企业名单

全国第三十三批 A 级物流企业名单（共 447 家）

5A 级物流企业（13 家）：

北京空港宏远物流有限公司
极兔速递有限公司
顺丰速运重庆有限公司（4A 升 5A）
江苏省港口集团物流有限公司（4A 升 5A）
浙江汤氏供应链管理有限公司（4A 升 5A）
安徽省港口运营集团有限公司
山东港口陆海国际物流集团有限公司
万和通物流集团有限公司
漯河双汇物流投资有限公司（4A 升 5A）
湖北天元物流发展有限公司（4A 升 5A）
四川川航物流有限公司（4A 升 5A）
四川省港航投资集团有限责任公司
陕西通汇汽车物流有限公司（4A 升 5A）

4A 级物流企业（157 家）：

北京中安云仓科技有限公司
上海钧源物流有限公司（3A 升 4A）
上海扬海物流有限公司
上海豫景物流有限公司
上海宝英物流有限公司（3A 升 4A）
卡界供应链（上海）有限公司
上海和耀供应链管理有限公司
上海顺丰快运有限公司
香河金韵达速递有限公司
河北环海物流有限公司（3A 升 4A）
迁西县博顺物流有限公司
华远陆港网络货运（山西）有限公司
山西鸿深物流集团有限公司
山西烨兴供应链管理有限公司
山西美科达科技有限公司
山西君林医药有限责任公司
国药控股黑龙江有限公司
黑龙江京邦达供应链科技有限公司
江苏佳利达国际物流股份有限公司
无锡禾健物流发展有限公司（3A 升 4A）
江苏润江国际供应链管理有限公司
江苏悦达格罗唯视物流有限公司
常州友好速递有限公司
中国太仓外轮代理有限公司（3A 升 4A）

太仓港港务集团有限公司
浙江佑通物流有限公司（2A 升 4A）
温州市巨邦物流有限公司
温州泰易达物流有限公司
温州市洞头信达物流有限公司（3A 升 4A）
温州市沈海物流有限公司（3A 升 4A）
温州交运集团物流有限公司
杭州顺丰智达物流有限公司（3A 升 4A）
宁波中基惠通集团股份有限公司
安徽彩丰货运有限公司
安徽通和物流有限公司
合肥中睿达通快递有限公司
巢湖皖维物流有限公司（3A 升 4A）
安庆交投物流产业发展有限公司
安徽顺和快运有限公司
安徽骏宇物流有限公司
安徽迅捷物流肥东有限责任公司
合肥快乐通冷链物流配送有限公司
安徽文创供应链管理有限公司
金寨长运物流有限公司
安徽尚峰物流有限公司
福州闽韵速递有限公司
唯捷（厦门）供应链管理有限公司
厦门跨航物流有限公司
新余新钢拓新物流链有限公司
余干县城投铁路物流有限公司
万年县万华贸易有限公司
上饶市龙翔航运有限公司
江西万浩物流有限公司
抚州中物宝特物流有限公司
江西中昌物流有限公司
江西新振兴投资集团新振兴汽运有限公司
高安市景利货物运输有限责任公司
高安市晨鑫物流有限公司
高安市新运物流有限公司
江西欣永程物流有限公司（2A 升 4A）
济南传化泉胜公路港物流有限公司
山东汉龙物流有限公司
山东白鸽惠递网络科技有限公司
山东恒海电子商务有限公司
济南新鑫泉悦物流有限公司（3A 升 4A）
山东三合运输有限公司
淄博闽信物流有限公司（3A 升 4A）
正本特种油运输有限公司
山东中拓物流有限公司
淄博腾耀物流有限公司（3A 升 4A）
青岛鸿亚润达国际物流有限公司（3A 升 4A）
青岛中外运供应链管理有限公司（3A 升 4A）
青岛中远海运航空货运代理有限公司
青岛中和全运供应链集团有限公司（3A 升 4A）
青岛天虎国际货运代理有限公司
河南万里物流有限公司
郑州国际陆港开发建设有限公司
河南大智物流有限公司
中铝物流集团中部国际陆港有限公司
国药控股安阳有限公司
国药控股南阳有限公司
武汉浩翰国际货运代理有限公司
十堰天元物流有限公司
大冶市宏通物流有限公司（3A 升 4A）
国药控股荆州有限公司（3A 升 4A）
国药控股宜昌有限公司（3A 升 4A）
湖北佰昌物流发展有限公司
诺德（湖北）物流供应链有限公司
锦浩共源（武汉）供应链管理有限公司（3A 升 4A）

湖北交投供应链管理有限公司
武汉捷锐达物流有限公司
武汉亿惠通物流有限公司
武汉瀛和国际物流有限公司
中楚智运（武汉）供应链管理有限公司
武汉吉运物流有限公司
武汉顺仓物流有限公司
东泽国际实业（武汉）有限公司
武汉中商集团有限公司
武汉逸飞物流有限公司
湖北容大联通物流有限公司
武汉开元时速物流有限公司
湖北交投致远新材科技有限公司
乐航国际物流（湖南）有限公司（3A 升 4A）
岳阳市名楼物流有限公司（3A 升 4A）
湖南润航国际物流有限公司
湖南华顺物流有限公司（3A 升 4A）
军友物流有限公司
衡阳商业储运有限公司
湖南德通物流股份有限公司（3A 升 4A）
阳春洪盛物流有限公司
珠海港航运有限公司
广东盛丰物流有限公司（3A 升 4A）
深圳市泰博国际货运代理有限公司
深圳市飞力士捷运物流有限公司
深圳市德锐物流有限公司
深圳市聚盟物流有限公司
深圳市地上铁新能源汽车运营有限公司
广州递壹时国际货运代理有限公司
伟世博货运（广州）有限公司
广州中加物流有限公司
深圳市畅航物流有限公司
深圳市英达速国际物流科技有限公司（3A 升 4A）
深圳市联合运通国际货运代理有限公司
深圳市美誉达国际货运代理有限公司
深圳市宇环国际物流有限公司
深圳市中通现代物流有限公司
深圳市汇嘉信供应链有限公司
深圳市中邮国际货运代理有限公司
蓝玛特供应链管理（深圳）有限公司
深圳市美时美刻国际物流有限公司
深圳市联程达物流有限公司
深圳市驿东国际物流有限公司
深圳市壹号专线供应链有限公司（3A 升 4A）
深圳商壹国际物流有限公司（1A 升 4A）
深圳市越航物流有限公司（3A 升 4A）
深圳市众鑫邦国际货运代理有限公司（3A 升 4A）
深圳市海光国际物流有限公司
深圳市鼎创富供应链有限公司
深圳市晶达丰国际货运代理有限公司
广州市岐山物流有限公司（3A 升 4A）
广东瑞高海运物流有限公司
广州市昊链信息科技股份有限公司
深圳前海骏鹏供应链集团有限公司
翁智国际物流代理（广州）有限公司
广州凯森云供应链管理有限公司
广州市凯晨供应链管理有限公司
深圳市世联国际货运代理有限公司
广西京东信成供应链科技有限公司
广西源盛仓储物流有限公司
广西扶南物流有限公司
攀钢集团攀枝花坤牛物流有限公司
宜宾新成储物流有限公司（3A 升 4A）
成都新成储物流有限公司（3A 升 4A）
四川佳迅物流有限公司
贵州安捷物流有限责任公司

陕西明亨物流有限公司
陕西威远供应链管理有限公司

3A 级物流企业（227 家）：
北京市蒙伊通运输服务有限公司
北京优鲜配冷链科技有限公司
天津信志达物流有限公司
上海澟冽供应链管理有限公司
上海铭创供应链管理有限公司
上海充汇物流有限公司
重庆峰运物流科技有限公司
重庆扶翼物流有限公司
重庆延亮运输有限公司
重庆凌众物流有限公司
重庆汰泓物流有限公司
石家庄丰华物流有限公司
河北诚智国际货运代理有限公司
石家庄广润物流有限公司
石家庄市佳和物流有限公司
石家庄市庄韵速递有限公司
太原韵必达装卸服务有限公司
沈阳鲜天顺供应链管理有限公司
黑龙江顺丰聚益供应链管理有限公司
江苏极地熊冷链有限公司
南京淳波海运有限公司
江苏柯槿国际供应链管理有限公司
江苏江韵物流有限公司
昆山臻程物流有限公司
江苏瀚铭供应链管理有限公司
昆山鑫光大物流有限公司
江苏天隽国际物流有限公司
徐州市飞驰运输有限公司
常州德和物流有限公司（2A 升 3A）
泗阳县鼎顺物流有限公司
无锡瑞利祥和物流有限公司
江苏沙钢物流运输管理有限公司
张家港玖隆运输管理有限公司
常熟市安隆物流运输有限公司
常熟市鼎辉货运有限公司
常熟市虞安道路货物运输有限公司
常熟市凡沥友货运有限公司
常熟市优邦运输有限公司
太仓港正和物流有限公司
太仓港公用集装箱作业有限公司
太仓陆丰国际物流有限公司
江苏永捷工程物流有限公司
苏州新城投资发展有限公司
衢州市岳洋物流有限公司
企事通集团有限公司
嘉兴市跨越速运有限公司
绍兴上虞豪伟运输有限公司
新昌县广通物流有限公司（1A 升 3A）
台州市路桥鸿鹏物流有限公司
浙江天琪医药有限公司
台州海昌物流有限公司
临海市韦达快递服务有限公司
浙江粤通物流有限公司
苍南县安泰化学危险品运输有限公司
温州市弘信物流有限公司
温州市新物通物流有限公司
瑞安市捷诚物流有限公司
台州新景昌物流有限公司
宁波方舟国际货运代理有限公司
宁波英特物流有限公司（2A 升 3A）
浙江诚一供应链管理有限公司
象山天达快递有限公司
瑞速（宁波）国际物流有限公司
宁波涌金林业股份有限公司（2A 升 3A）
宁波亿堆国际物流有限公司
合肥金韵装卸服务有限公司

芜湖三江航运有限公司
芜湖富安运输有限公司
马鞍山市钢联道路运输有限责任公司
马鞍山长钢物流有限公司
马鞍山长欣物流有限公司
马鞍山市华辰物流有限公司
安徽长江物流有限责任公司
马鞍山荣顺汽车运输有限公司
安徽安德物流运输有限公司
安徽非金谷现代物流有限公司（2A 升 3A）
安徽运速物流科技有限公司
安徽共呗供应链管理有限公司
安徽中园供应链科技有限公司
黄山市凝嘉物流有限公司
福建省龙腾物流有限公司
福建德盛物流有限公司
泉州市誉达货运代理有限公司
福建精准运输有限公司
泉州市海纳百川物流有限公司
龙岩市祥杰物流有限公司
福建福源利冷链物流有限公司
龙岩市隆宇运输有限公司
福建紫金顺安物流有限公司（2A 升 3A）
宁化县顺通运输有限公司
三明信达运输有限公司
三明市玖玖物流有限责任公司
福建省建瓯市宏伟物流有限公司
福建好运达物流有限公司
福建远航公铁联运有限公司
福州信运冷链物流有限公司
厦门泊尔物流有限公司
厦门志邦汇达物流有限公司
江西沃玛城市商业管理科技有限公司
江西省供储物流有限公司
江西仙客来生物科技有限公司
九江欧威物流有限公司
江西商赢物流运输有限公司
鹰潭国丰物流有限公司（2A 升 3A）
江西新太好实业投资有限公司
江西奇佳国际物流园有限公司
宜春市六合物流有限公司
江西赣荣航运有限责任公司
宜春市银浩实业有限公司
山东水运发展集团有限公司
山东荣安冷链物流有限公司
济南澎贤物流有限公司
淄博万瑞物流有限公司
日照欧通物流有限公司
莒县信达物流有限公司
振华国际船务代理（青岛）有限公司
青岛荣庆物流供应链有限公司
青岛飞路物流有限公司
青岛金巴赫国际物流股份有限公司（2A 升 3A）
青岛金顺达物流有限公司
青岛云鸟物流供应链管理有限公司
烟台锦华物流有限公司
郑州大象货运服务有限公司
河南飞洁物流有限公司
河南青流供应链管理有限公司
中外运物流河南有限公司
河南昌泰仓储服务有限公司
郑州市多米诚运物流有限公司
平顶山市豫鑫汽车运输有限责任公司
桐柏今达物流有限公司
河南次晨达物流有限公司
洛阳弘骏汽车运输有限公司
漯河市翔通物流有限责任公司
漯河市恩远物流有限公司

武汉鑫海达物流有限公司
湖北天黎物流有限公司
武汉胜速物流有限公司
湖北金杭通供应链有限公司
武汉杰圣物流有限公司
武汉市永胜源物流有限公司
武汉英济达物流有限公司
武汉威璐化工原料有限责任公司
武汉市光辉物流有限责任公司
武汉盛鑫运达物流有限公司
孝感亚欣物流有限公司
湖北省北坤物流科技有限公司
湖北柏吉供应链管理有限公司
武汉嘉楚物流有限公司
湖北伟华物流有限公司
鄂州市庙鹅岭物流有限公司
咸宁好吃佬食品有限公司
京港物流湖北有限公司（2A 升 3A）
湖北民通物流有限公司
宜昌宜和运输有限责任公司
宜昌金通物流有限公司
兴山新鑫发物流有限公司（2A 升 3A）
宜昌三志供应链管理有限公司
宜昌优拓物流有限公司
宜昌泽顺物流有限公司（2A 升 3A）
宜昌凯祥达物流有限公司
宜昌鑫北方运输有限公司
国药宜昌医疗器械有限公司
上药科园信海医药十堰有限公司
十堰市景晟物流有限公司
湖北潜电物流有限公司
潜江市定日达商贸有限公司
湖北捷佳储运有限公司
宜昌锦程万和物流有限公司
十堰市安捷达物流有限公司
湖北华盛大物流有限公司
武汉市领速物流有限公司
湖北交投国际多式联运港有限公司
武汉北极光辉冷链仓储有限公司
武汉市美乐维低温物流有限公司
武汉市伟成物流有限公司
武汉博程物流有限公司
武汉市京顺达物流有限公司
武汉爱途国际供应链科技有限公司
武汉四通搬家有限公司
武汉市鑫业兴物流有限公司
武汉萃元冷链物流有限公司
汇弘实业有限公司
长沙市八方物流有限公司
岳阳众诚冷链物流有限公司
湖南楹源物流运营有限公司
长沙华益物流有限责任公司
广州捷晟物流服务有限公司
茂名市晋和物流有限公司（2A 升 3A）
珠海强竞农业有限公司
广东诚通物流有限公司
深圳市力拓国际物流有限公司
深圳市堡森三通物流有限公司
深圳泛亚运通国际货运代理有限公司
深圳市聚音供应链管理有限公司
深圳市越洋达供应链有限公司
深圳市南北之星物流有限公司
深圳市瑞秋国际物流有限公司
深圳市百路驰供应链管理有限公司
深圳市昱特国际货运代理有限公司
深圳市联集国际货运代理有限公司
深圳市万集国际物流有限公司
深圳市凯特国际货运代理有限公司
广西和顺水运集团股份有限公司
广西科友物流有限公司

广西安邕物流有限公司
南宁双汇物流有限公司
广西融桂物流集团有限公司
雅化集团绵阳运输有限公司
四川新景程物流有限公司（2A 升 3A）
四川豪诚物流有限公司
贵州林城鹏辉物流有限责任公司（2A 升 3A）
贵州中邮物流有限责任公司
贵州汇川恒源物资有限公司
贵州圆通速递有限公司
贵阳险峰物流有限公司
陕西新荣程物流有限公司（2A 升 3A）
西安秦蒙物流有限公司
西安市溱韵速递有限公司
榆林市昌泰物流有限责任公司
陕西九仓国际货运有限公司
陕西中运盛丰大件物流有限公司
西安捷马汽车服务有限公司
陕西盈跃运输服务有限公司
西安弘兴神州通供应链有限公司
汇源通供应链管理（西安）有限公司
新疆广易捷供应链管理有限公司
乌鲁木齐世纪华程物流有限公司（2A 升 3A）

2A 级物流企业（45 家）：

黑龙江省富浩物流有限公司
南京凯利汽车服务有限公司
无锡市昊天运输有限公司
嘉兴宝捷国际货运代理有限公司
马鞍山市安达物流运输有限责任公司
马鞍山市宏成汽车运输有限公司
晋江市恒通汽车运输有限公司
福建泉州市邦臣物流有限公司
尤溪县恒顺物流有限公司
三明市宇顺物流有限公司
江西万城物流有限公司
上饶市振丰物流有限责任公司
九江奕诺信息科技有限公司
横峰县金福电子商务管理有限公司
江西联福物流有限公司
宜春市春晟物流有限公司
九江新韵达快递有限公司
九江远恒速递有限公司
永新县雄发货物运输有限公司
江西骥途物流有限公司
江西领未来物流有限公司
吉安市吉州区鸿亮物流有限公司
湖北荆楚粮油鄂州有限公司
湖北润阳物流有限公司
赤壁市锦鸿运输物流有限公司
宜昌富盈通物流有限公司
宜昌老李物流有限公司
宜昌寅虎物流有限公司
宜昌恒达物流有限公司
宜昌市亿源国油运输有限责任公司
宜昌平胜供应链管理有限公司
赤壁市金福顺通物流有限公司
珠海绿兴冷链物流有限公司
珠海横琴远桥供应链管理有限公司
深圳市星辰现代物流有限公司
自贡市全盛物流有限责任公司
自贡市诚信韵达快递有限责任公司
自贡市运通速递有限责任公司
凉山科欧物流有限公司
贵阳黔佳物流有限公司
贵州省羊程冷链物流有限公司
贵州永顺物流有限责任公司
遵义交旅投公铁物流管理有限公司

贵阳花溪安捷运输有限责任公司
贵州省铜仁市宏源现代商贸物流有限公司

1A 级物流企业（5 家）：
赤水市扬程种养殖农民专业合作社
遵义德茂粮油有限公司
遵义粮油（集团）有限责任公司
贵州供销贵电商物流有限公司
瓮安县南方天宏物流有限责任公司

2021 年下半年通过复核的 A 级物流企业名单（共 511 家）

5A 级物流企业（36 家）：
中铁快运股份有限公司
北京京铁实业有限公司
北京宏贤达物流集团有限公司
北京顺丰速运有限公司
东方国际物流（集团）有限公司
港中旅华贸国际物流股份有限公司
远孚物流集团有限公司
重庆公路运输（集团）有限公司
冀中能源峰峰集团邯郸鼎峰物流有限公司
唐山市双赢物流有限公司
山西汽车运输集团有限公司
内蒙古巴运控股（集团）有限公司
通辽市第一运输有限公司
鞍钢汽车运输有限责任公司
辽宁红运物流（集团）有限公司
中国邮政速递物流股份有限公司江苏省分公司
江苏连云港港口股份有限公司
镇江海纳川物流产业发展有限责任公司
物产中大物流投资集团有限公司
浙江顺丰速运有限公司
福建陆地港集团有限责任公司
福建汇丰物流有限公司
福州顺丰速运有限公司
荣庆物流供应链有限公司
中创物流股份有限公司
国药控股河南股份有限公司
华润河南医药有限公司
国药控股湖北有限公司
湖北银丰棉花股份有限公司
襄阳光彩国际物流产业投资有限公司
宜昌三峡物流园有限公司
湖北顺丰速运有限公司
长航货运有限公司
广西玉柴物流集团有限公司
广西供应链服务集团有限公司
延安利源物流有限公司

4A 级物流企业（173 家）：
北京安信捷达物流有限公司
久海纳（北京）物流有限公司
天津九州通达医药有限公司
上海商业储运有限公司
上海中石化工物流股份有限公司
上海惠尔物流有限公司
上海市长途汽车运输有限公司
日立物流（中国）有限公司
中航国际供应链科技有限公司
西上海汽车服务股份有限公司
上海岳锋国际物流有限公司
上海源洪仓储物流有限公司
上海互赢物流股份有限公司
上海能运物流有限公司
上海宝钢运输有限公司

新银豪国际物流（上海）有限公司
上海世权物流有限公司
上海发网供应链管理有限公司
中远海运化工物流有限公司
民生物流有限公司
重庆明品福物流有限责任公司
重庆钢铁集团运输有限责任公司
保定保运物流有限公司
石家庄聚和港物流园区有限公司
河钢集团国际物流有限公司
唐山市润驰物流有限公司
山西晋德帮医药科技有限公司
山西汽运集团晋城汽车运输有限公司
山西国际物流有限公司
通辽瑞丰物流有限责任公司
辽宁安吉联合物流有限公司
沈阳中外运长航物流发展有限公司
营口港吉星物流有限公司
长春九州通医药有限公司
江苏叠石桥物流有限公司
江苏亚东朗升国际物流有限公司
中国张家港外轮代理有限公司
江苏神龙明物流有限公司
江苏长江石油化工有限公司
南通中远海运物流有限公司
张家港沿江国际物流有限公司
江苏省九洲交通物流集团
江苏省扬州港务集团有限公司
江苏旺妮物流有限公司
张家港市金港物流中心有限公司
太仓武港码头有限公司
淮安市三江运输有限公司
淮安金网物流有限公司
江苏新合作常客隆数科商业有限公司
江苏柏盛国际物流股份有限公司
常州录安洲长江码头有限公司
苏州梦威物流有限公司
中国石化集团江苏石油勘探局有限公司
江苏中卡物流有限公司
浙江中通通信有限公司
浙江永达国际货运代理有限公司
浙江东宇物流有限公司
绍兴港现代物流集团有限公司
义乌市申通快递有限公司
义乌欣辉国际货运代理有限公司
浙江宏星物流有限公司
浙江协海集团有限公司
宁波富邦物流股份有限公司
宁波余慈物流有限公司
宁波市美家亮国际物流有限公司
宁波黄金物流有限公司
慈溪太平鸟物流有限公司
宁波龙星物流有限公司
环集供应链管理股份有限公司
合肥市宝元物流有限公司
繁昌县海洋物流有限公司
安徽迅捷物流有限责任公司
安徽港口物流有限公司
芜湖九州通医药销售有限公司
安徽诚通红四方物流有限公司
安徽中信货运有限公司
马鞍山市联合运输集团有限责任公司
铜陵市华德实业有限责任公司
安徽中运通物流有限公司
福建省宏捷物流有限公司
福建飞跃物流有限公司
福建省交通建设投资有限公司
福建万集物流有限公司
福建九州通医药有限公司
福清盛辉物流有限公司

鸿昌（福建）物流有限公司
福建路成达物流发展有限公司
青顺物流集团有限公司
福建鸿雁物流有限公司
厦门中贸国际货运代理有限公司
厦门国际货柜码头有限公司
厦门嵩屿集装箱码头有限公司
厦门远海集装箱码头有限公司
中国邮政速递物流股份有限公司江西省分公司
江西桃源物流有限公司
高安市新瑞物流有限公司
新余中新物流有限公司
江西省赣银物流发展有限公司
江西杨邦物流有限公司
鹰潭市阿桂物流有限公司
江西省高安汽运集团福豪汽运有限公司
江西省高安汽运集团迅通汽运有限公司
山东高密恒丰粮库有限公司
山东长鑫物流集团有限公司
济南瑞丰物流有限公司
青岛裕龙盛捷国际物流有限公司
烟台交运集团货运有限公司
河南宇鑫物流集团有限公司
河南巨洋方圆物流有限公司
中国邮政速递物流股份有限公司河南省分公司
河南省吉瑞仓储服务有限公司
郑州传化公路港物流有限公司
国药控股平顶山有限公司
河南安棚铁路货运有限公司
湖北盛辉物流有限公司
湖北全诚物流有限公司
湖北晶海物流有限公司
宜昌远东明亮汽车销售服务有限公司
湖北省襄阳市新合作物流发展有限公司
襄阳市民晟实业有限公司
武汉通利达物流有限公司
湖北省金属材料有限公司
湖北安捷物流有限公司
湖北国储物流股份有限公司
湖北汇丰公铁联运物流有限公司
武汉金宇综合保税发展有限公司
湖北美标康盛动力科技有限公司
襄阳市好邻居连锁超市有限公司
十堰供销华西国际农商城有限公司
荆门市翔泰贸易有限公司
湖北荆沙物流有限公司
湖北佰昌农业发展有限公司
武汉诚通物流有限公司
武汉云申物流有限公司
武汉红霞商贸集团有限公司
武汉市商业储运有限责任公司
湖北中通吉物流有限公司
武汉东丰物流股份有限公司
伟鸿食品股份有限公司
聚宝金昊农业高科有限公司
湖南金叶众望科技股份有限公司
湖南恒邦物流有限公司
岳阳市海纳物流有限公司
岳阳国联物流发展有限公司
湖南千金医药股份有限公司
岳阳恒阳化工储运有限公司
岳阳金宏物流有限公司
湖南融城物通天下物流有限公司
湖南湘港投资集团有限公司
湖南郴州南方新材料科技有限公司
湖南德荣医疗器械物流配送服务有限公司
南储仓储管理集团有限公司
东莞港集装箱港务有限公司

深圳市车夫网物流科技有限公司
广东彩丰物流有限公司
广东时捷物流有限公司
深圳市宇达物流有限公司
深圳市海港龙物流有限公司
深圳市锦鑫物流有限公司
深圳市鼎辰国际物流有限公司
广州市广百物流有限公司
中捷通信有限公司
佛山市南海金叶物流有限公司
广州中远海运航空货运代理有限公司
湛江中远海运物流有限公司
德阳飞龙运业有限公司
成都鹏翔运通物流股份有限公司
云南呈达冷冻食品物流有限公司
云南理世物流有限责任公司
陕西贝斯特物流有限公司
西部机场集团航空物流有限公司
陕西华秦汽车贸易有限责任公司
新疆天顺供应链股份有限公司

3A 级物流企业（255 家）：

北京中远海运物流供应链有限公司
天津中远海运航空货运代理有限公司
上海中远海运航空货运代理有限公司
上海敬诚物流有限公司
上海润东物流有限公司
重庆港湾储运有限公司
重庆鑫之道物流有限责任公司
重庆市万州铁公水联运有限公司
重庆飞力达供应链管理有限公司
保定英利水牛物流有限公司
扎鲁特旗正达粮油贸易有限公司
呼和浩特市新畅铁路储运有限责任公司
赤峰九州通医药有限公司
大连风神物流有限公司
大连鲜星国际物流有限公司
大连国际货运有限公司
大连俱进汽贸运输有限公司
大连中外运物流有限公司
辽宁竞大国际物流有限公司
鞍山佳辉物流有限公司
大连胜狮国际集装箱有限公司
沈阳一运实业有限责任公司
营口浩东实业有限公司
肇东市銮通物流有限责任公司
江苏捷成物流有限公司
无锡高新物流中心有限公司
苏州工业园区报关有限公司
江苏天合国际物流有限公司
昆山飞力宇宏航空货运有限公司
江苏恒亿国际物流有限公司
无锡市中卡物流有限公司
无锡宇昊运输有限公司
南通瑞诚物流有限公司
南通宏仁化学危险物品运输有限公司
淮安市恒安天然气运输有限公司
徐州超越运输有限公司
徐州捷捷运输有限公司
江苏亿翔供应链管理有限公司
张家港保税区长江国际扬州石化仓储有限公司
南京深普物流有限公司
江阴市江顺物流有限公司
南通华润燃气有限公司
宿迁市鸿旭物流有限公司
南京汇吉通物流有限公司
苏州华亚国际货运代理有限公司
扬州中外运物流有限公司
宿迁市创伟物流有限公司

宿迁市港口发展有限公司
江苏苏迈克斯国际物流有限公司
南京瑞星航国际货运代理有限公司
江苏华远供应链管理有限公司
常熟市聚丰货运有限公司
扬州奥克石化仓储有限公司
江苏有则国际物流有限公司
泗洪县常洪物流有限公司
扬州邮畅物流有限公司
浙江英特物流有限公司
中国舟山外轮代理有限公司
浙江统冠物流发展有限公司
绍兴市集亚物流基地有限公司
浙江新海瀛供应链管理有限公司
浙江美顺达石化有限公司
长兴长顺物流有限公司
宁波市阿六食品有限公司
宁波长胜货柜有限公司
余姚市东方国际物流有限公司
宁波外代新华国际货运有限公司
宁波外代新扬船务有限公司
宁波人丰运输有限公司
余姚市鑫天地货运有限公司
余姚市粮油运输有限公司
浙江赛灵供应链有限公司
宁波大榭开发区宁港物流有限公司
宁波市新庄物流有限公司
宁波甬隆物流有限公司
浙江宁绍物流有限公司
宁波国华国际货运代理有限公司
宁波铭仕国际物流有限公司
宁波外运国际货运代理有限公司
宁波达源国际货运代理有限公司
马鞍山亚太物流集团有限公司
安徽海元物流有限公司
芜湖市安顺船务有限责任公司
安徽迅捷皖江物流有限公司
马鞍山市润通物流有限公司
马鞍山市滨江水上运输有限公司
安徽省繁昌县金龙航运有限公司
中国马鞍山外轮代理有限公司
马鞍山市交通物流有限公司
马鞍山市嘉浩物流有限公司
福建中闽物流有限公司
福建万达物流有限公司
宁德市申通快递有限公司
福建万鼎物流有限公司
福建省莆田市双赢物流有限公司
晋江市凤池汽车运输有限公司
南安市英豪物流有限责任公司
泉州市天盛集装箱运输有限公司
泉州万弘物流有限公司
石狮市阜康集装箱储运有限公司
永安市源通物流有限公司
晋江盛辉物流有限公司
福州世海国际物流有限公司
福建合利物流有限公司
福建省佳林物流有限公司
石狮市华锦码头储运有限公司
石狮市联达货运有限公司
邵武天宇物流有限公司
龙岩市港通汽车运输有限公司
漳平市闽富物流有限公司
福建可门港物流有限责任公司
福建友昌物流有限公司
泉州外代物流有限公司
石狮万兴物流有限公司
漳州兴四海物流有限公司
福建龙岩卓信物流有限公司
龙岩市龙雁运输有限公司

福建省龙岩鑫龙物流有限公司
三明市建荣物流有限公司
三明市云领物流有限公司
漳州顺丰速运有限公司
福建省莆头港口开发有限公司
福建省瑞卡达冷链物流有限公司
上杭县紫金物流有限责任公司
永安市万鑫物流有限公司
三明市祥和物流有限公司
三明市开心物流有限公司
永安市宏顺达物流有限公司
三明市明龙物流有限公司
厦门火炬集团供应链发展有限公司
厦门象屿胜狮货柜有限公司
厦门市捷利顺国际货运代理有限公司
厦门汉连物流有限公司
厦门中迪物流有限公司
厦门硕航物流有限公司
厦门来得顺物流有限公司
厦门外代国际货运有限公司
厦门中外运裕雄物流有限公司
厦门艺辉物流有限公司
厦门集盛达物流有限公司
赣州市南康区荣宝正泰物流有限公司
江西康华企业发展集团有限公司
弋阳县鹿富汽车运输服务有限公司
江西上饶海港物流有限公司
江西鹏泰物流有限责任公司
赣州三志物流有限公司
信丰华洲物流有限公司
江西普特物流有限公司
赣州建辉物流有限公司
德州飞马冷链物流有限公司
淄博康胜经贸有限公司
中盐青岛盐业有限公司
青岛师帅冷链物流股份有限公司
青岛九州通医药有限公司
青岛中韩国际物流有限公司
烟台福昊物流有限公司
烟台德华物流有限公司
烟台开发区诚信通和物流有限公司
烟台市炎邦物流有限公司
河南省商储物流有限公司
河南省脱颖实业有限公司
枝江市兴港装卸运输有限责任公司
武汉卓航江海贸易有限公司
襄阳顺发运输有限责任公司
湖北新赛农产品物流有限公司
湖北捷阳物流有限公司
湖北寰城投资有限公司
宜昌山里来食品有限责任公司
鄂州市金航物流股份有限公司
宜都市松宜铁路有限责任公司
宜昌春晓物流有限公司
襄阳福鑫盛威运输有限公司
湖北圣九隆商贸有限公司
黄石港务集团有限责任公司
谷井供应链（湖北）有限公司
襄阳佳驹物流有限公司
宜昌江山贝尔公铁物流有限公司
宜昌八方物流有限公司
湖北省十堰市亨运大道物流有限责任公司
湖北潜网生态小龙虾产业园集团有限公司
宜都鑫隆达物流有限公司
武汉恒钢物流发展有限公司
武汉汉鹏物流发展有限责任公司
武汉肉联食品集团有限公司
武汉长盛港通供应链管理有限公司
武汉联华运贸物流有限公司
武汉家事易农业科技有限公司

武汉中运达物流有限责任公司
武汉百安通物流有限公司
武汉市硚口区神通运输有限公司
岳阳城陵矶新港有限公司
湖南猴急送物流有限责任公司
株洲市天成联运有限责任公司
醴陵通达物流有限公司
湖南龙秀供应链管理有限公司
广东珠江国际货运代理有限公司
深圳嘉里盐田港物流有限公司
苏宁物流（深圳）有限公司
深圳市中海通供应链管理有限公司
深圳市益嘉物流有限公司
深圳市环国运物流股份有限公司
深圳市理想物流有限公司
深圳市东胜物流有限公司
深圳市讯鸟流通科技有限公司
深圳市鼎恒国际物流有限公司
深圳易欣物流有限公司
广州市广石物流有限公司
广州长运冷链服务有限公司
广州广汽木村进和仓储有限公司
广州和力物流有限公司
广州凯沣物流有限公司
广州市畅翔物流有限公司
中山海慧科企物流（集团）有限公司
广西亿丰物流有限公司
广西万福隆海运物流有限公司
洋浦天雨物贸有限公司
德阳华荣大件运输有限公司
泸州诚通物流有限公司
四川达竹物流有限责任公司
成都中阳物流有限责任公司
绵阳市高水农副产品批发有限公司
四川兴兴药业有限公司
达州达运物流有限公司
绵阳富邦物流有限责任公司
四川荣邦物流有限公司
四川齐天大圣物流有限公司
贵州冶诚物流有限公司
贵州省鹏程物流有限公司
贵州三汇金阳商贸有限公司
云南昆明交通运输集团有限公司
保山骏泰物流有限公司
大理白塔混凝土有限责任公司
云南省保山市永安货运有限责任公司
云南国豪通信集团有限公司
大理州美登储运有限公司
云南省玉溪市红塔运输有限公司
陕西东海实业有限公司
陕西益海嘉里物流有限公司
陕西的达的货运有限公司
陕西米禾供应链管理股份有限公司
陕西医药控股集团恒庆医药有限公司
陕西现代医药有限公司
西安市申玲珑农业科技开发有限公司
西安荣宾运输服务有限责任公司
陕西卓裕医药供应链服务有限公司
中通服供应链管理有限公司甘肃分公司
甘肃苏宁物流有限公司
宁夏众一物流有限公司
宁夏恒源同达冷链物流有限公司
宁夏骏通达实业有限公司
新疆维吾尔自治区棉麻南疆公司
新疆维吾尔自治区棉麻公司巴楚棉麻站
库尔勒银星物流有限责任公司
新疆中新建现代物流股份有限公司
新疆华凌物流配送有限公司

2A 级物流企业（46 家）：

台州东福汽车运输有限公司
上海锦路物流有限公司
重庆湘东渝运输有限公司
大连一运运输有限公司
沈阳深国际综合物流港置业有限公司
营口经济技术开发区顺程装卸有限公司
嘉兴外轮代理有限公司
宁波涌金物流有限公司
宁波海辰物流有限公司
宁波信诺国际物流有限公司
福州开发区路港沥青有限公司
福建兴业能源有限公司
将乐县中福物流服务部
龙岩顺丰速运有限公司
永安市途胜物流有限公司
九江鑫昌隆物流运输有限公司
上饶市京九联合物流有限公司
上饶市九狮物流有限公司
会昌县锦程物流有限公司
龙南宏金达汽车运输有限公司
赣州市赣鑫物流有限公司
大余县东深物流有限公司
信丰广佳物流有限公司
信丰县赣通物流有限公司
信丰橙乡锦通物流有限公司
烟台翔川货运有限公司
焦作市同鑫源冷藏物流有限公司
荆州市丰泽园农业股份有限公司
天门元森农业产业化发展有限公司
国药控股麻城有限公司
国药控股黄梅有限公司
房县诚信汽配有限责任公司
武汉市硚口区汉正街客运中心
武汉经开港口有限公司
武汉市武物储运有限公司
岳阳运兴物流物贸有限公司
四川上马科技有限公司
绵阳金循环金融仓储有限公司
西昌市华忠实业运输有限公司
德昌汇源运输有限公司
德昌县安利捷运输有限公司
汉源县玲雅物流有限责任公司
云南中盛物流有限公司
曲靖麟泰商贸有限公司
兰州华林货运有限公司
青海报业发行物流有限公司

1A 级物流企业（1 家）：

厦门市快行线物流有限公司

放弃复核的企业 135 家：

鑫辰（集团）有限公司、营口弘程集装箱公路运输有限公司、吉林国储物流股份有限公司、吴江经济技术开发区公共型保税仓库有限公司、义乌德翔物流有限公司、安徽省益民工贸集团有限公司、安徽省顺兴物流有限公司、江西新振兴投资集团有限公司、广昌县惠昌汽车运输有限公司、德州资通国际物流集团有限公司、山东金孚隆物流有限公司、江陵县飞达现代物流有限公司、湖南华菱岳阳港务有限公司、广东国通物流城有限公司、广东鑫昌物流有限公司、海口三顺物流服务有限公司、海航货运有限公司、中铁物资集团海南有限公司、青海世全物资集团有限公司、上海复闽仓储有限公司、上海华联超市物流有限公司、重庆嘉峰实业（集团）有限公司、河北九州源物流有限公司、太原安吉天地物流有限公司、山西汽运集团迎泽物流有限公司、山西汽运集团长治汽车运输有限公司、呼和浩特铁通物流有限公司、通辽成大冷藏运输有限公司、北大荒物流股份有限公司、长春市商业储运有限公司、靖江市万事鑫联运服务有限公司、昆山市佳佳荣泰危险品储运有限公司、昆山大唐危险品储运有限公司、昆山市万里运输有限公司、昆山市晨曦汽车运输有限公司、宿迁交通物流有限公司、苏州爱乐美实业有限公司、昆山张大千绿色物流有限公司、昆山市交运仓储有限公司、无锡市亚太运输有限公司、无锡德邦物流有限公司、江苏中融国际物流有限公司、昆山新大陆运输有限公司、江苏众捷物流股份有限公司、南通大地物流有限公司如东分公司、江苏鸿燊物流有限公司、南通市中南运输有限公司、鑫鼎鑫物流如皋有限公司、南通市飞天置业有限公司、海安县正达运输有限公司、扬州邗江陆海运输有限公司、扬州市邗江第六运输公司、常州德邦货运代理有限公司、扬州市江都区新世纪物流有限公司、无锡诚亿物流有限公司、南通万盛棉业有限公司、南通万达物流有限公司、温州市俊驰物流有限公司、温州市龙湾物流有限公司、温州市第三汽车运输公司、金华市铁集货运代理有限公司、浙江旺通物流有限公司、浙江恺颉物流有限公司、温州市亮帆物流有限公司、浙江南丰物流有限公司、浙江伊布拉欣国际货运代理有限公司、浙江广诚物流有限公司、铜陵隆祥物流有限公司、福建省建瓯市德峰汽车物流有限公司、泉州诚德物流有限公司、福建劲翔物流有限公司、于都捷达物流有限责任公司、临沭县盛元锦程物流有限公司、漯河市鑫田快运有限公司、河南阿拉丁物流有限公司、襄阳光彩中之捷物流有限公司、巴东县顺达物流有限公司、随州市国汽城商贸物流有限公司、潜江同光面粉有限责任公司、武汉长江智能物流股份有限公司、武汉市创捷平安达物流有限公司、湖南嘉业物流有限公司、长沙市科联物流有限公司、长沙林鸿物流有限公司、永州市金桔尔物流有限公司、湖南湘平高速航运有限公司、长沙县天顺物流有限公司、湖南红鹏快运物流有限公司、湖南省煤业集团资兴物资供应有限公司、广州壹加投资发展有限公司、汕头市德邦物流有限公司、拓领环球物流（中国）有限公司、深圳市神州通物流有限公司、深圳市凯利物流有限公司、海南农垦现代物流有限责任公司、海南集韵物流有限公司、洋浦振业物流有限责任公司、海南嘉德物流有限公司、眉山市姜氏物流有限公司、成都亚美物流有限公司、成都翼祥物流有限公司、成都志钢物流有限公司、成都泰利物流有限公司、旬阳县祥和运输有限公司、宁夏原野物流有限责任公司、上海金箭物流有限公司、南京顺业船务有限公司、昆山市城际货运出租有限公司、昆山大洋货运有限公司、昆山好运通国际货运有限公司、南通新轮国际储运有限公司、昆山市源通危险货物运输有限公司、昆山鲁南迅达运输有限公司、昆山团结货运有限公司、浙江省中集物流有限公司、浙江三特生态渔业发展有限公司、义乌市新港国际货运代理有限公司、杭州众用汽车运输有限公司、杭州恒佳运输有限公司、嘉兴市港区四海运输服务有限公司、宁波中亚国际集装箱储运有限公司、宁波恒俊物流有限公司、福建福宇物流有限公司、河南省裕华商储实业有限公司、襄阳市洪沟农副产品股份有限公司、湖北京穗物流有限公司、湖北泽中物流有限公司、湖北神鹭水产品有限公司、常德市龙腾汽车运输有限公司、深圳市安联宏运国际物流有限公司、深圳市森海诺物流供应链有限公司、深圳市天鹰供应链管理有限公司、海原县昌浩工贸运输有限公司、银川市天地快运物流、深圳市嘀嘀物流有限公司因物流业务调整、并购重组、经营模式改变、企业注销等原因，不再保留A级物流企业资质。

全国第三十四批A级物流企业名单（共645家）

5A级物流企业（31家）：

北京博华物流有限公司（4A升5A）

重庆哈弗物流有限公司

石家庄国际陆港物流有限公司（4A升5A）

国药乐仁堂医药有限公司

江苏亚东朗升国际物流有限公司（4A升5A）

浙江协海集团有限公司（4A升5A）

浙江吉速物流有限公司

永泰运化工物流股份有限公司（4A升5A）

镇海石化物流有限责任公司（4A升5A）

宁波顺圆物流有限公司（4A升5A）

宁波中远海运物流有限公司（4A升5A）

宁波外运国际集装箱货运有限公司（4A升5A）

安徽省港航集团有限公司

芜湖安得智联科技有限公司（4A升5A）

安徽华源物流有限责任公司（4A升5A）

福建省海运集团有限责任公司

福建省港口集团有限责任公司

福建安踏物流信息科技有限公司（4A升5A）

象道物流集团有限公司

山东永昌物流集团有限公司

瑞康医药集团股份有限公司（4A升5A）

武汉航科物流有限公司（4A升5A）

湖北交投物流集团有限公司（4A升5A）

深圳市跨越速运有限公司（4A升5A）

广西顺丰速运有限公司（4A升5A）

广西柳钢物流有限责任公司（4A升5A）

贵州现代物流产业（集团）有限责任公司

贵州顺丰速运有限公司（4A升5A）

云南瑞和锦程实业股份有限公司（4A升5A）

云南中畅物流有限公司（4A升5A）

西安国际陆港多式联运有限公司（4A升5A）

4A级物流企业（210家）：

中石化重型起重运输工程有限责任公司

火凤凰（北京）国际艺术品物流有限公司

重庆市河牛滚装船运输有限公司（3A升4A）

重庆民生综合物流有限公司（3A升4A）

河北华辰聚联贸易有限公司

河北极兔极致供应链管理有限公司

河北兴泰物流有限公司

唐山曹妃甸区宝丰临港物流有限公司

河北和立东升国际物流产业有限公司（2A升4A）

山西维客家族农业科技有限公司（2A升4A）

太原市江凯仓储物流有限公司

柳林县预石运输有限责任公司

山西省物资产业集团有限责任公司

中铝物流集团内蒙古有限公司

大连中化物流有限公司

海南霖源航运物流有限公司

常州跨越物流有限公司（3A升4A）

南京合纵连横供应链管理股份有限公司（3A升4A）

江阴中远海运物流有限公司（3A 升 4A）
无锡极兔供应链管理有限公司
江苏鑫博亚国际物流有限公司（3A 升 4A）
江苏宇宏烨供应链管理有限公司
江苏恒安供应链管理有限公司
苏州交运物流有限公司
扬州外轮代理有限公司（3A 升 4A）
江苏海企化工仓储股份有限公司（3A 升 4A）
华诚沿江国际物流（苏州）有限公司（3A 升 4A）
杭州口岸国际物流有限公司（3A 升 4A）
温州市飞翔航空货运代理有限公司（3A 升 4A）
嘉兴环洋电商物流服务有限公司（3A 升 4A）
温岭市海通集装箱运输有限公司（3A 升 4A）
台州德信国际物流有限公司（3A 升 4A）
浙江银轮普天供应链管理有限公司
浙江云达物流有限公司（3A 升 4A）
温州兆翔航空服务有限公司（3A 升 4A）
义乌市义通欧物流有限公司
中创物流（宁波）有限公司（3A 升 4A）
宁波美设国际货运代理有限公司
宁波鸿英国际物流有限公司（3A 升 4A）
宁波外代新扬船务有限公司（3A 升 4A）
宁波泛洋国际货运代理有限公司
宁波申洋物流有限公司（3A 升 4A）
宁波建航国际货运代理有限公司
宁波腾辉国际物流有限公司（3A 升 4A）
亚细亚海运集团有限公司（3A 升 4A）
宁波中远海运冷链物流有限公司
合肥安得智联科技有限公司
合肥安运物流有限公司（3A 升 4A）
安徽省极兔供应链有限公司
安徽高远物流有限公司
安徽蓝云物流科技有限公司（3A 升 4A）
安徽迅捷皖江物流有限公司（3A 升 4A）
安徽赤湾东方智慧物流港开发有限公司
安徽徽托邦物流有限公司
六安市三方物流有限责任公司
安徽陆行物流股份有限公司
福州星光德邦物流有限公司（3A 升 4A）
福州盛丰运输有限公司
福建四赢物流有限公司（3A 升 4A）
安吉汽车物流（福建）有限公司
九江宝顺物流有限公司（3A 升 4A）
高安市百森物流有限公司
江西福安顺实业有限公司
江西昌鹤医药供应链管理有限公司（3A 升 4A）
江西旺达物流有限公司
江西众帮物流有限公司（3A 升 4A）
江西旭东物流运输有限公司
济南振涵物流有限公司（3A 升 4A）
山东云帆物流有限公司
济南众力物流有限公司
济南聚兴达物流有限公司
山东信方供应链管理有限公司
山东鲁豫供应链管理有限公司
济南伟通物流有限公司（3A 升 4A）
山东高速临空物流发展有限公司
济南富旺供应链管理有限公司（3A 升 4A）
山东迅吉安国际物流有限公司
山东金领供应链管理有限公司
山东金领物流有限公司（3A 升 4A）
济南道宇运输有限公司

济南车多多运输有限公司

济南小微网络科技有限公司

济南钰露物流有限公司

淄博宏亮物流有限公司（3A 升 4A）

淄博永祥物流供应链管理有限公司（3A 升 4A）

淄博增堰物流有限公司

潍坊德泰物流有限公司

潍坊嘉泉航运有限公司

弘嘉孚国际物流有限公司

山东佳怡智慧供应链管理服务有限公司

山东广汇供应链管理有限公司

青岛怡之航物流有限公司

河南现代正和物流有限公司（3A 升 4A）

河南宇沪供应链管理有限公司

郑州双龙货运服务有限公司（3A 升 4A）

中大门国际物流服务有限公司

河南旗帜物流有限公司（3A 升 4A）

郑州安得智联科技有限公司

河南极兔极致供应链有限公司

河南同盟冷链仓储有限公司

南阳海派物流有限公司

郑州富海物流有限公司

洛阳华晟物流有限公司

河南元都运输集团有限责任公司

河南一刘运输有限公司（3A 升 4A）

河南大象物流有限公司（3A 升 4A）

武汉北方晟通捷运国际物流有限公司

武汉长洪物流快运有限公司

武汉快客国际货运代理有限公司

黄冈启程物流有限公司（3A 升 4A）

湖北宇阔物流有限公司

湖北贰零伍陆物流管理有限责任公司

湖北极兔速递有限公司（3A 升 4A）

湖北机场集团航空物流有限公司（3A 升 4A）

湖北鹏达联合运输有限公司（3A 升 4A）

十堰万博物流有限公司

湖北潜网生态小龙虾产业园集团有限公司（3A 升 4A）

枝江市宁港物流有限公司（3A 升 4A）

武汉港集装箱有限公司

武汉顺衡速运有限公司

武汉市硚口区神通运输有限公司（3A 升 4A）

武汉道擎物流有限公司

武汉市承韵速递有限公司

武汉盟道远恒物流有限公司

武汉亿隆顺物流有限公司

武汉好又快物流有限公司

浩升（武汉）供应链管理有限公司

武汉坤速达物流有限公司

武汉顺安驰物流有限公司（3A 升 4A）

武汉宏达物流有限公司

武汉百安通物流有限公司（3A 升 4A）

武汉展迎物流有限公司

武汉聚车保汽车服务有限公司

武汉奥博骄阳物流有限公司

武汉绿谷新能源汽车有限公司

武汉银兴商品车物流有限公司

武汉创实乐晟汽车服务有限公司

武汉望道物流有限公司

武汉蒙捷物流有限公司

武汉易隆源物流有限公司

湖北海虹物流有限公司

荆州港务集团有限公司

武汉新港阳逻保税园区开发管理有限公司

武汉新港大通国际航运有限公司

武穴港航发展有限公司

岳阳大顺物流有限公司

岳阳市安迅货运有限公司（3A 升 4A）
醴陵通达物流有限公司（3A 升 4A）
湖南正方体医药有限责任公司（3A 升 4A）
上药控股（湖南）有限公司（3A 升 4A）
湖南省吉快达物流有限公司
安吉汽车物流（湖南）有限公司
湖南悦海医药物流有限公司
常宁水口山聚逸物流贸易有限公司
衡阳宇浩运输有限公司
郴州俊腾仓储物流有限公司（3A 升 4A）
江华杰宏置业发展有限公司（3A 升 4A）
常宁市金马有色物流有限责任公司（3A 升 4A）
广州拓威天海国际物流有限公司
深圳市神驼科技有限公司
深圳市立航货运股份有限公司（3A 升 4A）
深圳市恒润信达物流有限公司
深圳市易通科技供应链有限公司
深圳市星航物流有限公司（3A 升 4A）
大森林全球物流（深圳）有限公司（3A 升 4A）
广东云山供应链科技有限公司
广州景致物流发展有限公司
广东安曙达供应链管理有限公司
广东福地供应链有限公司
广东快龙供应链管理有限公司
深圳市冠誉全球货运代理有限公司
博丰（深圳）跨境电商服务有限公司
深圳市萱旗物流有限公司
深圳市捷顺联运国际货运代理有限公司
深圳市凯利德国际物流有限公司
深圳市东方金海物流有限公司
深圳市三一国际物流有限公司
广州市金韵快递有限公司
广州市达特贸易有限公司（3A 升 4A）
广州拓领物流有限公司
广西极兔供应链有限公司
广西八方国际物流有限公司
广西吉祥中通快递有限公司（3A 升 4A）
广西优而敏电子商务有限公司（3A 升 4A）
广西信发物流有限公司
四川乐送物流股份有限公司（3A 升 4A）
四川密尔克卫雄峰供应链管理有限公司（3A 升 4A）
达州达运物流有限公司（3A 升 4A）
四川弘成越石油天然气装备有限公司（3A 升 4A）
四川极兔极致供应链管理有限公司（3A 升 4A）
四川阔展物流有限公司（3A 升 4A）
四川卡行通供应链管理有限公司（3A 升 4A）
成都广日物流有限公司（3A 升 4A）
贵州金穗宏达物流有限公司（3A 升 4A）
贵州西南云聚物流有限公司
贵州丰茂东投物流有限公司
中外运物流（云南）有限公司
云南保山交通运输集团有限责任公司
玉溪物流投资有限公司
凤庆县亚太商贸有限公司（3A 升 4A）
陕西鸿兆华城实业有限公司
陕西煤化物资储运有限公司
绥德县运通汽车运输有限公司
西安经发供应链运营贸易有限公司
海得邦国际物流控股（集团）有限公司
陕西祥云物流有限公司（3A 升 4A）
蒲城田上新农农副产品物流园区开发有限

公司
陕西云聚物流有限公司
宁夏新华物流股份有限公司（3A 升 4A）
宁夏宁东铁路有限公司

3A 级物流企业（331 家）：
天津中远海运航空物流有限公司
重庆万商实业集团物流有限公司
重庆得盛物流有限公司（2A 升 3A）
重庆三峡物流集团有限公司
石家庄跨越物流有限公司
河北安邦供应链管理有限公司
河北津西货运代理有限公司
唐山市辰发仓储有限公司
河北祥通融成医药贸易有限责任公司
石家庄市国达物流有限公司
长治陆港国际物流有限公司
内蒙古亚欧国际物流有限责任公司
沈阳鑫运物流有限公司（2A 升 3A）
盛丰物流（辽宁）有限公司（2A 升 3A）
沈阳韵必达速递有限公司
长春市达成储运有限公司
吉林省厚得物流有限责任公司
吉林省瑞航物流有限公司
吉林飞虎物流集团有限公司
齐齐哈尔商业储运有限公司
南京润丰物流有限公司
南京万泰供应链管理有限公司
昆山市鸿运汽车运输有限公司
江苏顺宏物流有限公司
苏州创信国际货运代理有限公司
常熟市日昱物流有限公司
苏州苏汕通货运有限公司
昆山邦达国际货运代理有限公司
昆山胜鸿供应链管理有限公司
江苏领克物流有限公司
江苏弘帆供应链管理有限公司
昆山胜冠物流有限公司
苏州通广物流有限公司
常熟市悦达货运有限公司
江苏悦达铁运物流有限公司
江苏驰邦物流有限公司
盐城诚吉物流有限公司
江苏久兴物流有限公司
淮安市淮盛货物运输有限公司
海邦（淮安）供应链管理有限公司
江苏车联天下能源物流股份有限公司
中国物流泰州有限公司
江苏通湖物流园有限公司
淮安市迅辉货物运输有限公司
昆山市俊豪物流有限公司
江苏华强运供应链管理有限公司
台州市信亿环境建设工程有限公司
中国物流衢州有限公司
衢州湘桂物流有限公司（2A 升 3A）
杭州新意达供应链有限公司
浙江群发物流有限公司
浙江星瑞供应链管理有限公司
浙江吉星物流有限公司
嘉兴中通吉物流有限公司
桐乡市广运智联物流有限公司
浙江安齐物流有限公司
绍兴市铁龙物流有限公司
绍兴柯桥吉越渣土运输有限公司
绍兴和谐物流有限公司
台州市鸿铭供应链管理有限公司
台州市黄岩永豪物流有限公司
温州市温韵速递有限公司
温州市鑫鑫牧业有限公司
浙江东岸国际货运代理有限公司

宁波世荣国际货运有限公司
宁波佳景供应链有限公司
浙江普乐斯国际货运代理有限公司
宁波中景国际货运代理有限公司
宁波中瑞物流有限公司
宁波龙和仓储有限公司（2A 升 3A）
慈溪市禽联家禽有限公司
宁波百川港通国际物流有限公司
宁波亿丰国际货运代理有限公司
浙江久航供应链管理有限公司（2A 升 3A）
宁波天拓泰世通国际货运代理有限公司
浙江建业供应链管理有限公司
宁波博奥国际货运代理有限公司
宁波北辰国际物流有限公司
宁波效合供应链管理有限公司
宁波开源国际物流有限公司
浙江运派供应链管理有限公司
宁波旭风大件物流有限公司（2A 升 3A）
浙江蓝雪食品有限公司
宁波市先诚物流有限公司
芜湖市天工船务有限责任公司
芜湖源发航运有限公司
安徽省祺亚航运有限公司
安徽港航大数据服务有限公司
芜湖红兴储运有限公司
芜湖路歌物流科技有限公司
芜湖海创物流有限责任公司
安徽星梦供应链管理有限公司
安徽路联物流科技有限公司
安徽盛荷供应链管理有限公司
马鞍山韩泰物流有限公司（2A 升 3A）
安徽名爵航运有限公司
阜阳建晟供应链管理有限公司
安徽一里农业科技发展有限公司
阜阳市隆吉物流有限公司（2A 升 3A）
界首鑫运达物流有限公司
安徽祥泰物流有限公司
安徽华源大众医药有限公司
安徽杰通物流有限公司
亳州市中联物流园管理有限公司
芜湖三志物流科技有限公司
福建善祥物流有限公司
福建八方盛丰物流有限公司
福建省顺翃农产品冷链物流有限公司
福建福港国际物流有限公司
福安市泓闽物流有限公司
安吉智行物流（福建）有限公司
八方物流（莆田）有限公司
福建艾城物流有限公司
漳州市永信物流有限公司
中危（福建）供应链管理有限公司
龙岩市闽进物流有限公司
龙岩市红进物流有限公司
将乐县金运达物流有限公司
三明市海鑫运输有限公司
建瓯市源达物流有限公司
福建省建瓯市芝峰同齐物流有限公司
福建鲲鹏供应链管理有限公司
长春藤供应链管理（厦门）有限公司
厦门运盛物流有限公司
厦门道宇供应链有限公司
厦门陆安达物流有限公司
江西航速物流有限公司（2A 升 3A）
新余市远博汽车运输有限公司
九江长江船务代理有限公司
江西森翔物流有限公司
丰城市邑畅物流有限公司
江西广恩运输有限公司
江西正明亿通网络科技有限公司

江西吉丰汽车运输有限公司
吉水县吉发汽车运输有限公司
安福县运达物流有限公司
上饶市北和危货运输有限公司
江西丰城港曲江码头有限公司
丰城市龙浩工程运输有限公司
上饶市兴华运输有限公司
南昌荣佳物流有限公司
南昌深农冷链物流有限公司
江西正天港务发展有限公司（2A 升 3A）
江西赤湾东方智慧公路港有限公司
宜春广汇绿色能源科技有限公司
樟树市晟腾汽车运输有限公司
江西精准物流有限公司（2A 升 3A）
江西科捷物流运输有限公司
赣州方通物流有限公司
赣州市永耀物流有限公司（2A 升 3A）
赣州春欣物流有限公司（2A 升 3A）
赣州旺顺运输有限公司
江西赣州万年青物流有限公司
中邦物流有限公司
济南鑫聚成物流有限公司
山东追风物流有限公司
山东卡航之家现代物流管理有限公司
黄河三角洲滨南物流有限公司
青岛荣圣达国际物流有限公司
青岛吉瑞泰物流有限公司（2A 升 3A）
青岛德邦货运代理有限公司
河南力和供应链管理有限公司
河南红邻物流有限公司
中外运（郑州）空港物流有限公司
郑州金象物流有限公司
河南众力冷鲜供应链管理有限公司
郑州创思物流有限公司
郑州捷骏物流有限公司
河南九州通物流有限公司
三门峡市金叶汽车运输有限公司
南阳市赫邦物流有限公司
河南利盟物流有限公司
河南经邦物流有限公司
郑州安通运力供应链管理有限公司
郑州杰威供应链管理有限公司
河南安凯运输有限公司
河南韵达运乾快运有限公司
湖北九韵速达供应链管理有限公司
湖北卡路供应链有限公司
武汉恒运玖安物流有限公司
武汉易速顺达物流有限公司
武汉昌顺佳供应链管理有限公司
武汉天天发物流有限公司
湖北俊聪供应链管理有限公司
武汉通宝货运有限公司
湖北凡美物流供应链有限公司
武汉创兴金昌龙物流有限公司
武汉普迪物流有限公司
武汉天地亿般物流有限公司
武汉金顺高物流有限公司
武汉新轲博物流有限公司
湖北汉博物流有限公司
武汉兴川汉货运有限公司
武汉易路弘物流有限公司
武汉鑫巨鑫物流有限公司
武汉志上物流有限公司
湖北优色供应链管理有限公司
武汉世纪之星物流有限公司
武汉玖冷供应链管理有限公司
武汉汉邦联创物流有限公司
襄阳传化公路港物流有限公司
湖北吉襄通物流有限公司
黄冈市如峰汽车咨询服务有限公司

湖北捷程物流科技有限公司
武汉国锦盛达物流有限公司
湖北九州捷运物流有限公司
武汉诚则通供应链管理有限公司
武汉安驰顺供应链管理有限公司
湖北平头哥供应链管理有限公司
武汉阿凡提速达物流有限公司
武汉楚兴物流有限公司
湖北优达物流运输有限公司
武汉互通成杰物流有限公司
武汉万事达货物运输有限公司
武汉国锦通达物流有限公司
武汉九州天顺供应链管理有限公司
湖北九和江物流有限公司
武汉中实国际物流有限公司
鄂州市致远物流有限公司
宜都市誉通物流有限责任公司
宜昌港华物流有限公司
宜昌润通物流有限责任公司
湖北畅通迅景物流有限公司（2A 升 3A）
十堰龙骏物流有限公司
十堰市鼎高物流运输有限公司
十堰凯泽物流有限公司
十堰平顺达物流有限公司
十堰市邦达物流有限公司
湖北绿亿园食品科技有限公司
湖北浩洲运输有限公司
湖北鑫润物流有限公司（2A 升 3A）
天门聚成供应链有限公司
国药控股鄂州有限公司
宜昌聚兴物流有限公司
湖北德邦物流有限公司（2A 升 3A）
武汉速安运输有限公司
湖北平路供应链管理有限公司
湖北玖通达物流有限公司
武汉恒平物流有限公司
湖北丰运物流有限公司
武汉言而必行商贸有限公司
武汉天下纵横物流有限公司
武汉旺途物流有限公司
武汉安运八方物流有限公司
武汉聚义源物流有限公司
武汉蓝领人仓储管理有限公司
武汉爱邦物流有限公司
武汉顺心捷达供应链管理有限公司
武汉聚晟乐供应链管理有限公司
武汉军顺安达物流有限公司
武汉市港口运输集团有限公司
湖北港口集团鄂州有限公司
湖北港口集团黄冈有限公司
湖南中亿达物流有限公司
湖南长运达物流有限责任公司
长沙双鹤物流有限公司
郴州中合农产品市场有限责任公司
常德佳和冷链食品销售科技有限公司
常德纺机物流有限公司
娄底市胜邦物流有限公司
湖南长运物流科技有限公司
娄底市金源物流有限公司
湖南大载物流有限公司
株洲海达船务有限公司
常德辉达物流有限公司
郴州华晟物流有限公司
郴州市湘龙物流有限公司
汉寿县汉美蔬菜食品科技有限公司
广州市康远物联科技有限公司（2A 升 3A）
江门市吉盛运输有限公司
壹马（广州）供应链有限公司
广州市联发运输有限公司

广东永盛物流有限公司
深圳市弘和物流有限公司
深圳市富洋利通供应链有限公司
深圳市快益达物流有限公司
广州市峰田物流股份有限公司
广州朗达仓储物流有限公司
广州市南粤物流有限公司
广西联盟物流有限公司
广西粮运物流集团有限公司
广西联帮盛物流科技有限公司
南宁农产品交易中心有限责任公司（2A升3A）
国药控股广西物流有限公司
柳州市桂中海迅运输有限公司
柳州市齐旺达物流有限公司
柳州传化公路港物流有限公司
广西普华供应链管理有限公司
桂林通途物流有限公司
广西吉浙祥物流有限公司
广西银龙物流有限公司
成都优旺通物流有限公司
南充新成储物流有限公司
四川大地运通物流有限公司
达州市德聚仁合供应链管理有限公司
达州市新丝路汽车运输有限公司
达州市同天运业有限公司
达州市中聚物流供应链管理有限公司
达州市申通快递有限公司
达州市吉隆运输服务有限公司
达州市正伦物流有限公司
达州乐达物流有限公司
泸州汇益安能物流有限公司
内江市渝丰物流有限公司
凉山华顺运输有限公司（2A升3A）
成都运齐发快运有限责任公司
成都畅联供应链管理有限公司
成都西部呈祥化工物流有限责任公司
成都迅先达物流有限责任公司
四川中吉云供应链管理有限公司
四川恒都物流有限公司
贵州贵宁苏宁物流有限公司
贵州中盛物流有限公司
贵州韵必达快运有限公司
贵州云仓配供应链管理有限公司（2A升3A）
贵阳快捷物流有限公司（2A升3A）
贵阳恒丰泰物流有限公司
贵州博凯物流园投资有限公司
贵州车夫网供应链管理有限公司
红河州银盾物流有限公司
云南金鼎云天化物流有限责任公司
云南玉溪交通运输集团有限公司
云南省玉溪市金腾汽车运输有限公司
玉溪交运物流有限公司
曲靖市开发区迅达租赁货运有限责任公司综合型（2A升3A）
西安立人物流有限公司
宝鸡市全盛物流有限公司
西安长欣运输有限公司
青海物产朝阳物流开发投资有限公司
宁夏恒通物流贸易发展有限公司
宁夏战友运输有限公司

2A级物流企业（65家）：

山西跨越速运有限公司
大庆市久力运输有限公司
衢州市鑫港物流有限公司
衢州市安成物流有限公司
嘉兴市万里物流有限公司
嘉兴市鑫友运输有限公司

松阳县南胜道路运输有限公司
松阳吉达物流运输有限公司
松阳县腾跃运输有限公司
宁波欣丰物流有限公司
宁波阿宝菜篮子配送有限公司
宁波隆源基础工程有限公司
浙江嘉达物流有限公司
象山安能供应链管理有限公司（1A 升 2A）
浙江佑鼎物流有限公司
宁波恒诚运输有限公司
宁波智诚嘉弘汽车科技有限公司
宁波兴群电子商务有限公司
福建达三江物流有限公司（1A 升 2A）
福建畅翔物流有限公司
宁德市交投物流集团有限公司
宁德市交投物流产业园管理有限公司
三明市奕淇物流有限公司
九江迅安物流有限公司
九江市鑫远物流有限公司
江西德敏实业有限公司
永丰县乾通汽车贸易有限公司
江西省新干县亚鑫化工运输有限公司
新干县吉兴物流有限公司
上饶市鹏辉汽车贸易有限公司
上饶县日晨汽车运输有限公司
遂川县路顺物流有限公司
九江市世维贸易有限公司
德安县启运物流有限公司
德安县天宇余土清运有限公司
九江市诚兴物流服务有限公司
九江市华中物流有限公司
彭泽县聚友汽车运输服务有限公司
九江三鑫物流有限公司
井冈山市振武物流园有限责任公司
德安鹏智运输有限公司
德安运成运输有限公司
赣州佳纯物流有限公司
河南以利鲜程货运有限公司
郑州彪马货运有限公司
郑州远方物流有限公司
河南佳腾运输有限公司
宜都双益物流有限公司
长阳成富物流有限公司
宜昌鑫振物流有限公司
秭归县友通物流有限公司
黄石港务集团物流有限责任公司
郴州和润餐饮管理有限公司
广州市云胜道路运输有限责任公司
广西百色一号农业发展有限公司
北川好山物流有限公司
广安全顺供应链管理有限公司（1A 升 2A）
合江县佳利物流运输有限公司
泸州临港驿通供应链管理有限公司
四川友通物流有限公司
宜宾五尺道农产品冷链物流有限公司
四川捷畅物流有限公司
云龙寿德物流有限公司
新平振邦物流有限责任公司
宁夏福瑞德物流有限公司

1A 级物流企业（8 家）：

宁波稳诚物流有限公司
宁波市韵峰物流有限公司
宁波晟德物流有限公司
宁波晨利物流有限公司
广西青于蓝物流有限公司
广西北流通洲物流有限公司
贵州卓豪农业科技股份有限公司

元阳集配速递有限公司

2022年上半年通过复核的A级物流企业名单（共744家）

5A级物流企业（46家）：

中铁集装箱运输有限责任公司
中通服供应链管理有限公司
北京昌达供应链管理集团有限公司
天津滨海泰达物流集团股份有限公司
联合运输（天津）有限公司
上海顺衡物流有限公司
利丰供应链管理（中国）有限公司
河北顺丰速运有限公司
河北德达物流有限公司
中铁铁龙集装箱物流股份有限公司
沈阳铁道物流集团有限公司
中铁物资集团东北有限公司
辽宁联合物流有限公司
江苏金陵交运集团有限公司
江苏飞力达国际物流股份有限公司
林森物流集团有限公司
国药控股扬州有限公司
江苏安达洲沿江国际物流有限公司
中国邮政速递物流股份有限公司浙江省分公司
菜鸟网络科技有限公司
泉州安通物流有限公司
立晨物流股份有限公司
国药控股山东有限公司
河南九州通医药有限公司
驻马店市恒兴运输有限公司
湖北省农业生产资料控股集团有限公司
武汉港务集团有限公司
湖南金霞粮食产业有限公司
湖南星沙物流投资有限公司
云通物流服务有限公司
华润湖南医药有限公司
湖南金煌物流股份有限公司
湖南兴义物流有限公司
湖南湘钢洪盛物流有限公司
重药控股湖南民生药业有限公司
郴州凯程医药有限公司
顺丰航空有限公司
深圳德坤供应链有限公司
中国铁路成都局集团有限公司
宏图智能物流股份有限公司
四川顺丰速运有限公司
云南腾晋物流股份有限公司
天驰物流有限责任公司
陕西鸿盛实业集团有限公司
陕西卡一车物流科技有限公司
新疆九洲恒昌供应链管理股份有限公司

4A级物流企业（263家）：

北京辛峰共赢物流有限责任公司
北京阜康迅驰国际物流有限公司
北京市京顺达物资有限公司
安迅物流有限公司
北京百福东方国际物流有限责任公司
中联达控股集团有限公司
北京盛世华人供应链管理有限公司
天津德利得供应链管理股份有限公司
天津安达物流股份有限公司
招商局物流集团（天津）有限公司
天津元顺物流集团有限公司
安信联合物流有限公司
上海旭富国际物流有限公司
上海安盛汽车船务有限公司

上海无忧供应链管理有限公司
上海普天物流有限公司
上海万家物流有限公司
上海新大洲物流有限公司
上海邦达隆飞物流有限公司
上海物贸生产资料物流有限公司
上海蒙盛物流有限公司
上海奔祥物流有限公司
联宇达方（上海）物流有限公司
上海捷泰物流有限公司
上海海联船务有限公司
上海环东供应链有限公司
上海新想物流有限公司
上海领速物流有限公司
智运天下（上海）科技有限公司
河北华迅物流有限公司
河北盛丰力翔物流有限公司
山西先行经贸物流有限公司
山西国新物流有限公司
山西供销物流产业集团有限公司
内蒙古北方风驰物流港有限公司
内蒙古亿阳物流集团有限公司
大连铁越集团有限公司
辽宁诚通物流有限公司
辽宁京邦达供应链科技有限公司
辽宁长久物流有限公司
本溪钢铁（集团）国贸腾达有限公司
中铁铁龙集装箱物流股份有限公司沙鲅铁路分公司
营口汇丰物流有限公司
营口鞍钢国际货运代理有限公司
营口金谷物流有限公司
辽宁沈哈红运物流有限公司
营口沿海物流有限公司
营口五洲实业有限公司
长春京铁物流有限公司
延边长白山物流有限公司
长春市新悦经贸有限责任公司
松原市瑞禾仓储物流服务有限公司
哈欧国际物流股份有限公司
江苏昆交物流股份有限公司
江苏富通物流有限公司
常熟威特隆仓储有限公司
吉安供应链管理淮安有限公司
南通江东物流有限公司
南通化学危险品运输有限公司
国药控股盐城有限公司
淮安交运危货运输有限公司
诚源港务集团有限公司
中国邮政集团有限公司江苏省宜兴市分公司
苏州华诚国际物流有限公司
昆山瀚宇国际物流服务有限公司
张家港市盛泰港务有限公司
绿洲物流股份有限公司
南通市远邦石油有限公司
海安通达联运有限公司
海安润思达食品有限公司
海安县欣盛汽车运输有限公司
仪征上汽赛克物流有限公司
欧普石油天然气集团有限公司
江苏盐道物流股份有限公司
江苏安邦物流股份有限公司
江苏政成物流股份有限公司
江苏天地纵横物流有限公司
常熟国通物流有限公司
江苏汇舟物流有限公司
江苏云企供应链管理有限公司
吴江瑞达货运有限公司
江苏隆达物流有限公司

扬州泰富港务有限公司
江苏宝胜物流有限公司
江苏生辉国际物流有限公司
南京鹏飞智慧物流股份有限公司
杭州汤氏物流有限公司
义乌市扬翔国际货运代理有限公司
浙江金斯顿物流有限公司
浙江创运物流有限公司
浙江金温铁道开发有限公司
浙江九州通医药有限公司
浙江天跃物流有限公司
浙江尊龙物流有限公司
浙江宏旭国际货运代理有限公司
浙江经开物流有限公司
义乌义港通物流有限公司
浙江佰川物流有限公司
浙江夏邦物流有限公司
宁波市一洲货运有限公司
宁波太平国际贸易联运有限公司
宁波市跨越速运有限公司
中通服供应链管理有限公司安徽分公司
安徽港航物流有限公司
安徽裕源物流有限公司
合肥维天运通信息科技股份有限公司
马鞍山市江东航运有限公司
马鞍山市通达物流有限公司
福建鸿达运输有限公司
福建运杰物流有限公司
中国福州外轮代理有限公司
福建金马物流有限公司
福建省狮鑫物流集团有限公司
福建龙达运输有限公司
福建中通快递有限公司
弘信物流集团有限公司
厦门诚达运通国际货运代理有限公司
厦门志捷国际物流有限公司
厦门市东万晟贸易有限公司
厦门盛辉物流有限公司
永进（厦门）国际物流股份有限公司
厦门港务运输有限公司
厦门海投物流有限公司
航都（厦门）国际货运代理有限公司
厦门中予物流有限公司
云仓配供应链管理（厦门）有限公司
江西江龙集团鸿海物流有限公司
赣州国盛铁路实业有限公司
赣西物流园投资发展有限公司
鹰潭市佳尔物流有限公司
江西佳润物流集团有限公司
江西瑞州汽运集团洪鑫物流有限公司
江西省高安汽运集团福林汽运有限公司
江西江龙集团龙鹏汽运有限公司
景德镇恒达物流有限公司
高安赣粤五星运输有限公司
江西金辉物流有限公司
江西行者物流科技有限公司
江西仁翔药业有限公司
南昌德邦物流有限公司
江西金砂湾港务有限责任公司
江西赤湾东方物流有限公司
赣州万吉物流有限公司
山东滨州银河国际物流有限公司
速恒物流股份有限公司
山东大舜医药物流有限公司
山东万泽冷链股份有限公司
济南高盛物流有限公司
山东捷丰国际储运有限公司
烟台交运集团有限责任公司
山东康诺盛世医药有限公司
烟台恒邦物流股份有限公司

蓬莱京鲁渔业有限公司
河北星驿智慧物流股份有限公司
栖霞市宏达运输有限公司
洛阳铁路运通集团（上海）贸易有限公司
河南省鸿泰物流有限公司
河南省豫锋物流有限公司
河南众邦浩运物流有限公司
河南诚信物流运输有限公司
河南中原四季水产物流港股份有限公司
河南省进口物资公共保税中心集团有限公司
郑州港达物流有限公司
河南华驰供应链管理有限公司
湖北国贸集团超市连锁有限公司
荆州市长江物流有限公司
襄阳捷顺达物流有限公司
湖北云飞梭供应链管理有限公司
黄石鑫泰物流有限公司
黄石市昌龙物流有限责任公司
葛洲坝集团物流有限公司
湖北爱奔物流产业有限公司
荆门市通旺达物流有限公司
国药控股襄阳有限公司
湖北盐业集团有限公司
襄阳弋圆运输有限公司
黄石天海航运有限公司
当阳市开心物流有限公司
十堰群利物流有限公司
荆门市民丰科技有限责任公司
湖北周正物流有限公司
武汉威伟博超实业有限公司
襄阳和顺祥物流有限公司
湖北振华化学股份有限公司
湖北天海益达物流有限公司
十堰宏顺物流经营有限公司
十堰市和谐物流有限公司
湖北北冰洋冷链物流有限公司
湖北国宝桥米有限公司
武汉市正达物流有限公司
武汉市中南物流配送有限公司
中外运湖北有限责任公司
增益冷链（武汉）有限公司
山绿农产品集团股份有限公司
武汉市圣达物流有限责任公司
湖北九州舜天国际物流有限公司
湖北经纬国际货运有限公司
湖北长捷物流有限公司
湖南鸿胜物流有限公司
湖南科德商贸股份有限公司
湖南首邦物流有限公司
湖南九裕物流有限公司
国药集团湖南潇湘医疗器械有限公司
国药控股长沙有限公司
长沙市大唐物流有限公司
湖南大雅食品供应链有限公司
湖南中汉快递服务有限公司
长沙市德邦物流有限公司
湖南星浩医药物流有限公司
湘潭交通发展集团有限公司
湘潭金启航物流有限公司
湖南安快顺物流有限公司
湖南新合作湘中物流有限公司
长沙滴答供应链管理有限公司
广东京邦达供应链科技有限公司
广珠铁路物流发展股份有限公司
广东炬申物流股份有限公司
深圳市恒路物流股份有限公司
速必达希杰物流有限公司
深圳市中海通物流股份有限公司
深圳市大广发物流有限公司

深圳欧瑞特供应链管理有限公司
深圳民生捷富凯物流有限公司
广东粤宁苏宁物流有限公司
中外运物流华南有限公司
广州市力进物流有限公司
侨益物流股份有限公司
佛山市跨越速运有限公司
广州跨越速运有限公司
广西北部湾弘信供应链管理有限公司
广西鸿翔船务有限公司
四川省机场集团航空地面服务有限公司
四川九州通医药有限公司
遂宁市东正物流有限公司
成都一汽新悦物流有限公司
四川洪成物流有限责任公司
四川沿森物流集团股份有限公司
西昌市金茂实业有限公司
贵州商储胜记仓物流有限公司
贵州山水物流有限公司
云南天马物流有限公司
云南远泽物流有限责任公司
红河州顺通物流有限公司
云南红河实业有限公司
陕西铁易达物流有限责任公司
中国诚通供应链服务有限公司
中国航空工业供销西北有限公司
西安中通吉物流有限公司
国药控股陕西有限公司
陕西华氏医药有限公司
招商局物流集团西安有限公司
陕西医药控股集团兴庆医药有限公司
甘肃诚佳信供应链管理有限公司
兰州铁邦物流有限公司
甘肃建投物流集团有限公司
甘肃通达鑫供应链管理有限公司
甘肃霖磊物流园有限公司
甘肃凯达物流有限责任公司
甘肃腾宇云供应链科技有限公司
中国邮政速递物流股份有限公司新疆维吾尔自治区分公司
新疆振坤物流股份有限公司
新疆昌顺源物流有限公司
中外运物流新疆有限公司

3A 级物流企业（368 家）:

夏晖物流（北京）有限公司
北京澳德物流有限责任公司
顺丰速运（天津）有限公司
上海金陵国际物流有限公司
璐陆国际物流（上海）有限公司
上海安宜达物流有限公司
上海宝通运输实业有限公司
上海同程物流发展有限公司
上海金溪物流有限公司
重庆瑞驰物流有限公司
重庆世开物流股份有限公司
重庆宏声物流有限责任公司
重庆祥运物流有限公司
重庆祥茂物流有限公司
重庆铁风国际物流有限公司
重庆浩航船务有限公司
重庆光环国际货运代理有限公司
沧州市诚信物流有限公司
河北瑞川物流有限公司
石家庄众顺运输有限公司
河北辉煌物流有限公司
鼎石物流股份有限公司
大连捷通物流有限公司
瓦房店轴承运输有限责任公司
大连交通运输集团有限公司

大连康宁物流有限公司
大连忠进国际货运有限公司
锦州盈港物流有限公司
阜新双汇物流有限公司
招商局物流集团长春有限公司
抚松县成达仓储物流有限公司
吉林市通益货物运输有限责任公司
齐齐哈尔光明运输代理服务有限公司
黑龙江嘉和融通物流股份有限公司
牡丹江市好运运输有限责任公司
黑龙江省乾程国际物流有限公司
江苏宏泰物流有限公司
江苏天成华达物流有限公司
扬州申通快递有限公司
扬州华伦物流运输有限公司
昆山无水港国际物流发展有限公司
吴江顺驰物流有限公司
南通机场集团有限公司
常州市双志石油化工储运有限公司
泰州联成仓储有限公司
淮安泽宇商贸有限公司
江苏恒利祥物流有限公司
常熟茂盛物流有限公司
常熟圳安物流有限公司
江苏安德福能源供应链科技有限公司
苏州瑞航物流有限公司
常熟市优拓吉货运有限公司
江苏云驰物流有限公司
江苏奕舜国际物流有限公司
南京联畅物流股份有限公司
南京捷顺达控股集团有限公司
昆山华裕供应链管理有限公司
昆山中鹏物流有限公司
昆山飞力集装箱运输有限公司
江苏飞力达现代物流有限公司
昆山力进物流有限公司
江苏智临物流有限公司
江苏同济达物流有限公司
仪征市大顺危险品货物运输有限公司
高邮市诚精物流有限公司
扬州市祥泰汽车运输有限公司
中外运物流供应链管理（扬州）有限公司
江苏运兴集装箱物流有限公司
宿迁罗智物流有限公司
宿迁市宝华物流有限公司
宿迁市陆港物流有限公司
杭州华商物流股份有限公司
浙江浙金物流有限公司
金华市中宇物流有限公司
浙江尖峰国际贸易有限公司
浙江五星物流有限公司
长兴顺达汽运有限公司
浙江嘉鸿国际货运代理有限公司
浙江航空开发有限责任公司
浙江远东物流有限公司
永康市老孙物流有限公司
平湖市安达汽车运输有限公司
顺丰速运（湖州）有限公司
浙江浙农茂阳农产品配送有限公司
杭州盛丰物流有限公司
浙江中跃供应链管理有限公司
浙江嘉信元达物流有限公司
浙江海畅物流有限公司
温州盛辉物流有限公司
义乌市商通物流有限公司
金华市传云物联网技术有限公司
长兴兴杰物流有限公司
浙江银轮物流有限公司
衢州市海欣物流有限公司
长兴鑫华物流有限公司

浙江美都物流股份有限公司
浙江赛孚物流有限公司
安吉鑫盛物流有限公司
浙江天畅供应链管理有限公司
嘉兴博洋物流有限公司
绍兴市飞马货运有限公司
杭州长强物流有限公司
衢州市双洲物流有限公司
杭州萧山国际机场航空物流有限公司
浙江金宇物流股份有限公司
台州市三翔汽车运输有限公司
浙江新意供应链管理有限公司
浙江聚和物流有限责任公司
慈溪市杭州湾物流中心
宁波市环集国际物流有限公司
浙江恒顺物流有限公司
宁波国柜物流有限公司
宁波捷尔国际货运代理有限公司
宁波市万达金诚物流有限公司
宁波银星海运有限公司
宁波市天晴运输有限公司
宁波天翔货柜有限公司
宁波鼎航国际物流有限公司
宁波联合埃希物流有限公司
宁波江北中通物流有限公司
慈溪市余慈物流中心
宁波梅山保税港区中外运国际物流有限公司
宁波富立物流有限公司
宁波浙粮仓储有限公司
宁波九泰物流有限公司
宁波速腾物流有限公司
宁波龙恒国际货运代理有限公司
宁波昊鑫国际物流有限公司
五矿钢铁宁波工贸有限公司
马鞍山市江安航运有限责任公司
安徽鸠瑞船务有限公司
安徽堂豪物流有限责任公司
阜阳市安润冷链物流有限公司
福建省四通物流集团
福州外代储运有限公司
漳州新立基沥青有限公司
泉州市英豪物流有限责任公司
福建建宁铙山和兴物流有限公司
南平烟草物流有限公司
福州胜狮货柜有限公司
福建盛昌物流有限公司
莆田市亚运交通有限公司
福建省维山物流运输有限公司
石狮市宏伟物流有限责任公司
漳州烟草物流有限公司
福建泰航国际物流有限公司
耀泰物流股份有限公司
石狮市鹏达汽车货物运输有限公司
福建至信物流有限公司
石狮市中联运输有限公司
晋江科达物流有限公司
福建金旅物流有限公司
福建省星城物流有限公司
邵武市龙祥汽车运输有限公司
福建大地通物流有限公司
泉州丰泽轮船有限公司
福建金航物流有限公司
漳州哟客配送服务有限公司
龙岩中外运物流有限公司
连城县亨达物流有限公司
福建天清冷链物流有限公司
兄弟物流股份有限公司
福建中轮物流有限公司
福建隆胜达物流有限公司

福建永创物流有限公司
莆田市万达物流有限公司
泉州瑞海物流有限公司
福建省凯晋物流有限公司
龙岩市马升龙物流有限公司
龙岩市红牛物流有限公司
武平县小有联合运输有限公司
漳平市顺利汽车运输有限公司
福建省腾顺物流有限公司
三明市联运物流有限公司
福建省建宁县孙龙物流有限公司
福建省建瓯市恒运物流有限公司
建瓯市利人物流有限公司
福建省易恒物流有限公司
福建博康物流有限公司
福建顺天汽车运输有限公司
全球物流（厦门）有限公司
厦门市中鹭达进出口有限公司
厦门汉航物流有限公司
厦门创誉物流有限公司
厦门珉挚集装箱服务有限公司
元翔空运货站（厦门）有限公司
厦门市杏林永顺运输有限公司
厦门优创思特供应链管理有限公司
厦门诚发物流有限公司
运发（厦门）物流有限公司
厦门万纬海投冷链物流有限公司
上饶市中合农产品市场有限公司
上饶市汇恒危货运输有限公司
江西国光商业连锁股份有限公司
景德镇旭通物流有限公司
九江兴源集装箱运输有限公司
九江凯瑞生态农业开发有限公司
江西博莱农业高科技股份有限公司
全南县万通物流有限公司
赣州口岸集装箱运输有限公司
中国邮政集团有限公司赣州市分公司
赣州祥亮物流有限公司
赣州市森浩物流有限公司
赣州远陆物流运输有限公司
赣州市虔顺物流有限公司
潍坊瑞亨缘运输有限公司
寿光嘉特物流有限公司
山东统超物流有限公司
山东大鹏物流有限公司
青岛和盛泰物流有限公司
青岛中储物流有限公司
青岛易通致远国际物流有限公司
青岛融商华海国际物流有限公司
青岛昭阳国际货运代理有限公司
莱阳市交通物流有限公司
烟台通昌物流有限公司
烟台顺安物流有限公司
山东荣畅物流有限公司
烟台群利物流有限公司
烟台市至上物流有限公司
烟台瑞通家家供应链管理有限公司
河南省商业储运有限公司
中核（郑州）储运贸易有限公司
洛阳石化通达运输工程有限责任公司
焦作市豫通物流有限公司
河南省正和物流有限公司
郑州飞鹰货运服务有限公司
郑州远东供应链管理有限公司
河南全程物流有限公司
郑州亚欧物流有限公司
郑州韵必达速递有限公司
洛阳壹立达物流有限公司
河南巨象物流有限公司
河南巨通物流有限公司

华润南阳医药有限公司
鹤壁万隆电子商务有限公司
焦作市方圆运业有限公司
博爱县众联运输有限责任公司
焦作市豫通沁北物流有限公司
河南全润通供应链管理有限公司
武汉市华春物流有限公司
宜昌金太阳物流股份有限公司
国家粮食和物资储备局湖北局七三六处
武汉市捷锐物流有限公司
湖北广发物流发展有限公司
黄石一达物流发展有限公司
武汉江盛汽车码头有限公司
湖北九鸿物流有限责任公司
湖北万安达物流有限公司
湖北顺泰商贸有限公司
人福医药十堰有限公司
人福医药襄阳有限公司
赤壁大润发仓储有限公司
荆州市昊瀚物流有限公司
湖北宏拓工贸有限公司
湖北鄂钢钢星汽车运输有限责任公司
湖北英迅通物流服务有限公司
人福医药黄石有限公司
湖北康华智慧物流园发展有限公司
湖北汇宁物流股份有限公司
宜昌稻花香粮油购销有限公司
宜昌市西部通物流有限公司
咸宁市旭帆物流发展有限公司
武汉通汇汽车物流有限公司
国药控股咸宁有限公司
咸宁市中邦物流有限公司
远安县正星物流有限公司
宜昌金阳光物流有限公司
武汉中天鑫源物流有限公司
湖北金叶储运有限公司
湖北东昊物流有限公司
鄂州聚兴物流有限公司
黄石市通达世纪供应链管理有限公司
黄石宏坤物流有限公司
武汉佳恒华中快运有限公司
潜江市佳捷物流有限责任公司
日通商事（武汉）商贸有限公司
武汉穗佳物流有限公司
武汉佳润达物流有限责任公司
武汉中原物流有限公司
资兴湘通物流有限公司
株洲市一汽运有限责任公司
永州市冷水滩区军联物流有限公司
湘潭鸿星物流股份有限公司
湘潭恒亚物流有限公司
长沙市万邦新能运输有限公司
永州顺意物流运输有限公司
永州市禾一物流科技有限公司
永州钰丹仓储配送有限责任公司
郴州市金峰物流仓储有限公司
广东安捷供应链管理股份有限公司
茂名市茂南华鹏汽车运输有限公司
深圳市兴华兄弟货运有限公司
深圳市神舟环球物流有限公司
深圳市逸迅达国际货运代理有限公司
深圳市韩润国际物流有限公司
深圳飞龙中港物流有限公司
深圳市星友行物流有限公司
深圳市鸿鑫汇国际物流有限公司
深圳市骄阳中港物流有限公司
广州大顺发国际物流有限公司
广州市黄埔致发运输工贸发展有限公司
广州市汇通运输有限公司
广西海格国际物流有限公司

广西泛航国际物流有限公司
柳州华乐物流有限公司
钦州市龙腾物流有限公司
钦州市铭利物流有限公司
广西柳州德运物流有限责任公司
广西铁捷物流有限责任公司
广西物产桂储物流有限公司
广西华晨冷链数智物流有限公司
南宁桂运物流有限责任公司
广西大德物流有限公司
广西金瀚国际物流有限公司
广西钦州市鑫盛物流有限公司
广西满帮物流有限公司
泸州市叁陆运业有限公司
攀枝花恒力（集团）投资有限公司
绵阳安运物流有限公司
泸州市跃达物流有限公司
自贡三辰实业有限公司
泸州永昌港埠物流有限责任公司
合江县速腾物流运输有限公司
泸州市跨越物流有限公司
四川枫茂物流有限责任公司
四川双汇物流有限公司
四川鑫然物流有限责任公司
四川凯迪物流有限公司
四川广运现代物流有限公司
四川晶南物流有限责任公司
成都正大和协物流有限公司
成都通祥福明物流有限公司
成都雅士物流有限公司
大英鑫业物流有限公司
成都佳凯物流有限公司
成都市运总集装箱运输有限公司
贵州国程物流有限公司
贵州恒申物流有限公司
铜仁友邦石油运输贸易有限责任公司
云南电力物资有限责任公司
云南云辉货运有限公司
中通服供应链管理有限公司云南分公司
云南广大铁路物资储运有限公司
云南九九物流有限公司
大理金叶商务服务有限责任公司
云南省禄丰县广通联兴物流有限公司
陕西东运物流有限公司
陕西四方物流服务有限责任公司
西安物特物流有限公司
西安远拓物流有限公司
西安顺成物流有限公司
陕西金汇物流有限公司
陕西钜篪物流服务有限公司
陕西唯客润物流有限公司
陕西捷成物流有限公司
陕西省空港综合保税区投资有限公司
陕西天士力医药物流有限公司
达能（陕西）食品饮料有限公司
西安广源货运物流管理咨询服务有限公司
陕西远韬供应链管理有限公司
陕西屹科物流有限公司
陕西华远医药物流配送中心
陕西一路进疆物流有限公司
陕西九州通康欣医药有限公司
甘肃天马物流股份有限公司
甘肃省万达物流有限责任公司
青海物产物资配送有限责任公司

2A 级物流企业（66 家）：

北京大荣物流有限公司
重庆万和汽车运输有限公司
运城市金叶汽车服务有限公司
乌拉特中旗毅腾矿业有限责任公司

大连宏创货物运输有限公司
营口铁源物流股份有限公司
营口信义物流有限公司
大洼县兴运达运输有限公司
哈尔滨乾龙置业有限公司
泰兴市科达气体有限公司
嘉兴市安荣物流有限责任公司
台州市公铁集装箱运输有限公司
衢州久联物流有限公司
龙游永安物流有限公司
临海市天和运输有限公司
宁波佰盛物流有限公司
宁波中永物流有限公司
宁波华贝供应链管理有限公司
宁波畅达国际集装箱储运有限公司
宁海县恒风货物快运有限公司
象山运派物流有限公司
宁波浦港物流有限公司
宁波远峰物流有限公司
福州畅翔运输有限公司
龙岩市双龙物流有限公司
福建昂天与合物流有限公司
德兴市运达物流有限公司
九江联商物流有限公司
九江礼涞生物科技有限公司
江西捷托物流有限公司
江西星火金笺实业有限公司
江西浩康物流有限公司
德安县同辉物流有限公司
彭泽县鼎旺物流有限公司
修水县宝航物流有限公司
九江长途汽车运输集团货运物流有限公司
江西九润物流有限公司
九江弘茂航运有限责任公司
赣州立禾汽车运输有限公司
石城县盛隆达物流有限公司
即墨市一汽四环运达物流有限公司
河南紫云云计算股份有限公司
长葛市远通物流有限公司
河南豫鲜达冷链物流有限责任公司
秭归县长江物流股份有限公司
宜昌三峡运输集团有限责任公司
湖北三峡鸿悟科技有限公司
十堰鹏程达物流有限公司
湖北农夫乡情科技开发有限公司
宜昌宏顺运输有限责任公司
广安市前锋区良丰粮油有限责任公司
自贡顺晨物流有限公司
四川大唐宏运物流有限公司
自贡能达物流有限公司
四川嘉福乐食品有限公司
宜宾市佳家送物流有限责任公司
宜宾常达商贸有限公司
贵州永利物流有限责任公司
景东盛达物流有限公司
保山三祥货运有限公司
云南铁塔物流有限公司
瑞丽市双鹿物流部
云南华叶物流有限公司
瑞丽市畹町长合商贸有限公司
云南安运物流有限公司
酒泉市酒嘉国际物流有限公司

1A 级物流企业（1 家）：

宁波神化特种化学品集成有限公司

放弃复核的企业 141 家：

内蒙古呼铁伊东储运股份有限公司、上海市浦东汽车运输有限公司、上海远成物流发展有限公司、上海卡行天下供应链管理有限公司、重庆惠凌实业股份有限公司、邯郸市明道物流股份有限公司、山西天和旺物流有限公司、内蒙古华信商贸有限责任公司、内蒙古华远焦化运营有限公司、大连因泰集团有限公司、大连天宝绿色食品股份有限公司、中化辽宁有限公司、营口港务股份有限公司粮食分公司、张家港众益物流有限公司、张家港市新百信超市连锁经营有限公司、海安华安运输有限公司、南通盟发实业有限公司、南通金海岸国际商业城有限公司、台州市路桥亿通物流中心有限公司、金华市顺丰速运有限公司、浙江鼎发物流有限公司、义乌市泊远国际货运代理有限公司、义乌市民用航空客货运输有限公司、浙江越顺物流股份有限公司、浙江九龙国际物流有限公司、安徽益民物流有限公司、安徽九州通医药有限公司、安徽远航港口发展有限公司、江西昌荣物流有限公司、山东力诺物流有限公司、山东润邦国际物流有限公司、潍坊顺丰速运有限公司、临沂中瑞医药有限公司、山东临沂中再生联合发展有限公司、青岛京东昌益得贸易有限公司、襄阳市凯鹏物流有限公司、武汉市大道物流有限责任公司、长航武汉汽车物流有限公司、深圳市天地达物流有限公司、广州市宏峰物流有限公司、广州大驿站物流有限公司、广东福地物流有限公司、南宁震洋物流有限公司、四川航天天盛物流有限责任公司、成都诚至诚商务物流有限责任公司、青海省通达物流有限责任公司、上海宝英航运有限责任公司、重庆德邦物流有限公司、河北省大河物流有限公司、河北德邦物流有限公司、河北精准运输有限公司、石家庄裕凯物流有限公司、辽宁捷畅物流有限公司、富临仓储物流（营口）有限公司、营口外轮代理有限公司、长春市胜森物流有限公司、昆山佳利货运有限公司、昆山全诚物流有限公司、常熟永顺物流有限公司、苏州世德堂物流股份有限公司、淮安佳吉物流有限公司、江苏宇通物流有限公司、淮安祥瑞物流有限公司、江苏港湾顺鑫物流有限公司、浙江长兴捷通物流有限公司、温州市交通运输集团有限公司、长兴县小浦竹山潭建材中转站、杭州宁围物流有限公司、杭州宇欣物流有限公司、嘉兴川山甲物资供应链有限公司、瑞安市快顺运输有限公司、乐清市华光物流有限公司、义乌聚驿国际货运代理有限公司、义乌市赛威国际货运代理有限公司、浙江鸿池供应链管理有限公司、宁波金辉江海物流股份有限公司、安徽海晨综保物流有限公司、当涂县江顺水运有限责任公司、石狮市祥志物流有限责任公司、漳州万信物流有限公司、厦门新霸达物流有限公司、江西奇佳肥业股份有限公司、江西瑞州汽运集团永鑫汽运有限公司、赣州市南康区增源物流有限公司、赣州市众诚物流有限公司、滨州市翔越物流有限公司、漯河中农物流有限公司、漯河市立达运输有限公司、宜城市万洋棉业有限公司、湖北巨驰实业有限公司、荆门市屈家岭张湾仓储有限公司、武汉普罗格集成科技有限公司、武汉梁子湖水产品加工有限公司、湖南空港实业股份有限公司航空货运分公司、长沙建庄物流有限公司、长沙市富香物流有限公司、深圳市航驿物流有限公司、深圳市有路物流有限公司、深圳市韵国国际物流有限公司、广州天智市场经营管理有限公司、广州海明物流有限公司、广西北投星联国际供应链管理有限公司、绵阳华驰物流有限公司、成都善途快运有限公司、四川省心连心运输有限公司、成都通贯物流有限公司、四川省承天运物流有限责任公司、泸县大发汽车运输队、贵州铭宇物流有限责任公司、黔东南州好兄弟物流有限责任公司、宁夏驰程金属物流有限公司、新疆中远海运集装箱运输有限公司、喀什玉源通商贸有限公司、上海宏福货运代理有限公司、山西世豪物流有限公司、内蒙古浩通能源股份有限公司、营口兴瑞海物流有限公司、江苏汉博物流有限公司、江苏新铭元运输有限公司、泰兴市兴光危险品运输有限公司、杭州准点物流有限公司、衢州市晶合物流有限公司、衢州市德钦原物流有限公司、衢州市宏业物流有限公司、义乌市北辰国际货运代理有限公司、义乌立嘉国际货运代理有限公司、宁波市鄞州金顺船舶食品有限公司、福建泉州欣飞达运输有限公司、贵溪市九九物流有限公司、湖北鑫福锦源车辆实业有限公司、湖北龙民物流有限公司、湖北康宏粮油食品有限公司、湖北巴山食品有限责任公司、凉山州鑫吉物流有限责任公司、雅安市名山区运发物流有限公司、成都市锦江区顺发拓展运业有限公司、甘肃省化轻材料有限责任公司、宁夏金桥物流有限公司、宁夏英力特物流有限责任公司、泰兴市中佳物流有限公司、深圳市四邦物流有限公司因物流业务调整、并购重组、经营模式改变、企业注销等原因，不再保留A级物流企业资质。

（中国物流与采购联合会物流企业评估工作办公室）

物流企业信用评价 A 级信用企业第三十批、第三十一批名单

第三十批物流企业信用评价 A 级信用企业名单（共 85 家）

AAA 级信用企业（排名不分先后，64 家）

正本特种油运输有限公司
贵州茅台酒厂（集团）物流有限责任公司
山东高密恒丰粮库有限公司
湖北鹏达联合运输有限公司
赤壁市磊鑫洪泰商贸有限公司
宁波陆联运通国际物流有限公司
上海通贸国际供应链管理有限公司
贵州金叶物流运输有限公司
云南能投物流有限责任公司
济南皓龙货运代理有限公司
鞍钢汽车运输有限责任公司
河南黑豹物流有限公司
新疆九洲恒昌供应链管理股份有限公司
中疆物流有限责任公司
新疆昌顺源物流有限公司
河北宝信物流有限公司
中威运输有限公司
武汉市硚口区神通运输有限公司
唐山百货大楼集团银河物流有限责任公司
郑州韵必达速递有限公司
宁波外运国际集装箱货运有限公司
贵阳博众物流运输有限公司
山东中通云仓智能科技有限公司
济南烟草物流有限公司
山东顺丰快运有限公司
山东九州通物流有限公司
中邦物流有限公司
山东荣安冷链物流有限公司
济南维尔康冷链物流有限公司
济南振涵物流有限公司
山东凯博物流有限公司
山东金领物流有限公司
山东烁源人力资源有限公司
济南正达物流有限公司
济南冠辉物流有限公司
济南安利达物流有限公司
山东安迅物流有限公司
济南鑫聚成物流有限公司
山东金岱物流有限公司

济南高盛物流有限公司
凯捷（山东）供应链管理有限公司
山东舜天成物流有限公司
济南新鑫泉悦物流有限公司
济南蚂蚁创智供应链管理有限公司
山东永昌物流集团有限公司
山东征途物流有限公司
莱芜市云仓仓储服务有限公司
德州卡行天下供应链管理有限公司
庆云远惠物流有限公司
德州定时达供应链管理有限公司
山东高盛供应链管理有限公司
山东嘉航国际货运代理有限公司
山东佳世物流科技有限公司
山东雅利安供应链管理集团有限公司
安通企业管理（山东）有限公司
德州九州通医药有限公司
山东舜世通物流有限公司
山东传泰物流供应链管理有限公司
山东云帆物流有限公司
山东大舜医药物流有限公司
山东同丰物流有限公司
济南钰露物流有限公司
济南车多多运输有限公司
新疆天顺供应链股份有限公司

AA 级信用企业（排名不分先后，20 家）

玉门宏泰物流危货运输有限责任公司
玉门东誉物流有限公司
山东极兔供应链有限公司
贵州博凯物流园投资有限公司
贵州博胜现代医药物流有限公司
甘肃凯达物流有限责任公司
北京格罗唯视储运有限公司
厦门港华物流有限公司
济南广友物流配送集团有限公司
山东高速临空物流发展有限公司
莱芜同华源物流有限公司
巴夫洛（济南）仓储有限公司
普洛斯（济南）仓储设施有限公司
普洛斯（齐河）仓储设施有限公司
济南昭华供应链管理有限公司
丰泰（山东）供应链有限公司
宁波申洋物流有限公司
宁波富立物流有限公司
宁波港集装箱运输有限公司
永进（厦门）国际物流股份有限公司

A 级信用企业（1 家）

济南清绣园物流有限公司

第三十一批物流企业信用评价 A 级信用企业名单（共 55 家）

AAA 级信用企业（排名不分先后，44 家）

黄石鑫泰物流有限公司
天津丰田物流有限公司
长春京铁物流有限公司
上海青旅国际货运有限公司
襄阳和顺祥物流有限公司
广州飞梭云供应链有限公司
江西新华物流有限公司
江西蓝海物流科技有限公司
中物流河南有限公司
内蒙古伊顺供应链管理有限公司
安徽通华物流有限公司
湖北金叶储运有限公司
济南中通吉物流有限公司
章丘市驰丰运输有限公司
山东金诺供应链管理有限公司

济南铁能能源有限公司
祥通（山东）供应链股份有限公司
济南富旺供应链管理有限公司
山东置诺实业有限公司
山东永昌供应链有限公司
江苏超达物流有限公司
山东爱拉供应链管理有限公司
山东运丰物流供应链管理有限公司
淄博三志物流有限公司
山东龙建物流有限公司
淄博永峰物流有限公司
福建省捷邦供应链管理股份有限公司
马鞍山市联合运输集团有限责任公司
盛辉物流集团有限公司
山东维尔康鹏威国际物流有限公司
淮安市迅辉货物运输有限公司
淮安市淮盛货物运输有限公司
山东港口陆海国际物流集团有限公司
红河奔腾物流集团有限公司
云南省玉溪市金腾运输有限公司
上海则一供应链管理有限公司
楚雄顺通交贸有限责任公司
玉溪市鹏程运输有限公司
云南理世物流有限责任公司
云南通力物流集团有限公司
宝供物流企业集团有限公司
中国物流股份有限公司
南京吉辂运输贸易有限公司
广西玉驰智联科技有限公司

AA 级信用企业（排名不分先后，10 家）

宁波铭仕国际物流有限公司
宁波方舟国际货运代理有限公司
浙江赛灵供应链有限公司
山东万途物流股份有限公司
德州市鑫北方物流有限公司
泉州港务集装箱股份有限公司
昭通市永安货运有限公司
云南省玉溪市红塔运输有限公司
玉溪交运物流有限公司
烟台京顺货运有限公司

A 级信用企业（1 家）

山东锐特物流有限公司

（中国物流与采购联合会行业事务部）

2022 年国家物流枢纽建设名单

（共 25 个，排名不分先后）

所在地	国家物流枢纽名称
天津市	天津商贸服务型国家物流枢纽
山西省	大同陆港型国家物流枢纽
内蒙古自治区	鄂尔多斯生产服务型国家物流枢纽
吉林省	长春陆港型国际物流枢纽
黑龙江省	绥芬河—东宁陆上边境口岸型国家物流枢纽
江苏省	南京空港型国际物流枢纽
浙江省	嘉兴生产服务型国家物流枢纽
安徽省	蚌埠生产服务型国家物流枢纽
福建省	泉州商贸服务型国家物流枢纽
江西省	九江港口型国家物流枢纽
山东省	烟台港口型国家物流枢纽
河南省	郑州陆港型国家物流枢纽
河南省	南阳商贸服务型国家物流枢纽
湖北省	十堰生产服务型国家物流枢纽
湖南省	怀化商贸服务型国家物流枢纽
广东省	广州空港型国家物流枢纽

续 表

所在地	国家物流枢纽名称
广西壮族自治区	凭祥陆上边境口岸型国家物流枢纽
重庆市	重庆生产服务型国家物流枢纽
四川省	成都空港型国家物流枢纽
云南省	昆明—磨憨陆港型（陆上边境口岸型）国家物流枢纽
陕西省	西安生产服务型国际物流枢纽
陕西省	宝鸡生产服务型国家物流枢纽
甘肃省	酒泉陆港型国际物流枢纽
宁夏回族自治区	银川商贸服务型国家物流枢纽
新疆维吾尔自治区	库尔勒陆港型国家物流枢纽

（国家发展改革委）

2022 年国家骨干冷链物流基地建设名单

（共 24 个，排名不分先后）

所在地	国家骨干冷链物流基地
天津	滨海新区中心渔港国家骨干冷链物流基地
河北	保定国家骨干冷链物流基地
内蒙古	呼和浩特国家骨干冷链物流基地
辽宁	沈阳国家骨干冷链物流基地
吉林	四平国家骨干冷链物流基地
黑龙江	哈尔滨国家骨干冷链物流基地
上海	临港新片区国家骨干冷链物流基地
江苏	常州国家骨干冷链物流基地
浙江	嘉兴国家骨干冷链物流基地
安徽	蚌埠国家骨干冷链物流基地
山东	威海国家骨干冷链物流基地
河南	商丘国家骨干冷链物流基地
湖北	宜昌国家骨干冷链物流基地
湖南	长沙国家骨干冷链物流基地
广东	江门国家骨干冷链物流基地
广西	玉林国家骨干冷链物流基地
重庆	沙坪国家骨干冷链物流基地

续 表

所在地	国家骨干冷链物流基地
四川	成都国家骨干冷链物流基地
贵州	贵阳国家骨干冷链物流基地
陕西	延安国家骨干冷链物流基地
甘肃	兰州国家骨干冷链物流基地
青海	西宁国家骨干冷链物流基地
西藏	乌鲁木齐国家骨干冷链物流基地
宁波	北仑（奉化）国家骨干冷链物流基地

（国家发展改革委）

2022 年度第一批货代物流行业企业信用评价名单

序号	企业名称	级别
1	中工国际物流有限公司	AAA
2	中成国际运输有限公司	AAA
3	江苏佳利达国际物流股份有限公司	AAA
4	天津海荣国际货运有限公司	AAA
5	华扬国际物流（大连）有限公司	AAA
6	上海国际展览运输有限公司	AAA
7	宁波经济技术开发区福洋货柜有限公司	AAA
8	深圳市柏威国际科技物流有限公司	AAA
9	江苏亨通国际物流有限公司	AAA
10	重庆新雅国际物流有限公司	AAA
11	万达杰诚国际物流（北京）有限公司	AAA
12	环发讯通（天津）国际货运代理有限公司	AAA
13	北方万邦物流有限公司	AAA
14	天津伟轮船务代理有限公司	AAA

续 表

序号	企业名称	级别
15	北京金驰国际货运代理有限公司	AAA
16	天津国际物流中心	AAA
17	中新国际运输服务有限公司	AAA
18	盛大德威国际货运代理（北京）有限公司	AAA

（中国国际货运代理协会）

第四批网络货运平台A级企业名单

（共6家）

5A级网络货运平台企业（3家）：

山西贵恩博信息科技有限公司

武汉物易云通网络科技有限公司

湖南国联捷物流有限公司

4A级网络货运平台企业（3家）：

福建源配货网络科技有限公司

厦门象屿智运供应链有限公司

甘肃中寰卫星导航通信有限公司

（中国物流与采购联合会物流企业评估工作办公室）

第十三批星级冷链物流企业名单

（共6家）

五星级冷链物流企业（1家）：

大连港毅都冷链有限公司（3星升5星）仓储型

四星级冷链物流企业（4家）：

上海快行天下供应链管理有限公司 综合型

沈阳鲜天顺供应链管理有限公司 运输型

河南港新冷链物流有限公司 仓储型

河南华鼎供应链管理有限公司 综合型

三星级冷链物流企业（1家）：

江西煌兴冷链物流有限公司 仓储型

2021年下半年通过复核的星级冷链物流企业名单

（共2家）

四星级冷链物流企业（1家）：

福建省羊程冷链物流有限公司 运输型

三星级冷链物流企业（1家）：

福建栢合冷链仓储管理有限公司 综合型

取消资质的企业（2家）：

大连铁越集团有限公司、赣州利友食品有限公司因冷链物流业务调整，不再保留星级冷链物流企业资质。

（中国物流与采购联合会冷链物流专业委员会）

2022 年全国供应链创新与应用示范城市名单

序号	城市名称（按省市排序）
1	天津
2	石家庄
3	包头
4	哈尔滨
5	舟山
6	蚌埠
7	福州
8	济南
9	寿光
10	郑州
11	江门
12	成都
13	昆明
14	西安
15	银川

（商务部　工业和信息化部　生态环境部　农业农村部　人民银行　市场监管总局　银保监会　中国物流与采购联合会）

2022 年全国供应链创新与应用示范企业名单

序号	企业名称（按拼音字母排序）
1	安徽共生物流科技有限公司
2	包头草原立新食品有限公司
3	贝发集团股份有限公司
4	波司登羽绒服装有限公司
5	重庆药品交易所股份有限公司
6	大商集团
7	大洋世家（浙江）股份公司
8	福建永辉彩食鲜供应链管理有限公司
9	福兴祥物流集团有限公司
10	光明乳业股份有限公司
11	广东高捷航运物流有限公司
12	广西泛糖科技有限公司
13	广西柳钢物流有限责任公司
14	广西柳工机械股份有限公司
15	广州港物流有限公司
16	广州华新商贸有限公司
17	广州市嘉诚国际物流股份有限公司

续 表

序号	企业名称（按拼音字母排序）
18	贵州现代物流产业（集团）有限责任公司
19	国家能源集团物资有限公司
20	国药控股股份有限公司
21	海南冻品云供应链科技有限公司
22	河南华鼎供应链管理有限公司
23	黑龙江飞鹤乳业有限公司
24	厚德食品股份有限公司
25	湖北安捷物流有限公司
26	湖南星沙物流投资有限公司
27	湖南一力股份有限公司
28	华为技术有限公司
29	华中港航物流集团有限公司
30	淮北矿业集团供应链科技有限公司
31	吉林省长春皓月清真肉业股份有限公司
32	济南维尔康实业集团有限公司
33	江苏黎明食品集团有限公司
34	江苏省苏豪控股集团有限公司
35	江西林恩茶业有限公司
36	江西前海国信电子科技有限公司
37	金川集团股份有限公司
38	金发科技股份有限公司
39	金沙河集团有限公司
40	久立集团股份有限公司
41	君乐宝乳业集团有限公司
42	兰州国际港务区投资开发有限公司
43	浪潮电子信息产业股份有限公司
44	利亚德光电股份有限公司
45	两湖绿谷物流股份有限公司

续 表

序号	企业名称（按拼音字母排序）
46	辽宁新隆嘉现代农业有限公司
47	牧原实业集团有限公司
48	南京飓风贸易有限公司
49	南京卫岗乳业有限公司
50	内蒙古伊利实业集团股份有限公司
51	宁波宁兴控股股份有限公司
52	宁波太平鸟时尚服饰股份有限公司
53	宁夏杞里香枸杞有限责任公司
54	宁夏新华物流股份有限公司
55	诺力智能装备股份有限公司
56	盘锦鼎翔米业有限公司
57	奇瑞控股集团
58	日日顺供应链科技股份有限公司
59	三一集团有限公司
60	厦门安踏有限公司
61	厦门航空有限公司
62	厦门嘉晟供应链股份有限公司
63	厦门见福连锁管理有限公司
64	厦门钨业股份有限公司
65	山东省寿光蔬菜产业集团有限公司
66	山西建设投资集团有限公司
67	陕西陕煤供应链管理有限公司
68	陕西重型汽车有限公司
69	上海诚利供应链管理（集团）有限公司
70	上海钢银电子商务股份有限公司
71	上海找钢网信息科技股份有限公司
72	深圳市前海九米信息技术有限公司
73	深圳中电投资股份有限公司

续 表

序号	企业名称（按拼音字母排序）
74	四川尚好茶业有限公司
75	太原优鲜多歌供应链有限公司
76	天津食品集团有限公司
77	万全速配网络科技有限公司
78	五常市乔府大院农业股份有限公司
79	五矿发展股份有限公司
80	西域智慧供应链（上海）股份公司
81	小米通讯技术有限公司
82	新疆冠农果茸股份有限公司
83	新疆金风科技股份有限公司
84	新疆新投能源开发有限责任公司
85	延锋伟世通汽车电子有限公司
86	优合集团有限公司
87	云南建投物流有限公司
88	云南能投物流有限责任公司
89	云南农垦集团有限责任公司
90	浙江菜鸟供应链管理有限公司
91	浙江泰普森控股集团有限公司
92	浙江中非国际经贸港服务有限公司
93	中车株洲电力机车有限公司
94	中广核工程有限公司
95	中国电信集团有限公司
96	中国交通建设集团有限公司
97	中国南方航空股份有限公司
98	中国能源建设股份有限公司
99	中国外运物流发展合肥有限公司
100	中粮贸易有限公司
101	中铁物资集团有限公司

续 表

序号	企业名称（按拼音字母排序）
102	中兴通讯股份有限公司
103	中远海运航空货运代理有限公司
104	准时达国际供应链管理有限公司
105	卓尔智联集团有限公司
106	遵义七味茗香茶业进出口有限公司

（商务部　工业和信息化部　生态环境部　农业农村部　人民银行　市场监管总局　银保监会　中国物流与采购联合会）

2022 年全国商贸物流重点联系企业

（共 287 家，排名不分先后）

地区及重点联系企业数量	重点联系企业名称
中央企业（4）	中国物流集团有限公司
	中国外运股份有限公司
	中国远洋海运集团有限公司
	中国五矿集团有限公司
北京市（6）	北京京邦达贸易有限公司
	北京家乐福商业有限公司
	华润医药商业集团有限公司
	北京华冠商业科技发展有限公司
	北京康安利丰农业有限公司
	北京星日朗供应链管理有限公司
天津市（5）	天津蜂众商贸有限公司
	天津港首农食品进出口贸易有限公司
	沃尔玛（天津）配送中心有限公司
	中农批（天津）国际冻品交易市场有限公司
	泰达行（天津）冷链物流有限公司

续 表

地区及重点联系企业数量	重点联系企业名称
河北省（12）	承德宽广超市集团有限公司
	叁陆伍生活通网络科技河北有限公司
	衡水百货大楼（集团）股份有限公司
	廊坊市明珠商业企业集团有限公司
	河北惠友商业连锁发展有限公司
	河北美食林商贸集团有限公司
	河北快运集团有限公司
	中铁物流集团邢台飞豹物流港有限公司
	河北宝信物流有限公司
	承德秋硕物流管理有限公司
	秦皇岛冀盛物流有限公司
	中都格罗唯视（沧州）物流有限公司
山西省（4）	山西省太原唐久超市有限公司
	山西兴荣供应链有限公司
	太原优鲜多歌供应链有限公司
	山西咻咻供应链管理有限公司
内蒙古自治区（6）	鄂伦春自治旗绿安食品销售有限公司
	科右前旗金岛商贸有限责任公司
	呼伦贝尔市享自然农牧发展有限公司
	呼和浩特市新畅铁路储运有限责任公司
	呼和浩特市城发物流有限责任公司
	满洲里俄陆通供应链管理服务有限公司
辽宁省（5）	盘锦华鹏医药有限公司
	北镇市沟帮子食品有限公司
	营口港盖州物流有限公司
	益海嘉里（盘锦）物流有限公司
	海城市大涛冷链运输有限公司

续 表

地区及重点联系企业数量	重点联系企业名称
吉林省（4）	四平万邦农副产品批发市场有限公司
	长春欧亚超市连锁经营有限公司
	吉林大药房药业股份有限公司
	一汽物流有限公司
黑龙江省（4）	哈尔滨中央红集团股份有限公司
	黑龙江俄速通国际物流有限公司
	哈欧国际物流股份有限公司
	黑龙江农垦北大荒物流集团有限公司
上海市（18）	上药控股有限公司
	联华超市股份有限公司
	上海清美绿色食品（集团）有限公司
	圆通速递有限公司
	申通快递有限公司
	上海安能聚创供应链管理有限公司
	远孚物流集团有限公司
	上海品星互联网信息技术股份有限公司
	上海发网供应链管理有限公司
	上海优通国际物流有限公司
	上海景鸿国际物流股份有限公司
	上海顶通物流有限公司
	上海格林福德国际货物运输代理有限公司
	路凯包装设备租赁（上海）有限公司
	上海新易泰物流有限公司
	上海众萃物流有限公司
	上海有常物流有限公司
	德邦物流股份有限公司

续 表

地区及重点联系企业数量	重点联系企业名称
江苏省（15）	孩子王儿童用品股份有限公司
	江苏凤凰新华书店集团有限公司
	江苏省苏食肉品有限公司
	南京卫岗乳业有限公司
	江苏新合作常客隆数科商业有限公司
	江苏宏信超市连锁股份有限公司
	中储南京智慧物流科技有限公司
	江苏飞力达国际物流股份有限公司
	江苏苏宁物流有限公司
	江苏辉源供应链管理有限公司
	江苏安达洲沿江国际物流有限公司
	江苏苏汽国际物流集团有限公司
	江苏物润船联网络股份有限公司
	江苏佳利达国际物流股份有限公司
	苏州优乐赛供应链管理有限公司
浙江省（14）	华东医药股份有限公司
	浙北大厦集团有限公司
	浙江泰普森控股集团有限公司
	中国水产舟山海洋渔业有限公司
	大洋世家（浙江）股份公司
	江山南方水泥有限公司
	浙江红狮水泥股份有限公司
	传化智联股份有限公司
	物产中大物流投资集团有限公司
	浙江世纪联华物流配送有限公司
	振石集团浙江宇石国际物流有限公司
	舟山国家远洋渔业基地建设发展集团有限公司
	百世物流科技（中国）有限公司
	浙江浙农茂阳农产品配送有限公司

续 表

地区及重点联系企业数量	重点联系企业名称
安徽省（7）	安徽绿篮子超市有限责任公司
	安徽壹度品牌运营股份有限公司
	安徽百大合家福连锁超市股份有限公司
	安徽谊品弘科技有限公司
	安徽运通达物流科技有限公司
	六安正时达城市配送有限公司
	安徽飞腾国际物流股份有限公司
福建省（10）	福州民天实业有限公司
	福州朴朴电子商务有限公司
	永辉超市股份有限公司
	福建好运联联信息科技有限公司
	盛辉物流集团有限公司
	万全速配网络科技有限公司
	福建蓝海物流有限公司
	青顺物流集团有限公司
	华信（平潭）物流有限公司
	福建省中通通信物流有限公司
江西省（6）	九江凯瑞生态农业开发有限公司
	江西赤湾东方物流有限公司
	江西红土地物流集团有限公司
	江西广寻现代物流有限公司
	江西四顺物流集团有限公司
	江西泗丰物流有限公司

续 表

地区及重点联系企业数量	重点联系企业名称
山东省（14）	山东潍坊百货集团股份有限公司
	滨州中裕食品有限公司
	山东全福元商业集团有限责任公司
	山东九州商业集团有限公司
	山东美佳集团有限公司
	苏鲁海王医药集团有限公司
	山东飞跃达医药物流有限公司
	山东新星集团有限公司
	山东爱客多商贸有限公司
	山东众得利现代农业发展有限公司
	威海市天福医药有限公司
	荣庆物流供应链有限公司
	山东天华高新技术产业发展有限公司
	山东佳怡供应链管理有限公司
河南省（8）	河南大张实业有限公司
	漯河双汇物流投资有限公司
	河南牧原物流有限公司
	洛阳中基华夏医药物流园管理有限公司
	许昌万里运输集团股份有限公司
	焦作市宏达运输股份有限公司
	南阳国际陆港商贸物流发展有限公司
	河南全润通供应链管理有限公司

续　表

地区及重点联系企业数量	重点联系企业名称
湖北省（13）	湖北富迪实业股份有限公司
	湖北联海食品集团有限公司
	湖北黄商集团股份有限公司
	湖北佰昌农业发展有限公司
	武汉金宇综合保税发展有限公司
	荆门市东方百货大厦
	湖北众联物流发展有限公司
	九州通医药集团股份有限公司
	宜昌三峡物流园有限公司
	湖北安和物流有限公司
	湖北天元物流发展有限公司
	襄阳风神物流有限公司
	湖北多辉农产品物流园开发有限公司
湖南省（9）	湖南惠农物流有限责任公司
	丰沃达医药物流（湖南）有限公司
	株洲百货股份有限公司（物流中心）
	湖南友阿商业投资有限责任公司
	湖南湾田实业有限公司
	湖南星沙物流投资有限公司
	湖南一力股份有限公司
	湖南省弘广物流集团有限公司
	湖南科德商贸股份有限公司

续 表

地区及重点联系企业数量	重点联系企业名称
广东省（9）	广州医药股份有限公司
	广州华新商贸有限公司
	美宜佳控股有限公司
	广州广汽商贸物流有限公司
	广州市广百物流有限公司
	宝供物流企业集团有限公司
	广州市嘉诚国际物流股份有限公司
	广州港物流有限公司
	广东安捷供应链管理股份有限公司
广西壮族自治区（10）	广西优而敏电子商务有限公司
	广西现代物流集团有限公司
	广西供应链服务集团有限公司
	广西玉柴物流集团有限公司
	广西北港物流有限公司
	广西交投物流集团有限公司
	柳州桂中海迅物流股份有限公司
	广西宁铁国际物流有限公司
	广西先飞达数智物流集团有限公司
	广西丰润航空物流有限公司
海南省（3）	海南农垦商贸物流产业集团有限公司
	海南海汽投资控股有限公司
	海南港航物流有限公司

续 表

地区及重点联系企业数量	重点联系企业名称
重庆市（13）	华南物资集团有限公司
	重庆智飞生物制品股份有限公司
	渝新欧（重庆）供应链管理有限公司
	重庆兴红得聪餐饮管理有限公司
	重庆渝欧跨境电子商务股份有限公司
	渝新欧（重庆）物流有限公司
	重庆哈弗物流有限公司
	三羊马（重庆）物流股份有限公司
	重庆能投物流有限公司
	沙师弟（重庆）网络科技有限公司
	陆海新通道运营有限公司
	重庆珞璜港务有限公司
	重庆医药集团和平物流有限公司
四川省（10）	成都柳城红旗批发有限公司
	宜宾绿源食品有限公司
	四川安吉物流集团有限公司
	中铁八局集团现代物流有限公司
	广元市美福地物流有限公司
	海霸王（成都）冷藏物流有限公司
	四川东方物流集团有限公司
	四川吉选智慧供应链科技有限公司
	四川华峰物流有限公司
	四川汇翔供应链管理有限公司

续 表

地区及重点联系企业数量	重点联系企业名称
贵州省（13）	贵州物联（集团）有限公司
	贵阳市物流有限公司
	贵州现代物流产业（集团）有限责任公司
	贵州满帮物流科技有限公司
	贵州贵铁物流有限公司
	贵州电子商务云运营有限责任公司
	贵州交通物流集团有限公司
	贵州金穗宏达物流有限公司
	贵州西南云聚物流有限公司
	贵阳农产品物流发展有限公司
	贵州合力惠民民生超市股份有限公司
	盘江运通物流股份有限公司
	西南运通公路物流有限公司
云南省（13）	云南云天化联合商务有限公司
	昆明国资商贸有限公司
	云南健之佳商业物流有限公司
	云南建投物流有限公司
	云南锡业集团物流有限公司
	云南宝象物流集团有限公司
	昆明国资实业发展有限责任公司
	云南农垦物流有限公司
	云南瑞和锦程实业股份有限公司
	云南德胜物流有限公司
	云南通力物流集团有限公司
	云南洲际班列物流有限责任公司
	云南天地汇巨力供应链管理有限公司

续 表

地区及重点联系企业数量	重点联系企业名称
西藏自治区（5）	西藏阿卓仓商贸有限公司
	西藏安聚能创物流有限公司
	西藏途马物流有限公司
	西藏初垣星实业有限公司
	西藏云捷送物流运输有限公司
陕西省（8）	陕西坤源供应链集团有限公司
	陕西医药控股集团兴庆医药有限公司
	陕西华氏医药有限公司
	陕西京东信成供应链科技有限公司
	宝鸡华誉物流股份有限公司
	陕西黄马甲物流配送有限公司
	中国诚通供应链服务有限公司
	陕西商储物流有限公司
甘肃省（5）	兰州陆港国际商贸有限公司
	甘肃天马物流股份有限公司
	甘肃酒泉智慧物流园有限公司
	甘肃荣康医药物流有限责任公司
	甘肃省物产集团兰州物流园有限公司
青海省（3）	青海省物产集团有限公司
	青海物产工业投资有限公司
	格尔木昆仑物流运业有限公司
宁夏回族自治区（5）	宁夏小任果业发展有限公司
	宁夏新华百货现代物流有限公司
	宁夏九鼎物流科技有限责任公司
	宁夏李旺实业发展有限公司
	宁夏富海物流有限公司
新疆维吾尔自治区（4）	新疆每日集团有限公司
	新疆天莱香牛食品有限责任公司
	新疆天顺供应链股份有限公司
	新疆中欧联合物流有限公司

续 表

地区及重点联系企业数量	重点联系企业名称
新疆生产建设兵团（2）	新疆阿拉尔聚天红果业有限责任公司
	可克达拉市恒信物流集团有限公司
大连市（2）	大连五佳国际贸易有限公司
	大连通达货运有限公司
青岛市（4）	青岛京东昌益得贸易有限公司
	青岛新协航国际物流有限公司
	日日顺供应链科技股份有限公司
	福兴祥物流集团有限公司
宁波市（1）	宁波方桥三江物流有限公司
厦门市（7）	厦门国贸集团股份有限公司
	厦门象屿股份有限公司
	鹭燕医药股份有限公司
	厦门见福连锁管理有限公司
	厦门市东万晟贸易有限公司
	建发物流集团有限公司
	云仓配供应链管理（厦门）有限公司
深圳市（6）	优合集团有限公司
	深圳市海王银河医药投资有限公司
	顺丰速运有限公司
	深圳市递四方速递有限公司
	深圳越海全球供应链股份有限公司
	跨越速运集团有限公司

（商务部流通业发展司）

2022 年度中国物流与采购联合会科学技术奖获奖项目主要完成单位及完成人名单

奖种	奖项等级	证书编号	项目名称	项目主要完成单位	项目主要完成人
科技进步奖	一等奖	CFLP20220201001	面向城市保障的食品供应链智慧溯源云平台	北京工商大学、北京交通大学、国家食品安全风险评估中心、北京航空航天大学、良品铺子股份有限公司、北京智芯微电子科技有限公司、北京北投云技术研究院	左敏、张润彤、张青川、苏亮、高海伟、殷子樵、孔建磊、杨红春、王峥、杨炜苗、任鹏程
科技进步奖	一等奖	CFLP20220201002	菜鸟电商物流数智协同平台	浙江菜鸟供应链管理有限公司	丁宏伟、李洪波、林蓉晖、颜开、薛家颐、赵洲、郑君涵、唐攀攀、林子钧、胡赛、肖金华
科技进步奖	一等奖	CFLP20220201003	实体零售流通数智化融通创新技术及产业化应用	多点生活（中国）网络科技有限公司、多点生活（成都）科技有限公司、多点（深圳）数字科技有限公司、中国人民大学商学院中国供应链战略管理研究中心、中国科学院大学	张文中、杨凯、宋华、张峰、沈亮、胡敏、贺长荣、贺舟、许彬、倪艳军、曹圣

续　表

奖种	奖项等级	证书编号	项目名称	项目主要完成单位	项目主要完成人
科技进步奖	一等奖	CFLP20220201004	面向现代供应链的新时代铁路物资管理模式及实施体系	北京交通大学、中国国家铁路集团有限公司物资管理部	施先亮、王来祥、张菊亮、邱格非、李伊松、倪铮、兰洪杰、秦文胜、田源、武晓亮、易华
科技进步奖	一等奖	CFLP20220201005	基于供应链视角的工程建设领域数字化采购平台体系设计与实施	中铁物资集团有限公司、盘古云链（天津）数字科技有限公司、中铁建网络信息科技有限公司	魏广铭、冯莹、李欣、李立周、陈鸣、公彦、郑征、李怀贺、田静
科技进步奖	一等奖	CFLP20220201006	基于 CPS 的智能物流体在轨道交通装备关键零部件制造过程中的创新应用	机科发展科技股份有限公司	张胜、徐斌、胡中潮、程炬、段春雨、刘洋、张萌、李昌臣、曾政、敖勇、那业丹
科技进步奖	一等奖	CFLP20220201007	基于 IT 新技术的智慧采购供应链规划与应用	中移动信息技术有限公司、江苏中博通信有限公司	谢军、孙大伟、宫佩辰、徐征、杨建华、林依恬、张阳、高洁、赵巍、宋文韬、顾刚
科技进步奖	一等奖	CFLP20220201008	基于量产的全栈自研重卡自动驾驶系统及应用	际络科技（上海）有限公司、赢彻科技（浙江）有限公司	杨睿刚、冯敏、程新景、李伟、叶茂、张涵青、高克非
科技进步奖	一等奖	CFLP20220201009	面向智能物流生产线的机器人关键技术研究及示范应用	北京航空航天大学、机科发展科技股份有限公司、北京同仁堂健康药业股份有限公司、遨博（北京）智能科技有限公司	陶永、张胜、张宏、公建宁、徐斌、宋仲康、查圣华、郑发春、徐东、隰潇、陶宁
科技进步奖	一等奖	CFLP20220201010	基于储分一体技术的新型配送中心物流系统	昆船智能技术股份有限公司	丁兴、岳华、全英玉、杨虹君、李永衡、雷敏、陆云飞、王响雷、张大勇、马立新、洪超

续 表

奖种	奖项等级	证书编号	项目名称	项目主要完成单位	项目主要完成人
科技进步奖	一等奖	CFLP20220201011	车路协同下的城市应急物流体系关键技术及应用	北京建筑大学、北京交研智慧科技有限公司、北京市市政工程设计研究总院有限公司	焦朋朋、王健宇、孙煦、朱丽云、杨自曙、赵霞、刘侃、洪玮琪、杨紫煜、云旭、司铭锴
科技进步奖	一等奖	CFLP20220201012	5G 技术 & 数字孪生联动下的智能仓储	中兴通讯股份有限公司、昆船智能技术股份有限公司、北京海悦翔咨询顾问有限公司	胡江涛、周建峰、吴永盛、卢雨生、徐建红、闵定勇、梁义周
科技进步奖	一等奖	CFLP20220201013	需求更新与行为视角下的物流服务供应链协调理论与方法	天津大学、天津陆路港公路运输发展有限公司、天津港（集团）有限公司	刘伟华、朱冬蕾、王一家、王迪、申欣冉、闫晓宇、魏婉莹、林强、彭岩、王嘉思、张雷杰
科技进步奖	一等奖	CFLP20220201014	基于 Spring Cloud、北斗时空应用和区块链技术的中小微物流一站式数字平台	北京中交兴路信息科技有限公司、北京中交兴路车联网科技有限公司	马琪、张敏、靳凤伟、于帅帅、雷一可
科技进步奖	一等奖	CFLP20220201015	基于“数智”相生的供应链运营模式——终端数字化实践	中国电信股份有限公司广东分公司、中捷通信有限公司	汤艾军、彭毅、徐颀、徐俊、苏肖飞、程慧坤、李多、林云智、周素华、潘肖卿、黄志中
科技进步奖	一等奖	CFLP20220201016	危险货物道路运输数字化安全监管关键技术与应用	交通运输部公路科学研究所、长安大学、河南省运输事业发展中心、陕西省道路运输事业发展中心、山西省运输事业发展中心、黑龙江省道路运输事业发展中心	吴金中、范文姬、宋焕生、田诗慧、范敏、张邵阳、赵亿滨、程丹、耿田、樊素伟、聂鑫

续 表

奖种	奖项等级	证书编号	项目名称	项目主要完成单位	项目主要完成人
科技进步奖	一等奖	CFLP20220201017	基于供应链与工程管理融智融通的数智化物资管理体系建设	中国移动通信集团北京有限公司、上海博科资讯股份有限公司	杨洋、黄湘宁、唐显莉、刘向力、罗嘉、徐非、孙嘉聪、李亭亭、王紫薇、崔毓舒、张元
科技进步奖	一等奖	CFLP20220201018	云上多联智慧供应链综合服务平台	长江新丝路国际投资发展有限公司、上海文景信息科技有限公司、中国科学院大学	袁斌、包剑奕、吴俊峰、田歆、吕峰、陈喆、何斐、郑璐、汤毅、钱雯锦、张文瑛
科技进步奖	一等奖	CFLP20220201019	中远海运物流智慧园区物联网安全可视化项目	中远海运物流供应链有限公司	韩骏、张燕松、刘克武、刘强、姬文山、蔡小龙、李鼎一、张瑾、廖鑫凯
科技进步奖	一等奖	CFLP20220201020	基于数智化供应链全流程管理的通信设备高效采购系统	中国移动通信集团江西有限公司、华为技术有限公司	郑少波、杨勇、郭华平、淦莉、胡昶、徐文、吴思斌、汤楠、林佩珩、许克锋、孔德媛
科技进步奖	一等奖	CFLP20220201021	基于大数据的供应链关键角色智慧画像研究与实践	中国移动通信集团陕西有限公司、中国移动通信集团有限公司采购共享中心、上海博科资讯股份有限公司	程建宁、王颖花、王安、月球、薛烨、贾瑞君、唐向军、王佳硕、李子婧、顾紫薇
科技进步奖	一等奖	CFLP20220201022	AR 增强现实技术在物流领域的应用	南京中车浦镇工业物流有限公司、江苏中车数字科技有限公司	卢艳华、陈长健、邱超、庄思越、崔刘帅、王光辉、郭浩、孙远、袁穆
科技进步奖	一等奖	CFLP20220201023	大数据驱动下的“效率+安全”危险货物物流数智化运营管理及关键技术	山东京博物流股份有限公司、长安大学、南京宝和大数据研究院有限公司、南京交投信息技术有限公司、江苏驭道数据科技有限公司	沈小燕、吴加宝、付颖斌、白玉强、董相勇、龚晓阳、蒋学辉、樊永攀、王美玲、刘金星、李庆

续　表

奖种	奖项等级	证书编号	项目名称	项目主要完成单位	项目主要完成人
科技进步奖	一等奖	CFLP20220201024	基于 SN 码智慧中台的物资全生命周期数智化管理	中国移动通信集团广东有限公司、华信咨询设计研究院有限公司	苏炜、刘晓兵、郑祝良、张勇、陈海华、朱小燕、邓辉明、汪滨、史丹青、吴娟
科技进步奖	一等奖	CFLP20220201025	外运启航–海运公共集装箱运输跟踪移动端产品服务	运易通科技有限公司、中国外运股份有限公司	高翔、李灏源、刘珀均、刘海峰、楚宁志、李华、苗方田、胡红梅、邓梁、冯金付、邓小钏
科技进步奖	一等奖	CFLP20220201026	基于京杭运河的济宁港航智慧物流大数据服务平台设计研究	北京交通大学、济宁港航内河经济研究院、济宁港航发展集团	沈孟如、张广宇、王喜富、闵维、李明富、张雷、荣强、蒋利军、高艺文、姚阳
科技进步奖	一等奖	CFLP20220201027	供应链领域产品质量智慧质检技术理论研究与应用	中国移动通信集团安徽有限公司、中国移动通信集团终端有限公司	刘源、郑维华、张瑀、黄润生、马昌荣、金小川、曹鲁、王安、李静、吴琪、姜飞
科技进步奖	一等奖	CFLP20220201028	新型城镇化下农产品物流发展战略与政策研究	北京交通大学	张明玉、邬文兵、王树祥、曹卫兵、张文松、张菊亮
科技进步奖	一等奖	CFLP20220201029	基于 5G 技术精细化管控助力企业降本增效研究与实践	中国移动通信集团河北有限公司	黄涛、王刚、曹雷雷、郝景毅、赵静宇、赵亚雄、王颖、孙湘君、古贺生
科技进步奖	一等奖	CFLP20220201030	电力物资共享储备与协同调度关键技术及应用	国网江苏省电力有限公司电力科学研究院、国网江苏省电力有限公司、江苏电力信息技术有限公司、中国科学院沈阳自动化研究所	高正平、陶加贵、厉苗、赵恒、张量、金卓、冯曙明、尤伟、许春阳、刘阳、李成钢

续 表

奖种	奖项等级	证书编号	项目名称	项目主要完成单位	项目主要完成人
科技进步奖	一等奖	CFLP20220201031	电商物流可移动货架仓库的智能运营系统关键技术及应用	大连海事大学、北京物资学院、机科发展科技股份有限公司、大连理工大学	王征、李俊韬、张胜、史彦军、沈立新、方艳、丁男、徐敏义、李延通、向光义、陈永刚
科技进步奖	一等奖	CFLP20220201032	基于 AI 算法的中国移动库位优化模型应用	中国移动通信集团云南有限公司、中国移动通信集团终端有限公司	陈磊、杜文劲、肖建明、郑祝良、咸宏伟、李佳佳、王雨宁、刘倚如、鲁国鹏、黄婷婷、李海霞
科技进步奖	一等奖	CFLP20220201033	全品规卷烟智能高效备货分拣系统	中国烟草总公司河北省公司	陈向辉、梁利彬、段琦、王辉、郎旭明、黄欣、侯红娟、赵毅然、张建勋、翟建利、刘俊成
科技进步奖	一等奖	CFLP20220201034	基于 RFID 的供应链全生命周期管理系统研究与应用	中国移动通信集团安徽有限公司、中国移动通信集团采购共享中心、中捷通信有限公司	刘源、肖建明、张瑀、黄润生、武林、吴其琴、房磊、咸宏伟、刘秀章、覃杨、田渊
科技进步奖	一等奖	CFLP20220201035	华能集团物资供应链成本效益与风险分析模型	华能能源交通产业控股有限公司（中国华能集团有限公司物资供应中心）	向泽江、柯晓凡、王绪繁、薛轶峰、马晓燕、陈竞翔、刘铎、黄杰、李建龙、陈谦、章世喜
科技进步奖	一等奖	CFLP20220201036	倾斜带式输送机安全运行控制关键技术研究与应用	太原理工大学、力博重工科技股份有限公司、太原科技大学、山西潞安集团潞宁孟家窑煤业有限公司、太原市博世通机电液工程有限公司、山西戴德测控技术有限公司、山西华阳集团新能股份有限公司一矿	李军霞、寇保福、岳彦博、元松明、王亚湖、王保勤、张慧、吴磊、薛佳保、李亚宁、栾乐乐

续 表

奖种	奖项等级	证书编号	项目名称	项目主要完成单位	项目主要完成人
科技进步奖	一等奖	CFLP20220201037	基于“AI+数字孪生”技术的通信行业智慧仓储体系建设与运营	中国移动通信集团江苏有限公司、上海博科资讯股份有限公司	沈杰、沈建林、戚兆军、李光瑞、罗勇、吉宜斌、李荣华、郑祝良、咸宏伟、张步飞、何福诚
科技进步奖	一等奖	CFLP20220201038	集装箱智慧物流集成创新关键技术研究与标准应用	交通运输部水运科学研究所、武汉理工大学、深圳中集智能科技有限公司、华东师范大学、中国铁路北京局集团有限公司、中铁铁龙集装箱物流股份有限公司、福建金航国际货运代理有限公司	李继春、刘志平、虞楠、张华、黎梦真、吕洁印、江霞、刘建平、刘赫、申旭、陈智勇
科技进步奖	一等奖	CFLP20220201039	智慧物流园区新能源物流车辆充电安全保障关键技术及产业化	中南大学、威胜集团有限公司、南京航空航天大学	刘辉、李燕飞、武星、汤博、段铸、秦进、周文梁、张得志、夏雨、高思霄、王家斌
科技进步奖	一等奖	CFLP20220201040	基于产品分层分级的物流集中体系设计与应用	中国移动通信集团河北有限公司、中国移动通信集团采购共享中心、中捷通信有限公司	黄涛、王刚、靳硕、姜言、李丽娟、王泓懿、赵静宇、肖建明、咸宏伟、武智、孙士宇
科技进步奖	一等奖	CFLP20220201041	基于供应链生态建设视角的采购优选关键技术研究	中国移动通信集团江苏有限公司、中通维易科技服务有限公司	沈建林、李理、邹志强、方鹏、张步飞、赵如兵、黎妍、郭校年、李鹏友、倪圣健、林天
科技进步奖	一等奖	CFLP20220201042	中国电信供应链运营管理与服务平台	中国电信集团有限公司、中通服创立信息科技有限责任公司	刘志勇、申志云、林玲、宋琦、吴凯、刘超、赵勃、钱小峰、鲍贞、杜良辉

续 表

奖种	奖项等级	证书编号	项目名称	项目主要完成单位	项目主要完成人
科技进步奖	一等奖	CFLP20220201043	基于后疫情时代下供应链一体化的研究与应用	中国移动通信集团四川有限公司	程波、曾键、肖建明、白庆、赵磊、咸宏伟、郑祝良、武智、李佳佳、李婷、崔毓舒
科技进步奖	一等奖	CFLP20220201044	基于物联网技术的数字化仓储协同网络创新应用	物产中大物流投资集团有限公司、浙江理工大学经济管理学院	焦利剑、唐雄伟、郭爱芳、王武军、叶乐、凌金良、许绍端、常帅敏、郭嘉宾、陈延鑫、杨煜程
科技进步奖	一等奖	CFLP20220201045	基于高效智能化采购的芯片桎梏下的物资供应安全模式创新实践	中国移动通信集团陕西有限公司、星云博创科技有限公司、网思科技股份有限公司	申民、王建伟、李丽洁、高峰、童芳芳、霍庆霄、陈兵、李佳、李莉萍、李春侠、杨晓睿
科技进步奖	一等奖	CFLP20220201046	长江商品车滚装运输市场运行监测技术与应用研究	武汉理工大学、武汉航运交易所	杨家其、刘丹、丛喆、薛金林、杨柳、游丽、卓娅、涂敏、王海燕、康熙沛、李慧琳
科技进步奖	一等奖	CFLP20220201047	打造数字化底座赋能供应链高效透明智慧运营	中国移动通信集团浙江有限公司、中国移动通信集团采购共享服务中心、浙江中通通信有限公司	祝瑾华、刘治华、程耀文、月球、王安、宋赛、黄玮、叶勇、项洪波、赵辰、吴央
科技进步奖	一等奖	CFLP20220201048	中国智慧港口发展路径与政策研究	大连海事大学、天津港（集团）有限公司、中国交通信息科技集团有限公司	曾庆成、曲晨蕊、屈莉莉、张莉莉、王亮、张金松、牟向伟、陈子根、鞠惠竹、曹宇、刘洋
科技进步奖	一等奖	CFLP20220201049	基于数字孪生技术的智慧仓储研究与应用	中国移动通信集团山东有限公司、网思科技股份有限公司	李玉振、李慧、史安峰、吴志涛、朱洪利、梁炳琛、张浩然、王欢、张甲强、曾波、邢介虎

续 表

奖种	奖项等级	证书编号	项目名称	项目主要完成单位	项目主要完成人
科技进步奖	一等奖	CFLP20220201050	超高堆垛库多型机器人协同线上孪生无人化仓储系统	江苏海晨物流股份有限公司、盟立自动化科技（上海）有限公司	梁晨、张建安、王伟、梁化勤、曹木凯
科技进步奖	一等奖	CFLP20220201051	基于图计算的通信行业采购供应链应用	中国移动通信集团广东有限公司、网思科技股份有限公司	苏炜、李志坚、吕舒然、张紫薇、苏洁、王欢、吴俊、郭征军、苏锐、黄朝辉、冯继威
科技进步奖	一等奖	CFLP20220201052	基于云端的国际货代物流平台关键技术研究与应用	大连海事大学、大连万发联合航贸有限公司、家通电子商务（大连）公司、海南佳顺通物流有限公司、大连俱进汽贸运输有限公司、特兰格睿物流（大连）有限公司、大连楼兰科技股份有限公司	计明军、孙家庆、张赫、祝慧灵、唐丽敏、康树春、于丰杰、周铁英、苍柏、孙倩雯、计佳璐
科技进步奖	一等奖	CFLP20220201053	通信企业智慧协同仓配管理体系研究与应用	中国移动通信集团浙江有限公司、上海博科资讯股份有限公司	祝瑾华、陈祖寿、孟瑜、王珊、林海、李璇、章棋、陈晓玲
科技进步奖	一等奖	CFLP20220201054	智慧物流数据中心大数据传输优化系统的研发及应用	临沂大学、武汉理工大学、湖北文理学院、山东金兰现代物流发展有限公司	张明、陈伟、刘会衡、张龙翔、王玉春、李昌振、刘娈琦、付乐、郭文康、于欣宁、高文文
科技进步奖	一等奖	CFLP20220201055	营运货车 ADAS 测试行人目标物及测试系统研发	交通运输部公路科学研究所、河北普傲汽车科技有限公司、北京工商大学、中国汽车工程研究院股份有限公司、长沙立中汽车设计开发股份有限公司	张沫、周炜、李文亮、郭克友、曹琛、伊强、周金应、刘延、王雪然、张禄、曹立波

续 表

奖种	奖项等级	证书编号	项目名称	项目主要完成单位	项目主要完成人
科技进步奖	一等奖	CFLP20220201056	构建物资管理全流程数字化闭环提升体系	中国移动通信集团广东有限公司、深圳市兆航物流有限公司	苏炜、刘晓兵、武智、张勇、陈海华、朱小燕、邓辉明、史向进、邓佳、冉瑞禄
科技进步奖	一等奖	CFLP20220201057	城市绿色货运配送技术政策与示范应用研究	交通运输部规划研究院	甘家华、李弢、魏永存、刘佳昆、成倩倩、陈波莅、李云汉、林锦鸿、李绪茂、常连玉、焦雯雯
科技进步奖	一等奖	CFLP20220201058	跨境电商供应链智能化运营方案与全链物流安全保障技术研究及应用	广东交通职业技术学院运输与经济管理学院、中国民航大学交通科学与工程学院	李旭东、李强、吴毅洲、蔡臻、曾艳英、唐国华、王龙、刘进、王芳、刘如意、廖毅芳
科技进步奖	二等奖	CFLP20220202001	基于“高铁—公交—的士”模式的5G厂内智能物流项目	中兴通讯股份有限公司	丁国兴、钱国民、郑华伟、琚胜波、刘伟、高强、钟晶、韩宪征、卢雨生
科技进步奖	二等奖	CFLP20220202002	基于城市安全的新能源汽车废旧动力电池智能逆向物流平台	上海第二工业大学、赣州市豪鹏科技有限公司、中远海运化工物流有限公司、北京资源强制回收环保产业技术创新战略联盟、上海孟泰环保工程有限公司	郝皓、林慧丹、许肇然、区汉成、栾智俊、郭晓玲、程艳瑾、王信洋、张淑平
科技进步奖	二等奖	CFLP20220202003	智能低碳钢铁仓储标准技术研发与应用	鞍山钢铁集团有限公司、鞍钢集团自动化有限公司、杭州高达软件系统股份有限公司、北京交通大学	侯海云、刘凯、陈军荣、葛正军、韩日东、兰洪杰、张春雨、杨世乾、刘继丹

续 表

奖种	奖项等级	证书编号	项目名称	项目主要完成单位	项目主要完成人
科技进步奖	二等奖	CFLP20220202004	基于机器视觉的物流车辆智能监控关键技术研究及应用	徐州工程学院、徐州市公安局交通警察支队科技大队	厉丹、鲍蓉、刘维维、孙金萍、李子龙、王立恺、陈磊
科技进步奖	二等奖	CFLP20220202005	高速公路交通事件影响下货运物流安全评估及防控技术	长安大学	王建军、邓亚娟、龙雪琴、梁国华、王来军、张玉婷、陈亦新、王宝杰、马超群
科技进步奖	二等奖	CFLP20220202006	京东物流柔性供应链建设与应急决策系统应用	北京京东振世信息技术有限公司	吴盛楠、庄晓天、何田、王忠帅、蒋晶、朱雨童、安义丹、于绍政、于莹
科技进步奖	二等奖	CFLP20220202007	家电制造集成化物流系统关键技术与应用	佛山科学技术学院、美的集团有限公司、广东顺德为艾斯机器人有限公司	邹安全、羌磊、胡余良、刘军、于昕梅、陈晓刚、张林海、赵玲、周宇玲
科技进步奖	二等奖	CFLP20220202008	柴油机高效低排放热管理关键技术开发	潍柴动力股份有限公司、山东大学	李建文、申加伟、白书战、李楠、云峰、田少聪、王超、姚旺、吕顺
科技进步奖	二等奖	CFLP20220202009	快递绿色包装标准体系与关键技术研究	中国标准化研究院	靳宗振、曹俐莉、王娜娜、曾毅、王琦、张雨辰、刘娜、刘琪
科技进步奖	二等奖	CFLP20220202010	京东物流数智化供应链算法服务中台设计与应用	北京京东振世信息技术有限公司	吴盛楠、庄晓天、郑研、何田、王强、王忠帅、伍斌杰、于莹、邓泓舒语
科技进步奖	二等奖	CFLP20220202011	车载智能辅助驾驶系统关键技术开发及产业化	潍柴动力股份有限公司、潍柴重机股份有限公司、哈尔滨工程大学	赵福芹、范立云、屈传水、高明春、朱晓春、窦云霞、赵珍珍、杨军、王刚

续 表

奖种	奖项等级	证书编号	项目名称	项目主要完成单位	项目主要完成人
科技进步奖	二等奖	CFLP20220202012	网络平台道路货运管理制度创新研究	交通运输部规划研究院	李弢、甘家华、李云汉、魏永存、余兴源、刘勇凤、陈波莅、刘佳昆、成倩倩
科技进步奖	二等奖	CFLP20220202013	基于光电融合和大数据分析的智能物流无人车协同系统	苏州大学、苏州科熙伟智科技有限公司、中电科海洋信息技术研究院有限公司、知行机器人科技（苏州）有限公司	侯康、禹久泓、郭静、白国超、杨云祥、冷昊、侯勇
科技进步奖	二等奖	CFLP20220202014	全球物贸服务平台	四川省港航投资集团有限责任公司	蒋大轩、叶昕、廖海洋、黄翔、曾晶、刘晓斌、李园园
科技进步奖	二等奖	CFLP20220202015	通讯工程物资可视化管理平台建设	中国移动通信集团重庆有限公司	薛君、刘庆华、郑祝良、咸宏伟、武智、李佳佳、崔毓舒、何易、卢叶舟
科技进步奖	二等奖	CFLP20220202016	地市供电企业基于全域业务视角的绿色供应链体系建设	国网江苏省电力有限公司镇江供电分公司	沈璇、陈颖、童彤、施嘉敏、张雨、贡益敏、王新、贺芃、周湛青
科技进步奖	二等奖	CFLP20220202017	面向柔性制造的智慧专网关键技术及应用	贵州大学、重庆理工大学、中国科学院重庆绿色智能技术研究院、四川西南联盛通讯技术有限公司、重庆斯欧信息技术股份有限公司、重庆市光学机械研究所有限公司、锐捷网络股份有限公司	黄东、黄海松、徐勇军、刘春雷、范青松、刘琴、刘万平、杨涌、李显勇

续 表

奖种	奖项等级	证书编号	项目名称	项目主要完成单位	项目主要完成人
科技进步奖	二等奖	CFLP20220202018	云改数转、聚能增效——山东电信“数智云”供应链管理解决方案	中国电信集团有限公司山东分公司、中捷通信有限公司	魏荣军、宋志果、杜亮、邵新、袁莹、彭毅、林云智、石羽、刘鹏程
科技进步奖	二等奖	CFLP20220202019	电网计量物资智能仓储与配送决策体系研究与实践	北京交通大学、国网天津市电力公司电能计量中心、普华讯光（北京）科技有限公司	卞文良、徐杰、魏文超、魏飞、曹国瑞、何海航、陈磊、李洁茹、徐剑
科技进步奖	二等奖	CFLP20220202020	美团智能配送站	上海三快智送科技有限公司	宋磊涛、张丛珊、黄晓康、杨逸伦、林冰洋、尹佳佳、张珂齐、彭兵、贵岩
科技进步奖	二等奖	CFLP20220202021	基于穿梭式密集仓储系统的智慧仓库设计与应用	北京交通大学、北京思源智通科技有限责任公司	杨叶飞、董秉坤、施先亮、李根柱、兰洪杰、魏文超
科技进步奖	二等奖	CFLP20220202022	国家陆桥物流大通道（河南段）多式联运组织模式研究	华北水利水电大学、河南省交通规划设计研究院股份有限公司	郭福利、梁营力、时宗琦、王闪、杨晨、李赛赛
科技进步奖	二等奖	CFLP20220202023	基于平台经济的供应链金融运营风险传导及其防控技术	南昌职业大学、浙江万里学院、武汉烽谷信息科技有限公司、新道科技股份有限公司、厦门网中网软件有限公司	孙美娇、朱一青、肖炜华、潘成、朱占峰、饶阳春、王铮、喻正义、李静
科技进步奖	二等奖	CFLP20220202024	缠绕气瓶管束式集装箱	浙江蓝能燃气设备有限公司	陈凡、曹文红、章杰锋、范增超、朱江峰、夏明、邝周凌、倪宝鹏、占建新

续 表

奖种	奖项等级	证书编号	项目名称	项目主要完成单位	项目主要完成人
科技进步奖	二等奖	CFLP20220202025	基于5G通信技术的物联网在仓储物流中的应用与分析	中国移动通信集团云南有限公司、中国移动通信集团终端有限公司	杨耕云、黄河、苏晓治、郝斌、何君、曹燕、许维娟、夏雪、杨志超
科技进步奖	二等奖	CFLP20220202026	基于分布式云计算的航空物流供应链服务平台	四川川航物流有限公司、四川航空股份有限公司、电子科技大学、北京华胜天成科技股份有限公司、上海博科咨询股份有限公司	陈焱、周轶军、徐占川、张鸣明、段荣洋、李珏欣、吴雪莹、李吟、游登陆
科技进步奖	二等奖	CFLP20220202027	多方法比较视角下的应急物流绩效评价实证研究及应用	华北科技学院	陈玲玲、王建平、刘东、李文武、时光
科技进步奖	二等奖	CFLP20220202028	LLCT领先物流控制塔项目2.0	运易通科技有限公司	刘海峰、楚宁志、邓梁、温燕飞、王鹏飞
科技进步奖	二等奖	CFLP20220202029	基于物联网技术的危化品物流运输系统研究	宁波工程学院、浙江镇石物流有限公司、宁波思高信通科技有限公司、宁波物流产学研技术创新战略联盟、宁波市镇海区道路运输行业协会	许忠达、朱占峰、刘智勐、蒋锐、朱耿、张丽、陈新晖、燕磊、洪照明
科技进步奖	二等奖	CFLP20220202030	基于语音交互的供应链数字员工应用研究	国网上海市电力公司物资公司	牛凯、洪芳华、虞振凌、胡承鑫、林燕云、方效巍、徐丽、范晓磊、肖锋

续　表

奖种	奖项等级	证书编号	项目名称	项目主要完成单位	项目主要完成人
科技进步奖	二等奖	CFLP20220202031	基于AI智慧平台的供应链赋能研究与应用	中国移动通信集团四川有限公司、四川中移通信技术工程有限公司	程波、曾键、肖建明、白庆、赵磊、田元元、王静、肖云波、刘勇
科技进步奖	二等奖	CFLP20220202032	我国危险货物道路运输从业人员职业安全及发展分析	河北省特种设备监督检验研究院邯郸分院、北京中物化联企业管理有限公司、北京物资学院	史继英、张喜才、胡岚、李若茵、边富红、左雷、孟圆、文韬、刘然
科技进步奖	二等奖	CFLP20220202033	以清低效、促周转、调结构为导向的库存流通管理体系	中国海洋石油集团有限公司物资装备部	周瑞瑞、刘含阳、吴冬梅、王侃、季钰
科技进步奖	二等奖	CFLP20220202034	融入思政教育的物流管理人才培养体系研究与社会实践	郑州大学体育学院、河南职业技术学院、河南经贸职业学院、首都师范大学、武汉理工大学、景德镇陶瓷大学	李玉洁、田华、马啸吟、李文乐、王悬悬、连景岩、吴智勇、李明文、穆连兵
科技进步奖	二等奖	CFLP20220202035	德邻陆港供风控及供应链服务平台	德邻陆港供应链服务有限公司、辽宁省交通运输事务服务中心	马荣材、刘国华、张伟、陈洪旭、杨雪峰、刘钢、王凯、王高青、贾佃精
科技进步奖	二等奖	CFLP20220202036	基于OCR的三费报账系统研究及应用	中国移动通信集团广东有限公司网思科技股份有限公司	苏炜、李志坚、吕舒然、张紫薇、张媚、饶华、王欢、吴俊、郭征军
科技进步奖	二等奖	CFLP20220202037	实施物资管理数字化转型，构建供应链集约发展	中国联合网络通信有限公司山东省分公司、深圳市兆航物流有限公司	金志强、尚万雷、李林、张羽、孙江涛、赵轶、颜爱华、乔文博、杜广泰

续　表

奖种	奖项等级	证书编号	项目名称	项目主要完成单位	项目主要完成人
科技进步奖	二等奖	CFLP20220202038	大宗智慧物流社会化平台（哒哒智运）	哒哒智运（黑龙江）物联科技有限公司、北京汇通天下物联科技有限公司	张文宇、刘博、李培义、李集集、田津名、张凌浩、曾雪晶、黄才雄、杜政阳
科技进步奖	二等奖	CFLP20220202039	冷冻液化气体汽车罐车全面检验规则	河北省特种设备监督检验研究院邯郸分院	史继英、郭兴平
科技进步奖	二等奖	CFLP20220202040	海洋石油后勤保障海陆集散码头协同配送管理系统项目	中海油能源物流有限公司、中海油信息技术有限公司北京分公司、上海博科资讯股份有限公司	王爱民、钟绍磊、郭格山、李小川、申庚、郭彤、郭奕、丛丽杰、杨帆
科技进步奖	二等奖	CFLP20220202041	基于“四个协同”打造智慧生态共赢链	中国移动通信集团湖北有限公司、中国移动通信集团设计院有限公司、上海博科资讯股份有限公司	隋江雨、尹燕、曾芳、方莉、陈晓洁、万俊涛、李佳佳、陈宗徽、张璐
科技进步奖	二等奖	CFLP20220202042	多元文化背景下我国跨境电商发展研究与实践	河南职业技术学院、武汉理工大学、河南省人民医院	晋东海、朱永宽、柳芳、夏梅、武启峰、丁斌、刘懿、李树德、李晓亮
科技进步奖	二等奖	CFLP20220202043	以“138”清单为抓手，推动合规管理与采购全流程业务融合	中国移动通信集团湖北有限公司、中国移动通信集团设计院有限公司	冯文仲、尹燕、方莉、王娅、陈悦、陈宗徽、陈晓洁、易菁琳、张璐
科技进步奖	二等奖	CFLP20220202044	基于区块链技术的智慧物流业务模式创新研究	北京交通大学	王喜富、沈孟如、李明富、闵维、沈喜生、荣强、马骏驰、蒋利军、高艺文

续　表

奖种	奖项等级	证书编号	项目名称	项目主要完成单位	项目主要完成人
科技进步奖	二等奖	CFLP20220202045	我国区域港口群资源整合模式研究	大连理工大学	鲁渤、李延喜、杨光飞、要甲、薛方红、马雪娇、赵蒙
科技进步奖	二等奖	CFLP20220202046	供应链大数据环境下的扁平化供应商评估体系构建	中国移动通信集团江西有限公司、烽火通信科技股份有限公司	郑少波、杨勇、郭华平、邹欣、赵珍、谢健、李天一、滕聪、何侃
科技进步奖	二等奖	CFLP20220202047	中国主导的国际物流体系构建与实施路径研究	交通运输部公路科学研究所、交通运输部水运科学研究所	焦雯雯、虞楠、郭紫莹、邢虎松、张淑慧、孙岩、顾梦雨、梁锋、黄月梅
科技进步奖	二等奖	CFLP20220202048	数智绿色供应链全生命管理体系研究	中国移动通信集团山东有限公司、华信咨询设计研究院有限公司	刘松森、王文亮、李爱敏、胡勤伟、孟倩、刘祥涛、张政、杨敬武、楼晓波
科技进步奖	二等奖	CFLP20220202049	“京调”一体化供应链下的智慧运力调度平台	北京京东振世信息技术有限公司	陈森彪、吴盛楠、阿来、何志强、周民荣、何田、肖胜、李云欣、庄晓天
科技进步奖	二等奖	CFLP20220202050	3D货到人智能物流装备储分一体系统	兰剑智能科技股份有限公司	吴耀华、张小艺、蒋霞、沈长鹏、刘鹏、张贻弓、穆凯、丁善高、李琼
科技进步奖	二等奖	CFLP20220202051	无人驾驶物流车智能刹车系统研发及产业化	上海同驭汽车科技有限公司、同济大学	熊路、舒强、潘光亮、于洋、徐国栋、卫玮、江琛裕
科技进步奖	二等奖	CFLP20220202052	生鲜食品工厂智能冷链物流解决方案	北自所（北京）科技发展股份有限公司、湖州德奥机械设备有限公司	陈传军、王勇、饶金海、霍达、石振鹏、徐汉均、韩亮、谢时军、朱龙

续 表

奖种	奖项等级	证书编号	项目名称	项目主要完成单位	项目主要完成人
科技进步奖	二等奖	CFLP2022020205 3	边海防部队通用武器维修器材供应保障研究	32181 部队、陆军军事交通学院汽车士官学校	张连武、孙江生、赵方庚、梁伟杰、连光耀、吕艳梅、李万领、王正军、赵晔
科技进步奖	二等奖	CFLP20220202054	基于移动电子评标平台的采购现场智能监督与稽核项目	中国移动通信集团广东有限公司、中捷通信有限公司	苏炜、李志坚、黄政力、蒋志轩、关智华、郭松涛、彭毅、陈晖、李凯
科技进步奖	二等奖	CFLP20220202055	液压机械瞬态工况性能提升关键技术开发及应用	潍柴动力股份有限公司	祝成祥、程市、王峰、席永利、田月、潘浩然、郑玉杰、何虎成、赵华
科技进步奖	二等奖	CFLP20220202056	应急交通与物流系统动力学机制分析及实时动态综合优化	兰州交通大学	马昌喜、石褚巍、李海军、吴亮、代存杰、赵永鹏、樊靖、黄兆国、王珂
科技进步奖	二等奖	CFLP20220202057	仓储物流机器人异构集群智能控制系统	西安交通大学、北京极智嘉科技股份有限公司、北京航空航天大学、江苏智信追溯信息科技研究院有限公司、西安理工大学、西安唯实云智科技有限公司	黄子罡、李洪波、陈霸东、李尤君、郭炳晖、张四平、杨小博、姚楠、丁琴
科技进步奖	二等奖	CFLP20220202058	成渝经济圈军事物流多式联运保障区建设研究	陆军勤务学院军事物流系	王丰、汪贻生、林勇、刘波、漆磊、万飞、李睿、谭涛、王妙春
科技进步奖	二等奖	CFLP20220202059	智慧冷链建设方案的研究和应用	青岛盈智科技有限公司	李承涛、薄帅、王正、陈小二、王营、马海龙、于尚民、白述净、王海霞

续 表

奖种	奖项等级	证书编号	项目名称	项目主要完成单位	项目主要完成人
科技进步奖	二等奖	CFLP20220202060	基于元宇宙技术的“3D”实景沉浸式仓储操作培训研究	中国移动通信集团甘肃有限公司、中国科学院近代物理研究所 CUDA 研究中心、深圳市兆航物流有限公司	王冠、赵建民、李悦、郭亮、肖建明、宋钧、高笑非、咸宏伟、朵建峰
科技进步奖	二等奖	CFLP20220202061	危险货物道路运输交通安全管理实用指南及查验辅助管理	公安部道路交通安全研究中心	舒强、王艺帆、曾祥凯、周文辉、张煜笛、李光耀、赵光明、马明月、王韦清
科技进步奖	二等奖	CFLP20220202062	全渠道全场景医药数智物流中心研究与应用	湖北九州云智科技有限公司、河南九州通物流有限公司、九州通医药集团物流有限公司北京极智嘉科技有限公司、上海和进物流机械有限公司、上海精星仓储设备工程有限公司、无锡中鼎集成技术有限公司	张青松、张素梅、刘定文、李强、鲁俊杰、饶国强、吴勇、王道奎、童银兵
科技进步奖	二等奖	CFLP20220202063	基于区块链的航运物流供应链平台关键技术研究与应用	中远海运科技股份有限公司、同济大学、上海海洋大学、梧桐链数字科技研究院（苏州）有限公司	马小峰、王新波、梁贺君、许维胜、林亦雯、韩懿、王敏、陆旭昇、陈怀海
科技进步奖	二等奖	CFLP20220202064	基于物资集约化水平提升的协同供应体系建设与研究	中国移动通信集团广西有限公司、深圳市兆航物流有限公司	刘景胜、陈珣、覃军、曾宁红、曾春花、宋雅琴、欧红月、蔡津毅、梁翠芳
科技进步奖	二等奖	CFLP20220202065	智能物流技术在大件智能无人仓中的应用	日日顺供应链科技股份有限公司	段红杰、严涛、乔显苓、孙振、侯恩庆、陈林、石莹莹、郝旭、路梦梦

续 表

奖种	奖项等级	证书编号	项目名称	项目主要完成单位	项目主要完成人
科技进步奖	二等奖	CFLP20220202066	速威农业产业数字化平台及其关键技术研发与应用	广州速威智能系统科技有限公司、广州番禺职业技术学院	郭孔快、邓汝春、张荣昌、华秀章、刘海兰
科技进步奖	二等奖	CFLP20220202067	港口一体化及其水路集装箱集疏运体系建设研究	上海海事大学、上海悠技信息技术有限公司、海南港航物流有限公司、上海汉唐航运有限公司、华北水利水电大学、上海城建职业学院	王学锋、林阿勇、范金生、孙虹、陈渊召、黄天荣、戈佳威、晁艺荧、章强
科技进步奖	二等奖	CFLP20220202068	基于后疫情时代下的供应链安全体系研究	中国移动通信集团陕西有限公司 中国移动通信集团新疆有限公司	申民、李丽洁、杨雄涛、范璐、段出颖、于丁、李婷、曹程、郑祝良
科技进步奖	二等奖	CFLP20220202069	数字孪生技术在港口智能管控中的创新应用及产业化	上海海事大学	丁一、王直欢、陈铠敏、丁彦、陈夏中、朱美佳、张智超、张潇文、龚宸
科技进步奖	二等奖	CFLP20220202070	果蔬小分子诱抗高效保鲜技术研创与应用	天津科技大学、天津捷盛东辉保鲜科技有限公司、国家农产品保鲜工程技术研究中心（天津）、天津鲜食原品生物科技有限公司、食之才（天津）快餐配送服务有限公司、威海海舸科学工程产业技术研究院有限公司	刘霞、乔丽萍、路来风、侯双迪、姜云斌、于晋泽、陈存坤、张高鹏、姜懿珊
科技进步奖	二等奖	CFLP20220202071	基于高速公路网的甩挂运输组织研究及应用	交通运输部公路科学研究所	李涛、裴爱晖、蔡翠、吴自红、袁俊丽、肖荣娜、王洪兴、赵南希、王馨梓

续　表

奖种	奖项等级	证书编号	项目名称	项目主要完成单位	项目主要完成人
科技进步奖	二等奖	CFLP20220202072	低滚动阻力高抗湿滑物流车绿色免充气轮胎关键技术开发及产业化	江苏江昕科技股份有限公司、江苏浩睿特种材料研究院有限公司、江苏绿源橡胶资源循环利用创新中心有限公司	王明江、张传爱、王峰、卢猛、周朝霞、朱平、刘飒、陈波、董大伟
科技进步奖	二等奖	CFLP20220202073	新冠肺炎疫情对我国港航国际物流业影响研究——以上海为例	上海交通大学、海丰国际控股有限公司	戴磊、张志鹏、胡昊、徐峰、金建钢、梁晴雪、薛杰、薛明元、赖智勇
科技进步奖	二等奖	CFLP20220202074	高效赋能-政企 DICT 项目的采购支撑研究	中国移动通信集团重庆有限公司	薛君、刘庆华、赵亮、唐丽、黄国强
科技进步奖	二等奖	CFLP20220202075	创新型大数据分析算法的智能质量运营管理平台	中兴通讯股份有限公司、中国移动通信集团江苏有限公司	张加民、韩冰、刘述旺、董四海、崔巍、卜有照、孔新年、方鹏、邹志强
科技进步奖	二等奖	CFLP20220202076	新型模块化托盘箱的开发与应用	大连中集物流装备有限公司	倪建生、孙士国、鲁亮、王文博、高佑诚、宋兆春、丛秀凤、李泰华、贾佃精
科技进步奖	二等奖	CFLP20220202077	基于指数平滑法技术的主动型供应链生态协同体系建设与应用	中国移动通信集团重庆有限公司	薛君、刘庆华、郑祝良、李佳佳、咸宏伟、崔毓舒、周冀、杨胜鹏、彭松
科技进步奖	二等奖	CFLP20220202078	醋酸装卸过程中防止泄漏及尾气处理工艺的研发	江苏海企化工仓储股份有限公司	史先召、孙承莉、黄福光、李岩、丁红军、丁亚军

续 表

奖种	奖项等级	证书编号	项目名称	项目主要完成单位	项目主要完成人
科技进步奖	二等奖	CFLP20220202079	物流园区智能感知系统关键技术研究与应用	宜春学院、西南科技大学、邵阳学院	王涵、白克强、宗亮
科技进步奖	二等奖	CFLP20220202080	城市绿色货运配送体系运行机制及综合评价研究	交通运输部公路科学研究所、临沂市道路运输服务中心、河南省运输事业发展中心	裴爱晖、袁俊丽、李涛、蔡翠、肖荣娜、刘乃增、聂旭光、吴自红、王馨梓
科技进步奖	二等奖	CFLP20220202081	搭建“闲鱼”超市，盘活全生命周期呆滞物资	中国移动通信集团湖南有限公司、深圳市兆航物流有限公司	彭爱华、甘泉、张辉、吴芳、彭琼、肖建明、咸宏伟、李佳佳、周聪亮
科技进步奖	二等奖	CFLP20220202082	多级供应链库存管理与协同管理研究	浙江大学、中央财经大学、浙江工业大学	周伟华、代宏砚、陈寿长、周云、林鑫、符咏畅
科技进步奖	二等奖	CFLP20220202083	家宽终端物资全生命周期智能化管控创新实践	中国移动通信集团湖北有限公司、中国移动通信集团设计院有限公司、中捷通信有限公司	曾芳、陈晓洁、万俊涛、翁泽锐、杜丽洁、师国峰、徐道麾、高东兴、余涛
科技进步奖	二等奖	CFLP20220202084	电工装备工业互联网碳足迹感知应用研究	国网上海市电力公司物资公司	洪芳华、牛凯、徐弘道、蒋越、赵玉苹、黄捷、周洁、宋步凡、李嘉森
科技进步奖	二等奖	CFLP20220202085	集装箱类物流运输装备空间复杂焊缝智能焊接技术	湘潭大学、广东新会中集特种运输设备有限公司、湖南艾克机器人有限公司	洪波、李湘文、洪宇翔、李高阳、尹力、李毅、贾爱亭
科技进步奖	二等奖	CFLP20220202086	基于物联网无线 PTL 电子标签拣选系统	深圳市瑞意博科技股份有限公司	单义倡、金洋、潘传超、王寅暑、陈永康、陈晓荣
科技进步奖	二等奖	CFLP20220202087	ECS3.0 自动化物流控制系统	昆船智能技术股份有限公司	李欣泽、杨宁、洪超、冯文华、郑义、合平凯、李俊、陆云飞、刘瑞刚

续 表

奖种	奖项等级	证书编号	项目名称	项目主要完成单位	项目主要完成人
科技进步奖	二等奖	CFLP20220202088	基于数字经济的绿色节能智慧化实践	中国移动通信集团山东有限公司、中捷通信有限公司	孙利剑、李玉振、安振宇、孙晓英、彭毅、林云智、石羽、赵嘉荣、刘彩虹
科技进步奖	二等奖	CFLP20220202089	壹化物流电商平台	中化能源科技有限公司、大连中化物流有限公司	王国伦、熊晓东、赵登峰、夏华峰、于卓群、王瑞泽、冯坤豪、陶祎凡、许奥
科技进步奖	二等奖	CFLP20220202090	基于数字化技术的汽车物流业务创新应用	中都物流有限公司	王兴民、郭海蟒、纪骥良、彭祥、朱励光
科技进步奖	二等奖	CFLP20220202091	基于多类型机器人协同的无人仓储数智集成系统	北京交通大学、北京航空航天大学、中国电子科技集团公司第二十一研究所、贵州国台酒业集团股份有限公司、洽洽食品股份有限公司、普天物流技术有限公司、山东康泰实业有限公司	朱晓敏、栾静、高海伟、米志龙、刘冬薇、王卫军、郭炳晖、卢君、金龙
科技进步奖	二等奖	CFLP20220202092	原材料价格波动下制造商最优采购策略研究	浙江万里学院、浙大宁波理工学院	吴桥、王琦峰、葛洪磊、潘栋辉、王绍峰、任春艳、张红叶
科技进步奖	二等奖	CFLP20220202093	面向煤炭物流的矿山长距离运输提升系统关键技术	中国矿业大学、徐州工程学院、江苏建筑职业技术学院	洪从华、赵静敏、张涵、欧阳雨禾、赵武、刘秀梅、杨建华

续 表

奖种	奖项等级	证书编号	项目名称	项目主要完成单位	项目主要完成人
科技进步奖	二等奖	CFLP20220202094	建立“渗透式网络、区块链数据、回溯式监督”的“云督调”物资管理体系	中国移动通信集团江苏有限公司、深圳市兆航物流有限公司	戚兆军、罗勇、武智、邓小飞、方堃、张瑞、邢飞、尤文轩、周聪亮
科技进步奖	二等奖	CFLP20220202095	危货运油车辆关键技术研发和标准研究	扬州中集通华专用车有限公司、中汽研汽车检验中心（武汉）有限公司、汉阳专用汽车研究所	房坤、柳东威、瞿绘军、张龙、张俊、陈韬、回春、葛晓旺、冯会健
科技进步奖	二等奖	CFLP20220202096	电网物资供应链数字化运营平台	国网江苏省电力有限公司物资分公司、江苏电力信息技术有限公司、国网江苏省电力有限公司	程剑筠、李金霞、温富国、冯曙明、余建新、胡天牧、卞华星、沈键、周晓宇
科技进步奖	二等奖	CFLP20220202097	基于车联网技术的城市智能物流与交通出行数据共享平台设计与实现	博泰车联网科技（上海）股份有限公司、武汉理工大学、沧州经济开发区武理工京津冀协同产业科技研究院	郑洪江、陈伟、李昌振、应臻恺、王进、杜路遥、叶凡、廖威、赵希
科技进步奖	二等奖	CFLP20220202098	国家疫情防护物资监控研究与开发	中国物品编码中心	林强、张楠、贾建华、王玉娟、张文梅、杜景荣、张颖、毛凤明、李伟
科技进步奖	二等奖	CFLP20220202099	重庆移动水土数据中心数字化能力平台应用	中国移动通信集团重庆有限公司	薛君、刘庆华、赵亮、阳光、江南、余寰、李柯、李春艳
科技进步奖	二等奖	CFLP20220202100	新时代交通运输统计治理顶层设计研究	交通运输部科学研究院、浙江省交通运输科学研究院	王望雄、宋晓丽、冯冬焕、周梦婕、王园、张雨希、张皖杉、张若旗、赵佳华

续 表

奖种	奖项等级	证书编号	项目名称	项目主要完成单位	项目主要完成人
科技进步奖	二等奖	CFLP20220202101	安眸智能视觉管理系统在汽车售后库安防管理中的应用	安吉智能物联技术有限公司、安吉智行物流有限公司	蔡甲申、王才杰、张四欣、钦戈乐、王晓旭、彭媛媛
科技进步奖	二等奖	CFLP20220202102	一种仓储物流运输车辆的装载防错系统及其方法	广汽传祺汽车销售有限公司、广州广汽商贸物流有限公司	李勇、陈晓朝、鲜继伟、施超
科技进步奖	二等奖	CFLP20220202103	基于大数据驱动的智慧物流 AI 决策和广域调度协同	广西柳钢物流有限责任公司	周晖、宁春明、朱勇、邓秋明、罗传强、杨树松、陈著作、欧天海、莫文静
科技进步奖	二等奖	CFLP20220202104	通信运营商供应链质量管理体系的研究与应用	中国移动通信集团江西有限公司、深圳市兆航物流有限公司	郑少波、杨勇、郭华平、林佩珩、吴世通、李理、王安、武智、杨超
科技进步奖	二等奖	CFLP20220202105	邮政快递业末端寄递服务的运营创新及实践	安庆师范大学、中国邮政集团有限公司安庆市分公司	徐俊杰、宋武、梁培培、张传春、张爱国、王利班、阳云、李惠、苏瑞敏
科技进步奖	二等奖	CFLP20220202106	中国石油物流服务平台	北京华油信通科技有限公司	郭建设、李绍山、杨文、周平、杜阳、李卓超、于丽丹、邓立、刘扬
科技进步奖	二等奖	CFLP20220202107	基于现代产业学院的物流工程与管理专业学位研究生实践基地建设研究	浙江万里学院	胡玲玉、王琦峰、钟晓军、楼百均、李肖钢、季书会、潘栋辉
科技进步奖	二等奖	CFLP20220202108	校企协同地方高校应用型物流专业硕士培养模式研究及实践	浙江万里学院	钟晓军、潘栋辉、王琦峰、季书会、李肖钢、楼百均

续 表

奖种	奖项等级	证书编号	项目名称	项目主要完成单位	项目主要完成人
科技进步奖	二等奖	CFLP20220202109	面向数智化应用构建 DICT 项目的双循环采购新模式	中国移动通信集团湖北有限公司、中国移动通信集团设计院有限公司	何立刚、尹燕、陈悦、方莉、陈晓洁、刘丽丽、张扬眉、杜丽洁
科技进步奖	二等奖	CFLP20220202110	大宗物资跨境交易信息平台的研发与应用	徐州工程学院	张中强、权泉、司凯、张晶、杨畅、阮少伟、孙宇博、胡晶、闵红
科技进步奖	二等奖	CFLP20220202111	新常态下江苏制造业供应链系统优化研究	徐州工程学院	宋效红、孙宇博、闵红、胡晶
科技进步奖	二等奖	CFLP20220202112	全冷链可视化关键装备与系统	徐州工程学院江、江苏省精创电气股份有限公司	黄忠东、孙天凯、李苏、纪波宇、姜代红、戴磊、周宏生、周娜
科技进步奖	二等奖	CFLP20220202113	快递末端区域同仓共配智能服务平台开发与应用	宿迁学院、徐州新南湖科技有限公司	梁子婧、李欣、梁智、郭新年、李丰刚、沈洋、吴凯
科技进步奖	二等奖	CFLP20220202114	智慧供应链与智能制造协同构建智能服务创新力研究与实践	中国移动通信集团湖南有限公司、长飞光纤光缆股份有限公司	郑宏、张辉、李威、胡洁、胡剑炜、肖燕、王安、陈剑虹、聂磊
科技进步奖	二等奖	CFLP20220202115	基于场景化包装的供应链一体化物流服务	北京德利得物流有限公司、上海德利得物流有限公司、德利得供应链（广州）有限公司	张强、王思聪、闫敏、马凯翔、李鑫、张立全、刘朋

续　表

奖种	奖项等级	证书编号	项目名称	项目主要完成单位	项目主要完成人
科技进步奖	二等奖	CFLP20220202116	汽车零部件入厂物流集散中心选址和短途循环取货路径协同规划研究项目	北京交通大学、一汽物流有限公司	李智昊、郭晓辉、王力、马茵、何世伟、宋瑞、魏玉光、朱晓宁
科技进步奖	二等奖	CFLP20220202117	基于区块链的供应链质量协同模式研究	中国移动通信集团甘肃有限公司、长飞光纤光缆股份有限公司	李丹波、周彩云、雷晓霞、张海军、杨静、张亚婷、戴维娇、陈晓雯
科技进步奖	二等奖	CFLP20220202118	新一代中卡系列产品开发及关键技术研究产业化	安徽江淮汽车集团股份有限公司	陈刚、张晓宁、奚武、张振、杜康、张有彬、孟祥楠、胡锐、钱时俊
科技进步奖	二等奖	CFLP20220202119	面向半导体级湿电子化学品的智能储运罐式集装箱	中集安瑞环科技股份有限公司	陈晓春、刘传超、朱红军、李琅、孟庆国、曹希宁、徐玮、顾淼、韩淇
科技进步奖	二等奖	CFLP20220202120	65000L 大型罐式加油车	上海承飞航空特种设备有限公司	王雷、管大胜、黄海频、张序洋、张志军、黄艳平、齐雪辰、黄婷婷、薛小波
科技进步奖	二等奖	CFLP20220202121	基于供应链协同的产业链协同管理研究与实践	中国移动通信集团陕西有限公司、中捷通信有限公司	申民、李丽洁、杨雄涛、高利杰、严晓春、亢金前、史海峰、陈晖、谢星星
科技进步奖	二等奖	CFLP20220202122	智能污物气力收运系统关键技术研究与应用	机科发展科技股份有限公司	李加文、邢家乐、孙言岩、李海漪、杨磊锋、杨非、王梓洋
科技进步奖	三等奖	CFLP20220203001	基于工业物联网的大宗商品流通过程监管与调度系统	阿贝力特科技（北京）有限公司、北京瀚阳信息技术有限公司	白崇民、白雨桐、胡涵清、金苑苑、洪超、李鑫、王晓翠

续 表

奖种	奖项等级	证书编号	项目名称	项目主要完成单位	项目主要完成人
科技进步奖	三等奖	CFLP20220203002	旅游物流服务适配理论与运作优化研究	成都职业技术学院	赖斌、杨丽娟、钟林、陈英、苏武
科技进步奖	三等奖	CFLP20220203003	港口“零碳”物流仓储库建设项目	龙口港集团有限公司	孙永波、张少强、吕传龙、徐学南、吕全斌、李振国、刁鹏菲
科技进步奖	三等奖	CFLP20220203004	基于区块链的邮政政务集约送达服务平台	黑龙江邮政易通信息网络有限责任公司	杨松辉、张瑜瑾、李哲峰、李刚、马广力、刘淳、顾瑞
科技进步奖	三等奖	CFLP20220203005	基于物料编码的供应链协同体系研究	中国移动通信集团湖南有限公司	张辉、夏李灿、吴芳、肖玺、肖燕、陈彦如、徐风
科技进步奖	三等奖	CFLP20220203006	适应极限恶劣工况的整车动力总成关键技术开发及应用	潍柴动力股份有限公司	曹原、梁昌水、陈玉杰、李尧、丁保安、蔡君辉、光江波
科技进步奖	三等奖	CFLP20220203007	整车物流新零售模式的应用和装备创新	安吉汽车物流（上海）有限公司	陈琦峰、彭峰、吴隽宇
科技进步奖	三等奖	CFLP20220203008	基于智能客服多场景供应链管理及应用	中国移动通信集团江西有限公司、华为技术有限公司	郑少波、杨勇、李晓杰、赵珍、金红平、杨鑫明、张博
科技进步奖	三等奖	CFLP20220203009	巨化56168配载平台——危化品运输全程全域智慧管控	浙江巨化物流有限公司、浙江巨化信息技术有限公司	倪卫东、吴晓辉、姚宏伟、郭亚君、吴小毅

续 表

奖种	奖项等级	证书编号	项目名称	项目主要完成单位	项目主要完成人
科技进步奖	三等奖	CFLP20220203010	国有企业供应链体系合规智慧化转型实践	深圳市兆航物流有限公司、中国移动通信集团河南有限公司	曾磊、辛朝、马少杰、贺延敏、魏铭、周亮、王海东
科技进步奖	三等奖	CFLP20220203011	震后道路交通抢修排程优化	中南大学、西南交通大学	李双琳、马祖军
科技进步奖	三等奖	CFLP20220203012	城乡三级物流体系建设路径及协同发展机制研究	重庆交通大学、重庆财经学院、重庆交通运输控股（集团）有限公司	黄承锋、周小祥、冯晖、王现兵、雷洋、周易、田少斌
科技进步奖	三等奖	CFLP20220203013	一维线性物流车辆随车传感器称重方法创新与装置研发	徐州工程学院	方蒽、王立文、席涤非、贾雨、韩成春、席建中、周松海
科技进步奖	三等奖	CFLP20220203014	中高端物流多用途乘用车关键技术开发及产业化应用	安徽江淮汽车集团股份有限公司	罗世成、李海亮、李秋实、朱波、金伟明、王涛、汪朋
科技进步奖	三等奖	CFLP20220203015	云链仓数字化管控平台项目	中远海运物流供应链有限公司	蒋恺、张燕松、刘强、胡志军、李鼎一、张瑾、顾铮
科技进步奖	三等奖	CFLP20220203016	大数据赋能采购需求管理效能和合规性提升研究	中移动信息技术有限公司、华信咨询设计研究院有限公司	谢军、孙大伟、赵忆东、张阳、郭倩、周天成、马瑞芳
科技进步奖	三等奖	CFLP20220203017	构筑信息产业数智化生态合作体系	深圳市兆航物流有限公司、中国移动通信集团河南有限公司	曾磊、辛朝、马少杰、贺延敏、彭职权、魏铭、周亮

续 表

奖种	奖项等级	证书编号	项目名称	项目主要完成单位	项目主要完成人
科技进步奖	三等奖	CFLP20220203018	家具行业智能化采购履约供应链系统	深圳平安综合金融服务有限公司、深圳长江家具有限公司	邱冬、张强、朱晓卿、洪云强、张超、滕厚雪、金喆
科技进步奖	三等奖	CFLP20220203019	物流货运卡车智能保障平台系统（三兄弟卡车平台）	齐齐哈尔三恩网络科技有限公司	李德鹏
科技进步奖	三等奖	CFLP20220203020	ICT 产品采购管理案例研究	中国移动通信集团青海有限公司、中捷通信有限公司	李伟民、张保洲、樊延英、苟延虹、张亮、罗集峰、杨立智
科技进步奖	三等奖	CFLP20220203021	“货兑宝”供应链协同平台	中储京科供应链管理有限公司	高啸宇、王永杰
科技进步奖	三等奖	CFLP20220203022	探索合规管理“数智化”路径，构筑阳光采购生态圈	中国移动通信集团湖北有限公司、中国移动通信集团设计院有限公司	尹燕、方莉、刘丽丽、陈晓洁、张扬眉、肖珩
科技进步奖	三等奖	CFLP20220203023	基于数智化的拣运中转场作业 & 管理平台	北京京东振世信息技术有限公司	张俊俊、朱颂华、曾美玲、郭永智、徐倩芸、刘铎、赵巍
科技进步奖	三等奖	CFLP20220203024	数智赋能，打造供应链协同的家庭业务终端物资管理新模式	中国移动通信集团山东有限公司、中国移动通信集团设计院有限公司山东分公司	韩佑臻、傅立海、刘慈、李慧、杨合林、茅磊、刘斌
科技进步奖	三等奖	CFLP20220203025	中储粮（盘锦）物流有限公司物流业务管理系统开发及集成项目	浪潮软件集团有限公司、中储粮（盘锦）物流有限公司	荆世华、赵在星、曹雪韬、刁龙翔、刘振印、王新年、李亚军

续 表

奖种	奖项等级	证书编号	项目名称	项目主要完成单位	项目主要完成人
科技进步奖	三等奖	CFLP20220203026	德邻循环物资交易平台	德邻陆港供应链服务有限公司	刘洋、赵天舒、周诗杨、张丹、赵勇、崔壮、王婷婷
科技进步奖	三等奖	CFLP20220203027	装载机多功能筛分器的研发与应用	龙口港集团有限公司	马胜、张少强、栾仲、钟磊、吕传龙、郝延鹏、曲思礼
科技进步奖	三等奖	CFLP20220203028	甘肃国通一体化平台	甘肃国通大宗商品供应链管理股份有限公司	韩晓东、郭登明、唐潇、罗俊嘉、钟满东
科技进步奖	三等奖	CFLP20220203029	基于工业互联网标识解析构建供应链金融服务	中国移动通信集团湖南有限公司、长飞光纤光缆股份有限公司	郑宏、张辉、李威、胡洁、胡剑炜、肖燕、蒋炼
科技进步奖	三等奖	CFLP20220203030	前沿技术在供应链转型发展中的应用研究	深圳市兆航物流有限公司、中国移动通信集团河南有限公司	曾磊、辛朝、马少杰、贺延敏、魏铭、周亮、王海东
科技进步奖	三等奖	CFLP20220203031	成渝地区通信企业供应链管理模式研究	中国移动通信集团重庆有限公司	薛君、刘庆华、赵亮、陈鹏远
科技进步奖	三等奖	CFLP20220203032	一盘货管理系统	厦门锐特信息技术有限公司	许志涛、朱剑川、卢永富
科技进步奖	三等奖	CFLP20220203033	医药物流全程数字化追溯系统研发	荣庆物流供应链有限公司、山东荣庆物流科技有限公司、山东荣庆投资控股有限公司、临沂大学	郑全军、李文娇、郑露露、张桐菁、郁嘉鑫、李晓东、孙成通
科技进步奖	三等奖	CFLP20220203034	基于5G+VR的物资全链条数智化研究与应用	中国移动通信集团江西有限公司、深圳市兆航物流有限公司	郑少波、杨勇、王立、万圭、曾腊梅、咸宏伟、崔毓舒
科技进步奖	三等奖	CFLP20220203035	康安利丰净菜加工和中餐食材仓拣配协同管理系统	北京康安利丰农业有限公司	张永利

续 表

奖种	奖项等级	证书编号	项目名称	项目主要完成单位	项目主要完成人
科技进步奖	三等奖	CFLP20220203036	服务电商平台及电商业务的宝供物流建设项目	宝供物流企业集团有限公司、广州宝供仓储服务有限公司	杨绍泳、何瑞红、梁笑丹、顾小昱、苏骅、钟名军、刘宏伟、林卫敏
科技进步奖	三等奖	CFLP20220203037	英诺森供应链一体化平台	北京英诺森供应链科技有限公司	曹露华、王峥、姜琳琳、李斌、刘月、汪帮宇、赵云
科技进步奖	三等奖	CFLP20220203038	“5G+AI”数智化仓储管理技术研究与应用	中国移动通信集团青海有限公司、网思科技股份有限公司	张保洲、祁顺英、申务民、李彦君、陈思怡
科技进步奖	三等奖	CFLP20220203039	“双碳”背景下物流服务资源配置与优化关键技术研发与应用	淮阴工学院、江苏电子信息职业学院、深圳市鼎辰国际物流有限公司	张浩、洪琼、梁坤、孙欣、董锴龙、何杰、龚健
科技进步奖	三等奖	CFLP20220203040	基于大数据分析的采购方案标准化研究	中国移动通信集团宁夏有限公司、华信咨询设计研究院有限公司	杨宁聪、王生涛、高亮、刘娟、卜春霞、杨敬武、周天成
科技进步奖	三等奖	CFLP20220203041	基于语音语义情感识别的拟人化全场景智能决策客服系统	上海中通吉网络技术有限公司	孙张昊、洪根祥、许光超、吴永杰、王巧云、叶勇、戎小海
科技进步奖	三等奖	CFLP20220203042	铁路货运价格市场化探索与研究	中国铁路兰州局集团有限公司	李建国、蒋建强、杜小红、周宇宁、程宏伟、马志德、常亮
科技进步奖	三等奖	CFLP20220203043	大数据驱动的汽车潜在缺陷辨识与预警关键技术研究及应用	中国标准化研究院	孙宁、田晶晶、白铁、费凡、宋黎、姜肇财、刘娜

续 表

奖种	奖项等级	证书编号	项目名称	项目主要完成单位	项目主要完成人
科技进步奖	三等奖	CFLP20220203044	AI机器人辅助通信物资仓储管理	中国移动通信集团内蒙古有限公司、深圳市兆航物流有限公司	刘伟、李佳佳、袁满、袁媛、程紫微、张烜、屠晓红
科技进步奖	三等奖	CFLP20220203045	整合提升宁波市出口加工区等开发区（园区）与梅山保税港区联动发展研究	浙江万里学院	赵娜、吴桥、潘栋辉
科技进步奖	三等奖	CFLP20220203046	互联网背景下区块链技术在港口物流（供应链贸易）中的应用探析	山东港口陆海国际物流集团有限公司	史强、师清杰、李炳香、崔世魁、王怡萍、张振强、沙莎
科技进步奖	三等奖	CFLP20220203047	人工智能技术在质量检测和运输管理中的研究与应用	中国移动通信集团甘肃有限公司、深圳市兆航物流有限公司、甘肃宝兰德软件技术有限公司	赵建民、李悦、郭亮、肖建明、王冠、宋钧、咸宏伟
科技进步奖	三等奖	CFLP20220203048	发动机包装柔性设计与供应链溯源模型搭建及应用	潍柴动力股份有限公司	郭圣刚、谭磊、张辉鲁、王国强、周伟伟、高缨、王晓冰
科技进步奖	三等奖	CFLP20220203049	石化供应链智能计划、调度、监控与匹配管理平台创新	京瀚信息科技（上海）有限公司	芦洋、朱林杰、胡力群、刘学志
科技进步奖	三等奖	CFLP20220203050	快件物流资源共享运营与建设指南	圆通速递有限公司、北京国邮科讯科技发展有限公司	颜晔栋、英春、王岳含、孙莎莎、韩小强、刘晓辉、朱元亮

续 表

奖种	奖项等级	证书编号	项目名称	项目主要完成单位	项目主要完成人
科技进步奖	三等奖	CFLP20220203051	应急供应链优化理论及其在新冠疫情中的应用研究	重庆财经学院、重庆市卫生健康统计信息中心、中国人民解放军陆军勤务学院军事物流系、	张立、刘军、陈镜羽、吴涵、刘晨敏、贺明玲、李宁
科技进步奖	三等奖	CFLP20220203052	供应链管理采购端市场竞争性探究	中国移动通信集团重庆有限公司	薛君、刘庆华、赵亮、旦佳
科技进步奖	三等奖	CFLP20220203053	郑州空港型国家物流枢纽建设、评价与应急能力提升研究	郑州轻工业大学、中原科技学院	仝新顺、李玉民、李淮嵩、赵江利、郑琦、张云超、赵瑞祥
科技进步奖	三等奖	CFLP20220203054	中国邮政集团碳减排量化及碳交易潜力评估	邮政科学研究规划院有限公司	张燕、郄少媛、尚以尧、于甜甜、刘峰
科技进步奖	三等奖	CFLP20220203055	区块链和智能合约在招标采购领域的应用	中国移动通信集团黑龙江有限公司、网思科技股份有限公司	于海滨、陈宇、袁海龙、马文婷、单慧靓、贾磊、卢慧鸽
科技进步奖	三等奖	CFLP20220203056	原料智能仓储的关键技术及示范应用	广西中烟工业有限责任公司	任海艳、赵冰、韩京珉、刘玉娴、耿富卿、蒋帅臣、张鹤还
科技进步奖	三等奖	CFLP20220203057	汽车轮胎总成同期交付计数防错系统	东风物流（武汉）有限公司	田春阳、聂文超、金鑫、乜文军、何超、乔凡

续 表

奖种	奖项等级	证书编号	项目名称	项目主要完成单位	项目主要完成人
科技进步奖	三等奖	CFLP20220203058	智能融合背景下纺织品跨境电商一站式服务管理平台	盐城工业职业技术学院	赵磊、韦亚洲、姜为青
科技进步奖	三等奖	CFLP20220203059	荆艺物流生态信息化平台（F9 PAAS）	厦门荆艺科技有限公司	郑志鹏、雷天来、张景清
科技进步奖	三等奖	CFLP20220203060	北京烟草物流中心就地技术升级的研究与应用	中国烟草总公司北京市公司物流中心、普天物流技术有限公司、昆船智能技术股份有限公司、大族激光科技产业集团股份有限公司、浙江创联信息技术股份有限公司	刘进民、王永革、朱桂玲、孙壮志、尤洪涛、赵全利、颜其利
科技进步奖	三等奖	CFLP20220203061	基于深度学习的车窗状态与乘客行为姿态感知方法研究	上海电机学院、上海名图软件有限公司	郭鹏、刘勇、马洪伟、徐旭、杨白玫、王三川
科技进步奖	三等奖	CFLP20220203062	绿色循环周转箱智能管理系统	中国烟草总公司天津市公司物流中心、河南国之云电子科技有限公司、河南中烟工业有限责任公司	金从众、王德吉、周扬、张胜利、金波、孙浩、王玺然
科技进步奖	三等奖	CFLP20220203063	面向物流数字新基建的协同计算系统研发与应用	临沂大学	王海峰、曹云鹏、陈珊、张龙翔、刘海涛、孔丽娟、刘皓

续 表

奖种	奖项等级	证书编号	项目名称	项目主要完成单位	项目主要完成人
科技进步奖	三等奖	CFLP20220203064	基于多 Agent 的智能密集仓储多车调度优化技术与应用	云南财经大学、上海酷想智能科技有限公司、浙江新摩智能科技有限公司	金桂根、黎建强、赵丽宝、赵冲、李岱东、余荣洋、王国莉
科技进步奖	三等奖	CFLP20220203065	基于货到人拣选及智能分拨的海外仓自动化集成解决方案	北京京东振世信息技术有限公司	白鑫、王双金、邵艳菊、陈全峰、高耀飞、王子忆、贺文迪
科技进步奖	三等奖	CFLP20220203066	大宗物资智慧仓储物流平台	成都积微物联集团股份有限公司、成都达海金属加工配送有限公司、成都蓉通微链科技有限公司	胡伟、陈源、刘茂刚、牛勇策、陈水全、贾亮、张帆
科技进步奖	三等奖	CFLP20220203067	农村生活垃圾收运物流系统构建关键问题研究	徐州工程学院、江苏舒美环境工程有限公司	孙宇博、岳浩、李丰刚、卢松泉、马慧敏、何旭东
科技进步奖	三等奖	CFLP20220203068	智慧自动化仓储	中国移动通信集团山东有限公司、江苏中博通信有限公司	韩佑臻、刘慈、李慧、李玉振、蒋震、王亮、尹本京
科技进步奖	三等奖	CFLP20220203069	“密集存储和货到人”自动化高效助力仓库运营	利丰供应链管理（中国）有限公司、利丰前海供应链管理（广东）有限公司	郑杨林、张都、贾春玉、杨旭亮
科技进步奖	三等奖	CFLP20220203070	多源数据共享的混凝土搅拌运输车跟踪控制数字化技术	徐州工程学院、盐城工学院、江苏建筑职业技术学院	乔淑云、吴国民、刘小嵩、赵武、贺杰、郑浩浩、刘爱云

续 表

奖种	奖项等级	证书编号	项目名称	项目主要完成单位	项目主要完成人
科技进步奖	三等奖	CFLP20220203071	智能精准物流分单系统	北京京东振世信息技术有限公司	魏金星、郭雪亮、于明涛、刘姝媛、司永刚、徐振鲁、王海鹏
科技进步奖	三等奖	CFLP20220203072	基于 MOODLE 系统构建《药品采购管理实务》网络教学平台及应用实践	盐城工业职业技术学院	施建华、葛霞、韦亚洲、周荣虎、朱飞、罗治得
科技进步奖	三等奖	CFLP20220203073	中国邮政鞋服行业全业务融合智能仓工艺设计——宁波雅戈尔智能仓工艺设计	邮政科学研究规划院有限公司	仲岑泓、魏俊荣、牛登超、贺睿琦、岳臣、钟谆谆、韩松
科技进步奖	三等奖	CFLP20220203074	基于互联网高原山区卷烟物流配送模式研究	四川省烟草公司阿坝州公司、西南科技大学	陈隽逸、李贵华、周鹏、李诚、李铸、陶林、代新兰
科技进步奖	三等奖	CFLP20220203075	智能可循环物流包装数字化平台	上海箱箱智能科技有限公司、上海箱箱数字科技有限公司、上海箱箱物流科技有限公司	廖清新、王军、陈灏、张朋帅、苏永平、房政伟、简园力
科技进步奖	三等奖	CFLP20220203076	“互联网+物流”原理：基于价值链的解析（专著）	武汉纺织大学管理学院、长沙理工大学交通运输工程学院、华东交通大学交通运输工程学院	周兴建、李利华、傅维新、王佳丽、蔡丽华、杨筝、郑力
科技进步奖	三等奖	CFLP20220203077	浙江省跨境电商供应链整合路径设计及对策建议	浙江万里学院	郁玉兵、曹言红、赵娜、潘栋辉、王琦峰、李肖钢、吴桥

续 表

奖种	奖项等级	证书编号	项目名称	项目主要完成单位	项目主要完成人
科技进步奖	三等奖	CFLP20220203078	高质量发展导向的铁路货运市场营销策略优化研究	中国铁路北京局集团公司货运部	谢旭申、金伟、李妍芸、刘雪斐、朱森茂、丁琦、王智超
科技进步奖	三等奖	CFLP20220203079	中国外运关务云平台	中外运创新科技有限公司、中国外运股份有限公司	马铭泽、范杰、张晗、张明、王瑞、王帅康、高春明
科技进步奖	三等奖	CFLP20220203080	货运市场调查分析和多维协同下的货运经营策略研究	中国铁路兰州局集团有限公司、兰州交通大学	李建国、黄磊、王久梗、傅健、向万里、周宝宪、李丽园
科技进步奖	三等奖	CFLP20220203081	全品规条烟分拣线智能调度系统研发及应用	四川省烟草公司成都市公司、西华大学	许海洋、朱晓舟、胡晓峰、张林、蒋玉香、谯衡、许帅帅
科技进步奖	三等奖	CFLP20220203082	基于大数据行为画像的评审专家合规长效管理机制	中国移动通信集团湖北有限公司、中国移动通信集团设计院有限公司	尹燕、曾芳、张扬眉、陈晓洁、方莉、刘丽丽、杜丽洁
科技进步奖	三等奖	CFLP20220203083	城市公交式智慧物流系统平台及配套智能载具研制	湖北物资流通技术研究所	艾振、余建群、牛秀明、刘宁、李金雷、李迁、左雷
科技进步奖	三等奖	CFLP20220203084	基于大数据的采购合规系统平台构建研究	中国移动通信集团重庆有限公司	薛君、刘庆华、赵亮、张琳悦、豆伟松
科技进步奖	三等奖	CFLP20220203085	基于“数字孪生+物联网”技术的绿色低碳智能仓库运营管理创新与实践	广东电网有限责任公司茂名供电局、广东电网有限责任公司电力科学研究院	黄灿、廖冠清、梁鸿荣、李智谋、林晓敏、吴娅、张人超

续　表

奖种	奖项等级	证书编号	项目名称	项目主要完成单位	项目主要完成人
科技进步奖	三等奖	CFLP20220203086	智能揽投管控平台研究与实践	邮政科学研究规划院有限公司	刘芳、罗雕、吴明、戴巍、刘星宇、尚以尧、商迪瑞
科技进步奖	三等奖	CFLP20220203087	智能供应协同平台一体化解决方案	中兴通讯股份有限公司	徐志斌、周晓、江运华、郭锋、简璐瑶、林世杰、章振林
科技进步奖	三等奖	CFLP20220203088	“识货宝”智能收发货识别系统	中国外运股份有限公司、中外运物流有限公司、中外运创新科技有限公司	谢骏、尤赟、曾锴、代晓君、徐伟、樊芳、黄思凡
科技进步奖	三等奖	CFLP20220203089	基于汽车零部件物流行业的操作岗岗位津贴四要素核定方法	一汽物流（成都）有限公司	宋大伟、向先文、李野
科技进步奖	三等奖	CFLP20220203090	上海物流发展指数研究	圆通速递有限公司、上海市质量和标准化研究院	相峰、孙建英、宋敏、于洋、张东生、康俊生
科技进步奖	三等奖	CFLP20220203091	利用“两化融合”手段推进汽车产前物流领域“两业融合”新业态实现的实践	长春一汽国际物流有限公司	贾科、王欢、刘志国、李思露、张时润、高阳、张聪颖
科技进步奖	三等奖	CFLP20220203092	基于区块链高效可信的分布式产业链智慧物流协同系统	成都返空汇网络技术有限公司	许毅刚、孙玉国、陈飞、廖洪、席位、毛邃、聂启彬

续　表

奖种	奖项等级	证书编号	项目名称	项目主要完成单位	项目主要完成人
科技进步奖	三等奖	CFLP20220203093	基于大数据画像的末端揽派精细化管理平台	京东物流	张俊俊、曾美玲、马酩、孔繁硕、赵巍、杨凯、苗延超
科技进步奖	三等奖	CFLP20220203094	徐州蔬菜外延基地质量追溯体系建设研究	徐州工程学院	何旭东、李公产、魏洁云、赵然、耿波、赵艳、王海侠
科技进步奖	三等奖	CFLP20220203095	无线传感网络在智能物流配送中的关键技术和应用研究	广东交通职业技术学院	蔡臻、李锋、莫乐群、周江、刘伟聪
科技进步奖	三等奖	CFLP20220203096	智能网联环境下轻量型无人驾驶物流车辆关键技术研究与应用	广东交通职业技术学院	李锋、关少珊、崔春雷、章丽鸿、李琳
科技进步奖	三等奖	CFLP20220203097	铁路报废物资循环再利用信息化管理关键技术研究	中铁物总资源科技有限公司	夏阳、陈宝民、牙马忠、刘辉、汪李华、刘丽、金睿
科技进步奖	三等奖	CFLP20220203098	多式联运全程数字化监管模式的研究与应用	山东港口陆海国际物流集团有限公司	巩如省、姜涛、王云华、王进、苏宗洋、陈安一、王宏唱
科技进步奖	三等奖	CFLP20220203099	应急资源调度问题的模型与算法研究	燕京理工学院、华北科技学院	邵泽军、陈东健、陈玲玲、牛玉玲、陈凡红、郭慧敏、吕晓娜
科技进步奖	三等奖	CFLP20220203100	“氢能时代”移动式加氢设备箱	大连中集特种物流装备有限公司	汪亮、衣运豪、于广辉、王增民、刘春良、孙明君、杜晓芳

续 表

奖种	奖项等级	证书编号	项目名称	项目主要完成单位	项目主要完成人
科技进步奖	三等奖	CFLP20220203101	京东物流智能仓储模块化规划运营系统	北京京东振世信息技术有限公司	杨雨田、李翰飞、赵巍、陈振、肖辉煌、苏艳磊、宋梦雪
科技进步奖	三等奖	CFLP20220203102	高吸水聚氨酯材料的关键技术在农产品冷链运输用研发及产业化	临沂大学、山东硕力新材料有限公司、临沂星河材料科技有限公司	孙运强、彭寅、胡尊富、戴志超、李纪兴、魏丕峰、王莉
科技进步奖	三等奖	CFLP20220203103	凯东源“集销配”一体化配送项目	深圳市凯东源现代物流股份有限公司	刘远、卢稳、欧阳燕、李敏、熊卿海
科技进步奖	三等奖	CFLP20220203104	中国邮政广州华南陆路邮件处理中心无人化、少人化工艺设计	邮政科学研究规划院有限公司	王小飞、朱晓忠、李婷、钟谆谆、程巍、韩晴晴、韩松
科技进步奖	三等奖	CFLP20220203105	全品规卷烟柔性分拣系统的研究	中国烟草总公司河南省公司、河南省烟草公司新乡市公司、河南省烟草公司许昌市公司、河南省烟草公司三门峡市公司	张国华、周孝忠、刘臻、朱泽旭、杨旭初、闫占标、李涛
科技进步奖	三等奖	CFLP20220203106	特色果蔬冷链物流集成技术的研究与应用	淮阴工学院、江苏新天地食品股份有限公司	程丽林、王朝宇、滕年龙、聂小宝、聂凌鸿、罗思、王晓莉
科技进步奖	三等奖	CFLP20220203107	铁路货车轮轴智慧检修技术研究	国能铁路装备有限责任公司	李权福、王洪昆、秦春林、吴兴旺、石建刚、任帅、边志宏

续 表

奖种	奖项等级	证书编号	项目名称	项目主要完成单位	项目主要完成人
科技进步奖	三等奖	CFLP20220203108	郑州国际邮件处理中心“三关合一”工程	邮政科学研究规划院有限公司	王贯军、朱晓忠、韩晴晴、王磊、陈宁
科技进步奖	三等奖	CFLP20220203109	以长周期数智化质量协同体系推动信息产业高质量发展	中国移动通信集团河南有限公司、河南鼎之源仓储服务有限公司	曾磊、辛朝、马少杰、贺延敏、魏铭、周亮、王海东
科技进步奖	三等奖	CFLP20220203110	浅埋暗挖地道施工关键技术在地下物流仓储建设中的应用研究	温州大学、临沂大学	李校兵、郑国栋、符洪涛、丁光亚、谢子令、杨昭宇
科技进步奖	三等奖	CFLP20220203111	中国外运智能化运输管理平台	中国外运股份有限公司、中外运创新科技有限公司、中外运物流有限公司	苗方田、魏世奇、梁达敏、林源、张颐、张茹、梁仁昊
科技进步奖	三等奖	CFLP20220203112	基于 AI 及物联网技术的一站式跨境供应链智能通关平台	苏州工业园区报关有限公司	金东、张勇、吴祥、吴洁、陆芳英、苏月红、张禾
科技进步奖	三等奖	CFLP20220203113	智慧物流体系下的物资动态可视化管理研究	中国移动通信集团宁夏有限公司、江苏中博通信有限公司	杨扬、商彬、杜婷婷、付颖、蒋震、张忠义、陈超
科技进步奖	三等奖	CFLP20220203114	一汽物流数字孪生	一汽物流有限公司	白岩、徐昊
科技进步奖	三等奖	CFLP20220203115	AI 技术在集装箱验修箱领域的应用研究	中国外运福建有限公司、中外运创新科技有限公司	陈启新、谢骏、潘贤真、郑双智、王谦、曾锴、林文化
科技进步奖	三等奖	CFLP20220203116	数字化制造车间调度及智能物流输送 AGV 关键技术研发与应用	湖北汽车工业学院、东风专用设备科技有限公司、中国地质大学（武汉）	殷旅江、鄢曹政、贾静、何波、高刃、刘进明、卢超

续 表

奖种	奖项等级	证书编号	项目名称	项目主要完成单位	项目主要完成人
科技进步奖	三等奖	CFLP20220203117	面向工业物流的全流程作业智能装备集成应用案例	重庆长安民生物流股份有限公司	廖家华、黄斌、石华、李想、徐刚、姚远、吕涛
科技进步奖	三等奖	CFLP20220203118	ZJ17 卷烟机在线预警专家系统的研发	张家口卷烟厂有限责任公司	王伟、金姝彬、王金、吉鹏、孔超、赵海挺、李端端
科技进步奖	三等奖	CFLP20220203119	中国邮政省际处理中心双层分拣系统与自动矩阵摆轮系统融合试点工程	邮政科学研究规划院有限公司	韩松、聂尔杰、魏俊荣、何阳、牛登超、王小飞、李婷
科技进步奖	三等奖	CFLP20220203120	新一代高端智能轻型载货车系列产品	安徽江淮汽车集团股份有限公司	唐赓、杨科、高俊英、党菲、崔建维、幸振帆、陈瑶
科技进步奖	三等奖	CFLP20220203121	快递管家	上海中通吉网络技术有限公司	张杰、王峰、吕晓露、毛伟、方希、程绍杰、张领
科技进步奖	三等奖	CFLP20220203122	生鲜农产品供应链协调机制及其应用研究	武汉科技大学、武汉理工大学、武汉家事易农业科技有限公司	王勇、芦倩、邓旭东、刘清、张培林、唐亚婷、张龙
科技进步奖	三等奖	CFLP20220203123	电商物流中心运营管理（基于 ITP 一体化教学管理平台）	贵州轻工职业技术学院、上海百蝶教育科技有限公司	杨礼美、吕志君、杨麒伊、代朝本、余建海、陈蕾、晏少东
科技进步奖	三等奖	CFLP20220203124	HFC1073EV1 欧标纯电动载货汽车	安徽江淮汽车集团股份有限公司	孔德星、张爱东、马小超、厉江、陈作开、孙元、施志杰

续 表

奖种	奖项等级	证书编号	项目名称	项目主要完成单位	项目主要完成人
科技进步奖	三等奖	CFLP20220203125	“公铁联运”节能减排开顶侧开上翻门半高集装箱	大连中集特种物流装备有限公司	李长英、衣运豪、刘春良、周立哲、杜晓芳、刘先一、王俊
科技进步奖	三等奖	CFLP20220203126	效率视角下中国物流业能源消耗与二氧化碳排放研究	桂林航天工业学院	张立国、龚爱清、舒福舟
科技进步奖	三等奖	CFLP20220203127	物流装备中厚钢板三维复杂结构自动焊接系统研发与应用	江西理工大学、广州正田科技有限公司、高勋绿色智能装备（广州）有限公司	高向东、潘春荣、高鹏宇、王贵容、刘正超、甘玉凤、罗永录
科技进步奖	三等奖	CFLP20220203128	区域共同配送与货运监管公共信息平台	湖北物资流通技术研究所	张泽建、张斐、杨柳、薛明、王晓东、吴迅、晏芳
科技进步奖	三等奖	CFLP20220203129	危险化学品信息化管理系统	中外运物流南京有限公司	张书良、丁沈娟、沈凯斌、翟辉、易少琴
科技进步奖	三等奖	CFLP20220203130	“一带一路”背景下兰州市现代物流体系构建及发展研究	兰州交通大学、郑州轨道工程职业学院	张玉召、王建强、李世威、赵山春、王亚辉、王立、钟校
科技进步奖	三等奖	CFLP20220203131	物流数字化平台建设	浙江吉速物流有限公司、浙江吉润汽车有限公司宁波杭州湾分公司	董庆峰、张超、李斌、李素洁、李纪昌、戴祥祥
科技进步奖	三等奖	CFLP20220203132	达能运输智能调度系统	达能（中国）食品饮料有限公司、悠桦林信息科技（上海）有限公司	林丽莹、邱科思、王涛、宋靖宇、汪家宝

续 表

奖种	奖项等级	证书编号	项目名称	项目主要完成单位	项目主要完成人
科技进步奖	三等奖	CFLP20220203133	miniload 箱式高速堆垛机系列产品	昆船智能技术股份有限公司	杨毅、刘红文、邓志达、唐馨、张大勇、马立新、柳智磊
科技进步奖	三等奖	CFLP20220203134	实时动态路由规划平台	上海韵达货运有限公司、上海东普信息科技有限公司	杨周龙、孙佳斌、李斯、董强
科技进步奖	三等奖	CFLP20220203135	铁路订单物流信息实时查询系统	广州东铁汽车物流有限公司、中铁特货有限公司广州分公司	袁宝玉、张小敏、蔡雪
科技进步奖	三等奖	CFLP20220203136	物流装备尾板的智能创新	江苏凯卓立液压设备有限公司	梁上愚、王坚
科技进步奖	三等奖	CFLP20220203137	基于多方式货运需求分析的城市综合交通物流规划关键技术研究——以襄阳市为例	交通运输部规划研究院	李云汉、袁春毅、李弢、魏永存、李继学、李俊、成倩倩
科技进步奖	三等奖	CFLP20220203138	O2O 模式下网购供应链的结构、决策与激励机制研究	南京工程学院、台州学院	吴义生、杨静、卢荣花、叶永
科技进步奖	三等奖	CFLP20220203139	物流领域标准实施效益评价研究	上海市质量和标准化研究院	路欢欢、李天民、于洋、宋敏、晏绍庆、马娜
科技进步奖	三等奖	CFLP20220203140	新常态下基于 AI 技术的评审现场合规预警管理研究与应用	中国移动通信集团甘肃有限公司、中国科学院近代物理研究所 CUDA 研究中心、甘肃省集成电路应用研究会	朵建峰、赵建民、郭亮、朱永超、王冠、杨静、张亚婷

续 表

奖种	奖项等级	证书编号	项目名称	项目主要完成单位	项目主要完成人
科技进步奖	三等奖	CFLP20220203141	北京大兴国际机场临空经济区（北京侧）物流园区规划研究	北京物资学院、北京新航城建设实业发展有限公司、北京物流与供应链管理协会	王成林、安久意、黄少阳、孙雯雯、胡一婷、温卫娟、肖珊
科技进步奖	三等奖	CFLP20220203142	基于 5G 技术的智慧云评标的实践与应用	中国移动通信集团山东有限公司、公诚管理咨询有限公司	叶鲁俊、李玉振、陈赟、吴庆海、蒋典柱、尚磊、孟倩

（中国物流与采购联合会科技奖励办公室）

2022年度中国物流与采购联合会科学技术奖科技创新人物名单

序号	姓名	性别	工作单位
1	魏广铭	男	中铁物资集团有限公司
2	高翔	男	中国外运股份有限公司
3	华国伟	男	北京交通大学
4	庄晓天	男	北京京东振世信息技术有限公司
5	张胜	男	中国机械科学研究总院
6	陈滔滔	男	浙江菜鸟供应链管理有限公司
7	王征	男	大连海事大学
8	郝皓	男	上海第二工业大学
9	朱尔玉	男	北京交通大学
10	郑全军	男	荣庆物流供应链有限公司

（中国物流与采购联合会科技奖励办公室）

2022 年度“宝供物流奖”及“宝供物流奖学金”名单

经中国物流发展专项基金宝供物流奖评审委员会评审，评审出“宝供物流奖”获奖项目及“宝供物流奖学金”名单。

一、获“宝供物流奖”项目名单

获奖等级	获奖项目	获奖者	工作单位
一等奖	《供应链关键角色大数据画像平台研发与应用》	—	中国移动通信集团陕西有限公司
	《汽车产前零部件物流企业劳动密集向技术密集转型升级探索》	贾科	长春一汽国际物流有限公司
	《智慧物流仓配装理论与算法》	韩东亚	安徽大学
二等奖	《日本供应链发展研究》	姜旭	北京物资学院
	《德邻陆港风控及供应链服务平台》	张丽莉	德邻陆港供应链服务有限公司
	《需求更新与行为视角下的物流服务供应链协调问题研究》	刘伟华	天津大学管理与经济学部
	《应用〈GB/T 25103—2010 供应链管理业务参考模型〉开发并实施钢企铁运数智化供应链系统》	侯海云	鞍钢股份物流管理中心
	《浅析多式联运平台建设在物流信息化运输中的作用》	甘萍	贵州东部陆港运营有限责任公司

续 表

获奖等级	获奖项目	获奖者	工作单位
三等奖	《基于物资供应保障体系的钢材市场价格趋势研究项目》	—	鲁班（北京）电子商务科技有限公司
	《基于汽车行业的厂内物流全流程智能化项目》	—	重庆长安民生物流股份有限公司
	《双碳背景下制造型企业的平台化运作与政府配额设计研究》	徐小平	安徽大学
	《汽车物流供应链下的物流中心拣选策略研究》	高跃峰、王丽娜、马茵、徐昊、陆超	一汽物流有限公司
	《数智化城配路径规划》	闻靖	极之翼电子商务（深圳）有限责任公司
	《西安铁路物流公共信息平台》	李忠琳	西安交通大学
	《数字港航供应链创新服务平台》	吴俊峰、何斐、汤毅	上海文景信息科技有限公司
	《开放式木质平托盘循环共用系统建设及服务规范》	甘卫华、苏雷、曹坪	华东交通大学 贵州交通职业技术学院
	《托盘共用系统运营管理策略》	任建伟	内蒙古大学交通学院

二、获“宝供物流奖学金”名单

序号	学校名称	申请人姓名
1	北京交通大学	王欢欢、黎酝
2	上海对外经贸大学	赵南阳、韦仪
3	浙江工商大学	邹璧林、汤丽霞
4	华中科技大学	梅启煌、杨江南
5	南京财经大学	刘婷婷、苑浩妍
6	东南大学	张文倩、刘一
7	北京邮电大学	陈梓语、罗茵琪
8	国防大学联合勤务学院	王元、杨成

续 表

序号	学校名称	申请人姓名
9	华东交通大学	侯雨彤、曹坪
10	武汉理工大学	向尚佳、余博闻
11	南开大学	娄旭江、刘晔雯
12	北京物资学院	余次、赵俊辉
13	西南财经大学	陈玉强、梁钰清
14	大连海事大学	韩沛秀、曹宇
15	天津大学	陈喆沛、刘婷婷
16	浙江大学	黄雨龙、周群凯
17	山东交通学院	宋奇政、黄友良
18	北京工商大学	李蔚然、蔡健平
19	上海海事大学	徐振宇
20	安徽大学	丁雨辰、晏露玲
21	中南财经政法大学	刘宇恒、彭芳
22	广东财经大学	张玉梅、杨建纯
23	山东大学	王彧倩、覃金宁
24	华南理工大学	贺智柳、聂昀
25	中南林业科技大学	魏娜、张深红
26	江西财经大学	余天衢、何捷
27	东北财经大学	李佳慧、迪娜拉·托力洪
28	同济大学	方钰华、李洲祥
29	湖南工商大学	吴可盈、刘依萍
30	武汉大学	杜玉文、孙星星

（中国物流发展专项基金“宝供物流奖”办公室）

2022 年中国物流行业十件大事

1. 中共二十大报告要求，建设高效顺畅的流通体系，降低物流成本。同时强调，着力提升产业链供应链韧性和安全水平。

2. 国务院印发《“十四五”现代物流发展规划》。

3. 国务院出台《扎实稳住经济的一揽子政策措施》，提出 1000 亿元交通物流专项再贷款、货车司机贷款延期还本付息等多项针对物流业助企纾困政策措施。

4. 面对疫情多点频发，货运受阻、物流不畅问题，国务院建立物流保通保畅工作领导机制。

5. 国家发展改革委发布本年度国家物流枢纽和国家骨干冷链物流基地建设名单。到目前，累计 4 批共 95 个国家物流枢纽和 2 批共 41 个国家骨干冷链物流基地入列。

6. 商务部、工业和信息化部、中物联等 8 单位公布《2022 年全国供应链创新与应用示范城市和示范企业名单》，15 个示范城市和 106 家示范企业上榜。

7. 《第六次全国物流园区（基地）调查报告（2022）》显示，全国规模以上物流园区总数达 2553 家。

8. 亚洲首个专业货运枢纽机场——鄂州花湖机场建成投运。

9. 广大物流（快递）企业迎难而上，积极应对疫情严峻挑战，全力维护抗疫保供“生命线”。

10. 全球集装箱海运价格大幅回落。

（中国物流与采购联合会）

2022 网络货运平台 TOP 10

排名	平台/App 名称	运营主体简称
1	路歌	维天运通
2	物泊 56 找货/找车	物泊科技
3	司小宝	吉旗物联（G7）
4	快成物流/司机	快成科技
5	大易物流	大易科技
6	传化陆运通	传化陆鲸
7	满易运司机/货主/加盟商	满易科技
8	积微物流	成都积微物联
9	卡一车物流云平台	卡一车
10	福佑卡车司机/货主	福佑卡车

注：排名主要以各平台的 GTV（总交易额）、货量、全年营收、运力规模和中国物流与采购联合会 A 级物流企业评定等级为依据进行计算的综合得分为准。

（《中国物流与采购》杂志社）

2022 即时配送 TOP 10

排名	企业简称（品牌）
1	美团配送
2	蜂鸟即配
3	顺丰同城
4	达达快送
5	菜鸟直送
6	闪送
7	UU 跑腿
8	多点 Dmall
9	叮咚买菜
10	丽华快餐

注：排名主要以企业派送单量、骑手数量、覆盖范围、全年营收等数据为依据进行计算的综合得分为准。

（《中国物流与采购》杂志社）

2022 数智化服务商 TOP 10

排名	企业
1	顺丰科技
2	G7 物流
3	海康机器人
4	普罗格
5	天地汇
6	凯乐士科技
7	极智嘉
8	科捷智能
9	普天物流
10	鱼快创领

注：排名主要以各企业专业数量、服务物流客户情况、全年营收预估数据为依据进行计算的综合得分为准。

（《中国物流与采购》杂志社）

2022 大件快运 TOP 10

排名	企业简称	综合分值
1	顺丰快运	47
2	聚盟共建	35
3	德邦快递	29
4	安能物流	23
5	壹米滴答	22
6	三志物流	21
7	中通快运	20
8	百世快运	19
9	盛丰物流	17
10	郑州长通	12

注：排名主要以企业发运的货量、营收及利润情况等为依据进行计算的综合得分为准。

（《中国物流与采购》杂志社）

2022 物流园区 TOP 10

排名	企业（品牌）
1	普洛斯物流园
2	万纬物流园
3	传化物流园
4	宝湾物流园
5	深国际·综合物流港
6	中储物流园
7	和立东升物流园
8	远洋物流园
9	盖世物流园
10	一力物流园

注：排名主要以企业物流园区面积、园区数量、覆盖城市、全年营收等数据为依据进行计算的综合得分为准。

（《中国物流与采购》杂志社）

第三批绿色货运配送示范工程创建城市名单

（按省份序列排序）

序号	省份	城市
1	河北省	承德
2		廊坊
3	辽宁省	盘锦
4	吉林省	通化
5	江苏省	连云港
6	浙江省	宁波
7		湖州
8	安徽省	合肥
9	山东省	济南
10		潍坊
11		淄博

续 表

序号	省份	城市
12	河南省	洛阳
13		南阳
14		商丘
15		平顶山
16	湖北省	武汉
17	湖南省	衡阳
18		湘潭
19	广东省	韶关
20	广西壮族自治区	南宁
21		钦州
22	四川省	德阳
23		遂宁
24		宜宾
25	云南省	保山
26	甘肃省	酒泉
27		武威
28	新疆维吾尔自治区	伊犁哈萨克自治州
29		博尔塔拉蒙古自治州
30	新疆生产建设兵团	第六师五家渠
31		第十师北屯

（交通运输部运输服务司）

第三批农村物流服务品牌名单

序号	省份	品牌名称
1	河北	武邑县“电商物流 智慧管控”
2	辽宁	北镇市“交邮融合+供销配送+特色农业”
3		盘锦市大洼区“公交+邮政+电商三网融合助力乡村振兴”
4	吉林	公主岭市“客运物流超市+农村电商”七站合一
5		蛟河市“公路客运+农村物流+社区团购”合源供应链
6	江苏	南通市海门区“交邮合作·惠民兴村”
7		南京市江宁区“交邮融合、统仓共配”
8		睢宁县“e路相睢 物畅其流”
9		沛县“电子商务+共同配送+快消供应链”
10	浙江	嵊州市“推动客货电商深度融合 多方合力助推农村物流创新发展 探索共同富裕之路”
11		松阳县“特色产业+客货邮运输+电子商务”
12		武义县“客货邮融合助力富民增收”
13	安徽	广德市“多站合一+客货同网”
14		枞阳县“电子商务+农村物流”
15	福建	安溪县“多网融合+客货邮融合”
16	江西	新余市渝水区“整合供销交邮电商资源，助力乡村振兴”

续　表

序号	省份	品牌名称
17	山东	乐陵市“乐快工程”畅通农村物流微循环
18		日照市岚山区“岚流通+物流村村通”
19		郓城县“交邮合作+电商物流”
20	河南	新县“多网融合、智慧集约、普惠生态”
21		西华县“县乡村三级物流网络+客货邮融合”
22		孟州市“农村客货同网+交邮融合”
23		卢氏县“三级节点+信息平台+统一配送”
24	湖北	老河口市“双循环、全链条+农村物流+电子商务”
25		长阳县“党建引领+军团运作+智惠电商”
26	湖南	涟源市“电子商务+快递共配+农村商贸物流”
27		桃江县“客货邮融合发展+乡村好运”
28	广东	兴宁市“电商物流+农村客货同载+商超联运”
29	广西	全州县“客货邮融合兴农一体化发展”
30		贵港市港南区“特色产业+平台经济+农村物流”
31	重庆	巫山县“农村物流+客货兼运”
32	四川	江安县“金通畅行”
33		合江县“交邮商融合 助力乡村振兴”
34		崇州市“党建+客货邮共融”
35		达州市达川区“城乡物流共配+多站多网合一”
36	贵州	德江县“交邮融合+通村村+快递统仓共配+新零售+综合服务”
37	云南	安宁市“客货邮融合+城乡发展”
38	陕西	太白县“电子商务+客货邮”
39	宁夏	吴忠市利通区“客货邮商融合发展”
40		永宁县“电子商务+积分超市”

（交通运输部办公厅　邮政局办公室）

第三批农村物流服务品牌典型经验

1. 河北武邑县“电商物流+智慧管控”

武邑县基于农产品生产加工、电子商务和物流融合发展优势，自主创建“多采供应链智慧信息化服务平台”，着力打造“电商物流+智慧管控”服务品牌。

推动实现多方资源有机融合。武邑县利用“多采供应链”超市连锁直营店、乡村加盟店、便民服务站、三农服务站、报刊亭以及农村诊所等多种实体渠道，建立农村电子商务镇、村物流服务站，为村民提供电商物流及代购代销等便民服务，最大限度盘活既有资源，降低农村物流基础设施投入成本。

推动实现农村物流网络节点全覆盖。武邑县以县级物流园区为中心，整合重点乡镇通往农村的优质专线，形成1个一级配送中心、9个二级配送中心，524个三级末端配送网点，实现县域农村物流节点全覆盖，打造城市与农村之间高速物流网。

推动物流供需信息互联共享。武邑县采用“互联网+农业基地+物流”F2B模式，使农户成为平台供应商，整合本地农产品资源，减少中间流转环节。同时，整合淘宝、京东等大型商贸电商资源，依托“多采供应链”线上商城促进农产品需求信息整合汇聚，创新建立政府引平台、平台联组织、组织联农户的扶贫模式。

武邑县按照“多站合一，资源共享”发展思路，培育“电商物流+智慧管控”服务品牌，实现统一储存、集中分拣、共同配送，有效减少物流各方在资产、运输、仓储、人员等方面投入，直接降低各项成本，带动1400余户贫困人口年增收2000元以上。

2. 辽宁北镇市“交邮融合+供销配送+特色农业”

北镇市整合交通场站、客运班线、邮政快递和电商等资源，形成“交邮融合+供销配送+特色农业”农村物流服务模式，助力乡村振兴，惠农利农强农。

客货协同快配送。北镇市将县级交通枢纽和乡镇级客运站打造为快消品、快递前置仓，有效利用闲置场站资源，降低建设镇级网点成本。利用县级客运站线路班车、公交车辆资源，将前置仓县级客运站的快消品、快递、供销物资通过线路班车、公交车辆配送至乡镇级客运站，开展客货协同运输，提高了农村物资运输的时效性和便捷性，健全快消品、快递、供销商品配送服务体系。

交邮融合畅寄递。北镇市以粮油、畜产品、蔬菜、葡萄等特色农业为载体，加强与京东、淘宝、易果集团和东方福利网等电商合作，大力推广“公司+基地+经纪人+电商+农户”模式，以“村邮站”为载体，开展对快递的村级配送和收寄服务，规划建设邮政自提点，进一步实现增点扩量，完善村级快递配送网络，实现农村物流快递进村和快递收寄渠道双向畅通。

北镇市形成了“场站共享、服务同网、货源集中、信息互通”的农村物流发展新格局，有效整合了分散的农村物流资源，发挥了交通、供销、邮政等多部门多行业的整体服务效能，减少物流各方在资产、运输、仓储、人员等方面投入，平均单件商品的配送成本降低30%。同时，通过信息化集成作业与调度，配送效率提升超过20%。

3. 辽宁盘锦市大洼区“公交+邮政+电商三网融合助力乡村振兴”

大洼区借助大型国有客运公交企业力量，探索打造“客运公交、邮政、电商”融合发展的新路径，加快了城乡人流、物流的互动，助推乡村振兴战略加快实施。

强化顶层设计。大洼区制定《大洼区农村客货邮融合发展实施方案》，建立联席会议机制，协调解决建设用地审批、合作模式创新、县乡村三级网络布局等问题，有效推动农村客货邮融合发展。

夯实融合基础。大洼区统筹客运公交一体化服务网络，依托县区、乡镇、村各级客运公交站点，全力打造集客运公交、生鲜电商、小件快运、代理代办、网购网销等功能于一体的全服务体系。

创新发展模式。大洼区探索交邮融合“1+1+N”模式，即“客运公交+邮政快递+N个领域资源”服务模式，开通交邮公交线路6条、客货邮融合站140个，覆盖所有镇街、村屯。

打造优质服务品牌。大洼区依托盘锦客运公交集团实施“交通+邮政+新业态融合”“村村通”等惠民项目，创建电商平台“辽品汇”品牌，已实现销售额100余万元，销售农产品近百吨。

大洼区通过建立“公交+邮政+电商”三网融合模式，解决了“工业品下乡”和“农产品进城”的“最后一公里”和“最后一步路”问题，促进了多业态交会、物流降本增效，实现了城乡居民共同受益。

4. 吉林公主岭市“客运物流超市+农村电商”七站合一

公主岭市积极探索“七站合一、一站多能”的电商物流连锁经营模式，补强农村物流“最后一公里”短板，服务乡村振兴。

加强统筹规划。公主岭市成立由市人民政府牵头、分管市长领导的专项工作组，协调相关部门统筹推进节点体系建设、资源整合利用、服务网络建设、信息化和农村物流市场主体培育等工作。制定农村物流发展规划，加快推进农村物流网络节点体系建设。

促进资源整合。公主岭市整合邮政快递资源，签订营运客车快递承运送达协议，实现客运车辆配送快递包裹每天循环到村。充分利用乡镇政府闲置办公区或有条件的办公场所，建设乡镇电商运营服务中心，升级改造村级物流服务站，与金融机构、通信运营商合作，为农户提供网络代购、缴费支付、寄揽快递、信息咨询等服务，增强服务站可持续运营能力。

创新服务模式。公主岭市推动超市开展“连锁超市+农村电商+物流配送+收发快递+金融保险+检车服务+客运服务”七站合一、一站多能的电商物流连锁经营。在人口较多的乡镇设立物流配送网点，形成村屯8小时配送服务网络。

公主岭市已建成三级农村物流网络架构，形成城乡一体化的物流服务体系，快递配送成本下降0.4元/件，揽收配送时效由3~4天缩短至8小时，促进农村剩余劳动力转移就业，提高了农村居民收入水平，有效支撑当地产业经济发展。

5. 吉林蛟河市“公路客运+农村物流+社区团购”

蛟河市整合既有客运、电商等物流资源，探索“公路客运+农村物流+社区团购”服务模式，健全农村物流服务网络，提升农村物流服务水平，支撑乡村振兴战略实施。

强化规划引领。蛟河市制定农村物流高质量发展实施方案，对农村物流货源组织、三级网络节点布局、配送路线规划、资源整合联动、政策支持等方面进行统筹规划，建立农产品上行及工业品下行流通体系。

健全农村物流网络节点体系。蛟河市科学规划布局物流配送网点，构建了以市区共同配送中心为基点、以乡镇配送周转站和村屯物流服务点专车直达配送为主、城乡客运车辆代运为辅的县、乡、村三级物流体系，实现了市有共同配送中心、乡镇有中转库、村屯有配送点的全链条全覆盖配送模式。同时，在乡村超市增加物资配送、快递收发、社区团购、土特产售出、农资销售等服务功能，增强站点可持续运营能力。

提升信息化水平。蛟河市研发了集供应商户管理、订单管理、运输管理、用户管理于一体的“城乡通”信息平台，实现从订单生成到货物签收的“一站式”服务，真正实现百姓购物不出村、销售不出村、生活不出村、创业不出村。

蛟河市通过整合客运车辆运力资源，减少乡镇周转成本及车辆运输成本，节约物流配送成本25%以上；发展集中仓储和共同配送，实现“供、销、配、存、运”一体化，有效提高物资流通效率，促进当地产业转型、经济发展。

6. 江苏南通市海门区“交邮合作·惠民兴村”

海门区构建交通运输与邮政快递、电子商务等融合发展、多方共建共享的新机制，实现交邮深度融合，为推进农村物流高质量发展，实施乡村振兴提供更加坚实的服务保障。

推进交邮融合发展。海门区改造既有客运站，增设邮件快件作业区、货物堆存中转区等货运功能区，拓展邮件快件的中转分拣及收投、生活快消品代销代购等服务。

开展共同配送。海门区整合申通、百世、韵达、极兔等快递品牌，共用区级分拨场地、镇村末端门店、共享配送车辆，实现共同配送、统一配送，形成快递资源集聚效应和规模化运输配送。同时，打造集运输、仓储、装卸、配载、配送、包装等功能于一体的综合物流园，有力保障本地家纺产业的上行物流畅通。

发挥党建引领作用。海门区设立5支党员先锋队，依托82个党支部建设村级农村物流服务点，健全农村物流主要品牌快递的“最后一公里”的有序集散。海门区的区、镇、村三级农村物流服务网络建成，网点标识标牌统一，功能多元。

通过资源整合，海门区主要品牌快递配送效率较整合前提高40%以上，通过交邮融合公交带货，平均每个邮件快件降低成本约0.48元，取得了较好的经济效益。

7. 江苏南京市江宁区“交邮融合、统仓共配”

江宁区打造“交邮融合、统仓共配”农村物流服务模式，有效打通了农产品上行“最初一公里”和工业品下行“最后一公里”，助力降本增效、农民增收、产业发展。

完善三级节点网络布局。江宁区坚持“资源共享、合作共赢”原则，持续加强交通运输、邮政、供销等部门合作，逐步形成了县、乡、村三级农村物流节点体系。目前已建成6个县级农村物流中心、42个乡镇农村物流服务站，在下辖涉农社区（村）委员会或党群服务中心布设131个便民智能快递柜，实现主要品牌快递建制村直投率100%。

搭建农村物流信息化平台。江宁区建设综合信息平台，实现线上司机管理、客户服务、车货全程跟踪、订单管理、交易服务等诸多功能，显著提升物流运转效率。

拓展农村物流集约运输模式。江宁区协调推动中国邮政、顺丰速运集中共同配送，通过规模化运输配送降低单件运输价格。同时，推动德青源鸡蛋、中粮猪肉等货源企业与物流运输市场主体达成合作协议，通过统仓共配的模式，实现农产品的快速物流响应，及时配送至千家万户，切实提升市民的满意度。

江宁区智能快递柜等末端基础设施的建设，大幅提升了物流配送效率，乡村快递配送时间由3天左右缩短至1.5~2天，物流时效约提高了50%。同时，通过农村物流服务站、物流配送企业及配套服务企业等为居民新增大量的就业岗位，带动约5万名农村居民增收致富。

8. 江苏睢宁县“e路相睢 物畅其流”

江苏省睢宁县依托农村冷链物流、电子商务等特色产业，扎实推进城乡物流一体化发展，积极构建县、镇、村三级物流体系，培育形成了“交通+邮政+电商+冷链”的农村物流服务品牌——“e路相睢 物畅其流”。

农村物流与交通邮政融合。睢宁县在农村客运站设立农村物流服务站，拓展快递物流储存、寄递、配送等功能，引导区域内快递企业入驻客运站。同时以城乡、镇村客运班线为载体，运输邮件快件至镇级、村级站点。

农村物流与电子商务融合。睢宁县立足于“中国电商第一镇”沙集镇的“沙集模式”，向“睢宁经验”转型升级。同时帮助贫困户开展电商创业就业，形成“电商企业+快递企业+合作社+低收入户”的益贫带贫利益联结机制。

农村物流与冷链服务融合。睢宁县利用乡镇冷库，打造冷链物流服务站10个，覆盖10个乡镇，极大地提高了睢宁城乡冷链设施网络覆盖水平。

农村物流与集中居住区融合。睢宁县依托已建成的93个新型农村农民集中居住区，实现村级农村物流服务点覆盖、服务多个行政村的末端网络。

睢宁县通过不断推动农村物流建设，产生社会效益，促进就业。其中，城乡公交带货使线路配送效率提升约1倍；日用消费品下乡实载率提高17%、配送时效提高25%；企业配送成本降低33%；电商带动创业就业4000余人。

9. 江苏沛县“电子商务+共同配送+快消供应链”

沛县按照“资源共享、多站合一、功能集约、便利高效”的原则，积极探索农村物流发展新路径，形成了“电子商务+共同配送+快消供应链”农村物流服务模式。

完善农村物流三级网络节点。沛县按照多站合一、资源共享的模式，整合邮政、快递、电商等资源，完善农村物流三级网络节点，扩大村级农村物流服务点覆盖面。

资源整合，降本增效。沛县鼓励创新多业态融合，推广绿色配送运力，加快建设现代物流体系，联合各大快递企业组建合资公司，形成包裹“集中分拣”和“统仓共配”。

大力推广农村物流设备。沛县鼓励根据实际需求使用电动车辆及清洁燃料车型，规范使用适宜乡村物流配送的电动三轮车等，推广适应农村物流运输的托盘等标准化运载单元和专业化包装、分拣、装卸设备，提升农村物流效率。

提升农村物流信息化水平。沛县整合农业、供销、邮政等相关部门信息资源，有效融合系统，构建农村物流信息化网络中心，进一步贯通上下行信息通道，有效实现货物全程监控和追踪，提升了城乡物流一体化服务水平。

沛县通过打造“电子商务+共同配送+快消供应链”模式，使沛县的农副产品网上日均销量达到 1 万多件，走向了全国及东南亚地区，2021 年借助配送网络上行的优质农产品货值已达到 8000 万元，带动了农村经济发展和百姓收入增加。

10. 浙江嵊州市“推动客货电商深度融合 多方合力助推农村物流创新发展 探索共同富裕之路”

嵊州市采取以客运公司为运营主体、多家快递物流企业共同合作的模式，搭建三级农村物流网络，共用城乡公交、货运线路和运力资源，依托物流信息平台和电子商务平台，开展农村物流配送服务，推动当地农村物流创新发展。

客货运输同网，末端节点共用。依托“村村通”公交优势，客运公司承担农村物流末端网络节点的搭建和配送工作，同步整合邮政快递资源，签订客货邮合作协议，为邮政快递企业节省网点建设、车辆人员投入等费用。

枢纽综合利用，多种业务叠加。一是客运枢纽站的综合利用开发，实现客货同网、资源共享；二是末端农村物流网点依托农村便民业务，实现多业务叠加，助推农民创收。

推行数字化管理，实现农村物流降本增效。嵊州市搭建城乡配送物流信息平台，提供全程物流查询和提醒服务；建设“乡村云”服务平台，为广大农民提供电子商务服务。

多方融合发展，提供普遍化农村物流服务。嵊州市以城乡交通运输为抓手，以城乡公交和物流专用车为载体，以物流信息平台和电子商务平台为纽带，建立“特色产业+商贸流通+物流运输+便民服务”一体化的供应链体系。

嵊州市公交带货模式有效地解决了城乡公交车辆利用率不高、农村物流末端配送成本高等难点问题。目前，全市利用客运站日均携带农村物流件 1350 件左右，为山区老百姓增收 124.26 万元/年；给山区老百姓节约 401.5 万元/年。

11. 浙江松阳县“特色产业+客货邮运输+电子商务”

松阳县在农村物流三级网络节点共建共用、运力资源互补互用、信息联动共享等方面积极作为，有效推动了松阳县客货邮融合，形成“特色产业+客货邮运输+电子商务”的农村物流配送体系，构建了城乡物资双向流通的物流体系。

加强顶层设计。松阳县制定一系列支持政策，对农村物流货源组织、三级网络节点布局、配送线路规划、资源整合联动、市场主体培育、政策支持等方面进行统筹规划。

运力资源互补互用。县到乡配送，由城乡物流公司在县域分拨中心负责分拣、分拨，由交通客运公司负责统一承揽并利用客运班车运输至乡镇，大件、大宗货物由城乡物流公司运输至乡镇；乡到村配送，利用邮政运力资源完成乡镇至村末端配送。

资源融合叠加。松阳县充分发挥茶产业的优势，围绕茶产业布局，科学规划建设农村物流服务站；根据电商业户分布情况，优化农村物流网络布局，推进农村物流与电商资源深度融合。

实现一站多能。部分乡镇级、村级物流服务站点在邮政快递、电商服务的基础上，叠加了基层党支部活动室、邮政储蓄、便民缴费、报刊、养老驿站、餐厅、医疗、网上代销代购等功能，增加了服务站点运营主体的效益。

松阳县客运班车、公交带货模式有效地解决了客运班车、城乡公交车辆利用率不高、农村物流末端配送成本高等难点问题。截至目前，每月利用公交、客运班车带货约 200 件，城乡物流公司配送费用降低 75%，农村物流配送效率提高 50%。

12. 浙江武义县“客货邮融合助力富民增收”

武义县积极推进农村客运、货运、邮政快递融合发展，解决农民群众出行、物流配送、邮政寄递三个“最后一公里”问题，实现快递进村、山货进城、富民增收。

强化顶层设计。为加快客货邮融合发展，武义县委、县政府出台了一系列政策文件，整合交通、商务、邮政、农业农村等部门相关资源。

推动客货邮融合发展。武义县推动客运班线、货运公司与快递企业“强强联合、资源共享”，借助“村村通”农村客运班车，运用遍布城乡的公交网络资源进行快递物流配送，充分发挥城乡客运覆盖面广、班次密、费用低等优势。

延伸运输服务“产业链”。武义县采用邮路班车、定制班车、集市班车、预约班车等多种服务模式，延伸运输服务链条，提升农村客运物流综合服务能力。

聚合多种平台资源。武义县通过打造“城乡客货邮”服务平台实现对货品运输的全过程跟踪与追溯；依托“浙样销”交易平台促成农产品产销交易撮合；搭建田头平台实现客运班车带货进城；建设数字便民服务平台，将数字化便民服务向客货邮村级服务点延伸。

武义县通过推动客货邮融合发展，逐步畅通“工业品下乡”和“农产品进城”双向流通渠道，有效盘活了交通闲置资源，促进快递企业每条线路配送成本约降低 1 万余元，每个村级站点增加 1000 多元年收入，实现了县域经济效益和社会效益的“双丰收”。

13. 安徽广德市“多站合一+客货同网”

广德市依托全域公交的运力资源及各乡镇的场站资源，按照“资源共享、节约高效”的要求，推广“多站合一+客货同网”服务模式，优化农村物流三级网络体系。

坚持规划引领。广德市编制了《广德县农村物流三级网络体系规划（2018—2030）》，科学规划线网布局和场站设置，为广德市农村物流三级网络建设提供了科学指导。

实现多站合一。广德市按照“多站合一、资源共享”的建设模式，在所有乡镇均新建了集公交客运、快递、物流仓储、交管站等功能于一体的交通综合服务站。

发展客货同网。广德市利用公交三级网络全覆盖的优势，创新“快递坐公交”模式，将快递低成本、高效率地运送至村级服务网点，打通农村物流“最初一公里”和“最后一公里”。

创新交快电融合。广德市鼓励客运公司与快递企业签约合作，并承接商务部门农村物流配送中心及村级站点运营服务项目，实现了交通与快递、电子商务三方融合。

广德市“多站合一+客货同网”畅通了农村物流配送渠道，实现场站、运输、物流等资源的深度融合，快递包裹派送成本降低30%以上，乡村快递由县城当日到家，同时激发了农村消费及农产品进城，新增村级快递量同比增长38%。

14. 安徽枞阳县“电子商务+农村物流”

枞阳县充分利用“邮政+商贸+快递+公交”的农村物流资源，积极打造“电子商务+农村物流”服务品牌，畅通了货物进城、下乡双向流通渠道，推动农村相关产业发展，让广大农民共享发展成果。

强化机制保障。枞阳县委、县政府高度重视交通基础设施建设、农村物流和电商发展，分别成立了相关工作领导小组，制定并出台了系列发展文件。财政每年安排1000万元的专项资金，用于支持全县电商产业发展；实施专项“电商贷”，解决中小微电商企业资金需求；财政对进村快件每件给予0.3元补助，加大对“末端物流”扶持力度。

强化物流整合。枞阳县形成县有物流分拣中心、乡镇有综合服务站、村有综合服务点，健全县、乡、村三级物流体系。依托216个乡村服务站开展农村快递配送，乡村服务站成为生产生活资料下乡的落脚点。

强化产销对接。枞阳县建成农产品电子商务供应链运营中心、800立方米生鲜冷库，自主开发扶贫产品10款。成功培育1个省级电商示范园区、6个省级电商示范企业、7个省级电商示范品牌。

枞阳县通过打造“电子商务+农村物流”服务模式，依托电商助力扶贫产业发展，全县农产品网销额达5.57亿元，累计帮助销售涉贫农产品5000余万元。

15. 福建安溪县“多网融合+客货邮融合”

安溪县通过培育“多网融合+客货邮融合”服务品牌，建设一批功能突出、服务“三农”效益显著的农村物流网络节点，畅通农村物流“最初一公里”和“最后一公里”，实现农村物流“县有中心、镇有站点、村通快递”，打造“升级版”多网融合农村物流体系。

政府主导农村物流“多网融合”发展，统筹规划农村电商、物流基础设施建设和公路建设、养护等。

多网融合，县、乡、村“三级物流”织密配齐。安溪县整合交通、邮快、供销、电商、益农信息等资源，实现资源叠加利用。县级仓配中心、邮政民营快递同仓分拣共配，乡镇快递物流运营中心共同分拣至村，村级服务站开展邮件快件代揽代投等服务。

模式创新，客运、货运、邮政“三个行业”跨界共通。安溪县创新镇村客运区域化运营模式，按“大件走物流、小件走客运”推行“客车带货”；“村村通”驾驶员融合邮政投递员、兼职代购员。

功能健全，布点、建设、运营“三道环节”协同高效。安溪县建设集交通运输、邮件分拣中转、农副产品代销代购等于一体的综合服务中心。开通“客货邮”融合专线，深入推进交邮、邮快、快快合作，合力将快递物流服务延伸至村级。

安溪县通过打造“多网融合+客货邮融合”模式，使农村物流整体成本降低了15%以上，配送时效提升了30%以上。

16. 江西新余市渝水区“整合供销交邮电商资源，助力乡村振兴”

渝水区在“赣西食博汇”项目基础上建设“新余交邮融合生态产业园”项目，创新服务模式，实现场站、线路、运力资源共建共享，打造农村物流服务新供给。

加速网点建设。渝水区利用乡镇100%通公交优势，建设集公交客运、物流快递、电商仓储功能于一体的“新余交邮融合生态产业园”项目，构建城乡一体化的同城配送网络，合力打造县、乡、村三级全覆盖的城乡配送体系。

创新特色服务。渝水区建立线上、线下协同联动，集试验运行、教学、平台开发、品牌推广应用于一体的农村综合物流电商教育基地。

整合物流资源。渝水区创新“公交+城配+大数据”互联网生态圈项目，整合交通运输、邮政快递、镇村客运、商贸企业、供销系统等的站点网络、运输网络资源，推动实现节点共建共享，建设覆盖城区、乡镇、村落的三级配送服务网络。

渝水区利用公交运输网络实现客货同网，实现快件下乡、物资进城双向流通，打通与周边县市的物流瓶颈，有效助力乡村振兴。目前，通过推进供销冷链物流、快递、邮政、电商、公交协同发展，推动物流费用节约超过50%，带动1500余人就业，人员收入增加40%以上。

17. 山东乐陵市“乐快工程”畅通农村物流微循环

乐陵市通过实施“乐快工程”，深化交邮快融合，整合场站和运力资源，构建起县、乡、村三级物流体系，畅通了农村运输微循环，实现了村村通新能源公交、通物流快递。

优化政策支持环境。乐陵市将农村物流融合发展列入“十四五”规划，成立政府主要领导任组长，交通、财政、商务、农业、供销等有关部门为成员的领导小组，出台客货邮融合发展推进方案、“快递进村”双提升行动等10余项相关政策，对稳定运行1年以上的村级快递物流站点择优给予扶持资金1000~2000元。

完善物流服务网络。乐陵市实施快递进村和双提升行动，建立起1处县级物流快递分拣中心、39个城区快递驿站、16处镇级服务站、130处村级服务网点，每处站点统一挂牌“乐快驿站”，构建起县、乡、村三级物流体系，实现快递物流进村全覆盖。

推进交邮快深度融合。乐陵市采取“政府引导+市场化运作+资源整合”模式，深化“快快”“交快”“交邮”合作，引导快递物流企业进驻分拣中心，实行统一管理、统一分拣、统一配送，引导公交公司与邮政公司、快递公司合作，开辟公交代运快件服务线路19条，承揽快件邮件配送业务，提供“定点、定时、定线”服务，提高配送效率，降本增效成果显著。

乐陵市通过实施“乐快工程”，发挥部门合力，切实畅通农村物流微循环。“乐快工程”实施以来，企业人工成本节约60%，派送效率提升40%，节省投递费用24万元，为公交公司增加收益20万元，打通了物流快递进村“最后一公里”，实现了工业品、消费品入村，农产品进城“双循环”。

18. 山东日照市岚山区“岚流通+物流村村通”

日照市岚山区突出“为民办实事”工作理念，把新业态新技术融入城乡流通体系，创新农村物流组织模式，打造“岚流通+物流村村通”农村物流品牌，推动农村物流高质量发展。

统筹布局规划。岚山区聘请专业团队对物

流统筹规划研究，聚焦物流业与制造业、商贸业、农业等“多业联动”，为“岚流通+物流村村通”多项物流工程提供发展方向。

创新政策应用。岚山区加大政策扶持力度，对新设立或回迁的物流企业5年内按实缴“两税”区级留成部分60%标准予以扶持。充分利用“六稳六保”政策清单，免费提供乡镇交管所（客运站）房屋使用，引导快递物流企业进驻镇村，已建成区级农村物流中转中心2处、镇级物流分拨站18个、乡村配送点400个，形成区、镇、村三级物流体系。

组建企业联盟。岚山区组建“岚流通”企业联盟，以各快递物流渠道整合、“电子商务+关联产业+农村物流一体化合体发展”等多模式融合发展为目标，依托区域性物流公司和全国性快递品牌运营商，在岚山区合体共建现代化流通体系，城区到农村配送网点设施增加近400个。规划筹建电商物流园（客货邮配送中心），建设区级集中供配中心，实现城乡物流一网统筹和统一实施，降低流通成本，实现全区快递物流服务行政村居效率和效益的“双效”提高。

岚山区通过打造“岚流通+物流村村通”农村物流品牌，不断完善“平台经济”和城乡流通体系，推动实现农产品上行和工业品、消费品、农业生产资料下行，有效带动区域信息流、物流和资金流快速增长。同时，带动1000余人就业，实现农业农村年增收效益2000万元。

19. 山东郓城县“交邮合作+电商物流”

郓城县积极推进农村客运、物流货运、邮政快递融合发展，构建县、乡、村三级物流体系，打造“交邮合作+电商物流”服务品牌，不断提升农村物流配送能力，着力降低末端配送成本。

推进建设基础设施。郓城县投资2.9亿元建设交通枢纽，建成农村公交站点500多个，建制村通公交比例达到90%以上，推广货运班线、客运班车带运邮件等物流组织模式，加快农村物流配送站点建设。

打造综合服务平台。全县地方公路通车里程达2300公里，自然村100%通硬化路，初步建成“1个物流服务中心+22个镇级物流服务站+690个村级物流网点”的农村三级物流网络，实现了全县建制村通客车率100%，通邮率100%。

推进电子商务。郓城县积极推进电子商务人才培训和物流服务体系建设，累计培训各类电商人才4.6万人；电商企业3690家，建设客货邮分拣中心，引导交通、邮政企业共享站点和车辆资源，实现物流货物“统进、统配、统送”，实现电子商务与物流快递的协同发展和高效联动，成为山东省淘宝直播“村播计划”试点县，电商物流从业人员达到1.9万余人。

加大交邮合作力度。郓城县建成仓储物流配送中心，规划8条配送路线，鼓励运输公司与县邮政快递公司签订战略合作协议，在交邮合作领域进行全面合作，以城乡公交运输为支撑，以城乡配送网络为基础，布局合理、快捷、便利的农村物流体系。

郓城县通过培育“交邮合作+电商物流”服务品牌，加快构建电子商务公共服务体系、物流配送体系、人才培训体系、农产品营销体系，推动乡村产业高质量快速发展。

20. 河南新县“多网融合、智慧集约、普惠生态”

新县以创建省级城乡交通运输一体化示范县为抓手，大力完善农村物流基础设施，制定服务规范，健全工作机制，全力打造“多网融合、智慧集约、普惠生态”的农村物流服务品牌，形成稳得住、可持续、管长远的发展格局。

着力健全农村物流基础设施。新县升级改造县级物流园区，出台一系列优惠扶持政策，吸纳18家快递物流企业入驻运营。新（改）建了10个乡镇运输服务站，聚合了旅客运输、旅游集散、快递物流收发等众多功能。借助邮政、电商等村级网点设立了165个村级物流服务点，彻底打通农村物流“最初一公里”和“最后一公里”。新建了综合交通运输管理服务平台，与邮政公司、社会快递物流等行业数据平台有效对接，大大提高了农村物流信息化服务水平。

着力构建农村物流运输网络。新县建立交通运输部门与农村客运公司、邮政公司、快递物流企业密切合作的工作机制，通过县级物流园区集中、乡镇运输服务站分拨、村级物流服务点配送，实行“全域公交”和“货运班车”相互补充代运农村物流的双向运营模式，形成了县乡村三级功能完备、高效衔接的农村物流服务体系。

着力推广电商融合农村物流发展模式。新县先后建设产业路341公里，实现全县175个“多彩田园”产业基地相互贯通。充分融合不同乡镇电商产业特色，把乡镇运输服务站打造为“交通运输+电商”一站式服务中心，2021年带动了全县1000余名群众开设网上店铺900余家，农产品上行年交易额达到2.32亿元。

新县通过培育“多网融合、智慧集约、普惠生态”的农村物流服务品牌，有效促进城乡高度融合。部分农产品运输费用由过去的10元/公斤降到1.3元/公斤，每年可节省约2万元运输成本；村级服务点经营者平均年增收3000元，有效巩固脱贫成果，助力乡村振兴。

21. 河南西华县“县乡村三级物流网络+客货邮融合”

西华县整合多方力量，瞄准需求痛点，打破二元壁垒，推广应用“场站共享、服务同网、资源集中、共同配送”模式，建成县到乡、乡到村普惠城乡、高效便捷的“城乡客运+农村物流+邮政快递”融合发展体系。

健全完善物流服务网络。西华县建成并运营2个县级物流中心、22个乡镇物流综合服务站、276个村级物流服务点、380个村级“邮乐购”便民服务站点。依托县内物流企业整合多家快递运力，全面代理县域内快递上下行配送服务。开通“定时、定点、定线”的客货运公交服务，开通19条城区配送线路和43条乡镇配送线路，实现乡镇全覆盖、行政村90%以上覆盖，日均收发货物4万件以上，确保物流、邮件快件到县城可当日送达。

创新物流配送模式。西华县瞄准农村地区群众农用物资、电商等消费需求和农产品运输储存需求痛点，大力推动客货邮融合发展，依托特色产业、生态旅游、电子商务等资源，通过推广应用“多站合一+客货同网”物流配送模式，有效整合生产、流通加工、销售等环节，打通农产品上行通道，农副产品电商蓬勃发展。

提高物流资源整合效率。西华县针对客运市场二元分割造成的城乡居民出行不便问题，实行长线短线并重、客运公交结合，在体制机制方面大胆探索，形成了城乡客运一体化的“西华模式”。依托县级物流场站、镇村交通服务站，整合交通、供销、电商、快递等资源，积极推进“快递进村”，形成覆盖县、乡、村的三级物流体系，打通了农产品上行、工业品下乡“最后一公里”。

西华县“县乡村三级物流网络+客货邮融合”，有效整合了农村物流资源，完善了城乡配送服务体系，实现了物流产业反哺农业，年发货量超过1500万件，产值超过5000万元，每户菜农每月可增收2000~4000元，降低配送成本23%以上。

22. 河南孟州市“农村客货同网+交邮融合”

孟州市深度融合各方资源，大胆创新配送模式，积极探索“农村客货同网+交邮融合”新模式，着力解决农村物流发展不均衡问题，畅通农村物流“最后一公里”。

强化政策支撑。孟州市制定出台了《孟州市农村物流网络体系发展规划（2020—2023年）》等政策文件，健全了工作机制，在土地、资金等方面为客货邮融合发展制定了政策保障。

推动资源融合。孟州市建设日处理快递2万件的县级交邮快分拨中心，集中分拨邮政、三通一达等公司的邮件快件。开通11条客货邮合作线路，覆盖孟州市所有乡村。整合村邮站、商超、农资代办点、农村客运站等资源，建成“五统一”的乡村综合服务站（点），可办理客运、快递、购物、代收电费、公交老年卡等多项业务。

创新配送模式。孟州市创新更加高效的“县—村直达”二级配送模式，取消了乡级站点分拣环节，进一步降低了物流成本，提高了配送效率，邮件快件由次日送达提升为半日送达。

孟州市打造“农村客货同网+交邮融合”服务品牌，推动下乡邮件、快件全部由公交车代运和货运专线统一运输，助推美丽乡村建设，促进农民增收，每年可降低邮政快递企业成本约100万元。

23. 河南卢氏县“三级节点+信息平台+统一配送”

卢氏县不断完善农村物流体系网络建设，探索出“三级节点+信息平台+统一配送”的农村物流体系服务模式，为工业品下乡“最后一公里”和农产品进城“最初一公里”提供了保障。

完善三级农村物流网络。卢氏县已建成1个县级物流中心、16个乡镇综合服务平台和200个村级物流配送末端网点，形成了“1+16+200”多点型城乡物流网络。引进自动化的分拣设备，对接智能化共配系统，快速实现快递包裹的统分、统配。

提高信息化水平。卢氏县搭建县域物流信息综合服务平台，实施数据监控、轨迹监控，确保资金流、信息流、物流的“三流合一”，实现货物收发安全可靠、交接转运及时、资金支付安全，提高物流资源智能管理水平。

整合物流资源。卢氏县开通货运配送巴士，利用村村通班车、邮政进村车辆开展交邮融合的乡村统一配送。通过推进农村物流的融合，实现节点共建共享、网络互联互通，有效整合农村物流资源。

推广创新模式。卢氏县创新形成了“一网”“一平台”，“一网”即县、乡、村农村物流三级网络体系，“一平台”即卢氏县物流与供应链服务平台。卢氏县将继续深入落实城乡交通运输一体化发展战略，在河南省乃至全国打造典型示范，形成可复制可推广的农村物流网络节点体系“卢氏经验”。

卢氏县“三级节点+信息平台+统一配送”的发展模式，已解决450余人就业问题。通过配送平台和信息平台对上下游物流资源的有效整合和集中高效共同配送，配送费平均降低了20%左右，乡镇送达时间由2天缩短到4小时，服务能力和服务质量明显提高。

24. 湖北老河口市“双循环、全链条+农村物流+电子商务”

老河口市通过建设“O2O 城市综合体+镇级物流服务站+村级服务点”的城乡物流链，推进乡村物流业走上发展的快车道。

“一站式”服务业平台。老河口市打造O2O城乡客货邮发展综合体，致力建设集商贸物流、特色产业、电子商务、物流配套于一体的大型现代化的“一站式”服务业平台，努力打造服务实体经济直播带货产业链的“新经济”服务业平台。

构建客货邮融合发展新模式。老河口市以O2O城市综合体为主要枢纽，建设一镇一站，一村一点的城乡物流链。做到物流相关产业、企业资源整合，构建“一点多能、一网多用、功能集约、便利高效”的农村运输服务发展新模式。

畅通农村物流发展链条。老河口市通过多方面探索实践，采取“全链条服务、全方位扶持、全员利益均沾”的原则，全力畅通和服务“农产品进城”“工业品下乡”两条路径。加快本地农特产品的销售，提高农村物流快件的发送量，切实增加农民收入。

老河口市通过农村客货邮融合发展，正确引导相关企业进行战略联盟，实现资源共享、集中集约集聚发展，单件收发成本降低 1.2~2.5 元；进一步促进城乡客运、邮政快递、农村物流等资源，完善农村物流末端节点；实现发展与环境保护的平衡点，促进可持续发展。

25. 湖北长阳县“党建引领+军团运作+智惠电商”

长阳县以特色党建为引领，以科技创新为驱动，整合县域物流资源，在县、乡、村三个层面统筹推进现代农村交通物流发展，打造“党建引领+军团运作+智惠电商”农村物流服务品牌，促进经济社会转型发展，成效显著。

发挥党建引领。长阳县委、县政府赓续精神血脉、传承红色基因，积极强化党建引领，以脱贫摘帽为工作重点，深入推进农村物流和电子商务扶优壮强、品牌提升、服务优化、稳链强链、牵手扶贫、物流畅达六大工程。

整体规划布局。长阳县编制出台《长阳农村物流融合发展规划》，构建了层次分明、覆盖全县的县、乡（镇）、村三级农村交通物流网络节点体系建设方案。

深化资源整合。长阳县人民政府通过招商引资，整合县域内农村物流头部企业，联合打造了独具特色的交通物流“军团式”发展模式。以“建站点、搭产业链、组物流网、造生态圈”为总体思路，建立完善了“1 县级中心+11 乡镇节点+146 村级服务站（点）”三级农村物流服务体系，打造“智惠电商”，配套构建了“一厅、一平台、多媒介”农村交通物流公共服务体系。

强化组织保障。自 2011 年以来，长阳县先后成立了长阳县交通物流发展局、县现代物流产业发展工作领导小组等机构和组织，并制定了行之有效的实施方案和一系列相关政策，大力推动农村物流及电子商务的建设与发展。

长阳县“党建引领+军团运作+智惠电商”有力促进了县域农村物流和电子商务的高速发展，降低物流成本 18 万元/年，平均每条农村班线年收入增加 25000 元，带动当地居民家门口就业，显著提升了老百姓的幸福感和获得感。同时，大力践行绿色发展理念，促进少数民族地区各族人民团结，为县域经济社会可持续健康发展，以及国家繁荣稳定奠定了坚实基础。

26. 湖南涟源市“电子商务+快递共配+农村商贸物流”

涟源市依托“全国电子商务进农村示范

县+益农信息社进村入户工程”项目，将电子商务与快递共配相结合，打造“电子商务+快递共配+农村商贸物流”农村双向互通物流体系建设与农村物流品牌创建。

强化政策扶持。涟源市先后制定出台了《涟源市促进产业发展政策》《涟源市2018年“产业项目建设年”活动实施方案》等多项政策文件，积极培育和发展具有较强竞争力的物流企业，提升农村物流运营管理水平，鼓励企业搭建以农村物流为核心的多元服务平台。

健全组织协调机制。涟源市建立由市级政府统一领导，多部门共同参与的农村物流工作领导小组，充分发挥政府统筹协调作用，460个自然村全部建设了农村电商物流站点。

统筹规划布局。交通、农业、商务、供销等部门加速推进“资源整合”和“多规合一”，统筹规划建设物流节点布局，形成了“县有物流中心、乡有农村物流服务站、村有农村物流服务点”的农村物流发展格局。

完善基础设施。涟源市以本地龙头企业为核心，启动“工业品下乡、农产品进城”双方流通项目，在全市建设了460个“五站合一”的村级综合服务社。同时整合三通一达等30多家快递和商贸企业，建设形成三级物流体系，弥补了“最后一公里”的服务空白。

涟源市“电子商务+快递共配+农村商贸物流”的发展模式，依托“全国电子商务进农村示范县+益农信息社进村入户工程”项目，整合资源开展共同配送，降低了物流成本，每日可降低末端配送成本约2万元，提高了末端配送效率，部分末端网点实现当日时效，较之前提升80%。

27. 湖南桃江县“客货邮融合发展+乡村好运”

桃江县充分利用城乡客运一体化示范县创建成果，打造“客货邮融合发展+乡村好运”农村物流服务品牌，全力推进客运与物流全域畅通、城乡覆盖、成本降低、服务提升，促进城乡客运和乡村寄递可持续发展。

政府高度重视。桃江县委、县政府高度重视农村客货邮融合，自2021年4月起在全县范围内开展农村客货邮融合发展服务试点推广工作，编制《桃江县农村客货邮融合发展创建实施方案》《桃江县农村客货邮融合发展推进方案》，大力推进客货邮融合发展示范创建工作。

构建三级网络节点。依托全省首批城乡客运一体化示范县创建成果，桃江县开通城乡客运线路61条，投入运力车辆212台，为农村客货邮融合发展提供了良好的运输网络基础。改造提升县级物流分拨中心，依托城乡公交沿线铺设村级服务点，实现县达村网络100%全覆盖。运用“走么”系统、“乡村好运”小程序，以及对公交车辆和村级网点安装视频监控，为上下行快件投递、运输、信息追踪保驾护航。

统筹配送资源。桃江县坚持“大件走物流、小件走公交”的思路，统筹交通运输、商务、邮政、快递等物流资源，成立联合公司，与10余家快递公司签订合作协议，负责县域内快递上下行配送业务。按照“六统一”标准，形成了由县级分拣中心分拣、城乡客运公交配送的运营模式。

桃江县“客货邮融合发展+乡村好运”模式实现了人民群众在家门口收发快递，畅通了农产品出村和工业品下乡双向流通渠道，满足农民群众“最初、最后一公里”的物流需求。配送成本由0.75~4元/件降至0.45元/件，配送时效由2.5天缩短至1天，客运企业物流运输收入月新增11万余元。

28. 广东兴宁市“电商物流+农村客货同

载+商超联运”

兴宁市发挥电子商务进农村等国家示范县优势，整合农村客运、农村电商、快递等资源，构建“电商物流+农村客货同载+商超联运”发展模式，加快农村客货邮商融合，促进运输企业转型发展。

构建三级物流体系。兴宁市整合客货邮商站场设施资源，建设 1 个县级物流配送中心，20 个镇级物流配送中转站，300 余个村级物流服务点，形成层次分明、功能完善、覆盖广泛的三级物流体系。

客货邮商深度融合。兴宁市推进农村快递物流站、电子商务公共服务站、农村客运站等设施共享共建，打造“一站多能”“多网融合”的服务网络。创新配送模式，由县级物流配送中心直接对接多家超市、商场，通过多家商超统仓共配模式，提高了配送效率，降低了配送成本。

农村寄递物流体系更通畅。农村物流配送效率大幅提升，配送成本明显下降，市内配送时效由原来的 3 天缩短至 1 天，费用每单平均降低 10%～20%。农产品销售流通渠道更加畅通，有力助推乡村振兴。

29. 广西全州县“客货邮融合兴农一体化发展”

全州县布局“交通运输+邮政揽储、邮政快递”互为补充的客货邮融合农村物流服务网络，打造“客货邮融合兴农一体化发展”模式，构建覆盖全县各行政村（社区）的县、乡、村三级物流体系。

建立三级物流体系。全州县以“资源共享、客货兼顾、运邮结合、融合发展”为原则，充分运用城乡客运资源，通过对现有乡镇客运站进行改扩建、重新划分功能区域等方式建设集客运、货运、邮政、快递等功能于一体的乡镇客货邮综合服务站。增进交通运输与邮政快递企业的合作，建立覆盖全县 187 个行政村的县、乡、村三级物流体系，解决农村物流配送“最后一公里”问题。

整合农村邮政快递资源。全州县整合全县 10 余家快递企业以及传统零售商店、配送企业、湘源惠农、京东、邮乐购、农村淘宝等资源，发挥中通乡村、兔喜生活 App 信息平台串联作用，推进实现乡村包裹的统一调度、统一配送、统一揽收，最大限度地降低物流成本，提高货品流转速度，快递企业运输成本节约 20%，派送效率提升 40%，成效显著。

打通村级物流服务“毛细血管”。全州县目前已开通 4 条客货邮合作线路，规划“县—乡”农村物流服务线路 18 条，“乡—村”农村物流服务线路 273 条。投入车辆 80 台，通过开通定制“乡—村”班线、圩日客运和假日班线等方式，满足群众出行需求和快递进村的运力需求。

30. 广西贵港市港南区“特色产业+平台经济+农村物流”

港南区高度重视农村物流的发展，以“乡村振兴”战略为指导方针，采用“特色产业+平台经济+农村物流”的发展模式，发挥交通运输在促进农村物流发展中的基础性作用，推动特色产业与农村物流融合发展的网络化、集约化、标准化。

完善组织领导体系。区政府成立农村物流高质量发展领导小组，理顺“特色产业+平台经济+农村物流”高质量发展工作机制，推动农村物流、冷链物流和电商物流协同发展。

推进交通基础设施建设。港南区以“四建一通”工程为抓手，推进“四好农村路”建设，推动农产品冷链物流体系、基础设施建设。建成村级电商邮乐购服务站点 154 个，乡镇、行政村快递物流覆盖率均达到100%。

充分发挥平台带动作用。港南区引导特色产业抢搭电商平台“快车”，“一镇一业、一村一品”的特色发展之路，促进农业“小生产”与电商“大市场”有效对接。对电子商务、产销运分离、“互联网+物流”等新业态予以政策和资金支持，搭建网络货运平台，助力港南区农副产品上行。

创新发展模式。港南区推动成立农民运输合作社，创新“网络货运平台+农民运输合作社”发展模式，与农民种养专业合作社建立紧密合作关系。积极应用智能化物流技术装备，大力推广应用新能源快递配送车辆，打通“农产品进城、工业品和消费品下乡”的双向流通通道，切实有效帮助农村群众就业增收、脱贫致富，促进就业和专业人才队伍建设，助力乡村振兴。

31. 重庆巫山县“农村物流+客货兼运”

巫山县以“整合市场、盘活资源”的方式，按“一心、三线”的架构，构建县、乡、村三级物流体系，打造“农村物流+客运兼容”服务品牌。

整合市场，盘活资源。巫山县充分利用快递网络资源、车站场地资源，对县城至乡村物流、快递运输车辆进行整合，推行“物流专车进镇”，“客运+货运两网合一”融合发展，开通“定线、定点、定时”下乡配送货运专车，针对偏远及货运量少的乡镇，结合以客带货模式补充城乡配送运力。

降本增效，提供运输保障。巫山县联合“三通一达”快递企业建成县级快递物流自动分拣配送中心，县内80%的快递公司入驻，统一收揽、集约货物，在降低快递人工成本、仓储成本、配送车辆中转成本的同时，提高了配送时效，且招录了一大批快递从业人员，为无业人员提供工作岗位，切实解决了巫山县本土人员的就业问题，带动了巫山县经济的发展。

统筹建设乡镇物流服务站。巫山县改造现有乡镇客运站场，打造具有“客货运+超市+金融+农特产品+寄递”属性的交通运输综合服务站，实现“四统一”，实现乡镇物流寄递处理标准化、信息化。

巫山县“农村物流+客货兼运”服务模式畅通了农产品进城、生产生活物资下乡通道，因运输阻碍的农产品销售问题得到较大改善，增加了农民的收入，对巩固拓展脱贫攻坚成果、助力乡村振兴提供了有力的支撑。

32. 四川江安县“金通畅行”

江安县抢抓交通强国试点四川省乡村运输“金通工程”建设机遇，创新运用事业共创、项目共建、平台共享、互利共赢“四共模式”，全力推动交邮融合发展，有效破解群众安全出行、物流配送、邮政寄递“最后一公里”难题。

推动交邮融合。江安县规划建设“1+14+189”的县、镇、村三级物流体系。即提升改造1个县级物流配送中心，拓展14个镇级交通综合服务站功能，建设189个村级邮快驿站。

推动客货融合。江安县通过“增投车辆、加密班次、降低票价、政府扶持”方式，实施“客运班线+货运专线+便民小客运”运输物流配送服务，对农村客运班线实行全域公交化改造。

构建便捷化服务平台。江安县开发集监管审批、在线约车、电子商务、培训学习、大数据分析等多元化功能于一体的“金通畅行”App，实现线上线下一体化发展。

推动政策聚合。江安县出台系列政策措施，明确便民小客运客货两运属性，乡村客运“金通工程”所需资金除省、市相应补助外，其余项目资金均由县财政解决，同时给予经营企业、服务站点经营补贴。

江安县“金通畅行”农村物流服务品牌建设，有力推动了乡村客运、货运、物流快递融合发展，寄递物流企业每年节约成本约530万元，走出了一条“交邮融合发展”助力乡村振兴的新路子。

33. 四川合江县“交邮商融合 助力乡村振兴”

合江县推进农村电商与乡村商贸流通有机结合，夯实农村电商公共服务体系，培育壮大农村市场主体，推动交通运输与邮政快递及电子商贸融合发展，形成“交邮商融合”协同发展格局。

加大政策扶持。合江县支持县域重点镇街建设完善商贸设施，贯通农村生产、分配、流通各环节。在全县范围内推进“金通工程·天府交邮通”品牌建设工作，打通物流配送和产销对接“最后一公里”。县政府设立专项扶贫资金，与邮政公司、邮储银行合作，切实解决专合社/家庭农场“物流难”等难题。

健全物流体系。合江县构建三级物流体系，以1个县级仓配中心、3个乡镇运营中心、196个村级综合服务站为三级节点，建成覆盖全县所有建制村的投递网络。充分利用“金通工程”和“村邮站”的优势，推广城乡统一配送、集中配送、共同配送等先进模式。

促进产业融合。合江县构建物流共配体系，推进交邮融合发展，大力培育本土电商品牌，建成110个乡村电商服务站点，发展“电商+直播”经济，探索“农产品种植基地+商贸流通+物流运输”一体化服务发展模式，培育本土电商品牌。

合江县通过交邮商融合发展，持续发力农村物流，着力营造良好电商氛围，助力县域特色农产品外销，打造了“快递+荔枝”“快递+真龙柚”等特色农产品项目，促进农民就业、增收，为当地产业发展提供了强力支撑。

34. 四川崇州市“党建+客货邮共融”

崇州市围绕抓党建、促乡村振兴，系统整合农村客运、邮政快递等优势资源，畅通市、镇、村三级物流体系建设，探索形成“党建+客货邮共融”农村物流服务新模式。

坚持党建引领交通运输行业发展。崇州市成立交通运输行业党委，构建“行业党委+镇”“村党组织+国企”“民企党支部”三方协同工作模式，依托村级党群服务中心和快递企业党建阵地，加强对快递小哥等新就业群体关心关爱力度。

统筹建立“1+13+N”三级物流体系。崇州市围绕本土链主企业、中心镇（村），分类打造1个市级快递物流仓配中心、13个镇级运营中心、N个村级“金通·邮快驿站”，深化全域公交一体化改革，发挥富余运力推动“生活品下乡、农产品进城”，促进物流降本增效，“一盘棋”推进客货同网、邮快合作。

创新客货邮融合机制。崇州市增设农村寄递物流节点51个，开辟古镇游、农旅、军民等特色产业示范线，连接乡村农商文旅资源。用活镇街客运场站，叠加邮政快递、“天府粮仓”农特产品商贸等服务功能，推动“多站合一”。创建“金通工程”样板县，优化28条乡村客运线路，覆盖147个村（社区）党群服务中心、农民合作社，打通农村物流配送“最后一公里”。

崇州市通过抓实党建引领下的客货邮共融发展，实现末端物流节点提质增效，全年城乡间快件业务量同比增加610万件，货物转运时间压缩50%，每单运输成本降低0.2元，进一步壮大乡村产业链条，带动当地农民增收致富。

35. 四川达州市达川区“城乡物流共配+多站多网合一”

达川区通过实施“快递三进”工程，创新建设县、乡、村三级物流体系，形成“城乡物流共配+多站多网合一”发展模式，构建起覆盖全区的城乡共配网络，助力乡村振兴。

强化政策支撑。达川区出台系列物流政策文件，设立500万元专项发展资金，通过针对性地政策引导、组建工作专班等措施，扶持引导各方资源融合发展。

创新运营模式。达川区通过“快邮合作”“快销合作”“销邮合作”等多种方式，实现资源优势互补及共同发展，并借助“达川代办”政策，依托村内现有的便利店、村委会、专合社建设村级寄递物流综合服务站，实现村民在家门口就可以收寄快递。

统一标准规范。根据《国务院办公厅关于加快农村寄递物流体系建设的意见》，达川区坚持农村物流服务网点统一标准、规范运营，保证整体网络运行效率和效益，为农村百姓提供了更好的农村物流服务体验。

拓展服务链条。达川区积极拓展城乡共配站的基础功能，引导快递、供销、邮政等各类社会资源合作进村，同时叠加邮件快件收寄、农副产品收购、邮政代交代缴、普惠金融业务等功能，为助农增收提供便捷途径。

达川区通过“城乡物流共配+多站多网合一”发展模式，利用电商销售平台，2021年运作当地农特产品线上销量超过3万件，实现快递进村时间平均缩短到3~5天，物流降本增效的成效凸显。

36. 贵州德江县“交邮融合+通村村+快递统仓共配+新零售+综合服务”

德江县通过“交邮融合+通村村+快递统仓共配+新零售+综合服务”模式，构建县、乡、村三级物流体系，打通电商、快递进村和农产品出村进城的“最后一公里”和“最初一公里”通道，推动乡村振兴高质量发展。

推行仓储融合，降低物流配送成本。德江县坚持快递统仓共配、抱团发展的理念，由第三方平台公司与邮政公司、快递公司加盟商联合组建项目公司，投资700余万元建成县级快递智能分拣中心并投入运营。

开展线路融合，提升运力资源价值。德江县以盘活交通资源，实现多站合一、多线合一、运力融合为目标，将县级客运站、乡村客运站和行政村、社区服务点作为快递调度中心，整合全县47条乡村客运线和快递服务网点建立“客货同网”。

进行服务融合，优化平台功能配置。德江县整合物流、商贸、电商、供销、农资、培训就业和金融保险等业务融合，采取“线上+线下”方式，建立客货同网、资源共享的城乡客流、物流、商流、信息流等多流合一的服务体系，提供预约响应式农村客运、快递物流等便民服务。

德江县通过打造“交邮融合+通村村+快递统仓共配+新零售+综合服务”模式，全县快递行政村送达率大幅提高。通过“客运带货”模式，每月每个班线可实现新增创收上千元，既降低了物流成本，又增加了客运企业的收入。

37. 云南安宁市“客货邮融合+城乡发展”

安宁市依托城乡交通运输一体化示范县创建成果，以构建“一点多能、一网多用、功能集约、便利高效”的农村运输服务发展新模式为目标，打造“让农村运输发展更有温度、农民幸福生活更有质感”的“客货邮融合+城乡发展”新模式。

强化组织领导，完善政策支持。安宁市

委、市政府高位推动，统筹协调，安排市交通运输局牵头，发改、农业农村、财政、邮政等部门通力配合，为推进工作提供了强有力的组织保障。

优化运输环节，提高服务质量。安宁市推动物流快递企业系统与公共交通出行信息服务系统有效衔接，通过调整优化公交线路、班次、密度等方式提升公交运力，实现农村快递“坐上车”的同时获得最优线路。

坚持多点融合，切实降本增效。安宁市加强政企合作，充分利用供销合作联社“万村千乡”、农委部门“益农信息社”等基层网点资源，坚持融合共建，多方联合签署战略合作协议，建设农村快递末端服务体系，推进基层网点灵活运作。

建设枢纽中心，整合客递资源。安宁市建设公交场站的同时将寄递物流枢纽集散点同步规划、同步建设，让客运与快递寄递中转融合，实现客货邮从“始发地”开始融合。

安宁市已经形成市级中心集散—城乡公交网络—乡镇二次分拣—农村公交当日送—基层网点收派的“客货邮融合”模式，每天快递进村量2万余件，惠及群众10余万人，有效促进了农产品上行和工业品下行，助力农民增收和乡村振兴。

38. 陕西太白县“电子商务+客货邮”

太白县为深入推进脱贫攻坚成果同乡村振兴有效衔接，统筹解决群众幸福出行、物流配送、邮政寄递三个“最后一公里”问题，连接农村客运、货运、邮政快递，构建“客货邮融合发展”新体系。

顶层引领，强力推进。太白县制定农村客货邮融合发展实施方案，结合乡村振兴、全域旅游、特色产业发展，打通县域快递末端收投配送难点堵点，打破邮政快递企业各自为政的经营壁垒，创建“快递搭载客车，服务农村发展”模式，构建标准统一、管理规范的“共建共享”服务新业态。

资源整合，创新服务。快递企业与客运公司签订合作协议，采取电商配送为主、客运搭载为辅的快递配送策略。完善数据统计、质量追踪等服务系统，形成了快递“市到县统一分拣、班线有序搭载、信息及时传达”，实现“旅客到站、物流到点、当日到户”的“快递进村”全覆盖。

加大投入，强化保障。县政府每年补贴100万元专项资金，用于鼓励通村客运班线持续通行。梳理12条通村线路，增设“快递物流中转站”，改造升级客运站客货邮功能，不断提升偏远镇村“人悦其行，物畅其流”的水平。

太白县“电子商务+客货邮”模式实现全年电子商务交易额5.34亿元，消费帮扶重点产品销售额5200万余元，带动脱贫群众1800户4610人，人均增收1000元以上，快递收发货量突破360万件，有效地巩固了脱贫成果。

39. 宁夏吴忠市利通区“客货邮商融合发展”

利通区依托城乡交通运输一体化示范性创建，推动农村客货邮商共享场站运力资源，共建运输服务网络，打造农村客货邮商样板，统筹解决农民群众幸福出行、物流配送、邮政寄递三个“最后一公里”问题。

资源共享，先行试点乡镇客货邮商融合发展新模式。利通区依托乡镇原有运输客运站、公路养护站、邮政服务点，改造翻建为乡镇客货邮商综合便民服务站，引导支持邮政快递、电商、便利店等业态进驻乡镇客货邮商综合便民服务站，实现了“快递进村”目标。

整合优化，推进城乡公交一体化。利通区

收购原有私营农村客运车 101 辆，新购置纯电动公交车 49 辆，实现公车公营。重新规划了 4 纵 9 横农村公交线路，确保乡村公交全覆盖，实现城乡公交一体化。同时，调整农村客运班次时刻和邮政配送频次时间，开通合作线路，利用农村客运车辆开展快递代运货物至各乡镇、村，实现邮件快件班车代运。

融合发展，提升农村运输服务综合能力。利通区通过乡、村级综合便民服务站建设，拓展货运快递、代收代缴、代买代卖等功能。

利通区通过打造“客运+邮政快递”模式，推动城乡客运、邮政快递、农村物流等资源共享，不仅方便了群众，降低了邮政、快递企业运输成本，提高了快递物流效率，同时促进了农民群众的产业发展和减负增收。

40. 宁夏永宁县“电子商务+积分超市”

永宁县以“电子商务+积分超市”新模式，实现快递发展和积分超市双引流，促进电商与精准扶贫深度融合。

加强规划指导。永宁县政府出台了一系列政策文件，整合电子商务、邮政快递、扶贫产业等相关资源，打造出全区首个乡镇电商一条街，依托各大网络直播平台，助推“网红”经济，助力闽宁镇农业经济和农村物流双发展。

强化电商产业扶贫。永宁县着力推进“积分超市”建设，保证服务站点全覆盖，以“一商一户一劳力”电商精准扶贫模式，促进电商与精准扶贫深度融合；充分利用电商平台优势，开设永宁（闽宁）地方特色馆，打造“永宁特色”农产品品牌，开拓稳定健康的农产品销售渠道。

推动构建城乡末端寄递网络。永宁县建成自治区首个快递一条街，为服务电商业务提供了最优方案；推进快递企业抱团，并与各行政村的积分超市合作，建设快递末端服务网点，不断完善三级物流体系，为农村地区提供更加便捷高效的快递服务。

永宁县闽宁镇通过“电子商务+积分超市”模式，打造了开放共享的农村服务公共物流平台，建设完善的农村快递物流体系，助推闽宁镇特色农产品及农业经济发展，打通农产品“最后一公里”上行与下行的双向畅通，成功推动了工业品下乡和名特优产品进城，实现月均投递快件 23.03 万件、寄出快件 6.86 万件。

（交通运输部办公厅　邮政局办公室）

2022 年美国物流业[①]

2022 年，在美国物流市场所有的运输方式中，货主需求和承运商的运力已经恢复平衡，库存充足。2022 年美国商业物流成本达 2.3 万亿美元，同比增长 19.6%，占国内生产总值的 9.1%。2020—2022 年美国商业物流成本构成及增长变化情况如表 1 所示。

表 1　　2020—2022 年美国商业物流成本构成及增长变化情况　　单位：10 亿美元

商业物流成本构成项目	2022 年	2021 年	2020 年	2022/2021 年同比增长（%）	2022/2020 年同比增长（%）	5 年复合年均增长率（%）
运输成本						
整车运输	403.8	380.4	313.6	6.2	28.8	7.9
拼车运输	96.3	90.6	74.8	6.4	28.8	6.9
专车运输	395.8	373.5	304.5	6.0	30.0	8.0
陆路运输	896.0	844.5	692.9	6.1	29.3	7.8
包裹运输	217.3	207.5	181.0	4.7	20.1	13.7
车皮运输	64.7	55.0	48.3	17.6	33.9	2.3
多式联运	34.5	29.4	26.2	17.6	31.7	10.5

① 本文选自《第 34 次美国物流年报》，该报告由供应链管理专业协会（CSCMP）发布，由科尔尼公司及专业团队专家、众多业内专家参与编写。报告的中文版由美中供应链管理（北京）有限公司组织翻译，本文有删节。版板归 CSCMP 及相关著作人所有，如引用请注明出处。

续　表

商业物流成本构成项目	2022 年	2021 年	2020 年	2022/2021 年同比增长（%）	2022/2020 年同比增长（%）	5 年复合年均增长率（%）
铁路运输	99. 2	84. 4	74. 5	17. 6	33. 1	4. 8
空运	66. 8	65. 7	40. 2	1. 7	66. 3	−2. 9
水路运输	36. 4	30. 7	25. 7	18. 4	41. 8	1. 4
管道运输	75. 7	63. 2	56. 3	19. 8	34. 4	10. 2
小计	1391. 4	1296. 0	1070. 5	7. 4	30. 0	7. 6
库存持有成本						
储存成本	218. 5	185. 1	154. 1	18. 1	41. 8	9. 5
财务成本	313. 0	164. 5	123. 3	90. 2	153. 9	15. 4
其他成本	227. 8	149. 8	118. 9	52. 0	91. 6	12. 7
小计	759. 3	499. 4	396. 2	52. 0	91. 6	12. 7
其他成本						
承运商支持活动	93. 8	78. 6	62. 4	19. 3	50. 3	10. 0
发货人行政成本	72. 3	63. 1	57. 6	14. 6	25. 5	7. 5
小计	166. 1	141. 6	120. 0	17. 3	38. 4	8. 9
美国商业物流总成本	2316. 7	1937. 0	1586. 8	19. 6	46. 0	9. 2

注：2017—2022 年的美国商业物流成本指数数据已进行了回顾性修订，有两项变更：①包裹市场规模修订后的方法论；②S&P Global（标普全球数据）更新，美国商业物流成本在国内生产总值中的百分比增加。本表中 2021 年的数据已包括了 5. 4%的通货膨胀。财务成本=加权平均资本成本×总商业库存；其他成本包括保险、搬运等；空运包括国内、进口、出口、货物和快递；水路运输包括国内进口和出口。③运输成本部分，小计仅为标注灰色的项目加总。由于四舍五入的原因，部分数据存在差异。

一、美国物流业所处的宏观经济情况

2022 年，美国的经济增长稳定在 2. 1%，劳动力市场、消费者支出和商业活动恢复力惊人。

（一）通胀压力

2022 年年初美国的通胀率达 9. 1%（四十年来的最高水平），物流行业已成为通胀压力的主要来源。物流成本在 2022 年增长了 19. 6%。

（二）劳动力紧张

紧张的劳动力市场也影响着美国经济的增长。在经历了疫情引发的劳动力市场破裂和财政货币刺激的需求加强之后，自 2022 年 3 月以来，美国的失业率一直维持低位，介于 3. 4%～3. 7%。这迫使企业增加工资，并将上涨的成本转嫁给消费者，加剧了通胀压力。

（三）地缘政治

由于地缘政治紧张和对近岸制造的激励增加，美国公司已经开始将供应链转移到更靠近自己的地方。根据科尔尼公司发布的美国制造业回流指数，自疫情以来，美国从墨西哥进口的制成品惊人地增长了26%，制造业回流似乎已经从一种策略可能性转变为市场现实。但由制造业回流带来的通胀压力和与主要经济伙伴关系紧张的风险，将长期持续存在。

（四）物流发展中的主要问题

在三年疫情的冲击下，美国物流市场经历了货主方与承运商的信任危机、劳动力缺乏危机、物流网络重构危机等发展问题，具体情况如下。

一是受2020—2022年三年的疫情影响，货主供应中断、成本上涨，而承运商却以高额溢价出售它们的运力，从中获得利益。随着疫情趋于平稳，市场在货主方的利益上急剧回弹，货主方开始重新考虑与承运商的长期协议，对承运商不再信任。货主方通过频繁的小额投标方式完善与承运商、第三方物流和货代的运力和运价的议定方式，逐渐使之成为常态化的合作议定方案，降低突发情况下的不利影响。

二是在后疫情时代，承运商利润开始下滑，而劳动力缺乏成为承运商的重要问题。2022年面对货主方的信任危机，承运商开始通过提供一站式的第四方能力来重构与货主方的合作关系，并不断提高自身的服务能力，增强韧性。

三是货主方和承运商在整个市场过程中都受到了不同程度的发展制约。为更好地应对未来发展的不确定性，双方都需要重置策略，重新建立信任，完善合作机制。

二、各领域发展现状

（一）航空

2022年，随着疫情影响的降低，航空运输业需求下滑。东西方航空货运费从2022年1月到12月下降了23%。全球空运收入从2019年到2021年增长了近100%，在2021年达到历史最高点2000亿美元之后，于2022年第二季度急剧下滑，空运货量（以货运吨公里或CTK衡量）较2021年下降了8%。

受宏观经济和地缘政治因素影响，托运商和运营商都十分谨慎，多以六个月和季度合同为主。同时，托运商也认识到空运并不是供应链的“紧急灵丹妙药”，不能随机管理。大量空运公司重新规划需求管理、装载整合、服务水平合理化和附加费标准化，从管理中获取收益。

1. 航空业现状

一是国内制造（再制造）业的增长会导致亚洲—美国贸易航线的航空货运利用率下降。

二是近岸生产，疫情期间，在墨西哥制造和美国进口墨西哥制造的商品产量大幅增长，这使墨西哥和其他国家之间的航空货运服务增加。

三是一些公司将业务从中国转移到中国周边的亚洲国家。与再制造和近岸生产活动相比，这一举措对航空货运需求的影响较小，会加速胡志明市、孟买和曼谷等新的重要航空货运枢纽的崛起。

2. 可持续发展

航空业朝着环境可持续性的方向发展，喷气燃料是主要关注领域之一。航空货运公司越来越多地使用可再生原材料生产的可持续航空燃料（SAF）来减少碳排放和环境影响。FedEx、DHL 和联合航空等公司已经承诺购买和使用可持续航空燃料。飞机制造商也在探索使用氢燃料电池技术驱动飞机并减少碳排放。波音正在与 Universal Hydrogen 合作开发一种氢燃料电动飞机推进系统，目标是到 2025 年将氢燃料电动飞机投入商业使用。同时，空中客车正在开发一种名为 ZEROe 的零排放、氢燃料动力飞机，预计将在 2035 年投入商业服务。在操作层面上，使用先进的数据分析、预测性维护和运营优化工具来优化飞行运营，减少燃料消耗和排放。其中包括汉莎货运的数字化计划，以优化飞行路线和减少燃料消耗为目标。

（二）包裹和“最后一英里”

2022 年美国电子商务市场增长了 8%，占美国整个零售市场的 14.5%。然而，尽管美国电子商务市场规模已经达到历史最高水平，但其在零售销售额中所占的比重开始趋于平缓。随着电子商务市场的不断增长，美国包裹市场在 2022 年以 4.7%的年增长率增长到 2170 亿美元，五年复合年均增长率（CAGR）为 13.7%。然而，由于通胀推高了价格和费率，尽管整体电子商务和包裹市场持续增长，但美国包裹运量整体下降了 2%。包裹和“最后一英里”领域增长最多的产品项是当天配送，该产品项在 2022 年全球范围实现 64 亿美元的收益。

在 2022 年，消费者行为的转变和宏观经济压力持续对包裹和末端派送网络构成重大挑战。在成本飙升和客户行为剧变的背景下，物流网络中的这个“最后一环”也给货主和承运商带来了相当大的影响。

2022 年包裹运量下降了 212 亿件，但包裹承运商通过提高价格增加收入，如 UPS 的“更好和更大胆”战略和 FedEx 的“收入质量”战略将费率提高了 5.9%，创下费率近十年来的最高增幅。

除了提高盈利能力，包裹承运商在黑色星期五和圣诞节前夕这些特别繁忙的时期提供了强大的准时服务，这一服务是通过战略性投资增加额外容量、有选择地使用定价杠杆塑造网络需求以及整体减少第四季度包裹运量来实现的。UPS 在这个窗口期的准时交货率达到了 97.5%，FedEx 达到了 95.2%，美国邮政服务达到了 94.3%。

（三）第三方物流

第三方物流一直备受货主的依赖，尤其是在疫情的三年间，货主更看重第三方物流在供应链管理和智慧化管理方面的能力，特别是数据管理、可见性和分析能力。

第三方物流为了稳定的客户服务关系，不断加大技术投资，使自己向第四方物流的能力靠近。而真正的第四方物流工作需要通过设计和优化运输网络（运输管理系统，TMS）和仓库管理（仓储管理系统，WMS）等软件来实现。

在 TMS 领域，云计算、可见性平台和后端功能的数字化等技术不断进步。当前，基于云的物流软件提供商 Turvo 在路线匹配、合同执行、司机绩效监控和周转时间优化等方面取得了进展。

在 WMS 领域，技术投资也在加速。面对货主企业库存水平高、劳动力短缺以及高价购买仓库等问题，相关企业正在采取行动。如 Extensive 和 Acctivate 等公司提供有关仓库存货位置和数量的更新信息，使货主企业能够更方便地管理库存。

随着第三方物流供应商的进步和发展，货主企业与第三方物流供应商的合作方式更加广泛和灵活。

（四）货运代理

全球货运代理市场呈现增长态势。2021 年市场规模为 480 亿美元，预计 2031 年达到 907 亿美元，年复合增长率达到 6.3%。

这种增长受到多种因素推动，其中两个突出因素是国际贸易的持续增长和货主企业对减少成本与提高效率的需求。

疫情期间，供应链中断和需求波动导致货运代理市场进一步整合，迫使它们将战略重点转向灵活性更强、可见性更高和处理电子商务更好的数字能力。

其中比较关键的是可见性，即在任何时候清晰地了解供应链上正在发生的情况，并准确跟踪包裹和货物的整个过程。全球领先的物流服务提供商 DB Schenker 最近在西班牙开设了一家自动化电子商务物流中心。该中心的目的是为西班牙、葡萄牙和法国的客户提供高效灵活的在线订单配送和退货处理设施。还有一些货运代理商通过收购其他公司获得数字能力。如货运代理 Yusen Logistics 收购了履行提供商 Taylored Services。该交易的目的是利用 Taylored Services 的自动化技术减少 Yusen 的电子商务订单配送时间。

对于不同的货主，提供更全面的物流解决方案会产生不同的收效。对于中小型货主来说，获得更多的"一站式解决方案"将使他们超越目前的能力水平。

（五）货物转运

货物转运市场将以复合年均增长率为 6.3%的速度增长。增长源主要来自电子商务持续扩张、托运人持续压缩成本和提高供应链效率的需求。其中，数字货物转运是一个特别活跃的市场，2020 年的价值为 29.2 亿美元，预计 2030 年价值将为 229 亿美元，复合年均增长率为 23.1%。随着市场整合越来越多，托运人将与运输公司建立直接的关系，转运商将会失去部分潜在的客户。

（六）水运/港口

高昂的运价为船公司带来了强劲的收入。2022 年主要的海运公司全球运营利润为 2150 亿美元，它们利用这些利润进一步加强了自己的竞争地位。MSC 扩大了船队规模，马士基扩展了空运业务，CMA CGM 增加了对法国航空的股权并偿还了债务，Hapag-Lloyd 扩大了船队规模并投资于港口基础设施。根据 Drewry World Container Index 的数据，2022 年 3 月从上海到洛杉矶的每个集装箱运价达到了 1 万美元以上。

随着疫情管控的放开，海上运输局势开始发生变化，货主和消费者的需求开始下降；船舶和集装箱由疫情期间的稀缺资源变成了供应过剩；港口破坏事件率降低，运输时间开始缩短。同时，美国于 2022 年 10 月宣布投入 7.03 亿美元进行港口基础设施和供应链建设，进一步向船公司和货主保证，美国港口有能力更好地应对未来的干扰。

（七）道路运输

2022 年，道路货运市场总体交易量较 2021 年变化不大。

1. 需求下降，运力过剩

托运方运输需求下降、承运方运力过剩，倒逼承运人提高服务水平来应对托运人对提货、交货准时率的要求，同时也导致了现货量和合同运价的大幅下降。

随着托运方对物流服务需求的提高，承运方受到了不同程度的影响。

一是小型承运人面临的压力最大，不得不做出转向合同市场、与大型承运人合作或完全退出市场的决策。

二是进入市场的新的承运人减少。疫情期间激增的摩托车运营商数量在 2022 年 12 月回落至疫情前的水平，曾经繁荣的货运周期已经结束。

三是大型多式联运承运人面临市场压力需要重新配置资源，将资源投入稳定且有利润的服务领域，如零担和专用服务。如 JB Hunt 和 XPO 公司由于货运组合变化而导致了收入增长。

2. 劳动力问题

根据 Kearney 的研究，平均而言，公路承运人只利用了司机可用时间的一半，其中 10%~25%是无效移动。

当前，关于解决劳动力的问题，一是承运方要探索提高劳动力利用率的方法，如 Hoptek（Kearney 公司的一种路线优化解决方案）等路线优化解决方案，减少无效的司机时间，通过改进司机时间的规划来提高劳动力容量，并通过优化减少空驶里程。二是自动驾驶技术的规模部署。2021 年 7 月，联邦立法修订了道路交通法和强制保险法，允许具备自动驾驶功能的机动车在指定的公共道路区域上行驶，目前有超过 40 个州都允许自动驾驶。Kodiak 首席运营官詹姆斯·里德（James Reed）表示大多数自动驾驶制造商的 ODD（运行设计域）已经具备了完整的功能。在 2030 年可实现卡车运输编队行驶，在长途运输阶段由自动系统引导卡车，而在城市地区更密集、更复杂的“最后一英里”路线由司机接管。

（八）铁路

2022 年美国铁路部门总收入和运营收益增加。一级铁路公司（行业内的称谓，收入较低的系统被称为二级或三级公司）的运营收益较 2021 年增长了 8%，总收入增长了 14%。这主要来自煤炭、汽车和一般商品（指食品和杂货以外的零售物品，如服装、家具和消费电子产品）的运输价格上涨。

1. 铁路部门遇到的问题

一是运营比率下降。尽管运输价格上涨提高了铁路公司的收入和利润，但成本的上升降低了运营比率。二是服务问题。包括终端滞留时间增加、持续拥堵，网络速度仍然落后于疫情前的速度。三是一些重大的脱轨事故。四是劳动力问题。尽管在 2022 年一级铁路公司的就业人数增长了 4.2%，劳动力缺口依然很大。

2. 铁路运输的优势

与中途和长途货车运输相比，铁路具有以下几个优势。

一是低成本。一列联运列车仅需两名操作员，可以取代多达 300 辆卡车和司机。二是低二氧化碳排放量。铁路运输每吨公里的二氧化碳排放量比卡车低 60%。三是安全。对公众来说通常更安全，铁路的封闭网络基础设施导致致命事故较少。

（九）仓储

2022 年，随着疫情防控的放松和家庭消费品需求的下降，零售业的总产出只增长了 8%，达 10.2 万亿美元。

1. 仓储业的问题

消费品需求的降低导致库存过多，仓库空置率下降。2022 年降至 2.9%，比 2021 年的 4.9% 的高点下降 40%，远低于疫情前 6.5%左右的水平，进而导致租金上升。为此，2022 年下半年大部分公司采取了积极的库存管理措施，以减少库存销售所需的时间。这些措施包括折扣和促销活动、清仓销售、重新利用和回收，甚至是将滞销商品进行无偿捐赠。

2. 劳动力资源稀缺，成本上涨

仓储劳动力仍然是一种稀缺资源，2022 年工人的平均小时工资稳步上涨。到 2022 年年底，仓储工人的全国平均小时工资为 16.16 美元，最低工资为 10.26 美元，最高工资为 25.43 美元。

（十）物流网络

疫情推动了电子商务和直销的迅速发展，客户订单变得更加零散。电子商务预计在未来五年内将每年增长 9%，73%的客户使用多个渠道进行购物，实体店的销售额也在增加。因此，货主不得不采用多种运输方式和订单履行措施，将产品高效地送到商店和消费者家中。

疫情将供应链的弹性提到了商业议程的前沿，2019—2021 年经历了超过 10 次供应链中断的公司数量增长了五倍。网络攻击和自然灾害变得更具破坏性和频繁，随着技术的不断进步和气候变化的影响越来越严重，这种情况会不断加剧。物流网络所面临的压力与五年前显著不同，本质上更具挑战性，需要进行如下改变。

一是快速、有弹性且高度响应客户需求的网络。通过调查，35 岁以下的消费者中，有超过一半的人希望当天送货，消费者更重视交货承诺的履行，而不仅仅是交货速度本身；消费者对准时的三天交货更满意。

二是网络规划过程需要以坚实的数据收集和分析为基础，进行设计和运行物流网络，并不断投资先进的技术和设备。

（十一）物流劳动力

在几乎所有物流行业的部门中，劳动力稀缺已成为一个日益严峻的挑战。现在很难找到足够的码头工人、长途司机、包裹处理员和其他工人来维持物流行业的运转。

现在美国有 1100 万个工作岗位空缺；在疫情暴发前的几年里，岗位空缺在 600 万～700 万个。随着婴儿潮一代人的年龄增长，劳动人口在减少，而疫情加速了这一趋势，导致 100 万～300 万人提前退休。此外，净移民人数在过去五年中有所下降。

根据美国劳工统计局的数据，运输和物流行业的自愿换工作现象比 2010 年多三倍。根据 2022 年美国运输协会（ATA）的司机薪酬调查报告，2021 年卡车司机的中位数收入比 2020 年增加了 18%，但司机的流失率仍然保持在 90%以上。2022 年年底铁路工人的谈判也是类似的情况，提供 14%的即时加薪和随后五年 24%的加薪并未能避免罢工。对于其他主要的运输劳工类别，加薪在减少员工流失方面也同样无效。

员工不只是寻求工资上的提升。疫情加速了对工作优先事项的长期转变，使其更加关注灵活性、自主权、职业发展和更大的目标感。例如，能够在疫情期间远程工作的父母发现，居家工作模式不但不会降低生产力还可以有更多时间陪伴孩子，因此，这些工人对于回到疫情前的工作模式存在疑虑。

2022 年，美国物流业发展遇到了多方面的阻碍，在未来发展中，面对越来越多的不确定因素，需要不断提高供应链的韧性和加强物流网络的建设。2013—2022 年美国国内生产总值及美国商业物流成本情况如表 2 所示。

表 2　　2013—2022 年美国国内生产总值及美国商业物流成本情况　　单位：10 亿美元

项目	2013 年	2014 年	2015 年	2016 年	2017 年	2018 年	2019 年	2020 年	2021 年	2022 年
名义国内生产总值	16784.9	17521.7	18219.3	18707.2	19543.0	20527.2	21381.0	21060.5	23315.1	25462.7
总体商业库存	2395.4	2524.4	2520.7	2536.7	2637.4	2800.1	2888.0	2840.6	3200.7	3708.3
库存持有率（%）	16.6	15.0	15.8	15.5	15.8	17.4	16.1	13.9	15.6	20.5
运输成本	830.8	897.2	901.7	897.9	966.6	1060.4	1094.1	1070.5	1296.0	1391.4
库存持有成本	398.8	377.5	397.9	393.2	417.1	487.8	463.6	396.2	499.4	759.3
其他成本	82.2	89.4	94.7	100.6	108.6	114.9	124.0	120.0	141.6	166.1
总体美国商业物流成本	1311.8	1364.2	1394.4	1391.7	1492.2	1663.1	1681.7	1586.8	1937.0	2316.7
总体美国商业物流成本占名义 GDP 的比例（%）	7.8	7.8	7.7	7.4	7.6	8.1	7.9	7.5	8.3	9.1
总体商业库存占名义 GDP 的比例（%）	14.3	14.4	13.8	13.6	13.5	13.6	13.5	13.5	14.0	14.6
运输成本占名义 GDP 的比例（%）	4.9	5.1	4.9	4.8	4.9	5.2	5.1	5.1	5.6	5.5
库存持有成本占名义 GDP 的比例（%）	2.4	2.2	2.2	2.1	2.1	2.4	2.2	1.9	2.1	3.0
总体商业库存占名义 GDP 的比例（2013 年=100）	100.0	101.0	96.9	95.0	94.6	95.6	94.6	94.5	96.2	102.1
运输成本占名义 GDP 的比例（2013 年=100）	100.0	103.5	100.0	97.0	99.6	104.4	103.4	102.7	112.3	110.4
库存持有成本占名义 GDP 的比例（2013 年=100）	100.0	90.7	91.9	88.5	89.8	100.0	91.3	79.2	90.1	125.5
总体商业库存占名义 GDP 的比例（2013 年=100）	100.0	99.6	97.9	95.2	97.7	103.7	100.6	96.6	106.3	116.4

（王国文　高珉）

日本七次《综合物流施策大纲》演变及启示

日本自1997年开始由经济产业省和国土交通省每四年共同制定一次《综合物流施策大纲》，至2021年已发布七次。《综合物流施策大纲》的制定与实施很大程度上推动了日本物流业发展，并促使日本各地物流法律法规有机联系起来。系统集成的物流法律系统兼具了便捷和效率，确保了日本物流行业在新经济形势下的健康发展，并推进了其在国际物流市场中的发展。

在七次《综合物流施策大纲》的演进中，以提高日本的国家和产业的国际竞争力为目标，以降本、增效、提质、扩能、循环五个基本特征贯穿始终，构成日本物流政策内容的鲜明特征。

一、七次《综合物流施策大纲》的核心内容

1997—2021年，日本政府制定了七次《综合物流施策大纲》，重点内容如下表所示。《综合物流施策大纲》主要包含两部分内容：一是设定定量指标，评估上一阶段物流政策推进程度；二是制定下一阶段物流发展规划，为日本物流业发展指明方向，并根据社会经济环境变化而持续调整。同时，通过实施PDCA循环管理，综合、一体化地推进物流业发展计划的实施。在七次《综合物流施策大纲》的指导下，日本物流满足了安全、快速、便利、绿色的服务标准，成为日本经济社会正常运行的基本保障条件之一，并引领日本产业优化升级。

日本七次《综合物流施策大纲》重点内容

大纲名称	审议通过时间	实现目标时间	具体实施目标
第一次《综合物流施策大纲》	1997年4月4日	1997—2001年	1. 提供亚洲太平洋地区最为便利和最具竞争力的物流服务； 2. 以不影响产业竞争力的物流成本为前提，提供优质的物流服务； 3. 建立能够应对能源问题、环境问题、交通安全问题的物流系统
第二次《综合物流施策大纲》	2001年7月6日	2001—2005年	1. 建立高水平、整体性、高效率的物流系统，提高国际竞争力； 2. 建立符合社会效益的物流系统； 3. 构筑有利于国民生活的物流体系
第三次《综合物流施策大纲》	2005年11月15日	2005—2009年	1. 建立高速无缝且低成本的国际国内一体化物流体系； 2. 建立绿色物流等高效率环保型物流体系； 3. 建立重视需求方的高效率物流体系； 4. 建立可保障国民生活安全和使国民安心的物流体系
第四次《综合物流施策大纲》	2009年7月14日	2009—2013年	1. 建立支撑全球供应链的高效物流系统； 2. 构建环境负荷小的绿色物流系统； 3. 构筑安全可靠的物流系统
第五次《综合物流施策大纲》	2013年6月25日	2013—2017年	1. 构建支撑产业活动与国民生活的高效物流体系； 2. 进一步减轻环境负担； 3. 建立安全、安心的物流系统
第六次《综合物流施策大纲》	2017年7月28日	2017—2021年	1. 推进供应链整体高效化及价值创造、物流高附加值服务； 2. 构建可应对自然灾害、环境变化的可持续发展物流系统； 3. 利用IoT、BD、AI等新技术，推进“物流革命”； 4. 培养高端物流人才，开展消费者物流启蒙活动

续 表

大纲名称	审议通过时间	实现目标时间	具体实施目标
第七次《综合物流施策大纲》	2021 年 6 月 15 日	2021—2025 年	1. 通过物流数字化转型、物流标准化，实现“简单而畅通的物流”； 2. 应对劳动力短缺，推进物流改革，实现“从业人员友好型物流”； 3. 构建强韧且可持续的物流网络，实现“强有力又灵活的物流”

（一）1997 年《综合物流施策大纲》

1991 年年初，随着日本“泡沫经济”的破灭，经济增长率开始急剧下降。与此同时，物流重要性与日俱增，成为日本经济、产业综合实力以及企业竞争力不可忽视的重要因素之一。为了提高国际竞争力，提升产业综合实力，降低企业经营成本，日本物流业开始转型升级。为此，1997 年 4 月 4 日，经日本内阁会议批准，日本首次制定并发布了《综合物流施策大纲》（以下简称《1997 年大纲》）。

《1997 年大纲》是日本政府出台的首个系统性物流政策，是日本物流业发展的重要里程碑，是日本物流业向集约化、纵深式推进的重要指引，对日本物流业发展有着重要的历史价值。《1997 年大纲》以“降低物流成本”为前提，以“提供优质服务”为目标，确定了日本物流业发展方向。从商流和物流的角度出发，提出了社会物流资源整合、完善基础设施、简化进入和退出物流市场的限制、开发利用新技术及政府援助等政策内容。同时，从国际、区域和城市的角度出发，提出优化物流措施。此外，特别指出推进各部门、地方团体、物流企业与货主企业的合作，充分发挥物流整体效应，并利用竞争激发物流市场活力。

（二）2001 年《综合物流施策大纲》

2001 年 7 月 6 日，在全面评估《1997 年大纲》实施成效的同时，发布了第二次《综合物流施策大纲》（以下简称《2001 年大纲》）。为提高区域竞争力、降低流通成本、完善高效物流体系指明方向，同时重点关注环境保护和物流安全问题。

《2001 年大纲》围绕全球经济一体化这一新的经济态势，提出搭建高效、安全且低碳的物流体系。一方面，利用多项先进物流技术实现物流一体化、信息化、标准化，提高物流操作效率，建设整体高效运行且具有全球竞争力的物流体系；另一方面，针对全球气候变暖、大气污染以及运输安全问题，提出推进多种运输方式的转换、普及环保型汽车等措施，构建绿色且安全的物流。同时，强调以物流保障国民生活，将物流通畅化列入城区建设规划。城区结构设计要充分考虑货物装卸场所及难易问题，确保物流活动在常态和应急状态下都能发挥功能，保障物资供应，满足国民需求。

（三）2005 年《综合物流施策大纲》

《2001 年大纲》实施过程中，日本经济形势发生了很大变化，衍生的新问题要求日本必须迅速、正确地制定及实施对策。另外，《基本方针 2005 年》中也明确指出了制定新物流政策的必要性。2005 年 11 月 15 日，第三次《综合物流施策大纲》（以下简称《2005 年大纲》）在内阁会议上提出并予以通过。

《2005 年大纲》首次明确提出构建高效率低成本的国内外一体化物流体系，强调进一步建设使国民生活安全、安心、绿色环保的物流体系，并指出应重视客户多样化、及时性的需求，以提升客户满意度。物流业应顺应经济与社会全面快速发展的需求，推进物流服务与其他产业和市场共同发展。《2005 年大纲》的立足点包括：依照《京都议定书》，推行运输方式转换，运输、配送一体化等高效环保物流措施，并引导物流企业切实承担社会责任。同时，应制定更为详细的预防方案，在确保物流安全的同时提高物流效率，以避免恐怖事件、自然灾害等重大突发事件对物流活动的影响。

（四）2009 年《综合物流施策大纲》

由于 2008 年金融危机爆发，全球经济呈现不景气的状况，物流业也受到了严重影响。因此，从中长期视角出发，今后应有效实施包括物流业相关项目的经济对策，从而切实推进物流政策的实施。2009 年 7 月 14 日，日本对《综合物流施策大纲》进行了第四次修订（以下简称《2009 年大纲》）。

《2009 年大纲》指出，日本政府和亚洲各国政府、货主、物流企业、物流设施的管理者、国际机构等多方主体需进一步加强合作，推进日本与亚洲各国物流合作项目，以解决日本在全球供应链上所遇到的物流瓶颈问题，建立基于全球供应链的高效率国内外一体化物流体系。此外，随着绿色物流的持续推进，应结合《京都议定书》的要求采取必要措施，减轻运输带来的环境负荷；随着日本社会对安全物流需求的日益增加，应不断实施综合性防灾减灾措施，构建安全可靠的应急物流网络。《2009 年大纲》尤其强调 PDCA 循环管理制度，按照“制定目标—实施—评估—反馈”的流程，每年审查和评估大纲综合物流措施实施进度，并根据需要修改综合物流施策大纲，从而完善措施的执行体制。

（五）2013 年《综合物流施策大纲》

此前出台的四次《综合物流施策大纲》，由于缺乏对未来问题的预见性，导致政策实施中的优先顺序模糊，出现了重点处理事项规定不够明确等问题。为解决以上问题，需要通过制定新的大纲，来明确今后物流政策方针，2013 年 6 月 25 日，开始编制第五次《综合物流施策大纲》（以下简称《2013 年大纲》）。

2011 年 3 月 11 日，东日本大地震发生，日本开启了通往受灾地区的物流通道，保障了震后救援物资的顺畅运输。由此，支撑日本经济社会的物流成为社会各界关注的焦点，物流的重要性被提升到一个新的高度。《2013 年大纲》总结了目前日本社会经济结构变化、物流环境状况及物流服务的发展现状，提出了以消除“物流浪费、低效率、发展不平衡”等问题、建立支撑经济恢复和重建的整体最优物流的发展目标，规划了未来日本物流业发展方向，并进一步增强了政府、货主企业及物流企业间的合作，全面而综合地推进政策实施。

（六）2017 年《综合物流施策大纲》

前五次制定的《综合物流施策大纲》在一定程度上推动了日本物流整体优化。随着日本社会结构和需求的持续变化，物流进入与以往不同的环境条件，需要在充分确保物流安全性的同时，准确应对需求变化以支撑经济活动和国民生活。基于以上背景，2017 年 7 月 28 日，日本开始编制第六次《综合物流施策大纲》（以下简称《2017 年大纲》）。

《2017 年大纲》总结了物流环境现状，分析了今后日本物流政策的发展方向。同时提出深化与东盟成员各国关系，运用人工智能、区块链、云计算、大数据、物联网等新技术应对地震等自然灾害、安全、环境问题等内容，以缓解日本社会结构、生活方式、需求等变化对日本国内外物流带来的问题，实现“强大的物流”的发展目标。在以 PDCA 循环管理方式管理项目进度的同时，通过检验政策的实施情况做出必要的修改，以实现预定的效果。

（七）2021 年《综合物流施策大纲》

疫情带来社会环境的剧烈变化，为日本停滞不前的物流数据化和物流行业结构改革带来了可能性，获得了加速发展的契机。日本将物流作为一项“不可缺少的服务”进行推广，发展物流社会价值。2021 年 6 月 15 日，在前六次各项政策效果已逐步显现的基础上，发布了第七次《综合物流施策大纲》（以下简称《2021 年大纲》）。

《2021 年大纲》为了解决劳动力不足、各类灾害频发、疫情防控等问题，建立业务持续计划体系，遵循联合国可持续发展目标，构建超智能化社会（5.0 社会），物流在其中发挥作用的重要性被提升到了一个前所未有的高度。《2021 年大纲》强调，通过物流数字化转型、数字孪生、国际物品编码组织的物流标准化管理，实现供应链整体最优化；通过构建可持续性的物流网络，实现强韧而灵活的物流服务。面对频发的突发公共事件，建立能够适应后疫情时代无接触、数据化等要求的物流基础设施，通过地方公共团体和物流企业的信息共享，使援助物资运输更为通畅。同时，也需要应对联合国可持续发展目标，针对供应链整体开展减轻环境负担工作，保障日本社会可持续发展。

二、七次《综合物流施策大纲》演变特征

1997 年至今，日本七次《综合物流施策大纲》的制定，对提高区域竞争力、降低物流成本、完善高效物流体系等方面具有指导性作用。随着日本经济的不断变化，日本物流业发展呈现出降本阶段（1997—2001 年）、增效阶段（2001—2013 年）、提质阶段（2013—2017 年）、扩能阶段（2017—2021 年）、循环阶段（2021—2025 年）的演变特征。

（一）降本阶段

随着经济全球化的不断推进，全球采购、全球生产、全球消费的自由竞争时代到来，经济环境中心从生产者向消费者转换。同时，在国际专业化分工不断深化的推动下，全球物流需求呈现出高度化、多样化的发展趋势。为了应对经济变化和技术创新，解决日本港口在亚洲地区影响力下降，以及日本货物运输中能源使用效率低、环境污染、交通拥堵等各类问题，满足物流业发展的各种需求，《1997 年大纲》以“降低物流成本”为前提，确立了日本物流业“向亚洲、太平洋地区提供最便利和最具竞争力的物流服务”的发展方向。通过重点、高效地整合社会资源，降低环境保护、货物移动时间等社会物流成本，通过增加物流企业的商业机会并促进企业之间的竞争，有效实现物流服务的多样化。

（二）增效阶段

《2001 年大纲》同时从硬件和软件出发，优化物流环境，建立高水平、一体化、效率化的物流系统。在硬件方面，一是推广托盘化运输装卸等单元化装载作业方式；二是推行多元化运输模式、加快公路物流节点建设、推进干线共同运输、实现船舶的大型化和高速化、强

化铁路货物运输能力并缩短运输时间，以实现多种运输方式的高效化。在软件方面，一是开发引进标准的电子数据交换系统，实行申办手续电子化和一站式服务；二是充分发挥地理信息系统的作用，实时监测各类运输工具的状态信息。

企业的跨境采购、生产和销售活动广泛展开，日本很多企业到亚洲其他国家和地区发展。在此背景下，为了满足国际物流高频和多样化的需求，进一步提升其国际竞争力，《2005 年大纲》首次提出“建立高效国际国内一体化物流体系、高效环保物流体系、重视消费者需求的高效物流体系”。一是日本通过加强环形公路建设，改善拥堵路口的交通状况，提高城市物流活动低碳化、高效化；二是推动流通体系标准化和商品信息跨行业、跨产业共享化，并从客户需求出发，建立高效物流体系；三是在提高国内运输体系效率的同时，提升国际航运港和航空港的功能，促进日本国内外运输方式的有机结合，构建国内外一体化物流体系。随着供应链全球化进程的不断推进，《2009 年大纲》提出建立“支撑全球供应链的高效物流系统”，从三个方面建设高效物流体系，一是建立一体化政策推进体制，改善物流业的各项制度和服务内容；二是构建高效无缝连接的物流网络；三是建立国内外合作平台，推进各部门共享并合理利用相关信息。

（三）提质阶段

《2013 年大纲》将物流视为同交通、能源、通信、供水等同等重要的“生命线”，视为经济社会不可或缺的组成部分。并以新技术为手段，以培养高端物流人才为保障，提升物流韧性和环境可持续性，实现物流业的高质量发展，构建支撑经济复苏和发展的物流系统，即在日本国内外实现合理、无浪费的整体最优物流服务。

在人才培养方面，通过对物流高端人才的培养，达到对采购、生产、销售等物流活动整体最优化的效果。培养物流人才，不但要面向国民进行物流相关知识的普及和启蒙，还需要物流企业通过开发新业务等方式来提高物流业的吸引力，以此实现物流业的可持续发展。近年来，日本面临年轻卡车司机数量急剧减少、内海航行船员老龄化的问题。在此背景下，《2013 年大纲》指出“为实现物流业面向未来、可持续发展，物流高端人才的培养会影响未来日本的国际竞争力。”

在物流韧性方面，2008 年，国际经济危机使社会各方面对确保货物安全的要求更加强烈。2011 年东日本大地震中，支撑日本经济社会的物流和其参与者成为社会关注的焦点。在此背景下，构建支撑经济恢复与重建的物流系统成为重点发展的目标之一。鉴于日本灾害发生风险之高，物流方面必须具备能应对灾害等风险的韧性。基于以上背景，《2013 年大纲》的目标方向是“构建支撑经济强有力复苏和发展的物流系统”。

在环境保护方面，世界范围内大幅削减 CO_2 的排放量，低碳依然是一个非常重要的课题。自东日本大地震发生后，日本的能源供给变得更为紧迫，对化石燃料的依存度呈现上升趋势。因此，减少物流领域的能源使用量变得越来越重要。在此背景下，《2013 年大纲》提出合理化节能法律、完善公路网络建设、推动运输方式转换、推进货主及企业间合作、促进燃料天然气化、鼓励使用天然制冷剂六大措施，以此减轻环境负担。

（四）扩能阶段

在老龄化加剧、社会结构进一步变化的背景下，物流作为支撑日本生产活动与消费者生活的重要社会基础设施，需要通过“物流革命”，协助供应链实现整体的高效化及价值创造，从而全方位利用新技术，赋能物流行业新发展。一方面，需要准确应对今后社会结构的变化及需求变化；另一方面，从建立最大限度利用人才和设备等资源的“无浪费”结构，向“产生高附加值的物流”转变。为此，除提供基础运输功能之外，还可以提供温度管理、时间管理等附加服务。为推进“物流革命”，《2017 年大纲》针对物流的“人、车、货”提出变革方向和措施。一是通过开展物流作业方式改革，减轻司机负担，鼓励相关教育机构和相关社会团体等开展合作，培养高水平物流系统管理人才；二是通过自动驾驶、无人机等实现运输的高效化，鼓励使用自然制冷剂和汽油替代燃料等方式实现运输的低碳化；三是推广射频识别技术，实现货物信息的全流程可追溯。利用 AI、BD、IoT 等新技术，收集并解析物流领域的大量数据，准确把握物流需求，实现更准确、更高效的物流服务，在采购、生产、销售等领域构筑产生协同效应的价值创造型物流服务，最终实现供应链整体优化。

（五）循环阶段

日本面临人口大幅减少和劳动力匮乏、各类灾害频繁与保障国民安全、超智能化社会背景下日本数字化进展缓慢、保证地球环境可持续性和应对联合国可持续发展目标，以及疫情导致停工停产等问题。在此背景下，《2021 年大纲》提出要回归物流本质，将物流作为日本国民生活和未来发展不可或缺的基础，引领日本产业发展，主要指出的三大发展目标及措施内容包括：一是通过物流数字化转型、物流标准化，实现供应链整体最优化，实现“简单而畅通的物流”；二是应对劳动力短缺，推进物流结构改革，实现“从业人员友好型物流”；三是构建强韧且有可持续性的物流网络，实现“强有力又灵活的物流”。

三、七次《综合物流施策大纲》经验启示

随着我国物流业的快速发展及其重要性程度的日益增加，我国已发布 4 个深刻影响物流业中长期发展的重要文件。

一是 2009 年，《国务院关于印发物流业调整和振兴规划的通知》（国发〔2009〕8 号），规划期为 2009—2011 年，即物流业中长期发展政策 1.0 版。该振兴规划提出，物流业是融合运输业、仓储业、货代业和信息业等的复合型服务产业，是国民经济的重要组成部分。物流业在促进产业结构调整、转变经济发展方式和增强国民经济竞争力等方面发挥着重要作用。

二是 2011 年，《国务院办公厅关于促进物流业健康发展政策措施的意见》（国办发〔2011〕38 号），规划期为 2011—2014 年，即物流业中长期发展政策 2.0 版。该意见提出，切实减轻物流企业税收负担、加大对物流业的土地政策支持力度、促进物流车辆便利通行、加快物流管理体制改革、鼓励整合物流设施资源、推进物流技术创新和应用、加大对物流业的投入、优先发展农产品物流业、加强组织协调 9 部分。简称“国 9 条”。

三是 2014 年，《国务院关于印发物流业发展中长期规划（2014—2020 年）的通知》（国发〔2014〕42 号），规划期为 2014—2020 年，即物流业中长期发展政策 3.0 版。该规划提出，面对新的形势，我国物流业将以质量和效益为中心，寻找战略突破口，培育竞争新优势，全面打造中国物流“升级版”，以转型升级应对物流“新常态”。确定 12 项重点工程，

到2020年基本建立现代物流服务体系，提升物流业标准化、信息化、智能化、集约化水平，提高经济整体运行效率和效益。

四是2022年，国务院办公厅印发《“十四五”现代物流发展规划》，规划期为2021—2025年，即物流业中长期发展政策4.0版。《“十四五”现代物流发展规划》中提出，在构建现代流通体系、促进形成强大国内市场、推动高质量发展、建设现代化经济体系中发挥着先导性、基础性、战略性作用。

今后，为推进我国物流业的高质量发展，需要持续制定具备系统性、连续性、可动态调整的纲领性物流发展战略规划，实现跨区域、跨部门、跨行业整合，做到全面统筹、整体布局。由此，可以参考日本物流政策的制定及实施经验，持续编制更加具体、具有周期性的《物流业中长期发展规划》，增加对未来问题的预见性。同时，借鉴日本在各重点领域的物流措施，制定各个领域的专项物流政策，指明我国物流业未来优化方向。此外，结合日本《综合物流施策大纲》实施PDCA循环管理模式的经验，对物流政策进行调整，保障物流政策的时效性和连续性；促进不同政策措施间的相互配合和协调，实现政策协同和创新。

综上，通过借鉴日本七次《综合物流施策大纲》演变，结合我国高质量发展阶段特征，构建未来我国物流业政策内容体系。一是契合我国物流业实际，制定系统连续的《物流业中长期发展规划》；二是完善物流各细分领域发展规划；三是在总结政策实施成效的基础上，指明我国物流业未来发展方向。

（北京物资学院物流学院院长、教授　姜旭）